Roméo Dallaire

HANDSCHLAG MIT DEM TEUFEL

ROMÉO DALLAIRE

HANDSCHLAG MIT DEM TEUFEL

Die Mitschuld der Weltgemeinschaft am Völkermord in Ruanda

Unter Mitarbeit von Brent Beardsley
Aus dem Englischen von Andreas Simon dos Santos
Mit einem Nachwort von Dominic Johnson

Zweitausendeins

Deutsche Erstausgabe.
1. Auflage, April 2005.
2. Auflage, Oktober 2007.

Die kanadische Originalausgabe ist 2003 unter dem Titel
»Shake Hands with the Devil« bei Random House Canada erschienen.

Lektorat: Klaus Gabbert (Büro W, Wiesbaden).
Register der deutschen Ausgabe: Katharina Theml (Büro W, Wiesbaden).
Korrektorat: Ursula Maria Ott, Frankfurt.
Umschlaggestaltung: Sabine Kauf, PubliContor, Hamburg, unter Verwendung
eines Fotos von Sebastião Salgado aus seinem Bildband »Migranten«,
deutsche Erstausgabe 2000 bei Zweitausendeins.
Satz und Herstellung: Dieter Kohler GmbH, Wallerstein.
Druck und Einband: Ebner & Spiegel, Ulm.
Printed in Germany.

Dieses Buch gibt es nur bei Zweitausendeins im Versand, Postfach,
D-60381, Frankfurt am Main, Telefon 069-4208000, Fax 069-415003.
Internet www.Zweitausendeins.de, E-Mail Service@Zweitausendeins.de.
Oder in den Zweitausendeins-Läden in Berlin, Darmstadt, Düsseldorf, Frankfurt am Main,
Freiburg, 2 x in Hamburg, in Hannover, Karlsruhe, Köln, Leipzig, Mannheim,
München, Nürnberg, Stuttgart.

In der Schweiz über buch 2000, Postfach 89, CH-8910 Affoltern a. A.

ISBN 978-3-86150-799-4

Meiner Familie und den Familien all jener,
die mit mir in Ruanda dienten,
in tiefster Dankbarkeit

Selig sind die Friedfertigen,
denn sie werden Söhne Gottes heißen.
MATTHÄUS 5,9

Den Ruandern, die, ihrem Schicksal überlassen, zu Hunderttausenden abgeschlachtet wurden.

Den 15 tapferen UN-Soldaten unter meinem Kommando,
die im Dienst für Frieden und Menschlichkeit ihr Leben ließen.

Leutnant Lotin, Belgien, im Kampf gefallen am 7. April 1994
1. Feldwebel Levoy, Belgien, im Kampf gefallen am 7. April 1994
Unteroffizier Bassine, Belgien, im Kampf gefallen am 7. April 1994
Unteroffizier Hoir, Belgien, im Kampf gefallen am 7. April 1994
Unteroffizier Meaux, Belgien, im Kampf gefallen am 7. April 1994
Unteroffizier Plescia, Belgien, im Kampf gefallen am 7. April 1994
Unteroffizier Upont, Belgien, im Kampf gefallen am 7. April 1994
Unteroffizier Uyttebroeck, Belgien, im Kampf gefallen am 7. April 1994
Soldat Debatte, Belgien, im Kampf gefallen am 7. April 1994
Soldat Renwa, Belgien, im Kampf gefallen am 7. April 1994
Gefreiter Ahedor, Ghana, im Kampf gefallen am 17. April 1994
Soldat Mensah-Baidoo, Ghana, im Kampf gefallen am 9. Mai 1994
Hauptmann Mbaye, Senegal, im Kampf gefallen am 31. Mai 1994
Major Sosa, Uruguay, im Kampf gefallen am 17. Juni 1994
Hauptmann Ankah, Ghana, im Kampf gefallen am 8. Juli 1994

Für Sian Cansfield, Forscherin, Journalistin und liebe Freundin,
die so hart an diesem Buch mitarbeitete und am 1. Juni 2002 starb.

Inhalt

Vorwort

Dieses Buch war lange überfällig, und ich bedauere aufrichtig, dass ich es nicht schon früher geschrieben habe. Als ich im September 1994 aus Ruanda zurückkehrte, ermutigten mich Freunde, Kollegen und Familienangehörige, über diese Mission zu schreiben, solange sie mir noch frisch im Gedächtnis sei. In den Ladenregalen drängten sich die ersten Bücher, die angeblich die ganze Geschichte der Ereignisse in Ruanda erzählten. Doch sie taten es nicht. Obwohl gut recherchiert und recht sachgetreu, wurde keines von ihnen dieser Geschichte gerecht. Ich konnte vielen Autoren mit Informationen und Hinweisen helfen, aber ihren fertigen Büchern fehlte immer irgendetwas. Die Geräusche, die Gerüche, die Verheerungen, die Szenen der Unmenschlichkeit kamen in ihnen kaum vor. Und dennoch konnte ich die Lücke nicht füllen; jahrelang fühlte ich mich zu elend, war ich zu angewidert, entsetzt und verstört, jahrelang suchte ich nach immer neuen Ausflüchten, um mich dieser Aufgabe zu entziehen.

Ich ging in Deckung und wurde darin bald ein Meister. Woche um Woche nahm ich zwar jede Einladung an, über das Thema zu sprechen, aber vor dem eigenen Schreiben drückte ich mich. Dieses Zaudern war alles andere als befreiend, es zog mich nur immer tiefer in den Wirrwarr meiner Gefühle und Erinnerungen an den Völkermord hinab. Dann begannen die Prozesse. Die belgische Armee stellte Oberst Luc Marchal, einen meiner engsten Kollegen in Ruanda, vor ein Kriegsgericht, denn Belgien suchte nach einem Sündenbock für den Verlust seiner zehn Soldaten, die in den ersten Stunden des Krieges in Ausübung ihrer Pflicht gefallen waren. Lucs Vorgesetzte waren bereit, einen der ihren, einen tapferen Soldaten, zu opfern, um an mich heranzukommen. Die Regierung in Brüssel war offenkundig zu dem Schluss gekommen, dass ich entweder der wahre Schuldige sei oder zumindest doch eine Mitschuld am Tod ihrer Friedenshüter trüge. Auch ein Bericht des belgischen Senats kam zu der Überzeugung, dass ich die Soldaten niemals in eine Situation hätte bringen dürfen, in der sie sich verteidigen mussten – trotz unserer moralischen Verantwortung für die Ruander und die Mission. Eine Zeit lang wurde ich zu einem bequemen Sündenbock für alles, was in Ruanda schief gegangen war.

Ich stürzte mich in rasende Geschäftigkeit. Arbeit wurde für mich zum Gegenmittel, um die Schuldzuweisungen nicht an mich heranzulassen und meine eigenen Schuldgefühle über die Fehlschläge der Mission zu verdrängen. Was immer ich als Offizier der kanadischen Armee tat – ob ich mich mit Fragen der Umstrukturierung befasste, das Kommando über die 1. Kanadische Division oder die Landstreitkräfte der Region Quebec übernahm, ob ich an einem Programm zur Verbesserung der internen Verhältnisse in den Streitkräften arbeitete oder die Reform des kanadischen Offizierskorps vorantrieb –, ich nahm alle Aufgaben an und arbeitete besessen und blindwütig. So besessen und blindwütig, dass im September 1998, vier Jahre nach meiner Heimkehr aus Ruanda, mein Körper und mein Geist den Dienst versagten. Der letzte Auslöser des Zusammenbruchs war meine Rückkehr nach Afrika ein paar Monate zuvor gewesen, wo ich vor dem Internationalen Strafgerichtshof für Ruanda* aussagen musste. Die Erinnerungen, die Gerüche, das fortwirkende Echo des Bösen kehrten wie ein Fluch mit umso größerer Heftigkeit zu mir zurück. Ich schleppte mich noch anderthalb Jahre über die Runden, dann schied ich aus gesundheitlichen Gründen aus der Armee aus. Wie so viele der Soldaten, die in Ruanda gedient hatten, litt ich unter einer posttraumatischen Belastungsstörung, wie die Fachleute es nennen. Nun, im Ruhestand, hatte ich Zeit und Gelegenheit, nachzudenken und vielleicht auch meine Erlebnisse in einem Buch aufzuschreiben. So sehr ich mich langsam mit dieser Idee anzufreunden begann: Tatsächlich zögerte ich weiterhin.

Seit meiner Rückkehr aus Ruanda 1994 halte ich engen Kontakt zu Major Brent Beardsley, der als Erster zu meiner Mission gestoßen war

* Der Internationale Strafgerichtshof für Ruanda, kurz Ruanda-Tribunal (International Criminal Tribunal for Rwanda, ICTR), hat seinen Sitz in Arusha, Tansania, und eine Anklagevertretung in Kigali. Er wurde vom Sicherheitsrat der UNO 1995 einberufen, um den Völkermord zu untersuchen. Die ersten Prozesse begannen 1996. (A.d.Ü.)

und mir vom Sommer 1993 bis zu seiner krankheitsbedingten Evakuierung aus Kigali am letzten Apriltag 1994 zur Seite gestanden hatte. Brent nutzte jede Gelegenheit, um mich zu dem Buch zu drängen. Falls ich meine Geschichte nicht aufschriebe, so überzeugte er mich schließlich, würden unsere Kinder und Enkelkinder nie wirklich erfahren, welche Rolle wir in der ruandischen Katastrophe gespielt und wie wir sie durchlebt hatten. Wie sonst sollten sie erfahren, was wir da, und vor allem, warum wir es getan hatten? Wer waren die anderen Beteiligten gewesen, was hatten sie getan oder unterlassen? Schließlich, so Brent, hätten wir auch eine Verpflichtung gegenüber künftigen Soldaten in ähnlichen Situationen, die bei der Erfüllung ihrer eigenen Mission vielleicht noch von den kleinsten Bruchstücken unserer Erfahrung profitieren könnten. Bei der Abfassung dieses Buches arbeitete Brent in jeder Phase mit, von den ersten Recherchen und der Niederschrift des Entwurfs über die Überarbeitungen und schließlich die Fertigstellung des Manuskripts. Ich danke ihm für seinen Ansporn und seine Unterstützung und bin auch seiner Frau Margaret und seinen Kindern Jessica, Joshua und Jackson Dank schuldig, dass sie ihn mir so geduldig »ausgeborgt« haben. Brent war der Katalysator, der Zuchtmeister und der produktivste Schreiber; Tag um Tag widmete er sich dieser Arbeit, damit ich das Projekt zu Ende bringen konnte. Selbst in jenen Phasen, in denen er durch Überarbeitung, Schlafmangel und die Nachwirkung seiner eigenen traumatischen Erlebnisse geschwächt war, leistete Brent immer weit mehr als das, um was ich ihn bat. Er ist mein engster Vertrauter in allem geworden, was die ruandische Katastrophe und meine Bemühungen betrifft, die Welt darüber aufzuklären, und steht mir bis heute mit seinem nüchternen Urteil und seinem Rat beiseite. Seine Bereitschaft, als Zeuge der Anklage vor dem sich endlos hinziehenden Ruanda-Tribunal auszusagen, und seine Unterstützung meiner eigenen Mitwirkung an dem Verfahren haben unser beider Leben in der besten Tradition heimgekehrter Soldaten zusammengeschweißt. Er hat mich vor mir selbst gerettet; ich verdanke mein Leben ebenso wie den Mut zu diesem Buch zu keinem geringen Teil ihm.

Ich bin besonders dem Verlag Random House Canada dankbar, das Risiko mit einem gänzlich unerfahrenen Autor und kranken Veteranen eingegangen zu sein. Ich danke für das Verständnis, die Ermutigung und Unterstützung seiner Mitarbeiter. Mein ganz besonderer Dank geht an meine Lektorin und Freundin Anne Collins. Ohne ihren Rat, ihre Ermutigung und Disziplin hätte dieses Projekt vielleicht nicht vollendet werden können. Immer wieder redete sie mir zu, dass dieses Buch einfach geschrieben werden müsse und auch gelingen werde. Viele Monate lang konnte ich nicht die nötige Anstrengung aufbringen, aber sie blieb standhaft, sorgte sich aufrichtig um mich und erwies sich als die Geduldigste von uns allen. Ihr Wagemut und ihre Entschlossenheit sind bewundernswert. Ich möchte außerdem meinem Agenten Bruce Westwood für seinen Glauben danken, dass wir irgendwo tief in mir doch den Mann finden würden, der in der Lage sei, diese Geschichte aufzuschreiben. Er wachte mit ausgesprochenem Wohlwollen über mich und ermutigte mich bei jedem Schritt auf meinem Weg. Er ist dabei zu einem engen Kollegen geworden, dessen Versiertheit und Erfahrung im komplexen Verlagsgeschäft ich alle Achtung zolle.

Für dieses Projekt konnte ich ein Team zusammenstellen, das in gegenseitigem Respekt wunderbar zusammengearbeitet hat. Major James McKay unterstützte lange Zeit meine Mitarbeit beim Ruanda-Tribunal und meine Bemühungen um eine Konfliktlösung mit Recherchen und Forschungen. Ich konnte mich immer auf ihn verlassen und danke ihm für seine Hilfe. Korvettenkapitänin Françine Allard, eine hartnäckige Forscherin und Archivarin, arbeitete für mich, als ich noch bei den kanadischen Streitkräften diente. Allard, die sechs Sprachen fließend beherrscht, engagierte sich sehr für dieses Buch, was ihr die Hochachtung des gesamten Teams eintrug. Ein besonderer Dank muss auch an Major a.D. Phil Lancaster gehen, der in den letzten Monaten der Mission in Ruanda an Brents Stelle getreten war und ihn als meinen militärischen Assistenten ersetzte. Er half mir beim Entwurf der Kapitel über den Bürgerkrieg und den Massenmord. Phil, Soldat, Doktor der Philosophie und engagierter Menschenfreund, ist nie wirklich aus Ruanda heimgekehrt. Seit seinem Dienstaustritt hat er einen Großteil seiner Zeit der Arbeit mit kriegsgeschädigten Kindern in der Region der großen Seen in Zentralafrika gewidmet. Ich bewundere ihn und die Arbeit, die er leistet.

Serge Bernier, Direktor für Geschichte und Traditionspflege beim Hauptquartier der kanadischen Streitkräfte und einer meiner Klassenkameraden aus Kadettentagen, ermutigte mich in sehr persönlicher Weise und hielt während des ganzen Projekts über Kontakt zu mir. Er prüfte die französische Ausgabe und half auch bei der offiziellen Geschichte der Mission, die Jacques Castonguay auf der Grundlage meines Berichts für die kanadische Armee verfasste. Sein Einfluss hat dazu beigetragen, dass sich mein Leben wieder stabilisiert hat.

Darüber hinaus gab es Mitglieder aus dem weiteren Familienkreis, Freunde, Kollegen, sogar Fremde, die mich während der Abfassung anspornten. Ich war auf diese Ermutigungen, die häufig zur rechten Zeit erfolgten, angewiesen und werde ihnen ewig dafür dankbar sein.

In Ruanda gibt es heute Millionen von Menschen, die sich noch immer fragen, wie die Mission der Vereinten Nationen für Ruanda – United Nations Assistance Mission for Rwanda, kurz UNAMIR –, die UNO selbst und die internationale Gemeinschaft diese Katastrophe zulassen konnten. Auf diese Fragen weiß ich immer noch keine eindeutige Antwort. Was ich den Überlebenden und den künftigen Generationen Ruandas aber anbieten kann, ist meine Geschichte, so gut ich mich an alle Begebenheiten erinnere. Ich notierte täglich, was ich tat, meine Treffen, Kommentare und Überlegungen, doch es gab viele Tage besonders in der Frühphase des Völkermordes, an denen ich nicht die Zeit, den Willen oder die Kraft aufbrachte, die Einzelheiten festzuhalten. Die folgende Darstellung gibt, nach bestem Wissen und Gewissen, die Ereignisse aus meiner Sicht wieder. Ich habe meine Erinnerungen anhand der schriftlichen Dokumente, der verschlüsselten Telexe, der UN-Dokumente und der von mir selbst verfassten Berichte überprüft, die mir die kanadischen Streitkräfte zur Verfügung stellten. Sollte es Fehler bei der Schreibung von Orts- oder Personennamen oder falsche Datumsangaben geben, so möchte ich mich dafür bei den Leserinnen und Lesern entschuldigen. Ich bleibe für jede getroffene Entscheidung und jede meiner Handlungen während meiner Zeit als Missionschef und UNAMIR-Kommandeur voll verantwortlich und rechenschaftspflichtig.

Meine Frau Elizabeth hat mir mehr gegeben, als ich ihr jemals zurückgeben kann. Beth, danke für die Tage, Wochen, Monate und Jahre, in denen ich abwesend war und du an der Heimatfront die Familie zusammengehalten hast, ob ich nun in anderen Weltteilen diente, mich daheim in blindwütiger Arbeit verkroch oder einfach auf Übung im Gelände war und dich und alle anderen in den Familienquartieren mit dem Krach unserer Waffen weckte. Danke für deine Unterstützung bei dieser letzten Pflicht, deren Erfüllung eine der härtesten und schwierigsten Aufgaben meines Lebens war. Ich danke auch meinen Kindern Willem, Catherine und Guy, die ohne einen Vollzeitvater aufwuchsen, aber immer mein größter Stolz und meine wahre Feuerprobe waren, und die nun dabei sind, ihren eigenen Platz in der Welt zu erringen. Bleibt euch treu und dankt eurer Mutter. Unter anderem habe ich dieses Buch auch für euch geschrieben, meine engsten Angehörigen, damit ihr auf diesen Seiten etwas Trost für die Opfer finden möget, die euch meine Erlebnisse in Ruanda – weit über die Pflicht einer Familie hinaus, in guten wie in schlechten Zeiten zusammenzustehen – abverlangt haben und weiterhin abverlangen. Ich bin nicht mehr der Mann, der vor zehn Jahren nach Afrika aufbrach, aber ihr habt diesem alten Soldaten immer die Treue gehalten, selbst als euch in den dunkelsten Stunden des Völkermordes die Armee und die Militärgemeinde jeden Beistand und Trost versagten. Ihr habt aus erster Hand miterlebt, wie es den Ehepartnern und Familien von Friedenshütern ergeht. Ich bin dankbar, dass ihr mir die Augen für die schwierige Lage der Familien einer neuen Generation von Veteranen geöffnet habt – eine Erfahrung, aus der ich bei meinen Bemühungen schöpfen konnte, zur Verbesserung der internen Verhältnisse in den kanadischen Streitkräften beizutragen.

*

Ich widme dieses Buch vier verschiedenen Gruppen von Menschen. Erstens und vor allem den 800.000 Ruandern, die starben, und den Millionen anderer, die während des Völkermordes verwundet und verstümmelt, vertrieben und zu Flüchtlingen wurden. Ich bete, dass dieses Buch zu der Aufklärung beiträgt, die unabdingbar ist, um alle künftigen Völkermorde im 21. Jahrhundert offen zu legen, zu brandmarken und im Keim zu ersticken. Möge dieses Buch die Menschen aus aller Welt dazu veranlassen, über ihre nationalen und ganz persönlichen Interessen hinauszublicken und die Menschheit als das zu erkennen, was sie wirklich ist: eine Vielfalt von Individuen, die ihrem Wesen nach gleich sind.

Dieses Buch ist auch den 15 Soldaten gewidmet, die unter meinem Befehl im Dienste des Friedens in Ruanda starben. Die härteste Pflicht eines Kommandeurs ist es, Männer in Einsätze zu schicken, die sie das Leben kosten können, um am nächsten Tag anderen das gleiche mögliche Schicksal zuzumuten. Einen Soldaten zu verlieren, das ist auch die schwerste Belastung, mit der ein Befehlshaber leben muss. Den Familien dieser mutigen, tapferen und engagierten Soldaten möchte ich in diesem Buch zu erklären versuchen, wofür ihre Angehörigen starben. Als die übrige Welt Ruanda auch nur den geringsten Hoffnungsschimmer versagte, dienten ihre Lieben ehrenvoll, würdig und treu der Mission und bezahlten diesen Dienst mit ihrem Leben.

Dieses Buch ist ferner Sian Cansfield gewidmet. Sian war meine Schattenautorin, hat aber die Drucklegung nicht mehr erlebt. Fast zwei Jahre lang beschäftigte sie sich ausschließlich mit Ruanda. Ihr außerordentliches Gedächtnis war eine Gabe, um die sie jeder Forscher beneidet hätte. Ich schätzte ihren sprühenden Geist, ihren Enthusiasmus, ihre Liebe zu Ruanda und seinen Menschen, die sie einige Jahre nach dem Krieg kennen lernte. Ihr journalistischer Biss und ihre Unnachgiebigkeit, der Wahrheit auf den Grund zu gehen, ihre Energie und ihr Eifer, den Kern der Geschichte herauszuarbeiten, trugen ihr in unserem Team den Titel »Regimentsfeldwebel« ein. Wir arbeiteten gut zusammen und lachten viel, und allzu oft weinten wir auch gemeinsam, wenn ich von zahllosen tragischen, entsetzlichen, grauenvollen und schmerzlichen Ereignissen und Erlebnissen berichtete. Als sich die Arbeit am Entwurf dem Ende näherte, bemerkte ich, dass sie müde wurde, dass der oft schwer erträgliche Inhalt des Buches und die Arbeitslast ihr den Humor raubten und ihre Objektivität untergruben. Ich gab ihr ein langes Wochenende frei, um sich zu erholen, zu schlafen, gut zu essen und aufzutanken, wie ich es so oft bei Offizieren und Soldaten mit ähnlichen Symptomen getan hatte. Am folgenden Morgen teilte man mir telefonisch mit, dass sie Selbstmord begangen hatte. Sians Tod erfüllte mich mit einem Schmerz, den ich seit Ruanda nicht mehr verspürt hatte. Es kam mir so vor, als sei es der UN-Mission in Ruanda noch immer nicht gelungen, unschuldige Menschen vor dem Tod zu bewahren. Tage später nahm ich an ihrem Begräbnis teil und betrauerte ihren Tod im Kreis ihrer Familie. Das Gefühl der Endgültigkeit und die Erschütterung weckten erneut die Geister, die mich seit 1994 verfolgen. Ich wollte das Projekt aufgeben und meine Geschichte mit mir sterben lassen. Ermutigt von ihrer und meiner eigenen Familie, besonders von meiner Frau Beth, vom übrigen Team und vielen Freunden, wurde mir jedoch klar, dass ich ihr Andenken am besten ehren würde, wenn ich das Buch abschlösse und die Geschichte zu Ende erzählte, wie die Welt Millionen von Ruandern und ihre Friedenshüter im Stich ließ. Sian, so viel von diesem Buch ist dir gewidmet; dein Geist bleibt in mir lebendig wie jener der toten Veteranen von Ruanda. Ich hoffe, du findest im Tod jenen Frieden, der dir im Leben nicht vergönnt war.

Die vierte Gruppe, der ich dieses Buch widme, sind die Familien all jener, die ihrem Land zu Hause und in fernen Regionen dienen. Es entbehrt jeder Normalität, mit einem Soldaten im Friedenseinsatz verheiratet zu sein oder ihn zum Vater zu haben. Seit dem Ende des

Kalten Krieges haben sich Tempo und Komplexität der Missionen, zu denen die Soldaten unserer Streitkräfte abkommandiert werden, so sehr verändert, dass viele Ehen daran zerbrochen sind. Das Familienglück von Friedenshütern ist einer schier unerträglichen Belastungsprobe ausgesetzt. Unsere Familien, die durch das unaufhörliche Bombardement einer 24-stündigen Kriegsberichterstattung unsere Einsätze fast hautnah miterleben, brauchen eine eigene Fürsorge. In Kanada dauerte es fast neun Jahre des Leidens, bis die Regierung ihre entsprechende Verantwortung anerkannte. Wenn ich erlebe, wie tief die Bevölkerung am Schicksal unserer in Afghanistan verwundeten oder getöteten Soldaten Anteil nimmt, bin ich optimistisch, dass die Nation als ganze schließlich ihre Verantwortung für diese jungen Veteranen und ihre Familien annehmen wird. Ich hoffe sehr, dass dieses Buch den Bürgern helfen wird, diese Bringschuld gegenüber den Soldaten und ihren Familien zu erkennen.

*

Das Folgende ist meine Geschichte dessen, was sich im Jahre 1994 in Ruanda ereignet hat. Es ist eine Geschichte des Verrats, des Scheiterns, der Naivität, der Gleichgültigkeit, des Hasses, des Völkermords, des Krieges, der Unmenschlichkeit, des Bösen. Trotz der nicht seltenen Beispiele von Mut und moralisch beispielhaftem Verhalten fand in diesen wenigen Wochen der größte und offenkundigste Völkermord der jüngsten Geschichte statt. In nur 100 Tagen wurden über 800.000 ruandische Männer, Frauen und Kinder brutal abgeschlachtet, während sich die reichen Länder gleichgültig und anscheinend ungerührt zurücklehnten, der sich vollziehenden Apokalypse zuschauten oder schlicht auf ein anderes Programm umschalteten. Fast auf den Tag genau 50 Jahre, nachdem mein Vater und Schwiegervater für die Befreiung Europas gekämpft hatten – und die Entdeckung der Vernichtungslager kurz bevorstand, die die Menschheit veranlasste, mit einer Stimme zu rufen: »Nie wieder!« –, blieben wir untätige Zuschauer und ließen dieses unaussprechliche Grauen zu. Wir brachten weder den politischen Willen noch die Mittel auf, um dem Morden Einhalt zu gebieten. Seither ist über das Thema Ruanda viel geschrieben, diskutiert, gestritten und gefilmt worden, doch ich habe das Gefühl, dass diese jüngste Katastrophe langsam in Vergessenheit gerät und ihre Lehren in Ignoranz und Apathie untergehen. Dabei war der Genozid in Ruanda ein Scheitern der gesamten Menschheit – ein Scheitern, das sich leicht wiederholen kann.

Im Anschluss an einen der vielen Vorträge, die ich nach meiner Rückkehr aus Ruanda hielt, fragte mich ein kanadischer Armeegeistlicher, wie ich nach allem, was ich gesehen und erlebt hatte, weiterhin an Gott glauben könne. Ich weiß, dass es einen Gott gibt, antwortete ich ihm, weil ich in Ruanda dem Teufel die Hand geschüttelt habe. Ich habe ihn gesehen, gerochen und berührt. Ich weiß, dass es den Teufel gibt, und deshalb weiß ich, dass es einen Gott gibt.

Peux ce que veux. Allons-y: Wo ein Wille ist, ist auch ein Weg. Also ans Werk.

Generalleutnant a. D. Roméo Dallaire,
im Juli 2003

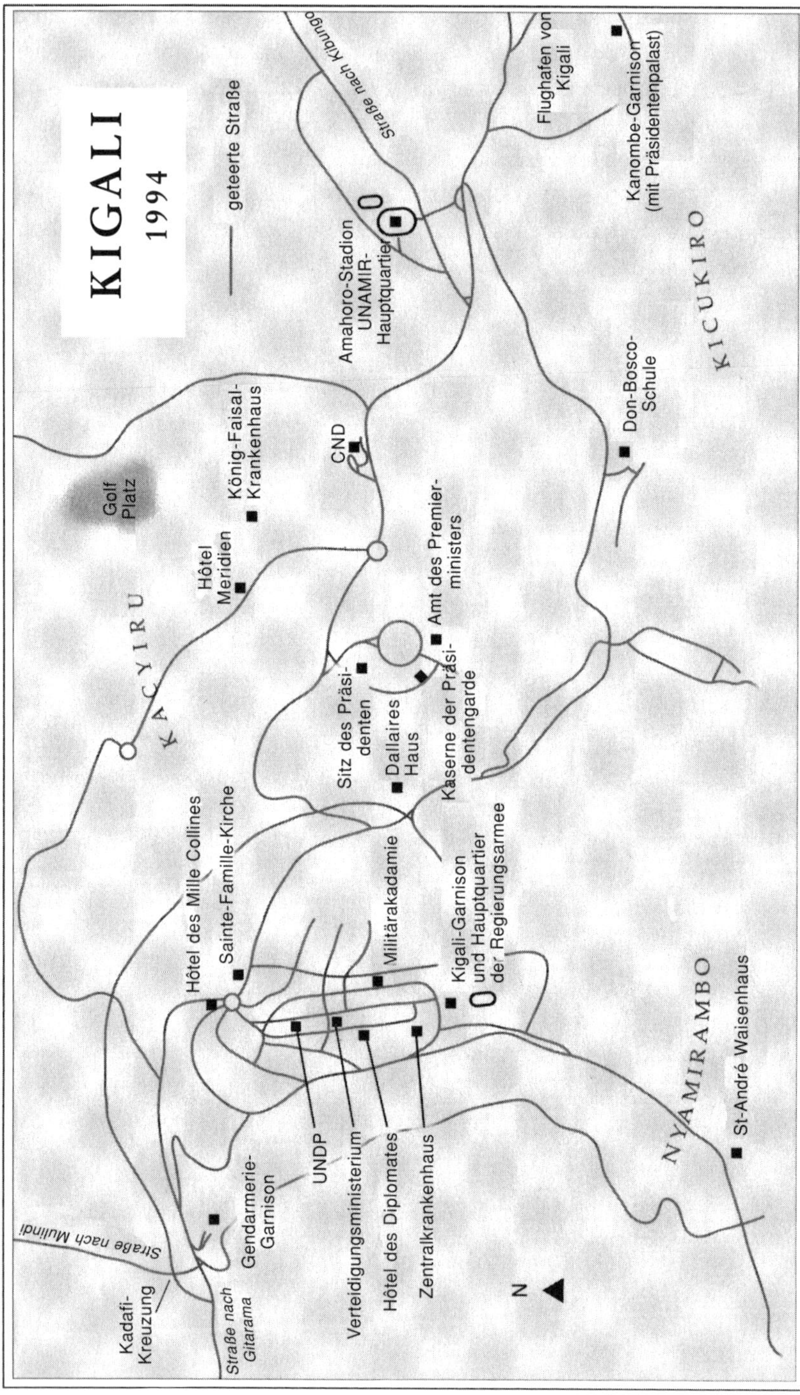
KIGALI
1994
geteerte Straße
Golf Platz
Hôtel Meridien
König-Faisal-Krankenhaus
CND
Amahoro-Stadion UNAMIR-Hauptquartier
Straße nach Kibungo
Flughafen von Kigali
Kanombe-Garnison (mit Präsidentenpalast)
KICUKIRO
Don-Bosco-Schule
Amt des Premierministers
Sitz des Präsidenten
Dallaires Haus
Kaserne der Präsidentengarde
KACYIRU
Hôtel des Mille Collines
Sainte-Famille-Kirche
Militärakademie
Kigali-Garnison und Hauptquartier der Regierungsarmee
NYAMIRAMBO
St-André Waisenhaus
UNDP
Verteidigungsministerium
Hôtel des Diplomates
Zentralkrankenhaus
Gendarmerie-Garnison
Straße nach Mulindi
Kadafi-Kreuzung
Straße nach Gitarama
N

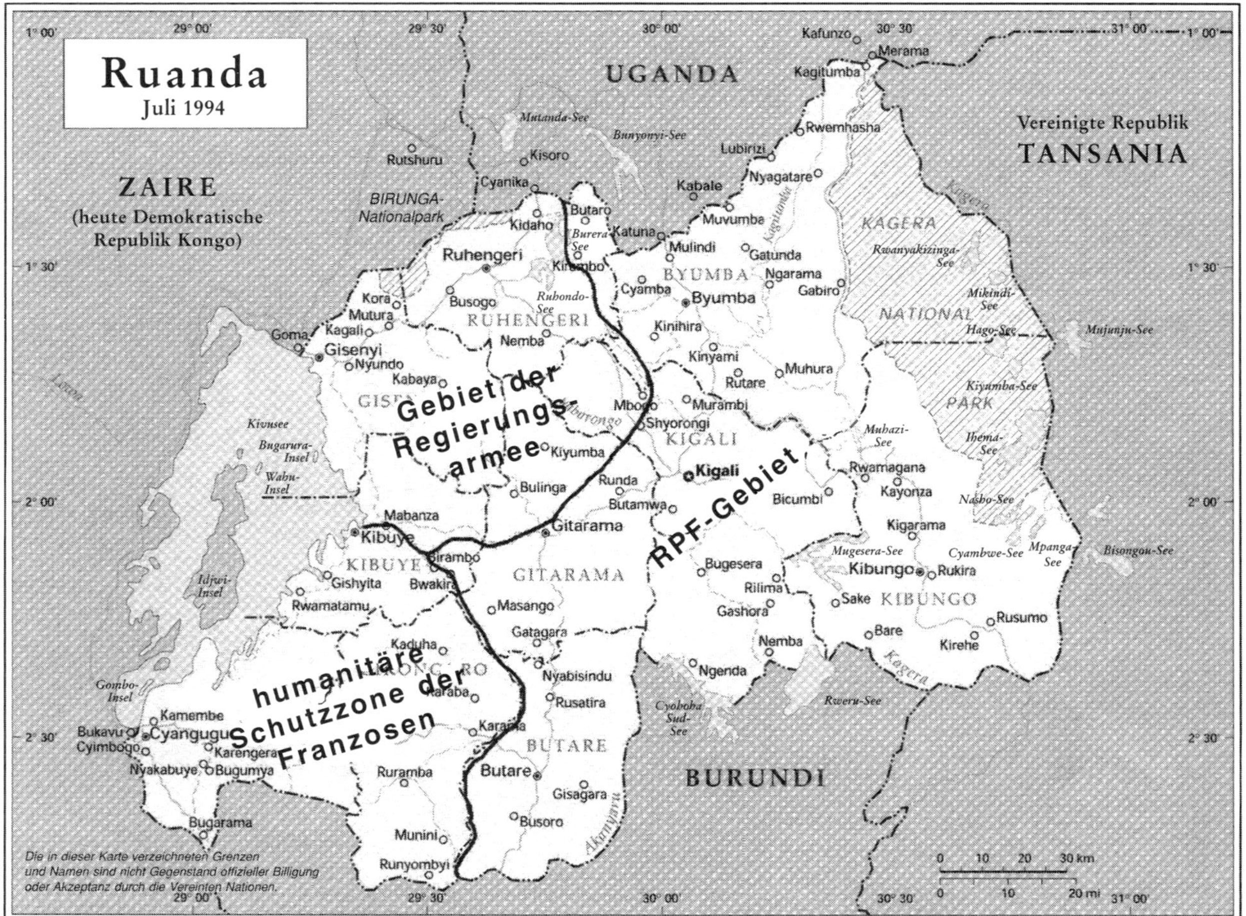

Angepasster Ausschnitt von Karte Nr. 3717 Rev. 7 UNITED NATIONS. Dezember 1997 (Colour)

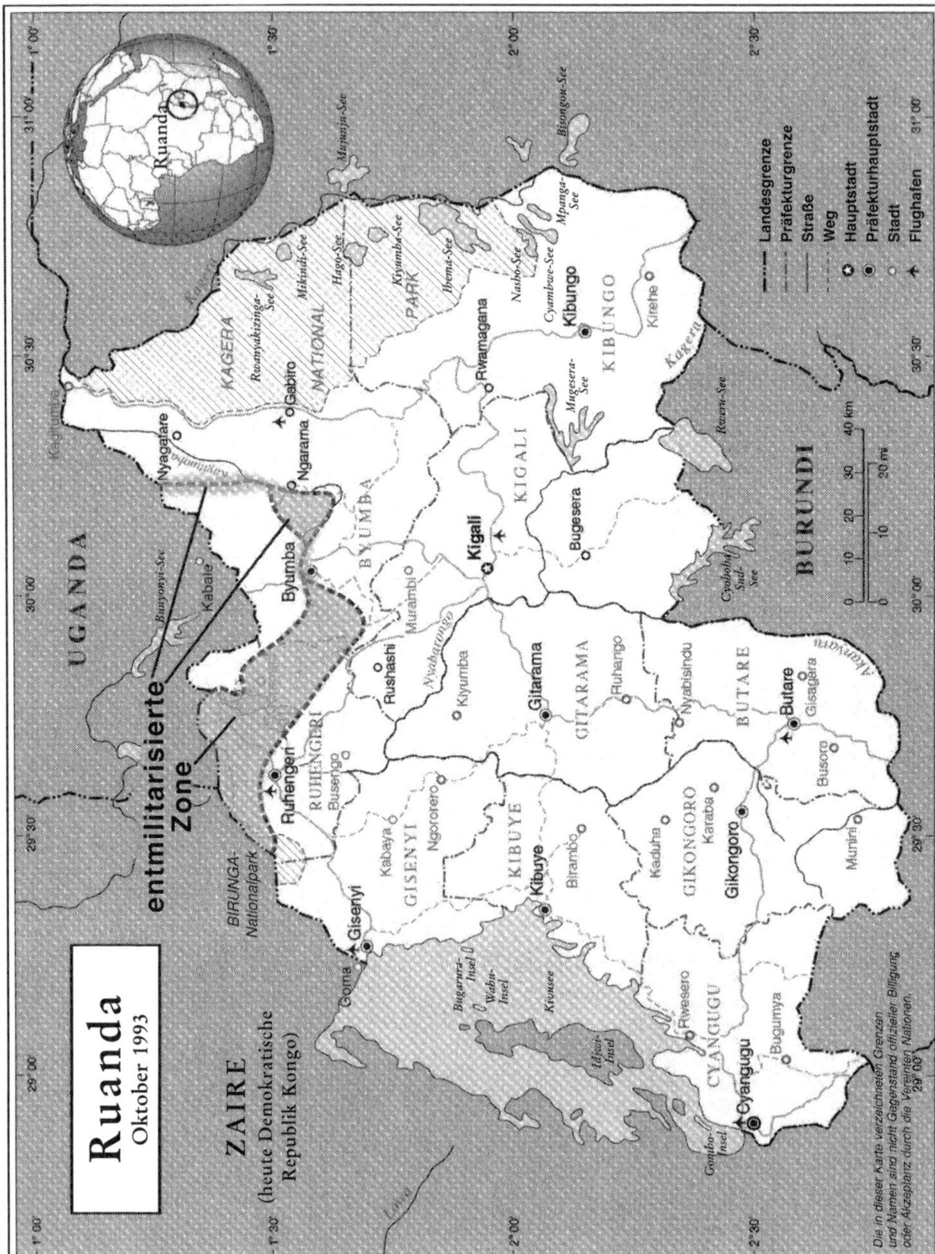

Angepasster Ausschnitt von Karte Nr. 3807.1 UNITED NATIONS. September 1993

Einleitung

Es war ein herrlicher Tag in jenem Mai des Jahres 1994. Der blaue Himmel war wolkenlos, der Hauch einer Brise strich durch die Bäume. Es war kaum zu glauben, dass in den vorangegangenen Wochen ein unvorstellbares Verhängnis die sanften, grünen Täler und dunstumflorten Hügel in einen stinkenden Albtraum aus verwesenden Leichen verwandelt hatte. Ein Albtraum, mit dem jeder von uns täglich fertig werden musste. Ein Albtraum, für den ich mich als Kommandeur der UN-Friedenstruppe in Ruanda zutiefst verantwortlich fühlte.

Dieser Tag hingegen hatte sich bislang vergleichsweise gut angelassen. Unter dem Schutz eines begrenzten und zerbrechlichen Waffenstillstands hatte meine Truppe etwa 200 Zivilpersonen – ein paar der Hunderttausende, die bei uns in Kigali, der Hauptstadt Ruandas, Zuflucht gesucht hatten – sicher und erfolgreich durch viele Straßensperren der Regierung und Milizen hindurch hinter die Linien der Ruandischen Patriotischen Front (RPF) geleitet. Sieben Wochen wütete der Völkermord nun schon, und die RPF – eine disziplinierte Rebellenarmee, in der vor allem Söhne der ruandischen Flüchtlinge kämpften, die seit der Unabhängigkeit und ihrer Vertreibung aus Ruanda in ugandischen Lagern gelebt hatten –, rückte von Norden her in einem sichelförmigen Vorstoß auf Kigali vor und fügte dem Chaos und den Massakern im Land noch einen Bürgerkrieg hinzu.

Nachdem wir unsere kostbare Fracht unschuldiger Seelen abgeliefert hatten, fuhren wir in einem weißen UN-Geländewagen mit dem Wimpel des Truppenkommandeurs auf dem Kühler und einer am Heck flatternden blauen UN-Flagge zurück nach Kigali. Mein ghanaischer

Scharfschütze, bewaffnet mit einem neuen kanadischen C-7-Gewehr, saß hinter mir, mein neuer senegalesischer Adjutant, Hauptmann Ndiaye, zu meiner Rechten. Wir fuhren ein besonders gefährliches Stück Straße entlang, wo wir ein leichtes Ziel für Heckenschützen boten. Die meisten Bewohner der umliegenden Dörfer waren abgeschlachtet worden, die wenigen Überlebenden mit wenig mehr als den Kleidern am Leib geflüchtet. In wenigen, kurzen Wochen hatte sich die Gegend in einen einsamen, wüsten Ort verwandelt.

Plötzlich sahen wir vor uns ein Kind über die Straße laufen. Ich hielt mit dem Wagen dicht vor dem kleinen Jungen, um ihn nicht zu verschrecken, doch er blieb völlig ungerührt. Er mochte drei Jahre alt sein und hatte nur ein schmutziges, zerrissenes Hemdchen und die zerlumpten Überreste von Unterwäsche am Leib, kaum mehr als ein Lendentuch, das unter seinem aufgeblähten Bauch herabfiel. Schmutzstarrend, sein Haar weiß und staubbedeckt, umhüllte ihn eine Wolke von Fliegen, die sich gierig auf die offenen Wunden stürzten, von denen er übersät war. Er starrte uns still an, wobei er an etwas saugte, was ich als Proteinkeks erkannte. Wo hatte der Junge in diesem Ödland etwas zu essen gefunden?

Ich stieg aus dem Wagen und ging auf ihn zu. Vielleicht lag es an dem Zustand, in dem ich mich befand, aber mir kam es so vor, als hätte dieses Kind das Gesicht eines Engels und Augen reiner Unschuld. Ich hatte so viele in Stücke zerhackte Kinder gesehen, dass mir dieser kleine, unversehrte, verwirrte Junge wie eine Hoffnungsvision erschien. Sicher hatte er nicht ganz allein überleben können. Ich bedeutete meinem Adjutanten, er solle hupen, um die Eltern zu rufen, aber der Klang schreckte nur ein paar Vögel auf und verhallte in der leeren Landschaft. Der Junge blieb versteinert. Er sprach nicht, er weinte nicht, stand nur da, nuckelte an seinem Keks und starrte uns mit seinen großen, ernsten Augen an. Da ich immer noch hoffte, dass er nicht allein war, ließ ich meinen Adjutanten und den Scharfschützen nach Zeichen von Leben suchen.

Wir befanden uns in einer üppig grünen Schlucht, eng bestanden von Bananenstauden und Bambus, die ein dichtes Blätterdach entfalteten. An jeder Seite der Straße zog sich eine lange, ungleichmäßige Reihe verlassener Hütten entlang. Ich stand nun allein bei dem Jungen, und plötzlich beschlich mich ein flaues Gefühl in der Magengegend: Der Ort war ideal für einen Hinterhalt. Meine Kollegen kehrten zurück, ohne jemanden gefunden zu haben. Dann ließ uns ein Rascheln im Unterholz zusammenfahren. Ich schnappte den Jungen und hielt ihn fest an mich gedrückt, während wir instinktiv Verteidigungspositionen hinter dem Wagen und im Straßengraben bezogen. Das Gebüsch teilte sich, und es erschien ein RPF-Soldat, gut bewaffnet und erst etwa 15 Jahre alt. Er erkannte meine Uniform, salutierte schneidig und stellte sich vor. Er gehörte zu einem vorgeschobenen Beobachtungsposten in den nahen Hügeln. Ich fragte ihn, wer der Junge sei und ob es noch jemanden im Dorf gebe, der sich um ihn kümmern könne. Der Soldat sagte, dass der Junge keinen Namen und keine Familie habe, dass er und seine Kameraden jedoch für ihn sorgten. Das erklärte den Keks, räumte aber nicht meine Besorgnis über die Sicherheit und Gesundheit des Kindes aus. Ich erwiderte, dass der Junge eine anständige Fürsorge brauche, die ich ihm verschaffen könne: Wir schützten und unterstützten Waisenhäuser in Kigali, wo es ihm weit besser ergehen würde. Der Soldat bestand ruhig darauf, dass der Junge dort bleiben müsse, wo er war, bei seinem eigenen Volk.

Ich argumentierte weiter, aber der Kindersoldat war nicht in Stimmung für lange Erörterungen und erklärte mit hochfahrender Endgültigkeit, dass seine Einheit für das Kind sorgen würde. Ich spürte, wie mein Gesicht vor Wut und Frustration rot anlief, doch dann bemerkte ich, dass sich der Junge während unseres Gesprächs Gott weiß wohin davongestohlen hatte. Mein Adjutant entdeckte ihn am Eingang einer Hütte in kurzer Entfernung, wie er über einen Holzstamm kletterte, der über den Torweg gefallen war. Ich rannte hinter ihm her, dicht gefolgt von meinem Adjutanten und dem RPF-Kindersoldaten. Als ich die Hütte erreichte, war der Junge darin verschwunden. Der Stamm auf dem Torweg erwies sich als die Leiche eines Mannes, der offensichtlich schon seit einigen Wochen tot war, da sein Fleisch von Maden durchzogen war und bereits von den Knochen fiel.

Als ich über die Leiche in die Hütte stolperte, drang mir ein Schwarm von Fliegen in Mund und Nase. Innen war es so dunkel, dass ich das sich vor mir ausbreitende Grauen zuerst eher roch als sah. Die Hütte hatte zwei Räume, einen, der als Küche und Wohnzimmer diente, einen weiteren, der das gemeinschaftliche Schlafzimmer bildete. Zwei Fenster waren grob in die Wände aus Stöcken und Lehm geschnitten. Kaum ein Lichtstrahl erhellte den Raum, aber als sich meine Augen an die Dunkelheit gewöhnt hatten, sah ich, verteilt in einem ungefähren Halbkreis im Wohnzimmer, die verwesten Leichen eines Mannes, einer Frau und zweier Kinder, deren grell weiße Knochen durch die vertrocknete, ledrige Hülle stießen, die einst ihre Haut gewesen war. Der kleine Junge hockte neben den Überresten seiner Mutter und nuckelte noch immer an seinem Keks. Ich ging, so langsam und ruhig, wie ich nur konnte, zu ihm hinüber, nahm ihn auf die Arme und trug ihn aus der Hütte.

Die Wärme seines kleinen Körpers, der sich an den meinen kuschelte, erfüllte mich mit einem Frieden und einer Gelassenheit, die mich aus dem Chaos heraushoben. Dieses Kind lebte, aber es hatte schrecklichen Hunger, es war schön, aber über und über mit Schmutz bedeckt, verwirrt, aber nicht ängstlich. Ich traf eine Entscheidung: Dieses Kind würde das vierte in der Dallaire-Familie sein. Ich konnte Ruanda nicht retten, aber ich konnte dieses Kind vor dem Schlimmsten bewahren.

Bevor ich diesen Jungen in den Armen gehalten hatte, war ich mit den Vertretern der Hilfsorganisationen und den beiden Kriegsparteien übereingekommen, keinen »Export« von ruandischen Waisenkindern ins Ausland zu erlauben. Wenn Hilfsorganisationen solche Bitten an mich herantrugen, hatte ich ein schlagendes Argument parat: Mit dem Geld, das für den Flugtransport von 100 Waisenkinder nach Frankreich oder Belgien benötigt würde, ließen sich in Ruanda Waisenhäuser für 3.000 Kinder bauen, mit Personal ausstatten und unterhalten. Dieser eine Junge hatte all meine klugen Argumente beiseite gewischt. Ich sah mich schon wie ein moderner Christophorus mit dem Jungen auf dem Arm auf dem Flughafen von Montreal eintreffen, wo uns meine Frau Beth in die Arme schließen würde.

Dieser Traum zerstob abrupt, als mir der junge Soldat mit wölfischer Schnelle das Kind aus den Armen riss und mit ihm sofort im Gebüsch verschwand. Da wir nicht wussten, wie viele Soldaten seiner Einheit uns vielleicht schon ins Visier genommen hatten, stiegen wir widerwillig in den Geländewagen. Während wir langsam davonfuhren, ging mir so einiges durch den Kopf. Der Rückzug war eindeutig richtig gewesen. Ich hatte es vermieden, das Leben meiner beiden Soldaten für einen vergeblichen Kampf um einen kleinen Jungen aufs Spiel zu setzen. Aber in jenem Moment hatte ich das Gefühl, dass ich vor einem Kampf für eine gerechte Sache zurückgeschreckt war und dieses Zurückweichen exemplarisch für all unser Versagen in Ruanda stand.

Wie es wohl dem schönen Kind ergangen sein mag? Hat es den Weg in ein Waisenhaus tief hinter den RPF-Linien gefunden? Hat es die Gefechte überlebt, die noch folgen sollten? Ist es tot oder heute selbst ein Kindersoldat, gefangen in dem offenbar endlosen Konflikt, der seine Heimat quält?

Jener eine Moment, als der Junge in den Armen eines Soldaten, der jung genug war, um sein Bruder zu sein, mit Haut und Haar vom Wald verschluckt wurde, lässt mir keine Ruhe. Die Erinnerung daran lässt mich nie vergessen, wie verantwortungslos wir waren, als wir den Ruandern versprachen, mit wirkungslosen Mitteln die erforderliche Sicherheit im Land zu gewährleisten, damit sie einen dauerhaften Frieden aushandeln konnten. Es ist beinahe neun Jahre her, seit ich Ruanda verlassen habe, aber während ich dies schreibe, fluten die Geräusche, Gerüche und Farben jener Tage in digitaler Schärfe zu mir zurück. Es ist, als hätte jemand meinen Schädel aufgebohrt und jenes Grauen namens Ruanda als eine Abfolge bluttriefender Bilder in mein Gehirn geätzt. Ich könnte es nicht vergessen, selbst wenn ich es wollte. Oft habe ich mich in den Jahren seither nach Ruanda zurückgesehnt, um mit meinen Gespenstern in den blau-grünen Hügeln zu verschwinden. Ein einfacher Pilger, der Sühne und Vergebung sucht. Aber während ich langsam versuche, mein Leben wieder zusammenzukitten, ist mir bewusst, dass die Zeit für mich gekommen ist, eine schwierigere Pilgerfahrt zu unternehmen: zurückzureisen durch all die schrecklichen Erinnerungen und meine Seele wieder zu finden.

Tatsächlich habe ich versucht, diese Geschichte schon kurz nach meiner Rückkehr aus Ruanda 1994 aufzuschreiben, in der Hoffnung, etwas von meiner Last abzuschütteln, indem ich klären wollte, in welcher Weise meine eigene Rolle als Truppenkommandeur von UNAMIR mit der internationalen Apathie verschränkt war, mit den komplexen politischen Manövern und dem tiefen Abgrund des Hasses und der Barbarei, der zum Völkermord mit über 800.000 Toten führte. Stattdessen stürzte ich in eine zerstörerische psychische Abwärtsspirale: Selbstmordversuche, krankheitsbedingte Entlassung aus den Streitkräften, Diagnose einer posttraumatischen Belastungsstörung, Dutzende und Aberdutzende von Therapiesitzungen, ausgiebige Verschreibung von Psychopharmaka, die mich bis heute begleiten.

Es dauerte sieben Jahre, bis ich schließlich doch noch die Willenskraft und den Mut aufbrachte, die Ereignisse jenes Jahres in Ruanda detailliert zu beschreiben: aus meiner Innensicht nachzuerzählen, wie ein Land vom Versprechen des Friedens zur Intrige, zum Rassenhass, zu Mord, Bürgerkrieg und Völkermord gelangte. Wie die internationale Gemeinschaft mit einem ungeeigneten UN-Mandat und – man kann es nicht anders sagen – mit einer Mischung aus Gleichgültigkeit, Eigeninteresse und rassistischem Denken diesen Verbrechen gegen die Menschheit Vorschub leistete. Und wie wir alle halfen, das Chaos zu schaffen, das Millionen von Menschen zu Mordopfern und Vertriebenen gemacht und eine ganze Region in Zentralafrika destabilisiert hat.

Eine wachsende Fülle von Büchern und Aufsätzen untersucht die tragischen Ereignisse in Ruanda aus vielen Blickwinkeln: Augenzeugenberichte, Medienanalysen, Angriffe gegen das Verhalten der damaligen amerikanischen Regierung, Verurteilung der »unfähigen« Vereinten Nationen. Aber selbst die internationalen und nationalen Untersuchungen, die seit dem Völkermord angestrengt wurden, sind sich unter dem Strich einig darin, dass die einzelnen UN-Mitgliedsstaaten keine Schuld auf sich geladen hätten – insbesondere nicht die einflussreichen Nationen mit ständigem Sitz im Sicherheitsrat wie die Vereinigten Staaten, Frankreich und Großbritannien, die sich zurücklehnten und einfach zusahen, was da geschah, die ihre Truppen abzogen oder von vornherein keine zur Verfügung stellten. Ein paar belgische Offiziere kamen vor Gericht, um für die Sünden in Ruanda zu bezahlen. Als mein Sektorkommandeur in Kigali, Oberst Luc Marchal, in Brüssel vor ein Kriegsgericht gestellt wurde, verfolgte die Anklage gegen ihn eindeutig das Ziel, die eigene Regierung von jeder Verantwortung für den Tod der zehn belgischen Friedenshüter unter meinem Kommando freizusprechen. Der Richter verwarf schließlich alle Anklagepunkte und gestand Marchal zu, seiner Pflicht in einer nahezu aussichtslosen Lage vorbildlich gerecht geworden zu sein. Aber nie gerieten die Gründe ins Rampenlicht, warum er und die übrige UNAMIR-Truppe überhaupt in eine so gefährliche Situation kommen konnten.

Es ist Zeit, dass ich die Geschichte von dort aus erzähle, wo ich damals stand: wortwörtlich inmitten eines wochenlangen Massakers. Eine öffentliche Darlegung meiner Handlungen, meiner Entscheidungen und Fehler während dieses furchtbaren Jahres könnte ein entscheidender, noch fehlender Puzzelstein für all jene sein, die versuchen, die Tragödie mit Kopf und Herz zu begreifen. Meine Trauer über all jene Ruander, die ihre Hoffnung in uns setzten, die daran glaubten, dass die UN-Friedenstruppe den Extremismus stoppen, dem Morden Einhalt gebieten und ihnen auf ihrem gefährlichen Weg zu einem dauerhaften Frieden helfen könne, wird nie enden. Diese Mission, UNAMIR, scheiterte. Ich kenne aus eigener Anschauung den Preis an

Menschenleben, den das starre Mandat des UN-Sicherheitsrates kostete, das pfennigfuchsende Finanzmanagement der Mission, die UN-Bürokratie und die politischen Manipulationen, ich kenne überdies meine eigenen persönlichen Mängel. Was ich jedoch mittlerweile als Wurzel des Übels erkannt habe, ist die fundamentale Gleichgültigkeit der Weltgemeinschaft gegenüber der Not von acht Millionen schwarzen Afrikanern in einem winzigen Land, das für keine Weltmacht irgendeine strategische Bedeutung oder einen Wert als Rohstofflieferant hat. Ein übervölkertes kleines Land, das sich gegen sich selbst wandte und sein eigenes Volk vernichtete, während die Welt hinschaute und dennoch nicht den politischen Willen fand, einzugreifen. Eingebrannt hat sich mir das Urteil einer kleinen Gruppe von Bürokraten, die in den ersten Wochen des Völkermordes eintrafen, um die Situation vor Ort »einzuschätzen«: »Wir werden unserer Regierung empfehlen, nicht zu intervenieren, da die Risiken hoch sind und es hier nichts weiter gibt als Menschen.«

Meine Geschichte ist keine streng militärische Darstellung oder eine akademische Studie über den Zusammenbruch von Ruanda. Sie ist keine platte Verurteilung der vielen Fehler der Vereinten Nationen als Kraft des Friedens auf der Welt. Sie ist keine Erzählung von Helden und Bösewichtern, obwohl das leicht wäre. Dieses Buch ist ein Aufschrei des Herzens für die Hunderttausende Hingemetzelter, ein Tribut an die Seelen derer, die von Macheten zerhackt wurden, weil sie sich angeblich von jenen unterschieden, die sich an die Macht klammerten. Es ist die Geschichte eines Kommandeurs, der, vor eine Herausforderung gestellt, die nicht dem klassischen Lehrbuchbeispiel von Friedensmissionen im Kalten Krieg entsprach, scheiterte: Er fand keine wirkungsvolle Lösung und musste wie zur Strafe mit ansehen und bezeugen, wie einige seiner eigenen Soldaten starben, wie man versuchte, eine ganze Volksgruppe auszulöschen, wie kaum geborene Kinder abgeschlachtet wurden, wie sich menschliche Gliedmaßen wie Klafterholz stapelten und sich verwesende, von der Sonne verzehrte Leiber zu Hügeln auftürmten.

Dieses Buch ist nicht mehr und nicht weniger als die Darstellung einiger Menschen, die damit beauftragt waren, andere die Früchte des Friedens kosten zu lassen. Stattdessen sahen wir zu, wie der Teufel die Herrschaft im irdischen Paradies übernahm und sich vom Blut der Menschen ernährte, die wir doch hätten schützen sollen.

KAPITEL 1

Mein Vater lehrte mich drei Dinge

Meine große Liebe war immer die Armee. Schon als Kind hatte ich nie Zweifel, was ich später werden wollte. Mein erstes Spielzeug war ein sehr grobes Modell eines kanadischen Armee-Jeeps, das ich aus den kriegsverwüsteten Niederlanden mitbrachte, als mein Vater meine Mutter und mich nach dem Zweiten Weltkrieg zu sich nach Quebec holte. Als Junge erschuf ich auf dem großen Läufer im Wohnzimmer Schlachtfelder und war, wenn mich meine Eltern allein zu Hause ließen, glücklich, das Fort zu halten, während sie ihre Besorgungen machten. Im Sommer baute ich am Landhaus massive Sandfestungen und Verteidigungsanlagen. Völlig versunken in die Manöver meiner Spielzeugautos und Hunderter von Plastiksoldaten, träumte ich von den Schlachtfeldern alter Zeiten, wo Geschütze den Schlachtverlauf bestimmten. Ich war immer ein Mann der Artillerie, der die anstürmende Kavallerie und massierte Infanterie mit großen Sandklumpen beharkte.

Ich spielte nicht Krieg, ich lebte ihn, für mich allein. Diese Zeit ist weit entrückt, doch für mich noch sehr lebendig. Wenn ich nicht meine Feldzüge auf dem Läufer oder im Sand führte, brütete ich über Militärgeschichtsbüchern und träumte davon, ein Hauptmann in schneidiger rot-blauer Uniform zu sein, der in den napoleonischen Kriegen eine Batterie von Schützen und leichter Artillerie befehligt. Solche Szenarien waren so real für mich, dass ich das Schießpulver riechen und das laute Wiehern der Pferde hören konnte. Das Kribbeln und die Aufregung der Schlacht durchbebten mich und hoben mich aus dem deprimierenden Grau des Montrealer East End heraus, wo ich aufwuchs.

Ich wurde als ältestes von drei Kindern und einziger Junge in eine Militärfamilie geboren, daher ist es vielleicht nicht verwunderlich, dass für mich Soldatentum nicht nur ein Beruf, sondern eine Leidenschaft wurde. Mein Vater war Unteroffizier in der kanadischen Armee, meine Mutter eine Kriegsbraut aus den Niederlanden. Sie lernten sich kennen, als mein Vater im Winter 1945 in Eindhoven stationiert war. Meine Mutter machte eine Krankenschwesterausbildung und kam mit ihren Freundinnen auf dem Weg zum Krankenhaus an den Biwaks der Kanadier auf dem Marktplatz vorbei. Sie sahen, unter welch grässlichen Bedingungen die Soldaten lebten, unter Zeltplanen im eiskalten Winterregen, ohne Heizung und fließendes Wasser. Die ansässigen Familien, darunter die meiner Mutter, wurden gebeten, die kanadischen Truppen in ihren Häusern unterzubringen. Feldwebel Roméo Louis Dallaire fiel durchaus ins Auge, ein kräftiger, groß gewachsener Mann mit durchdringenden blauen Augen, dem man seine 43 Jahre nicht ansah. Meine Mutter war mit 26 immer noch ledig. Eines führte zum anderen, und kaum, dass man sich's versah, kam ich im Juni 1946 zur Welt.

Mein Vater war 1902 in der Bergbaustadt Thetford Mines in den Eastern Townships von Quebec zur Welt gekommen. Seine Eltern starben jung, woraufhin er im Westen bei einer kaltherzigen und knauserigen Tante aufwuchs, die keinen Mann, dafür aber eine große, unprofitable Farm in der Nähe von North Battleford in Saskatchewan besaß. Das Leben dort war von harter körperlicher Arbeit geprägt und ziemlich unerträglich. Um wenigstens ab und zu ein anständiges Abendessen zu bekommen, fing mein Vater manchmal ein Huhn, drehte ihm den Hals um und warf es auf den Misthaufen. Dann erzählte er seiner Tante, dass es erfroren sein müsse, und die Tante brachte es, um es nicht verkommen zu lassen, zum Abendessen auf den Tisch. Kaum volljährig geworden, verließ er die Farm und erarbeitete sich langsam seinen Weg zurück nach Quebec. Ziellos nahm er weiterhin jede Arbeit an, die er finden konnte.

1928 ging er im Alter von 26 schließlich zur Armee und trat in das Royal 22ième Régiment ein. Zu dieser Zeit war das Royal 22ième, gemeinhin »the Vandoos« genannt, die einzige französischsprachige Einheit der kanadischen Armee. Bei den Vandoos fand mein Vater schließlich eine zweite Familie, er genoss die Kameradschaft und das tiefe Vertrauen unter Soldaten. 1931 wurde er zum Army Service Corps versetzt, einer Logistikeinheit, die Transport, Ausrüstung, Instandhaltung, Besoldung und anderes abwickelte, was nötig ist, eine Armee in Gang zu halten. Damals transportierte das Service Corp Ausrüstung und Nachschub noch mit Pferdefuhrwerken, und mein Vater war in seinem Element, da er den sicheren Umgang mit Gespannen bei seiner Tante gelernt hatte.

Als der Zweite Weltkrieg begann, wurde er nach Übersee versetzt, zuerst nach Nordschottland, wo er die Fallschirmspringer von General de Gaulles Freien Französischen Streitkräften ausbildete. Kälte und Feuchtigkeit verleideten ihm allerdings bald die Freude über diese schöne Aufgabe. Schließlich kam er zur 85th Bridge Company des 2. Kanadischen Corps, die nach endlosen Trockenübungen in Südengland einen Monat nach dem D-Day 1944 in der Normandie landete. Während des Winters von 1944/45 hielt die kanadische Armee eine Linie von über 320 Kilometer, die sich nahe der deutschen Grenze von Nimwegen im Süden entlang der Maas und über die niederländischen Inseln bis nach Dünkirchen an der Kanalküste erstreckte. Während dieses langen, bitterkalten Winters erlebte er, wie viele seiner Freunde bei der verzweifelten Anstrengung, die Deutschen über den Rhein zurückzuwerfen, von Granaten zerfetzt oder zu einem schreienden Häuflein Elend verstümmelt wurden.

Vater war bis dahin zum Feldwebel aufgestiegen, Leiter einer Werkstatt für die Instandhaltung von 250 Fahrzeugen und Brückenbaumaschinen. Nun bereits in seinen 40ern, war er in seiner Werkstatt der väterliche Alte, der sich mit seiner Geschicklichkeit, fast jede Kriegsmaschine in Gang halten und flicken zu können, einen beträchtlichen Ruf erworben hatte. Er war ein hervorragender »Schnorrer«, eine entscheidende organisatorische Fähigkeit für einen Unteroffizier in der nur mit dem Gröbsten ausgerüsteten kanadischen Armee. Kanadische Soldaten wurden berüchtigt für ihre Tauschgeschäfte; sie handelten mit allem, was nicht niet- und nagelfest war, um ihren Einheiten zu helfen. 30 Jahre später erlebte ich an der deutsch-deutschen Grenze bei meinen eigenen Unteroffizieren die gleichen Fähigkeiten, denen hier gewöhnlich nichts ahnende Amerikaner zum Opfer fielen. Ganze Motoren wechselten für eine große Flasche kanadischen Club-Whiskys den Besitzer. Einmal verschafften mir sogar warme Mahlzeiten aus der Feldküche meiner Einheit eine Woche lang Zugang zu acht Luftabwehrsystemen. Dieser Handel folgt seinem eigenen harten Gesetz: Wer immer dabei erwischt wird, sich beim »Organisieren« selbst zu bereichern, wird ausgestoßen. Was meinen Vater anging, betrachtete er Geschäfte zum eigenen Vorteil als Diebstahl an den Kameraden, für ihn das schlimmste Verbrechen, das man in der Armee begehen konnte.

Nach dem Krieg blieb mein Vater noch fast ein Jahr lang in den Niederlanden, wo er die Schenkung von kanadischen Fahrzeugen an die niederländische und die belgische Regierung abwickelte. Seine Arbeit führte ihn auch nach Eindhoven, wo er der hübschen, jungen Niederländerin begegnete, die meine Mutter wurde.

Als er nach Kanada zurückkehrte, war die Demobilisierung in vollem Gange. Mein Vater verlor sofort seinen Vorkriegsrang eines Feldwebels und wurde zu einem Unteroffizier mit zwei Streifen degradiert. Meine Mutter war über diese Behandlung empört; sie nahm den ganzen Weg bis nach Ottawa auf sich, um sich beim Ersten Generalstabsoffizier der kanadischen Armee mit Zähnen und Klauen dagegen zu wehren. Bald darauf erhielt mein Vater seinen alten Rang zurück. Dennoch schlug er alle Gelegenheiten zur weiteren Ausbildung oder Beförderung aus und reiste zehn Jahre lang auf Ausrüstungsinspektion kreuz und quer durch Quebec. Nach seiner Pensionierung 1957 nahm er eine zivile Arbeit an und arbeitete zehn weitere Jahre unter erbärmlichen Bedingungen in der Armeewerkstatt für schweres Gerät im East End von Montreal.

Manche Kriegserlebnisse verfolgten ihn, auch wenn er selten mit mir oder irgendjemandem außerhalb seines engen Veteranenzirkels darüber sprach. Der Vater, den ich kannte, war hart und schweigsam und neigte zu langen Phasen brütender Innenschau. Die Familie lernte, ihm aus dem Weg zu gehen, wenn ihn eine dieser schwarzen Stimmungen befiel.

*

Meine Mutter, Catherine Vermeassen, war sehr niederländisch, fromm und häuslich. Sie hatte ihre große Familie zurückgelassen, um mit einem sechs Monate alten Baby über den Ozean zu einem 15 Jahre älteren Mann zu reisen, dessen erste Liebe der Armee galt. Sie traf mit mir und Tausenden von anderen Kriegsbräuten am Pier 21 in Halifax ein – einer jener Transporte des Roten Kreuzes, die Ehefrauen und Kinder mit ihren zuweilen äußerst widerstrebenden Ehemännern und Vätern zusammenführten. Es gab viel Feindseligkeit gegenüber Kriegsbräuten und ihren Kindern. Obwohl sich meine Mutter zu behaupten lernte, gewöhnte sie sich nie ganz in die engstirnige Welt des Montrealer East End ein und blieb ein wenig verloren in einer Kultur, in der sie als Außenseiterin mit merkwürdigen ausländischen Ideen betrachtet wurde.

Sie war keine jener Frauen, die Worte oder Gefühle verschwenden, aber der Krieg hatte bei ihr sehr tiefe Narben hinterlassen. Manchmal, vielleicht aus schierer Einsamkeit, vertraute sie sich mir an und quoll über von Geschichten. Ich ließ mich von ihr in die dunklen, gefährlichen niederländischen Straßen der Kriegszeit entführen. Sie erzählte mir von den Freunden, die sie verloren hatte – besonders lebhaft stand ihr jener junge Jude vor Augen, der mitten in der Nacht von der Gestapo verhaftet worden und im Albtraum des Holocaust verschwunden war. Jedes Mal, wenn sie mir wieder von ihm erzählte, hörte ich das jähe Klopfen an der Tür, sah das unheilvolle Schimmern von Stiefeln im Mondlicht, das weiße Gesicht des jungen Mannes, seine vor Schreck geweiteten dunklen Augen.

Sie erzählte mir vom donnernden Lärm der alliierten Bomber und der Angst – und Hoffnung –, die sie mit sich brachten, als sie vor dem kanadischen Vorstoß zum Rhein Stadt und Land unter Feuer nahmen. Sie beschrieb das Geheul der Transportflugzeuge und den Anblick von Tausenden von Fallschirmspringern, die beim alliierten Vorrücken auf Nimwegen und Arnheim den Himmel füllten, so weit das Auge blickte. Ich spürte ihr stilles Entsetzen, als sie mir erzählte, wie sie und ihre Familie die jahrhundertealten Türme und anmutigen Kathedralen, die Wahrzeichen ihrer Kindheit, in Flammen aufgehen sahen. Sie führte mir den furchtbaren Preis des Krieges vor Augen, aber dabei stellte sie die kanadischen Soldaten immer als die Helden ihrer Geschichten heraus, Retter von übermenschlicher Größe, die Licht, Hoffnung und Lebensfreude in ein kriegszerrissenes Land brachten. Sie pflanzte mir einen erregenden Stolz auf Kanada ein, eine vom Krieg nicht bedrohte Nation, die ihre Jugend geopfert hatte, um die Welt vor der finsteren Macht der Nazis zu retten. Diese Geschichten hatten eine tiefe Wirkung auf mich. Anders als viele meiner Generation, die leidenschaftliche Friedensaktivisten wurden und entschlossen waren, dem Krieg ein Ende zu setzen, zog ich die gegenteilige Lehre. Ich erkannte in meinen Eltern einen Mut, der sie über ihr Eigeninteresse hinausgeführt hatte; sie hatten ihr eigenes Leben in die Waagschale geworfen, um eine böse Macht niederzuringen, die den Frieden und die Sicherheit eines großen Teils der Welt bedrohte. Es war ihr Vorbild an Selbstaufopferung, dem ich zu folgen versuchte, als ich mit meinen Spielsoldaten auf dem Wohnzimmerteppich spielte.

*

Unser erstes Heim war eine mit Teerpappe abgedichtete Behelfsbaracke, die wir uns mit zwei anderen Familien teilten. Meinem Vater und einigen seiner Freunde aus dem Service Corps gelang es, Baumaterial zu organisieren und den Raum aufzuteilen, um mehr Privatsphäre zu schaffen, aber Toiletten und Bad wurden weiter gemeinschaftlich benutzt. Wir lebten dort bis 1951, als mein Vater sich schließlich eine eigene Unterkunft leisten konnte.

Der Sold war niedrig. Mein Vater verdiente sich manchmal mit Autoreparaturen für die Nachbarn ein paar Dollar dazu, um seine wachsende Kinderschar zu ernähren. Er war 50, als meine jüngste Schwester Yolande geboren wurde. Wir lebten in einem schlichten Haus aus Kriegszeiten, Tür an Tür mit Ölraffinerien und Chemiefabriken, die ihr Gift in dicken, dichten Wolken über die Nachbarschaft ausspuckten. Damals war das East End von Montreal eines der größten Zentren der petrochemischen Industrie in Nordamerika. Es gab Tage, da war die Luft so vergiftet, dass wir nicht draußen spielen konnten – sie brannte in unseren Kehlen und jagte uns keuchend ins Haus zurück. Die Häuser waren billig und wackelig gebaut, es gab keinen Keller und keine Zentralheizung, nur einen Ölofen. Die große Öltonne, die ihn speiste, lag klobig draußen vor dem Fenster. Im Winter bildete das Eis kleine Wülste auf den Fensterbänken und fror die Handtücher starr, die wir zum Abdichten darauf legten. Der Winterwind pfiff unter den Türen und durch die Fensterrahmen hindurch und streckte seine stechenden Kältefinger in unsere behaglichen Bettnester aus.

Es war ein harter, raubeiniger Arbeiterbezirk. Wer sich behaupten wollte, durfte vor Raufereien nicht zurückschrecken. Unsere Nachbarschaft teilte sich in zwei Gemeinden, eine französisch-katholische und eine protestantische von Immigranten, für die Englisch Zweitsprache war. Jede der Gemeinden hatte ihre eigenen Institutionen, getrennte Schulen und Kirchen. Man blieb meist unter sich, doch obwohl wir in der französischen Gemeinde lebten und fromm katholisch waren, fühlte sich meine Mutter, die gut englisch sprach, bei den Anglophonen wohler, von denen viele Neukanadier waren wie sie selbst. Sie sehnte sich nach der Pfadfinderbewegung ihrer Kindheit in den Niederlanden zurück und engagierte sich bei den Scouts Canada, die von der englisch-protestantischen Schule aus geleitet wurden. Sie schleppte mich auf das erste Treffen mit und sagte mir streng, der einzige Grund, warum ich hingehen dürfe, sei die Verbesserung meines

Englisch. Ich fühlte mich bei den Jungpfadfindern pudelwohl und fand dort enge Freunde. Allerdings waren die Pfadfinder damals nicht nur englischsprachig, sondern auch anglikanisch, deshalb witzelte ich oft, dass ich am Mittwochmorgen gleich zur Beichte müsse, wenn ich dienstagabends bei den Jungpfadfindern gewesen war.

Ein Pfadfinder zu sein hatte sowohl soziale als auch religiöse Konsequenzen. Die französisch- und die englischsprachigen Kinder bildeten getrennte Nachbarschaftsbanden und waren bitter verfeindet: Die Tatsache, dass ich Freunde auf beiden Seiten hatte, setzte mich dem Verdacht aus, ein Verräter zu sein. Das machte mir das Leben nicht einfacher. Ich erinnere mich noch, wie meine Schwester Juliette mit nur fünf oder sechs Jahren in der Hintergasse unseres Hauses in ein Kreuzfeuer aus Steinwürfen zwischen einer französischen und einer englischen Bande geriet. Sie wurde getroffen und zog sich eine blutende Wunde zu. Meine frankophonen Freunde und ich eilten ihr zu Hilfe und hoben sie über den Zaun in Sicherheit. Wir begannen dann einen Gegenangriff, der die Anglos in eine teerpappenbedeckte Hütte trieb, die wir in Brand steckten. Noch etliche Tage später drangsalierte ich die Anglos, weil sie meine Schwester verletzt hatten. Schließlich schlossen wir einen Waffenstillstand, und beim nächsten Zusammenprall fand ich mich in den Reihen der Anglos wieder. So ging es hin und her.

Ich ging auf die örtliche katholische Knabenschule, die von den Brüdern des Heiligen Gabriel geleitet wurde. Die Ordensbrüder kamen oft bei uns zu Hause vorbei, gewöhnlich zur Abendbrotzeit, um meine Eltern zu besuchen. Mein Vater war Mitglied der katholischen Laienbruderschaft Knights of Columbus und auch ein angesehener und bekannter Organisator in der Basisarbeit der Liberal Party; meine Mutter engagierte sich glühend für den Frauenverband dieser Partei und in der Wohltätigkeitsarbeit. Ein Besuch der Ordensbrüder war für mich allerdings nicht immer angenehm, da sie sich häufig über meine glanzlosen Leistungen in der Schule beklagten.

Was dagegen für mich sprach, war die Tatsache, dass ich Solist im Chor war. Bruder Léonidas, der Chorleiter, war zwar streng, aber ein begabter Musiker und begeistert, dass ich die paar englischen Lieder in unserem Repertoire singen konnte. Er karrte uns ständig zu Chorwettbewerben, wo wir uns gewöhnlich recht gut schlugen.

Ich ergatterte außerdem die begehrte Position eines Messdieners, eine hübsche Nebenbeschäftigung, die mir nebst gelegentlichem Zehn-

Cent-Stück bei Hochzeiten und Beerdigungen 25 Cent in der Woche einbrachte. Schon bald stellte ich fest, dass Beerdigungen häufig weit aufwändiger und daher auch profitabler waren als Hochzeiten, auch die Musik war in der Regel besser.

Aber es waren meine Tanzkünste, die mein Ansehen bei den Mädchen in der getrennten Klosterschule auf der gegenüberliegenden Straßenseite hoben. Ich musste bloß aufpassen, dass mich die Ordensbrüder nicht beim Händchenhalten mit einem erwischten. Die Strafe für diese Art von Geschwisterlichkeit folgte auf dem Fuße: Abschrift einiger Seiten aus dem Wörterbuch kniend in der Ecke des Klassenzimmers. Die Brüder und Nonnen postierten sich gern an strategisch günstig gelegenen Fenstern, um jedes Techtelmechtel auf dem Schul- und Nachhauseweg zu erspähen. Nur im Volkstanzklub, der von der Gemeinde, später von den Schulen organisiert wurde, durften sich beide Geschlechter – unter strenger Aufsicht natürlich – mischen. Wir lernten alle traditionellen frankokanadischen Volkstänze, aber auch die Tänze anderer Nationen. Ich erinnere mich, dass ich die jüdischen Tänze besonders gern mochte, denn zu ihrer authentischen Aufführung mussten wir barfüßig tanzen und uns vorstellen, der harte, kalte Turnhallenboden sei in Wirklichkeit weicher, warmer Wüstensand. Der Anblick eines entblößten Mädchenfußes und -knöchels war fast unerträglich erregend.

*

In der Highschool blieb ich vorerst ein gleichgültiger Schüler, der sich mehr für den Sport als fürs Lernen interessierte. Das änderte sich schlagartig an jenem Tag, an dem ein alter Freund meines Vaters zu Besuch kam, ein Major, unter dem mein Vater im Krieg gedient hatte. Sie sprachen den ganzen Abend über die Armee, und ich lauschte ihnen. Ich hegte noch immer den Traum, Soldat zu werden, war den Kadetten beigetreten und verbrachte alle meine Sommerferien im Zeltlager in Farnham, einem alten Militärlager aus der Zeit des Ersten Weltkriegs südlich von Montreal. Dort schulten uns Veteranen des Zweiten Weltkrieges und des Koreakrieges in taktischen Manövern und im Umgang mit einem Maschinengewehr. Ich vergötterte diese Lehrer.

Als der Major einmal seinen Erinnerungen schweigend nachhing, sagte mein Vater zu seinem Freund: »Weißt du, mein Sohn denkt daran, auf das Militärcollege zu gehen.«

Der Major lächelte und wandte sich zu mir: »Schön, mein Sohn. Wie sind deine Noten?«

Ich sagte es ihm.

»Nun, weißt du, junger Mann, mit Noten wie diesen kommst du nicht mal in die Nähe des Militärcolleges. Da musst du schon im oberen 80-Prozent-Bereich sein, um überhaupt in Erwägung gezogen zu werden.« Was seiner Bemerkung zusätzliches Gewicht verlieh, war die Tatsache, dass in der Generation meines Vaters das Militärcollege für die Söhne hochrangiger Offiziere reserviert war; das Kind eines Unteroffiziers wäre zu seiner Zeit niemals aufgenommen worden.

Nachdem der Major gegangen war, sagte mein Vater nicht viel, zweifellos, um meine Gefühle zu schonen. Aber ich las aus der Art, wie der Besucher mit mir gesprochen und mir in die Augen gesehen hatte, etwas ganz anderes heraus: Ich war sicher, dass der Major in Wirklichkeit überzeugt war, dass ich es schaffen würde, und mich herausforderte, es zu beweisen. Mit der Hilfe meines Freundes Michel Chevrette, dessen Fleiß bis dahin den meinen völlig in den Schatten gestellt hatte, lernte ich, mich hinter den Schreibtisch zu klemmen. Zur Überraschung meiner Familie und meiner selbst stieg mein Durchschnitt von 72 Prozent in der 9. Klasse auf 91 Prozent in der 10., 11. und 12. Ich schloss gewöhnlich die Tür meines Zimmers, stellte das Radio an und verzog mich in meine abgeschottete Studierwelt. An den Wochenenden lernten Michel und ich manchmal zwölf Stunden am Stück. In der 11. Klasse zerrten mich meine Eltern sogar einmal die Treppe hinunter und beschwerten sich, dass ich nicht mehr am Familienleben teilnähme und sie genug davon hätten, mich nur zur Essenszeit zu sehen. Sie hatten Recht: Gewöhnlich schlang ich mein Essen hinunter, wusch ab und verschwand sofort wieder auf mein Zimmer. Aber nun hatte ich den Dreh heraus; ich hatte die Willenskraft gefunden, mich auf den Hintern zu setzen und zu arbeiten. Es kam mir nicht in den Sinn, nun aufzugeben.

Kurz vor der Abschlussprüfung schickten uns die Ordensbrüder auf ein Andachtswochenende, um Einkehr zu halten und göttlichen Beistand für unseren künftigen Lebensweg zu erbitten. Für die meisten von uns bedeutete eine Andacht, sich mit *Playboy*-Magazinen und Schokolade auszurüsten, aber als wir dort waren, blieb doch die eine oder andere Weisheit hängen. Wir gingen beichten, und ich kam zu einem dicken, alten Priester, der früher Armeepfarrer gewesen war. Er war recht schmuddelig, die Soutane mit Ketchup beschmiert, das

Gesicht schlecht rasiert, die Augen blutunterlaufen. Und ihm gegenüber ich, auf dem kalten Steinfußboden kniend, ohne eine Ahnung, was ich sagen sollte. Nach einer langen, unbehaglichen Stille blickte er mich durch seine schmierige Brille an und fragte mich, was ich mit meinem Leben anstellen wolle. Ich sagte ihm, dass ich mich auf das Militärcollege beworben habe und wie mein Vater eine Karriere in der Armee anstrebe. Er lehnte sich in seinem Stuhl zurück und seine Stimme nahm einen versonnenen Ton an. »Ach, Soldat«, seufzte er. »Weißt du, Soldaten sind sehr ungewöhnlich. Nach außen hin die härtesten, anspruchsvollsten, strengsten Menschen, aber darunter sind sie die menschlichsten, gefühlvollsten, anhänglichsten Leute, die es gibt.« Diese Worte drückten äußerst treffend aus, was ich zwischen meinem Vater und seinen Kameraden gespürt hatte. Sie trafen auch genau das Gefühl, das mir der Major vermittelt hatte, und die tiefe Achtung, die später zwischen meinen Soldaten und mir bestehen sollte. Ich wollte mehr davon.

*

Ich wuchs in der Aufbruchstimmung im Quebec der frühen 60er Jahre auf und glaubte wie meine Eltern glühend an die fortschrittliche Vision von Jean Lesage, der die Provinz von 1960 bis 1966 als Premierminister führte. Mit der Niederlage der erzkonservativen, modernisierungsfeindlichen Regierung von Maurice Duplessis, der die Provinz beinahe 20 Jahre lang wie ein Privatlehen geführt hatte, brach Quebec damals aus der dunklen, auf die Kirche fixierten Isolation der 40er und 50er Jahre mit einer Kühnheit und Energie aus, die ganz in die Zeit zu passen schienen. In der »stillen Revolution« (*quiet revolution*) vollzog sich mit zunehmender Säkularisierung, dem Ausbau des Sozialstaates und einem neuen Selbstbewusstsein der Frankokanadier, die immer stärker auf ihre Eigenständigkeit als »Québécois« pochten, ein rascher gesellschaftlicher Wandel. In der Schule war ich Teil einer breiten Bewegung zur Förderung des Französischen, die von unseren Lehrern angeführt wurde und sich »Le Bon Parler Française« nannte. Sie bemühte sich um Achtung, ja Verehrung für das Französische und opponierte allen Anglizismen, die sich in unsere Sprache eingeschlichen hatten. Mit neuem Selbstbewusstsein und Leidenschaft strebte meine Generation nach Anerkennung der Rechte der frankokanadischen Minderheit in Kanada. »In Kanada«, so drückte es Jean Lesage aus, »sind ›Französisch‹ und ›Englisch‹ unsere Vornamen; mit Nachnamen heißen wir ›Kanadier‹. Wir müssen unserem Erbe treu bleiben, aber wir schulden auch unserem Vornamen Treue, denn in ihm kommt unsere Individualität, unsere Seele zum Ausdruck, und wir sollten deshalb weder Minderwertigkeits- noch Überlegenheitsgefühle hegen.«

Aber ich stand im Begriff, mich einer Militärkultur anzuschließen, die in der Anerkennung der Rechte und Verschiedenartigkeit der französischsprachigen Kanadier weit hinter dem übrigen Land zurückgeblieben war. In den 50er Jahren hatten die kanadischen Streitkräfte die Rekrutierung ausgeweitet, um den Anforderungen des Koreakrieges und der neu gegründeten North Atlantic Treaty Organization (NATO) zu genügen. Die Zahl der Rekruten aus Quebec war peinlich gering; potenzielle Rekruten aus dieser Provinz schreckten vor dem Eintritt in die Streitkräfte zurück, wo Englisch vorherrschte und Frankokanadier kaum toleriert wurden. 1952 erhob sich ein mutiges Mitglied der Opposition, Léon Balcer, im Unterhaus und forderte den Premierminister Louis St. Laurent – Frankokanadier wie Balcer selbst – auf, die Gründe für die niedrigen Rekrutierungszahlen und besonders für den Mangel an französischsprachigen Offizieren in allen Truppenteilen zu nennen. Er löste damit eine politische Kontroverse aus, die große Auswirkungen auf Quebec hatte. Nach allen möglichen Studien und Kommissionen wurde noch im selben Jahr das Collége Militaire Royal de Saint-Jean (CMR) gegründet. Weitsichtige Militärs wie Generalmajor Joseph-Paul-Emile Bernatchez und General Jean Victor Allard, die einzigen Frankokanadier, die bis dahin in den Generalsrang aufgestiegen waren, mühten sich hinter den Kulissen redlich ab, Ungerechtigkeiten zu beseitigen und französischsprachige Offiziere heranzubilden und zu fördern. Einer der vielen Nutznießer dieser großen Kraftanstrengung wurde ich.

*

Am Abend vor dem Semesterbeginn nahm mich mein Vater mit auf einen Spaziergang um den Block. Ich war 18 und stand kurz davor, mein Elternhaus für immer zu verlassen. Mein Vater hielt die Zeit für gekommen, mir den gewichtigsten Rat zu erteilen, den er für mich bereithielt. Er war zwar mächtig stolz, dass der Sohn eines Unteroffiziers vom Militärcollege angenommen worden war, dennoch empfahl er mir, meinen Namen von Dallaire zu Dallairds zu anglisieren, falls ich wirklich eine Karriere in der Armee anstreben wolle. Meine Leidenschaft war die Artillerie, und in dieser Waffengattung hatte es noch nie ein Frankokanadier zu irgendetwas gebracht. Er erteilte mir diesen Rat ohne eine Spur von Bitterkeit, als ob die Änderung meines Namens ein reines Gebot des Pragmatismus wäre. Wenn ich mich wirklich für eine Armeelaufbahn entschlösse, sagte er, würde ich zwar nie reich werden, aber ein befriedigendes Leben führen – wenngleich zu einem hohen Preis für meine künftige Frau und die Kinder, die wir vielleicht haben würden. Ich solle auch nie Dank erwarten; kein Zivilist, keine Regierung, manchmal nicht einmal die Armee selbst könne die Opfer, zu denen ein Soldat bereit sein müsse, wirklich anerkennen. Ich beschloss, meinen Namen nicht zu ändern, aber ich habe versucht, die anderen Lebensweisheiten meines Vaters stets zu beachten.

Auf dem Militärcollege eröffnete sich mir eine ganz neue Welt. Es war am Ort des alten Fort St. Jean gegründet worden, wo 1775 Major Charles Preston und seine Miliztruppe aus Frankokanadiern, Indianern und einigen regulären britischen Soldaten dem amerikanischen General Richard Montgomery widerstanden und damit ein für allemal die Gefahr gebannt hatten, dass Kanada als 14. Bundesstaat an die USA fallen könnte. Das Fort war seit seiner Erbauung 1666 ständig von Soldaten bewohnt gewesen. An diesem Ort waren die Geister vergangener Schlachten lebendig, und ich fühlte mich ihnen nahe, wenn ich durch seine Hallen schritt.

An den Wochenenden fuhren meine Klassenkameraden und ich nach Montreal, wo ich eine ganz andere Stadt entdeckte als die der engen Gemeinde im East End, in der ich aufgewachsen war. In Montreal pulsierte in den 60er Jahren das Theater-, Bistro- und Musikleben, eine Art *Gitane*-Atmosphäre, geschaffen von einer Welle junger frankokanadischer Künstler, die stolz auf ihr besonderes Erbe und ihre eigene Kultur waren. Wir gingen in den vielen Disco-Bars tanzen, trugen Perücken über unseren Militärhaarschnitten, um an den Türstehern vorbeizukommen, die uns häufig mit Drogenfahndern oder Angehörigen der Royal Canadian Mounted Police verwechselten. Natürlich stießen wir auch auf Quebecer Nationalisten, die uns hitzig vorwarfen, in eine Bastion der Anglophonie, die kanadischen Streitkräfte, eingetreten zu sein, und wir trafen Peaceniks, die wegen Vietnam und der Nuklearaufrüstung des Kalten Krieges gegen jede Art von Militär waren. Manchmal wurden wir aus den bohemienhafteren Clubs und Bistros rausgeworfen, andere Male hielten uns unsere Gegner besonders einleuchtende Argumente vor, die uns fast dazu brachten, unsere Meinung zu ändern. Natürlich kam es vor, dass wir, stark beeinflusst vom Alkohol, von schönen, jungen Frauen und von dem stechenden

Aroma gewisser illegaler Substanzen, das in der Luft lag, unseren Überzeugungen untreu zu werden drohten. Jeden freien Moment unseres Ausgangs nutzten wir, um dem reglementierten, rein männlichen Campus zu entfliehen und uns in die reichhaltige Jugendkultur zu stürzen, die damals auf den Straßen von Montreal aufblühte.

Meine drei Jahre auf dem Militärcollege waren glückliche Jahre, obwohl ich bei der akademischen Ausbildung ziemlich zurückblieb. Ehrlich gesagt graduierte ich als absolutes Schlusslicht meiner Klasse. Ich war in jedem Sinne des Wortes als Jungfrau dort angekommen und entschlossen, meinen Mangel an Erfahrung in kürzester Zeit wettzumachen. Ich verlor mich in allen möglichen Aktivitäten (oder fand mich in ihnen wieder), vom Collegesport über politische Debatten, Sex, Alkohol bis hin zu Rock 'n' Roll, nur ging dabei meine Arbeitsmoral zum Teufel.

Meine Klassenkameraden und ich waren ein gemischter Haufen. Einige von uns strebten ernsthaft eine militärische Karriere an, aber viele hatten auch ganz anderes im Sinn. Es gab sogar einige versteckte Hippies unter uns, die darum kämpften, ihr Haar lang tragen zu dürfen, und den Unterricht schwänzten, um sich in rauchigen Cafés herumzutreiben und Gille Vigneault oder Tex Lecor zu hören, die französischsprachigen Sängerkollegen von Bob Dylan und Leonard Cohen. Diese Jungs waren genauso Teil der Clique, mit der ich herumzog, wie die eher machohaften Wissenschafler- und Ingenieurtypen, zu denen ich selbst gehörte. Es war anregend, so eng mit Leuten zusammenzukommen, die aus unterschiedlichen Milieus stammten, mit Leuten, die Kunst und Literatur liebten und radikal andere politische Auffassungen hatten als ich.

Die Studentenschaft am Militärcollege war zu 70 Prozent frankophon und zu 30 Prozent anglophon, aber ich bewegte mich so leichtfüßig zwischen beiden Gruppen, wie ich es in meiner alten Nachbarschaft getan hatte. Vertraut mit den Unsicherheiten, mit denen sich jede der beiden abgeschotteten Gruppen herumschlug – insbesondere die englischsprachige, die sich in einer überwiegend frankophonen Umgebung plötzlich in der Minderheit wiederfand –, verteidigte ich jede Seite gegenüber der anderen. Ich gehörte nie vollständig der einen oder anderen Clique an. Ich hielt mich nicht aus allem heraus, blieb aber immer etwas abseits. Es kam oft vor, dass ich in Streitgesprächen unterlag und wütend auf mich war, weil ich weder auf Französisch noch auf Englisch die richtigen Worte hatte finden können. Aber weil ich mich weder auf die eine noch auf die andere Seite beschränkte, fielen mir oft Nuancen auf, die den engstirnigeren Klassenkameraden entgingen.

Von den 183 Kadetten, die wir ursprünglich waren, machten mehr als 100 ihren Abschluss und gingen wie ich daraufhin auf das Royal Military College (RMC) in Kingston, Ontario, wo uns zwei weitere Ausbildungsjahre erwarteten. Dort stießen wir auf eine ganz andere, uns nicht immer wohlgesonnene Atmosphäre. Kingston war eine Wiege der kanadischen Elite, die noch immer stark an der britischen Kolonialvergangenheit hing. Obwohl unsere Ausbildung angeblich zweisprachig sein sollte, gab es eine tiefe Kluft zwischen den Anglophonen und Frankophonen. Wir Quebecer bildeten eine verschworene Clique, blieben unter uns und flüchteten häufig vor dem streng protestantischen Klima Kingstons und den Sticheleien unserer englischsprachigen Kommilitonen in die pulsierende Vertrautheit eines Montrealer Wochenendes.

Dennoch gehörten wir vielleicht zu den selbstbewusstesten Frankokanadiern, denen sich diese höchst konservative Institution je gegenübergesehen hatte. Wir gaben nicht klein bei und passten uns nicht an. Beflügelt vom Geist der Zeit kämpften wir die zuweilen kleinlichen Schlachten, die nötig waren, um unsere Gleichstellung zu erreichen.

Im Sommer 1967, als die meisten meiner Freunde ihre Sommerausbildung in Montreal absolvierten, um in das Leben der Stadt und die Aufregung um die Expo eintauchen zu können, fand ich mich in Shilo, Manitoba, mitten in der Prärie wieder. Hier war es, wo sich zum ersten Mal meine Berufung als Gefechtsoffizier und Artillerist für mich bestätigt hatte. Während meines ersten Aufenthaltes dort, im Sommer 1965, durften wir von einem Hügel aus eine Geschützübung mit scharfer Munition beobachten. Es war eine wunderbare Landschaft, die Sanddünen der Carberry-Wüste (die einzige Kanadas) glitzerten unter einem strahlend blauen Himmel. Ein junger Offizier, der erst im Vorjahr am Royal Military College graduiert hatte, erläuterte uns seine Aufgaben. Er war für das Abfeuern schwerer Artilleriegeschütze verantwortlich und hatte etwa 90 Leute, die ihm im Feld direkt unterstanden. Er strahlte nur so, ganz erfüllt von der tiefen inneren Aufregung und Konzentration, die ein Kommando mit sich bringt. Er ließ seine Kanoniere eine schnelle Gefechtsaufstellung vorführen. Wir verfolgten, wie die Geschütze hinter einem Hügel zu unserer Linken hervorrollten und ein simuliertes Ziel des Warschauer Paktes in cirka drei Kilometer Entfernung ins Visier nahmen. Der junge Offizier stand auf einem Lastwagen inmitten des Geschehens wie ein Dirigent auf dem Podium und befahl die sofortige Anordnung und Ausrichtung der Geschütze, der Munitionstransporter, der schweren Maschinengewehre zur Selbstverteidigung und die Aufstellung des Beobachtertrupps. Als alles am Ort war, bellte er: »Feuer!« Es gab einen kolossalen Knall, als das Geschütz ein Projektil ausspie, das in einer riesigen Staubwolke gleich rechts neben dem Ziel explodierte. »Links 200. Feuer!«, brüllte er sofort, und behände, effizient und fast geräuschlos luden die Kanoniere ihre Waffen und feuerten wieder und wieder auf sein Kommando. Ich war völlig eingenommen von den Donnerschlägen und der ehrfurchtgebietenden Zerstörung, berauscht vom Geruch verbrannten Schießpulvers. Als ich all diese rohe Feuerkraft unter dem Kommando eines einzelnen jungen Offiziers sah, beschloss ich auf der Stelle, dass dies der Truppenteil der Armee sein sollte, dem ich mich anschließen wollte.

Als also meine Freunde für den Sommer heim nach Montreal gingen, kehrte ich nach Shilo zurück, obwohl ein Scheitern dort zu meiner Entlassung aus dem Militärcollege geführt hätte. Jeden Sommer überlebte ich in diesem Milieu nur deshalb, weil mir meine Klassenkameraden mit den Feinheiten des Artilleriejargons halfen. Der Sommer 1967 war besonders schwer, weil ich der einzige Frankokanadier in einer 40-köpfigen Klasse war. Zu allem Unglück war der Offizier, der den Kurs leitete, ein rundlicher Aufklärungspilot, der die »Klugscheißer« vom Royal Military College nicht ausstehen konnte und beschloss, mir das Leben zur Hölle zu machen. Er zitierte mich vor den Chefausbilder und brandmarkte neben anderen Verfehlungen mein Verhalten mit einem englischen Wort, das ich gar nicht verstand: Ich sei »flippant«, sagte er. Ich nahm seine Kritik entgegen, salutierte, kehrte in mein Quartier zurück und war sicher, dass ich jetzt nur noch durchrasseln konnte. Ich hatte keine Ahnung, was er meinte. Erst mein Zimmergenosse überzeugte mich, dem Druck nicht nachzugeben. Ich fragte schließlich sogar meinen Ausbilder, was das Wort *flippant* bedeute. »Vorlaut«, sagte er. Verdutzt machte ich weiter.

Dann, am Abend des 24. Juli, wurde alles noch viel schlimmer. Ich traf etwas verspätet in der Messe ein und fand einen Platz nicht weit von der Tür im Fernsehraum. Die Abendnachrichten kamen. Die wichtigste Meldung zeigte den französischen Staatspräsidenten Charles de Gaulle, wie er eine riesige Menschenmenge vom Balkon des Montrealer Rathauses aus mit »Vive le Québec. Vive le Québec libre!«

begrüßte: »Es lebe Quebec! Es lebe das freie Quebec!« Die Menge im Fernsehen war sichtlich beglückt und jubelte lauthals, während die Messe totenstill wurde – bis auf das gedämpfte Knarren der Stühle all jener Leute, die auf ihrem Platz hin- und herrutschten, um den einzigen Quebecer im Raum anzustarren. Es kam mir so vor, als würde der Ausschnitt in der Nachrichtensendung 20 Mal wiederholt, und jedes Mal spürte ich mehr gezückte Dolche gegen mich. Als die Nachrichten vorüber waren, leerte sich der Raum langsam. Niemand kam zu mir, niemand sprach mit mir. Ich war Teil eines bösen Reiches, das damit drohte, das Land auseinander zu reißen. Das Schweigen dauerte über zwei Tage. Nicht dafür, wer ich war, sondern dafür, wer ich vermeintlich sei, wurde ich geschnitten – eine Erfahrung, die sich mir tief eingebrannt hat.

Als ich in jenem Herbst ans Militärcollege zurückkehrte, stand meine Zukunft ernstlich in Frage. Meine schlechten Noten von der Sommerausbildung und meine noch schlechteren akademischen Leistungen am College ließen mein Scheitern unausweichlich erscheinen. In letzter Minute jedoch besann ich mich auf meine alte Tugend, mich in einem Kokon der Konzentration einzukapseln, und so zog ich mich langsam, aber sicher aus dem Sumpf.

Im Herbst 1968, mit der Wahl von Pierre Trudeau und der Veröffentlichung des Vorberichts der Royal Commission über Bilingualismus und Bikulturalismus wurde die Sprachfrage am Militärcollege immer bedeutsamer. Im November gründeten vier meiner frankophonen Kommilitonen ein Komitee für Bilingualismus und listeten die Probleme der Französischsprachigen am College in einem Memorandum auf. Als sie es der Schulleitung präsentierten, lösten sie einen kleinen Eklat aus. Die Komiteemitglieder wurden vor den Kommandeur zitiert und gebeten, sich zu erklären – eine ziemlich beängstigende Erfahrung für die jungen Offizierskadetten, warf man ihnen doch eine nationalistische Gesinnung vor. Aber ihre stille Argumentation und ihr Engagement für ihre Prinzipien hatten Erfolg; es gelang ihnen, ein paar kleinere Veränderungen zu erzwingen. Jene von uns, die in den kanadischen Streitkräften blieben, beschlossen, weiterhin die Rechte der Frankokanadier in der Armee zu überwachen und zu verteidigen. Wir waren eine der ersten Klassen von Frankokanadiern am Royal Military College, die sich mit ihrer kulturellen Identität wohl fühlten; dennoch graduierten im Frühjahr 1969 von den 130 französisch sprechenden Kadetten, die mit mir das Militärcollege begonnen hatten, nur 58.

Ich wurde zu einer der brandneuen frankokanadischen Artillerieeinheiten versetzt, dem 5ième Régiment d'Artillerie Légère du Canada in Valcartier. Das Regiment war im Winter 1968 von General Allard und Premierminister Trudeau gegründet worden, was zu beträchtlicher Erbitterung führte, weil ältere, englischsprachige Regimenter aufgelöst werden mussten, um Platz für die frankophonen Einheiten zu schaffen. Wir begannen bei null und bauten das Regiment, das in geborgten Räumen untergebracht war, mit wenig Ausrüstung und Hilfe bei der Büroarbeit auf. Von den damals 4.000 Kanonieren der kanadischen Streitkräfte sprachen weniger als 100 Französisch. Wir hatten schließlich eine Menge anglokanadischer Soldaten mit französischen Nachnamen, aber keinerlei französischen Sprachkenntnissen, und Frankokanadier, die außerhalb Quebecs gearbeitet und sich schon so lange auf Englisch verständigt hatten, dass sie ihr Französisch fast völlig vergessen hatten. Aber dennoch hatte ich in Valcartier das Gefühl, ein bisschen Armeegeschichte mitzuerleben.

*

Bis 1969 hatte sich die Stimmung in Quebec wieder verdüstert. Überall brachen Streiks und Studentenproteste aus, einige davon recht gewalttätig. Plötzlich schwappte eine Welle von Wut durch die Provinz und riss die Herzen und Geister mit sich. Extremistische Separatistengruppen modelten die vielschichtigen Auseinandersetzungen um kulturelle und sprachliche Identität der Frankokanadier in einen Kampf gegen die »anglokanadischen Bosse« um. Es schien, als stünde die Provinz am Rande eines Aufstandes, als die Quebecer – alle, von den Taxifahrern bis hin zu den Beschäftigten des Gesundheitswesens – in einer Kette von lähmenden Streiks und Massendemonstrationen auf die Straße gingen.

Dann flammte der Terrorismus auf. Die Front de Libération du Québec (FLQ) war seit 1963 in der Provinz aktiv gewesen und rief zu einem gewaltsamen Sturz des kapitalistischen Systems und zur Gründung einer unabhängigen, sozialistischen, französischsprachigen Nation auf. Die FLQ trat mit einer gravierenden Bombenanschlagsserie auf drei Waffenlager in der Region von Montreal und ein (vereiteltes) Attentat auf den Zug des ehemaligen Premierministers John Diefenbaker auf den Plan. Bei einem weiteren Anschlag wurde ein Bombenexperte der Armee verstümmelt. Grad und Ausmaß der Gewalt eskalierten in den Jahren von 1969 bis 1972.

In Valcartier übten wir im Stillen die Niederschlagung einer bewaffneten Revolte. Wir wussten alle, dass wir sehr wahrscheinlich gerufen würden, um den Zivilbehörden bei der Erstickung von Aufständen zu helfen, aber wie es dann wirklich werden sollte, konnte noch niemand ahnen. In meinem ersten Jahr beim 5. Regiment führten wir Übungen zur Kontrolle von Menschenansammlungen und zum Schutz wichtiger Personen und Ziele durch. Wir wurden mehrfach gerufen, um in Gefängnissen die Ordnung wiederherzustellen, wenn die Wärter streikten, und wir halfen bei der Auflösung einiger größerer Demonstrationen und Streiks, darunter der des Busfahrerstreiks bei dem Quebecer Transportunternehmen Autocars Murray Hill, wo auch Schüsse fielen. Als 3.000 Angehörige der Montrealer Polizei im Oktober 1969 in den Ausstand traten, rückten wir aus, um den inneren Frieden aufrechtzuerhalten. Der Streik dauerte fünf Tage. Noch im selben Monat wurden wir in Alarmbereitschaft versetzt, als 40.000 Demonstranten auf die Nationalversammlung in Quebec zumarschierten. Wir verbrachten viele Nächte und Wochenenden in unseren Depots, um unsere Waffen zu bewachen. Eine nervöse Aufregung machte sich in der Truppe breit. Wir spürten, dass wir früher oder später auf die Probe gestellt werden würden.

Am 5. Oktober 1970 wurde der britische Handelsattaché für Quebec, James Cross, aus seinem Haus in Westmount entführt. Die FLQ verlangte, im Fernsehsender CBC ein Manifest in französischer und englischer Sprache zu verlesen, und die Regierung willigte ein, um das Leben von Cross zu retten. In dem Manifest war von der »völligen Unabhängigkeit aller Québécois« und der Freilassung von »politischen Gefangenen« die Rede. General Allard, damals Stabschef der kanadischen Armee, und seine Familie wurden von einer FLQ-Zelle beschattet, und es gab Gerüchte über ein Komplott zur Ermordung Trudeaus. Es war kaum zu glauben, dass all dies in Kanada geschah. Niemand konnte sagen, ob die FLQ nur ein vereinzelter Haufen von Hitzköpfen war oder die Vorhut größerer gewaltsamer Auseinandersetzungen. Dann, am 10. Oktober, wurde der Quebecer Kabinettsminister Pierre Laporte entführt – die schlimmsten Befürchtungen schienen sich zu bestätigen.

Es war Erntedankfest und bitterkalt in Montreal. Ich verbrachte ein langes Wochenende zu Hause bei meinen Eltern. Noch immer konnte ich nicht glauben, wie ernst die Lage war. Am Abend fuhr ich zurück nach Quebec und traf um etwa halb zwölf in meiner kleinen Kellerwohnung ein. Ich hatte mich gerade niedergelassen, als das Telefon klingelte. Wir mussten zum Einsatz ausrücken. Ich schlüpfte hastig in meinen Kampfanzug und rannte nach oben, um meine Vermieter zu verständigen, dass ich eine Zeit lang fort müsse und sie meine Post aufbewahren sollten. Ich kann nur ahnen, was dem ehrbaren Ehepaar durch den Kopf schoss, als es mitten in der Nacht geweckt wurde und mich in voller Montur mit Helm an seiner Türschwelle erblickte. In der Gewissheit, dass in Quebec der Bürgerkrieg ausgebrochen war, stieß die Frau einen Schrei aus und fiel fast in Ohnmacht. Ich beeilte mich, sie zu beruhigen.

In Valcartier trainierten wir drei Tage lang hart und bekamen dann den Marschbefehl. Die Regierung berief sich auf das Kriegsrechtsgesetz von 1914 und setzte für die Dauer der Krise das Zivilrecht außer Kraft. Unser Einsatzbefehl schloss die Verwendung scharfer Munition zur Niederschlagung eines Aufstandes ein, es bestand also die reale Möglichkeit, dass wir das Feuer eröffnen und Todesschüsse abgeben würden. So geriet ich im Alter von 23 Jahren in eine der schwierigsten moralischen Zwickmühlen meiner Militärkarriere. Angehörige meines weiteren Familienkreises ebenso wie Freunde aus meiner alten Nachbarschaft unterstützten die Separatistenbewegung. Jederzeit hätte ich in den feindseligen Menschenansammlungen, die wir im Zaum halten sollten, vertraute Gesichter sehen können. Wie würde ich reagieren? Konnte ich das Feuer auf Mitglieder meiner eigenen Familie eröffnen?

Als junger Leutnant hatte ich 41 Soldaten unter meinem Kommando. Wenn ich die Order zum Schießen gab, durfte ich bei meinen Männern nicht den leisesten Zweifel aufkommen lassen, nicht von der Rechtmäßigkeit dieses Befehls überzeugt zu sein. Jede Unsicherheit hätten sie gespürt; jedes Zögern hätte zu Chaos und unschuldigen Opfern führen können. In einer Nanosekunde musste ich in der Lage sein, meine tiefe persönliche Loyalität Verwandten und alten Freunden gegenüber beiseite zu stellen und dem befohlenen Auftrag Priorität einzuräumen. Ich rang viele Stunden mit diesem Dilemma, bevor es mir gelang, mit ganzem Herzen die Loyalität zu meiner Nation über die Treue zu Freunden und Familie zu stellen. Jenseits aller Freund- und Verwandtschaften oder der religiösen und kulturellen Zugehörigkeit gab es eine höhere Pflicht, an die ich mich halten musste. Der Glaube daran überzeugte mich, das Richtige zu tun.

Am 17. Oktober wurde die gesamte kanadische Armee mobilisiert. Truppen aus dem Westen wurden in das Gebiet von Ottawa-Hull verlegt; andere Truppenteile zogen von Petawawa nach Montreal; das Luftlanderegiment flog von Edmonton los, um sich am Militärcollege in Saint-Jean in Bereitschaft zu halten. Das Gros unserer Brigade wurde in Quebec stationiert. Mein Regiment erhielt die Aufgabe, die Nationalversammlung, andere Regierungsgebäude und Provinzpolitiker zu schützen. Es gab große Truppenkonvois, die nach Montreal hineinfuhren, Dutzende und Aberdutzende von Herkules-Transportflugzeugen, die nach Ottawa donnerten. Wir fuhren von Valcartier aus in langen Kolonnen und nahmen mehrere Routen ins Herz der Stadt. Ich erinnere mich, wie ich an der Spitze meiner Kolonne fuhr, während die Leute uns entweder begrüßend zuhupten und zuwinkten, oder uns staunend anblickten, ungläubig, dass dies in Kanada geschah.

Später an jenem Tag wurde Kabinettsminister Laporte ermordet aufgefunden. Seine Leiche lag im Kofferraum eines in Montreal abgestellten Autos. Die FLQ hatte unsere massive Machtdemonstration unzweideutig und gewalttätig beantwortet.

Einmal aufgestellt, entwickelten wir unsere Routine. Drei Monate lang hatten wir unentwegt Dienst, sechs Stunden Wache, sechs Stunden frei, alle drei Wochen einen freien Tag. Wir »hielten die Matratze warm«, will sagen, wir arbeiteten im fliegenden Wechsel und stiegen in die Schlafsäcke der Soldaten, die uns ablösten. Meine Truppe rotierte zwischen Wachdienst vor der Nationalversammlung und dem Hauptgerichtsgebäude nahe dem Château Frontenac im Herzen der Altstadt. Durch die markdurchdringende Kälte eines Quebecer Herbstes und Winters hindurch schoben wir unsere sechsstündigen Schichten mit nur einer 20-minütigen Aufwärmpause im Gebäude. Wir witzelten, dass wir die zusätzliche Arbeit gar nicht bewältigen könnten, falls irgendjemand auf die Idee käme, auf uns zu schießen. Wir mussten ein gerüttelt Maß an Beschimpfungen und Hohn von den Sympathisanten der Separatisten über uns ergehen lassen. Einige der englischsprachigen Soldaten des Regiments hatten Familien außerhalb des Stützpunktes, die ohne echten Schutz vor den separatistenfreundlichen Quälgeistern leben und sich von ihnen drangsalieren lassen mussten. Die Soldaten erhielten sehr wenig Ausgang und bangten um die Sicherheit ihrer Familien. Ihre Besorgnis kochte oft in hässlichen Szenen mit den jungen Frankokanadiern hoch, die an ihrer Seite dienten. Die französischsprachigen Soldaten mussten die Feindseligkeit beider Seiten einstecken. Einige von ihnen kamen aus separatistischen Familien, die sie als

Verräter betrachteten; gleichzeitig wurden sie von einigen ihrer Kameraden als unzuverlässige »frogs« beschimpft.

Ich machte meine Runden mit einem raubeinigen alten Unteroffizier, Roy Chiasson, einem Veteranen des Koreakrieges. Da es nicht die geringsten Vorfälle gab, musste die Truppe ständig an den Sinn ihres Einsatzes erinnert werden. Die Männer brauchten außerdem Gelegenheit, sich von der Seele zu reden, was sie belastete. Zusammen mit dem Unteroffizier verbrachte ich zahllose Stunden draußen in der Kälte, um ihnen den Rücken zu stärken und Mut zu machen. Ich bin oft dafür kritisiert worden, ein zu weicher, »emotionaler« Kommandeur zu sein. Schon in dieser frühen Phase meiner Laufbahn fand ich jedoch, dass die Magie des Kommandos in der Offenheit liegt. Ein Kommandeur muss zwar eine gewisse Distanz zu den Soldaten wahren, ihnen zugleich aber auch Sympathie entgegenbringen; und er muss ihnen höchstes Vertrauen in seine und in ihre eigene Befähigung einimpfen, alles erreichen zu können, was der Truppe abverlangt wird.

Glücklicherweise eskalierte die Oktoberkrise nicht bis zu jenem Punkt, an dem Unruhen notwendigerweise in tödliche Gewalt umschlagen, obwohl es einige haarige, hässliche Momente gab. Eines bitterkalten Abends Ende November bewachten meine Soldaten das Quebecer Justizministerium und das zentrale Gerichtsgebäude. Ich befand mich mit einer kleinen Reservegruppe von fünf oder sechs Mann im Gebäudeinneren. Alles war ruhig, so ruhig, dass sich die Quebecer Stadtpolizisten, die sich das Gebäude mit uns teilten, schon über die Langeweile seit unserem Eintreffen beklagten. Plötzlich raste ein Wagen mit quietschenden Reifen die Straße hinunter und stoppte direkt vor einem meiner Soldaten. Der Fahrer stieg aus, fluchte wild und begann, ohne im Geringsten provoziert worden zu sein, den Soldaten so übel zusammenzuschlagen, dass er ins Krankenhaus musste. Ich hatte Wachen rund um das Gebäude so postiert, dass sie sich gegenseitig Rückendeckung geben konnten, und nun rührte sich keine vom Fleck, da sie eine Falle oder ein Ablenkungsmanöver zu befürchten hatten. Sie riefen per Funk um Unterstützung, und wir rannten hinaus. Auch die Polizei, die unserer Funkfrequenz zugeschaltet war und verzweifelt nach ein bisschen Ablenkung suchte, hörte den Hilferuf. In Sekundenschnelle kam ein halbes Dutzend Polizeiautos mit Sirenengeheul und Blinklicht die enge Straße hinunter. Muskulöse Polizisten sprangen heraus, zogen den Kerl fort und ließen ihn büßen, was er mit dem Soldaten angerichtet hatte. »Niemand verletzt unsere Soldaten und kommt ungestraft davon«, sagte einer der Beamten später. Die Polizei schützte die Soldaten, die ausgerückt waren, um Recht und Gesetz zu verteidigen!

Ich war stolz auf meine Männer. Sie hatten unglaubliche Provokationen ausgehalten und genau so reagiert, wie man es ihnen beigebracht hatte. Ich war zufrieden, dass Unteroffizier Chiasson und ich es geschafft hatten, so viel Professionalität und Disziplin in der Truppe aufzubauen: Die Soldaten hatten ihren Kopf benutzt und die Befehle befolgt. Es war mein erster Vorgeschmack auf ein echtes Kommando.

Am 3. Dezember 1970 konnte eine Armeeeinheit die ungefähre Position ermitteln, wo die FLQ-Zelle James Cross als Geisel hielt. Fast ein gesamtes Bataillon des Royal 22ième bildete einen engen Kreis um einen Block gesichtsloser Reihenhäuser im Norden Montreals, und während die Nation den Atem anhielt, liefen die letzten angespannten Verhandlungen zur Lösung der Krise. Stunden später wurde ein dünner, blasser James Cross zusammen mit seinen Entführern aus einem Haus gebracht. Die Kidnapper wurden in eine Yukon-Transportmaschine gesetzt und nach Kuba ausgeflogen. Die Krise war vorüber. Im Januar war ich wieder in Valcartier, zurück bei der soldatischen Friedensroutine.

KAPITEL 2

»Ruanda, das liegt irgendwo in Afrika, nicht wahr?«

In jedem Regiment der kanadischen Streitkräfte gibt es einen informellen Ältestenrat – hochrangige oder pensionierte Offiziere, die eng mit dem Leben ihres ehemaligen Regiments verbunden bleiben und dessen Charakter und Besonderheiten bestimmen. Eine ihrer wichtigsten Aufgaben besteht in der Wahl der so genannten »streamer«, jener jungen Männer und Frauen, die nach Auffassung der Ältesten das Zeug zum General haben. Diese Entscheidungen werden nie offiziell bekannt gegeben, nicht einmal eingestanden, aber sobald sich der Ältestenrat für jemanden ausgesprochen hat, ist es, als würde der Auserwählte von einer unsichtbaren Hand gelenkt, mit deren Hilfe er diverse Kommando- und Stabspositionen zugesprochen bekommt, die als Test und Vorbereitung auf ein höheres Kommando dienen. Ein »streamer« zu werden bedeutet nicht, dass der Erfolg garantiert ist; im Gegenteil, verpatzt man irgendeines der Kommandos, die einem angeboten werden, ist es mit der Karriere vorbei, zumindest geht sie nicht mehr weiter.

Meine erste Bewährungsprobe als ein solcher Generalsaspirant kam im Frühjahr 1971. Ich war mit dem Regiment etwa drei Wochen im Manöver gewesen. Am letzten Tag waren zwei CF-5-Kampfflugzeuge, die nördlich von Bagotville, Quebec, einen Luftkampf geübt hatten, in der Luft zusammengeprallt. Die Piloten waren im dichten Wald verschollen. Der Luftwaffenstützpunkt bei Bagotville unternahm eine Rettungsaktion, doch bei einem Landungsversuch stürzte ein Helikopter ab, was noch mehr Opfer forderte. Mein Regiment sollte als schnelle Eingreiftruppe bei der Suche helfen.

Am Vorabend hatten wir das Ende des Manövers mit einer ausgelassenen Party gefeiert, ein großes Fest mit viel Essen und Bier, bezahlt mit den Erlösen der Kantine. Es gab keinen einzigen Mann in der Batterie, der nicht einen schweren Kater hatte. Wie gewöhnlich war ich völlig in den Festlichkeiten untergegangen und kämpfte nun mit einem Brummschädel, als mich der Batteriekommandeur, Major Bob Beaudry, zu sich rief. Er war ein würdevoller Gentleman, der nicht viele Worte machte, und kam gleich auf den Punkt. »Sie wurden ausgewählt, einen Suchtrupp zu führen«, sagte er. »Daheim in Valcartier warten Hubschrauber auf Sie und ihre Truppe. Man wird Sie nach Norden fliegen, wo Sie zur Luftwaffe stoßen und mit der Suche beginnen. Der Rest des Regiments wird sich Ihnen in etwa zwei Tagen anschließen.«

Kater hin oder her, ich traute meinen Ohren nicht. Mir wurde eine Chance für ein selbstständiges Kommando angeboten. Trotz des unglücklichen Anlasses bot sich uns eine wunderbare Gelegenheit, unsere Fähigkeiten unter Beweis zu stellen.

40 von uns zwängten sich in ein paar Helikopter und flogen ein entlegenes Holzfällerlager in der Nähe der letzten bekannten Position der abgestürzten Flugzeuge an. Ich errichtete rasch ein Basiscamp, und wir begannen mit der zermürbenden Arbeit, die dichten, pfadlosen Wälder Nordquebecs zu durchforsten. Am dritten Tag schmerzten unsere Muskeln so heftig von der Anstrengung, unablässig über umgestürzte Baumstämme und verrottete Stümpfe zu steigen, dass wir unsere Beine nicht mehr heben konnten und uns zu Boden fallen ließen, um über Stämme und niedriges Buschwerk zu robben.

Mittlerweile war auch der Rest des Regiments angekommen, aber wir hatten ein so mörderisches Tempo vorgelegt, dass wir ihnen weit voraus waren. Schließlich, an unserem fünften Tag, stieß einer meiner Gruppe einen Schrei aus: Er war über den Helm eines der vermissten Piloten gestolpert. Wir suchten das Gebiet ab, bis es dunkel wurde, doch ohne Erfolg. Am nächsten Morgen fand ein niedrig fliegendes Rettungsteam aus Bagotville die Leiche des Piloten aufrecht sitzend neben einem Baum, sein Fallschirm in den Ästen verfangen. Jede voreilige Genugtuung, die wir ob unseres Sucherfolgs hätten verspüren können, verflog sofort bei dem Gedanken an seinen zertrümmerten jungen Körper. Ich erinnere mich noch an das Schweigen, das uns befiel, als wir die Nachricht hörten. Wir kannten ihn nicht, aber er war ein Soldat, der im Dienste seines Landes gestorben war, und es gab keinen unter uns, der nicht ein Gebet für ihn und seine Familie sprach.

Eine andere Gruppe ortete schließlich die Leiche des anderen Piloten, und wir wurden zum Rest des Regiments nach Bagotville ausgeflogen, wo wir über Nacht blieben. Meiner Truppe wurde ein Quartier zugewiesen, ich selbst erhielt ein Zimmer in der Offiziersmesse. Ich verstaute meine Ausrüstung und ging zur Bar, noch immer in die grüne Kampfuniform gekleidet, die ich fast einen Monat getragen hatte – sie roch nicht mehr allzu frisch. An der Bar saß eine Gruppe Piloten, die den Verlust ihrer Kollegen betrauerten. Diese Männer wussten, wer ich war, und dass meine Truppe die letzten fünf Tage damit verbracht hatte, den Wald auf der Suche nach ihnen zu durchkämmen. Statt mir ein Bier auszugeben, verzogen sie sich und ließen mich allein an der Bar zurück. Nicht einer von ihnen kam und sagte ein Wort zu mir. Über dieses Schweigen steigerte ich mich in eine selbstgerechte Wut hinein. Als ich die Hälfte meines Biers getrunken hatte, knallte ich das Glas so heftig auf die Bar, dass es über die ganze Theke spritzte, und stürmte aus dem Raum. Erst als ich mich beruhigt hatte, kamen mir die Worte meines Vaters wieder in Erinnerung: Wenn du beim Militär zufrieden sein willst, erwarte niemals, dass dir irgendjemand dankt. Selbst deine eigenen Offiziersbrüder können vielleicht nicht über den Schatten dummer Eifersüchteleien springen, um dir die Hand zu reichen.

*

Was heißt es, in Friedenszeiten eine Laufbahn in der Armee zu machen? Wie reift man zu einem Kommandeur heran, wenn es keinen bewaffneten Konflikt gibt, der einen auf die Probe stellt? Ganz einfach: Man muss selber üben und üben, bevor man andere ausbilden kann. Ich bekam die Gelegenheit, mehrere gute Übungseinsätze zu absolvieren, was zum Teil, wie ich glaube, der Tatsache geschuldet war, dass ich – anders als viele meiner Altersgenossen, die bereits Familie hatten – noch unverheiratet und verfügbar war. Für einige von uns musste die Armee eine höhere Berufung sein. Wäre die Armee wirklich daran interessiert, dass man eine Familie hätte, so lautete die alte Soldatenweisheit, bekäme man eine zugeteilt. Ich war mehr als gewillt, mich ganz meiner Sache zu verschreiben, musste aber bald eine weitere harte Lektion einstecken: Selbst bei Übungen können Fehler Menschenleben kosten.

Ich war für zwei Jahre zu Milizeinheiten im Gebiet von Quebec versetzt worden, und im Sommer 1971 führten wir ein sehr großes Programm durch, mit dem jungen Leuten eine Reservisten-Grundausbildung angeboten wurde. Es handelte sich dabei um eine sehr kurzfristig angestoßene Initiative des für Jugendbeschäftigung zuständigen

Bundesministeriums. Soldaten mit Familie erhielten bevorzugt Urlaub, daher waren viele der höheren Offiziere zu dieser Zeit fort. Ich musste mich sehr ins Zeug legen, um das Programm in Gang zu bringen, und fast über Nacht einen Plan für die Ausbildung und Versorgung von annähernd 600 jungen Leuten auf die Beine stellen. Geblendet von meiner eigenen Alleskönner-Haltung wurde mir nicht klar, dass ich mich übernahm.

Einer meiner alten Klassenkameraden, der nun als Reservist diente, sollte sich um etwa 60 dieser potenziellen Rekruten kümmern. Er fand keinen passenden Ausbildungsort in der Nähe der Garnison und traf daher eine Abmachung mit einem Bauern der Gegend von Charlevoix ein ganzes Stück weit entfernt. Sobald er mir versichert hatte, dass er das Logistikproblem gelöst habe, gab ich ihm grünes Licht.

Mein Kamerad brach mit drei schweren Armeelastern auf, besetzt mit jeweils 18 Kandidaten, die auf Metallbänken auf den Ladeflächen saßen – nahe an der zulässigen Höchstzahl. Leider waren die Fahrer der Laster unerfahren, und die alte Hauptstraße entlang des St. Lawrence River war hügelig und mit ihren S-Kurven, die steil zum Wasser hin abfielen, stellenweise auch gefährlich. Einer der Fahrer verpasste eine Kurve, sein Lkw geriet außer Kontrolle, und die meisten der jungen Männer wurden am Flussufer hinausgeschleudert. Sechs von ihnen kamen dabei ums Leben.

Sechs junge Leben wegen einer dummen Entscheidung. Ich war am Boden zerstört. Es gab eine große Untersuchung, um jedem seine Schuld zuzumessen. Ich erhielt einen Tadel. Aber ich konnte dem Gedanken nicht entfliehen, dass ich nicht genug getan hatte, dass ich mehr Fragen hätte stellen sollen, dass ich es besser hätte wissen müssen. Die bittere Trauer der sechs Familien bleibt mir ins Gedächtnis eingegraben, eine ständige Erinnerung an die besondere Verantwortung, die auf einem Kommando lastet.

*

Ich lernte Elizabeth Roberge bei einer Hochzeitsfeier des Regiments im Herbst 1969 kennen, und bald gingen wir zusammen aus. Beth war Kindergärtnerin in einer der Vorschulen von Valcartier. Sie und ihre Kolleginnen kamen zum Lunch in die Offiziersmesse, und ich war hingerissen von ihrer Lebendigkeit und ihrem Charme. Sie war die Tochter von Oberstleutnant Guy Roberge. Der Oberstleutnant hatte Ende der 20er, Anfang der 30er Jahre mit meinem Vater bei den Vandoos gedient und das prestigeträchtige frankokanadische Reserveregiment Les Voltigeurs de Québec kommandiert. Ich war ein junger Untergebener, der in der Offiziersmesse »lebte« (dort einquartiert war) und einen Teil seines kleinen Solds seiner Familie schickte. Beths Familie gehörte seit zwei Generationen der Armee an und wusste wohl, dass eine gute Mahlzeit einem fast mittellosen Offizier stets willkommen war.

Von jenem Moment an, in dem ich erstmals über die Schwelle des hübschen Hauses der Roberges mit seinem wunderbar warmen Geruch von Gewürzen und sauberer, gestärkter Wäsche trat, fühlte ich mich daheim. Beths Mutter war eine gütige, äußerst kultivierte Dame und exzellente Köchin. Aber besonders wuchs mir ihr Vater ans Herz; er wurde ein Mentor und ein zweiter Vater. Die Roberges hatten vier Töchter und keinen Sohn, was, wie ich vermute, für Oberst Roberge eine kleine Enttäuschung war, da er so in der Familie nur selten Gelegenheit bekam, über die Armee zu sprechen. Er schien sich nach der Gesellschaft eines anderen Soldaten zu sehnen.

Das sonntägliche Diner bei den Roberges war ein förmlicher Familienanlass, bei dem jeder an dem schönen, alten Hartholztisch seinen festen Platz einnahm. Schon bei meinem ersten Dinner änderte Oberst Roberge die Sitzordnung so, dass ich am privilegierten Platz zu seiner Rechten saß. Ich behielt diesen Platz jeden Sonntag in all den Jahren, in denen ich in Quebec stationiert war.

Mein Schwiegervater hatte eine beeindruckende Karriere hinter sich, vom Regimentskommando bis zum Dienst als Verbindungsoffizier zwischen den Freien Französischen Streitkräften und dem 1. Kanadischen Corps im Italienfeldzug. Er hatte den hohen Generälen über die Schulter geschaut, als sie die Schlachten des Feldzuges planten. Seine Geschichten schlugen mich in ihren Bann. Nach seiner Rückkehr 1943 bildete er in Kanada zwei mobilisierte Reserveregimenter der Infanterie für den Dienst in Übersee aus. Seine vielen Einsichten in die Kunst der Menschenführung hatten einen formenden Einfluss auf meine eigene Anschauung und Praxis.

Ich erinnere mich, dass mein Schwiegervater kurz vor meiner Beförderung zum Brigadegeneral in dem alten Veteranenhospital im Sterben lag, das heute das Laval University Medical Centre ist. Als ich ihn zum letzten Mal besuchte, hielt er seine Augen geschlossen, sein Atem ging schwach, und es war offenkundig, dass er von uns scheiden würde. Ich lehnte mich über ihn und flüsterte, dass ich zum General befördert worden sei. Seine Lider zuckten einen Moment, und ich könnte schwören, dass der Schatten eines Lächelns um seinen Mund spielte. Er war so stolz auf mich, wie er es auf einen Sohn gewesen wäre. Zwei Tage später starb er im Schlaf.

*

Elizabeth arbeitete seit 1970 in Deutschland auf dem kanadischen Stützpunkt in Lahr als Kindergärtnerin. Sie genoss das Leben dort und lud mich in den Ferien zu sich in den Schwarzwald ein. Wir verlebten eine wunderbare Zeit, gingen in den Schweizer Alpen Skifahren und fuhren in ihrem neuen Peugeot 504 durch die Gegend. Aber ich hatte noch einen anderen Grund für diesen Besuch. Daheim hatte ich gehört, dass ich ohne Chance wäre, als frankokanadischer Offizier im Regiment zu einer der beiden kanadischen Brigaden in Deutschland versetzt zu werden, der Luftlandebrigade und der 4. Brigade. Ich hatte die Absicht, mich beim befehlshabenden Offizier des Artillerieregiments trotzdem für meine Versetzung stark zu machen. Ich verbrachte einige Zeit in der Garnison, mischte mich unter die Truppe und die Offiziere in der Messe und unterhielt mich prächtig. Ich glaube, ich muss einen gewissen Eindruck gemacht haben, denn Oberstleutnant Harry Steen, der damals das Kommando führte, erinnert sich bis heute an den verrückten Frankokanadier, der so viel gute Laune auf dem Stützpunkt verbreitete. In ihm fand ich einen energischen Fürsprecher für meine Versetzung nach Deutschland.

Es war das Jahr 1973, wir befanden uns noch mitten im Kalten Krieg. Deutschland war ohne Zweifel ein mögliches Kampfgebiet mit allem, was das bedeutete. Nach meiner Ankunft absolvierten wir ständig lange Übungen mit scharfer Munition und nahmen an großen, wochenlangen NATO-Manövern teil. Das Leben im Feld ebenso wie in der Garnison war jedoch außerordentlich spannend. Das musste es auch sein, denn es gab kein Telefon und kein Fernsehen, nur einen von CBC und Radio Canada betriebenen und noch im Aufbau befindlichen Radiosender. Die Redakteure der französischsprachigen Sendungen waren linksgerichtete Peaceniks und zugleich nur einen Hauch vom offenen Quebecer Nationalismus entfernt, aber sie waren ein so geselliger Haufen, dass ich nicht widerstehen konnte, meine Zeit mit ihnen zu verbringen. Ich erinnere mich, dass wir ein großes Fest im Sender feierten, als 1976 René Lévesques gewählt wurde und eine Regierung bildete, die für die Souveränität Quebecs eintrat, und ich dabei ständig über die Schulter blickte, ob mich nicht einer meiner Soldaten ertappte.

In Lahr war es auch, wo ich Maurice Baril kennen lernte, einen Offizierskollegen, der eine entscheidende Rolle bei meiner Entsendung nach Ruanda spielen sollte. Er war von den legendären Vandoos, einige Jahre älter als ich, Major und stellvertretender Kommandeur seines Bataillons.

Ich heiratete Beth nach siebenjähriger Werbung am 26. Juni 1976. Es war eine kleine Hochzeit, da ein Großteil des Valcartier-Regiments nach Montreal abkommandiert war, um bei den Olympischen Spielen für Sicherheit zu sorgen. Nachdem wir aus unseren sechswöchigen Flitterwochen in Deutschland zurückgekehrt waren, geriet ich in einen Wirbel von Geschäftigkeit, nahm an Fortbildungskursen teil und wurde zu einem NATO-Manöver gerufen. Beth kehrte in ihren Kindergarten in Valcartier zurück. Ich sollte eigentlich beim Armeehauptquartier in Montreal Dienst tun, doch in letzter Minute wurde ich nach Gagetown, New Brunswick, versetzt, um ein nationales Programm namens Francotrain zu leiten, in dessen Rahmen alle Handbücher, Dokumente und pädagogischen Hilfsmittel der Armee aus dem Englischen ins Französische übersetzt werden sollten. Es war eine stressreiche Zeit für Beth. Inmitten all der Aufregung und Unsicherheit hatte sie in der Nacht, in der ich nach Deutschland zu einem weiteren NATO-Manöver flog, eine Fehlgeburt. Sie musste, wie so viele Frauen von Militärangehörigen, allein damit fertig werden und schlug sich tapfer.

In der kleinen Stadt Oromocto am St. John River gelegen, ist Gagetown zwar ein hübscher Stützpunkt, war aber nach Deutschland eine kleine Enttäuschung. Während ich dort stationiert war, wurde ich, erst 32 Jahre alt, zum Major befördert. Viele der Älteren beklagten sich über meine schnelle Beförderung und sahen sie nur dem Umstand geschuldet, dass ich Frankokanadier war. Das war das erste Mal, dass ich den bitteren Neid zu spüren bekam, der einem das Regimentsleben verleiden kann. Aus der Schar gleichrangiger Offiziere auserkoren zu werden, kann einen sehr einsam und verwundbar machen.

18 Monate nach der Versetzung kam mein ältester Sohn Willem zur Welt, und zumindest eine Zeit lang trat all die Gehässigkeit gegenüber dem Familienglück in den Hintergrund. Mein Vater war überglücklich. Für jemanden, der ohne eine nennenswerte Familie aufgewachsen war, hatte es große Bedeutung, die Geburt eines Vertreters der dritten Generation zu erleben. Ich hatte ihn nie so voller Liebe und Stolz

gesehen wie an jenem Tag, als er zum ersten Mal Willem in den Armen hielt. Einige Monate nach Willems Geburt starb mein Vater plötzlich an den Folgen eines Schlaganfalls.

*

Ich wurde 1978 zurück nach Valcartier versetzt, um das Kommando über eine Batterie von 120 Kanonieren zu übernehmen. Ich war in meinem Element. Ich bemerkte, dass meine Batterie, ja, das gesamte Regiment bei den Übungen nicht die volle Leistung brachte, weil viele Mitglieder des Beobachtertrupps nur einsprachige Frankokanadier waren, während die Feuerbefehle immer in einem speziellen Jargon erteilt wurden, der die Beherrschung des Militärenglisch erforderte. Französischsprachige Kanoniere kamen da einfach nicht mit. Ich drängte auf Reformen, besonders die Übertragung und Verwendung von französischen Feuerbefehlen. Fast elf Jahre nach Verabschiedung des Amtssprachengesetzes kämpften wir noch immer mit diesen dummen Sprachbeschränkungen und erreichten als Folge nicht unser volles Potenzial als Feldartillerieregiment.

Glücklicherweise war der befehlshabende Offizier ein vernünftiger, offener Mann namens Tim Sparling, der mir die Genehmigung erteilte, es mit französischen Kommandos im Feld zu versuchen. Ich leitete einen Übersetzungskurs, um all das technische Zeug ins Französische zu übertragen. Es wirkte wie ein Zauber, unsere Effizienz verbesserte sich dramatisch. Die Signalgeber waren aus dem Häuschen, weil sie endlich verstanden, was sie sagten. Über die Jahre hinweg gab es viel Getuschel, ich sei ein frankokanadischer Nationalist, aber niemand konnte über das Ergebnis streiten. Wenn die Truppe in ihrer eigenen Sprache kämpfen konnte, stiegen Moral und Effizienz merklich.

Ich erhielt bald die Gelegenheit, mich für einige Zeit dem US Marine Corps Command and Staff College im US-Staat Virginia anzuschließen. Es war ein großartiges Jahr, auch wenn meine Familie und ich eine Weile brauchten, um uns in die Kultur einzugewöhnen. Unsere Paten waren Major Bob List und seine Frau Marty. List war Kampfpilot und hatte auf seinen beiden langen Einsätzen in Vietnam Transportmaschinen geflogen. Er und seine Frau erlebten eine kleine Überraschung, als ihre junge Tochter, die Willem Französisch reden hörte, ausrief: »Er sprich ja gar kein Englisch!«, worauf ich sofort und ohne nachzudenken erwiderte: »Und er spricht auch kein Amerikanisch.« Danach ging es bergauf.

Am Staff College in Virginia erlebte ich aus erster Hand den schrecklichen Preis, den Vietnam gefordert hatte. Es gab unter meinen Ausbildern und Offizierskollegen nicht einen einzigen, dessen Körper nicht grässliche Narben davongetragen hatte. Die seelischen Verwundungen waren gleichermaßen offenkundig und offenbarten sich in bitteren Flüchen gegen die US-Generäle und das Oberkommando, die entweder im Feld versagt oder bequem zu Hause geblieben seien. Ich fragte mich, ob ich nicht ebenso misstrauisch gegen Politiker, Großstrategen und Schreibtischhengste aus dem kanadischen Armeehauptquartier gewesen wäre, wenn ich 63 Prozent meiner Klassenkameraden im Kampf verloren hätte.

Ich arbeitete schwer und konnte mich akademisch einigermaßen mit einer Forschungsarbeit über »Zirkumpolare Bedrohung und das Wesen der arktischen Kriegführung« hervortun, die später dem kanadischen Armeehauptquartier als Grundlage für Überlegungen diente, eine permanente Garnison von Armee-, Marine- und Luftwaffenpersonal an der Nordwestpassage aufzubauen.

Sofort nach meiner Rückkehr nach Kanada wurde ich Assistent des stellvertretenden Armeekommandeurs, Generalmajor Doug Baker – eine privilegierte Position. Der General, als höchster dienender Kanonier der Pate der Artillerie, war wegen seines unumwundenen Kommandostils bei allen als »Doppelgeschütz«-Baker bekannt. Der Krieg auf den Falklandinseln war im Gange, und uns kam es so vor, als müssten wir ständig kreuz und quer durchs ganze Land sowie nach Großbritannien und in die USA schwirren. Dabei pflegte der General Schokoladenriegel zu kauen und sich in eine von mehreren TV-Wildwestserien zu versenken, von denen er immer einige Folgen mit sich führte, während ich pflichtschuldigst Clausewitz' *Vom Kriege* las. Er war ein strenger Zuchtmeister mit einem fordernden Arbeitsethos und äußerst hohen Standards, der nie die Stunden zählte. Und ich lernte, auch meine nicht zu zählen.

Im Sommer 1982 wurde ich zum Oberstleutnant befördert. Zugleich trug unsere Tochter Catherine zur Verstärkung der Dallaire-Familie bei. Für weniger als ein Jahr war ich stellvertretender Stabschef eines Milizgebietshauptquartiers in Montreal. Im März 1983 kehrte ich als befehlshabender Offizier des 5ième Régiment d'Artillerie Légère du Canada mit einer Truppenstärke von 600 Mann nach Valcartier zurück. Es war eine ganz andere Einheit als das zappelige junge Regiment, in das ich als junger Leutnant eingetreten war. Zum 15. Jahrestag des

5. Regiments sollten wir die Ehrenbürgerschaft der Stadt Quebec erhalten. Das ist schließlich eine alte Garnisonsstadt, zu deren Geschichte schon seit 1608 Kanoniere gehören. Am Tag der Feier marschierten wir mit unseren Geschützen durch die Stadtmauern ein, um die Ehrung von Bürgermeister Jean Pelletier entgegenzunehmen.

Aber in der Armee herrschte vielfach die Meinung, das 5. Regiment als eine der eigens gegründeten französischen Einheiten sei nie richtig auf die Probe gestellt worden. Im April 1985 sollte es ein großes Armeemanöver in Alberta geben. Ich war entschlossen, alles dafür zu tun, dass meine Kanoniere bei dieser zweimonatigen Übung den Rest der kanadischen Artillerie im Schießen und Manövrieren in den Schatten stellen sollten.

Neun Monate vor dem Manöver ließ ich zwei meiner Einsatzstabsoffiziere, Hauptmann André Richard und Hauptmann Michel Bonner, einen Übungsplan ausarbeiten, der ohne Fehl das beste Artillerieregiment der Armee hervorbringen sollte. In der ersten Septemberwoche versammelte ich das ganze Regiment in einer großen Halle auf dem Stützpunkt, ließ die Soldaten Platz nehmen und sagte: »Ich glaube, es ist höchste Zeit, dass wir dem Rest der Artillerie zeigen, dass wir keine Bürger zweiter Klasse sind.« In der Halle wurde es mucksmäuschenstill. Obwohl die Soldaten untereinander ähnliche Ansichten murmelten, hatte es kein höherer Offizier je gewagt, öffentlich zuzugeben, dass wir so angesehen wurden. Am Ende der Rede sagte ich: »Ich brauche jeden einzelnen von Ihnen hier mit Leib und Seele für diese Übung, und ich möchte keinen sehen, der aussteigt, weil seine Frau ein Kind bekommt.« Es gab viel Gelächter, aber diese Worte sollten mir noch nachgehen.

Die folgenden sechs Monate arbeiteten wir hart. Ich organisierte Munition, Ausrüstung, mehr Übungszeit im Feld, mehr Winterübungen mit den Geschützen. Ich drängte die Truppe unablässig, ihre eigenen Erwartungen zu übertreffen, um das zu erreichen, was ich als ihr volles Potenzial ansah. Meine Soldaten waren hervorragend, konzentriert, fleißig und im Höchstmaß motiviert.

Als wir in Suffield, Alberta, eintrafen, dem größten Übungsplatz im Land, waren wir technisch und taktisch vorbereitet. Und als die Übung in den zweiten Monat ging, bestätigten die Armee- und Divisionskommandeure, dass mein Regiment nicht nur das beste Artillerieregiment des Corps war, sondern auch eine der besten Kampfeinheiten der Division.

Zwei Tage vor Ende der Übung erhielt ich einen Anruf. Beth war damals mit Guy schwanger, und es gab Komplikationen. Der Arzt hatte sie ins Krankenhaus geschickt, weil er befürchtete, sie könne das Baby verlieren. Ich wusste, dass ich bei Beth sein musste. Ich ging ans Funknetz und sagte allen im Regiment, dass ich abreisen müsse. Meine Stimme brach, mir war peinlich bewusst, dass ich etwas tat, das zu unterlassen ich von den anderen verlangt hatte. Später, zurück in Valcartier, konnte ich die Zahl der Kanoniere bald nicht mehr zählen, die zu mir kamen und sich bedankten, dass ich nicht rigoros darüber hinweggegangen war, sondern mich menschlich gezeigt und mein Leben und meine Sorgen mit ihnen geteilt hatte.

Guy kam einige Tage später zur Welt und sowohl er als auch Beth waren wohlauf. Ich spendierte jedem Regimentsmitglied ein Bier.

1986 war ich Sektionsleiter im Armeehauptquartier in Ottawa und lernte die Grundzüge von Projektmanagement und Beschaffung. Zum Oberst ernannt, wurde ich Direktor des Ausrüstungs- und Forschungsprogramms der Armee, eine sinnvolle Aufgabe, die ich sehr gerne ausübte, litten die kanadischen Streitkräfte doch unter einem Mangel an solider Ausgabenplanung und Beschaffungskonzepten für die Systeme, die für ihre Einsatzfähigkeit unabdingbar waren. Es war ein perfekter Job mit einem duldsamen Chef, Generalmajor Richard Evraire, der die Richtung wies, einem Team von Arbeitswütigen und einem kleinen, inneren Beraterzirkel, der uns half, im Zermürbungskrieg mit der Luftwaffe, der Marine und der Bundesbürokratie nicht die Toleranzgrenzen zu überschreiten.

Auf wachsenden Druck der Vereinigten Staaten, die unter Ronald Reagan Billionen ausgaben, um den Kalten Krieg zu gewinnen, kündigte die konservative Regierung von Brian Mulroney eine Erhöhung der Verteidigungsausgaben an. Die Regierung bat um einen Strategieplan für die nächsten 15 Jahre, um das kanadische Militär auf Vordermann zu bringen. Im Armeehauptquartier jubilierten wir. Endlich konnten wir über richtige Verteidigungsbudgets nachdenken, vielleicht in der Größenordnung von 18 Milliarden Dollar allein für das Heer, möglicherweise eine Aufstockung der Streitkräfte von etwa 72.000 auf 90.000 reguläre Militärangehörige und eine Verdoppelung der Reservisten von 45.000 auf 90.000. Bislang eher eine dekorative Armee ohne durchschlagende Kampfkraft, hatten wir nun die Chance, zu einer wirklich glaubwürdigen Verteidigungsstreitmacht zu werden, die unseren NATO-Verpflichtungen gerecht wurde.

Wir arbeiteten unablässig an dem Weißbuch. Wir glaubten, wenn wir überzeugende Begründungen formulierten und das richtige Haushaltspaket schnürten, könnten wir schließlich die Regierung und das Land vom Nutzen überzeugen, sich eine größere, besser ausgerüstete und besser finanzierte Armee zu leisten. Mir stand ein kleiner, innerer Kern von etwa 60 engagierten Mitarbeitern aus Hauptmännern, Majoren und Oberstleutnants und vor allem mein unbezahlbarer Stellvertreter Howie Marsh mit seiner tatkräftigen Unterstützung zur Verfügung. Wir arbeiteten acht Monate lang Tag und Nacht einschließlich der Wochenenden und gesetzlichen Feiertage (einige von uns hatten Feldbetten im Büro).

Dann, am 17. März 1987, hörten wir aus dem Verteidigungsministerium, das Kabinett halte unseren Plan nicht für finanzierbar. Einige von uns weinten – schockiert, wütend, ungläubig. Der junge und ehrgeizige Verteidigungsminister Perrin Beatty beschloss trotzdem, dass wir an dem Strategiepapier weiterarbeiten sollten, um es dem Unterhaus vorzulegen, auch wenn es, wie er wusste, nie umgesetzt werden würde. Wir erwarteten einen Aufschrei der höchsten Generäle und Admiräle, die uns doch überzeugt hatten, dass wir in Friedenszeiten keine bedeutendere Schlacht kämpfen konnten als diesen Kampf um einen neuen politischen Planungs- und Finanzierungsrahmen. Doch keiner tat auch nur einen Mucks.

Ich hatte noch nie erlebt, wie die Moral in einer Gruppe erfahrener Offiziere so rasant und vollständig in sich zusammenfiel wie an jenem Tag im Mai 1987.

Ich saß am 5. Juni auf der Besuchertribüne des Unterhauses, als Beatty eine verwässerte, halbherzige, heuchlerische Vorlage präsentierte. In den folgenden zwei Jahren zerhackten und kürzten die Konservativen, was von unserem Beschaffungsprogramm übrig geblieben war. Angewidert verließ ich Ottawa schließlich im Sommer 1989. Ich war nicht vollständig desillusioniert, aber meine Blauäugigkeit hatte ich verloren.

Ich zog mit meiner Familie zurück nach Montreal, wurde zum Brigadegeneral befördert und übernahm die Position des Kommandeurs des Collège Militaire Royal. Ich war begeistert von der Aufgabe, eine wunderbare Herausforderung, die mich zurück an jenen Ort führte, an dem ich begonnen hatte, und mir Gelegenheit gab, Rückschau zu halten. Die Routine heilte langsam die Wunden, die ich mir in Ottawa zugezogen hatte, und meine Frau und ich genossen das Gesellschaftsleben mit seiner außergewöhnlichen Mischung aus Akademikern, Offizieren und Kadetten, die ein gemeinsames Ziel vereinte: die Heranbildung künftiger Offiziere. Der Rektor, Roch Carrier, war ein gefeierter Autor, der seine große Willenskraft und Entschlossenheit hinter einer ruhigen und heiteren Art verbarg. Unsere beiden gemeinsamen Jahre waren ein Hochgenuss.

Mir lag besonders an der Verbesserung des Führungstrainings. Zu Beginn meiner Amtszeit gab es kaum Material zur Vermittlung von Führungsfähigkeiten, und die praktischen Erfahrungen auf diesem Gebiet wurden nur unzureichend an die Offiziersanwärter weitergegeben. Die Aufgabe war beträchtlich, da wir fast bei null anfangen mussten. Meine eigene Generation hatte von der Erfahrung profitiert, die uns die Welt- und Koreakriegsveteranen vermitteln konnten. Als die Offiziere mit den Kampfauszeichnungen in den Ruhestand gingen, ohne dass sie ihre Erfahrungen in namhafter Weise zu Papier gebracht hätten, wurde es für jene, die an keinem Krieg teilgenommen hatten, immer schwerer, Führungsfähigkeiten zu lehren. Den meisten von ihnen fiel es leichter, körperliche Fitness oder Quartiersmanagement zu unterrichten als die Prinzipien militärischer Führung zu vermitteln.

Vor Beendigung meiner Amtszeit als College-Kommandeur wurde ich berufen, an einem Kurs für Oberkommando- und Stabsoffiziere in Camberley, England, teilzunehmen. Der erste Golfkrieg hatte gerade begonnen, also tauften wir den Kurs (nach dem Oberkommandierenden der US-Streitkräfte) »How to Do Schwarzkopf's Job«.

Zurück in Kanada wurde ich Kommandeur der 5ième Group Brigade Mechanisé du Canada in Valcartier – als erster Offizier, der dort seine Karriere begonnen hatte. Ich übernahm die Verantwortung für etwa 5.200 Mannschaften und Offiziere und 1.200 Angehörige des zivilen technischen Personals, das auch für Traditions- und Denkmalpflege der Garnison in Quebec zuständig war, der ältesten Hauptstadt Nordamerikas. Valcartier war für mich eine faszinierende Station: Auf der Höhe des Golfkrieges begann für die kanadische Armee zu dieser Zeit eine neue Ära von Friedensmissionen und Konfliktbewältigung.

Ich arbeitete ohne Unterlass. Wir wohnten in der historischen Residenz des Brigadekommandeurs in Plains of Abraham. Meine Kinder besuchten katholische, von Ordensleuten geleitete Privatschulen in der Altstadt. Die 26 Kilometer zum Stützpunkt wurde ich in einem makellosen schwarzen Dienstwagen chauffiert. Meine Frau war ein Pfeiler der Gemeinde und engagierte sich sehr für die Familien der Soldaten, die auf Missionen unterwegs waren. Ich war begeistert von den vielfältigen Möglichkeiten, die sich mir auftaten, doch das große Arbeitspensum machte mich auch sehr einsam. Nie hatte ich so richtig Zeit für meine Kinder, und erst heute weiß ich, wie sehr sie meine Zuwendung vermissten, wenn sie mich in den seltenen Stunden daheim nur an meinem Schreibtisch oder am Esszimmertisch arbeiten sahen.

Das Kommando über so ein großes Kontingent von Soldaten in einer Bastion Quebecs voller nationalistischer Sympathien war ein heikler Balanceakt. Das wurde mir und meinem Stab im Hauptquartier nie klarer als bei einer Übung, bei der ein Kontingent von 1.600 Mann für eine sehr gefahrenträchtige Friedensmission im ehemaligen Jugoslawien trainiert werden sollte. Wir übten mit der Truppe Eskortierung und Schutz von Konvois. Um die Übung realistischer zu gestalten, hatten wir Manöver in einigen Stadtteilen geplant und Polizei und Stadträte vorab darüber informiert. Wie sich herausstellte, weilte Premierminister Mulroney genau an diesem Tag mit seinen Kollegen aus den Provinzen in der Stadt, um über das Abkommen von Meech Lake zu verhandeln, das Quebec einen Sonderstatus einräumte, um es zum Verbleib im Bundesstaat zu bewegen. Jemand erzählte den Medien, der Premierminister versuche, die Separatisten durch eine Demonstration militärischer Stärke einzuschüchtern.

Mir wurde befohlen, die Übung zu stoppen und die Blaumützen schleunigst in die Kasernen zurückzuschicken. Als ich noch am selben Tag von Journalisten angesprochen wurde, warf ich den Medien vor, eine Quebec-Paranoia zu schüren und voreilige Schlüsse zu ziehen, ohne sich auch nur die Mühe zu machen, ihre Geschichten vorher zu recherchieren. In Ottawa löste das einige Aufregung aus, aber jemand scheint mir den Rücken gestärkt zu haben, denn ich hörte nie wieder etwas von der Sache.

*

Von 1991 bis 1993 schickte die Brigade über 4.000 Soldaten auf Friedensmissionen in alle Welt, von Kambodscha über den Balkan bis nach Kuwait. Einmal schlug ich dem Oberkommandeur der Armee vor, doch gleich mein ganzes Brigadehauptquartier nach Übersee zu verlegen, da ich offenbar der einzige Daheimgebliebene sei. Er freute sich über meine humorige Bemerkung, um mich im gleichen Atemzug aufzufordern, noch weitere UN-Einsätze vorzubereiten. Ich hatte keine Ahnung, woher ich die Soldaten dafür nehmen sollte.

Wir bereiteten unsere Soldaten auf klassische Friedensmissionen nach Kapitel VI der UN-Charta* vor, aber solche Missionen schienen in den Konfliktgebieten immer weniger willkommen zu sein. Kapitel VI der Charta der Vereinten Nationen regelt die friedliche Beilegung von Streitigkeiten zur Wahrung des Weltfriedens und der internationalen Sicherheit. In den 50er Jahren hatte Lester Pearson, der damalige kanadische Außenminister, das Konzept für solche Friedensmissionen vorgeschlagen, das während des Kalten Krieges in Konfliktgebieten umgesetzt wurde (und Pearson 1957 den Friedensnobelpreis eintrug). Bei diesen Einsätzen wurden leicht bewaffnete, multinationale, blaubehelmte und neutrale Friedenshüter zwischen zwei ehemalige Kriegsparteien postiert, um entweder den Status quo aufrechtzuerhalten, wie im Sinai von 1956 bis 1967, oder um den Parteien bei der Verwirklichung eines Friedensabkommens zu helfen, wie es damals in Kambodscha der Fall war. Die Kernprinzipien dieser Operationen waren Unparteilichkeit, Neutralität und Zustimmung der beiden Konfliktparteien. Klassische Friedensmissionen dieser Art hatten während des Kalten Krieges gut funktioniert. Mit ihrer Hilfe entschärften die beiden Machtblöcke Konflikte, in die über kurz oder lang auch die Großmächte verwickelt zu werden drohten, was in einer nuklearen Katastrophe hätte enden können. Dies war die Art von Friedensmission, für die ich ausgebildet worden und mit deren Prinzipien ich am besten vertraut war.

Die Wirksamkeit dieses klassischen Konzepts geriet jedoch zunehmend in Zweifel. Es wurde für uns nicht nur immer schwieriger, genug Personal dafür zu finden, zu allem Unglück mussten wir auch die ersten Opfer beklagen – von denen einige sogar bei Kampfhandlungen ums Leben kamen. Am 18. Juni 1993 starb einer der Soldaten der Brigade, Unteroffizier Daniel Gunther, beim Einsatz in Bosnien. Dem Bericht zufolge, den ich damals erhielt, war er von den Splittern einer Mörsergranate getötet worden, die in der Nähe seines gepanzerten Truppentransporters explodiert war. Beth und ich nahmen an der Beisetzung teil, die ich geradezu respektlos schlicht fand. Unteroffizier Gunther wurden posthum nur wenige der zu Friedenszeiten üblichen Ehren zuteil; er und seine Familie wurden behandelt, als sei er bei einem Autounfall ums Leben gekommen. Ich erinnere mich, wie sein

* Nachzulesen unter: http://www.runic-europe.org/german/charta/charta.htm (Site zuletzt besucht am 11. September 2004; A.d.Ü.)

erschütterter Vater nach dem Gottesdienst zu mir kam und mich fragte, wofür sein Sohn gestorben sei. Ich konnte ihm und der übrigen bestürzten und trauernden Familie keine Antwort geben.

Nach den häufig haarsträubenden Berichten meiner jungen Soldaten gerieten sie im Feld in weit gefährlichere und kompliziertere Situationen, als man uns glauben machen wollte. Viel später zum Beispiel stellte sich heraus, dass Gunther tatsächlich von einer Panzerfaust in die Brust getroffen worden war; irgendwelche Heckenschützen hatten ihn bewusst anvisiert und ermordet. Trotzdem beruhte die Art von Ausbildung, die ich den Soldaten vor ihren Einsätzen zuteil werden lassen sollte, auf einem hoffnungslos veralteten Modell leicht bewaffneter Blauhelme, die einen stabilen Waffenstillstand überwachten. Zu langsam und zu halbherzig wurden Lehren aus der nach dem Ende des Kalten Krieges veränderten Situation gezogen; ein grundlegender Wandel blieb vorerst aus. Ich war tief besorgt, wie sich äußerster Stress verbunden mit brutaler Gewalt auf meine Soldaten im Feld auswirkten. Ich triezte das Armeehauptquartier mit der Bitte, Psychologen zu schicken, die sich um sie kümmern könnten. Die Reaktion? Wegen der geringen Truppenstärke gebe es kaum genug Bajonette, um den Auftrag zu erledigen, ganz zu schweigen von Leuten, die sich mit solchen nachrangigen Problemen befassen könnten. Ein Kommandeur müsse sich außerdem in jeder Lage selbst zu helfen wissen.

*

Am 27. Juni 1993 nahm ich an einer Parade anlässlich der Kommandeursablösung bei einer meiner Einheiten teil, der 430. Taktischen Hubschrauberstaffel. Es war ein schöner, wolkenloser Tag, an dem gerade genug Wind wehte, um die Soldaten in ihren grünen Kampfanzügen nicht allzu sehr schwitzen zu lassen. Ich hatte meine Dankesrede an den scheidenden Kommandeur gehalten, den neuen willkommen geheißen und ging gerade vom Podium, als ein Adjutant heraneilte und meldete, Generalmajor Armand Roy, der Kommandeur der Militärregion Quebec und mein damaliger Chef, wolle mich dringend am Telefon in meinem Dienstwagen sprechen. Ich eilte zum Wagen und nahm den Hörer ab. General Roy fragte mich, ob etwas dagegen spräche, mich zu einer Friedensmission in Übersee abzukommandieren. Nicht im Geringsten, erwiderte ich. Er sagte, das UN-Hauptquartier erwäge eine Friedensmission in Ruanda. Mein Herz pochte vor Aufregung, aber es gelang mir, hervorzustammeln: »Ruanda, das liegt irgendwo in Afrika, nicht wahr?« Der General lachte und versprach, sich am folgenden Tag mit weiteren Details bei mir zurückzumelden. Ich war so heiter beschwingt, dass ich fast zur Feier zurückschwebte, lehnte mich zu Beth hinüber und flüsterte: »Ich glaube, ich gehe nach Afrika!«

KAPITEL 3

»Machen Sie sich über Ruanda schlau, und das Kommando gehört Ihnen«

Ich gestehe, dass ich nicht wusste, wo Ruanda liegt und in welchen Schwierigkeiten das Land genau steckte, als mich General Roy anrief. Am nächsten Tag erzählte er mir mehr darüber. Ruanda führte damals Friedensverhandlungen zur Beendigung eines mörderischen, zweieinhalb Jahre währenden Bürgerkrieges zwischen einer Rebellenarmee, der Ruandischen Patriotischen Front (RPF), und der Regierung. Die Rebellenbewegung speiste sich aus einer sehr großen Diaspora ruandischer Flüchtlinge, die Anfang der 60er Jahre nach Uganda im Norden geflohen waren, als die Unabhängigkeit die Machtverhältnisse in der Heimat völlig umkehrte. In den frühen 90er Jahren war die Rebellenarmee zweimal in den Norden Ruandas eingefallen und lag nun hinter einer entmilitarisierten Zone, die von neutralen Militärbeobachtern unter dem Schirm der Organisation für Afrikanische Einheit (Organization of African Unity, OAU) überwacht wurde. Während die Parteien in Arusha im Nachbarland Tansania die Bedingungen eines Friedensabkommens aushandelten, hatte der Präsident von Uganda, Yoweri Museveni, die Vereinten Nationen gebeten, eine kleine Truppe zur Überwachung der Grenze zu entsenden, um sicherzustellen, dass keine Waffen und Soldaten zur Verstärkung der RPF von seinem Land nach Ruanda gelangten.

Die Führung einer UN-Beobachtermission in Uganda und Ruanda, offiziell United Nations Observer Mission in Uganda and Rwanda (UNOMUR) genannt: Dies sollte also meine Mission sein. General Roy beschrieb sie als klassischen, vertrauensbildenden Einsatz mit dem Ziel, die Kriegsparteien zu ernsthaften Friedensbemühungen zu ermutigen. Die Mission war, was Ziel und Umfang anging, äußerst bescheiden: Ich sollte insgesamt 81 Militärbeobachter auf der ugandischen Seite der Grenze befehligen.

Warum hatte man ausgerechnet mich ausgewählt, diese winzige Mission in einem Land anzuführen, von dem ich so gut wie nichts wusste? Ich stand kurz davor, mein drittes Jahr als Kommandeur der 5ième Brigade Group anzutreten. In vier Tagen wollten wir mit über 1.000 paradierenden Soldaten den 25. Jahrestag der Gründung meiner Einheit begehen, und wir sahen uns noch einer Fülle von Herausforderungen gegenüber, viele davon im Bereich der Friedenssicherung. Die Vorbereitung unserer Truppenkontingente auf die zunehmend schwierigeren Einsätze wurde den neuen Anforderungen noch immer nicht gerecht: Ein Großteil unserer Ausbildung konzentrierte sich auf die klassische Kriegführung, obwohl die Konflikte, in die wir unsere Soldaten schickten, ganz anders als klassische Kriege verliefen. Ich fand die Zeit noch nicht reif, meine Einheit zu verlassen, aber man hatte mich gebeten, oder besser: Ich hatte einen Marschbefehl. Ob ich eine große oder kleine Truppe oder nur mich allein zu befehligen hätte – ich würde gehen. Da ich wusste, dass der kanadische Generalmajor Maurice Baril, den ich vor Jahren in Lahr kennen gelernt hatte, Militärberater der UN-Hauptabteilung für friedenssichernde Einsätze (Department of Peacekeeping Operations, DPKO) war, hegte ich die Vermutung, dass hinter meiner Entsendung mehr stecken könnte, als nach außen sichtbar wurde. Am Ende hielt ich meine Mission für eine willkommene Chance, aus erster Hand Erfahrungen mit den neuartigen Konflikten zu sammeln, die nach dem Ende des Kalten Krieges auf der Welt ausbrachen, und die Wirksamkeit unserer Friedensmissionen aus eigener Anschauung zu überprüfen.

Ich war allerdings verblüfft, dass Kanada nur mich für diese Mission zur Verfügung stellte, aber keinen einzigen weiteren Soldaten. Ich protestierte beim Verteidigungsministerium, das aber hart blieb, bis ich eine kleine Lücke in dem Arrangement entdeckte. Meine Regierung kommandierte mich zwar zum Dienst bei der UNO ab, von dieser erhielt ich jedoch einen Arbeitsvertrag als Zivilist. Somit stand das Verteidigungsministerium noch immer in der Pflicht, einen Offizier bereitzustellen, den es für meine Beobachtermission UNOMUR bewilligt hatte. Der Direktor der kanadischen Friedensmissionen im Armeehauptquartier händigte mir schließlich eine Liste mit zehn Namen aus, unter denen ich mir meinen militärischen Assistenten auswählen konnte. Bei einer so kleinen Mission musste es unbedingt der richtige sein, jemand, der mir einen Großteil der Büroarbeit und der Verwaltungslast abnehmen konnte, damit ich mich um Einsatz, Ausbildung und politische Fragen kümmern konnte.

Ich kannte keinen einzigen der Namen auf der Zehnerliste und war, offen gesagt, ein bisschen verärgert, dass keiner der Offiziere aus meiner Brigade darauf stand. Die Leute in Ruanda sprechen Französisch und Kinyarwanda, die nach Uganda exilierten Tutsi der RPF hatten dort Englisch gelernt. Ich wollte einen zweisprachigen Militärassistenten, aber keiner der Offiziere auf der Liste erfüllte diese Anforderung – zu kurzfristig die Ankündigung, zu wenige Freiwillige, lautete die lahme Entschuldigung des Ministeriums. Schließlich blieb ich bei einem Namen hängen: Major Brent Beardsley vom Royal Canadian Regiment, dem ältesten Infanterieregiment der Armee. Mit 39 war er älter als die meisten anderen auf der Liste und damals gerade daran beteiligt, für die Friedensmissionen der kanadischen Streitkräfte ein Handbuch zu verfassen. Der Aktenlage nach sprach einiges dafür, dass er meine begrenzten Erfahrungen mit dem UN-Hauptquartier und Friedenseinsätzen würde ausgleichen können. Glücklicherweise war sein Vorgesetzter mein alter Kollege Howie Marsh, der mich, wie ich wusste, vorbehaltlos über den Mann meiner Wahl ins Bild setzen würde. Als ich ihn anrief, beschrieb er Brent als einen soliden Soldaten mit einem ungeheuren Arbeitsethos, vor allem aber *Scharfblick* – er verfüge über jene magische Kombination von Einsicht und Voraussicht.

Am 1. Juli 1993, dem Jahrestag der 5ième Brigade Group, übergab ich vor einem überraschten Publikum mein Kommando an meinen Nachfolger, Brigadegeneral Alain Forand. Da meine Familie nun aus der Kommandeursresidenz ausziehen musste, machte sich Beth auf die Suche nach einem neuen Heim in derselben Gegend, um den Kindern einen Schulwechsel zu ersparen. Angesichts meiner ungewissen Zukunft wollten wir kein Haus kaufen, daher beschlossen wir, in eines der Familienquartiere der Armee neben dem alten Garrison Club zu ziehen.

Was mich anging, war ich schon mit Leib und Seele bei der ruandischen Mission. Ich schlug mein vorläufiges Hauptquartier im Artillerieraum des Garrison Clubs auf, den britische Ingenieure nach 1820 als Zentrale für den Entwurf und den Bau der massiven Verteidigungsanlagen der alten Hauptstadt errichtet hatten. Die Fenster blickten auf das üppige Grün der Plains of Abraham, wo Generationen von französischen, englischen und kanadischen Militärführern ihre Feldzüge geplant hatten, und jenseits der Ebene auf den St. Lawrence River. Dieser Raum mit seinem schweren, alten Eichenmobiliar und den vergilbenden Drucken aus dem 19. Jahrhundert, auf denen Ausbildungs- und Kampfszenen aus der Garnison dargestellt sind, ließ mich immer vor Ehrfurcht erschaudern. Ich konnte die Gegenwart der militärischen Befehlshaber und politischen Führer, die mir vorangegangen waren, fast spüren. Vor meinem inneren Auge sah ich, wie sie vor dem Kamin auf- und abschritten, über Strategien grübelten und sich durch vertrackte taktische Probleme arbeiteten.

Meine Mission war klein im Vergleich zu ihren Feldzügen, aber mich nahm das Romantische daran gefangen: die Vorstellung eines Abenteuers, wie es vermeintlich nur Afrika bieten konnte. Katholisch erzogen im Quebec der 50er Jahre, hatten mich schon als Kind Missionarsgeschichten vom »dunklen Kontinent« in ihren Bann geschlagen. Als Folge waren meine Vorstellungen von Afrika veraltet und eurozentrisch. Ich durchkämmte die Bibliothek nach allem, was ich über Ruanda und die zentralafrikanische Region der großen Seen finden konnte. Es gab nicht viel. Aber mir stand eine ernste Aufgabe bevor, und die Zeit drängte.

Ich hatte nur einmal kurz am Telefon mit Major Beardsley gesprochen und ihn gebeten, so viel Material wie möglich mit nach Quebec zu bringen: die neuesten technischen Daten über Friedenseinsätze, Leitlinien und Einsatzberichte, die Ergebnisse der beiden kurzen Aufklärungsmissionen, die von der UN-Hauptabteilung Friedenssicherung (DPKO) nach Ruanda entsandt worden waren, sowie alle Grundlagenmaterialien über das Land, deren er habhaft werden konnte. Ich hoffte, dass wir später im Armeehauptquartier in Ottawa einen detaillierten Geheimdienstbericht erhalten würden. Als Brent dann eintraf, wusste ich auf Anhieb, dass ich richtig gewählt hatte. Er ist die Quintessenz des stillen Kanadiers, nachdenklich, fast übertrieben bescheiden, aber mit einem Funkeln in seinen ruhigen Haselnussaugen, das Leidenschaft, Entschlossenheit und Humor erkennen lässt. Mit ein paar Faxen aus New York über das Einsatzkonzept der Mission, das nur wenige Tage zuvor dem UN-Sicherheitsrat vorgelegt worden war, machten wir uns an die Arbeit. Am Ende unseres ersten gemeinsamen Nachmittags waren wir ein Zweiergespann geworden. Brents Arbeitswut und Voraussicht, was unsere künftigen Aufgaben anbelangte, waren beeindruckend, am meisten aber war ich von seiner Zuversicht angetan.

Die folgenden drei Wochen über beschäftigte sich Brent mit Stabsarbeit und sammelte Material für uns in Ottawa. Ich reiste ein paar Mal nach New York und Ottawa, erhielt aber an beiden Orten nur sehr wenige Informationen. Ich arbeitete mit dem Fachoffizier der Hauptabteilung Friedenssicherung, Major Miguel Martin, zusammen, einem Argentinier, der auch die Missionen in Angola, Mosambik, Mittelamerika, Liberia und einigen anderen Ländern betreute, sowie mit der zuständigen Afrikaexpertin Isel Rivero, einer ehemaligen kubanischen Freiheitskämpferin. Wir vier waren der gesamte Stab, den die Vereinten Nationen UNOMUR, ihrer Beobachtermission in Uganda und Ruanda, widmeten, und Martin und Rivero arbeiteten auch nur zeitweilig an unserem Projekt mit. Es war klar, dass diese kleine Mission weder bei den Vereinten Nationen noch beim kanadischen Armeehauptquartier in Ottawa irgendjemanden von den vielen anderen Missionen, Krisen, Problemen und Budgetkürzungen ablenken würde, von denen alle Beteiligten täglich überwältigt wurden.

Wir versuchten, so viel über die Region der großen Seen in Erfahrung zu bringen wie nur irgend möglich. Als winziger Binnenstaat ist Ruanda zwischen Zaire (dem heutigen Kongo) im Westen, Tansania im Osten, Uganda im Norden und Burundi im Süden eingezwängt. Offenbar hatte kein westlicher Gelehrter jemals Ruanda für interessant genug befunden, um dem Land eine ausführliche Studie zu widmen. Brent und ich reimten uns aus Zeitungsberichten und einigen Fachaufsätzen eine grobe Geschichte des Landes zusammen, die eine äußerst vielschichtige soziale und politische Gemengelage auf den schlichten Konflikt zweier Stämme reduzierte. Mit einer Zuversicht, die auf Unwissen fußte, marschierten wir unbeirrt voran.

Wir verfolgten die Wurzeln der gegenwärtigen Feindseligkeiten bis zum frühen 20. Jahrhundert und der belgischen Kolonialherrschaft zurück. Als die Belgier die Deutschen 1916 aus dem Land vertrieben hatten, entdeckten sie, dass sich zwei Volksgruppen das Land teilten. Die Tutsi, groß gewachsen und recht hellhäutig, hüteten Vieh; die kleineren, dunkleren Hutu bauten Gemüse an. Die Belgier beschlossen, dass die Tutsi-Minderheit den Europäern »artverwandter« sei, und verliehen ihr Machtpositionen über die Hutu-Mehrheit, was das Feudalverhältnis von bäuerlichen Hutu und herrschaftlichen Tutsi noch verschärfte. Indem sie die Tutsi für ihren Herrschaftsapparat einspannten, konnten die Belgier ein großes Netz von Kaffee- und

Teeplantagen aufbauen und ausbeuten, ohne sich mit einem Unterjochungskrieg oder einem großen Kolonialheer zu belasten.

Ruanda erlangte 1962 die Unabhängigkeit, nachdem bei einem Volksaufstand die Tutsi-Elite massakriert oder aus dem Land gejagt worden war. Eine von Hutu dominierte Regierung kam an die Macht, die von dem charismatischen Gregoire Kayibanda geführt wurde. Im folgenden Jahrzehnt wurden die Tutsi Ruandas immer wieder Opfer gewaltsamer Pogrome, und viele Angehörige dieser Volksgruppe flohen in die Nachbarstaaten Uganda, Burundi und Zaire, wo sie als staatenlose Flüchtlinge eine prekäre Existenz führten.

1973 wurde Kayibanda von Generalmajor Juvénal Habyarimana, ebenfalls ein Hutu, durch einen Staatsstreich gestürzt. Dessen 20-jährige Diktatur brachte eine gewisse Stabilität mit sich, was in der krisenhaften Region der großen Seen durchaus einigen Neid hervorrief. Aber Vertreibung und Verfolgung der Tutsi des Landes hatten den Samen dauerhafter Zwietracht gesät. Langsam wurde die Tutsi-Diaspora zu einer Kraft, mit der man rechnen musste. Angestachelt durch die fortdauernde Unterdrückung in Ruanda und die Drangsal in ihren widerwilligen Gastländern vereinigten sich die Tutsi schließlich zur Ruandischen Patriotischen Front (RPF). Als kleiner, aber hoch effizienter militärischer und politischer Bewegung gelang es der RPF, die von Frankreich unterstützten Regierungsstreitkräfte herauszufordern und ihr einige Niederlagen beizubringen. Bis 1991 saß die ruandische Regierung in der Zwickmühle zwischen einer immer bedrohlicheren Rebellenarmee und internationalem Druck zu demokratischen Reformen. Präsident Habyarimana erklärte sich schließlich zu Verhandlungen bereit, die zwar immer wieder ins Stocken gerieten, aber dann in die Friedensgespräche mündeten, die gerade im tansanischen Arusha stattfanden.

Die paar kurzen Wochen, in denen wir alles Material verschlangen, das uns in die Hände fiel, machten beileibe keinen von uns beiden zum Afrikanisten.

*

Mitte Juli. In Downtown Manhattan war es heiß, auf den Bürgersteigen drängelten sich die Touristen. Nicht die beste Zeit des Jahres für einen Ausflug nach New York, aber der schimmernde Glasturm der Vereinten Nationen rief, und manchmal musste ich mich zwicken, um mich zu versichern, dass ich nicht träumte.

Wie viele, die zum ersten Mal das UN-Gebäude betreten, war ich beeindruckt von der Erhabenheit der Sitzungssäle der Vollversammlung und des Sicherheitsrates. Aber ich lernte bald, dass sich die wahre Arbeit in dem Gewirr kaninchenstallartiger Büros abspielte, die sich dem öffentlichen Blickfeld entziehen. Die düstersten und vollgestopftesten Büros schienen der UN-Hauptabteilung für friedenssichernde Einsätze zu gehören. Die DPKO-Mitarbeiter mussten mit den erbarmungswürdigsten Arbeitsbedingungen vorlieb nehmen: zusammengezwängte Schreibtische, unablässig klingelnde Telefone, veraltete, ständig abstürzende Computer (manche Angestellten benutzten noch Schreibmaschinen), weitgehender Mangel an grundlegendster Büroausstattung. Kurz: Die Hauptabteilung Friedenssicherung im 36. Stock des UN-Gebäudes war ein richtiger Bruchbudenbetrieb. Vielleicht musste das viel zu dürftige Equipment für eine Art negativer Imagekampagne herhalten, mit der die Vereinten Nationen sich den Zorn verantwortungsloser Medien und internationaler Politgeier vom Hals zu halten versuchten, denen jeder Vorwand gerade recht ist, um sie der »Geldverschwendung« zu bezichtigen. Aber ich bemerkte bald, dass UN-Unterorganisationen wie das Weltkinderhilfswerk (United Nations Childrens Fund, UNICEF) und das Flüchtlingskommissariat (United Nations High Commissioner for Refugees, UNHCR) nicht nur bessere Büros hatten, sondern rundherum unter weit erträglicheren Bedingungen arbeiteten.

Mein alter Bekannter Maurice Baril war Mitglied eines Triumvirats, das die Hauptabteilung Friedenssicherung leitete. Die beiden anderen Chefs des DPKO waren Kofi Annan aus Ghana, zugleich stellvertretender Generalsekretär, und der Inder Iqbal Riza, Annans Nummer zwei und praktisch Stabschef der Abteilung. Die Ernennung von Baril im Juni 1992 war als kanadischer Erfolg gefeiert worden. Aber die Aufgabe, die er sich gestellt hatte – das Büro zu einer effektiven militärisch-strategischen Zentrale und einem Einsatzhauptquartier auszubauen –, war gewaltig. Kritiker gifteten, die Hauptabteilung Friedenssicherung sei mit einem Haufen inkompetenter Tölpel besetzt, die sich an halbierte Bürozeiten hielten und abtauchten, wenn sich die Lage vor Ort zuspitzte. Der kanadische Generalmajor Lewis MacKenzie, Kommandeur eines Kontingents von Friedenshütern in Sarajewo, hatte nur Verachtung für das DPKO übrig. Nicht nur sei seine Haltung gegenüber den Mitarbeitern vor Ort negativ, es reagiere auch nicht auf unmittelbare Erfordernisse, und wenn dringende Entscheidungen gefällt werden müssten, seien Mitarbeiter und Führung ständig unerreichbar. Seine Kritik machte in Kanada und den meisten Hauptstädten der Welt Schlagzeilen und drückte die Moral im DPKO erheblich.

Maurice richtete eine Einsatzzentrale ein, die nun rund um die Uhr mit talentierten und engagierten jungen Offizieren besetzt war. Er hatte die meisten dieser Offiziere direkt von den Dauermissionen erbettelt und ausgeborgt und es geschafft, dass ihre Heimatländer auch für ihre Kosten aufkamen. Er stellte seine Anfrage immer so: »Glauben Sie nicht, dass es für einen oder zwei Ihrer besser qualifizierten Offiziere eine unwiderstehliche Fortbildungschance wäre, wenn sie beim Aufbau des UN-Hauptquartiers für friedenssichernde Einsätze mitwirken könnten?« Aus einer Art von aufgeklärtem Eigeninteresse heraus reagierten viele Länder prompt und positiv darauf. Maurice fing auch an, Offiziere von den Feldmissionen »auszuborgen«, damit sie ihre vor Ort gewonnenen Erfahrungen und Lösungsvorschläge in New York einbringen konnten.

In seinem äußerst heterogenen Team hatte Maurice eine Atmosphäre guten Humors, harter Arbeit und Kooperation geschaffen, die unter den gegebenen Umständen bemerkenswert war. Die Zahl der UN-Missionen war in nur wenigen Jahren auf 17 gestiegen und hatte sich damit nahezu verdreifacht. Sie umfassten nun 80.000 Soldaten und Mitarbeiter aus 60 Nationen mit unvorstellbaren Problemen, was Logistik, Ausbildung, Ethos und Ausrüstung anlangte. Sie alle wurden nun von einem *ad hoc* gegründeten, unterbesetzten und unterfinanzierten Hauptquartier in New York befehligt. Ich erinnere mich, wie ich einmal in Maurice Barils Büro wartete, während er am Telefon versuchte, ein paar altertümliche M-48-Panzer von einem Bataillon zu einem anderen zu vermitteln, das an der Grenze zu Kroatien saß und nicht nur Panzer, sondern auch Ausbilder und Wartungspersonal für sie benötigte. In einer zweiten Leitung warteten US-Offizielle in Deutschland, die Munition und Ersatzteile für die Panzer liefern sollten, und er musste immer noch herausfinden, woher die geeigneten Mechaniker kommen sollten.

Maurice Barils überlastete Fachoffiziere bewunderten besonders, mit welchem Geschick er die behäbigen Prozeduren der UN-Bürokratie ausdribbelte und seinen Stab abschirmte, damit er sich auf seine Arbeit konzentrieren konnte. Besonderen Ruhm erwarb er sich, weil er sich nicht von den allmächtigen Amerikanern einschüchtern ließ; er konnte mit ihnen verhandeln und hatte keine Angst, sie sich einzeln vorzunehmen, wenn das Interesse des DPKO auf dem Spiel stand. Maurice war ohne Zweifel in seinem Element und nutzte seinen schüchternen, selbstironischen Humor, um noch die bärbeißigsten UN-Opportunisten auf seine Seite zu ziehen. Freunde daheim hatten mich gewarnt, dass die Arbeit für die Vereinten Nationen ein Albtraum sein könne, aber zu sehen, welche aufrichtige Achtung sich Maurice in nur einem Jahr bei der UNO erworben hatte, ließ mich glauben, dass ich damit fertig werden würde.

Auch Annan und Riza beeindruckten mich außerordentlich. Annan war liebenswürdig, sanft überzeugend und anständig bis ins Mark. Er vertrat aufrichtig, ja mit religiöser Inbrunst die Gründungsprinzipien der Vereinten Nationen und war unermüdlich bestrebt, die Organisation in diesen außerordentlich bewegten Zeiten, in denen Konflikte und humanitäre Katastrophen – häufig Hand in Hand – überall auf der Welt ausbrachen, vor sich selbst zu retten. Wir sahen uns nicht einer neuen Weltordnung gegenüber, wie George Bush zwei Jahre zuvor verkündet hatte, sondern einer Weltunordnung, in der die Vernichtung menschlichen Lebens zu »Friedenszeiten« ein nie gekanntes Ausmaß erreicht hatte.

Riza war weniger umgänglich als sein Chef, aber er dachte sich schnell in seine Gesprächspartner ein und konnte den Ton jeder Begegnung bestimmen. Groß, hager und eindringlich, ertrug er keine Dummköpfe und zögerte zuweilen nicht, es einen spüren zu lassen. Sein gesunder Menschenverstand und sein politisches Raffinement machten seine gelegentliche intellektuelle Arroganz jedoch mehr als wett.

Die Beziehung zwischen diesen beiden Männern bildete den Kern des DPKO, der UN-Hauptabteilung für friedenssichernde Einsätze, wie ich sie kennen lernte: Annan sehr menschlich und besorgt, Riza der nüchtern kalkulierende Zeremonienmeister. Artikuliert, geschäftsmäßig und direkt, ließ Riza die Abteilung nach ihrer beider Pfeife tanzen. Zusammen mit Baril schienen diese beiden Eminenzen entschlossen, in ihrer Amtszeit einen Wandel zu erzwingen und den Makel des jüngsten Scheiterns der UNO in Somalia und auf dem Balkan auszuradieren.

Es wurde damals auch über die Entsendung einer größeren Friedenstruppe nicht nur an die Grenze zu Uganda, sondern nach Ruanda selbst gesprochen, aber nur im Vorübergehen. Einige Leute in der Hauptabteilung meinten, eine kleine und schnelle Erfolgsstory in Ruanda würde bei den Mitgliedsnationen größeres Vertrauen in die friedenssichernden Möglichkeiten der Vereinten Nationen wecken und sie bewegen, großzügiger militärische und finanzielle Ressourcen zur Verfügung zu stellen. Das Problem war, wie man mir bei mehreren Gelegenheiten unumwunden einräumte, dass niemand außer den Franzosen und möglicherweise den Belgiern irgendein Interesse an diesem Teil der Welt hatte. Woher sollten der politische Wille und die Mittel kommen? Dies zumindest war die Parteilinie von Hédi Annabi, dem tunesischen Direktor der Afrika-Sektion im DPKO. Dennoch, soweit ich wusste und soweit Brent herausfinden konnte, standen die ruandischen Bürgerkriegsparteien in Arusha kurz vor dem Abschluss eines Friedensabkommens. Einmal unterzeichnet, würde man entweder die OAU oder die UNO rufen, um bei seiner Umsetzung zu helfen. Maurice bezweifelte, dass die OAU die Erfahrung, die Mittel oder auch nur den Wunsch hatte, eine umfangreiche Friedensmission in Ruanda auf die Beine zu stellen, und war sich sicher, dass man die Hauptabteilung Friedenssicherung bitten würde, in die Bresche zu springen. Aber zu diesem Zeitpunkt waren die Einzigen, die voller Tatendrang eine solche Mission in Ruanda vorbereiteten, die Mitglieder meines äußerst kleinen Teams: Brent und ich.

Bei meinen Gesprächen mit Maurice wurden mir nach und nach die komplizierten Machtbeziehungen deutlich, mit denen er es zu tun hatte. Das DPKO stand in der Rangordnung eindeutig unter der Abteilung für politische Angelegenheiten (Department of Political Affairs, DPA), die von James Jonah aus Sierra Leone geleitet wurde. Die Politikabteilung war tatsächlich höchst politisch in dem Sinne, dass viele seiner Mitarbeiter mit Vorliebe ihre Beziehungen ausspielten, besonders zum damaligen Generalsekretär Butros Butros-Ghali. Laut Maurice war eines der schwierigsten Probleme, mit denen sich er und seine Kollegen herumschlagen mussten, die ständige Einmischung und die politischen Manöver des DPA ohne Rücksprache mit der Politikabteilung des DPKO, das in direktem Kontakt mit den Missionen stand.

Maurice und ich waren uns in unseren Schlachten mit den Mandarinen Ottawas Ende der 80er Jahre nahe gekommen, und ich meinte ihn gut zu kennen. Aber New York hatte ihn auf schwer fassliche Weise verändert. Sein deftiger guter Humor war noch immer da, aber er hatte begonnen, die Färbung seiner Umgebung anzunehmen. Er war vorsichtiger und politisch sensibler geworden. Er und sein Stab trugen zum Beispiel immer Zivil. Diese Regel hatte er eingeführt, weil Uniformen bei den zivilen UN-Mitarbeitern Unbehagen auslösten und unnötige Reibungen verursachten. Der neue, gewiefte Maurice verstand, dass er beweglicher werden musste, als es ihn seine Armeelaufbahn gelehrt hatte, wenn er Verbündete gewinnen wollte. Er versuchte, dieses Wissen an mich weiterzugeben, und Brent und ich kleideten uns von da an ebenfalls in Zivil, wenn auch sehr widerwillig.

Maurice war ein Meister darin geworden, in einer Organisation, die voller mörderischer Spannungen steckte, alle politischen, diplomatischen, humanitären und militärischen Erfordernisse unter einen Hut zu bringen. War er gerissener geworden oder einfach nur ein weiserer Stratege? In jedem Fall war er wesentlich sensibler für die politische Dimension des Einsatzes von militärischer Gewalt geworden. Wie wirkte sich dies angesichts der vielen Faktoren, die bei seinen Entscheidungen ins Spiel kamen, auf seine Kampfbereitschaft aus? Alles, was ich dazu sagen kann, ist, dass er weiterhin ein enger Freund blieb, aber eine Geschliffenheit erworben hatte, die einem Feldsoldaten nicht leicht begreiflich ist.

*

Der Sicherheitsrat der Vereinten Nationen billigte unsere Beobachtermission UNOMUR im Juni, aber uns waren dennoch vorerst die Hände gebunden. Erst musste die ugandische Regierung das Statusabkommen der Mission (Status of Mission Agreement, SOMA) unterzeichnen, das es unserer Truppe erlaubte, in Uganda zu operieren. Mosambik hatte die Unterzeichnung eines solchen Abkommens für die dortige Friedensmission ausgesetzt; als die UNO trotzdem Friedenshüter in das Land entsandte, wurden sie bei ihrem Eintreffen mit einer lähmenden Flut von Gebühren für Soldaten und Ausrüstung belegt. Im Sicherheitsrat verweigerten die Briten meiner Mission den Stationierungsbefehl, bevor Uganda nicht das Statusabkommen unterschrieben hatte. Brent war bald sehr versiert darin, informelle Informationskanäle anzuzapfen und Flurgeflüster aufzuschnappen. Danach vermuteten einige, dass die Ugander die Unterzeichnung hinauszögerten, um noch eilends andere Nachschubrouten für die RPF zu erschließen; andere meinten zynisch, es handele sich nur um ein ugandisches Manöver, um den Vereinten Nationen mehr Geld abzuluchsen.

Wir hatten den Großteil der erforderlichen Schreibarbeit für die Mission erledigt, einschließlich der Einsatzdokumente, die noch vor Ort bestätigt werden mussten; wir hatten alle möglichen Hebel in

Gang gesetzt. Nicht gelungen war es uns, die zuständigen Fachleute aller relevanten Abteilungen zu einer abschließenden Koordinierungssitzung für unsere Mission zu bewegen; das scheiterte an der von eifersüchtigen Revierstreitigkeiten geprägten Organisationskultur der UN-Bürokratie, wo Information Macht bedeutete – und deshalb nicht mit anderen geteilt werden durfte (nicht die beste Art, eine komplexe, multinationale, viele Tätigkeitsbereiche umschließende Organisation zu führen, die seit jeher unter Geldmangel leidet).

Mit dem Warten auf die Unterzeichnung des Statusabkommens verloren wir wertvolle Zeit. Ich hatte meine Familie mit ihren Problemen allein gelassen, um, so war ich überzeugt, einer höheren Sache zu dienen. Sehr kurzfristig hatte sie die schöne, geräumige Kommandeursvilla der Garnison verlassen und in ein historisches, 1804 erbautes Gebäude ziehen müssen, das nicht im besten Zustand war. Brents Frau Marge war mit ihrem dritten Kind schwanger und durchlebte eine schwierige Phase. Schließlich erbat ich eine Beurlaubung, die Maurice sofort bewilligte.

Auf dem Heimweg machte ich in Ottawa Station, um mich über den neuesten administrativen und geheimdienstlichen Erkenntnisstand zu informieren. Das Neueste war, dass es keinen Erkenntnisstand gab. Im kanadischen Verteidigungsministerium war man nicht überzeugt, dass die zentralafrikanische Region der großen Seen Priorität genießen sollte.

Zurück in Quebec fand ich es schwer, herunterzuschalten und so zu tun, als sei die lange Trennung, die mir und meiner Familie bevorstand, lediglich eine Versetzung wie jede andere. An der Oberfläche waren wir die perfekte Armeefamilie: ein stolzer Vater, drei glückliche Kinder und eine liebende Frau und Mutter, die sich nach zwölf Jahren als Vorschullehrerin entschlossen hatte, ihre Kreide und ihre Arbeitsbücher einzupacken und ihre Zeit ganz der Aufgabe zu widmen, unsere Kinder zu erziehen und uns allen ein behagliches Heim zu geben. Darunter jedoch brodelte es. Willem, mein ältester Sohn, war 14 und hatte Probleme in der Schule; er wurde ständig von seinen separatistischen Lehrern wegen seines strikt föderalistischen Vaters gehänselt. Ich spürte, dass er wütend, isoliert und verwirrt war, aber ich brachte weder die Zeit noch die Geduld auf, um auf ihn einzugehen. Ich hatte alle Zeit der Welt für die jungen Offiziere gehabt, die von mir über die Jahre angeleitet und gefördert wurden, aber meinem eigenen Sohn konnte ich die gleiche Liebe und Unterstützung nicht geben. Stattdessen beschäftigte ich mich mit den vordergründigen Fragen, die unser neues Heim aufwarf.

Ich hätte auch erkennen müssen, wie Beth mit sich zu kämpfen hatte. Sie hatte als Frau des Garnisonskommandeurs ein gesellschaftlich engagiertes Leben an herausgehobener Stelle geführt und fand sich nun, während die Militärgemeinde meinen Nachfolger willkommen hieß, brutal zurückgesetzt. Wie konnte ich sie darüber hinwegtrösten, wo es doch gerade mein Wunsch und meine Pflicht waren, nach Afrika zu gehen, die sie in diese Situation gebracht hatten?

Am Wochenende des 8. August erhielt ich einen dringenden Anruf von Brent. Die Ruander hatten gerade das Friedensabkommen von Arusha unterzeichnet. Darin wurde unter anderem die rasche Aufstellung einer internationalen Truppe von Friedenshütern verlangt, um den wackeligen Waffenstillstand, auf dem dieses Abkommen fußte, zu garantieren. Im DPKO brach die Hölle los. Eilends musste man eine Reaktion zusammenschustern, und ich wurde wieder in New York gebraucht. Ich warf ein paar Kleider in eine Tasche und machte mich auf den Weg.

*

Zurück bei der UN vertieften wir uns sofort in den Text des Arusha-Abkommens, den uns ein Oberst namens Isoa Tikoka von den Fidschiinseln überbrachte. In den vorangehenden Verhandlungsmonaten in Arusha war Tikoka der Militärbeobachter der Vereinten Nationen gewesen. Seine Existenz war für uns völlig neu: Niemand hatte daran gedacht, uns zu sagen, dass es einen UN-Vertreter vor Ort gab, von dem wir während unserer Wochen in New York Informationen hätten bekommen können. Tiko, wie wir ihn bald nannten, war ein altgedienter Friedenshüter, wortwörtlich ein Riese von einem Mann, gutherzig und lebensfroh. Er war von der Somalia-Mission abgezogen worden, um die Friedensgespräche in Arusha zu beobachten. In Somalia hatte man ihm mehrere Fahrzeuge zerschossen, er war häufig mit vorgehaltener Waffe ausgeraubt worden und hatte alle seine persönlichen Siebensachen verloren. In den folgenden Monaten wurde er für mich ein äußerst wertvoller Ratgeber.

Das Friedensabkommen war ein komplexes Dokument, das Ergebnis behutsamer Schlichtung durch die internationale Gemeinschaft während zweijähriger, galliger Verhandlungen in Arusha. Von unserer Warte in New York aus war jedoch nicht offenkundig, dass die Einigung die großen Probleme in Ruanda nur übertünchte, statt sie zu lösen: Wie die Macht zwischen den Parteien, die sich zuvor bekriegt hatten, geteilt werden und wie die Wiederansiedelung der Flüchtlinge vonstatten gehen sollte, von denen einige Ruanda 40 Jahre zuvor verlassen hatten und die nun Kinder und Enkelkinder mit einem Anspruch auf die ruandische Staatsbürgerschaft hatten, blieb völlig unklar. Wir waren außerdem über den Zustand der Menschenrechte besorgt, der nach so langen Kämpfen im Land herrschte. (Informationen darüber waren in New York sehr wohl vorhanden, aber weil die Abteilungen und Unterorganisationen der UNO und die nichtstaatlichen Organisationen sich kaum untereinander austauschten, erfuhren wir davon erst, als wir im Oktober 1993 ins Land kamen.)

Das Abkommen legte einen forschen 22-monatigen Zeitplan fest, in dessen Rahmen die verschiedenen politischen Parteien, darunter die RPF und die ehemalige Regierungspartei, die Nationale Republikanische Bewegung für den Fortschritt (Mouvement Républicain National pour la Démocratie et le Développement, MRND), eine breite Übergangsregierung bilden sollten. Danach wollte man das Land in mehreren Phasen zu freien, demokratischen und multiethnischen Wahlen führen. Auf dem Weg dorthin sollte die Übergangsregierung irgendwie die Flüchtlinge und die RPF wieder in die Gesellschaft eingliedern, beide Armeen demobilisieren und neue nationale Streitkräfte schaffen, eine neue Verfassung ausarbeiten, die Zivilpolizei wiederbeleben und die zerrüttete Wirtschaft mithilfe internationaler Finanzinstitutionen und Hilfsorganisationen aufbauen, deren Geldsegen die vielschichtigen und vertrackten Probleme des Landes entschärfen würde. All dies hing von der sofortigen Entsendung einer neutralen internationalen Friedenstruppe ab, die bei der Umsetzung der einzelnen Phasen des Abkommens helfen sollte. Der Termin, den das Arusha-Abkommen für die Aufstellung einer solchen Truppe setzte, war der 10. September – das war in nur fünf Wochen.

Die UN-Hauptabteilung für friedenssichernde Einsätze beschloss, ein drittes Aufklärungskommando nach Ruanda zu entsenden. Gewöhnlich entsandte jede UN-Abteilung ihr eigenes Team nach ihrem eigenen Zeitplan. Dieses Mal versuchten wir aber, die Vorbereitungszeit zu verkürzen und Vertreter aller betroffenen Abteilungen gemeinsam loszuschicken.

Brent und ich machten uns sofort an die Ausarbeitung eines Plans, der sich auf die militärischen Aspekte konzentrierte, aber auch die humanitären Gesichtspunkte der Mission einbezog. Die politische Seite blieb in der Hand der Abteilung für politische Angelegenheiten. Wir arbeiteten ohne Büro und ohne Hilfskräfte, ja wir hatten nicht einmal anständige Militärkarten des Gebietes – zwei Einzelkämpfer, die sich ihre Nächte mit geborgten Laptops um die Ohren schlugen. Wir planten unsere Aufklärungsmission mit einer Touristenkarte von Ruanda.

Am 10. August wurden Brent und ich zu einem eilig anberaumten Treffen mit anderen Mitgliedern des Aufklärungsteams gerufen, um alle Pläne und Erfordernisse zu besprechen. Niemand konnte irgendetwas Nützliches beisteuern, die meisten schienen nicht recht zu wissen, worum es genau ging. Selbst Macaire Pédanou, ein schmächtiger, nachdenklicher Afrikaner, der in Arusha für die Vereinten Nationen als politischer Beobachter tätig gewesen war und zum Chef unseres Aufklärungskommandos ernannt worden war, hatte im Hinblick auf einen Aktionsplan nur wenig anzubieten. Maurice und andere sprachen zwar darüber, dass Ruanda eine Chance böte, den schlechten Ruf von UN-Friedensmissionen aufzupolieren, doch mir war klar, dass Ruanda als Nebenschauplatz angesehen wurde: Die wichtigen Konflikte fanden immer irgendwo anders statt, in weit bedeutenderen Ländern wie Bosnien, Haiti, Somalia oder Mosambik, fast überall, nur nicht in dem winzigen zentralafrikanischen Land, das die meisten Menschen kaum auf der Karte finden würden.

Ein paar Tage, bevor wir nach Ruanda abreisen sollten, rief mich Maurice in sein Büro, um ihm Bericht zu erstatten. Sein Arbeitsplatz war zweckmäßig und recht deprimierend, ohne die geringsten Annehmlichkeiten. Er verbrachte so viel Zeit vor Ort oder bei unzähligen Treffen in der gesamten UNO, dass er sich kaum in seinem Büro aufhielt; es fehlte der persönliche Nippes, der sich gewöhnlich im Büro eines Befehlshabers anhäuft. Die Holztäfelung aus den 60er Jahren war dringend renovierungsbedürftig, die Möbel hätten auf den Sperrmüll gehört.

Ich war sehr zuversichtlich im Hinblick auf unsere geplante Sondierungsreise, im UN-Jargon »technische Mission« genannt. Maurice hörte mir aufmerksam zu, sagte mir aber, ich solle danach bloß nicht zu ihm zurückkommen und einen Einsatz in Brigadegröße verlangen. Er sagte in etwa: »Diese Sache muss klein bleiben und darf nicht viel kosten, sonst wird sie der Sicherheitsrat nie billigen.« Es verschlug mir die Sprache: Er bat mich, die erforderliche Missionsgröße anhand der verfügbaren Ressourcen abzuschätzen statt anhand der tatsächlichen Erfordernisse vor Ort, die unsere Reise ja erst noch klären sollte.

Während ich noch mit dieser neuerlichen Einschränkung rang, kämpfte Brent mit der UN-Bürokratie, um die Mittel für unsere technische Mission freizubekommen. Ich überlegte mir, dass ich als Soldat einer chronisch unterbesetzten und schlecht ausgerüsteten Armee ja schließlich daran gewöhnt war, mit dem Vorhandenen zu Rande zu kommen – das war in Kanada fester Bestandteil der soldatischen Berufsanforderungen. Dabei war mir durchaus klar, dass ich ernsthaft in der Bredouille steckte. Nach meiner Einschätzung würde das Arusha-Abkommen einen UN-Einsatz erfordern, der in der Lage wäre, die Umsetzung der einzelnen Etappen wirkungsvoll zu unterstützen. Doch wenn der Bericht meiner technischen Mission mehr verlangte, als die Mitgliedsnationen zu zahlen oder beizusteuern bereit waren, würde es gar keine Mission geben. Ich steckte in einem schweren moralischen Dilemma, noch bevor ich New York überhaupt verlassen hatte.

Dann erhielten wir Nachricht, dass Pédanou wegen eines akuten Augenleidens vorerst ausfallen würde. Er musste dringend operiert werden und konnte wohl erst später in Ruanda zu uns stoßen. Erst als ich die Flugzeugtickets schon in der Hand hielt, teilte mir Maurice mit, dass niemand von der Abteilung für politische Angelegenheiten in der Lage wäre, Pédanou als Missionschef zu ersetzen. Die Verantwortung ging damit automatisch auf mich über. Ich war immer noch naiv genug, um mich darüber zu freuen.

KAPITEL 4

Feinde reichen sich die Hand

Wir landeten am 17. August 1993 in der ruandischen Hauptstadt Kigali. Vom ersten Augenblick, in dem ich seine sanften, dunstumflorten Berge sah, liebte ich Ruanda. Trotz seiner Nähe zum Äquator ist es durch seine Höhenlage ein gemäßigtes Land voller duftiger Brisen und unglaublich strotzendem Grün. Mit seinen kleinen, terrassierten Feldern vor dem ewigen Hintergrund wogender Hügel erschien es mir wie ein irdisches Paradies. Nur blieb nicht viel Zeit, seine Schönheiten zu bestaunen: Kaum, dass das Flugzeug auf der Landebahn aufsetzte, begann ein Strudel diplomatischer Aktivitäten. Von der Gangway schritt ich direkt in meine erste, von örtlichen und internationalen Medien gut besuchte Pressekonferenz.

Die Atmosphäre war freundlich und positiv. Die offizielle Begrüßungsdelegation führten Anastase Gasana, der Außenminister der Koalitionsregierung, Jean-Damascène Bizimana, der ruandische Botschafter bei den Vereinten Nationen, sowie der ruandische Botschafter in Uganda an. Gasana war in Arusha einer der stärksten Friedensbefürworter aus den Reihen der ruandischen Regierung gewesen und zum offiziellen Ansprechpartner unserer technischen Mission bestimmt worden. Er war ein liebenswerter, unprätentiöser Mann, Politiker der Demokratisch-republikanischen Bewegung (Mouvement Démocratique Républicain, MDR), einer Partei, die in Opposition zum Habyarimana-Regime stand. Er glaubte, das Arusha-Friedensabkommen markiere den Beginn der Demokratie in seinem Land und hatte keine Angst, dass Ruanda in einen Bürgerkrieg zurückfallen könnte. Allerdings räumte er ein, dass der Übergang zu einem demokratischen, auf Gewaltenteilung fußenden Mehrparteiensystem durchaus politische

Gefahren barg. Gasana drängte unbeirrbar darauf, dass die Vereinten Nationen eine neutrale Friedenshütertruppe bilden und so schnell wie möglich in sein Land entsenden sollten.

Gasanas Optimismus machte mir Mut; es fiel mir schwer, meine Neutralität zu wahren und ihm nicht bereitwillig beizupflichten. Bizimana war ein ganz anderer Fall. Er beobachtete, hörte intensiv zu und sagte nichts. Sein düsteres Schweigen war mehr als beunruhigend, da er Ruandas Vertreter in New York war und an diesem Tag vor den versammelten Medien zu uns Stellung nehmen würde. Damals wusste ich noch nicht, dass er zu den Falken in der Regierung gehörte.

Ich hielt mich strikt an mein Skript, betonte, dass mein Team zur Prüfung der Lage angereist sei und unterstrich, unsere Gegenwart sei keine Garantie, dass sich die Vereinten Nationen auf die vom Arusha-Abkommen verlangte umfangreiche Friedensmission verpflichten würden. Die Frage des 10. September, an dem die Übergangsregierung ins Amt kommen sollte, brannte vielen Journalisten auf den Nägeln. Ich erinnere mich, dass ich den Finger hob, um darzulegen, dass unser Besuch nur ein erster Schritt sei und die Vereinten Nationen und die Entsendeländer noch eine Reihe von Entscheidungen zu treffen hätten, bevor irgendjemand nach Ruanda geschickt würde. Am 10. September würde es mit Sicherheit noch keine UN-Mission vor Ort geben. Ich versprach jedoch, dass wir im Falle der Billigung einer Mission jeden möglichen Rekord brechen würden, von ein paar Vorschriften ganz zu schweigen, um so schnell wie möglich ins Land zu kommen. Meine Erklärung dämpfte die Begeisterung auf dem Empfang merklich.

Ich war überrascht, dass nicht sofort ein förmlicher Besuch bei Präsident Habyarimana auf dem Programm stand. Ich nahm an, dass er doch daran interessiert sein müsse, sich selbst ein Bild von der Person zu machen, die das UN-Team anführte, das schließlich die Entscheidung beeinflussen würde, ob es zu einer Mission käme oder nicht. Als ich dies Gasana gegenüber erwähnte, versicherte er mir, dass mich der Präsident sehr wohl sehen wolle. Dabei beließen wir es.

Innerhalb von nur zwölf Tagen musste mein kleines, 18 Mitglieder zählendes Team die politischen, humanitären, administrativen und militärischen Aspekte einer möglichen UN-Friedensmission beurteilen. Weil ich nun selbst Chef des Einsatzkommandos war, musste ich meine Zeit aufteilen, um mich außer mit den militärischen auch mit politischen und humanitären Fragen zu befassen und mich mit führenden Politikern der sieben Parteien zusammenzusetzen, die an der Bildung der Übergangsregierung beteiligt sein würden. Ich musste auch Mitglieder des diplomatischen Corps von Kigali und den Vertreter des UN-Entwicklungsprogramms (United Nations Development Programme, UNDP) vor Ort, Amadou Ly aus Senegal, treffen, der damals der höchste UN-Vertreter im Land war.

So überließ ich die militärische Aufklärung weitgehend Brent, Tiko, Miguel Martin und Paddy Blagdon, einem pensionierten Brigadegeneral der britischen Armee und UN-Minenräumexperten, während ich mich auf Gespräche mit den höchsten Militärstellen beider Seiten beschränkte. Ich musste außerdem mit den humanitären Organisationen sprechen; ihnen würde bei der Hilfe für die Flüchtlinge im Ausland und für die Vertriebenen und Hungernden im Lande selbst sowie später bei der Wiedereingliederung demobilisierter Soldaten eine entscheidende Rolle zukommen. Eine Dürre hatte den Süden Ruandas hart getroffen, und noch war keine Linderung in Sicht.

Mitarbeiter der Abteilung für Feldeinsätze (Field Operations Division, FOD; eine Unterabteilung des DPKO), die bei UN-Missionen im Einsatzgebiet für eine funktionierende Administration und Logistik sorgt, nahmen die Kommunikationseinrichtungen und andere Infrastruktur, verfügbares Personal, die lokale Logistik und Transportsituation unter die Lupe und beleuchteten alle anderen administrativen Erfordernisse einer Mission in dieser entlegenen, landumschlossenen Region.

Wir richteten in einem Konferenzraum des Hôtel des Mille Collines unser vorläufiges Hauptquartier ein, wurden aber von Logistikproblemen geplagt: Fahrzeuge, örtliche Mitarbeiter, Telefone und alle mögliche Ausrüstung fehlten. Ich kochte angesichts der vielen Zeit, die wir nur darauf verschwenden mussten, uns einzurichten. Wir hatten einige Touristenkarten an der Wand, einige Computer und einen Konferenztisch mit einigen Stühlen. Am Ende dieser Kurzreise würde ich meine Empfehlungen und meinen Entwurf des Einsatzkonzepts der UN zur Billigung vorlegen müssen, und schon jetzt fraßen Verwaltungsprobleme und Mangel unsere begrenzte Zeit und Aufmerksamkeit auf.

Zum Glück stand uns Amadou Ly zur Seite, der seit drei Jahren in Ruanda war und die Verhältnisse im Land kannte. Anders als viele andere UN-Mitarbeiter war er weder zynisch noch ausgebrannt, obwohl er Stümperei und Inkompetenz zur Genüge erlebt hatte. Hinter seiner sanften Art verbarg sich ein ungeheurer Arbeitseifer, der seine kleine, aber engagierte Mitarbeiterschar mit ihren dürftigen Mitteln zu kleinen

Wundern antrieb. Er schaffte es, uns mit allem Nötigen zu versorgen, von Papier und Stiften bis hin zu Telefonverbindungen nach Übersee und Fahrzeugen mit Fahrern, obwohl das nicht seine Aufgabe war und sein Büro kein Budget hatte, um uns diese Dienste zu erweisen. Ly war auch einer der wenigen in Ruanda, die uns auf dieser ersten Reise auf die unheilvollen Umtriebe der extremistischen Elemente und die Milizen aufmerksam machte, die sich in den Jugendorganisationen verschiedener Parteien breit gemacht hatten, sogar bei den moderaten. Er mahnte mich zu höchster Eile: Die Vereinten Nationen müssten so schnell wie möglich eine Friedensmission ins Land schicken, um diese Kräfte daran zu hindern, ihre Macht auszubauen.

*

Mein erstes offizielles Treffen war ein Termin mit der Premierministerin der amtierenden Interimsregierung, Agathe Uwilingiyimana, weit und breit schlicht als Madame Agathe bekannt, und Faustin Twagiramungu, dem designierten Premierminister der in Arusha vereinbarten, noch zu bildenden neuen Übergangsregierung. Wir trafen uns in Madame Agathes großem, luftigem Büro. Sie hatte eine mütterliche Art, hinter der jedoch auch ein eiserner Wille durchschien. Sie unterstützte eine UN-Friedenstruppe. Ruandas Zukunft hinge in der Schwebe, sagte sie, und wir dürften diese historische Gelegenheit zur Schaffung einer Demokratie nicht verpassen, nur weil ein paar Hardliner die Macht nicht teilen wollten.

Twagiramungu hatte von 1968 bis 1976 in Quebec studiert, wo er die Verhängung des Kriegsrechts und die demokratische Machtübernahme von René Lévesques separatistischer Parti Québécois erlebte. Er hatte an der Großdemonstration zur Einführung von Französisch als Lehrsprache an der McGill-Universität teilgenommen und, wie er sagte, in Kanada viel für seine eigene politische Karriere gelernt. Er sprach weniger inspirierend als Madame Agathe und schien weniger geneigt, sich zu exponieren, aber er war sehr an der Einsetzung der Übergangsregierung interessiert. Vor seinem Eintritt in die Politik war er Generalmanager eines Staatsunternehmens gewesen, das ein Monopol über den gesamten internationalen Frachtverkehr Ruandas hatte. Twagiramungu war in der Vergangenheit beschuldigt worden, Bestechungsgelder anzunehmen, und hatte kurze Zeit im Gefängnis gesessen, wofür er politische Verfolgung verantwortlich machte. Vielleicht war das der Grund für seine kühle Haltung und gereizte Empfindlichkeit. Obwohl er sich hinter Madame Agathes Forderung nach einer UN-Mission stellte, tat er es ohne ihre Leidenschaft.

Ich fand die weitschweifigen Ausführungen der ruandischen Politiker, die ich traf, zuweilen anstrengend, aber ich entdeckte bald, dass ich häufig mit erstaunlichen Einsichten in Geschichte und Kultur des Landes und die herrschenden Missstände belohnt wurde, wenn ich aufhörte, Fragen zu stellen, und ihnen nur zuhörte. Während sie ihren Wunsch bekundeten, die Friedensvereinbarungen umzusetzen, war bei Gesprächspartnern beider Volksgruppen eine untergründige Zukunftsangst herauszuhören. Das fortdauernde Gefühl, in der Vergangenheit ungerecht behandelt worden zu sein, die chaotische Unsicherheit und ihr Misstrauen gegenüber Autoritäten, all dies konnte der Einsicht im Weg stehen, welche großartige Chance der Friedensprozess für das Land bereithielt. Insgesamt wirkten die Ruander auf mich wie ein Volk, das aufgrund seines in der Vergangenheit erlebten oder auch nur eingebildeten Leids niedergeschlagen war. Sie sahen die Zukunft mit einem pessimistischen, wenn auch vielleicht realistischen Blick.

Es bestanden sehr enge Bande vieler Mitglieder der Führungsschicht nach Belgien, der alten Kolonialmacht, und zu französischen Akademiker- und Militärkreisen. Ich war aber überrascht, wie viele meiner ruandischen Gesprächspartner entweder in Kanada studiert hatten oder in Ruanda von Kanadiern unterrichtet worden waren. Die dürftigen Informationen, die ich vor meiner Ankunft in Kigali gesammelt hatte, ließen nicht auf die jahrzehntelangen Beziehungen schließen, die frankophone Ruander, zumeist Hutu, zu Quebec und besonders seinen beiden größten französischsprachigen Universitäten, Laval und der Université de Montréal, unterhielten. Der Führer der gemäßigten Liberalen Partei (Parti Liberál, PL), Landoald Ndasingwa, war sogar mit einer Québécoise, Helen Pinsky, verheiratet. Sie waren ein merkwürdiges, aber charismatisches Paar, Lando mit seinem sanften Charme und Frohsinn, und die vor Energie nur so strotzende Helen, die mich an die amerikanische Politikerin und Frauenrechtlerin Bella Abzug erinnerte. Er war Minister für Soziales in der Interimsregierung und rechnete mit einem Ministeramt auch in der noch zu bildenden Übergangsregierung. Helen leitete das Familienunternehmen Chez Lando – ein Hotel mit Bar und Restaurant, das bei europäischen Auswanderern und Ruandern gleichermaßen beliebt war.

Bei Helen konnte man sehen, wie leicht sich die frankokanadische Kultur – Sprache, Musik, Literatur und die Lust auf lebhafte gesellschaftliche und politische Debatten – nach Ruanda übertragen ließ. Je weiter die Mission voranschritt, desto wohler fühlte ich mich in dieser frankophonen Nation. Vielleicht war ich ein leichtes Opfer, das allzu willig dem Charme und Zauber Ruandas erlag, aber das Ringen dieses kleinen afrikanischen Landes löste in mir eine leidenschaftliche Reaktion aus. Meine Augen öffneten sich für Realitäten, die meiner gewohnten militärischen Sphäre weit entrückt waren, und ich versuchte, jede Nuance der Kultur in mich aufzusaugen – und auch jeder doppelzüngigen Verdrehung ihrer politischen Führer auf die Schliche zu kommen.

*

Butros Butros-Ghali hatte nach Pédanous Ausfall keinen neuen politischen Chef der Mission benannt, aber die Hauptabteilung Friedenssicherung entsandte Rivero und Martin, die mich bei allen meinen diplomatischen und politischen Treffen begleiteten. Und auch die Abteilung für politische Angelegenheiten stellte zu meiner Unterstützung eine untergeordnete politische Beraterin ab. Sie war Assistentin des stellvertretenden Generalsekretärs James Jonah, eine gepflegte und hochnäsige Frau, groß im Arrangieren und Einfädeln. Sie fühlte sich in den diplomatischen Kreisen in ihrem Element und stopfte meinen Terminkalender mit einer endlosen Kette von Besprechungen und informellen Cocktailparty-Begegnungen voll. Wir trafen die Deutschen, die Belgier, die Amerikaner, die Chinesen, die Russen, den päpstlichen Nuntius, den burundischen Botschafter und, natürlich, die Franzosen – auf ihr Drängen hin gleich zwei Mal. Keiner von ihnen bot mir irgendeine tief schürfende politische Analyse. Alle schienen aus demselben Liedbuch zu singen: Die Vereinten Nationen sollten so schnell wie möglich ein Friedenskontingent entsenden. Niemand bot mir jedoch Truppen an, und die meisten suchten Ausflüchte, wenn die Sprache auf die mögliche Größe und die Kosten einer solchen Mission kam.

Unser rangjüngster politischer Berater, zufällig Franzose, arrangierte für mich zwei Termine beim französischen Botschafter, einen zu Beginn unseres Aufenthalts, den anderen am Tag vor unserer Abreise. Die Franzosen unterhielten Beziehungen zum Habyarimana-Regime, die bis Mitte der 70er Jahre zurückreichten. Über die Jahre hatten die Franzosen beträchtliche Investitionen im französischsprachigen Ruanda getätigt und belieferten das Land mit Waffen und militärischem Know-how – ein Engagement, das sich im Oktober 1990 und erneut im Februar 1993 zu einer direkter Intervention gegen die RPF-Rebellen ausgewachsen hatte. Aber die RPF erwies sich als ein sturer und hartnäckiger Feind, sodass sich die Franzosen schließlich den diplomatischen Bemühungen der USA anschlossen, die zu einer Reihe von Waffenstillständen und letztlich zum Arusha-Abkommen führten. Die Franzosen hatten noch ein halbes Bataillon in Kigali, angeblich zum Schutz der europäischen Gemeinde, und unterhielten bei den großen Einheiten der Regierungstruppen auch Militärberater – mit und ohne Uniform. Frankreich war das einzige Mitglied des Sicherheitsrates, das ein deutliches Interesse an Ruanda gezeigt hatte. Den französischen Botschafter auf dem Laufenden zu halten, war daher wichtig, denn eine UN-Mission in Ruanda war bislang alles andere als sicher.

Zu meiner Freude war Botschafter Jean-Phillippe Marlaud bei unserem ersten Treffen offen und freundlich und legte nichts von der üblichen Arroganz an den Tag, die mir bei anderen Gelegenheiten von französischen Würdenträgern entgegengeschlagen war. Er war erst seit März 1993 in Ruanda und schien entschlossen, die Ziele des Arusha-Abkommens zu fördern. Er hörte mir aufmerksam zu, zeigte sich aufrichtig begeistert über meine langsam Gestalt gewinnenden Vorstellungen und sah sogar meinen Erkundungsplan durch. Er war außer Ly der Einzige in Ruanda, der mehr als ein oberflächliches Interesse an meiner Arbeit und ihren Details an den Tag legte. Er hielt es für unabdingbar, den Ruandern am 10. September ein beruhigendes Zeichen zu geben: Selbst eine schlichte Geste könnte schon reichen, um ihre Befürchtungen zu zerstreuen.

*

Während ich mich durch die politischen Treffen mühte, befassten sich Brent und Tiko eifrig mit der Beurteilung der militärischen Lage. Der hünenhafte Fidschi, der unter anderem in Kaschmir, im Sinai, im Libanon und in Somalia gedient hatte, verfügte über einen offenbar unerschöpflichen Vorrat an Kriegsgeschichten und eine ebenso unerschöpflich gute Laune. Schon ein paar Tage nach unserer Ankunft in Ruanda reisten wir gemeinsam zu einem Treffen mit der obersten Führung der RPF in Mulindi im Norden der demilitarisierten Zone, etwa 60 Kilometer nördlich von Kigali. Während wir durch die blau-grüne Landschaft fuhren, war ich sehr gespannt auf Major Paul Kagame, den

Führer der RPF, jenen Mann, der eine zusammengewürfelte Guerillatruppe in eine Streitmacht verwandelt hatte, die nicht einmal, sondern gleich zweimal gegen französische Soldaten im Feld hatte bestehen können.

Wir fuhren an einem stetigen Strom von Fußgängern vorbei, Frauen in bunten Gewändern, die voller Anmut große Pakete auf dem Kopf balancierten, häufig mit kleinen Kindern, die sie mit einem Tuch auf den Rücken gebunden hatten. Männer fuhren auf selbst gebauten Fahrrädern, hergestellt aus Holzabfällen und beladen mit allen möglichen Gemüsesorten. Scharen lächelnder Jungs in kurzen Schlabberhosen aus Baumwolle trieben Vieh vorbei. Die Route war mit hübschen Dörfern mit Lehmziegelhütten gespickt, doch ich wusste wohl, dass die Schönheit der Landschaft eine verzweifelte Armut maskierte.

Und dann, inmitten dieser ländlichen Idylle, stießen wir auf eine teuflische Erinnerung an den langen Bürgerkrieg.

Wir rochen das Lager, noch bevor wir es sahen, eine giftige Mischung aus Fäkalien, Urin, Erbrochenem und Tod. Ein Wald aus blauen Plastikbahnen bedeckte eine ganze Hügelseite, wo 60.000 Vertriebene aus der entmilitarisierten Zone und dem RPF-Sektor auf wenigen Quadratkilometern zusammengepfercht lebten. Als wir hielten und aus unseren Fahrzeugen stiegen, umschwärmten uns dichte Wolken von Fliegen, die an unseren Augen und Mündern kleben blieben und in unsere Ohren und Nasen krochen. Es war kaum möglich, sich bei dem Gestank nicht zu erbrechen, aber der Fliegen wegen konnten wir auch nicht durch den Mund atmen. Eine junge belgische Mitarbeiterin des Roten Kreuzes erblickte uns und unterbrach ihre Arbeit, um uns durchs Lager zu führen. Die Flüchtlinge kauerten um kleine offene Feuer zusammen, eine stille, geisterhafte Menge, die uns träge mit den Augen folgte, während wir behutsam unseren Weg durch den Schmutz des Lagers suchten. Ich war tief beeindruckt von dem ruhigen Mitgefühl der jungen Belgierin, während sie diesen verzweifelten Seelen alle Hilfe spendete, die ihr zu Gebote stand. Es war offenkundig, dass sie durch den Schmutz und die Verzweiflung hindurch ihre Menschlichkeit sehen konnte.

Die Szene war erschütternd, es war das erste Mal, dass ich solches Leid sah, ohne dass es durch die künstliche Linse des Fernsehens gefiltert wurde. Am schockierendsten von allem war der Anblick einer alten Frau, die allein dalag und ruhig den Tod erwartete. Sie mochte nicht mehr als ein Dutzend Kilo wiegen. Schmerz und Verzweiflung durchfurchten jede Linie ihres Gesichts. Sie lag inmitten der Überreste ihres Schutzzeltes, das bereits seiner Plastikplane und aller persönlichen Habe beraubt war. In der erbarmungslosen Welt des Camps war sie bereits abgeschrieben, ihre kärglichen Besitztümer hatten die gesünderen Nachbarn unter sich aufgeteilt. Die Helferin flüsterte, dass die alte Frau die Nacht kaum überleben dürfte. Tränen traten mir bei dem Gedanken in die Augen, dass sie allein sterben würde, ohne einen lieben Menschen, der ihr Trost spendete.

Während ich um Fassung rang, umringte mich eine Gruppe von Lagerkindern, die angesichts dieses seltsamen weißen Mannes in ihrer Mitte lachten oder schüchtern lächelten. Sie hatten mit einem Ball aus getrockneten Zweigen und Ranken Fußball gespielt, und nun zupften sie an meinen Hosen, um mich zum Mitspielen aufzufordern. Ich war voller Bewunderung für ihre Widerstandskraft. Für die alte Frau war es zu spät, aber diese Kinder hatten das Recht auf eine Zukunft. Es ist keine melodramatische Übertreibung, wenn ich sage, dass es dieser Moment war, in dem ich mich persönlich darauf verpflichtete, eine UN-Friedensmission nach Ruanda zu bringen. Bis zu diesem Punkt war es eine interessante Herausforderung und ein möglicher Weg zu einem Feldkommando gewesen. Als ich zurück in den Wagen stieg, wusste ich, dass meine erste Aufgabe nun darin bestand, um dieser Kinder willen und zur Linderung dieser Not mein Bestes für den Frieden in Ruanda zu geben.

*

Wir passierten bald die Straßensperre der Regierungstruppen, lavierten behutsam durch ein gekennzeichnetes Minenfeld, das den Frontverlauf markierte, und fuhren in die demilitarisierte Zone ein. Ein unheimlicher Landstrich voller leer stehender Dörfer, deren Bewohner sich in das Lager geflüchtet hatten. Sie waren schon durch die Kämpfe von 1990 vertrieben worden, und ihre Felder und Höfe wurden langsam von den üppigen einheimischen Grünpflanzen und Wildblumen zurückerobert. Die Luft war erfüllt von den heiseren, einsamen Rufen der Fliegenschnäpper und Waldlaubsänger. Ich wäre gerne aus dem Auto gestiegen und auf Erkundung gegangen, aber wir waren gewarnt worden, dass die Gegend stark vermint sei. Daher hielten wir uns auf der Straße, bis wir das Gebiet der RPF erreichten.

Die RPF begrüßte uns mit einer Ehrenwache von etwa 30 *intore* oder Kriegstänzern. Jeder von ihnen trug eine kurze Schürze aus scharlachroter Baumwolle, drapiert mit einem Stück Tuch in Leopardenfellmuster, und eine riesige, wehende Kopfbedeckung, die einer Löwenmähne nachempfunden war. Ihre entblößten Oberkörper hatten sie mit Perlen geschmückt, um ihre Knöchel Trauben von kleinen Glöckchen gebunden und in den Händen trugen sie zeremonielle Schilde und Speere. Sie sprangen rhythmisch ohne Anstrengung in die Luft, ihre schweißnassen Körper glitzerten im Sonnenlicht. Sie tanzten, trommelten und sangen etwa 20 Minuten lang, bis sie uns in einer letzten großen Bewegung ihre Waffen darboten. Ihre Aufführung verband die Disziplin und Präzision einer gut ausgebildeten modernen Armee mit einer uralten Kriegertradition und gab den Ton für das vor, was folgen sollte.

Die RPF benutzte den großen Gebäudekomplex einer verlassenen Teeplantage als Hauptquartier. Wir fuhren einen üppig von ungeerntetem Tee bestandenen Hügel hinauf und hielten vor einem anmutigen alten Haus mit einer riesigen Veranda, die über einen geometrisch angelegten, langsam verfallenden Garten blickte. Die Luft war schwer vom Blütenduft. Drinnen hieß uns die politische und militärische Führung der RPF herzlich willkommen, darunter ihr Vorsitzender Alexis Kanyarengwe, ein behäbiger, helläugiger Mann mit einem etwas mühsamen Lächeln, ihr politischer Kopf Pasteur Bizimungu, ein ebenso ungeduldiger wie eloquenter Mann, und Paul Kagame, der eher wie ein strenger Professor und nicht wie der Kommandeur einer Rebellenarmee aussah. Sie führten uns in ein großes Wohnzimmer, das, seiner häuslichen Möbel beraubt, als Sitzungsraum diente.

Das Trio Kanyarengwe, Bizimungu und Kagame, jeder auf seine Weise sehr effektiv, bot einen interessanten Kontrast. Kanyarengwe, der nominelle Kopf der RPF, war Hutu und schien sich in seiner Führungsrolle etwas unbehaglich zu fühlen, da er nach jeder Bemerkung die Reaktionen der anderen überprüfte. Trotzdem erwies er sich als solider, ernsthafter und klar denkender Kopf. Bizimungu war der politische Repräsentant der RPF in der Öffentlichkeit. Er war in Habyarimanas Regime Minister gewesen und als solcher ins Gefängnis geworfen und gefoltert worden, als er versuchte, die schlimmsten Exzesse der Machtclique offen zu legen. Auch er war Hutu, leidenschaftlich und streitlustig, aber unflexibel und ohne echtes Charisma. Und dann Kagame, eindeutig der interessanteste der drei, obwohl er der zurückhaltendste war. Er war fast das Stereotyp eines Tutsi, unglaublich dünn und über einen Meter 80 groß; er überblickte die Zusammenkunft mit einer gelassenen Art, die nicht ganz seine adlerhafte Intensität verbarg. Die funkelnden, kohlrabenschwarzen Augen hinter seiner Brille waren durchdringend und ließen erkennen, wie sicher er die Situation beherrschte.

Die meisten der Gruppe, hochrangige Offiziere eingeschlossen, strahlten Selbstvertrauen und Würde aus. Wenn wir Pausen einlegten, blieben sie nie untätig, sondern sprachen einzelne Punkte untereinander durch. Die Atmosphäre war spartanisch: keine Flaggen, Bilder oder Orden, keine Genussmittel wie Alkohol oder Zigarren. Wir saßen an einem langen Tisch in der Mitte des Raumes; drei Bankreihen waren mit Stabsoffizieren und zivilen Funktionsträgern gefüllt, die das Treffen beobachteten.

Die RPF stand einhellig hinter dem Arusha-Abkommen. Der Vorsitzende betonte, dass wir schnell handeln müssten, damit das Abkommen nicht »verdarb«, das heißt nicht vertan würde. Er äußerte sich außerdem besorgt über die zunehmenden Aktivitäten von paramilitärischen Gruppen in Ruanda. Für den Fall einer neutralen Friedensmission müssten die Vereinten Nationen die Sicherheit der RPF-Führer garantieren, wenn diese nach Kigali kämen, um sich an der Übergangsregierung zu beteiligen. Kanyarengwe bestand außerdem darauf, dass die UNO Frankreich drängen solle, seine Soldaten so rasch wie möglich aus dem Land abzuziehen. Aus Höflichkeit erwähnte er nicht, dass die RPF, stolze Afrikaner, Friedenshüter aus der OAU einer UN-Truppe vorziehen würde.

Die RPF stellte sich als Gruppe ruandischer Flüchtlinge dar, die nur in die Heimat zurückkehren und in Frieden leben wolle. Ihr Wunsch sei es, eine multiethnische, demokratische Gesellschaft in Ruanda aufzubauen. Ich zweifelte nicht an ihrer Aufrichtigkeit, doch mir war bewusst, dass sie nach ihrem Erfolg im Bürgerkrieg von der gelungenen Umsetzung des Friedensabkommens nichts zu fürchten, aber alles zu gewinnen hatten. Es tat sich bei unserem Gespräch nur eine unerwartete Schwierigkeit auf: Der Vorsitzende zeigte sich besorgt, dass seit Unterzeichnung des Arusha-Abkommens Anfang August die aus der entmilitarisierten Zone vertriebene Bevölkerung – etwa 600.000 Menschen – begonnen habe, in das Gebiet zurückzuwandern. Die RPF sah dadurch ihre Sicherheit bedroht. Nachdem ich gerade die Hölle des Vertriebenenlagers erlebt hatte, warf ich ein, dass diese Leute doch gute Gründe hätten, in ihre Häuser und auf ihre kleinen Höfe zurückkehren zu wollen, und es eines der ersten Gebote sein sollte, das Gebiet von Minen zu säubern und ihre Wiederansiedlung vorzubereiten. Bizimungu war anderer Meinung. Nach den Vereinbarungen des Arusha-Abkommens müsse die neutrale internationale Truppe das Gebiet frei von Bewohnern und geschlossen halten. Damals schrieb ich seine Sorge der Paranoia einer aufständischen Rebellenarmee zu. Später kam mir der Gedanke, dass die RPF den Punkt weniger aus Gründen der Sicherheit als vielmehr wegen der Ambitionen auf Wiederansiedlung jener Tutsi-Flüchtlinge angesprochen hatte, die damals noch in Uganda lebten.

Unsere Inspektion der RPF-Armee vollzog sich in einem streng bewachten Konvoi, der über elende Straßen ruckelte. Ich hatte den Eindruck, dass man bewusst unsere Zeit verschwendete, um uns daran zu hindern, Hauptquartier und Einheiten der RPF wirklich genau in Augenschein zu nehmen. Ohne Hubschrauber allerdings, die über das dicht bewaldete, bergige Terrain fliegen konnten, musste unsere Inspektion der Truppe sehr begrenzt bleiben. Die Offiziere erweckten geschickt den Anschein, voll mit uns zu kooperieren, aber sie boten nur wenig Informationen über Truppenstruktur und wahre Kampfkraft der Verbände. Die Soldaten, die wir sahen, waren eindeutig gut ausgebildet und motiviert. Sie trugen eine eigenwillige Kombination aus ostdeutschen Sommeruniformen und Gummistiefeln, wirkten aber durchweg sauber und ordentlich. Die Mannschaften waren gewöhnlich jung, manchmal sogar noch Kinder; auch die Offiziere waren jung, aber ohne Zweifel versierte Drillmeister. Wenn sie nicht übten, mussten die Soldaten an Vorlesungen teilnehmen oder ihre Ausrüstung säubern und instandhalten. Es war eine kampferfahrene und schlachtbereite Armee.

Die einzige Beschränkung der RPF war ihre Nachschublogistik. Sie hatte nur wenige Fahrzeuge, und obwohl ihre Einheiten in bester körperlicher Verfassung, wohlgenährt und recht gut ausgerüstet zu sein schienen, handelte es sich um eine Armee aus leichter Infanterie, die sich zu Fuß oder per Fahrrad mit Nachschub versorgen und kämpfen musste. Dennoch hatte sie aufgrund ihrer überlegenen Führung, Ausbildung, Erfahrung, Anspruchslosigkeit, Mobilität, Disziplin und Moral alle jüngsten Kraftproben für sich entschieden. Wenn Kagame es sich anrechnen konnte, diese Streitmacht aufgebaut zu haben, war er wirklich ein eindrucksvoller Führer und mochte den Beinamen verdienen, den die Medien ihm gegeben hatten: der Napoleon von Afrika.

In scharfem Kontrast dazu stand die Regierungsarmee. Der Stabschef der Armee, Generalmajor Déogratias Nsabimana, war ein massiger Mann mit verschlagen wirkendem Mienenspiel. Er war kein beeindruckender Soldat und hatte sich beim letzten Feldzug gegen die RPF im Frühjahr 1993 alles andere als bewährt. Er war nach Beendigung der Feindseligkeit auf seinem Stuhl kleben geblieben, weil er Präsident Habyarimana nahe stand. Obwohl es bereits eine Interimsregierung gab, wurden Armee und große Teile der Gendarmerie (die ruandische Nationalpolizei) noch immer vom Regime kontrolliert: Falken aus der Partei des Präsidenten, der MRND, waren an den wichtigen Schaltstellen im Verteidigungsministerium an der Macht geblieben.

Zu den hochrangigen Offizieren der Regierungsarmee gehörte ein Kader von einigen Obersten, die das Arusha-Abkommen befürworteten und sehnlichst auf das Ende eines Konfliktes hofften, den sie auf dem Schlachtfeld verloren hatten. Doch es gab viele andere im Offizierskorps besonders aus dem Norden Ruandas, die kaum hinter dem Abkommen standen und aus ihrem Hass auf die RPF kein Hehl machten. Es war klar, dass man mit der einen Gruppe zusammenarbeiten konnte, während man die andere im Auge behalten musste.

Ich besuchte die Regierungstruppen auf ihrer Seite der demilitarisierten Zone und im Südteil des Landes mit einem leichten Gazelle-Kampfhubschrauber und flog auch in den Norden, um die Ausbildungslager der Eliteeinheiten der Regierungsarmee in Ruhengeri in der Nähe des Geburtsortes von Habyarimana zu besuchen. Als wir uns Ruhengeri näherten, erhoben sich die Virunga-Berge vor uns wie blaue Giganten aus grünenden Hügeln. Diese atemberaubende Naturlandschaft (berühmt geworden durch den Spielfilm *Gorillas im Nebel*) war das Kernland des ehemaligen Regimes.

Die Elitekommandos hatten in dem Gebiet ein Lager; eine schnelle Reaktionstruppe der Gendarmerie und Eliteeinheiten des Militärs waren in der Gendarmerie-Schule in Ruhengeri stationiert. Alle wurden von französischen und belgischen Militärberatern ausgebildet.

Die Fronteinheiten der Armee jedoch bestanden aus schlecht ausgebildeten Rekruten, denen es an Waffen, Nahrung, Medikamenten und vor allem an Führung und Moral fehlte. Ihre katastrophalen Lebensbedingungen sorgten dafür, dass viele desertierten und die Einheiten aufgrund der hohen Malaria-Rate oft abgelöst werden mussten. In der Regierungsarmee gab es somit zwei sehr unterschiedliche Standards: einen hohen der Elitetruppen, einen niedrigen beim Rest der Armee.

Die bewaffneten Kräfte der Regierung, die mir am meisten Sorge bereiteten, war die Präsidentengarde, die Brent und Tiko in ihrer Garnison in Kigali in der Nähe des Meridien-Hotels genau beobachtet hatten. Sie bestand aus sehr gut ausgebildeten Offizieren, Unteroffizieren und Mannschaften, war nicht nur die bestausgerüstete und bestbemannte aller Eliteeinheiten, sondern auch die aggressivste, und trat mit arrogantem Selbstbewusstsein auf. Ihre Undiszipliniertheit beunruhigte mich. Die Soldaten von Habyarimanas Prätorianergarde folgten ihren eigenen Offizieren zwar gehorsam, aber alle anderen Angehörigen der Regierungsarmee und sogar mich behandelten sie mit Verachtung. Es war klar, dass man mit der Präsidentengarde vorsichtig sein musste. Ihre Wiedereingliederung in die Gesellschaft, falls sie aufgelöst würde, oder ihre Integration in die geplante neue Armee Ruandas würde, gelinde gesagt, schwierig werden. Ich war mir sicher, dass es der persönlichen Intervention des Präsidenten bedürfen würde, sie im Zaum zu halten.

Während die eingezogenen Soldaten der Regierungstruppen für ihre zwei Bier am Tag lebten und fast meuterten, wenn diese Ration halbiert wurde, waren die jungen Offiziere, die sie befehligten, harte und dynamische Burschen. Diesen großen Abstand zwischen Offizieren und Wehrpflichtigen erklärte mir ein hochrangiger Kommandeur der Ruhengeri-Garnison. Die einzige Chance eines Offiziers, befördert zu werden, bestünde darin, »sich einen Namen zu machen«. Es verstand sich, dass sich dies auf ihre Leistung im Kampf bezog. Das zu hören war für einen potenziellen UN-Friedenshüter nicht eben beruhigend, denn es bedeutete, dass die ehrgeizigeren jungen Offiziere, die nichts zu verlieren, aber alles zu gewinnen hatten, wohl nicht zimperlich mit dem Leben ihrer Männer sein würden, wenn es ihrer Karriere nützte.

Noch etwas anderes beunruhigte und ärgerte mich: Die Regierungstruppen setzten Kinder an der Front ein. Ich hatte mich schon fast daran gewöhnt, Kinder in Ruanda bei schwerer körperlicher Arbeit zu sehen, aber als ich die Regierungsarmee inspizierte, wurde mir klar, dass die Soldaten Kinder als Diener zum Waschen, Kochen und Saubermachen benutzten, und nach Dienstschluss legten die Männer eine beklemmende Zuneigung zu ihnen an den Tag. Mehr als einmal sagte man mir, dass es diesen Kindern zweifellos in der Armee besser ginge – dort hätten sie zumindest genug zu essen. Aber angesichts einer so innigen Beziehung zwischen Kindern und Kampftruppen sträubte sich in mir alles. Ich sah nie so junge Kinder bei der RPF, auch wenn eine große Zahl ihrer Soldaten sicher unter 18 war.

Die freimütigeren Offiziere der Regierungsarmee berichteten uns vom geringen Sold, der schlechten Ausbildung (wenn es überhaupt eine gab), der begrenzten Verstärkungstruppen, von beunruhigend häufiger Fahnenflucht und dem Mangel an Vertrauen in der Truppe, die gegen die tüchtige RPF ins Feld geworfen worden war und hohe Verluste erlitten hatte, besonders während des letzten RPF-Angriffs im Februar 1993. Eine Armee in diesem Zustand der Unordnung konnte sehr gefährlich werden: Unter dem Kommando eines charismatischen Führers könnte sie zu einem erbarmungslosen Haufen verkommen. Ich kam zu dem Schluss, dass bei einer möglichen Friedensmission das Gros der UN-Kräfte südlich der demilitarisierten Zone im Sektor der Regierungstruppen aufzustellen wäre.

*

Die Gendarmerie, eine paramilitärische Truppe nach französischem Modell, war mit ihren etwa 6.000 Mann die dritte Streitmacht in Ruanda. Ihr Stabschef, Oberst Augustin Ndindiliyimana – von allen Offiziellen, mit denen wir während unserer Erkundungsmission zusammenarbeiteten, bei weitem der hilfreichste, ehrlichste und offenste –, unterstand im Hinblick auf Einsatzbefehle, Unterstützung und Logistik dem Verteidigungsministerium, jedoch dem Innenministerium, was die tägliche Polizeiarbeit im ganzen Land betraf. In den letzten Kriegsjahren war die Gendarmerie zur Unterstützung der Armee für die Front mobilisiert und ihre Mannschaftsstärke verdreifacht worden. Durch die hastige Rekrutierung hatte sie an Zusammenhalt, Disziplin, Ausbildung, Erfahrung und Glaubwürdigkeit eingebüßt.

Tiko und Major Eddy Delporte, ein belgischer Militärpolizeioffizier, der uns vom UN-Kontingent in der Westsahara zugeteilt worden war, führten eine Analyse der Gendarmerie durch. Ihr Bericht offenbarte eine nach Lust und Laune geführte und undisziplinierte Truppe von Männern, in der vom professionellen Polizeioffizier bis zum Kriminellen in Uniform alles vertreten war. Obwohl über das ganze Land verteilt, saß das Gros der Polizeikräfte in Kigali und Ruhengeri. Im Großen und Ganzen machten ihre Mitglieder einen gebildeteren und auch stolzeren Eindruck als ihre Kollegen in der Armee. Delporte bestätigte, dass sowohl der Gendarmerie als auch den Regierungstruppen französische und belgische Berater zur Seite standen. Dieses Beratungsnetz war weit ausgedehnter, als die Botschafter und Militärattachés beider Länder hatten durchblicken lassen. Delporte versuchte, mehr Informationen von den Belgiern zu bekommen, rannte aber gegen eine Mauer, die wir nie durchdringen konnten. Was machten diese Berater in Ruanda, weshalb waren sie wirklich da?

Unsere Mitarbeiter nahmen auch Kontakt zum französischen Fallschirmjägerbataillon in Kigali auf, aber der Besuch erbrachte bis auf einige kartographische Hinweise auf Standorte von Regierungstruppen um die Hauptstadt herum wenig. Auch die Franzosen erwiesen sich, was Auskünfte über ihre Stärke und wahre Mission in Ruanda betraf, als kurz angebunden. Die französischen Soldaten hielten sich im Hintergrund, wir sahen sie bestenfalls am Flughafen oder bei Nacht, wenn sie in und um die Hauptstadt patrouillierten und Straßensperren errichteten, womit sie gewiss dazu beitrugen, dass die Lage vorerst ruhig blieb.

*

Trotz der Warnsignale, die ich in den Regierungstruppen erblickte, als sich unsere technische Mission dem Ende zuneigte, war ich sicher, dass Ruanda von einer klassischen Friedensmission nach Kapitel VI profitieren würde, wenn wir sie mit genügend Dringlichkeit vorantrieben. Sie würde zwischen den beiden ehemaligen Kriegsparteien schlichten, für die Umsetzung des Friedensabkommens sorgen und sicherstellen, dass sich alle an die Regeln hielten. Die Truppe würde eine Kombination aus bewaffneten Soldaten und unbewaffneten Beobachtern sein, sorgfältig überall dort aufgestellt, wo Unheil drohte, und sie würde strengen Einsatzregeln folgen: Wir würden unsere Waffen nur zur Selbstverteidigung einsetzen. Die Alternative zu einer Mission nach Kapitel VI bestand darin, den Konflikt diplomatisch einzudämmen (was im Falle Ruandas sinnlos gewesen wäre) oder zu Kapitel VII überzugehen, zu einer gewaltsamen Befriedungsmission durch eine Koalition von Nationen mit UN-Mandat, die mit offensiver militärischer Gewalt in das Land einmarschieren und beide Parteien zum Frieden zwingen würde. Doch kein Land wäre bereit gewesen, Truppen für eine friedenserzwingende Mission nach Kapitel VII in ein Land zu entsenden, das in strategischer Hinsicht weder von nationalem noch internationalem Interesse war und auch keine größere Gefahr für den Weltfrieden und die internationale Sicherheit darstellte. Kapitel VII der UN-Charta war nur zu Beginn des Kalten Krieges in Korea angewendet worden, in jüngerer Zeit im Golfkrieg und in Somalia. Kapitel VII schreckte die gegen Krieg allergischen Linksliberalen ab, die damals die

Regierungen der großen Mächte beherrschten: Das roch nach Kolonialismus und Verletzung nationaler Souveränität, und es würde letztlich große Mengen Geld und Blut kosten. Wenn ich einen Einsatz nach Kapitel VII auch nur vorgeschlagen hätte, wäre ich ohne Rückflugticket sofort in einen Heimflug nach Ottawa verfrachtet worden. Kapitel VI war die einzige reale Option, die wir hatten.

Ich wusste jedoch auch, dass ich angesichts der ethnischen Natur des Konflikts, der Möglichkeit, dass sich demobilisierte Soldaten zu marodierenden, mordenden Banden zusammenschließen könnten, und weil es überall Gegner des Abkommens von Arusha gab, in der Lage sein musste, solchen Herausforderungen militärisch zu begegnen. Deshalb nahmen wir in die Einsatzregeln, die ich für diese Mission vorschlug (und die sich weitgehend an jenen der kambodschanischen Mission orientierten), einen Absatz auf, der uns autorisierte, alle Mittel bis hin zu letaler Gewalt einzusetzen, um »Verbrechen gegen die Menschheit« zu verhindern. Wir betraten damit Neuland, obwohl wir es damals noch nicht richtig begriffen. Wir bewegten uns auf das zu, was später »Kapitel sechseinhalb« genannt wurde, auf einen ganz neuen Ansatz der Konfliktbewältigung.

*

In jenen zwölf Tagen im August in Ruanda hatte ich allen Grund, optimistisch zu sein. Zu den produktivsten und informativsten Treffen, zu denen ich einlud, gehörten zwei Sitzungen mit der RPF und den Vertretern der Regierungstruppen in Kinihira im Herzen der demilitarisierten Zone, wo im Vormonat eine Reihe von Artikeln des Arusha-Friedensabkommens unterzeichnet worden war. Die RPF schickte Pasteur Bizimungu als ihren Hauptsprecher. Sein Gegenüber war Oberst Théoneste Bagosora, der persönliche Referent des Verteidigungsministers, ein bebrillter, kleiner und rundlicher Mann, der von den Verhandlungen leicht verwirrt zu sein schien. Er sagte, er unterstütze Arusha, doch meistens ging er trotzdem auf Konfrontationskurs, besonders zur RPF-Delegation.

Ein großes Problem war die Sprachenfrage. Die Mitglieder der RPF-Delegation, überwiegend ruandische Flüchtlinge aus dem englischsprachigen Uganda, waren zumeist anglophon, während die Vertreter der ruandischen Regierung ausschließlich französisch sprachen. Ich mobilisierte meine lebenslange Erfahrung in der Vermittlung zwischen den beiden Sprechergruppen und vergeudete viel Energie darauf, als offizieller Übersetzer aufzutreten. Ich frage mich, ob ich damals mehr von den untergründigen Stimmungen erfasst hätte, die am Verhandlungstisch eine Rolle gespielt haben müssen, wäre ich nicht in diese Position geraten. Andererseits musste ich als Übersetzer jedem Wort Aufmerksamkeit schenken.

Wir trafen uns im Haus des Verwalters einer ausgedehnten Teeplantage. Von der Veranda aus, die einen spektakulären Blick auf die umliegenden Terrassenhügel und Lehmhütten bot, beobachtete ich fasziniert und ungläubig, wie die Mitglieder der gegnerischen Delegationen im informellen Gespräch Hand in Hand gingen. Veteranen der Zypern-Blauhelme hatten mir Geschichten über die theatralische Feindseligkeit der griechischen und türkischen Zyprioten erzählt; an einem Punkt hätten beide Parteien darauf bestanden, den Konferenzraum mit einer zusätzlichen Tür zu versehen, damit sie nicht denselben Eingang benutzen mussten. Auch die Ruander waren am Verhandlungstisch kalt und aggressiv, aber in den Pausen und beim Lunch konnte man ihr Verhalten nicht anders als brüderlich bezeichnen. Allerdings beteiligten sich nicht alle Delegierten an diesen Gesten des guten Willens. Auffällige Ausnahmen waren Bagosora, der Delegierte des Verteidigungsministeriums, und die Stabschefs von Regierungsarmee und Gendarmerie.

Während der formellen Sitzungen ließ ich mir von beiden Parteien die Aspekte des Friedensabkommens erläutern, die ich nicht verstand oder die der Klärung bedurften. Durch diese Strategie konnte ich sicherstellen, dass jeder Teilnehmer die Bedeutung jedes Vertragsartikels verstand. Wir kamen vom Hölzchen aufs Stöckchen und wieder zurück, erörterten unklare Tagesordnungspunkte und debattierten über die Zusammensetzung des leichten, 600 Mann starken RPF-Bataillons, das in Kigali stationiert werden sollte, um die Würdenträger der Rebellen während der Bildung der Übergangsregierung zu schützen. Dieser Abschnitt des Treffens dauerte sehr lange, da jedes Detail ausziseliert wurde, von der Größe der Waffen bis hin zur Munitionsbestückung. Bagosora warf die Frage der Luftabwehrsysteme auf. Nur schwere Maschinengewehre auf besonderen Luftabwehrlafetten wurden erlaubt, aber keine Raketen. Die RPF hatte erklärt, sie sei im Besitz von einigen Kurzstreckenraketen aus dem Ostblock, während die Regierungsarmee nach eigener Auskunft angeblich überhaupt keine Raketen besaß, obwohl ich wusste, dass sie über eine Reihe von Flugabwehrgeschützen auf dem Flughafen von Kigali und eine unbekannte

Zahl von SA-7-Raketen verfügte. Die Tatsache, dass wir einen Ort in Kigali für die Stationierung des RPF-Bataillons finden mussten, auf den sich beide Parteien einigen konnten, verursachte keinerlei Stirnrunzeln. Die Regierungsarmee behauptete, sie vertraue ganz auf die neutralen Friedenshüter, um die Lage zu kontrollieren.

*

Das größte Problem, das ich erkennen konnte, war die Demobilisierung der Bürgerkriegsarmeen und der Gendarmerie sowie der Aufbau einer neuen Armee. Es würde nicht ausreichen, die Soldaten zu entwaffnen und dann einfach zu entlassen. Wir mussten dafür sorgen, dass jeder von ihnen die im Arusha-Abkommen versprochene Pension und Umschulung erhielt, damit er eine andere Beschäftigung finden konnte. Die Demobilisierung sollte sofort nach Einsetzung der neuen Übergangsregierung am 10. September beginnen, also in nur 13 Tagen. Es war unwahrscheinlich, dass wir bis dahin überhaupt den technischen Bericht fertig haben würden.

Ich schnitt bei meinen Treffen in den verschiedenen diplomatischen Vertretungen immer wieder die Frage an, woher die Mittel für eine sichere Demobilisierung und Reintegration kommen könnten, aber niemand ging darauf ein. Ich verzweifelte schier darüber, dass mich bei den Vereinten Nationen niemand mit Informationen versorgen konnte, wie andere Missionen mit diesem Problem umgegangen waren. Ich wurde gezwungen, in einem entscheidenden Bereich und binnen kürzester Frist das Rad neu zu erfinden. Amadou Ly, der UNDP-Vertreter in Kigali, schlug mit seinem üblichen Optimismus vor, den Weltwährungsfonds und die Weltbank an Bord zu holen, um dann mit ihrer Rückendeckung auf einen runden Tisch mit potenziellen Geberländern zu drängen. Wenn das fehlschlug, blieb als einzige Option, die Demobilisierung irgendwie mit dem humanitären Gesamtplan zu verbinden, den die Hilfsorganisationen vorgeschlagen hatten, die unter dem Schirm der Vereinten Nationen tätig werden würden.

Zu diesem Zweck verwandten wir in den letzten Tagen unserer technischen Mission einige Zeit darauf, uns mit den großen humanitären Organisationen in Ruanda kurzzuschließen. Das war für sich genommen schon eine Herkulesaufgabe, da jede von ihnen am liebsten autonom blieb und sich gegen die Integration in den Gesamtplan einer außenstehenden Organisation sperrte. Ruanda ist eines der am dichtesten besiedelten Länder des subsaharischen Afrika. Obwohl Arusha das Rückkehrrecht der Flüchtlinge garantiert hatte, war keine der Bedingungen für ihre Wiederansiedlung, wie Landeigentum und Entschädigung für enteigneten Besitz, angesprochen worden, nicht einmal vom UNHCR.

Mit jedem Tag, der verstrich und neue Berichte meines Expertenteams brachte, wurde es offenkundiger, dass eine Friedensmission in Ruanda weit mehr Geld brauchen würde als in der ursprünglichen Schätzung von 50 Millionen Dollar veranschlagt. Bei diesen täglichen Sitzungen beharrte ich darauf, dass wir Kigali erst verlassen dürften, wenn der erste Entwurf des Berichts fertig war. Ich gab ein hohes Tempo vor, um alle wesentlichen Punkte abzudecken und so viele Informationen wie möglich zu sammeln, solange wir noch im Lande waren. Außerdem wusste ich, dass all meine Experten danach in ihre regulären Jobs zurückkehren würden. Und da sie vermutlich gerissene Bürokraten waren, wollte ich ihnen nicht im UN-Gebäude hinterherlaufen müssen, um ihren Teil des Berichts einzufordern – sie kannten das Haus besser als ich und wussten, wo sie sich verstecken konnten. Daher verpflichtete ich alle auf den Abgabetermin, obwohl sie mir einfallsreiche Gründe nannten, um vorzeitig auszusteigen oder die Abfassung des Berichts zu verschieben, Gründe wie »Ich bin zu müde« oder »Können wir nicht die Gorillas angucken fahren?« oder – mein Favorit – »Ich brauche Zeit zum Nachdenken«.

In unserem Konferenzraum im Mille Collines stand in der Mitte ein großes Rechteck aus Tischen, entlang dreier Wände befanden sich Arbeitsplätze. Brent und ein paar anderen war es endlich gelungen, eine große Militärkarte aufzutreiben, die an der vierten Wand aufgehängt wurde. Die demilitarisierte Zone, neue Minenfelder, Armeelager und einige Vertriebenencamps wurden darauf eingetragen, als jeden Tag mehr Informationen eintrafen.

Am 28. August, vier Tage, bevor wir das Land verlassen sollten, halfen mir Brent, Miguel Martin, Paddy Blagdon, Tiko und Marcel Savard, ein ehemaliger Logistikoffizier der kanadischen Streitkräfte, der die FOD (also die Abteilung für Feldeinsätze im DPKO) leitete, das Einsatzkonzept für eine ruandische Mission nach Kapitel VI zu Papier zu bringen. Ich wollte drei Optionen anbieten. Brent und Miguel hatten eine klare Lagebeurteilung vorgenommen: Sie hatten ermittelt, was wir in einer idealen Welt, in der uns alle angeforderten Mittel und Soldaten zur Verfügung standen, brauchten, um den Auftrag zu erledigen. Die beiden früheren technischen Missionen, die erste geführt von Oberst Cameron Ross aus Kanada, die zweite unter Leitung von Maurice Baril, hatten die erforderliche Truppe auf 8.000 und dann auf 5.500 Mann geschätzt. Unsere »ideale« Empfehlung lag auf dem Niveau von 5.500: drei Bataillone (jedes mit einer Stärke von 800 Mann) in der demilitarisierten Zone und zwei mit schneller Reaktionsfähigkeit zur Sicherung Kigalis; 350 unbewaffnete Militärbeobachter, die als unsere Augen und Ohren durchs Land reisen sollten; umfassende logistische Unterstützung, Hubschrauber, gepanzerte Truppentransporter, Autos, Feldlazarett, Räumlichkeiten. Ich wusste aus meinen Gesprächen mit Maurice Baril, dem Chef der UN-Hauptabteilung Friedenssicherung (DPKO), dass diese Empfehlung über die Türen seiner Büros nie hinauskommen würde.

Wir nannten unsere nächste Schätzung die »vernünftige und gangbare Option«. Sie lief auf eine beträchtlich kleinere Truppe von 2.500 Mann hinaus, was der Mission größere Risiken abverlangte, ihr aber auch eine größere Chance gab, genehmigt und schließlich aufgestellt zu werden. Auf die detaillierte Ausarbeitung dieses Plan verwandten wir die meiste Zeit. Als ich über die sichere UNDP-Telefonverbindung mit Maurice darüber sprach, schlug er vor, einen Plan auszuarbeiten, wie sich die Truppe etappenweise aufstellen ließe, um die Belastung für die Vereinten Nationen und die Beitragsländer so gering wie möglich zu halten.

Die letzte Option zielte darauf ab, den Einwänden der USA, Frankreichs und Russlands zu begegnen, deren Botschafter alle darauf bestanden hatten, dass die Mission sich lediglich auf 500 bis 1.000 Mann belaufen dürfe. Wir wussten beim besten Willen nicht, wie das funktionieren sollte, daher konzentrierten wir uns bei der Darlegung dieser Option darauf, die Risiken herauszustreichen, die ein solches Vorgehen mit sich bringen würde.

Wir gingen davon aus, dass mit Unterstützung von Maurice die »vernünftige und gangbare Option« gebilligt würde. Noch bevor wir Ruanda verließen, begannen Brent und die anderen mit Überlegungen, wie sich die Genehmigung des Mandats beschleunigen und die Mission so rasch wie möglich nach Ruanda entsenden ließe.

Bei einem Treffen mit dem französischen Botschafter am Tag vor meiner Abreise ergriff ich die Gelegenheit, ihm einige meiner Ergebnisse zu präsentieren. Der Botschafter hielt meinen Bericht für vernünftig, aber sobald ich über tatsächliche Zahlen sprach, mischte sich der französische Militärattaché ein, der nicht verstehen wollte, warum ich so viele Soldaten brauchte. Frankreich habe ein Bataillon von nur 325 Mann im Land stationiert, und die Situation schien doch sehr gut unter Kontrolle zu sein. Es gab einen peinlichen Moment, als sich der Botschafter abermals hinter meinen Plan stellte und der Attaché sichtlich wütend in den Sessel zurücksackte. Die Position des Attachés war unsinnig, daher lag die Vermutung nahe, dass er mich bewusst torpedieren wollte. Der Vorfall machte mich auf einen offenen Streit zwischen Frankreichs Außen- und Verteidigungsministerium aufmerksam. Wieder etwas, was ich ins Kalkül ziehen musste.

*

Mir machte Sorgen, dass ich noch immer keinen Termin bei Präsident Habyarimana bekommen hatte. Er und sein Regime hatten das Abkommen nur unter einigem Druck unterzeichnet. Habyarimana ließ mich schließlich wissen, dass er mich an meinem letzten Tag in Ruanda im Palast empfangen würde. Die Politikberaterin aus der Abteilung für politische Angelegenheiten und Amadou Ly sollten mich begleiten; wir kleideten uns für ein formelles Treffen.

Der Präsidentenpalast war eine moderne Wohnanlage, zurückhaltend, aber elegant, mit offenbar teuren Kunstwerken an den Wänden. Wir wurden in ein Patio geführt, wo uns der Präsident sitzend und im kurzärmligen Hemd mit offenem Kragen unter einem Cinzano-Sonnenschirm erwartete. Bei ihm waren sein Büroleiter Enoch Ruhigira, Déogratias Nsabimana, der Stabschef der Regierungsarmee, Augustin Ndindiliyimana von der Gendarmerie, ein weiterer Oberst der Regierungsarmee sowie Théoneste Bagosora aus dem Verteidigungsministerium, mit dem ich bereits bei den zweitägigen Gesprächen zwischen RPF und Regierungsarmee ausgiebig Bekanntschaft gemacht hatte. Überraschenderweise waren weder die Premierministerin noch der designierte Premierminister der künftigen Übergangsregierung noch der Verteidigungsminister noch der Justizminister zugegen.

Habyarimana muss in seiner Jugend ein sehr schöner Mann gewesen sein, und noch immer waren seine Statur und Erscheinung beeindruckend. Er begrüßte uns herzlich. Als ich ihm einen kurzen Bericht über meine Ergebnisse und Empfehlungen erstattete, hörte er aufmerksam zu und hatte anscheinend daran nichts zu bemängeln. Dann drängte er mich, so bald wie möglich eine UN-Truppe zu stationieren: Kein Schritt zur Einsetzung der Übergangsregierung könne ohne Friedenshüter in Kigali vonstatten gehen. Habyarimana lächelte entspannt und sprach aufrichtig besorgt über die Probleme der Vertriebenen und die Dürre. Sein Land habe nun einen sehr schwierigen Weg zum Frieden eingeschlagen; er hoffe, die internationale Gemeinschaft reagiere positiv auf meinen Bericht, sodass in Ruanda schnellstmöglich eine UN-Friedenstruppe aufgestellt werden könne. Zwar bereitete es mir noch immer Sorge, dass er sich nicht öffentlich zu einer UN-Mission bekannt hatte, aber nach diesem Gespräch hatte ich keinen Grund mehr, ihm nicht zu glauben.

*

Bei unserer Abreise aus Ruanda hatte mich nichts, was ich gesehen oder gehört hatte, von meiner ursprünglichen Überzeugung abgebracht, dass eine Mission sowohl möglich als auch zwingend geboten war. Brent und der Rest des Erkundungsteams flogen zurück nach New York. Ich reiste nach Tansania, um mich mit Präsident Ali Hassan Mwinyi zu treffen, und dann weiter nach Äthiopien zu einem Gespräch mit Salim Ahmed Salim, dem Generalsekretär der OAU. Beide hatten entscheidenden Anteil am Arusha-Abkommen; ich hoffte, sie würden meinen Eindruck bestätigen und mir ein umfassenderes Bild vermitteln. Es war außerdem zu klären, ob die OAU weiterhin eine Rolle bei der Umsetzung des Abkommens spielen wollte, was sicherlich dem Wunsch der RPF entsprach.

Zu meiner Überraschung stieß Macaire Pédanou, der sich sehr gut von seiner Augenoperation erholt hatte, in Daressalam zu mir. Er übernahm sofort die Position des Missionschefs, zu der er ursprünglich ernannt worden war, und behandelte mich als seinen zweiten Mann. Ich versuchte, darüber hinwegzusehen und daran zu denken, dass er ja Mwinyi bereits gut von den Verhandlungen in Arusha kannte. Es war sinnvoll, dass er die Führung übernahm, aber es nagte doch an mir.

Der tansanische Präsident empfing uns im alten, opulenten Gouverneurspalast. Ich war ein bisschen eingeschüchtert von der Umgebung und erwartete einen arroganten, selbstherrlichen afrikanischen Despoten. Ich hätte mich nicht gründlicher täuschen können. Mwinyi war durch und durch staatsmännisch, würdevoll und formgewandt, doch mit einer Wärme und einem Charme, die mich sofort für ihn einnahmen. Er lauschte aufmerksam meinem Bericht und hielt ihn für eine vernünftige Beurteilung der Situation. Er war der Erste, der mich darüber aufklärte, dass der 10. September mit großem Bedacht gewählt worden war, da er den Beginn des Schuljahres und der Aussaat markiere.

Es sei wichtig, das Gefühl der Erneuerung, das zu dieser Zeit in der Luft liege, zu nutzen, um die Hinwendung zu einem neuen, vereinten, demokratischen Ruanda natürlich und unvermeidlich erscheinen zu lassen. Ich fühlte mich fast überschwänglich und deutete Mwinyis offiziellen Segen für meinen Einsatzplan als sehr gutes Zeichen.

Am folgenden Tag flogen wir nach Addis Abeba zur UN-Wirtschaftskommission für Afrika (United Nations Economic Commission for Africa, ECA) und landeten in einem palastartigen Gebäude, vor dem mehr schwarze Mercedeslimousinen parkten, als ich je im Leben gesehen hatte. Die UN-Mitarbeiter tänzelten in teuren Maßanzügen durch die Flure, als befänden sie sich in Genf, statt mitten in der Dritten Welt. Es kam mir so vor, als seien sie abgehärtet gegen die Armut um sie herum. Wenn man die Kühnheit besaß, das Thema anzuschneiden, blickten sie einen mit einem weltverdrossenen Zynismus an, dass einem das Herz gefrieren konnte.

Bei unserem Treffen mit Salim präsentierte sich Pédanou als führender Experte der technischen Mission nach Ruanda, obwohl er gar nicht an ihr teilgenommen hatte. In Daressalam war ich noch geduldig gewesen, aber nun war es an der Zeit, ihm in die Parade zu fahren. Ich wartete darauf, dass er Atem holte, begann in dieser kurzen Pause zu sprechen und hörte nicht mehr auf, bis ich den Generalsekretär der OAU gründlich über meinen vorgeschlagenen Einsatzplan informiert hatte. Salim hörte aufmerksam zu und sagte dann unverblümt, dass der OAU Ressourcen, Geld oder Ausrüstung fehlten, ihre 55 unbewaffneten Militärbeobachter und die leichte tunesische Infanteriekompanie, die gegenwärtig den Waffenstillstand in der entmilitarisierten Zone überwachte, über Ende Oktober hinaus zu unterhalten. Er mühe sich ab, eine 300 Mann starke Truppe für Ruanda auf die Beine zu stellen, könne dies aber nicht ohne Unterstützung der Vereinten Nationen. Er konnte es kaum abwarten, die ganze Angelegenheit so schnell wie möglich in unsere Hände zu legen.

Ich erinnere mich, dass ich mich mit einiger Befriedigung in meinem Sitz zurücklehnte, als unser Flugzeug Afrika verließ. Ich hatte das Gefühl, sehr hart gearbeitet und einen Missionsplan erstellt zu haben, der funktionieren konnte. Ich hatte alle großen politischen, militärischen und humanitären Fragen ins Kalkül gezogen und von allen großen Spielern der Arusha-Verhandlungen positive Reaktionen erhalten. Eine tiefe Ruhe und Zufriedenheit überkamen mich. Ich ahnte wahrlich nichts davon, dass der Teufel schon in den Startlöchern saß.

Dass ich in Ruanda gerade Menschen getroffen hatte, die binnen kurzem zu Völkermördern werden würden, wäre mir nicht im Traum eingefallen. Während ich dachte, ich sei derjenige, der eine Beurteilung vornahm, war ich tatsächlich selbst sorgfältig taxiert worden. Ich ging immer noch davon aus, dass meine Gesprächspartner zumeist auch meinten, was sie sagten. Doch die Hardliner, die ich auf meiner Erkundungsreise in Ruanda getroffen hatte – Menschen, die auf dieselben Universitäten gegangen und die gleichen Bücher gelesen hatten wie wir und die dieselben Nachrichten verfolgten –, waren bereits zu dem Schluss gekommen, dass die unterentwickelte Welt in Gestalt der OAU weder die Ressourcen oder das Geld hatte, in Ruanda eine Truppe aufzustellen. Sie waren überzeugt, dass der Westen zu sehr in Beschlag genommen war vom ehemaligen Jugoslawien und der Hoffnung auf eine Friedensdividende nach dem Ende des Kalten Krieges, um sich übermäßig in Afrika zu engagieren. Schlossen sie vielleicht sogar schon Wetten ab, dass die weißen westlichen Nationen zu viel um die Ohren hatten, um einen weiteren Vorstoß nach Schwarzafrika zu versuchen? Hielten die Falken uns, und mich im Besonderen, zum Narren? Ich glaube, ja. Ich glaube, dass sie bereits zu dem Schluss gekommen waren, dass der Westen – wie bereits in Bosnien, Kroatien und Somalia bewiesen – nicht den Willen aufbrachte, als Weltpolizist aufzutreten, die nötigen Ressourcen aufzubieten und die notwendigen Opfer in Kauf zu nehmen. Sie hatten sich ausgerechnet, dass der Westen nur eine symbolische Truppe entsenden würde und sich schon beim ersten Anzeichen einer bedrohlichen Situation ducken und wegrennen würde. Sie kannten uns besser als wir uns selbst.

KAPITEL 5

Die Uhr tickt

Ich traf am 4. September wieder in New York ein, erfüllt von einem Gefühl der Dringlichkeit. Der erste Termin des Arusha-Abkommens stand in nur sechs Tagen vor der Tür. Der Schwung des Friedensprozesses durfte nicht erlahmen: Ich glaubte, dass der gute Wille überwöge und die Gegner der Einigung keine Zeit gehabt hätten, ihren Widerstand zu mobilisieren. Die Uhr tickte, die Zeit zum Handeln war schon fast verstrichen.

Am nächsten Morgen traf ich mich mit Kofi Annan, seinem Stellvertreter Iqbal Riza, Maurice Baril und anderen Mitarbeitern der Hauptabteilung Friedenssicherung (DPKO), um sie über die Situation in Ruanda zu unterrichten. Sie lauschten aufmerksam und schienen mein Konzept für unser weiteres Vorgehen für richtig zu halten, doch die Reaktion auf meinen Wunsch, sofort zu handeln, war ernüchternd. Sie wiesen mich darauf hin, dass es bis zu drei Monaten und länger dauern könne, die Mission durch den Sicherheitsrat zu bringen und die Truppe zu entsenden. Das wusste ich bereits. Nicht vorbereitet war ich allerdings darauf, dass sie für die ganze Angelegenheit kaum Geduld aufbrachten. Einige beim Treffen übten harsche Kritik, zum Beispiel, warum ein »so unverantwortlicher Termin wie der 10. September« überhaupt auf den Tisch gebracht worden sei und wer das zu verantworten habe. Es war offenkundig, dass sich niemand auf die Arbeit freute, dem UN-Verwaltungskoloss eine weitere Mission und das nötige Geld dafür abzutrotzen.

Beim Lunch erklärte mir Maurice, dass wir ein engagiertes »Führungskontingent« einer einzelnen Nation brauchten, um die ächzend langsamen Mühlen der UN-Bürokratie in Gang zu bringen. Belgien hatte sich angeboten, doch als ehemalige Kolonialmacht in Ruanda wurde seine Teilnahme von der UNO nicht befürwortet. Laut Baril brauchte man schon einen außergewöhnlichen Eifer, Willenskraft, übermenschliche Geduld und Glück, wenn man eine Mission nur mit einer Hand voll wohlmeinender, aber unerfahrener Offiziere, die in einem geborgten Konferenzraum ihr eigenes Papier, ihre eigenen Stifte und Laptops benutzen, von Grund auf aufbauen wolle. Aber meine Hingabe überlebte sogar diese brutale Konfrontation mit den Realitäten. Ich berichtete Brent und Miguel Martin vom Stand der Dinge mit den folgenden Worten: »Man ist skeptisch, dass es überhaupt dazu kommt, das Gefühl der Dringlichkeit ist noch nicht ganz angekommen, und wir haben noch einen Berg Arbeit vor uns. Also nichts wie ans Werk.«

Bei einem zweiten Treffen wies mich das Triumvirat des DPKO an, den Bericht der technischen Mission abzuschließen und darin die Empfehlung aufzunehmen, sofort eine kleine Truppe in Ruanda zu stationieren. Dieses Dokument sollte die Grundlage eines formellen Berichts an den Generalsekretär werden, der diesen Bericht wiederum zur Grundlage nehmen würde, um seinerseits dem Sicherheitsrat Bericht zu erstatten und seine Empfehlungen auszusprechen. Damit wäre (wie ich hoffte) die Voraussetzung für eine Resolution des Rates geschaffen, unserer Mission ein Mandat zu erteilen.

Ich musste einen Weg finden, um den Prozess zu beschleunigen, aber das erwies sich als vertrackt. Brent und mir fehlten Vorbilder oder ein Leitfaden für den Aufbau und die Ratifizierungsprozeduren einer UN-Friedensmission, obwohl wir wiederholt fragten, wie dabei am besten vorzugehen sei. Ich hatte schon mit den taktischen Feinheiten zu kämpfen, auch nur einen triftigen, überzeugenden »technischen« Bericht zu verfassen, der sich wirkungsvoll für eine UN-Mission stark machte. Wie sollte ich nun auch noch eigenhändig den Ratifizierungsprozess beschleunigen? Wie ich geahnt hatte, verschwanden die anderen Mitglieder unseres Erkundungsteams nach unserer Rückkehr nach New York an ihre jeweiligen Arbeitplätze oder nahmen Urlaub. Mir blieben nur Brent, Miguel, der einen Teil seiner Zeit für uns erübrigte, und ein einsamer politischer Berater – aber das war nicht Isel Rivero, die mich nach Ruanda begleitet hatte, denn die war ebenfalls in Urlaub gefahren.

Miguel gab der Mission weiterhin unerschütterlichen Rückhalt. Er war ein Kommandooffizier mit einem unbeugsamen Pflichtgefühl, das ihn in die Lage versetzte, monatelange Arbeit unter hohem Druck mit nur wenigen Erfolgserlebnissen durchzuhalten. »Komm mir nicht in die Quere«, schien sein übliches Stirnrunzeln zu sagen und verriet damit sein wahres Wesen: Er war ein Mann, der seine Arbeit ernst nahm. Hinter seiner rauen Schale leitete ihn ein tiefer Glaube an Gerechtigkeit und Menschenrechte. Ich glaube nicht, dass er jemals einen Witz erzählt hätte, aber er liebte es, welche zu hören. Wir bestürmten ihn täglich mit unseren Fragen und Problemen, und er schenkte uns rückhaltlos seine Zeit und sein Fachwissen – wann immer er sich von dem anderen halben Dutzend Aufgaben, für die er verantwortlich war, freimachen konnte.

Brent und ich verließen uns bei der Fertigstellung des technischen Berichts stark auf ihn. Wir begannen mit der Formulierung der Richtlinien für die Entsendenationen und gaben unseren Einsatzregeln und den Einsatz-, Logistik- und Personalplänen den letzten Schliff. Weil wir kein permanentes Büro hatten, musste ich ständig ein freies Telefon organisieren. Brent und ich waren in einem der großen Konferenzräume im 36. Stock untergebracht, da es keine Räumlichkeiten für Personal gab, das eine neue Mission auf die Beine stellte. Wir lernten bald die Stille, die Ruhe und die frischere Luft am frühen Morgen und den Wochenenden schätzen, verglichen mit dem chaotischen Lärm und den ewigen Unterbrechungen während der normalen Arbeitszeiten. Aufgerieben von dem ständigen Menschenschwarm und dem Krach im DPKO, machten wir gewöhnlich um etwa 18 Uhr Schluss und nahmen unsere Arbeit für den Abend mit in unsere Hotelzimmer.

Ich war immer noch überzeugt, dass die »ideale« Option von 5.500 Soldaten und Zivilpersonal die beste war, aber es gab keine Chance, diese Diskussion erneut zu beginnen. Am Ende meiner ersten Woche zurück im UN-Hauptquartier wurde mir klar, dass wir uns an die »vernünftige und gangbare« Option halten mussten. Wir mussten eine kleine Truppe von mindestens 2.600 Soldaten zusammenbekommen, darunter eine mit Panzerfahrzeugen und Hubschraubern ausgerüstete mobile Reserveeinheit zur raschen Neutralisierung gewalttätiger Unruhen, wo immer sie im Land aufflackern mochten. Mit einer Truppe von dieser Größe ließe sich die Überwachung der demilitarisierten Zone und Kigalis bewerkstelligen. Den Rest des Landes könnte ich mit kleinen, unbewaffneten Beobachterteams statt mit Garnisonen bewaffneter Friedenshüter abdecken. Diese Militärbeobachter würden unsere kleine, aber bestens ausgebildete und ausgerüstete schnelle Eingreiftruppe benachrichtigen, wenn es zu Problemen käme. Aber ich musste ernsthafte Abstriche machen, um diese Truppenstärke zu erreichen. Ich wollte ein militärisches Hauptquartier und eine Fernmeldeeinheit, aber Maurice sagte mir, dass keine Entsendenation sie zur Verfügung stellen würden. Daher beschied ich mich mit einer kleinen zivilen UN-Fernmeldeabteilung. Das jedoch bedeutete, dass uns im Hauptquartier technisches Personal und Fernmelder fehlen würden, um die Einsatzzentrale zu besetzen und den Kontakt zu den Kommandoposten zu halten. (Dieser Mangel sollte mich später noch teuer zu stehen kommen.) Die Pionier- und Logistikkompanien würden ebenfalls sehr schwach und schlecht ausgerüstet sein, was ein Risiko für eine Truppe bedeutete, die in einem bergigen Land mit wenig geteerten Straßen und schlechter Infrastruktur operieren musste.

Zwei Fragen verfolgten mich später: Habe ich zu viele Kompromisse gemacht? Und: Wollte ich die Mission so sehr, dass ich dafür ein inakzeptables Risiko in Kauf nahm? Bei einer unserer Zufallsbegegnungen gestand mir Maurice ein, dass Missionen im Allgemeinen und insbesondere kleine wie mein Ruanda-Einsatz praktisch mit nichts auskommen müssten; selbst für das Wenige, was man schließlich bekäme, müsse man noch kämpfen. Er riet mir, zu knapp bemessene Ressourcen nicht als Vorwand zu benutzen, um auszusteigen. Es gäbe viele Offiziere, die ihren rechten Arm für das Kommando hergeben würden, allerdings nicht unbedingt, weil sie an den ruandischen Friedensprozess glaubten. Von da an sorgte ich dafür, in allen meinen Unterredungen und Dokumenten deutlich zu machen, dass dies *meine* Mission war, dass ich sie führen und dafür verantwortlich und rechenschaftspflichtig sein würde. Statt eine unmögliche Aufgabe hinzuwerfen, war ich weiterhin entschlossen, mein Bestes zu geben, um den Frieden in Ruanda zu sichern.

*

Wir stellten unseren technischen Report fertig und händigten ihn am 10. September Kofi Annans Mitarbeitern zur Verteilung und Diskussion aus. Noch am selben Tag gab der amtierende Präsident des Sicherheitsrates eine lauwarme Erklärung ab, dass die Vereinten Nationen noch mit der Prüfung der Optionen befasst seien. Seine Haltung ließ in Kigali offenbar die Alarmglocken läuten. Am Mittwoch, dem 15. September, traf eine gemeinsame Delegation der ruandischen Regierung und der RPF in New York ein, um die UNO zum Handeln anzutreiben. Patrick Mazimhaka führte die Gruppe der RPF, Anastase

Gasana repräsentierte die damalige Interimsregierung. Ich hatte Mazimhaka in Afrika nicht kennen gelernt, aber er war gewöhnlich der Chefunterhändler der RPF in heiklen Situationen. Auch er hatte kanadische Verbindungen. Er war nach Kanada ausgewandert, hatte an der Universität von Saskatchewan gelehrt und sich in der Antiapartheid-Bewegung engagiert, bevor er nach Afrika zurückkehrte und sich der RPF anschloss. Seine Frau und seine Kinder lebten noch immer in Saskatoon, wo sie gerade dabei war zu promovieren.

Persönlich bei der UNO zu erscheinen ist ein mutiger Schritt, und die Ruander waren klug genug, ihr Blatt nicht zu überreizen. Bei einem Treffen mit allen wichtigen Mitarbeitern des DPKO im Konferenzraum neben Kofi Annans Büro erging sich Gasana ausführlich über die Notwendigkeit einer schnellen Billigung und Aufstellung der internationalen Truppe. Mazimhaka fasste sich kürzer, war aber nicht minder eloquent. Als sie geendet hatten, hätte man eine Nadel fallen hören können. Sichtlich bewegt machte sich Annan sofort ans Werk, kritzelte hastige Notizen auf seine Kopie meines Missionsplans und drängte die Delegation, sich mit den Botschaftern im Sicherheitsrat zu treffen.

Da die Ruander in so dramatischer Weise die Initiative ergriffen und dafür nicht wenig Aufmerksamkeit in der Presse geerntet hatten, erwartete ich, dass der Bewilligungsprozess nun richtig in Fahrt käme. Doch nichts geschah. Ich wurde nie zu einer Unterredung mit Butros Butros-Ghali oder einem anderen Mitglied des Sicherheitsrates eingeladen. Doch ich blieb alles andere als untätig und betrieb weiter eifrig Lobbyarbeit für die Mission. Die Türen derjenigen, die am meisten Einfluss im Sicherheitsrat genossen, die der Amerikaner und der Briten, blieben mir fest verschlossen. Schließlich sprach ich doch noch mit dem US-Staatssekretär für Afrika, aber seine einzige Sorge schienen die veranschlagten Kosten für die Mission zu sein. Ich entsann mich der sehr positiven Reaktion des französischen Botschafters Marlaud in Kigali und sprach mit den Vertretern seines Landes, aber es schien, dass der Militärattaché größeren Einfluss hatte: Frankreich war der Meinung, eine Truppe von 1.000 Soldaten würde genügen. Das einzige NATO-Land, das sich zu einem nachdrücklichen Truppenengagement bereit erklärte, war Belgien, dessen Angebot auf Miguel Martins Schreibtisch lag, noch bevor ich aus Ruanda zurückgekehrt war. Aber angesichts der belgischen Kolonialvergangenheit in Ruanda war dieses Hilfsangebot ein zweifelhafter Segen. Dennoch, sie wollten die Mission um jeden Preis. Ich vermute, dass Frankreich und Belgien eine stille Übereinkunft getroffen hatten: Belgische Truppen sollten wohl die Interessen beider Länder in Kigali schützen, nachdem das französische Bataillon abgerückt wäre.

In der zweiten Septemberhälfte kamen Brent und ich dazu, eine Beschaffungsliste für das notwendige Personal und Material zusammenzustellen; letztlich handelte es sich dabei um Leitlinien für die Gebernationen. Dieses sehr detaillierte Papier legte bis hinunter zum Typ der Munition fest, was für jede Einheit und jedes Bataillon erforderlich war. Wenn ich mit einer so geringen Truppenstärke zurechtkommen musste, wollte ich wenigstens eine gute Ausrüstung. Aber ich schätze, die Liste war zu extravagant; Maurice nahm mich beiseite und erklärte mir so diplomatisch wie möglich, dass UN-Truppenkommandeure – und ich war noch gar keiner – im Hinblick auf Soldaten und Ausrüstung von der Großzügigkeit der Gebernationen abhängig seien. Was Qualität und Quantität anging, gebe es keinerlei Garantie. Es bliebe nur zu hoffen, die Aufmerksamkeit eines reichen NATO-Mitglieds zu wecken, und bis dahin hatte sich nur Belgien freiwillig gemeldet.

Ich richtete eine Anfrage an Kanada in der Hoffnung, dass andere NATO-Mitglieder an Bord springen würden, wenn es mir gelänge, das Getriebe in meiner Heimat zu ölen. Louise Fréchette, damals kanadische Botschafterin bei der UNO, reagierte enthusiastisch. Ich hatte sie 1992 in Kambodscha bei einem Abendessen kennen gelernt, das meine Truppe in ihrem Lager am Stadtrand des kriegsverwüsteten Phnom Penh gab. Ich hatte dort etwa 250 Soldaten stationiert und stellte Schwerguttransporte für die massive UN-Mission bereit, die damals in Kambodscha operierte. Fréchette sprach mit den Soldaten, als ob sie seit langer Zeit in der Armee gedient hätte; sie war freundlich und engagiert. (Später diente sie als stellvertretende Verteidigungsministerin, noch später wurde sie stellvertretende UN-Generalsekretärin.) Ich betrachtete sie immer als eine Freundin bei Hofe und glaubte, sie würde mich rückhaltlos unterstützen. Ich war daher von der Reaktion, die ich aus dem kanadischen Verteidigungsministerium erhielt, doppelt geschockt. Es lehnte meine bescheidene Bitte um einen Transportzug von 30 Soldaten für die Beförderung von Personal und Material per Flugzeug ab und weigerte sich, weitere Stabsoffiziere oder Militärbeobachter zu schicken. Der Grund: Das kanadische Militär sei bereits mit Missionen auf dem Balkan und anderswo überlastet.

Hinterher kam mir das Gerücht zu Ohren, dass die Bürokraten im Außen- und Verteidigungsministerium einen Grabenkrieg führten.

Das Verteidigungsministerium befürwortete ein Kontingent für Ruanda. Tatsächlich ist es üblich, dass sich ein Land substanziell militärisch engagiert, wenn einer seiner Generäle die prestigeträchtige Position eines Truppenkommandeurs erhält. Ein einfacher Grund dafür ist, dass andere Nationen nicht gerne ihre Soldaten unter fremdem Kommando Gefahren aussetzen, sofern dem Kommandeur nicht ebenfalls Soldaten seines eigenen Landes unterstellt werden. Aber das Außenministerium sprach sich gegen ein Kontingent aus, weil es dabei war, die diplomatische Aufmerksamkeit Kanadas auf Osteuropa und den Balkan zu bündeln und von Afrika abzuziehen. Das Außenministerium wollte das Prestige des Kommandos ohne die Kosten für die Truppe, und da es das vorrangige Ministerium ist, entschied es die Schlacht für sich.

Es war schwer, sich nicht in sinnlosen Gefechten zu verlieren. Die administrativen Scharmützel waren endlos – Brent muss allein für die Hubschrauber, die wir brauchten, einen ganzen Aktenordner gefüllt haben, aber immerzu ging es weiter hin und her. (Am Ende trafen die Helikopter nicht vor Ende März 1994 in Ruanda ein und wurden schon am 6. April, als der Krieg ausbrach, wieder von der Mission abgezogen.)

Wir warben den ganzen September hindurch weiter für die Ruanda-Mission und arbeiteten den Missionsplan aus. Viele meiner Kollegen im DPKO wiesen darauf hin, dass es noch immer unsicher sei, ob ich zum Truppenkommandeur gewählt würde; sie fragten sich vermutlich, warum ich so leidenschaftlich an der Aufgabe interessiert war. Es ist ein ungeschriebenes Gesetz in der UNO, dass, wo immer möglich, afrikanische Friedensmissionen von Afrikanern geführt werden. Tatsächlich war es ein nigerianischer General gewesen, der die OAU-Beobachtergruppe zur Überwachung des gegenwärtigen Waffenstillstands in der entmilitarisierten Zone kommandiert hatte. Ich hatte ihn auf meiner technischen Mission getroffen und war von ihm als Soldat und Kommandeur nicht gerade beeindruckt gewesen. Seine eigenen Leute hatten meinen Mitarbeitern gesagt, dass der General seine Soldaten ohne Anweisungen und Unterstützung im Stich gelassen und sich in sein Haus in Kigali zurückgezogen hatte, als im Februar in der demilitarisierten Zone Kämpfe ausgebrochen waren und sich die Beobachtergruppe inmitten der Kriegszone befand.

Das Gros meiner Zeit in den letzten zehn Septembertagen verging damit, möglichst viele UN-Delegationen und alle, die mir sonst ihre

Türen öffneten, über die Lage in Ruanda und das Missionskonzept ins Bild zu setzen. Außer dem amerikanischen Staatssekretär für Afrika und einer großen und wichtigen Delegation aus Paris erstattete ich den sehr einflussreichen Chefs der UN-Abteilungen für politische Angelegenheiten, humanitäre Angelegenheiten, Feldeinsätze und Menschenrechte sowie untergeordneten Abteilungsleitern aus den Bereichen Personal, Luftfahrt, Finanzen, Transport usw. Bericht.

Da sich Annan, Riza und Baril vornehmlich auf den Balkan konzentrierten, war es Hédi Annabi, der als Direktor der Abteilung Afrika im DPKO das Leid des ganzen Kontinents auf seinen Schultern zu tragen schien. Sein Büro erinnerte an die Werkstatt eines Alchimisten, mit Terminkalendern und Papieren, die sich so hoch aufstapelten, dass man sich unweigerlich fragte, wann wohl die schwankenden Türme umstürzen und die Hindernisse noch vermehren würden, die sich bereits auf dem Boden angesammelt hatten. Man konnte keine Karte in dem Büro ausbreiten, da es keine freie waagerechte Fläche gab, auf der sie hätte liegen können. Annabi war der einzige in der UNO, der je Zweifel am Bestand des Arusha-Abkommens äußerte. Er erinnerte mich daran, dass die Hutu-Falken das Abkommen nur unter enormem Druck unterzeichnet hatten. Ich begrub seine Skepsis in einer hinteren Ecke meines Kopfes und machte unbeirrt weiter.

Das Einsatzkonzept, das wir unter der Anleitung des DKPO entwickelten, erstreckte sich über einen Zeitraum von 30 Monaten und gliederte sich in vier Phasen. Die maximale Truppenstärke betrug 2.548 Mann, sollte aber erst erreicht werden, wenn sie absolut gebraucht wurde.

Phase eins sollte, wie vom Arusha-Abkommen vorgesehen, an jenem Tag beginnen, an dem der Sicherheitsrat der Mission zustimmte. Sie würde 90 Tage dauern und eine Truppe von 1.200 Einsatzkräften erfordern. Die unmittelbare Aufgabe würde sein, in der Hauptstadt Kigali für Sicherheit zu sorgen und, in Übereinstimmung mit Arusha, den Rückzug der französischen Soldaten zu gewährleisten. Dies war der RPF äußerst wichtig, da die Franzosen in ihren Augen eine parteiische, mit der Regierungsarmee verbündete Streitmacht darstellten. Solange die Franzosen noch da waren, würden sie die Stadt nicht betreten.

Danach würden wir Kigali in eine Waffenkontrollzone verwandeln. Ein Abkommen mit der Regierungsarmee und der RPF sollte dafür sorgen, dass sich ihre Soldaten nur mit gesicherten Waffen und nur mit UN-Eskorten bewegten. Als Friedenshüter mussten wir wissen, wo sich alle Waffen befanden. Nach Abzug der Franzosen und Sicherung der Hauptstadt sollte die RPF ihre politischen Führer und das zu ihrem Schutz erforderliche Bataillon nach Kigali bringen, dann könnte die neue Übergangsregierung – deren Mitglieder bereits weitgehend in Arusha nominiert worden waren, obwohl es noch immer viele Diskussionen um die genaue Zusammensetzung gab – vereidigt werden.

In Phase eins würden wir auch die Überwachung der entmilitarisierten Zone übernehmen und Teams unbewaffneter Beobachter in die zehn Präfekturen (Provinzen) des Landes schicken, um mögliche Unruheherde im Auge zu behalten.

Burundi, das Land südlich von Ruanda, hatte gerade seine ersten freien Wahlen seit der Unabhängigkeit abgehalten und den friedlichen Übergang von einer Tutsi-Minderheitsdiktatur zur Einsetzung des ersten Hutu-Präsidenten erlebt. Ich war daher über die Sicherheit an Ruandas Südflanke nicht beunruhigt. Der Süden galt allgemein als das moderateste Gebiet des Landes; ich war sicher, dass man dort kleine Teams unbewaffneter Militärbeobachter effizient einsetzen konnte. Ostruanda zur tansanischen Grenze hin war ebenfalls recht friedlich, aber der Westen in der Nähe der Grenze zu Zaire musste genauer im Auge behalten werden: Das Kernland der Falken lag im Nordwesten, und es gab Berichte über Waffen, die aus Zaire ins Land geschmuggelt wurden. Dennoch war ich zuversichtlich, dass ich die Aufgabe mit dem ersten Kontingent von 1.200 Soldaten würde bewältigen können.

Nachdem, wie in Arusha vereinbart, die Übergangsregierung und Habyarimana als Interimsstaatschef vereidigt worden wären, würde Phase zwei beginnen, die weitere 90 Tage dauern und die Aufstellung von maximal 2.548 Einsatzkräften erfordern sollte. Ich hielt dies für die gefährlichste Etappe der Mission. Ein Bataillon von etwa 800 Soldaten sollte, unterstützt von einer Pionierkompanie mit weiteren 200 Soldaten, nun in die entmilitarisierte Zone verlegt werden, um einen Puffer zwischen der RPF und der Regierungsarmee zu bilden, während sich jede Armee von ihren Verteidigungsstellungen zurückzog und in Demobilisierungszentren sammelte. Alle Waffen sollten in Armeequartieren gesammelt werden. Ich schätzte, dass wir für diese Phase zusätzliche Ausrüstung brauchen würden, darunter acht Hubschrauber mit Nachtsichtausrüstung, um die entmilitarisierte Zone zu überwachen (daher Brents riesiger Ordner über diese Angelegenheit). Die ugandische Grenze war aufgrund ihrer Höhenlage, wegen des unwegsamen Terrains und der dunstverhangenen Täler schwer zu überwachen, und ich vermutete, dass die RPF bereits allen möglichen Nachschub ins Land schmuggelte, indem sie sich die alte Taktik des Vietcong zunutze machte und das Material mit Fahrrädern über kleine Bergpfade transportierte, die überall über die Grenze führten. Meine dortige Beobachtermission, die UNOMUR, sollte diese potenziellen Nachschublinien unterbrechen; um den Friedensprozess gelingen zu lassen, mussten wir die Grenze abriegeln. Wollte ich ferner in der Lage sein, Truppenteile schnell genug an Konfliktherde zu verlagern, brauchte ich außerdem 20 gepanzerte, geländegängige Transportfahrzeuge, da die meisten Straßen außerhalb der unmittelbaren Umgebung von Kigali kaum befahrbar waren.

Ich schlug eine Truppenaufstellung vor, die wie Zuckerbrot und Peitsche funktionieren sollte, um in der entmilitarisierten Zone ein Klima der Sicherheit aufrechtzuerhalten. Das bewaffnete Bataillon wollte ich zwischen den kriegerischen Parteien aufstellen und hinter jeder der beiden Armeen unbewaffnete Militärbeobachter stationieren. Weder das Bataillon noch die Militärbeobachter sollten eine Bedrohung darstellen, sondern guten Willen und gute Arbeitsbeziehungen mit und zwischen den beiden Parteien aufbauen. Die Peitsche sollte die Reservetruppe darstellen, die rasch einschreiten würde, wenn irgendwo Aggressionen drohten. Die Mission würde robuste Einsatzregeln brauchen, um Gewalt anwenden zu können, wo dies zur Erfüllung unseres Mandats nötig war.

Phase drei sollte der eigentliche Demobilisierungs- und Wiedereingliederungsprozess sein und zehn Monate in Anspruch nehmen. In dieser Phase sollte eine Nationalgarde aufgebaut werden, eine neue Streitmacht, die Elemente der RPF, der Regierungsarmee und der Gendarmerie aufnehmen würde. Wir würden beim Aufbau der Armee den in Arusha ausgehandelten Richtlinien folgen: die Mehrheit der Soldaten aus allen drei Streitkräften demobilisieren, mit Pensionen versorgen und für zivile Berufe umschulen. Wenn sich dieser Prozess dem Ende neigte, sollte meine Truppe auf etwa 1.000 Mann schrumpfen – eine Empfehlung, die ich auf Druck der UNO ausgesprochen hatte, um die Kosten niedrig zu halten, und nicht, weil ich sonderlich von ihrer Sinnhaftigkeit überzeugt gewesen wäre.

Die Schlussetappe der Mission sollte in der Abhaltung der ersten demokratischen Wahlen in Ruanda bestehen, ohne Zweifel eine schwierige Phase für das Land. Meine Hoffnung war, dass die 1.000 UN-Soldaten bis dahin durch die neue Armee ausreichend Verstärkung finden würden und die Lage halbwegs gefestigt wäre, um ein Wiederaufflackern ethnischer Konflikte zu verhindern. Phase vier sollte zwölf Monate dauern. Danach würden wir unsere Zelte packen und nach Hause fahren.

Das also war unsere Mission, wie ich sie mir nach den Vorgaben der UNO vorstellte: klein, kostengünstig, kurz und sanft.

In meinem technischen Bericht forderte ich eine unverzügliche Truppenentsendung. Um das zu bewerkstelligen, brauchten wir das Engagement einer großen westlichen Militärmacht mit genügend Transportkapazität, um unsere Blauhelme in ein Land zu bringen, das nur wenige Flughäfen hatte und dessen Hauptstadt Kigali vom nächsten Seehafen, Daressalam, 1.000 Kilometer fast unpassierbarer Straßen entfernt lag. Niemand außer den Belgiern hatte sich dafür angeboten. Damals fragte ich mich, welche wirklichen Gründe dahinter standen. Es sollte ja eine klare Mission nach Kapitel VI werden, ein Erfolg für die UNO, ein Erfolg für alle Beteiligten. Was also hielt die anderen Kandidaten zurück? In der DKPO machte damals eine Erklärung die Runde, die unter weißen Offizieren westlicher Länder kursierte, wonach ihre Länder des Friedenshütens müde waren, seitdem ihren Soldaten die Kugeln um die Ohren flogen. Mochte daran einiges dran sein, Maurice und seine Mitarbeiter hatten es jedenfalls weiterhin relativ leicht, beträchtliche Truppenkontingente und Ausrüstung für den Balkan und Somalia zu erhalten.

Seit ich im August in Kigali das diplomatische Corps getroffen hatte, war ich mit anderen Gründen für diese Zurückhaltung vertraut. Ruanda war für kein mächtiges Land von strategischem Interesse. Es hatte keine Bodenschätze oder geostrategische Bedeutung. Es war bereits von Auslandshilfe abhängig, um zu überleben, und von internationalen Finanzspritzen, um dem Bankrott zu entgehen. Selbst wenn die Mission erfolgreich sein würde, wie es damals durchaus vorstellbar war, hätte kein Entsendeland einen politischen Gewinn davon gehabt. Der einzige Nutznießer auf internationaler Ebene wäre die UNO selbst gewesen. Den meisten Ländern war es jedoch nie auch nur das geringste Risiko wert, den Zielen der UNO zu dienen. Die Mitgliedsnationen wollen keine große, achtbare, starke, unabhängige UNO, ganz im Gegensatz zu allen Beteuerungen. Was sie wollen, ist ein schwacher, dankespflichtiger Sündenbock, den sie für ihre Fehler verantwortlich machen können, während sie sich seine Erfolge ans eigene Revers heften.

Mein schlimmster Verdacht aber ist, dass sich diese mächtigen Nationen nicht einmischen wollten, weil sie besser wussten als wir übrigen, welche Gefahren dem Arusha-Abkommen drohten. Frankreich, Großbritannien, China, Russland und die USA, die ständigen Mitglieder des Sicherheitsrates, unterhielten allesamt voll ausgestattete und mit Militär- und Geheimdienstattachés besetzte Botschaften in Kigali. Keines der Kommunikationsmittel, das die politischen und militärischen Hierarchien Ruandas benutzten, verfügte über eine Verschlüsselungstechnologie, außer ein paar Kommunikationsverbindungen der RPF. Durch Spitzel- und Fernmeldeaufklärung auf dem Boden sowie ihre weltweiten Weltraum- und Luftüberwachungssysteme wussten diese Nationen entweder detailliert, was vor sich ging, oder sie schliefen tief und fest. Ich bin fest überzeugt, dass sie nicht schliefen. Die Franzosen, die Belgier und auch die Deutschen hatten Dutzende von Militärberatern auf allen Kommandoebenen der Armee und der Gendarmerie und unterhielten Ausbildungseinrichtungen in Ruanda.

Seit meiner Rückkehr aus Kigali im August erreichten mich jedoch keinerlei nachrichtendienstliche Erkenntnisse. Nicht ein einziges Land war bereit, die UNO oder auch nur mich persönlich mit akkuraten und aktuellen Informationen zu versorgen. Eine der Beschränkungen einer Mission nach Kapitel VI ist das Verbot, selbst nachrichtendienstlich tätig zu werden; im Geist der Offenheit und Transparenz müssen die Friedenstruppen völlig vom guten Willen der gegnerischen Seiten abhängig sein, ihr Kommando über Probleme und Bedrohungen zu informieren. Unser Mangel an nachrichtendienstlichen Erkenntnissen und grundlegenden Einsatzinformationen und die Weigerung von Mitgliedsstaaten, uns damit zu versorgen, nährten meinen Verdacht, dass wir in eine gefährliche Lage geraten könnten, sollten wir jemals Hilfe im Feld benötigen.

Obwohl sich das DPKO weiter bemühte, wollte sich also nur Belgien beteiligen, während die Franzosen politisches Interesse bekundeten. Alle anderen, die auf unser Ersuchen reagierten, waren unterentwickelte Länder aus drei Kontinenten, und deren Kontingente waren nur ungenügend ausgerüstet und schlugen sich mit gravierenden logistischen und finanziellen Problemen herum. Es gab nur vergleichsweise wenige Mitgliedsländer, die ohne UN-Unterstützung Einheiten mit aller erforderlichen Ausrüstung und dem nötigen Material als Friedenshüter aufstellen konnten. Diese Nationen waren in erster Linie Länder des Westens und der Ersten Welt. Die Staaten hingegen, die einen Beitrag zu einer Mission in Ruanda leisten wollten – und das wurden so langsam immer mehr –, gehörten zu einer neuen Generation von Entsendeländern mit großen, noch ungenutzten Truppenreservoirs, denen es aber völlig an Material, nachhaltiger Einsatzfähigkeit und Ausbildung für komplexe Konfliktsituationen und humanitäre Katastrophen fehlte. Außerdem handelte es sich bei ihnen manchmal um Staaten, in denen die Menschenrechte kaum oder überhaupt nicht geachtet wurden, was noch ganz andere Probleme mit sich brachte.

*

Während der September verstrich, wurde mir bewusst, dass meine unerbetene Gegenwart und mein aggressives Auftreten vielen höherrangigen Mitarbeitern in der Abteilung für Feldeinsätze (FOD) und der Personalabteilung auf die Nerven fielen. Die FOD hatte die völlige Kontrolle über die Ausrüstung, die wir brauchten; die Personalabteilung legte die Prioritäten in der Personalausstattung fest und hatte das letzte Wort bei der Aufstellung von UN-Mitarbeitern vor Ort. Ich war besorgt, ob ich meiner Sache nicht vielleicht eher schadete, indem ich so viel Druck bei einer Mission machte, die noch gar kein Mandat hatte und deren Kommandeur ich noch nicht einmal war.

Während ich mit solcher Verbissenheit die Mission als Ganze auf den Weg zu bringen versuchte, hatte Uganda endlich das Statusabkommen für UNOMUR unterzeichnet, und die ersten Beobachter waren vor Ort eingetroffen. Mein Platz war eindeutig bei ihnen. Ich musste die Zukunft der Ruanda-Mission den Experten in New York anvertrauen, aber ich wollte zumindest jemanden haben, der für mich die Dinge bei der UNO im Auge behielt. Ich beschloss daher, Brent zumindest für einen Monat zurückzulassen, um weiter mit Miguel zusammenzuarbeiten. Brents Frau sollte im November ein Kind bekommen; wenn er weiter in New York bliebe, würde er ihr näher sein.

Ende September ernannte die UNO Abdul Hamid Kabia, einen Karrierediplomaten und politischen Experten aus Sierra Leone mit beträchtlicher Missions- und UN-Erfahrung, zum politischen Leiter der Uganda-Mission. Ich besuchte ihn sofort nach seiner Ernennung in seinem Büro in der Abteilung für politische Angelegenheiten (DPA), um ihn kennen zu lernen. Ich erwartete entweder einen hochmütigen, ehrgeizigen Dandy oder einen barschen, ältlichen Politikhaudegen, der schon alles gesehen hatte und nicht gewillt war, sich einem Burschen vom Militär unterzuordnen, doch weder das eine noch das andere bewahrheitete sich. Kabia hieß mich herzlich willkommen. Sein Büro war relativ sparsam, mit der vertrauten Ausstattung in grauem Metall und einem Schreibtisch, auf dem sich ein scheinbares Wirrwarr von Dokumenten türmte – aber ich hatte den Eindruck, dass er sehr wohl wusste, wo alles war.

Er gestand mir, dass es ihn ein bisschen überrascht hatte, für eine Aufgabe im Feld ausgewählt worden zu sein, da er davon ausgegangen war, seine verbleibenden Jahre mit einem Schreibtischjob in New York zu verbringen. Aber er war weder reserviert noch widerwillig und wurde zu einem jener Berater und Kollegen, denen ich am meisten vertraute. Mitte Oktober flog er nach Uganda und bezog seinen Posten im UNOMUR-Hauptquartier.

Irgendwie hatte sich die Stimmung im 36. Stock geändert, und dem verlässlichsten Flurgeflüster zufolge, das Brent aufschnappen konnte, sollte ich der führende Kandidat um das Truppenkommando der Ruanda-Mission sein. Eine meiner letzten Pflichten vor meiner Abreise aus New York war es, für die Mission einen Namen zu finden. Nur der Bestandteil »United Nations« lag fest. Da unsere Aufgabe darin bestand, den Parteien bei der Umsetzung des Arusha-Abkommens »Unterstützung« zu geben, schien »Assistance« ein geeigneter englischer Ausdruck, und schließlich taten wir es »für Ruanda«: *The United Nations Assistance Mission for Rwanda* schien ein perfekter Name, nur dass er als Abkürzung schlecht aussah – UNAMFR klang einfach nicht richtig. Daher beschloss ich, das »i« aus »Mission« hinzuzunehmen und dafür das »f« wegzulassen. UNAMIR: Diese Abkürzung erhielt auf der Serviette eines Restaurants in Manhattan ihren letzten Schliff. Jahrelang habe ich erlebt, wie UN-Offizielle, Akademiker und Funktionäre – allesamt Experten – das Kürzel falsch aufschlüsselten, wenn sie päpstlich den Namen United Nations Assistance Mission *in* Ruanda verkündeten. Aber für mich kam es gerade auf das »for« an: Es sollte eine Mission *für* Ruanda sein.

Ich fand mich beim Triumvirat des DPKO ein, das mir zusammen mit Hédi Annabi letzte Anweisungen erteilte. Sie trugen mir auf, die Uganda-Mission in Gang zu bringen und mich dann für einen schnellen Einsatz verfügbar zu halten, sollte UNAMIR gebilligt werden. Ich sollte über Miguel und Maurice in Kontakt mit ihnen bleiben, und alle wünschten mir Glück. Als Kofi Annan meine Hand schüttelte, spürte ich eine Wärme und eine echte Sorge, die mich einen Moment lang überwältigten. Er war kein politischer Boss, der einen seiner Generäle mit Plattitüden und vorhersehbarem Gleichmut verabschiedet. Mit seinen freundlichen Augen und in seiner ruhigen Art zeigte Annan eine Menschlichkeit und ein Engagement für die Not anderer, die ich kaum je erlebt habe. In wenigen Sätzen gab er mir das sichere Gefühl, dass er als mein Vorgesetzter die Mission für gerecht und mich für die richtige Wahl als Truppenkommandeur hielt – und dass wir den nach Freiheit und Würde strebenden Ruandern helfen würden.

*

Ich verließ New York am Spätnachmittag des 30. September. Die Sonne fiel mit einem neuen herbstlichen Farbstich auf all die Glasfassaden der Hochhäuser Manhattans und bemalte sie orangefarben. Ich strotzte nur so vor Energie, Optimismus und Zielstrebigkeit. Ich sollte mich endlich in meinem Beruf bewähren dürfen: Ich hatte ein Einsatzkommando. All die Jahre der Lektüre über Strategie und Taktiken der großen Generäle der Geschichte erwachten in mir zum Leben. All meine Erfahrung, vom Spielen mit Bleisoldaten auf dem Wohnzimmerläufer bis zum Kommando über die 5ième Brigade Group würden in diesem Feldkommando kulminieren.

Ich machte einen kurzen Abstecher nach Quebec, um mich von meiner Familie zu verabschieden und zusammen mit meinen persönlichen Sachen die gewaltige Menge von Ausrüstung einzupacken, die mir die kanadische Armee für meine Reise in ein tropisches, von Krankheiten geplagtes, gefährliches Land mit auf die Reise gab. Ich gestehe, dass ich sah, was ich sehen wollte, als ich meine Familie besuchte: Sie war in ein neues Heim gezogen und kam gut genug ohne mich zurecht. Ich wusste nicht, dass die Atmosphäre für Beth und die Kinder in der Garnison bereits vom Neid auf mein Überseekommando vergiftet war und dass nur Interventionen von höchsten Stellen die Situation verbessern würden. Während eines Großteils meiner Zeit in Ruanda lechzten Beth und die Kinder nach verlässlichen Informationen über meine Sicherheit und mein Wohlbefinden und klebten schließlich, ängstlich und isoliert, wie der Rest der Welt vor den CNN-Nachrichten.

Auf dem Flughafen – aufbruchbereit für eine unbestimmte Zeit in Afrika – beugte ich mich über Willem und sprach mit ihm, wie Soldaten gewöhnlich mit ihrem Ältesten sprechen, statt ihm die herzliche Umarmung zu geben, die er brauchte: »Mein Sohn, ich muss zum Einsatz, und da du nun der älteste Mann im Haus bist, fällt es dir zu, die Lage im Griff zu behalten. Ich möchte, dass du deiner Verantwortung gerecht wirst und deiner Mutter hilfst.« Ich hatte keine Ahnung, welche Wirkung diese wenigen, schlecht gewählten Worte auf meinen jugendlichen Sohn haben sollten. Als mein Flugzeug abhob, schloss ich im Geiste die Tür hinter meiner Familie, um mich ganz und gar auf meine Mission zu konzentrieren. Das ist es, was Soldaten tun müssen.

*

Ein Dutzend Stunden später war ich um die halbe Welt gereist und fühlte mich um 20 Jahre zurückversetzt. In Entebbe gelandet, rollte das Flugzeug über den Flugplatz und dort, geparkt auf der Landebahn, stand jene Air-France-Maschine, die palästinensische Terroristen im Sommer 1976 entführt hatten. Der Anblick ließ mich erschaudern, als ich an das wagemutige und erfolgreiche israelische Kommando zurückdachte. Ich fragte mich, warum dieses unheimliche Souvenir dort unberührt überdauert hatte. War es ein Denkmal oder doch eher eine Warnung?

Ich mochte Uganda. Kampala sprudelte über vor Leben, und obwohl sie nicht die Großartigkeit von Addis Abeba ausstrahlte, schien die Stadt zu blühen. Ich wurde vom Vertreter des UN-Entwicklungsprogramms (UNDP) empfangen, der sehr effizient meine Termine mit Politikern und Armeeoffizieren organisiert hatte, darunter auch mit dem ugandischen Präsidenten.

Wir fuhren bald nach meiner Ankunft zu einem Treffen mit Yoweri Museveni. Er empfing uns in der ehemaligen Residenz des britischen Generalgouverneurs, einem riesigen, weißen Herrenhaus mit Blick über den Viktoriasee. Wir wurden durch große, luftige Räume geführt, die mit afrikanischem Kunsthandwerk vollgestopft waren, und wieder nach draußen, wo der Präsident unter einem riesigen Baum Hof hielt. Museveni war hoch gewachsen, völlig kahlköpfig und hatte einen ansehnlichen Bauch – eine machtvolle Präsenz, um es zurückhaltend zu formulieren. Obwohl er gut unterrichtet zu sein schien, bot er keine besonderen Einsichten in die Situation in Ruanda. Ich war verblüfft und mehr als bloß ein bisschen enttäuscht. Ich bin nicht ganz sicher, was ich erwartet hatte, aber mein Eindruck war, dass er mir nicht mehr und nicht weniger Aufmerksamkeit schenkte als dem Chef eines multinationalen Konzerns, der eine Filiale in seinem Land aufbauen wollte.

Der Stabschef der ugandischen Armee machte einen etwas beunruhigenden Eindruck. Er war ein Muster an Kooperationsbereitschaft und versicherte mir, wie sehr die Ugander UNOMUR unterstützen wollten, aber ich hatte das Gefühl, dass er mir einige Details vorenthielt, die ich gut hätte brauchen können, um wirkungsvoll zu arbeiten. Dieser Eindruck bestätigte sich, als ich in der ugandischen Grenzstadt Kabale eintraf, dem Hauptquartier meiner Beobachtermission. Ganz oben auf meiner Prioritätenliste stand ein Treffen mit dem Befehlshaber der Südregion der ugandischen Armee, um meinen Einsatzplan mit ihm zu erörtern. Wir trafen uns in meinem vorübergehenden Hauptquartier im White Horse Inn, einem hübschen kleinen, in einen Berghang eingefügten Gasthaus. Er war ernst und professionell und schien bestrebt, mit UNOMUR zusammenzuarbeiten. Danach besuchte mich der unserer Mission zugewiesene Verbindungsoffizier der ugandischen Armee und setzte mich in Kenntnis, dass all meine Patrouillen im Voraus geplant werden müssten, da er mindestens zwölf Stunden benötige, um die uns begleitende Truppe zu verständigen. Ich sah ihn völlig erstaunt an. Der ganze Sinn der Patrouillen war ja gerade, das Überraschungsmoment zu nutzen, um alle unerwünschten grenzüberschreitenden Aktivitäten zu unterbinden. Er blickte mir direkt in die Augen und bestand in seiner höflichen, sanften Art darauf, dass es alle möglichen unkartierten Minenfelder in der Gegend gebe und die UNOMUR-Patrouillen um ihrer eigenen Sicherheit willen von seinen Soldaten eskortiert werden müssten. Ich erwiderte, dass wir fünf verschiedene Übergangspunkte 24 Stunden am Tag überwachen müssten. Er würde versuchen, seine Soldaten dort zu postieren, versicherte er. Ich hätte protestieren können, aber genutzt hätte es nichts.

Dennoch war ich froh, aus dem UN-Hauptquartier fort und im Feld zu sein, eine Truppe zu kommandieren und die Überwachung der 193 Kilometer langen unmarkierten Grenze in Angriff zu nehmen. Kabale liegt inmitten wogender Hügel, ein kleines Stück Himmel auf Erden. Es gibt eine Hauptstraße mit ein paar Läden und mehr Kirchen, als man zählen kann. Der örtlichen Bevölkerung schienen die US-Dollar, die wir in die heimische Wirtschaft pumpten, sehr willkommen zu sein. Wir mieteten von einem ansässigen Geschäftsmann einen großen Bungalow, der uns als Hauptquartier diente. Er lag am Rand der Stadt inmitten eines genügend großen Grundstücks, um dort einen kleinen Hubschrauberlandeplatz anzulegen.

Mein Stellvertreter war ein Oberst aus Simbabwe namens Ben Matiwaza, ein Zulu, der mehrere Jahre lang gegen die Rhodesier im

Unabhängigkeitskrieg seines Landes gekämpft und auch an der OAU-Mission in der demilitarisierten Zone Ruandas teilgenommen hatte. Als ehemaliges Mitglied einer Rebellenarmee wusste er, wie man RPF-Bewegungen aufspüren konnte, und gab mir fabelhafte psychologische Einblicke in ihre Taktik. Willem de Kant, ein junger niederländischer Hauptmann und Stabsoffizier im Einsatzraum der Mission, erstattete mir kurz nach meinem Eintreffen über deren Stand Bericht. Ich war sofort von ihm beeindruckt.

Die Grenze war ein Sieb, durchwoben von kleinen Bergpfaden, die es dort seit Jahrtausenden gab. Angesichts meiner kleinen Truppe von 81 Beobachtern und der Tatsache, dass uns keine Hubschrauber mit Nachtsichtausrüstung zur Verfügung standen, war die Aufgabe, die Grenze zu überwachen, bestenfalls symbolischer Art. Die Truppe, die aus den Niederlanden, Ungarn, Bangladesch, Simbabwe und neun weiteren Ländern stammte, machte sich ans Werk und arbeitete monatelang mit großer Entschlossenheit und großem Mut – gleichviel, ob sie nun von der ugandischen Armee und der RPF unterstützt wurde oder nicht.

Es gab einen weiteren Haken, und vielleicht hätte ich dies als Vorzeichen kommender Dinge deuten sollen. Mein Mandat, unterzeichnet von der Regierung, erlaubte mir, in Uganda 100 Kilometer landeinwärts zu operieren, sodass auch die Stadt Embarara in unserem Überwachungsbereich lag. Die ugandische Armee jedoch bestand nun auf einer nur 20 Kilometer breiten Überwachungszone. Ich verhandelte weiter. Embarara sah wie eine Wild-West-Stadt aus, mit breiten, staubigen Straßen, an die sich einstöckige Gebäude, große Lagerhäuser und einige Bars reihten. Sie war ein Verkehrsknotenpunkt und entscheidend für die Unterbindung des grenzüberschreitenden Waffenverkehrs. Geheimdienstberichte hatten uns auf Waffenlager in der Gegend aufmerksam gemacht. Wenn wir gegen sie vorgingen, würden wir nicht nur die Grenze ein gutes Stück sicherer machen, sondern auch Präsident Museveni von jedem Verdacht entlasten, beim Nachschub der RPF seine Hand im Spiel zu haben. Ein solches Vorgehen lag auch eindeutig im Rahmen unseres Mandates und der Kompetenzen meiner Truppe. Nach vielen nutzlosen Gesprächen und Meldungen an das DPKO wurde mir befohlen, klein beizugeben. Der Zugriff auf Embarara wurde mir verwehrt.

*

Das UNAMIR-Mandat wurde am 5. Oktober vom Sicherheitsrat erteilt, und ich wurde offiziell zum Truppenkommandeur ernannt. Man hatte mir wieder und wieder gesagt, dass die UNO gewöhnlich sechs Monate brauchte, um eine Mission zu entsenden, *nachdem* das Mandat gebilligt und *falls* es eine vernünftige Infrastruktur gebe, auf die man vor Ort zurückgreifen konnte. Letzteres war zweifellos in Ruanda nicht der Fall: Treibstoff, Nahrung und Ersatzteile waren in der Hand von wenigen gut gestellten Personen, die erwarteten, dass die UNO für alles, was sie brauchte, exorbitante Preise berappen würde. Wir hatten bereits den ersten Termin des Arusha-Abkommens um einen Monat verfehlt, und ich war der Meinung, dass ein so langsames Tempo nicht ausreichen würde. Ich hatte einige Zeit in Kabale verbracht, um UNOMUR zu beaufsichtigen. Das war ein starkes Team dort, und ich konnte mich darauf verlassen, dass es im Rahmen seiner Beschränkungen und der geringen Mittel, die ihm zu Gebote standen, das Notwendige tat. Es war an der Zeit, meine Aufmerksamkeit Ruanda zuzuwenden.

Ich hatte kein Hauptquartier in Kigali und keinen Stabschef, und der politische Chef der Mission musste erst noch ernannt werden. In Kabale gab es jedoch einige gute Offiziere, die bereits mit den Konfliktparteien vertraut waren und sicher eine Hilfe für mich wären. Wenn ich ein paar von ihnen nach Kigali mitnehmen könnte, ließe sich das Tempo, mit dem sich die UNO bewegte, vielleicht beschleunigen und die Mission rascher aufbauen. Da ich mich bereits im Einsatzgebiet befand, bestand ich darauf, dass mir meine Vorgesetzten im DPKO erlaubten, nach Kigali zu fliegen.

Ich buchte für Hauptmann Willem de Kant (meinen Adjutanten), zwei sorgfältig ausgewählte Offiziere und mich einen Flug aus Kampala für den Morgen des 21. Oktober. Bevor wir zum Hotel fuhren, schauten wir beim Flughafen vorbei, um die Flugzeiten und unseren Buchungsstatus zu überprüfen, wobei sich herausstellte, dass wir auf eine Art Warteliste gesetzt worden waren, obwohl wir alle unsere Tickets in der Hand hielten. Ich suchte einen Verantwortlichen, legte 50 Dollar auf den Tisch und sagte ihm: »Wir müssen in dieses Flugzeug, sorgen Sie dafür!« Später an jenem Abend bekamen wir telefonisch die Bestätigung, dass wir alle vier für den Flug gebucht waren.

Als wir am nächsten Tag zum Flughafen kamen, erfuhren wir, dass es in der Maschine nun mehr als genug Platz gab. Über Nacht hatte es einen Staatsstreich in Burundi gegeben, daher würde das Flugzeug von

Kigali aus nicht weiterfliegen. Alles hatte sich verändert. Nicht nur würde der Putsch in Burundi die fragile politische Situation in Ruanda erschüttern, sondern die stabile Südflanke, auf die ich mich bei meinem Einsatzplan verlassen hatte, war weggebrochen.

Im Flugzeug, auf der letzten Etappe einer Reise, die mein ganzes Leben und das meiner jungen Familie verändern sollte, war ich weder melancholisch noch ängstlich. Ich wollte dieses Kommando und würde all meine Kraft darauf verwenden. Als wir auf Kigalis hellem und modernen Flughafen landeten, dachte ich an meinen Vater und auch an Beths Vater, den Oberst, und fragte mich, was ihnen wohl 50 Jahre zuvor durch den Kopf gegangen sein mochte, als sie in England eingetroffen waren und ihrem ersten Kriegsschauplatz entgegen sahen.

KAPITEL 6

Die ersten Etappen

Auf dem Flughafen in Kigali begrüßten uns Außenminister Anastase Gasana, ein paar andere Würdenträger und einige Journalisten. Dabei standen wir gar nicht im Mittelpunkt der Aufmerksamkeit. Stattdessen verfolgten alle besorgt die Ereignisse nach dem Putsch in Burundi. Die demokratisch gewählte Regierung, geführt von einem moderaten Hutu, war von Tutsi-Militärführern gestürzt worden; der Präsident und mehrere Kabinettsminister waren bereits tot, und das Land steuerte auf ein Blutbad zwischen den Volksgruppen zu. Die Auswirkungen auf Ruanda machten sich sofort spürbar. Kigali schäumte über von Gerüchten und Argwohn, die örtlichen Medien waren voll von hysterischem Gerede über eine »Tutsi-Hegemonie«. Der Kontrast zwischen dem fast sonnigen Optimismus in Kigali im August und der düsteren Stimmung bei meiner Rückkehr am 8. Oktober hätte größer nicht sein können.

Amadou Ly war mit den zahlreichen Berichten über den plötzlichen Zustrom von Flüchtlingen aus Burundi beschäftigt, aber wie schon zuvor unterstützte er uns nach Kräften dabei, uns einzurichten. Die UNO hatte endlich einen Missionschef ernannt, dessen offizieller Titel Sonderbeauftragter des Generalsekretärs in Ruanda lautete. Sein Name war Jacques-Roger Booh-Booh, ein ehemaliger Kameruner Diplomat und Freund von Butros Butros-Ghali. Doch bis zu seinem Eintreffen blieb ich sowohl für die politische als auch für die militärische Seite verantwortlich. An jenem Wochenende mühte ich mich ab, ein vorübergehendes Hauptquartier im Hôtel Mille Collines einzurichten und mich gleichzeitig über die Entwicklung in Burundi auf dem Laufenden zu halten. Amadou trieb ein paar Fahrzeuge mit ortskundigen Fahrern für uns auf, damit wir uns bewegen konnten, und verschaffte uns dringend benötigtes Bargeld. (Wenn er sich nicht ständig auf großzügige Weise über die UN-Vorschriften hinweggesetzt hätte, hätten wir niemals die Ziele unserer ersten Phase erreicht.)

Wenige Tage nach meiner Ankunft in Kigali stieß ein Voraustrupp von Offizieren aus Uruguay, Bangladesch und Polen zu uns, die bei der Friedenstruppe in Kambodscha gedient hatten. Bis zum letzten Mann waren diese Offiziere großartig. Sie wurden von einem gut aussehenden und einfallsreichen Uruguayer geführt, Oberst Herbert Figoli, der bis zu seiner Versetzung in die Heimat drei Monate später als Kommandeur der entmilitarisierten Zone diente. Die anderen bildeten bis zu deren Ende das Rückgrat der Mission. Ich nahm sie mit in unseren Konferenzraum und gab ihnen einen ausführlichen persönlichen Bericht über mein Einsatzkonzept und unsere Aufgaben. Sie lauschten aufmerksam und stellten dann anregende und kluge Fragen. Wir schienen uns sofort gut zu verstehen. Ich brachte den Kern des Besprochenen in meiner ersten »Direktive des Truppenkommandeurs« zu Papier, die den Plan darlegte, der uns durch Phase eins führen würde. Ich gab danach die Direktive Nr. 2 über unsere vorläufigen Einsatzregeln aus, die ich mit Brent im September entworfen hatte, leitete beide Dokumente nach New York und in die Hauptstädte aller Entsendeländer weiter und bat um Bestätigung meiner Einsatzregeln. Ich bekam nicht nur niemals eine formelle, schriftliche Billigung meiner Regeln von der UNO, sondern auch – abgesehen von Belgien und Kanada – keinerlei Kommentar, positiv oder negativ, von irgendeiner der Nationen. Belgien gab der Sorge Ausdruck, dass sein Kontingent gegen Massenversammlungen eingesetzt werden könnte, und Kanada bemängelte eine zu weit reichende Sanktionierung von letaler Gewalt beim Schutz sämtlichen UN-Eigentums. Wir änderten daraufhin die Regeln, um diese Einwände zu berücksichtigen, und betrachteten das Schweigen an allen anderen Fronten als stillschweigende Zustimmung.

In diese frühen Tage fiel auch meine erste Begegnung mit Per O. Hallqvist, einem pensionierten UN-Mitarbeiter, der zurückbeordert worden war, um unsere Mission als Verwaltungschef zu unterstützen. Er war etwa einen Tag vor mir in Kigali eingetroffen, zusammen mit einem kleinen, zivilen Voraustrupp, um die Infrastruktur für unsere Mission aufzubauen. Hallqvist machte mir mehr als deutlich, dass er sich penibel genau an die Vorschriften halten würde, und rechnete mit sechs Monaten, bevor Administration und Logistik unseres Unternehmens voll funktionstüchtig wären. Er sagte mir, dass die UNO eine von außen in Gang gesetzte, keine selbstätige Organisation sei (eine »gezogene«, keine »anschiebende«) – also ganz anders, als ich es von der NATO gewöhnt sei. Denn sie habe absolut keine eigenen Ressourcen, aus denen sie schöpfen könne. Für alles, was man brauche, müsse man einen Antrag stellen und dann dessen Prüfung abwarten. Was ich nicht erbat, würde ich auch nicht bekommen.

Und so war es. Zum Beispiel müssen Soldaten überall auf der Welt essen und trinken. In einer Organisation, die selbst initiativ wird, werden aufgestellte Soldaten automatisch mit Nahrung versorgt. Bei einer passiven Organisation muss man die entsprechenden Rationen erst eigens anfordern, und gesunder Menschenverstand kommt dabei offenbar nie ins Spiel. Wer Taschenlampen braucht, sollte besser auch gleich Batterien und Glühbirnen anfordern, andernfalls treffen die Lampen wahrscheinlich nackt und bloß ein. Der schiere Umstand, dass man für alles erst Anträge stellen muss, hat außerdem den beträchtlichen Nachteil, dass es der zivile Logistiker der UNO ist, nicht der Einsatzkommandeur, der über den Nachschub gebietet. Wenn er entscheidet, dass diese oder jene Ausrüstung erforderlich ist, wird die UNO sie liefern; falls nicht, hat sich die Sache erledigt.

Wir sollten bald mehr von dieser harschen Realität zu spüren bekommen, aber bei unserem ersten Treffen war ich schlicht erstaunt darüber, wie verbissen Hallqvist auf die Vorschriften pochte. Wir mussten innerhalb von Tagen, nicht Monaten, voll einsatzfähig sein. Ich war entschlossen, die Regeln zu missachten, die Bürokratie zu umgehen, die Vorschriften zu beugen und alles, was nicht geradezu illegal war, zu tun, um unser erstes Etappenziel zu erreichen.

*

Der 1. Januar 1994 war der letzte Amtsstag der Interimsregierung. Wir planten von diesem Datum an rückwärts, um alle für die Vereidigung der neuen Übergangsregierung zu erfüllenden Voraussetzungen zu schaffen, denn sie war der Angelpunkt des gesamten Arusha-Prozesses. Ich gliederte meinen Stab in drei Arbeitsgruppen und unterteilte den großen Konferenzraum in drei provisorische Bereiche, deren Kern je eine Gruppe rechteckiger Tische bildete. Als ich eines Morgens hereinkam, überwältigte mich ein intensives Déjà-vu-Gefühl: Das ganze Arrangement sah genau wie die Kriegsspiele in den Kommandoposten aus, die wir daheim vor Übungen unternommen hatten, außer dass es keinen klar definierten Feind gab und ich mir auch der Freunde nicht sonderlich sicher war.

Eine Gruppe konzentrierte sich auf Empfang und Logistik der bald eintreffenden Truppenkontingente: Sie kümmerte sich um Quartiere und Ausrüstung und klärte, wie die Soldaten bezahlt und verpflegt werden sollten. Diese armen Männer mussten endlose Kleinkriege mit Hallqvist und seinen Mitarbeitern ausfechten. Die zweite Gruppe konzentrierte sich auf Einsatzpläne, zum Beispiel auf die Schaffung einer Waffenkontrollzone in Kigali. Die dritte Gruppe war weitgehend mit Nachrichtenbeschaffung durch Erkundungen im ganzen Land befasst; zum Beispiel mussten wir rasch einschätzen, welche Auswirkung die Situation in Burundi auf unsere Pläne haben würde.

Am Sonntag, dem 25. Oktober, gab mir Amadou Ly seine persönliche Einschätzung der Lage. Ich war bereits beunruhigt, dass Präsident Habyarimana sich noch keine Zeit genommen hatte, sich mit mir zu treffen oder UNAMIR formell in Ruanda willkommen zu heißen. Ich musste wissen, in welchem Stadium sich der politische Prozess befand, aber bislang standen mir noch keine politischen Berater zur Verfügung. Amadou machte keine Umschweife. Der Radiosender der Radikalen, Radio Télévision Libre des Milles Collines (RTLM), der populäre afrikanische Musik mit rassistischer Hetze mischte, gewänne in Kigali immer größeren Zulauf. Wir erwarteten am folgenden Tag die Ankunft eines Erkundungstrupps der belgischen Armee mit etwa 15 Offizieren und Unteroffizieren, und Amadou informierte mich, dass RTLM eine öffentliche Kampagne gegen die Rückkehr von Truppen der ehemaligen Kolonialmacht in die Hauptstadt begonnen hatte. Er wollte mir begreiflich machen, dass die politische Landschaft nicht das sei, was sie zu sein schien: Der Amtsantritt der Übergangsregierung war ausgesetzt, und man würde sehr geschickt vorgehen müssen, wollte man den politischen Prozess wieder auf den Weg bringen.

Das wusste ich bereits, aber Politik war nicht mein Fachgebiet. Ich war begierig darauf, die politischen Feinheiten zu begreifen, die mir noch entgingen, war es aber gewohnt, dass Generäle so weit wie möglich vom Parlament und der Politik fern gehalten wurden. Ich hatte erwartet, dass mir von Anfang an ein gewandter und erfahrener Diplomat zur Seite stünde. Was die militärische und logistische Front anging, hatte ich bislang noch keinen Stabschef oder stellvertretenden Kommandeur, der mich unterstützen konnte, obwohl in weniger als einer Woche, am 30. Oktober, die OAU-Friedenshüter in der demilitarisierten Zone unter das Kommando von UNAMIR kommen sollten. Ich steuerte durch unbekannte Gewässer – die Geografie, die Kultur, die Politik, die Brutalität, der Extremismus, das große Maß an Täuschung, die fast als eine ruandische Kunstform praktiziert wurde –, all das war neu für mich. Ich kannte allerdings sehr wohl die Empfindlichkeit von Minderheiten und wusste, was es bedeutet, in Stil und Haltung anders zu sein als die Mehrheit. Ich war von meinem Naturell her ein Gemäßigter und Versöhner und brannte darauf, bei der Verwirklichung des Arusha-Friedensabkommens helfen zu können – dieser besten Chance eines neuen Gesellschaftspaktes für das Volk von Ruanda. Ich kam mir vor wie ein Orchesterdirigent, der in fünf Tagen ein Konzert geben soll, obwohl seine Musiker noch gar keine Instrumente haben. Ich stellte mein Orchester von Grund auf zusammen, unterstützt von einer Gruppe von Offizieren, die nicht nur unterschiedliche Begriffe von ihrer Aufgabe als Friedenshüter hatten, sondern auch keine gemeinsame Sprache sprachen; und ich war entschlossen, das Konzert so kurzfristig wie möglich zu geben, obwohl die UNO kaum Kapazitäten zu haben schien, um auf die dringliche Situation zu reagieren.

In den ersten Tagen der Mission lernte ich zu betteln und zu borgen, wie ich es mir nie hätte träumen lassen. Ich musste viel zu viel Zeit auf die Details der Truppenversorgung verschwenden und verstrickte mich in lange Diskussionen mit Hallqvist, angefangen vom Toilettenpapier bis hin zum Vordruck für offizielle Kommuniqués, während mir langsam klar wurde, dass es die Zeit nicht lohnte, mit ihm zu streiten, weil er gar keine Vollmachten besaß, selbst wenn er mir zustimmte. Ich war ständig hin- und hergerissen zwischen militärischen Angelegenheiten, dem Brüten darüber, was sich unternehmen ließe, um die politischen Hindernisse für die Einsetzung der Übergangsregierung auszuräumen, und der Beschäftigung mit läppischen Details, zum Beispiel, wie ich die Rechnung für die Telefongespräche nach New York bezahlen sollte, nachdem mein privater Überziehungskredit nahezu erschöpft war.

Zu allem kam noch hinzu, dass die Mission bis dahin völlig im Dunkeln operierte. Ein Großteil der Bevölkerung Ruandas schien gar nicht zu wissen, wer wir waren und was wir taten, während einige Journalisten bei der UN daheim bereits unsere »Untätigkeit« kritisierten. Ich musste einen Weg finden, um die Präsenz von UNAMIR bekannt zu machen, und kam auf die Idee einer Fahnenzeremonie in der demilitarisierten Zone anlässlich der Übergabe des OAU-Kontingents (von einem Kommandeur, der immer noch verärgert war, dass er nicht selbst das Kommando erhalten hatte). Die UNO-Flagge genoss in Ruanda bereits Ansehen, weil sie mit so guten Dingen wie Erziehung, Gesundheitsvorsorge und Lebensmittelhilfe in Verbindung gebracht wurde. Unsere neue Rolle sollte diese Liste ergänzen.

Zur Überwachung der demilitarisierten Zone, die etwa 120 Kilometer lang und an ihrem breitesten Punkt etwa 20 Kilometer tief war, würden mir 55 unbewaffnete Beobachter und ein 60-Mann-Kontingent leicht bewaffneter tunesischer Soldaten zur Verfügung stehen, denen es an Transportmitteln, grundlegender Ausrüstung und Geld fehlte. Ich war dabei, den Auftrag dieser Truppe zu ändern: Statt den Waffenstillstand in einem begrenzten Gebiet zu überwachen, sollte sie nun die Umsetzung eines Friedensabkommens für das ganze Land unterstützen, was das Risiko erhöhen würde, dem sie ausgesetzt war. Ich hatte keine Ahnung, wann und wie ich ihre Situation und Einsatzfähigkeit verbessern konnte, aber ich musste der UNO ein deutliches Signal geben, dass wir nun voll engagiert waren, also unter »Einsatzrisiko« standen: Das DPKO musste das Tempo der Truppenaufstellung und der logistischen Unterstützung erhöhen. Meine Flaggenzeremonie war der Versuch, am Rande dieses Abgrunds ein Zeichen zu setzen.

Ich wählte Kinihira als Ort der Zeremonie, weil eine Reihe der Protokolle, aus denen das Arusha-Abkommen bestand, dort ausgehandelt worden und der Ort im In- und Ausland folglich halbwegs bekannt war. Das Dorf liegt auf einer kleinen, runden Hügelkuppe, von der aus man das Zusammenströmen zweier Flüsse sieht, die den Oberlauf des Nils speisen. An den Hängen, hinab zu diesen Flüssen wechseln sich saftig grüne Kaffeebäume mit geometrisch angelegten Teeplantagen ab.

Kinihira wurde rasch einer meiner liebsten Orte in Ruanda. Die Dorfschule war ein rechteckiges Gebäude aus Lehmziegeln mit einem einzigen Raum; das Sonnenlicht strömte durch die Löcher, die starke Winterwinde in das Welldach gerissen hatten. Die Tafel bestand aus einem rissigen Fleck schwarzer Farbe an der Wand, mit Linien grober weißer Kreide darauf. Etwa 50 Grundschulkinder saßen in Vormittags- und Nachmittagsschichten auf Steinen, die säuberlich in Reihen aufgestellt waren, und kritzelten unter der Aufsicht von zwei Lehrern, die seit Monaten nicht bezahlt worden waren und kein Papier und nur ein Buch zur Verfügung hatten – ein eselsohriges Lehrerhandbuch aus Frankreich –, ihre Aufgaben auf Tafeln. Hinter der Schule lag ein kleiner, staubiger Spielplatz, der auf ein grünes Paradies blickte, über dem ewig der blaueste aller Himmel zu schweben schien. Es war einer der heitersten Orte, die ich je gesehen habe.

Seit meinen Tagen als junger Hauptmann hegte ich eine Vorliebe für beeindruckende militärische Aufzüge, Zeremonien, wie man sie aus der Urzeit des amerikanischen Kinos kennt, die dem Publikum mit feierlicher Symbolik die Bedeutung eines Ereignisses einprägen und Einfluss auf seine Haltung nehmen. Ich hatte nie eine Begabung, förmliche Diners zu geben, aber es gelang mir immer, das volle Potenzial militärischer Schauvorführungen zu nutzen, um ein Publikum zu erfreuen, zu begeistern und mitzureißen. Bei der Flaggenzeremonie wollte ich dem ruandischen Volk zeigen, dass wir eine freundlich gesonnene Truppe waren; gleichzeitig sollte den Streitparteien signalisiert werden, dass wir es ernst meinten. Eine symbolische Flaggenhissung auf einem Berg, um den gekämpft worden war, der dann zu neutralem Boden geworden und als Ort von Friedensverhandlungen genutzt worden war, erschien mir dafür genau richtig.

Der Tag, der 1. November, war perfekt, strahlend sonnig mit dem Hauch einer Brise, obwohl die Regenzeit bereits seit geraumer Zeit eingesetzt hatte. Menschen aus den umliegenden Dörfern kamen in Scharen. Während die Kinder herumtollten und sich bestens amüsierten, schienen die Erwachsenen zuerst außerordentlich reserviert, wenn auch neugierig. Die tunesischen Soldaten und unbewaffneten Militärbeobachter trugen blaue Barette, um die wir zwei Wochen lang unablässig hatten betteln müssen. 115 blaue Barette mit UN-Abzeichen zu bekommen schien mir kein allzu großes Wunder zu sein, aber alte UN-Hasen waren beeindruckt von der »Geschwindigkeit«, mit der meine Stabsoffiziere – mit Brents und Miguels Hilfe direkt vor Ort im DPKO – die Sache gedeichselt hatten. Dennoch, es hatte die Mühe gelohnt, denn die Tunesier und Militärbeobachter sahen fesch, diszipliniert und professionell aus.

Wir hatten keine Militärkapelle, daher besorgten wir uns stattdessen eine Stereoanlage und spielten die Nationalhymne und viele heitere afrikanische Stücke, was die Spannung wunderbar lockerte und der ganzen Veranstaltung ein festliches Flair gab – keine leichte Aufgabe, da bewaffnete Soldaten beider Konfliktparteien die geladenen Würdenträger begleiteten. Für die meisten war es das erste Mal, dass sie ihre ehemaligen Feinde trafen, und meine Hauptsorge war, wie sie aufeinander reagieren würden. Ich bestand darauf, dass die Soldaten bei ihren Fahrzeugen blieben, abseits von der Menge, was sie auch taten, wenn ihre Waffen auch deutlich sichtbar blieben.

Wir hatten Einladungen an den Präsidenten verschickt, an den Vorsitzenden und die Führer der RPF, an die Minister, die Vertreter der verschiedenen politischen Parteien, das diplomatische Corps und Militärführer. Die zivile Delegation der RPF, darunter Pasteur Bizimungu, war recht groß und traf mit 20-minütiger Verspätung und finsteren Mienen ein. Ich sah erfreut, dass sich ihre Gesichter mit voranschreitender Feier aufhellten. Madame Agathe, die derzeitige Premierministerin, Faustin Twagiramungu, der künftige Premier, und Anastase Gasana, der Außenminister – sie alle waren gekommen. Aber wieder blieb Habyarimana fern, ebenso Paul Kagame; um ganz ehrlich zu sein, war ich etwas erleichtert, denn an diesem Ort hätte ich nicht für ihre Sicherheit sorgen können. Aber ich hatte Augustin Bizimana, den Verteidigungsminister, und wichtige Mitglieder der Regierungspartei MRND erwartet und war beunruhigt, dass sie nicht erschienen waren. Ihre Abwesenheit blieb auch der RPF nicht verborgen. Ich betrachtete dies als bewussten Affront gegen UNAMIR, mit dem sie uns zu verstehen gaben, dass ihnen weder wir noch das Friedensabkommen wichtig genug waren, um ihre Zeit dafür zu opfern.

Dennoch war das Ereignis schlicht und würdig und verlief ohne Zwischenfall. Die Flagge wurde gehisst, und die ständige Brise sorgte dafür, dass sie sich majestätisch entfaltete; es war eine sehr große, blaue Flagge, die in Harmonie mit dem Blau des ruandischen Himmels ein deutliches Symbol abgab. Die Grundstimmung der Reden, darunter meine eigene, war optimistisch; alle ruandischen Führer bekundeten einhellig ihre Unterstützung für UNAMIR. Die Organisatoren der Zeremonie, Oberst Figoli und seine Militärbeobachter, waren sehr stolz auf sich und erwarben sich meine Bewunderung und meinen Dank.

Nachdem die Reden gehalten waren, strömte die Menge heran, genoss die dürftigen Erfrischungen, die wir uns leisten konnten – warme Softdrinks –, und mischte sich fröhlich unter uns, ein Albtraum für jeden Wachmann. Die RPF verließ als Erste die Szene – die Situation ähnelte bald zu sehr einem Karneval und ihre Soldaten wurden schon nervös –, gefolgt von den anderen Würdenträgern. Nachdem ich einige Zeit mit einer Gruppe von Kindern verbracht hatte, die mir beibrachten, wie man mit einem Ball aus Bananenblättern und Garn Fußball spielt, fuhr ich schließlich nach Kigali ab. Meine Sorgen über die Zukunft der Mission waren zu einem dumpfen Grummeln im Hinterkopf abgeklungen, in erster Linie brütete ich über den Affront durch die MRND. Die Presse, die lokale wie die internationale, reiste mit großartigen Bildern und zur Abwechslung einmal mit einer guten Nachricht aus Zentralafrika ab.

Als ich an jenem Abend zurück nach Kigali kam, beschloss ich, mich mit Abdul Kabia zu beraten, der in Kabale mit viel Geschick mit ugandischen Regierungsvertretern verhandelte, um größere Bewegungsfreiheit für die dortige UN-Truppe und eine breitere Überwachungszone zu erreichen. Ich wollte wissen, ob ich mich über die Abwesenheit der Hardliner bei der Flaggenzeremonie öffentlich beklagen sollte. Kabia wies mich klug darauf hin, dass die Falken in diesem Fall schlicht behaupten würden, sie seien sich nicht sicher gewesen, ob UNAMIR ihre Sicherheit garantieren könne. Das Ansehen der Mission wäre beschädigt worden, und ich hätte nichts gewonnen.

In den folgenden Wochen, als die Mission politisch immer aktiver wurde, konsultierte ich Kabia häufig. Ich wusste, dass er ein aufrichtiger Mann mit guten Kontakten in der UN-Abteilung für politische Angelegenheiten in New York war, und auf seinen Rat konnte ich mich immer verlassen. Als ein geeigneter Kandidat frei wurde, um seine Aufgaben in Uganda zu übernehmen, kam er als mein politischer Berater nach Kigali und wurde später Stabschef von Booh-Booh, dem bereits ernannten, aber noch nicht eingetroffenen Missionschef.

*

Der belgische Erkundungstrupp hatte seine Sachen gepackt und war abgereist. Zurück blieben nur ein paar Stabsoffiziere, um mit den Vorbereitungen für das Hauptkontingent fortzufahren. Die Belgier waren während ihrer fünftägigen Sondierungsreise in der ganzen Stadt präsent gewesen, was kleinere Demonstrationen hervorgerufen hatte, über die vor allem der Radiosender RTLM mit übergroßem Eifer berichtete. Falls jemand fragte, war meine Erklärung, dass sie zwar belgische Uniformen trügen, aber dem Einsatzkommando der UNO unterständen und ihre gültigen Hoheitsabzeichen nur die Abzeichen und Barette der Vereinten Nationen seien. Außerdem lag sowohl der RPF als auch der ruandischen Regierung die Liste der Entsendeländer vor, die wir dem Sicherheitsrat zur Billigung vorgelegt hatten, und keine der ehemaligen Kriegsparteien hatten gegen die Präsenz der belgischen Soldaten Einspruch erhoben. Ich glaube, sie hatten sich mit den Belgiern abgefunden, weil sie wussten, dass die Aufstellung eines Kontingents einer anderen Nation, sofern es überhaupt dazu käme, Monate dauern würde. Solange sich die belgischen Truppen gut benahmen und wir uns weiterhin des guten Willens der Ruander erfreuten, hielt ich die Lage für beherrschbar.

Uns blieben noch etwa drei Wochen, um uns auf die Ankunft des belgischen Kontingents vorzubereiten, und jeden Tag trafen mehr Militärbeobachter ein. Ich verbrachte einen Großteil der ersten Novemberhälfte damit, mit meinen etwa 50 Offizieren unter Hochdruck das Missionshauptquartier zumindest funktionsfähig zu machen. Wir waren im Hôtel des Mille Collines immer weniger willkommen; Urlaubsgäste und Blauhelme passen nicht sehr gut zusammen. Ich trug Hallqvist auf, ein dauerhaftes Hauptquartier für uns zu finden, in dem sowohl die militärische Abteilung als auch die Verwaltung untergebracht werden konnte. Dann würden wir auch in Kigali die UN-Flagge hissen und damit, wie in Kinihira, symbolisch unser Engagement zeigen können, dem Land zu einem dauerhaften Frieden zu verhelfen.

Wir schlugen uns noch immer mit endlosen Problemen herum, was Verwaltung und Ressourcen anging. Ich erinnere mich, dass ich über Funk einen schriftlichen Lagebericht von Oberst Figoli in der entmilitarisierten Zone anforderte. Er funkte zurück, dass er dafür weder Papier noch Stifte habe und ein Antrag auf Nachschub von Hallqvist aus Budgetgründen abgelehnt worden sei.

Unsere Bemühungen, Fahrzeuge zu bekommen, gestalteten sich noch frustrierender. Die vierrädrigen Maultiere der UN für Transport und Kommunikation waren ein Mischmasch aus Tausenden japanischer Geländewagen mit Vierradantrieb, die der Mission in Kambodscha geschenkt worden waren. Sie waren widerstandsfähig genug, um die schrecklichen Straßen und das raue Terrain zu überleben, mit soliden Funkgeräten (wenn auch ohne Verschlüsselungstechnik für abhörsichere Übertragung) und mit Klimaanlagen ausgestattet (was ich allerdings für einen Nachteil hielt, da es schwer war, Gespräche mit den Einheimischen anzuknüpfen, wenn die Fenster geschlossen blieben, um im Kühlen zu sitzen). Die Verteilung dieser Fahrzeuge war die Domäne des Verwaltungschefs, und Hallqvist erweckte den deutlichen Eindruck, dass zivile Erfordernisse Vorrang vor militärischen hätten. Militärbeobachter, die das Glück hatten, über Fahrzeuge zu verfügen, wurden beschuldigt, Benzin für kurze Fahrten in Kigali zu verschwenden, während einige zivile Mitarbeiter Treibstoff mit Wochenendausflügen verjubelten, um die Gorillas im Vulkan-Nationalpark und andere Sehenswürdigkeiten in Ruanda zu besuchen.

Es machte mich verrückt, einen kleinlichen internen Krieg um Fahrzeuge und Bürobedarf führen zu müssen. Der Mangel an Nachschub und die Verzögerungen brachten die Mission fast zum Stillstand. Hunderte von Soldaten trafen ein, und ich hatte keine Küchen, keine Nahrungsmittel und keine Quartiere für sie. Die unfehlbare offizielle Reaktion auf meine Beschwerden lautete, dass die nationalen Kontingente mit Rationen für zwei Monate eintreffen und sich selbst versorgen sollten. Das war die Regel. Wenn sie es nicht taten, hatte die UNO nicht die Ressourcen, um den Mangel zu kompensieren, und mir blieb nichts anderes übrig, als zu improvisieren. Reiche westliche Nationen wie Kanada und Belgien konnten sich die Versorgung ihrer Truppe leisten, arme Länder nicht – häufig »vermieteten« sie ihre Soldaten mehr oder weniger an die UNO im Tausch gegen harte Devisen. Als Folge hatten es die westlichen Soldaten im Feld relativ bequem, während die Soldaten aus der Dritten Welt fast im Elend lebten – eine schreckliche Belastung für den Aufbau einer vereinten Truppe von Friedenshütern.

Unter dem Druck der Ereignisse und der in immer weitere Ferne rückenden Etappenziele des Arusha-Abkommens arbeitete mein Stab Tag und Nacht. Hallqvist und seine zivilen Mitarbeiter arbeiteten gewöhnlich montags bis freitags von neun bis fünf. Die Begründung dafür war, dass er und seine Leute für eine lange Zeit in Ruanda bleiben würden, während das Militärpersonal nur auf der Durchreise sei. Von Soldaten durfte man schließlich erwarten, mit harten Bedingungen zurechtzukommen. Aufgrund meines Ranges und des Vertrags meiner Abkommandierung aus Kanada schien Hallqvist allerdings zu erwarten, dass ich sämtliche Ansprüche und Privilegien ausnutzen würde: schickes Auto, großes Haus, alle möglichen kleinen Luxusgegenstände. Ich meine jedoch, ein Kommandeur erweist seiner Mission einen Bärendienst, wenn er in Saus und Braus lebt, während seine Soldaten dürftige Mahlzeiten essen, die ein Koch in einer Behelfsküche im strömenden Regen zubereitet. Ich glaube, Hallqvist war schockiert, als ich den Dienstmercedes, den er mir zugewiesen hatte, zugunsten eines der üblichen UN-Geländewagen zurückgab und Willem de Kant losschickte, um ein kleines Haus für uns zu mieten, wo ich auch ihn, Brent und meinen Chauffeur unterbringen wollte, wenn sie eintrafen.

Ich wollte keine der bequemen Residenzen, die so viele UN-Mitarbeiter beziehen, weil ich damit dem Volk von Ruanda zu verstehen gegeben hätte, dass wir unseren Komfort über sein Interesse stellten, und das brachte ich nicht über mich. Ich liebte das Haus, das Willem schließlich für uns fand: Es stand hinter einer Mauer und einem einzelnen Metalltor auf einem Hügel in Kigali und war gemütlich und sauber. Jeden Morgen trank ich meinen Tee im Patio und ließ den Blick über die unter mir ausgebreitete Stadt schweifen, und es dauerte manchmal einige Zeit, bis ich mich aufraffen konnte, diesen friedlichen Ort zu verlassen, um mich den Herausforderungen des Tages zu stellen.

Als ich mich bei Maurice Baril und Iqbal Riza über die Verwaltungsmissstände beklagte, reagierten sie verständnisvoll, aber selbst sie konnten nichts tun, um das System zu reformieren. Hallqvist hielt sich eng an die UN-Richtlinien. Wir mussten miteinander auskommen und weiter entlang der festgeschriebenen Fronten unserer gegenläufigen Imperative kämpfen, die das Herz der Mission schier zerrissen.

*

Als die Militärbeobachter von UNAMIR eintrafen, bildete ich aus ihnen gemischtsprachige Teams. Nach dem Eintreffen von Fahrzeugen und Funkgeräten schickte ich die Teams durch das Land, um die Lage zu erkunden, Standorte für sich zu suchen und mit Politikern, Sicherheitsbehörden und Militärs in den Präfekturen zu sprechen. Sie sollten Flagge zeigen und die Kunde verbreiten, wer wir waren und was wir vorhatten.

Und dann kam auch Oberst Tikoka an, ihm übertrug ich das Oberkommando über die Beobachtergruppe. Tiko hatte bereits im August zusammen mit Brent viele militärische Lageeinschätzungen vorgenommen. Jeder, der mit ihm gedient hat, kann viele Geschichten von seiner Tapferkeit und seinem Wagemut erzählen. Bei seiner letzten UN-Mission in Somalia wurden so viele seiner Fahrzeuge zerschossen, dass nur die mutigsten Soldaten noch mit ihm fahren wollten. Er ist ein guter Soldat, furchtlos und großherzig, ein Kommandeur, der seine Soldaten, die ihm selbst unter widrigsten Umständen absolute Treue halten, verehrt. Seine einzige Schwäche war seine Abneigung gegen Schreibarbeiten jeder Art, was bedeutete, dass meinem Truppenhauptquartier manchmal entscheidende Informationen über die Vorgänge in seinem Aufsichtsgebiet fehlten, das nahezu ganz Ruanda außerhalb von Kigali umfasste. Allerdings überwand er schließlich diese Aversion und verfasste strenge Einsatzregeln für die zahlreichen Beobachterteams, die unbewaffnet durch ein Land reisten, das noch kurz zuvor im Krieg gelegen hatte.

*

Nach einer frustrierenden Suche fand Hallqvist schließlich einen geeigneten Ort für ein dauerhaftes UNAMIR-Hauptquartier im Amahoro-Stadion (Stadion des Friedens) und dem angegliederten Sporthotel. Aus taktischer Sicht war das ein exzellenter Standort: Der Komplex lag an der Hauptstraße zum Flughafen im Osten Kigalis, das umschlossene Stadion konnte Mannschaften von bis zu Bataillonsstärke mit Fahrzeugen und Ausrüstung beherbergen, und das Hotel bot mehr als genug Platz für Büros und Konferenzräume.

Ich setzte die offizielle Eröffnung des Missionshauptquartiers auf den 17. November fest. Ich drängte auf Eile, denn wir brauchten die Öffentlichkeit der lokalen und ausländischen Presse. Mein belgisches Kontingent sollte allerdings erst zwei Tage später eintreffen, daher musste ich die Militärbeobachter einsetzen, um die Zeremonie zu überwachen. Wir waren hinter die Ziele von Phase eins zurückgefallen, und ich wollte zeigen, dass wir bereit waren, die verlorene Zeit aufzuholen. Endlich war auch Präsident Habyarimana, der mich seit meiner Ankunft in Kigali nicht mehr empfangen hatte, bereit, öffentlich seine Unterstützung für UNAMIR zu bekunden. Auch die RPF unterstützte uns, schickte aber nur Kommandeur Karake Karenzi, ihren Verbindungsoffizier bei UNAMIR, da ich zu diesem Zeitpunkt keine Sicherheitsgarantien für eine größere Abordnung des ehemaligen Feindes in der Hauptstadt geben konnte.

Gekleidet in meine kanadische Generalsuniform mit den UN-Insignien an den Schultern und einem blauen Barett auf dem Kopf, empfing ich Präsident Habyarimana am Haupteingang des Hotelkomplexes. Er sah staatsmännisch aus in seinem tadellosen schwarzen Anzug und seinen schwarzen Schuhen, die so sehr glänzten, dass sie wie aus Kunstlack wirkten. Er schüttelte mir würdevoll die Hand. Bis auf ein paar Leibwächter in Zivil ließ er seine Präsidentengarde draußen zurück und schritt mit mir ins Hauptfoyer.

Wir wurden von anhaltendem Applaus und Jubel empfangen. Die Atmosphäre war feierlich, auch wenn wir nichts von dem Pomp und gediegenen Staatsschmuck großer internationaler Hauptquartiere hatten aufbieten können. Das Publikum saß auf einigen Hundert geborgten Klappstühlen und Holzbänken, und ich führte den Präsidenten zu seinem Platz im vorderen Teil des Raumes hinter einen gewöhnlichen, drei Meter langen Klapptisch, den wir mit einer Tischdecke drapiert hatten. Die Flaggen der UNO und Ruandas verbanden sich an der Wand hinter ihm in symbolischer Harmonie.

Ich sprach als Erster und versuchte drei oder vier Sätze auf Kinyarwanda, die mir unsere wenigen einheimischen Mitarbeiter in phonetischer Schrift notiert hatten. Herzliches Gelächter grüßte mich, aber der Versuch – und der Rest meiner Rede, in der ich wieder ins Französische wechselte, um die Gegenwart von UNAMIR im Land zu erläutern – schien beim Publikum gut anzukommen. Dann hielt der Präsident eine herzliche Rede auf Französisch, voller großer Hoffnungen auf Frieden, Kooperation und Versöhnung, die mich überraschte, da sie dem gewohnten Dogma seiner Partei widersprach.

Die Medien taten das Ihre und machten viele Aufnahmen. Die Regierung gab ein offizielles Kalenderbild von dem Ereignis heraus: der Präsident und ich nebeneinander sitzend und Hände schüttelnd unter den Flaggen von Ruanda und der UNO. Habyarimana beantwortete jedoch keine Fragen, und schon bald darauf begleitete ich ihn durch eine begeisterte Menge, die sang und klatschte, als er vorbeischritt, zu seinem gepanzerten Mercedes hinaus.

Wir hatten danach einen kleinen Empfang für jene, die bleiben wollten, obwohl Hallqvist sich geweigert hatte, für die Getränke aufzukommen, da er keine Genehmigung habe, Geld für gesellige Anlässe auszugeben. Wieder spielte Amadou Ly den Engel der Mission und griff in seine UNDP-Kasse. Insgesamt war ich mit dem Tag zufrieden. Mit dieser offiziellen Eröffnung waren das Hauptquartier und sein Kommandeur eingeführt, die Flagge der Vereinten Nationen wehte über Kigali und wir schienen mit unserem Mandat voranzukommen. Die Atmosphäre von Frieden und Optimismus wurde jedoch noch in derselben Nacht durch einen Ausbruch von Gewalt zunichte gemacht.

*

Am 18. November um 6.00 Uhr morgens rief der Bürgermeister der Gemeinde Nkumba die Medien in Kigali und die Regierung an, um ihnen von einer Reihe von Morden an der unklar definierten Grenze der entmilitarisierten Zone nördlich von Ruhengeri zu berichten. Er konnte Details jedes einzelnen Vorfalls liefern, die, wie er sagte, zwischen 23.30 Uhr und 2.30 Uhr an fünf verschiedenen Orten stattgefunden hatten. Zwei dieser Orte unterstanden nicht einmal seiner Zuständigkeit, und die Telefonverbindungen im Land waren nicht verlässlich. Daher fragten wir uns, wie der Bürgermeister so rasch an all diese Informationen gekommen war. Die Morde schienen sehr gut geplant gewesen zu sein. Die Opfer waren Männer, Frauen und Kinder – 21 Tote, zwei Schwerverwundete und zwei, die anscheinend entführt worden waren – und standen mit der herrschenden MRND-Partei in Verbindung. Darunter waren Gewinner örtlicher Wahlen und Kandidaten bevorstehender Wahlgänge, die mit Unterstützung von Oberst Figoli und seinen Truppen in der entmilitarisierten Zone durchgeführt wurden.

Die Medien im Land stürzten sich auf die Story, blähten die Zahl der Toten auf 40 auf und beschuldigten die RPF als Übeltäter. Nach meiner Einschätzung ereigneten sich die Morde verdächtig kurz nach Klagen der Regierung, die mir der ruandische UN-Botschafter Jean-Damascène Bizimana und der Armeestabschef Déogratias Nsabimana vorgetragen hatten, dass sich südlich von Kabale und im Gebiet der Virunga-Berge ugandische Truppen und RPF-Verstärkungen massierten. Ich hatte meinen Stellvertreter Ben Matiwaza von UNOMUR verständigt, um der Sache nachzugehen, da seine Truppe in der Gegend ständig patrouillierte, aber er hatte keine Anzeichen großer Truppenbewegungen festgestellt. Als ich mich daraufhin erneut an Bizimana und Nsabimana gewandt und sie gefragt hatte, wem sie ihre Informationen verdankten, blieben sie vage und führten Washingtoner Kontakte an, die sie nicht preisgeben wollten.

Ob gezielt oder nicht, die Massaker forderten UNAMIR unmittelbar heraus. Wir hatten gerade unter Applaus, Gesang und Jubel formell unsere Präsenz verkündet. Aber statt der guten Neuigkeiten über die offizielle Eröffnung unseres Hauptquartiers füllten nun wie zufällig Spekulationen und Sensationsnachrichten über die Morde die Zeitungsspalten. Nun wurden wir auf die Probe gestellt, ob wir wirklich dazu beitragen konnten, eine Atmosphäre der Sicherheit im Land zu schaffen. Wenn wir zwingende Beweise fänden, dass die RPF die Morde begangen hätte, würden wir auf schwieriges Terrain geraten, da dann eine der ehemaligen Kriegsparteien das Land offenbar bewusst destabilisierte; kämen wir aber zu dem Schluss, dass die RPF unschuldig sei, würden uns die Medien und besonders RTLM als Verbündete der RPF betrachten oder uns für völlig inkompetent halten.

Ich setzte sofort mit so viel Aufhebens wie möglich eine Untersuchungskommission ein, obwohl ich noch gar nicht tätig werden konnte, da bislang kein Kontingent von Zivilpolizisten und auch keine Rechtsberater eingetroffen waren. (Die UNO enthielt UNAMIR auch weiterhin einen Rechtsberater vor, was später zu gewaltigen Komplikationen führen sollte, als die Welt darüber stritt, ob im Land tatsächlich ein Völkermord geschähe oder nicht.) Die Mörder hatten genügend Beweise hinterlassen, um die RPF in Verdacht zu bringen (Kleiderfetzen, die Standardgummistiefel der RPF, sogar Nahrungsmittel), aber sie waren nicht stichhaltig genug, um den Verdacht zu zerstreuen, dass sie fabriziert waren. Als unsere Ermittlungen ergebnislos blieben, luden wir alle Parteien ein, an der weiteren Untersuchung teilzunehmen, aber es dauerte lange, bis die Regierung einen Vertreter entsandte. Das Verfahren zog sich bis weit ins folgende Jahr hin und kam nie zu einem Ergebnis.

In gewisser Weise hatte man mich zu einem Offenbarungseid gezwungen. Ich war mit der so öffentlichkeitswirksamen Eröffnung unseres Hauptquartiers ein Risiko eingegangen, und nun hatte unsere Glaubwürdigkeit Schaden genommen. Unser Scheitern, die Täter der Massaker vom 17. und 18. November zu finden, wurde für die Falken zu einem »Beweis«, dass UNAMIR gegen das Regime eingenommen war und verdeckt die RPF unterstützte. Mein dringender Appell, uns Personal zu schicken, das in Rechtsfragen, im Umgang mit den Medien, in Ermittlungs- und Politikstrategien bei Friedenseinsätzen ausgebildet war, verhallte folgenlos. Ganz gleich, wie viel Mitgefühl das DPKO für die Rückschläge aufbrachte, die ich in dieser Sache erlitt, es konnte nicht die bereits überlastete Personalabteilung der UNO bewegen, diese Positionen zu besetzen. Mich trösteten bloß zwei Gedanken: Brent Beardsley, der die Mission zusammen mit mir in Gang gebracht hatte, sollte am 22. November eintreffen, um seinen Posten als Militärassistent im Kommandeursbüro einzunehmen, und Jacques-Roger Booh-Booh, der offizielle Sonderbeauftragte des Generalsekretärs, sollte einen Tag nach Brent nach Kigali kommen.

*

Am 19. November landete das erste belgische Transportflugzeug mit 75 Angehörigen des 2. Fallschirmjägerbataillons, die wir vorübergehend im Amahoro-Stadion unterbrachten. Ich kann nicht sagen, dass die Belgier und ich bei der Begrüßungsparade am nächsten Tag sofort warm miteinander wurden. Ich hielt meine Rede auf Französisch, ohne zu wissen, dass sie die Vorhut für die letzte verbliebene zweisprachige Einheit – von Flamen und Wallonen – der belgischen Armee waren. Der befehlshabende Offizier, Oberstleutnant LeRoy, ein selbstbewusster, in die Jahre gekommener Fallschirmspringer, ließ keine besondere Begeisterung über die Mission spüren.

Die UNO hatte ein 800 Mann starkes, motorisiertes Infanteriebataillon angefordert, einschließlich einer Kompanie (125 Mann) in gepanzerten Truppenfahrzeugen, aber es sollte nicht sein. Stattdessen hatte man uns schon im September gesagt, dass Belgien uns nur 450 Fallschirmjäger mit leichten Waffen, wenigen Fahrzeugen und nur einer Hand voll Panzerfahrzeugen schicken könne, ferner eine kleine Logistikuntereinheit, einen Sanitätszug und den Führungsstab. (Schließlich mussten wir die fehlenden Soldaten mit einem halben Bataillon aus Bangladesch ausgleichen; die beiden Halbbataillone erreichten nie die Stärke und Kohärenz eines ganzen.) Viele der belgischen Soldaten hatten zuvor in Somalia gedient, eine Mission nach Kapitel VII, und kamen mit einer sehr aggressiven Einstellung zu UNAMIR. Meine Mitarbeiter erwischten bald einige von ihnen, wie sie in örtlichen Bars damit angaben, dass ihre Truppe über 200 Somalis getötet habe und dass sie wüssten, wie man »Negern in den Arsch tritt«. Ich war gezwungen, eine Kommandeursansprache zu halten, als der Rest des halben Bataillons eintraf, um ihnen die Einsatzregeln zu erläutern und deutlich zu machen, dass sie ihre persönliche Einstellung gegenüber den Einheimischen ändern und sich in Übereinstimmung mit einem Mandat nach Kapitel VI verhalten müssten. Ich machte ihnen unmissverständlich klar, dass ich keine rassistischen Äußerungen, Kolonialattitüden, unnötige Aggression oder Machtmissbrauch dulden würde.

Ein Großteil der belgischen Ausrüstung war direkt aus Somalia eingeflogen worden, ohne gesäubert und gewartet worden zu sein, und erwies sich als schon stark abgenutzt. Dennoch waren die Belgier immer noch meine beste Kampftruppe. Da in Ruanda alle Wege nach Kigali führen und das Land kontrolliert, wer Kigali in der Hand hält, plante ich, sie in der Stadt zu stationieren. Bei der UNO ist es üblich, Einheiten nach ihrem Herkunftsland zu benennen; die Belgier hätten in diesem Fall BELBAT geheißen. Ich beschloss, diesen Brauch leicht abzuwandeln, da ich glaubte, meine buntscheckige Truppe würde sich am ehesten zusammenschweißen lassen, wenn ich ihre jeweilige Aufgabe in den Vordergrund stellte, daher wurde aus den Belgiern KIBAT, für Kigali-Bataillon.

*

Unsere Erkundung der Lage in Südruanda zu dieser Zeit war auf die informellen Berichte von Amadou Lys Feldteams, moderaten Politikern, Mitarbeitern nichtstaatlicher Organisationen und gelegentlich Journalisten beschränkt. Sie alle meldeten, dass sich als Folge des Putsches in Burundi Spannungen in der Region aufbauten. Schätzungsweise 300.000 Flüchtlinge waren über die Grenze nach Ruanda geströmt, und Massaker innerhalb von Burundi hatten die Flüsse mit aufgeblähten Leichen gefüllt. Die Flüchtlinge bezogen provisorische Lager und verwüsteten die kleinen Wälder, die in jahrzehntelanger Arbeit auf den Bergen angepflanzt worden waren, um die Bodenerosion einzudämmen. Die Region durchlitt das zweite Jahr einer Dürre. Der gravierende Ernteausfall zwang viele Ruander, von Nahrungsmittelhilfe zu leben. Das UN-Flüchtlingshilfswerk (UNHCR) schritt rasch ein, um die burundischen Flüchtlinge mit dem Nötigsten zu versorgen, aber da es sich qua Mandat nur um Flüchtlinge kümmern darf, die Grenzen überqueren, blieb ihm nichts anderes übrig, als die im eigenen Land vertriebenen und hungrigen Ruander sich selbst zu überlassen. So mussten die Einheimischen zusehen, wie die Flüchtlinge zu essen hatten, während sie selbst und ihre Kinder hungerten.

Wir bekamen Berichte von nichtstaatlichen Organisationen, dass Waffen in die Flüchtlingslager im Süden gelangten. Es gab eine alarmierende Zunahme von Überfällen und Diebstählen in oder nahe den Camps, und auch einen Bericht über Waffenschmuggel. Um die Gewalt einzudämmen, beschloss die ruandische Regierung, die burundischen Flüchtlinge in nach Volksgruppen getrennte Lager aufzuteilen. Dies verminderte zwar das Risiko ethnischer Gewalt, bot den Radikalen aber einen fruchtbaren Boden, in den Camps Unruhe zu stiften. Wir konnten wenig tun, außer eine schwache Präsenz in dem Gebiet zu wahren, indem wir einige unserer kostbaren Militärbeobachterteams zu Inspektionen in die Lager schickten, in der Hoffnung, damit die Gemüter etwas abzukühlen.

*

Am 23. November traf der Missionschef ein. Ich stellte eine Ehrengarde aus meinen Tunesiern zusammen, die langsam zu Experten auf dem Paradeplatz wurden, aber ich hatte den Eindruck, dass sich Jacques-Roger Booh-Booh etwas mehr erwartet hatte.

Bei unserem ersten Treffen machte der Chef unserer Mission einen imponierenden Eindruck. Booh-Booh, glatt rasiert und in hellblauem Anzug, ist ein großer, massiv gebauter Mann mit einem selbstsicheren Gang und grauem, sehr kurz geschnittenem Haar. Er wirkte durch und durch wie ein Diplomat oder Geschäftsmann. Tatsächlich ist er seit seinem Austritt aus dem diplomatischen Dienst sehr erfolgreich im Bananenanbau und -handel tätig (er zeigte mir einmal Bilder seiner ausgedehnten Ländereien in Kamerun und äußerte sich bedauernd, dass er nicht dort sein und sich um alles kümmern könne). Wie er selbst sagte, war er nur auf direkte Bitte seines Freundes Butros Butros-Ghali aus dem Ruhestand zurückgekehrt, um den Posten zu übernehmen. Mit seiner Erfahrung in Politik, Diplomatie, Wirtschaft und UN-Angelegenheiten und seiner Beziehung zum Generalsekretär schien er der richtige Mann für die Aufgabe zu sein und war zweifellos jemand, so dachte ich, mit dem ich gut würde zusammenarbeiten können. Seine Ankunft bedeutete, dass ich nicht länger Missionschef war. Ich hoffte, es würde ihm gelingen, die Parteikämpfe nun zu beenden, die der Einsetzung der Übergangsregierung im Weg standen.

Abdul Kabia, mein politischer Berater, und ich setzten Booh-Booh so umfassend wie möglich ins Bild. Im September hatten sich zwei der großen gemäßigten Parteien, die Demokratisch-republikanische Bewegung (MDR) und die Liberale Partei (PL), je in einen moderaten und einen extremistischen Hutu-Flügel gespalten. Jeder Flügel beanspruchte seitdem alle Ministerposten und Abgeordnetensitze, die seiner jeweiligen Partei im Arusha-Abkommen zugebilligt worden waren. Die RPF zog natürlich die moderaten Kandidaten jeder dieser Parteien vor; die MRND, die Partei des Präsidenten, und eine immer stärker in Erscheinung tretende extremistische Hutu-Partei namens Koalition zur Verteidigung der Republik (Coalition pour la Défense de la République, CDR) zogen dagegen die Hutu-Radikalen vor. Diese Intrigen kamen erst jetzt an die Oberfläche und erforderten ein politisch geschicktes Gegensteuern. Ich wusste, dass ich der Aufgabe nicht gewachsen war, und konnte sie nun Booh-Booh übergeben, um mich auf die militärische Seite und Fragen der Sicherheit zu konzentrieren.

*

Booh-Boohs Ankunft fiel mit einer Verschlechterung des Wetters und zunehmenden Berichten über bewaffnete Überfälle und Morde im ganzen Land zusammen. Jeden Nachmittag verdunkelten, begleitet von Donnergrummeln, große, purpurfarbene Wolken den Himmel; bis zum Abend waren wir in Regensturzfluten aufgeweicht, und Blitze zerrissen den dunklen Himmel und tauchten die Stadt in ihr unheimliches Flackerlicht.

Am Tag nach Booh-Boohs Landung in Kigali erhielten wir einen Bericht, dass Unbekannte ein Dorf im Nordwesten Ruandas angegriffen und mehrere Hutu getötet hätten. Rasch darauf folgte die Meldung, dass einige Kinder verschwunden seien, während sie in den Virunga-Bergen Wasser holten. Ich fuhr, eskortiert von tunesischen Soldaten, in das Gebiet, wo sich mir die Meldung bestätigte. Es verbreiteten sich Gerüchte, dass die RPF dahinter steckte, aber ich war entschlossen, der Sache auf den Grund zu gehen. Wir befragten Ortsansässige und Militärs, die, ohne Beweise oder Zeugen, die RPF verantwortlich machten. Ich führte dann eine Patrouille durch Bambuswälder einen Vulkan namens Karisimbi hinauf. Wir fanden einige zurückgelassene Wasserbehälter, aber keine Spuren der vermissten Kinder. Da es dunkel zu werden begann, bat ich die Tunesier, die Suche am nächsten Morgen weiter den Vulkan hinauf fortzusetzen, kehrte nach Kigali zurück und versuchte, die wilden Gerüchte einzudämmen.

Die Tunesier fanden die Kinder am folgenden Tag. Sie waren alle ermordet worden, bis auf ein kleines Mädchen, das die Soldaten in ein nahe gelegenes Krankenhaus brachten. Ich schickte Brent, einen weiteren Offizier und einen einheimischen Übersetzer hin. Nach langer Fahrt und einem Fußmarsch kamen sie zu dem Ort, an dem ein achtjähriger Junge und fünf Mädchen zwischen sechs und 14 erwürgt worden waren. Tief violette Würgemale von Seilen hatten sich in ihre Hälse geschnitten. Alle von ihnen hatten Kopfwunden erlitten, und die Mädchen waren vor ihrem Tod eindeutig mehrfach vergewaltigt worden. In der Nähe der Körper lag ein Handschuh mit dem Farbmuster der RPF-Uniformen. Brent sammelte ihn ein und fragte sich, warum jemand wohl ein so eindeutiges Indiz hinterlassen sollte.

Eine paar Zivilpersonen, die angaben, Verwandte der toten Kinder zu sein, waren ebenfalls mit zu dem Ort hinaufgestiegen. Sobald Brent seine erste Untersuchung beendet hatte, wandte er sich an die Gruppe und fragte sie durch seinen Übersetzer, wer nach ihrer Meinung das

Massaker begangen habe. Der Übersetzer stammte aus dem Öffentlichkeitsbüro unserer Mission in Kigali und hätte eigentlich verlässlich sein müssen. Aber Brent bemerkte, dass er wiederholt das Wort *inkotany* benutzte, als er mit der Gruppe sprach – ein Wort, von dem Brent wusste, dass es umgangssprachlich für die RPF stand (grob übersetzt »Freiheitskämpfer«, ein Ausdruck, den die RPF ernst meinte, ihre Gegner aber sarkastisch benutzten). Der Übersetzer wandte sich an Brent und sagte ihm, dass die Dorfbewohner RPF-Angehörige für die Täter hielten. Brent war sicher, dass der Mann die Zeugen beeinflusst hatte. Von jenem Tag an vertrauten wir diesem Übersetzer nicht mehr, und später kam der starke Verdacht auf, dass er ein Spion der Regierungsarmee mit dem Auftrag war, unsere Mission zu infiltrieren. (Nach dem Krieg identifizierte die RPF sechs unserer einheimischen Mitarbeiter als Spione der Regierungstruppen. Mein erster ziviler Fahrer erwies sich als Milizmitglied, und man nahm an, dass ein frankophoner Mitarbeiter im Büro des Missionschefs als Informant für die Regierungspartei MRND arbeitete.)

Mittlerweile war es später Nachmittag, und Brent wollte mit dem Rest seiner Gruppe aus den Bergen abziehen, bevor es dunkel wurde. Er wandte sich an die Verwandten mit der Bitte um Hilfe, die Leichen nach unten zu tragen. Mit angstgeweiteten Augen schüttelten sie den Kopf und weigerten sich, die toten Kinder anzurühren. Brent musste die Leichen zurücklassen und nahm an, dass die Verwandten sie aus Ehrerbietung für ihre Seelen oder aus irgendwelchen religiösen Gründen nicht anfassen wollten. Er erfuhr später, dass sie dachten, die Leichen seien mit Sprengfallen versehen worden, und es daher vorzogen, dass andere sie zuerst berührten.

Am Fuß des Berges trafen Brent und seine Gruppe auf eine große Regierungspatrouille; die Regierungssoldaten trugen farbige Stricke um ihre Hüften und neben anderen Waffen große Kampfmesser. Brent erstattete ihrem Kommandeur Bericht über die toten Kinder und sagte, eine UNAMIR-Patrouille würde am folgenden Tag zurückkehren, um die Leichen zu holen und sie zu ihren Familien zu bringen. Unaufgefordert wiederholte der Kommandeur den Vorwurf, das Massaker sei der RPF anzulasten. Aber Brent konnte sich noch immer nicht vorstellen, warum die RPF eine solche Tat hätte begehen sollen. Es lag kein taktischer Vorteil darin, durch 40 bis 60 Kilometer strapaziöses Terrain ins Kernland der Hutu vorzustoßen, um ein so brutales Verbrechen zu begehen. Brent und seine Gruppe verabschiedeten sich und fuhren in das Krankenhaus in Ruhengeri, um nach dem kleinen Mädchen zu sehen, das den Überfall überlebt hatte.

Sie mochte kaum älter als sechs sein und lag in einem tiefen Koma, zitternd aufgrund einer schweren Gehirnverletzung. Ein paar Wochen zuvor, daheim in Kanada, war Brent bei seiner Frau gewesen, als sie ihr drittes Kind zur Welt brachte; nun stand er am Bett eines ruandischen Mädchens, sprach ein Gebet und grübelte darüber, was er an jenem Tag gesehen und gehört hatte. Er wurde das Gefühl nicht los, dass etwas am Tatort höchst seltsam gewesen war. Warum sollte die RPF einen verräterischen Handschuh zurücklassen? Sie war nicht für ihre Dummheit bekannt. War es möglich, dass andere das Verbrechen begangen hatten, um es der RPF in die Schuhe zu schieben? Brent erinnerte sich an die Stricke, die von den Hüften der Regierungssoldaten baumelten, und an ihre großen Kampfmesser. Er fragte sich, ob Schläge mit dem Schaft solcher Messer die tiefen Wunden verursacht haben konnten, die er an den Köpfen der Kinder gesehen hatte. Brent hoffte, dass das Mädchen zu sich kommen würde und ihm vielleicht sagen könnte, was wirklich geschehen war; er postierte eine Wache an ihrem Bett mit dem Auftrag, ihn zu informieren, falls sich ihr Zustand besserte. Aber sie blieb bewusstlos und starb am nächsten Tag. Brent kehrte nach Kigali zurück, besorgt über das, was er gesehen hatte, und frustriert darüber, dass er die Untersuchung nicht fortführen konnte.

Ich war so erschüttert wie bei den ersten Morden, aber ich war entschlossen, diesen Kindermorden auf den Grund zu gehen. Ich lud die Regierungsarmee und die RPF ein, mit UNAMIR eine gemeinsame Kommission zu bilden, um die Täter des Verbrechens zu finden. Die RPF benannte sofort zwei Rechtsanwälte. Die Regierungsarmee zögerte und erklärte, man müsse die Sache erst prüfen. Obwohl ich wiederholt drängte, vergingen Monate, bevor die Regierungsarmee schließlich ihre Kommissionsmitglieder ernannte, sodass wir nur noch kalte Spuren verfolgen konnten. Zwar lieferte der Tod der Kinder der extremistischen Propagandamaschine weiteren Treibstoff, aber selbst der radikale Sender RTLM musste anerkennen, dass wir beide Parteien in die Untersuchungskommission eingeladen hatten, und griff mich nicht persönlich an. Wenn wir umsichtig vorgingen und rasch handelten, konnten wir zuweilen die Initiative an uns reißen und den angerichteten Schaden verringern.

*

Zu meiner Überraschung und zu meinem Kummer erwies sich Jacques-Roger Booh-Booh als ordentlicher Gentleman, der sich an die diplomatischen Arbeitszeiten hielt. Er half mir nicht dabei, den Schaden, den die Massaker angerichtet hatten, zu begrenzen und die Propagandaschlacht, die sie auslösten, einzudämmen. Er war selten vor zehn in seinem Büro, nahm sich volle zwei Stunden Mittagspause und ging vor fünf. Er gab zu verstehen, dass man ihn am Wochenende nicht aufspüren und stören solle, es sei denn, es handele sich um einen ernsten Notfall. Er schien keinerlei neue Fach- oder Sachkunde mitzubringen. Weder war er sonderlich mit der Konfliktkonstellation in Ruanda und mit dem Arusha-Abkommen vertraut, noch bewies er Geschicklichkeit beim Umgang mit den politischen Intrigen des Landes. Er war nicht geneigt, sich an die Spitze der internationalen Anstrengungen zur Beilegung des Konfliktes zu setzen, obwohl ihn die enorme Macht, mit der ihn der Sicherheitsrat ausgestattet hatte, dafür prädestinierte. Er traf sich zwar binnen weniger Tage nach seiner Ankunft in Kigali mit dem Präsidenten, mit Premierministerin Agathe und der RPF, doch handelte es sich eher um Höflichkeitsbesuche als um wirklich bedeutsame Gespräche. Habyarimana, der sich in Gegenwart eines frankophonen Afrikaners zweifellos wohler fühlte als jemals mit mir, schüttete dem Missionschef sein Herz aus. Er sprach offen von seinem Misstrauen gegen die RPF, von seinem Eindruck, dass seine Partei, die MRND, Ziel von Intrigen und Opfer von Übervorteilung sei, und von seinem verletzten Gerechtigkeitsgefühl angesichts der Tatsache, dass die einzige politische Partei, die es in Ruanda vor dem Arusha-Abkommen gegeben hatte, bei den Verhandlungen nicht mehr Gewicht gehabt habe. Booh-Booh stellte keine Fragen und gab keine Versprechen, sondern teilte dem Präsidenten lediglich mit, dass er auf ihn, Booh-Booh, zählen könne.

Was die RPF anging, war es nicht eben hilfreich, dass Booh-Booh kaum Englisch sprach. Bei ihrem ersten Treffen mit ihm in Mulindi drängten ihn die RPF-Vertreter, ein Programm zu umreißen, um aus der politischen Sackgasse herauszukommen und es ihnen, wie in Arusha vereinbart, zu ermöglichen, ihr Quartier in Kigali zu beziehen. Booh-Booh konnte ihnen keine Strategie anbieten. Die RPF war nicht beeindruckt.

Ich wurde selten gebeten, ihn zu begleiten oder ihm Bericht zu erstatten, und er bot mir niemals an, mich nach großen politischen Arbeitssitzungen seinerseits zu informieren. Er behielt im Allgemeinen seine Meinung für sich und teilte seine Gedanken nur mit seinen engen politischen Beratern, alles französischsprachige Afrikaner, die sich ebenfalls nicht in die Karten blicken ließen. Er hatte seine politischen Mitarbeiter eisern im Griff. Erst nachdem Abdul Kabia zum Stabschef von Booh-Booh ernannt worden war, gewann ich an Durchblick, denn er hielt mich diskret darüber auf dem Laufenden, was mein Missionschef vorhatte – oder nicht vorhatte.

*

Die restlichen belgischen Soldaten trafen in der ersten Dezemberwoche ein und brachten das letzte Mitglied meines persönlichen Stabs mit, meinen Fahrer, Oberstabsgefreiter Philippe Troute, der sich unserer Wohngemeinschaft hinzugesellte. Troute war ursprünglich bei der leichten Infanterie gewesen, aber wegen der Verkleinerung der NATO-Truppen nach dem Ende des Kalten Krieges eher widerwillig, wie ich glaube, zu den Fallschirmjägern versetzt worden. Er war ein hervorragender Fahrer, ein solider, reifer Soldat mit stark tätowierten Armen und konnte einen so eisig anstarren, dass einem angst und bange wurde. Er war Wallone und stolz darauf, nur Französisch zu sprechen, niemals Flämisch, und er konnte auch kein Englisch. Er war niemals länger als drei Wochen von zu Hause fort gewesen und sorgte sich nun, wie seine Frau und sein Kind mit der Trennung fertig werden würden.

Oberst Luc Marchal, der Kommandeur des Kigali-Sektors werden sollte, stieg am 4. Dezember aus dem Flugzeug. Mit seinem blauen Barett auf dem Kopf sah er fit und einsatzbereit aus. Er war ein altgedienter Oberst mit großer Afrikaerfahrung und äußerst vertraut mit der Mission, da er persönlicher Referent des belgischen Verteidigungsministers gewesen war. Ich war froh, ihn bei mir vor Ort zu haben, besonders, da sich die Belgier ansonsten zu einem größeren Problem entwickelten, als mir lieb war. Anders als viele seiner Landsleute schleppte Luc kein koloniales Gepäck mit sich herum. Er blühte in meiner spontan gebildeten, multiethnischen, vielsprachigen Truppe auf und zeigte eine besondere Begabung bei der Arbeit mit Truppenteilen aus weniger hoch entwickelten Armeen. Er entwickelte ein großes Interesse an Ruanda und baute sehr gute Beziehungen zu den örtlichen Führern und gewöhnlichen Leuten auf.

Bei unserem ersten Treffen betonte ich, dass die Mission den fortlaufenden politischen Prozess unterstützen solle und sich daher streng an das Mandat nach Kapitel VI halten müsse. Sobald wir erst die

Waffenkontrollzone ausgehandelt hätten – und Lucs Hauptaufgabe als Kommandeur des Kigali-Sektors sollte es sein, sie zu gewährleisten –, würde die RPF ein bewaffnetes Bataillon in die Hauptstadt schicken. Ich wollte eine schnelle Eingreiftruppe, um diese Aufgabe bewältigen zu können, aber da Belgien den Einsatz seiner Truppe gegen Massenversammlungen jeder Art untersagt hatte, mussten wir diese Truppe mit Soldaten aus Bangladesch aufbauen. Luc sollte mir dabei helfen.

Leider wurde er bald nach seiner Ankunft in einen hässlichen Streit um die Quartiere für die belgischen Truppen verstrickt. Ich teilte Oberstleutnant LeRoy, dem befehlshabenden belgischen Offizier, mit, dass ich einen beträchtlichen Teil seines Kontingents auf dem Flughafen von Kigali stationieren wolle, den es an erster Stelle verteidigen sollte. In einem vom Meer abgeschnittenen Land, wo das Flugzeug das einzige effiziente Ein- und Ausreisemittel darstellt, war dieser Flughafen von entscheidender Bedeutung. Aber ich brauchte auch eine Truppenpräsenz in der Stadt, um eine Atmosphäre der Sicherheit zu schaffen, die für die Fortführung des Friedensprozesses und zur Zerstreuung der Ängste in der örtlichen Bevölkerung über die Anwesenheit einer bewaffneten Einheit der RPF im Herzen der Stadt notwendig war. Um dies zu erreichen, wollte ich die Belgier in Zeltgarnisonen stationieren.

In den Richtlinien an die truppenentsendenden Länder hatte ich festgelegt, dass die Kontingente Lagerausrüstung mitbringen sollten (Zelte, Kocher, Waschinstallationen usw.). Aber LeRoy teilte mir mit, dass sie keine Lagerausrüstung hätten und auch nicht beabsichtigten, in Zelten zu leben. Belgische Soldaten würden nur in festen Gebäuden untergebracht, dies sei die Politik seines Landes. Ich bat darum, mir diese Bestimmung zu zeigen und führte in den folgenden Wochen mit Luc und den belgischen Kommandeuren viele Diskussionen über das Thema. Am Ende zeigte man mir tatsächlich eine Direktive der belgischen Armee, die festlegte, dass ihre Soldaten in Afrika niemals in Zelten, sondern nur in Gebäuden untergebracht werden sollten, nicht notwendigerweise wegen des Komforts oder der Hygiene, sondern weil es unabdingbar sei, dass sie sich vor den Afrikanern durchweg korrekt präsentierten.

Die Belgier rieben noch mehr Salz in die Wunde: Sobald sie feste Quartiere gefunden hatten, die ihnen zusagten – in Gebäuden, die auch noch über die ganze Stadt verteilt waren –, forderten sie von der UNO, für die Miete aufzukommen. Luc war derjenige, der die Nachricht überbringen musste. Er saß in der Zwickmühle: Auf der einen Seite waren da ich und die Einsatzerfordernisse von UNAMIR – er wusste, dass es Gefahren barg, die Belgier über die ganze Stadt zu verteilen, was sich nach dem 6. April zweifelsfrei bewahrheiten sollte –; andererseits war da die Loyalität, die er seinen Vorgesetzten, den Armeerichtlinien und der Regierung schuldete. Wir bemühten uns redlich, durch die Scharmützel über die Unterbringung nicht den wechselseitigen Respekt zu verlieren, den wir bald füreinander empfanden.

Meine kleine Truppe hatte ihre volle Einsatzbereitschaft erreicht, konnte jedoch keine schlagkräftige Reserve aufbieten, um auf unerwartete gewalttätige Auseinandersetzungen zu reagieren. Außerdem bekamen wir Wind von einer geheimnisvollen dritten Kraft, die hinter den bisherigen Gewalttaten und Morden zu stehen schien. Am 3. Dezember erhielt ich einen Brief, unterzeichnet von einer Gruppe hochrangiger Offiziere der Regierungsarmee und Gendarmerie. Sie informierten mich über dem Präsidenten nahe stehende Elemente, die es darauf abgesehen hätten, den Friedensprozess zu sabotieren, mit möglicherweise verheerenden Konsequenzen. Der Eröffnungsakt der Verschwörung sollte ein Massaker an Tutsi sein.

In den folgenden paar Monaten hatte ich mehrere private Treffen mit Oberst Marcel Gatsinzi, dem Leiter der Militärakademie und höchstrangigen Mitglied dieser Gruppe. Ich wollte Größe und Einfluss dieser moderaten Gruppe innerhalb des Militärs in Erfahrung bringen und Kontakt zu ihr halten. Ich stellte auch sicher, dass Paul Kagame von der Existenz dieser gemäßigten Offiziere erfuhr, damit die RPF wusste, dass es in den Sicherheitskräften Leute gab, mit denen sie möglicherweise zusammenarbeiten konnte. Um herauszubekommen, wer oder was diese ominöse dritte Kraft war, bildete ich ein zwei Mann starkes Aufklärungsteam, mit Hauptmann Frank Claeys aus Belgien als Leiter und dem senegalesischen Hauptmann Amadou Deme als seinem Assistenten. Claeys war jung, klug und selbstsicher ohne jede Arroganz. Geboren in Afrika, war er ein erfahrener Offizier der Fallschirmjäger und Spezialkräfte. Er engagierte sich sehr für die Mission, ebenso wie sein effizienter und polyglotter Teamkamerad. Nach meinem Kapitel-VI-Mandat sollte ich mich im Hinblick auf all meine Informationen auf den guten Willen der ehemaligen Kriegsparteien verlassen, aber nun, da die mysteriösen Morde einen politischen Unterton bekamen, wäre es äußerst dumm gewesen, sich streng an diese Auflage zu halten. Offiziell durfte es dieses Team gar nicht geben, daher musste ich seine Spesen aus eigener Tasche bezahlen, und häufig steuerten Deme und Claeys selbst etwas bei.

Bald erhielten wir Hinweise, dass die Morde vom 17. und 18. November von einem Fallschirmjägerkommando aus dem Bagogwe-Lager begangen worden waren, einem großen Kommandoausbildungslager der Regierungsarmee im Nordwesten. Diese Nachricht bereitete mir, zusammen mit Hinweisen auf geheime Waffenlager in der Heimatstadt des Präsidenten, schlaflose Nächte. Es war zweifellos etwas Arglistiges im Gange. Ich beschloss, Booh-Booh von meinen Erkenntnissen zu berichten und vorzuschlagen, die Waffenlager zu suchen und zu beschlagnahmen. Er war von der Idee alarmiert und erwiderte, eine solche Operation könne den Friedensprozess weiter gefährden, da ihre Ziele einzig und allein auf Regierungsseite lägen. Widerwillig fügte ich mich seiner Anweisung.

*

Am 7. Dezember besuchte James Jonah, der stellvertretende Generalsekretär und Leiter des DPA, Ruanda und traf sich zu einigen Unterredungen mit Präsident Habyarimana. Ich wurde nicht dazu eingeladen, bemerkte aber die plötzliche Geschäftigkeit in Booh-Boohs Büro. Am folgenden Tag teilte mir der Missionschef mit, dass es am 10. Dezember eine große Konferenz in Kinihira geben würde, um den Stillstand des Friedensprozesses zu überwinden. Das Treffen war so hastig zusammengezimmert, dass mir die Zeit fehlte, geeignete Eskorten aufzustellen oder angemessene Maßnahmen zu ergreifen, um die Zahl der Waffenträger der Parteien vor Ort möglichst klein zu halten. Gerade, als ich dachte, es könnte nicht mehr schlimmer kommen, teilte mir Abdul Kabia bei meiner Ankunft in Kinihira mit, dass die Zeit nicht einmal ausgereicht habe, um ein Übersetzerteam zu organisieren: Booh-Booh hoffe, dass ich persönlich einspringen würde. Da ich für alle Teilnehmer übersetzen musste, war ich fünf Stunden lang auf der Konferenz gebunden und nicht in der Lage, die Sicherheitsgefahren im Auge zu behalten. Der gesamten militärischen Abteilung lief der Schweiß in Strömen: Es waren so viele wichtige Persönlichkeiten erschienen, dass das Treffen ein überaus attraktives Angriffsziel darstellte.

Obwohl kurzfristig angekündigt, fand die Konferenz großen Widerhall, besonders in der internationalen Presse. Aber sie verlief nicht gut. Die Bühne war für eine Konfrontation, nicht für die Lösung des

Konflikts bereitet. Die RPF und die moderaten politischen Führer saßen auf der einen, die Regierungsvertreter auf der anderen Seite. Statt zu versuchen, ihr wechselseitiges Misstrauen zu überwinden, trat Booh-Booh lediglich als neutraler Moderator auf. Die Botschaft an alle im Raum hätte sein müssen, dass die moderaten Parteien keine Allianzen eingegangen waren, weder mit der RPF noch mit dem Regime. Und jemand hätte sagen müssen, dass alle Parteien in der Pflicht standen, Ruanda an die erste Stelle zu setzen.

Prädestiniert dafür wäre Faustin Twagiramungu gewesen, der designierte Premierminister, aber aus irgendeinem Grund tat er es nicht. Allein Lando Ndasingwa von der Liberalen Partei (Parti Libéral, PL) machte sich dafür stark, aber niemand unterstützte seinen mutigen Standpunkt. Während sich die Konferenz endlos dahinschleppte, fielen die Teilnehmer in ihre alten Klagen über vergangene Unterdrückung und Ausgrenzung zurück. Booh-Booh, der bemerkte, dass ihm die Zeit davonlief und die Presse zunehmend unruhiger wurde, zog sich mit einigen Führern in ein Hinterzimmer zurück, wo sie sich eine schwache Erklärung abrangen, weiterhin am Arusha-Abkommen festzuhalten. Ich verließ das Treffen sehr deprimiert. Wieder hatten die Parteien ihre Differenzen für die Öffentlichkeit bloß übertüncht, statt die fundamentalen Probleme ernsthaft anzugehen, und beharrten weiter stur auf ihrem erlittenen Unrecht.

Der Stillstand hielt an. Den ganzen Dezember hindurch versuchten die politischen Parteien erfolglos, sich auf die Besetzung der Übergangsregierung zu einigen. Booh-Booh holte weder zu dieser noch zu einer anderen Frage meinen Rat ein, obwohl ich Wert darauf legte, direkt von ihm informiert zu werden und insbesondere über seine Pläne für die Zukunft im Bilde zu sein. Ich blieb über das politische Gerangel lediglich durch Kabia auf dem Laufenden und bemühte mich bei Freunden aus Diplomatenkreisen in Kigali um weitere Informationen. Es war für mich und andere offensichtlich, dass zunehmend die Radikalen, die ethnischen Streit und Angst schürten, die Diskussion beherrschten und dass der politische Umgangston immer gewalttätiger wurde, angefacht von den Radiosendungen von RTLM. Die Atmosphäre in Kigali war bald zum Zerreißen gespannt.

*

Ich wusste, dass die Bangladescher so gut wie keine Ausrüstung mitbringen würden, aber ich hoffte, dass sie wenigstens gut geführt und ausgebildet sein würden. Ich wollte sie so rasch wie möglich aufstellen, damit das französische Fallschirmjägerbataillon aus Kigali abziehen konnte, wie es das Arusha-Abkommen vorsah. Die Franzosen behaupteten, dass ihre Soldaten in Kigali seien, um die ausländische Gemeinde zu schützen, doch wenn die Belgier und Bangladescher erst einmal ihre Stellungen bezogen hätten, gäbe es kein Argument mehr, um ihr Bleiben zu rechtfertigen.

Aber als die Bangladescher auf dem Flughafen von Kigali aus dem Flugzeug stiegen, hatten sie nichts als ihre eigenen Waffen und ihr persönliches Gepäck bei sich und erwarteten, dass die UNO sie mit allem versorgen würde, was sie sonst noch brauchten – angefangen von ihrer ersten Mahlzeit bis hin zum Zelt über ihrem Kopf. Die zusätzliche logistische Last, für diese Truppe sorgen zu müssen, war eine Plage der Mission.

Um sie im Amahoro-Stadion unterzubringen, mussten wir die letzten Belgier dort ausquartieren. Wir begannen mit einem rigorosen Ausbildungsplan, der von den Bangladeschern aber nur halbherzig umgesetzt wurde. Sie marterten mich und ihre unmittelbaren Vorgesetzten im Sektorhauptquartier täglich mit Bitten um alles Mögliche, von Seife über Munition bis hin zu Fahrzeugen und Sandsäcken. Die Bangladescher hatten zugestimmt, zuerst ihr Infanteriebataillon aufzustellen und danach die anderen versprochenen Einheiten zu schicken: eine Pionierkompanie, eine Logistikkompanie, ein Feldlazarett, eine Militärpolizeiabteilung und einen Transportzug. Damit hatte ich geplant, dafür brauchte ich sie. Aber diese 400 Soldaten waren eine bunte Mischung aus allen Heeresgattungen und obendrein viel zu kopflastig. Eine 400 Mann starke Einheit wird normalerweise von einem Oberstleutnant, wenn nicht einem Major befehligt. Die Bangladescher wurden von einem richtigen Oberst mit nicht weniger als sechs Oberstleutnants, Dutzenden von Majoren und unzählbar vielen Hauptmännern und Leutnants kommandiert. Ich brauchte Schützen im Feld, nicht Offiziere in der Messe oder im Hauptquartier.

Nachdem die Franzosen Mitte Dezember tatsächlich nach Hause geflogen waren, war der Boden für das Abkommen über die Waffenkontrollzone in Kigali bereitet – ein weiterer Meilenstein auf dem Weg zur Einsetzung der Übergangsregierung. Dieser Kontrollsektor war meine Idee, um mit dem einzigartigen Problem fertig zu werden, dass sich ein bewaffnetes Bataillon von RPF-Soldaten im Herzen der Stadt, umgeben von Tausenden ihrer früheren Feinde, aufhalten sollte.

Im Rahmen der Übereinkunft durfte sich jede Partei im Gebiet von Kigali nur mit gesicherten Waffen und durften sich bewaffnete Truppen nur mit unserer Genehmigung und unter unserem Geleit bewegen. Nur dann, wenn diese Bedingungen erfüllt waren, würde sich die RPF mit den von ihr benannten Politikern und Funktionären an der Übergangsregierung beteiligen. Sobald sie mitsamt ihrem Schutzbataillon eingetroffen waren, konnte die neue Regierung vereidigt werden, und dieser Akt würde das Ende von Phase eins unserer militärischen Ziele markieren.

*

In den Wochen vor Weihnachten war ich ganz mit den Vorbereitungen beschäftigt, das Waffenkontrollabkommen für Kigali auszuhandeln, um dann die RPF-Delegation und ihr Bataillon nach Kigali zu bringen. Am 23. Dezember berief ich eine Sitzung ein, die schließlich bis lange in die Nacht dauerte. Ich war entschlossen, dafür zu sorgen, dass niemand die Verhandlungen verließ, solange nicht alle Parteien den Bedingungen des Abkommens zugestimmt hatten. Sie fanden an einem Ort statt, den wir »Kilometer 64« nannten, weil er an der Straße von Kigali nach Kabale, Uganda, genau 64 Kilometer von der Hauptstadt entfernt lag. Es war ein perfekter Verhandlungsort: eine Reihe alter Hütten abseits der Straße in der demilitarisierten Zone, umringt von Hügeln, auf denen ich zum Schutz meine Soldaten postieren konnte. Es gab keinen Strom, deshalb mussten wir einen tragbaren Generator mitbringen. Ich hatte von einem örtlichen Schreiner für wenig Geld einen Tisch und Stühle anfertigen lassen, und es sollten sparsame Möbel sein, damit es sich niemand allzu bequem darauf machen konnte. Die Parteien sollten so rasch wie möglich zu einer ernsthaften Verhandlungslösung kommen.

Oberst Théoneste Bagosora, der persönliche Referent des Verteidigungsministers, und Oberstleutnant Ephrem Rwabalinda, der Verbindungsoffizier der Regierungsarmee bei UNAMIR, vertraten die Regierungsseite. Die RPF hatte eine Delegation hochrangiger Offiziere geschickt, die sich nur mit ihren Vornamen vorstellten: Kommandeur Charles, Kommandeur Andrew usw. Das größte Hindernis bestand darin, dass die RPF alle »privaten Sicherheitsfirmen« registriert und in das Abkommen aufgenommen sehen wollte. Bagosora weigerte sich, weil diese Sicherheitsfirmen nicht zum Militär gehörten. Wir wussten alle, dass wir nicht über private Sicherheitsfirmen, sondern über die wachsenden Milizen und so genannte »Selbstverteidigungsgruppen« sprachen, die sich im Land formiert hatten. Ich wollte sie in das Abkommen einschließen, damit sie unter Kontrolle wären. Ich trieb die Verhandlungen von drei Uhr nachmittags bis drei Uhr nachts voran, bis Bagosora schließlich nachgab.

Wir schliefen alle schon halb, als wir in unsere Fahrzeuge stiegen, um uns auf die lange Heimfahrt zu machen. Glücklicherweise bemerkte Willem, mein Adjutant, dass jemand während der Nacht die Straße vermint hatte. Er konnte mich und die meisten anderen warnen, aber Bagosora war in größerer Eile gewesen als wir Übrigen und mit Rwabalinda bereits in seiner Limousine losgefahren. Wir hupten, um ihren Fahrer zum Halten zu bewegen, was er gerade noch rechtzeitig tat, um zu erkennen, dass der Wagen mitten in einem Minenfeld steckte. Ich konnte mir ein hämisches Kichern auf Bagosoras Kosten nicht verkneifen. Die Regierungsarmee hatte die schlechte Angewohnheit, Minen auf ihrer Seite der entmilitarisierten Zone zu legen, obwohl wir sie wiederholt aufgefordert hatten, damit aufzuhören. Wir wussten, dass Bagosoras Truppen in der Nähe sein mussten und hupten und riefen, um sie zu verständigen, aber wir warteten über eine Stunde, bevor ein Regierungssoldat auftauchte und entsetzt Bagosoras Wagen unter den Minen entdeckte. Es würde bis Tagesanbruch dauern, den Schlamassel zu bereinigen. Im Scheinwerferlicht meines Jeeps konnte ich sehen, dass Bagosora vor Angst erstarrt war. Er musste vor Wut kochen, einem seiner eigenen Katz- und Mausspiele in die Falle gegangen zu sein.

Selbst nach Unterzeichnung des Abkommens über die Waffenkontrollzone stießen wir auf große Probleme bei der Durchsetzung, und ich kann nicht sagen, dass mich das überraschte. Meine Truppe berichtete, dass die Regierungsarmee schwere Waffen unmittelbar an die Grenze des vereinbarten Gebiets schaffte, und ich hörte auch, dass Milizen innerhalb der Zone selbst ausgebildet wurden. Ich bekam vom Stabschef der Regierungsarmee und vom Verteidigungsminister keine befriedigenden Antworten auf meine Anfragen, nur Schulterzucken und Ausflüchte. Ich konnte nicht mehr tun, als die Situation zu überwachen und New York Bericht erstatten.

*

Die bei weitem bedeutendste Aufgabe, die wir in Phase eins bewältigen mussten, war die Operation namens »Clean Corridor«: die Vorbereitung einer sicheren Route für das RPF-Bataillon und die Politiker, die mit ihm nach Kigali reisen würden, um sie dann dort an einem sicheren Standort unterzubringen. Bald nach meinem Eintreffen in Ruanda hatte ich immer wieder den Verteidigungsminister gebeten, mir bei der Wahl einer Bleibe für die RPF in Kigali zu helfen, aber er war meinen Anfragen ausgewichen und schob diese zentrale Entscheidung bis zur letzten Minute auf. Obwohl ich vier geeignete Optionen vorgeschlagen hatte, einigten sich beide Parteien schließlich auf einen Ort, den ich für die schlechteste Wahl hielt: den Nationalen Entwicklungsrat (Conseil National pour le Développement), bei dem es sich tatsächlich um das Gebäude der Nationalversammlung nebst angegliedertem Hotelkomplex und Konferenzzentrum handelte. Wer das Parlament kontrolliert, kontrolliert die Nation: Ich befürchtete, dass Extremisten behaupten würden, UNAMIR händige die Seele der Nation der RPF aus. Man stelle sich vor, eine Rebellenorganisation erhielte die Kontrolle über die Verwaltungsanbauten eines westlichen Parlaments, zum Beispiel über einen Teil des Kapitols in Washington. Der erweckte Eindruck war grundfalsch.

Das Gebäude des Nationalrats lag auf einem kleinen Hügel im Herzen der Stadt und war von einem Metallzaun umgeben. Auf einer Seite befand sich die ruandische Nationalversammlung mit Regierungsbüros, von denen die Bangladescher einen Teil übernommen hatten und als Quartier nutzten. Die andere Seite, ein Hotelkomplex mit etwa 200 Zimmern, hatte einen eigenen, separaten Eingang und sollte das neue Heim der RPF werden. In der Nähe, auf einem niedrigen Plateau, lag das Hauptquartier der Präsidentengarde; die beiden Truppen konnten sich gegenseitig im Auge behalten. Von ihrem Hügel aus konnte die RPF die wichtigsten Verkehrswege Kigalis überblicken und kontrollieren. Aus Sicht der Regierungsarmee bedeutete die Unterbringung der RPF im Nationalratsgebäude, dass das gegnerische Bataillon leicht zu belagern, abzuriegeln und ins Visier zu nehmen war, wenn es so weit kommen sollte. Nachdem die Entscheidung einmal gefallen war, stellte ich meine Truppe zwischen den ehemaligen Kriegsparteien als dünne, blaue Linie um den Komplex herum auf.

Beide Seiten hatten im August zugestimmt, dass die RPF das Leichtbataillon, das ihre Politiker begleiten sollte, mit Maschinengewehren auf Luftabwehrlafetten und leichten Mörsern ausrüsten durfte. Ich musste den Mumm von Major Paul Kagame bewundern, der offenbar in dem Standort einen taktischen Vorteil gesehen hatte und nun die Gelegenheit beim Schopf ergriff.

*

Nachdem das Abkommen über die Waffenkontrollzone am Morgen des 24. Dezember unterzeichnet und der 28. Dezember als Datum festgelegt war, an dem wir die RPF zu ihrer Garnison in Kigali eskortieren würden, verbrachten wir das traurigste Weihnachten unseres Lebens. Willem de Kant hatte frei genommen und flog nach Kenia, um seine Freundin zu treffen und die Feiertage auf Safari zu verbringen. Ich merkte, dass Brent und mein Fahrer Philippe ihre Frauen und kleinen Kinder vermissten – Brent würde das erste Weihnachten seines Sohnes verpassen.

An Heiligabend kamen wir nach einem normalen Arbeitstag nach Hause und aßen Spaghetti als Festmahl. Tiso, unser Koch, hatte uns eine Bananenstaude besorgt, Major Arthur Godson aus Ghana eine Lichterkette; Brent verband die beiden Geschenke zum seltsamsten Weihnachtsbaum, den ich je gesehen habe. Nach dem Abendessen tauschten wir ein paar kleine Geschenke aus und öffneten ein paar Briefe von kanadischen Schulkindern, zusammen mit Weihnachtspäckchen, die Menschen an der Heimatfront seit dem Ersten Weltkrieg jedes Jahr den Truppen im Einsatz schicken. Ahornsirup, Früchtekuchen, Schinken, Cheddar-Käse und andere Leckereien hoben unsere Stimmung. Trotzdem waren wir um neun allesamt im Bett.

Als wir aufwachten, war der Weihnachtsbaum tot. Offenbar mögen es Bananenstauden nicht, mit elektrischen Lichtern umwickelt zu werden. Wir verbrachten einen Großteil des ersten Weihnachtsmorgens damit, den armen Baum wiederzubeleben, beschämt über unsere Achtlosigkeit. Philippe und ich beschlossen, dass es in einer solchen Situation nur eines gab: Brent die Schuld in die Schuhe zu schieben.

Den Abend verbrachte Philippe mit seinen Kameraden beim Gottesdienst und dem Weihnachtsessen des belgischen Kontingents. Brent und ich waren ins Haus des kanadischen Konsuls eingeladen, Denis Provost, um mit seiner Familie, einigen in Kigali lebenden Landsleuten und mit Ruandern, die Kanada auf besondere Weise verbunden waren, kanadische Weihnachten zu feiern. Daheim hätten Beth und ich zu einem großen Familientreffen um unseren Tisch geladen, und ich hätte den Truthahn tranchiert. Ich fragte mich, wie sie und die Kinder ohne mich zurechtkamen, vertrieb den Gedanken jedoch sofort wieder –

ich musste das Beste aus dem machen, was mir bevorstand, statt mich dahin zu sehnen, wo ich nicht sein konnte. Ich erinnere mich, dass ich lange mit Helen Pinsky, der Gattin des amtierenden Sozialministers, sprach, die sich sicher war, dass sich die Situation in Ruanda zum Besseren wenden würde und uns helle Tage bevorstünden, wenn die Nation erst zu Anstand und zur Achtung der Menschenrechte fände. Nicht einer der Ruander auf dem Fest, die durch Ehe oder Freundschaft mit Kanada verbunden waren, sollte den kommenden Völkermord überleben.

*

Operation Sauberer Korridor begann planmäßig am 28. Dezember. Luc Marchal und seinem Kigali-Kontingent kam eine Schlüsselrolle bei der schwierigen und gefährlichen Aufgabe zu, bis dahin die größte Bewährungsprobe für UNAMIR.

Wir waren vor Tagesanbruch wach. Ich setzte Brent am Gebäude des Nationalrats ab, um die Schlussvorbereitungen für die Ankunft der RPF zu überwachen. Da Hallqvist und sein Stellvertreter in den Weihnachtsferien waren, hatten die professionelleren und kooperativeren seiner Mitarbeiter die Feiertage durchgearbeitet, und wir waren bereit. Philippe und ich fuhren zum Ngondore-Flüchtlingslager nahe der entmilitarisierten Zone, wo wir die Funkverbindungen überprüften und die dortige Aufstellung von UNAMIR-Soldaten, Regierungssoldaten der Militärpolizei und ruandischen Gendarmen beaufsichtigten. Dann warteten wir. Der RPF-Konvoi sollte bei Morgengrauen aus Mulindi abfahren, etwa zur Frühstückszeit die Frontlinie der Regierungstruppen überqueren und vor dem Mittagessen in Kigali eintreffen. Lange nach Tagesanbruch jedoch war das Codewort für die Truppenbewegung noch immer nicht erteilt worden. Luc rief mich an, um mir den Grund der Verzögerung mitzuteilen: Die RPF-Soldaten brauchten ausgesprochen viel Zeit, um sich fertig zu machen und ihre Fahrzeuge zu beladen, aber er erwarte, dass sie in einer Stunde abfahrbereit seien. Ein Stunde verging, doch er rief erneut an. Nun wollte die RPF nicht losfahren, weil UNAMIR ihrem Vorsitzenden für die Fahrt nach Kigali kein geeignetes Fahrzeug zur Verfügung gestellt habe. Niemand hatte uns je um die Bereitstellung einer Limousine gebeten, aber sie wollten Mulindi nun nicht verlassen, bis wir ein geeignetes Fahrzeug geschickt hatten. Wir trieben eilig einen Mercedes und einen Fahrer auf und schickten ihn mit einer Eskorte von Kigali nach Norden. Als der

Wagen dort eintraf, war es fast Mittag. Luc musste noch etwas nachhelfen, dann fuhr der Konvoi endlich los. Er musste vor Einbruch der Dunkelheit am Nationalratsgebäude eintreffen, und die Zeit drängte. Doch schließlich ging alles gut, der Konvoi passierte die Linie der Regierungsarmee und machte sich auf den Weg nach Süden Richtung Kigali.

Im Flüchtlingslager war alles ruhig, das Nationalratsgebäude in Kigali war bereit, die Route durch die Hauptstadt gesichert. Am Weg hatten sich zahllose glückliche Hutu und Tutsi versammelt, um die RPF in Kigali willkommen zu heißen. Die Extremisten waren nirgends zu sehen. Wir waren vor allem froh, dass die Interahamwe fehlte. Die Interahamwe war eine Gruppe junger Männer, die sich der Jugendorganisation der MRND-Partei angeschlossen hatten und immer häufiger auf politischen Versammlungen auftraten. Sie waren recht bizarr in Kampfuniformen aus Baumwolle mit grotesken Symbolen in den Nationalfarben Rot, Grün und Schwarz gekleidet und trugen Macheten oder aus Holz geschnitzte Kalaschnikows. Wir hatten sie zuerst komisch gefunden, weil sie sich benahmen und aussahen wie Clowns, aber wir erfuhren bald, dass überall dort, wo sie auftauchten, Gewalt und Chaos nicht weit waren.

Als der Konvoi am Flüchtlingslager eintraf, schloss ich mich ihm an. Es gab keine Zwischenfälle auf der Route. Schließlich dämmerte mir, warum die RPF gezögert hatte. Wenn Eingeweihte einen Hinterhalt vorbereitet hätten, dann hätten sie den Konvoi am frühen Morgen erwartet. Da jedoch der Konvoi erst Stunden später vorbeifuhr, hätte inzwischen jeder im Hinterhalt liegende Trupp seine Stellung verlassen, aus Angst, von unseren Patrouillen entdeckt zu werden, oder weil er annahm, die Operation sei abgebrochen worden. Ein Soldat muss sehr diszipliniert sein, um in einem Hinterhalt viele Stunden lang auszuhalten, und disziplinierte Soldaten waren sowohl bei der Regierungsarmee als auch in den Lagern der Extremisten knapp.

Ein einziger Schuss, eine einzige Granate aus der Menge, die unseren Weg in Kigali säumte, hätte sich verheerend auswirken können. Stattdessen nichts als Euphorie, als wir durch die Straßen fuhren. Die RPF-Soldaten wurden bejubelt und mit Blumen überhäuft. Am Nachmittag fuhr der Konvoi vor dem Nationalratsgebäude vor, über dem die ruandische Flagge wehte. Ich hieß persönlich den Vorsitzenden der RPF, Oberst Alexis Kanyarengwe, in Kigali willkommen. Sobald die RPF-Soldaten abgeladen hatten, begannen sie, ihre Verteidigungsstellungen um den Komplex aufzubauen und die UNAMIR-Wachen abzulösen. Als die Übergabe erledigt war, zogen sich meine Soldaten auf einen Ring um das Gebäude zurück, um sich zwischen der RPF und der Gendarmerie aufzustellen, die die jubelnde Menge zurückhielt.

Ich verbrachte den Abend mit Luc im Nationalratsgebäude und beobachtete, wie sich die RPF einrichtete. Einige Botschafter und Diplomaten sprachen vor, um dem Vorsitzenden ihre Aufwartung zu machen. Ich war überrascht, den französischen Botschafter zu sehen, da keine andere ausländische Nation so viel getan hatte, um diesen Tag zu verhindern. Vielleicht waren die Franzosen mit einem neuen Ruanda versöhnt.

Brent hatte schon seit dem Nachmittag die RPF-Soldaten und ihre Stellungen um das Nationalratsgebäude in Augenschein genommen. Der befehlshabende Offizier, der auf den Kampfnamen Kommandeur Charles hörte, war erst Ende 20, aber offensichtlich ein erfahrener und fähiger Truppenführer. Die Besetzung des Gebäudes war gut einstudiert: Überlegt und gezielt hatte die RPF eine Kompanie, einen Zug und Trupps von halber Zugstärke in Stellung gebracht. Das gesamte Areal wurde in Minutenschnelle kontrolliert, Kommandeure nahmen Befehle entgegen und gaben sie weiter, die Soldaten bezogen Verteidigungsstellungen und begannen sofort, sich einzugraben. Sobald sie gesichert waren, lösten sie die UNAMIR-Soldaten ab und übernahmen die volle Kontrolle des Gebäudeinneren. Nachdem die RPF begonnen hatte, sich einzugraben, hörte sie die nächsten vier Monate nicht mehr damit auf. Aus Deckungs- und Schützenlöchern gruben sie richtige Schützengräben und überdachten sie dann zum Schutz vor Artillerie- oder Mörserfeuer. Sie legten danach Verbindungsgräben zwischen den einzelnen Schützengräben an und bauten Schutzhöhlen, die sich zu ausgedehnten Schutzbunkern entwickelten. Als der Krieg im April erneut ausbrach, hatten sie unter dem Gebäude des Nationalrats einen Komplex von Stollen angelegt. Es war klar, dass sie sich, während der Friedensprozess im Gange war, auch auf sein Scheitern vorbereiteten. Ich war entschlossen, es nicht so weit kommen zu lassen.

*

Schon Anfang Dezember hatten Brent und ich uns hingesetzt, um unseren Dreimonatsbericht für Butros Butros-Ghali zu schreiben, der am 30. Dezember dem Sicherheitsrat vorgelegt werden sollte. Insgesamt waren wir zufrieden, vielleicht sogar euphorisch. Trotz des mangelnden Interesses der übrigen Welt, der Nachschubknappheit und der Blockadehaltung unseres Verwaltungschefs würden wir die militärischen Ziele unserer ersten Phase termingerecht erreichen. Der Boden für den Rücktritt der alten und die Vereidigung der neuen Übergangsregierung war bereitet.

Wir gerieten nun allerdings in eine schwierige Lage. Da die RPF nun in der Hauptstadt war, die Ernennung der Übergangsregierung sich aber weiter verzögerte, brauchte ich dringend das gesamte Truppenkontingent für Phase zwei noch vor dem geplanten Stationierungstermin. Einstweilen nämlich musste ich Truppen in Kigali auf Kosten der entmilitarisierten Zone konzentrieren, was zwei besorgniserregende Fronten eröffnete, obwohl ich nur genug Soldaten für eine hatte. Sehr offen beschrieb ich dem Generalsekretär, dass der Mangel an logistischer Unterstützung meine Truppe einem unnötigen Risiko aussetzte. Auch der Putsch in Burundi hatte die militärischen Anforderungen an die Mission erhöht. Ich hatte um mehr Soldaten gebeten, um auf die veränderte Situation im Süden reagieren zu können, aber vom DPKO erfahren, dass ich sie nicht bekommen würde, weil ich sie in meinem technischen Bericht nicht beantragt hatte. Aber wie hätte ich das tun sollen, wenn der Putsch doch zur Zeit seiner Abfassung noch gar nicht stattgefunden hatte? Ich berichtete, dass ich mich vorerst damit behalf, meine unbewaffneten Militärbeobachter bis zum Äußersten zu beanspruchen, damit UNAMIR zumindest eine symbolische Präsenz im Süden wahren konnte. Wir versuchten, es so optimistisch wie möglich auszudrücken, indem wir auf die erforderliche Rückendeckung drängten, statt lauthals über die bis dahin ungenügende Unterstützung zu wettern. Als wir unseren Bericht fertig hatten, schickten wir ihn Booh-Booh, der ihn in seinen Gesamtbericht der Mission einfügen sollte.

Als ich schließlich eine Kopie dieses Dokuments bekam, das unterdessen dem Sicherheitsrat präsentiert worden war, packte mich die kalte Wut: Den realistischen, wenn auch möglichst positiv formulierten Bericht, den Brent und ich über die überwältigenden Nöte geschrieben hatten, denen sich die Mission gegenübersah, hatten Booh-Booh und seine Mitarbeiter verwässert und ihren Herren daheim in New York eine beruhigende Geschichte über langsame, aber stetige Fortschritte aufgetischt.

*

In den letzten Dezembertagen kam Faustin Twagiramungu, der designierte neue Premier, häufig in meinem Büro im Amahoro-Komplex zu Besuch. Wir setzten uns manchmal nach draußen auf den Balkon und redeten bis spät in den Abend. Der Balkon blickte nach Nordwesten, und wenn die Sonne hinter den Horizont fiel und den Himmel blutrot färbte, betrachteten wir die Hügel und Täler in der Ferne, wo Hunderte kleiner Holzfeuer flackerten. Wir konnten gerade noch den weißen Gebäudewürfel des Nationalrats und die Silhouetten von RPF-Soldaten ausmachen, die dort Wache standen. Die Stille der Dämmerung wurde häufig von unerklärlichen Gewehrschüssen zerrissen.

Auch Faustin war einer jener ruandischen Führer, die in den 60er Jahren in Quebec zur Zeit der »stillen Revolution« studiert und das erstarkende Selbstbewusstsein der frankophonen Provinz miterlebt hatten. Er hatte den radikalen Studenten und Intellektuellen nahe gestanden, die sich schließlich den Separatisten der Parti Québécois anschlossen. Einer der Leute, die er während dieser Zeit kennen lernte, war René Lévesque, der zum Führer der Parti Québécois aufstieg. Während unserer langen Gespräche erinnerte er sich an seine Studententage in Kanada und den Radikalismus seiner Jugend. Unsere gemeinsamen Erinnerungen an die Ereignisse jener Jahre machten es ihm wohl leichter, mit mir über die schwierige Lage in seinem Land zu diskutieren.

Als er mich am 30. Dezember besuchte, war es schon spät und er war auf dem Weg zu einer weiteren der endlosen Sitzungen, auf denen die Parteipolitiker über die abschließende Liste ihrer Vertreter in der Übergangsregierung stritten. Dem Arusha-Abkommen zufolge sollte die Übergangsregierung aus einer Koalition der fünf ruandischen Parteien bestehen, die den Vertrag unterschrieben hatten: Faustins MDR (Demokratisch-republikanische Bewegung); Habyarimanas herrschende MRND (Nationale Republikanische Bewegung für den Fortschritt); Landoald Ndasingwas Liberale Partei (PL); ein Bündnis der Christdemokratischen Partei (Parti Démocratique Chrétien, PDC) und der Sozialdemokratischen Partei (Parti Social Démocrate, PSD) – beides gemäßigte Parteien unter der Führung von Jean-Népomucène Nayinzira beziehungsweise dem Triumvirat Fréderic Nzamurambaho, Félicien Gatabazi und Théoneste Gafarange. Die fünfte und letzte der Koalitionsparteien schließlich war die RPF. Die extremistische Koalition zur Verteidigung der Republik (CDR), geführt von Leuten wie Jean Shyirambere Barahinyura, Jean-Bosco Barayagwiza und Martin Bucyana, deren Ideologie eklatant faschistisch und rassistisch war, hatte sich geweigert, das Arusha-Abkommen zu unterzeichnen, und war daher von der Übergangsregierung ausgeschlossen. Das hinderte ihre Mitglieder freilich nicht, die offiziellen Parteien zu infiltrieren und mit ihrem Propagandablättchen *Kangura* und dem Sender RTLM Hysterie und Paranoia in der Bevölkerung zu schüren.

Bei den Arusha-Verhandlungen hatte Landos Liberale Partei das mächtige Justizministerium erhalten, die RPF das Innenministerium, das ihnen theoretisch die Möglichkeit bot, gegen einzelne Personen Ermittlungen wegen Korruption, Mord und anderer Verbrechen einzuleiten und Anklage zu erheben. Darüber waren viele der gegenwärtigen Machthaber in Ruanda, die Geld in den Taschen und Blut an den Händen hatten, zweifellos beunruhigt: Die größte Angst der ehemals herrschenden Partei MRND war laut Faustin, dass die Liberale Partei und die RPF nach Einsetzung der Übergangsregierung mit ihren neuen Ministerien dafür sorgen würden, den Präsidenten und viele seiner Gefolgsleute wegen ihrer Verbrechen in der Regimezeit ins Gefängnis zu bringen. In jener Nacht sagte mir Faustin auch, dass Präsident Habyarimana die Einsetzung der Übergangsregierung mit taktischen Manövern zu hintertreiben versuche und seine direkte Einmischung einer der wichtigsten Faktoren hinter dem Verhandlungsstillstand sei.

Ich erinnere mich, dass Faustins Stimme vor lauter Sorge ganz belegt klang, als er beschrieb, wie sich diese Manöver auswirkten und warum sich die Liste der Vertreter in der Übergangsregierung immer wieder änderte. Eine Frau namens Agnès Ntambyauro kämpfte um eine Position im Justizministerium, eine Ernennung, die Lando blockierte, obwohl sie Mitglied seiner Liberalen Partei war. Lando hatte auch Schwierigkeiten mit seinem nominellen Parteivorsitzenden Justin Mugenzi. Beide, Ntambyauro und Mugenzi, waren als Extremisten bekannt und hatten sich einer zwielichtigen Gruppe angeschlossen, die sich selbst »Le Power« oder »Hutu-Power« nannte. Es gab Gerüchte, wonach Mugenzi von Gefolgsleuten Habyarimanas bestochen worden sei, um in der Liberalen Partei Zwist zu säen.

Ich verstand Faustins Sorgen, drängte ihn aber, einen Weg zu suchen, die Gemäßigten in den anderen Parteien zu einen, um den politischen Prozess nicht abbrechen zu lassen. Wenn sich die Einsetzung der Übergangsregierung weiter verzögerte, riskierte er, den Rückhalt der Gemäßigten innerhalb der Armee, Gendarmerie und Kommunalpolizei zu verlieren, von denen wir wussten, dass sie das Arusha-Abkommen unterstützten. Viele dieser moderaten Militärs und Polizisten gaben ihr Äußerstes, um mit UNAMIR zu kooperieren, und gingen damit ein hohes persönliches Risiko ein. Er und die übrigen Politiker mussten dasselbe tun, wenn wir eine Erfolgschance haben wollten. So sehr ich auch gehofft hatte, Faustin anzuspornen, verließ er mich doch an jenem Abend, ohne von meinen Appellen überzeugt zu sein.

*

Die Feiertage waren in einem trüben Einerlei von Sitzungen verstrichen, auf denen alle Beteiligten nichts Besseres zu tun hatten, als die letzten offenen Wege zur Einsetzung der Übergangsregierung zu verbauen. Diese letzte offizielle Runde von Gesprächen fand in der Rotunde im Amahoro-Hotel statt. Ich nahm an allen Sitzungen teil und willigte sogar ein, bei einigen den Vorsitz zu führen. Booh-Booh hatte es vor seiner Abreise in die Ferien nicht geschafft, Schwung in die Verhandlungen zu bringen. Bis Sylvester hatten sich die Spaltungstendenzen in der Liberalen Partei und Faustins MDR noch vertieft, und in den Debatten kam ein bedrohlicher Ton auf. Während die Uhr des Jahres 1993 ablief, spürte ich, wie meine Energie und mein Optimismus erlahmten. Als die Silvestersitzung kurz vor Mitternacht zu Ende ging, war ich niedergeschlagen und erschöpft. Ich hatte wochenlang nicht viel geschlafen und wollte einfach nur nach Hause und mich ins Bett fallen lassen.

Als ich zusammenpackte, kam Brent mit einem Leuchten in den Augen in mein Büro und schlug vor, zur Silvesterparty zu gehen, die unsere Offiziere im Meridien-Hotel organisiert hatten. Mir war nicht so richtig danach, aber ich wusste, dass ich hingehen sollte. Sobald wir in den Festsaal kamen, explodierte die Stimmung. Die Jungs hatten eine Band engagiert, deren afrikanische Rhythmen einfach mitreißend waren. Mein Blut geriet in Wallung, ich konnte nicht widerstehen, begann zu tanzen und hörte zwei Stunden lang nicht wieder auf. Zuerst trauten meine Soldaten ihren Augen nicht ganz, aber dann machten sie befreit mit. Ich tanzte meine ganze Frustration und Enttäuschung heraus, und als die Nacht zum Morgen wurde, spürte ich, wie die Spannung von mir abfiel.

Was immer die Zukunft bereithielt, in jener Nacht genoss ich das wunderbare Band zwischen meinen Männern und mir.

KAPITEL 7

Die Schattenmacht

Ich kam am Neujahrsmorgen um 7.30 Uhr ins Büro. Die zivilen Mitarbeiter hatten den Tag frei; im zweiten Stock des Amahoro-Hotels war alles still. Als ich mich umblickte, erschien mir mein Büro wie ein Symbol für alles, was bei der Mission im Argen lag. Ich konnte das Telefon nur sehr behutsam benutzen, weil das angeschlossene Verschlüsselungsgerät nie richtig funktionierte. Wir hatten gebettelt, geborgt, organisiert und in unsere eigenen Taschen gegriffen, um die Möbel für den Raum zu kaufen. Der Verwaltungschef händigte uns das Faxpapier aus, als wäre es Gold. Alles an dieser Mission war ein einziger Kampf.

Ich hatte meine kleine Truppe bis zur Erschöpfung angetrieben, um die Ziele der ersten 90-Tage-Etappe zu erreichen, wie sie im Arusha-Abkommen festgelegt waren. Aber wohin genau hatte das Ruanda oder uns gebracht? Wir steckten noch immer in einem politischen Sumpf, der den Sinn der gesamten Mission zu verschlucken drohte. Wir hatten für weniger als drei Tage Wasser, Rationen und Treibstoff; wir hatten keine so genannten Pioniermittel wie Stacheldraht, Sandsäcke, Bauholz usw. zur Sicherung unserer Stellungen; keine Ersatzteile, keine Nachtsichtausrüstung, und wir litten unter einer bedrohlichen Knappheit an Funkgeräten und Fahrzeugen. Stabsoffiziere lagen bei der Arbeit bäuchlings auf dem Boden, weil es zu wenige Schreibtische und Stühle gab. Wir hatten keine Aktenschränke, was bedeutete, dass keine Informations- und Planungsunterlagen der Mission angemessen gesichert werden konnten. Jede Woche bettelten wir in unseren Lageberichten und fast täglich am Telefon darum, diese Mängel zu beheben. Wir wussten, dass jede Menge Ausrüstung im UNO-Depot im italienischen Pisa lagerte, aber wir genossen offensichtlich keine Priorität – alles schien anderen Missionen wie der im ehemaligen Jugoslawien vorbehalten zu sein. Einem Kommandeur stehen selten alle Ressourcen zur Durchführung einer Mission zur Verfügung, er muss mit Mangelsituationen, die selbst Risiken bergen, zurechtkommen können. Ein militärischer Befehlshaber ist ein Risikomanager. Aber bei UNAMIR war einfach *alles*, was wir taten, ein Risiko, weil wir fast nichts hatten.

Ich ging auf den Balkon, zündete mir eine Zigarre an und blickte zum Gebäude des Nationalrats hinüber, wo bereits eine rege Geschäftigkeit eingesetzt hatte. Einen Moment lang beneidete ich die RPF um ihre Organisation, Energie und Entschlossenheit. Die Mission lief seit drei Monaten, aber mir fehlte noch immer ein stellvertretender Kommandeur und Stabschef, und das hieß, dass alle alltäglichen Aufgaben und Entscheidungen über Mittelbeschaffung an mir hängen blieben. Ich wusste wirklich nicht, wie lange ich dieses Tempo und die Grabenkämpfe mit der Verwaltung, die meine Zeit auffraßen, noch durchhalten würde.

In dieser ersten Januarwoche hatte ich einen großen Streit mit Hallqvist, den man wahrscheinlich im ganzen Hauptquartier hören konnte. Der Verwaltungschef beschuldigte mich offen, seine Mitarbeiter manipuliert zu haben, während er über Weihnachten und Neujahr im Urlaub war, weil ich sie dazu gebracht hatte, Reinigung, Reparatur und Ausstattung des Nationalratsgebäudes für das RPF-Bataillon sowie alles Erforderliche für die Einrichtung unseres Sicherheitskordons um den Gebäudekomplex zu bewilligen. Ich hielt ihm entgegen, dass er die Mission verlassen habe, ohne sicherzustellen, dass unsere Anforderungen erfüllt würden. Er sei nicht berechtigt, alle Anforderungen zu erfüllen, insistierte er, und habe dafür auch gar kein Geld, woraufhin ich zurückbrüllte, dass es ja nicht ich sei, der die Etappenziele vorgebe, sondern die Politiker und die Abkommen – dass ich aber trotzdem verflucht sein wolle, wenn wir dieses Land im Stich ließen. Irgendwie führte diese Schlacht, die eine der längsten Stunden meines Lebens wütete, zu einer gereinigten Atmosphäre zwischen uns. Die UN-Verwaltung und -Logistik frustrierten uns zwar weiterhin gewaltig, aber Hallqvist und ich rauften uns mit Ach und Krach zusammen.

Es gab nun einen Termin für die Vereidigung der Übergangsregierung, den 5. Januar. Nach den bitteren Debatten Ende Dezember gab es immer noch keinen Konsens über das Kabinett, aber Booh-Booh schlug vor, beim 5. Januar zu bleiben und zumindest Habyarimana zu vereidigen, um dann später das Problem der Minister- und Abgeordnetenposten zu lösen. Ich war nicht sicher, ob das eine gute Idee war. Seit Ankunft des Missionschefs hatte ich mich aus der im engeren Sinne politischen Arbeit unseres Einsatzes herausgehalten und war daher überrascht, als mir am 2. Januar Enoch Ruhigira, der ehemalige Premierminister von Ruanda und nun Habyarimanas persönlicher Referent und sein engster Vertrauter, einen unangemeldeten Besuch abstattete.

Wir setzten uns in den kleinen Konferenzraum neben meinem Büro und sprachen über die festgefahrene politische Situation. Brent hatte ein Schema der Übergangsregierung an einer der weißen Tafeln zusammengestellt, die an den Wänden hingen, und ich erinnere mich, wie ich darauf starrte und Ruhigira unwillkürlich zustimmen musste: Für die Mitglieder des alten Regimes sah es wirklich so aus, als seien die Karten zu ihrem Nachteil verteilt worden. Die Moderaten schienen die meisten der wichtigen Regierungsposten eingestrichen zu haben; für Ruhigira waren sie überhaupt keine Gemäßigten, sondern lediglich »RPF-Sympathisanten«. Er gab zu bedenken, dass sofort nach Einsetzung der Übergangsregierung die RPF und ihre »Sympathisanten« Habyarimana und alle um ihn herum wegen der Verbrechen seines Regimes ins Gefängnis stecken konnten.

Und da hatte er Recht. Während der Arusha-Verhandlungen hatten das ehemalige Regime und besonders Habyarimana eine Amnestieklausel verlangt. Um eines dauerhaften Friedens willen hätte man sie ihnen gewähren sollen. Doch die RPF war erfolgreich dafür eingetreten, dass die Nationalversammlung mit einer Zweidrittelmehrheit ein Amtsenthebungsverfahren gegen einen Präsidenten oder einen Minister einleiten konnte. Die RPF glaubte, dass alle gemäßigten Oppositionsparteien sie in der neuen Regierung unterstützen würden; gemeinsam mit den Gemäßigten würde die RPF die Kontrolle der Schlüsselministerien übernehmen, die Akten öffnen und ohne Zweifel auf Korruption stoßen, sie würde die aufgedeckten Verbrechen zum Anlass nehmen, in der Nationalversammlung über Amtsenthebungsverfahren abstimmen und gegen die Übeltäter Strafverfahren einleiten zu lassen Damit wäre die RPF in der Lage, die Präsidentenpartei MRND zu diskreditieren und abzustrafen. Mir fiel plötzlich auf, dass Habyarimanas ganzes Lavieren seit Arusha vielleicht nur dazu gedient hatte, die Vereidigung der Übergangsregierung so lange zu blockieren, bis radikale Fraktionen der »Hutu-Power« die moderaten Parteien infiltriert und die Kontrolle über mindestens 40 Prozent der Stimmen in der Nationalversammlung errungen hätten, womit sie jedes Amtsenthebungsverfahren vereiteln konnten. Hätte das Arusha-Friedensabkommen eine Amnestie eingeschlossen, hätten diese Gefahren nicht bestanden. Aber was sollte ich Ruhigira sagen? Ich konnte ihm nicht mehr anbieten als die Versicherung, dass aufgrund der Beteiligung der internationalen Gemeinschaft rechtsstaatliche Verfahren einzuhalten waren und jeder Versuch eines Amtsenthebungsverfahrens Jahre dauern würden. Und zweifellos würden die Haltungen und Einschätzungen mit der Zeit und mit zunehmender Reife des politischen Prozesses milder werden. Außerdem, so fügte ich noch hinzu, könnte sich die politische Landschaft beträchtlich ändern, wenn die demokratischen Wahlen wie geplant in zwei Jahren abgehalten werden würden. Dann könnte es sich als kontraproduktiv erweisen, Habyarimana vor Gericht zu stellen.

Nachdem Ruhigira gegangen war, saß ich allein im Konferenzraum, studierte weiterhin das Schema der Übergangsregierung und fragte mich, ob es nicht doch einen Weg gäbe, die RPF dazu zu bringen, etwas nachzugeben und dem ehemaligen Regime einige Konzessionen anzubieten. Aber angesichts des für sie vorteilhaften Ergebnisses in Arusha hatte die RPF wenig Interesse an weiteren Verhandlungen gezeigt. Ich war der Meinung, dass es unter diesen Umständen verheerende Konsequenzen haben könnte, am Datum der Vereidigungszeremonie festzuhalten. Aber Booh-Booh bestand darauf, und nachdem er sich mit allen beteiligten Parteien und der diplomatischen Gemeinde getroffen hatte, wurde der Tag der Einsetzungsfeier bestätigt.

*

Am Morgen des 5. Januar umschwärmte eine große Menschenmenge das Nationalratsgebäude, wo die Zeremonie stattfinden sollte. Die Leute machten einen großen Lärm, waren aber keine Bedrohung für die UNAMIR-Soldaten, die zusammen mit der Gendarmerie für die Sicherheit sorgten. Dann traf Habyarimana in einer Autokolonne seiner Präsidentengarde ein, die so rücksichtslos heranraste, dass sie fast einige Zuschauer und Blauhelme überfahren hätte. Hartgesottene, arrogante und bis an die Zähne bewaffnete Leibwächter sprangen aus den Fahrzeugen. Nachdem sie Habyarimana eilends ins Gebäude gebracht hatten, postierte sich der Kommandeur der Nationalgarde direkt vor dem Tor und erteilte einigen seiner in Zivil gekleideten Soldaten Befehle. Kaum waren sie in die Menge eingetaucht, kam es zu hässlichen Szenen, da Zuschauer nun die gemäßigten Delegierten bedrohten, die versuchten, Habyarimana ins Gebäude zu folgen. Lando Ndasingwa und ein ganzer Bus von Delegierten der Liberalen Partei wurden umringt, am Betreten des Gebäudes gehindert und in Angst und Schrecken versetzt. Als wir die Gendarmerie baten, einzugreifen, bemühte sie sich nur halbherzig, die Menge im Zaum zu halten. Ich wollte nicht, dass bewaffnete UNAMIR-Soldaten allein eingriffen, um keinen Zwischenfall zu provozieren; wir beschützten jene, die am Rande der Menge bei uns Zuflucht suchten. Ich sollte Booh-Booh, den Botschaftern und anderen wichtigen Persönlichkeiten bei der Feier Gesellschaft leisten, aber etwas in mir sträubte sich. Ich entschuldigte mich und sagte, ich müsse die Situation draußen im Auge behalten.

In der Zwischenzeit wurde Habyarimana mit viel Pomp im Nationalratsgebäude, dem Sitz der Nationalversammlung, vereidigt. Dann kam der Ablauf plötzlich ins Stocken, als die Liste der Minister und Abgeordneten verteilt wurde. Die RPF-Delegation stellte fest, dass sie in letzter Minute geändert worden war. Mitglieder der radikalen Hutu-Power-Flügel der MDR und der Liberalen Partei standen nun auf der Liste, während die Namen der Gemäßigten fehlten. Die RPF-Delegation stürmte hinaus, die Zeremonie war geplatzt. Dennoch trat der frisch vereidigte Präsident aus dem Gebäude und strahlte in die wartenden Fernsehkameras. Rasch umringt von einem Kordon von Leibwächtern, stieg Habyarimana in seinen schwarzen Mercedes und brauste mit halsbrecherischem Tempo davon. Booh-Booh und sein politischer Stab verschwanden und ließen mich allein, um der RPF und den Medien zu erklären, was geschehen war.

In etlichen Interviews und Zusammenkünften am Tag nach der verpfuschten Vereidigungsfeier charakterisierte der Missionschef den Fehlschlag als großen Schritt nach vorne. Die Verzögerung bei der Einsetzung des Kabinetts, sagte er, sei nur ein kleineres politisches Problem, das bald aus der Welt geschafft werden würde, schließlich habe Präsident Habyarimana ja seine Verpflichtung auf das Arusha-Abkommen durch seine Zustimmung zur Vereidigung bewiesen. Booh-Booh und der Rest der Polit-Abteilung gaben sich überzeugt, dass Habyarimana eine Einigung vermitteln könne, um aus der Sackgasse herauszukommen. Sie hätten sich nicht gründlicher täuschen können.

Noch größere Sorge bereitete mir, mit welcher Geschwindigkeit und Geschicklichkeit die Präsidentengarde die Menge aufgewiegelt hatte.

Es war das erste Mal, dass ich erlebte, wie gut die Extremisten und die Präsidentengarde organisiert waren und wie leicht sie große Operationen koordinieren konnten – eine neue Sicherheitsbedrohung, mit der wir fertig werden mussten. An jenem Nachmittag hielt ich eine Sitzung mit Luc, dem Kommandeur des Kigali-Sektors, Tiko, dem UN-Beobachter der Arusha-Verhandlungen, und den wichtigsten Stabsoffizieren des Hauptquartiers ab, bei der wir eine Sicherheitsstrategie für künftige Zeremonien entwarfen. Wir würden die Präsidentengarde in ihrem Lager festsetzen, die Hauptrouten zum Nationalratsgebäude und den Eingang zum Gelände kontrollieren, die Gemäßigten dorthin eskortieren und jede Barriere durchbrechen, die spontan den moderaten Politikern in den Weg gestellt würde. Den Rest der Woche verbrachten wir damit, eine Einigung über die Abgeordneten zuwege zu bringen. An einem Punkt griff ich ein. Ich sagte dem Missionschef, dass ich nach meiner Unterredung mit Enoch Ruhigira glaube, es könne vielleicht einen Weg aus diesem Schlamassel geben, falls sich RPF und Gemäßigte zu einigen Konzessionen im Hinblick auf die Amnestiefrage oder sogar die Besetzung des Justizministeriums verstehen könnten.

Eines Abends in jener Woche erhielt ich einen Anruf von Lando, der mich zu sich bat, um die Situation zu besprechen. Ich ließ mich mit Brent von Philippe Troute zu seinem Haus fahren. Lando, seine kanadische Frau Helen und einige andere Mitglieder der Liberalen Partei hatten sich zu einer improvisierten Sitzung im Wohnzimmer versammelt; einige Abgeordnete drängten Lando heftig, irgendeine Art von Kompromiss mit Justin Mugenzi zu erreichen, der die Liberale Partei gespalten hatte und nun den Extremistenflügel anführte. Mugenzi war ein äußerst gewiefter, gewandter und charmanter Kerl, der bis über die Ohren im Schmutz und in der Korruption des Regimes steckte. Er kontrollierte jedoch viele der Hardliner innerhalb der Liberalen Partei, sodass es entscheidend darauf ankam, ihn ins Boot zu holen, um aus der Sackgasse herauszukommen. Weder Lando noch ich waren blind für die Risiken einer solchen Allianz, aber Mugenzi und sein Flügel stellten eine weit größere Gefahr für Ruanda dar, wenn sie ausgeschlossen blieben und weiterhin mit unberechenbaren Elementen wie der Interahamwe flirteten.

Es war ein schwieriges Treffen, aber ich betonte immer wieder, dass die Einsetzung der Übergangsregierung nur eine Etappe auf dem Weg zu freien und fairen Wahlen bedeutete und dass ein Stillstand dieses Prozesses bei der internationalen Gemeinschaft, von der Ruanda abhängig war, als negatives Signal ankommen würde. Ich glaube, an jenem Abend fand ich bei Lando Gehör. In unseren vorangegangenen Treffen war er äußerst zungenfertig gewesen und hatte mich nur selten zu Wort kommen lassen oder wirklich zugehört, wenn andere etwas sagten, aber nun fand ich ihn deutlich verändert. Er wusste, wie ernst die Situation war und wie viel auf dem Spiel stand. Wir einigten uns darauf, Mugenzi zu dem Treffen einzuladen, und ich schickte Brent und Troute, um ihn abzuholen. Mugenzis Haus war von Milizionären umringt, die den Politiker entweder beschützten oder aber am Verlassen seines Hauses hinderten. Als Brent nach einigem Zureden zum Haus vorgelassen wurde, teilte ihm Mugenzis Frau mit, dass ihr Mann nicht zu Hause sei. Brent vermutete, dass sie nicht die Wahrheit sagte; er hatte Männerstimmen im Haus gehört.

Selbst ohne Mugenzi hoffte ich noch, etwas erreichen zu können, und schlug vor, den Missionschef zu rufen und seine Meinung zu hören. Diese Idee stieß auf keine allzu große Begeisterung, aber mir war unbehaglich dabei, ohne ihn bei einem möglicherweise wichtigen politischen Treffen als Vermittler aufzutreten, daher schickte ich Brent los, um ihn aus seiner Suite im Mille Collines abzuholen. Es war schon sehr spät, und Booh-Booh war nicht erfreut, gestört zu werden, kam aber trotzdem. Wir beredeten uns etwa eine weitere Stunde. Obwohl nichts Handfestes vereinbart wurde, war mir so, als hätte Landos Rüstung erste Risse bekommen, und ich fühlte mich so optimistisch wie seit Tagen nicht mehr.

Die politischen Hauptakteure – der Präsident, die amtierende Premierministerin Agathe, der designierte Premierminister Faustin und die Führer der RPF – kamen mit Zustimmung des Missionschefs überein, für Samstag, den 8. Januar, erneut die Vereidigung der Übergangsregierung anzusetzen. Wir arbeiteten mit Hochdruck, um sicherzustellen, dass die Zeremonie unter strengsten Sicherheitsvorkehrungen stattfand. Aber an jenem Samstagmorgen wurden wir von einer Serie gewalttätiger Demonstrationen in ganz Kigali überrascht. Viele der Demonstranten waren mit Macheten bewaffnet und schienen ihre Wut gezielt an den moderaten oder unabhängigen Mitgliedern der Liberalen Partei, der MDR und der PSD auszulassen. Aufgebrachte Menschenansammlungen hinderten die Politiker, zum Nationalratsgebäude durchzukommen, wo die Zeremonie stattfinden sollte. Der Mob tauchte plötzlich auf, und wieder wurde er aufgestachelt von mehreren Präsidentengardisten in Zivil, die wir erkannten.

Auch diese Vereidigung wurde hinter den Kulissen durch abermals manipulierte Ernennungslisten für Minister- und Abgeordnetenposten und vom Tauziehen zwischen dem Präsidenten und dem designierten Premierminister Faustin Twagiramungu zunichte gemacht. Im letzten Moment beschloss der Präsident, nicht daran teilzunehmen, und als die Politiker, die diplomatische Gemeinde und die Vertreter der RPF davon Wind bekamen, ging die Feier in Gebrüll unter.

*

Am Spätnachmittag des 10. Januar kam Faustin in mein Büro und bestand auf einer persönlichen Unterredung. Er zitterte vor Aufregung und Angst. Ich führte ihn auf den Balkon, wo wir reden konnten, ohne von irgendwem belauscht zu werden. Fast atemlos sagte er mir, dass er mit einem Angehörigen der Interahamwe in Kontakt stehe, der Informationen an UNAMIR weitergeben wolle. Einen Moment lang überkam mich ein wilder Überschwang, als mir klar wurde, dass wir nun vielleicht endlich mehr über die geheimnisvolle dritte Kraft erfahren würden, jene zwielichtige Ansammlung von Extremisten, deren Stärke seit meiner Ankunft in Ruanda stetig zugenommen hatte.

Nachdem Faustin gegangen war, rief ich sofort Luc Marchal an und bat ihn in mein Büro. Ich teilte ihm Faustins Neuigkeiten mit und schlug vor, noch am gleichen Abend ein Treffen zu arrangieren. Obwohl ich so aufgeregt war wie er, mahnte ich Luc, dass Faustins Kontaktperson möglicherweise nicht die Wahrheit gesagt hatte und es sich um eine Falle handeln könnte. Ich schlug Luc daher vor, meinen Nachrichtenoffizier Frank Claeys mitzunehmen. Abends, in unserem Bungalow, waren Brent und ich beide so gespannt auf das Ergebnis, dass wir kaum ein Wort miteinander wechselten. Ich machte eine Kanne Tee, setzte mich vor den Fernseher und versuchte, mich zu entspannen, kam aber einfach nicht zur Ruhe. Schließlich, um cirka 22 Uhr, trafen Luc, Claeys und Major Henry Kesteloot, der Einsatzoffizier des Kigali-Sektors, bei uns ein.

Anhand seiner ausführlichen Notizen beschrieb Luc seine Begegnung mit dem Informanten, dem wir den Decknamen Jean-Pierre gaben. Jean-Pierre hatte Luc gesagt, dass er Offizier der Spezialkommandos und der Präsidentengarde gewesen sei, aber die Armee verlassen habe, um zum Chefausbilder der Interahamwe zu werden; 1993 habe er begonnen, junge Männer in den *communes* (Gemeinden) Ruandas zu drillen, ursprünglich unter der Tarnung, eine zivilgardenähnliche Miliz aufzubauen, die gegen die RPF kämpfen sollte, falls diese ihre Offensive wieder aufnähme. Sein unmittelbarer Vorgesetzter, so Jean-Pierre weiter, sei Mathieu Ngirumpatse, der Vorsitzende der MRND. Ihm, Ngirumpatse, erstatte er Bericht, von ihm erhalte er seine Befehle und einen Sold von 150.000 ruandischen Franc im Monat (damals etwa 1.500 Dollar).

In den letzten Monaten, sagte er Luc, sei jedoch nach und nach der wahre Plan hinter der Ausbildung der Interahamwe deutlich geworden. Denn er und die anderen Kommandeure hätten die von ihnen befehligten »Zellen« anweisen müssen, alle Tutsi in ihren jeweiligen Dörfern auf Listen zu erfassen. Jean-Pierre hatte den Verdacht, dass diese Listen angelegt würden, damit man die Tutsi oder *inyenzi*, wie das ruandische Hassradio sie nannte (auf Kinyarwanda »Kakerlake«), leicht zusammentreiben und umbringen könne, wenn die Zeit gekommen sei. Jean-Pierre hasste die RPF und sah in ihr den Feind Ruandas, war aber offenkundig entsetzt, in einen Plan hineingezogen worden zu sein, mit dem hoch effiziente Todesschwadronen aufgestellt werden sollten, die, wenn man sie auf die Bevölkerung loslasse, innerhalb von 20 Minuten nach Erteilung eines einschlägigen Befehls Tausende von Tutsi in Kigali ermorden könnten. Er beschrieb detailliert, wie die Interahamwe von Ausbildern der Armee und auf diversen Stützpunkten der Armee geschult würden; im Wochentakt nähmen frisch rekrutierte Gruppen junger Männer an dreiwöchigen paramilitärischen Ausbildungskursen teil, bei denen es besonders um Tötungstechniken gehe. Dann bringe man die jungen Männer in ihre Dörfer zurück und befehle ihnen, Listen von Tutsi zu erstellen und auf den Ruf zu den Waffen zu warten.

Ich schwieg, getroffen von der Wucht und Glaubwürdigkeit dieses Berichts. Es war, als hätte der Informant Jean-Pierre die Schleusentore zu der verborgenen Welt der extremistischen dritten Kraft, deren Gegenwart wir gespürt, aber nie zu fassen bekommen hatten, weit geöffnet.

Luc sagte uns, dass bis jetzt die einzigen Waffen der Interahamwe traditionelle Speere, Knüppel und Macheten seien, die Milizen laut Jean-Pierre jedoch vor kurzem vier große Lieferungen von AK-47-Gewehren, Munition und Handgranaten erhalten hätten. Diese Waffen befänden sich in vier verschiedenen Lagern in Kigali. Jean-Pierre bot an, uns eines der Lager zu zeigen, damit wir seine Informationen überprüfen könnten. Dafür, dass er uns alle Waffenlager nannte und uns alles berichtete, was er über die Interahamwe einschließlich ihrer Führer, ihrer Finanzierung und ihrer Verbindungen zur MRND, zur Zivilverwaltung, Armee und Gendarmerie wusste, verlangte er den Umtausch all seiner ruandischen Franc in Dollar sowie Pässe einer befreundeten westlichen Nation für sich und seine Familie. Er drängte uns außerdem, uns genau zu überlegen, wem wir von ihm erzählten: Nicht nur sei der örtliche zivile Mitarbeiterstab von UNAMIR infiltriert, die Extremisten hätten auch einen zivilen Frankoafrikaner aus Booh-Boohs Stab rekrutiert. Laut Jean-Pierre erfuhr Mathieu Ngirumpatse unmittelbar von allen Entscheidungen, die auf höchster Ebene in unserer Mission getroffen wurden.

Um seine Glaubwürdigkeit unter Beweis zu stellen, gestand unser Informant ein, dass er geholfen habe, die Demonstrationen vom vorangegangenen Samstagmorgen zu organisieren und zu steuern. Das Ziel der gewalttätigen Ausschreitungen sei es gewesen, das belgische Truppenkontingent von UNAMIR zu provozieren. An jedem Standort sollten ausgewählte Leute die Belgier mit Knüppeln und Macheten bedrohen und damit zum Schießen reizen. Wäre dieser Plan aufgegangen, dann hätten bei den ersten Schüssen unter die Menge gemischte Mitglieder der Präsidentengarde, der Gendarmerie und des Fallschirmjägerregiments der Regierungsarmee versteckte Waffen hervorgeholt. Am Kreisverkehr in der Nähe des Hauptquartiers der Präsidentengarde seien insgeheim an zahlreichen Stellen Waffen und Funkgeräte deponiert worden. Der Hinterhalt sollte einem einzigen Zweck dienen: belgische Soldaten zu töten. Die Führung der Hutu-Power-Bewegung sei überzeugt, dass Belgien in seiner alten Kolonie keine Verluste hinnehmen und in einem solchen Fall seine Truppen von UNAMIR abziehen würde. Die Extremisten wüssten, dass die Belgier das beste Kontingent von UNAMIR stellten und das Rückgrat der Mission bildeten, und sie gingen davon aus, dass die Mission zusammenbrechen würde, sollten die Belgier abrücken. Jean-Pierre wies mit Nachdruck darauf hin, dass die Führung kurz vor der Entscheidung stünde, die gelagerten Waffen an jede Interahamwe-Zelle in Kigali zu verteilen. Wenn dies geschehe, sagte er, gäbe es kein Mittel, das Abschlachten zu verhindern.

Noch während Luc Bericht erstattete, traf ich die Entscheidung, die Waffenlager zu suchen. Ich musste diese Kerle überraschen, ihnen ein klares Signal geben, dass ich wusste, wer sie waren und was sie vorhatten, und dass ich absolut entschlossen war, ihre Pläne zu vereiteln.

Mir war klar, dass eine solche Razzia ein hohes Risiko barg und Todesopfer fordern konnte, aber ich wusste ebenso, dass sie durch mein Mandat gedeckt wäre und sich mit meiner Truppe auch durchführen ließe. Das Schreckgespenst der gescheiterten Friedensmission in Somalia kam mir nicht in den Sinn. Diese Waffenlager waren eine Verletzung des Abkommens über die Waffenkontrollzone in Kigali; die Bewaffnung von Milizen verletzte das Arusha-Abkommen, richtete sich gegen unser Mandat und stellte ein großes Risiko für die Sicherheit meiner Truppe dar. Meine Einsatzregeln erlaubten die Anwendung einseitiger Gewalt zur Selbstverteidigung, zur Verteidigung der Truppe insgesamt und zur Verhinderung von Verbrechen gegen die Menschheit. Wir mussten klären, ob es diese Waffenlager wirklich gab, bevor wir handelten, nur für den Fall, dass uns Jean-Pierre eine Falle stellte. Aber wenn der Informant die Wahrheit sagte, waren wir gezwungen zu handeln.

Als Luc seinen Bericht beendet hatte, herrschte einen Moment lang völliges Schweigen. Ich sah zu Brent, dessen nun gerötetes Gesicht eine, ich kann es nicht anders nennen, freudige Erregung verriet. Denn endlich sah es so aus, als könnten wir die dritte Kraft identifizieren, sie packen und niederringen. Nach Monaten der Frustration, in denen wir immer nur auf vollendete Tatsachen reagieren konnten, bot sich nun die Chance, selbst die Initiative zu ergreifen.

Lucs Bericht hatte fast zwei Stunden gedauert, nun war es schon Mitternacht. Ich dankte ihm für die gute Arbeit und trug Hauptmann Claeys auf, sich weiterhin mit Jean-Pierre zu treffen, um, wenn möglich, mehr Informationen zu erhalten. Dann hielt ich eine Sitzung, praktisch einen Kriegsrat ab. Ich wies Luc an, seinen Stab mit der Planung von vier simultanen Razzien der Waffenlager innerhalb der nächsten 36 Stunden zu beauftragen und in seinem Hauptquartier nur die nötigsten Informationen weiterzugeben. Am 12. Januar sollte es einen weiteren Versuch geben, die Übergangsregierung zu vereidigen, das war in zwei Tagen. Jean-Pierre brachte uns an eine Wegscheide: Wenn wir auf seine Informationen hin handelten, würden wir den politischen Prozess entweder wiederbeleben – oder als Betrug entlarven.

Nachdem Luc gegangen war, beschloss ich, am nächsten Morgen als Erstes den Missionschef zu verständigen – ich machte mir die größten Sorgen, ob diese Information in seinem Stab geheim bliebe – und eine sorgfältig formulierte, verschlüsselte Nachricht an Maurice Baril zu schicken. Ein Telex direkt an Baril, den DPKO-Militärberater in New York, war ein Bruch des Protokolls und lag außerhalb meiner Befugnisse. Üblicherweise wurden alle wichtigen Mitteilungen zwischen dem Truppenkommandeur einer Mission und der Hauptabteilung Friedenssicherung über die zivile politische Hierarchie weitergeleitet, in diesem Fall also über Booh-Booh und sein Büro. Ein Truppenkommandeur durfte nur dann direkt mit dem Militärberater oder einer anderen beteiligten Abteilung der UNO in Verbindung treten, wenn es um rein administrative Angelegenheiten oder Erfordernisse ging. Ich war aber überzeugt, dass die Offenbarungen von Jean-Pierre ein sofortiges Handeln geboten.* Ich schloss meine Mitteilung mit meinem Motto aus Schülertagen und meiner Zeit bei der 5. Brigade: »Peux-ce que veux. Allons-y!« (Wo ein Wille ist, ist auch ein Weg. Packen wir's an!)

Dieses verschlüsselte Telex nach New York war in mehrerer Hinsicht ein Risiko. Es ließ sich zwar gewiss nicht abfangen, doch, einmal angekommen und transkribiert, ging es wie alle Dokumente durch viele Hände, bevor es auf den Schreibtischen von Baril, Annan und dessen Stellvertreter Riza landete. Aufgrund einer der absurden Wendungen des Lebens hatte am 1. Januar ausgerechnet das ruandische Regime einen Sitz im Sicherheitsrat erhalten – ein Zufall, bedingt durch die turnusmäßige Rotation von Mitgliedsnationen, die neben den ständigen Mitgliedern zeitweilig Pflichten im Rat übernehmen. Als Folge hatte die ruandische Vertretung nun Einblick in viele vertrauliche Dokumente über die Mission in ihrer Heimat.

Ich wollte schnell reagieren, aber auch New York klar machen, dass ich durchaus die Möglichkeit einer ausgeklügelten Falle ins Kalkül zog, um UNAMIR in die Offensive zu locken und die Rolle der Blauhelme als Hüter eines zerbrechlichen Friedens zu untergraben. Ich wollte auch wohlweislich nicht um Erlaubnis für die Razzia der Waffenlager bitten, sondern meine Vorgesetzten in New York lediglich über meine Absichten in Kenntnis setzen, wie es als Truppenkommandeur meine Pflicht war. Endlich würde ich in der Lage sein, den Falken die Initia-

* Für die Dauer der Mission schickte ich weiterhin Mitteilungen direkt an das DPKO und teilte ihm ohne Verständigung des Missionschefs oder Autorisierung durch sein Büro meine Absichten mit oder erbat Anleitung und Rat. Nachdem ich selbst zunächst Chef der Mission gewesen war und sie selbst aufgebaut hatte, nutzte ich einfach weiterhin die Kanäle, die mir schon vor dem Eintreffen Booh-Boohs in Kigali offen standen. Zu keiner Zeit wiesen mich der Missionschef oder das DPKO an, dies zu unterlassen, obwohl gelegentlich eine Antwort auf ein kodiertes Schreiben von mir mit Handlungsanweisungen direkt an den Missionschef zurückgeschickt wurde.

tive aus der Hand reißen. Brent und ich bastelten über zwei Stunden lang an den Formulierungen. Als wir mit dem Schreiben zufrieden waren, raste Brent zum Hauptquartier, um es auszudrucken und abzuschicken. Ich ging in dem festen Glauben zu Bett, dass wir nun die Möglichkeit hatten, die Lage in den Griff zu bekommen, nachdem sie uns immer schneller aus den Händen geglitten war.

Als ich am nächsten Morgen nach einigen unruhigen Stunden Schlaf aufwachte, schwebte ich immer noch im siebten Himmel. Ich war überzeugt, dass wir kurz davor standen, die Initiative zurückzugewinnen oder zumindest die Extremisten aus dem Gleichgewicht zu bringen; wir würden leichter Überläufer von ihnen gewinnen, sie in Panik versetzen und zu dummen Fehler verleiten können. Als ich auf dem Weg zur Arbeit den Kindern am Rand der Lehmstraße zuwinkte, ahnte ich nicht im Mindesten, dass New York bereits dabei war, meinen Aktionsplan abzuschießen.

*

Die verschlüsselte Antwort von Kofi Annan, signiert von Riza, ging mir und dem Missionschef zu. Ihr Inhalt traf mich völlig unvorbereitet. Annan tadelte mich, dass ich auch nur daran dächte, die Waffenlager zu konfiszieren, und befahl mir, die Operation sofort zu stoppen. Er benannte in qualvollen Einzelheiten die Grenzen, die mir New York als Kommandeur einer Friedensmission nach Kapitel VI auferlegte; nicht nur sei mir verboten, abschreckende Operationen zur Gewährleistung der Sicherheit von UNAMIR durchzuführen, ich solle im Interesse der Transparenz die von Jean-Pierre erhaltenen Informationen auch sofort an Präsident Habyarimana weitergeben. Ich war niedergeschmettert. Die Massaker vom November, die Gegenwart schwer bewaffneter Milizen, die Hetze der extremistischen Presse, die alle Tutsi lauthals *inyenzi* schimpfte und nach Blutvergießen schrie, die politische Sackgasse und die daraus erwachsenden Spannungen: All das waren Zeichen, dass wir es nicht länger mit einer klassischen Friedensmission nach Kapitel VI zu tun hatten. Jean-Pierre hatte schlicht die Puzzlestücke zusammengefügt und offenbart, dass die Mission – und das Arusha-Friedensabkommen – in Gefahr waren. Etwas musste unternommen werden, um uns vor einer Katastrophe zu retten. Den Rest der Woche über führte ich mit New York ein Telefongespräch ums andere und stritt mit Maurice um die Notwendigkeit, die Waffenlager zu stürmen. Während dieser Wortwechsel hatte ich das Gefühl, dass New York mich nun als Revolverhelden, nicht als vorsichtigen, wenn auch sehr forschen Kommandeur betrachtete.

Dass ich die UNO nicht überreden konnte, auf Jean-Pierres Informationen hin zu handeln – dieses Scheitern verfolgt mich bis heute. Wenn es mir nur gelungen wäre, Maurice auf meine Seite zu ziehen, damit er als mein Fürsprecher Annan und Riza hätte überzeugen können, dass ich kein schießwütiger Cowboy war ... Ich weiß heute, dass die Hauptabteilung Friedenssicherung damals noch immer stark unter dem Eindruck des amerikanischen Debakels in Somalia stand, bei dem 18 amerikanische Soldaten ums Leben kamen, als sie versuchten, auf den Straßen Mogadischus einen Kriegsherrn festzunehmen. Aber ich schlug einen vernünftigen, sorgfältig ausgearbeiteten Plan vor, der sich in Übereinstimmung mit der Linie befand, die ich von Anfang an verfolgt hatte: unsere Einsatzregeln so weitgehend zu fassen, dass sie uns genügend Raum gaben, die für die Umsetzung des Friedensabkommens erforderliche Sicherheit zu schaffen. Der Ton der DPKO-Nachricht ließ darauf schließen, dass die Kommunikation zwischen mir und New York vollständig zusammengebrochen war: Sie trauten meinem Urteil nicht mehr, eine Operation durchzuführen, die zwar riskant war, aber nicht annähernd so gefährlich wie die Operation Sauberer Korridor, die wir ohne Zwischenfälle über die Bühne gebracht hatten. Aus meiner Sicht bot die Insider-Information, die uns Jean-Pierre geliefert hatte, eine reelle Chance, Ruanda aus dem Feuer zu ziehen. Die Reaktion des DPKO zog mir den Boden unter den Füßen weg.

Die Toten und Verletzten unter den pakistanischen Blauhelmen und dann die gefallenen amerikanischen Spezialkräfte in Somalia mussten nicht nur einen enormen Einfluss auf das Triumvirat in der Hauptabteilung Friedenssicherung, sondern auch auf viele Mitgliedsländer der UNO gehabt haben. Damals gab es keinerlei Bereitschaft zu einer Operation, die eigene Opfer mit sich bringen konnte – die ganze Atmosphäre im DPKO und seiner Umgebung war risikofeindlich. In meinem Telex hatte ich auf eine möglicherweise sehr riskante Offensive gedrängt, doch das herrschende Klima in der UNO stand dem diametral entgegen. Kein Wunder, dass die Reaktion so schnell erfolgte und dass sie so unzweideutig negativ ausfiel. Dennoch, so verständlich die UN-Entscheidung war, so inakzeptabel war sie im Feld. Wenn wir nicht gegen die geheimen Depots vorgingen, konnten sich die dort lagernden Waffen schließlich gegen uns und viele unschuldige Ruander richten.

Als ich dem Missionschef und dessen Stabschef am Morgen des 11. Januar Bericht erstattete, unterstützte mich Abdul Kabia vorbehaltlos, während sich Booh-Booh auf nichts festlegte. Ich hoffte, dass mir der Missionschef helfen würde, mich mit einem letzten Appell an New York zu wenden, aber ich täuschte mich. Er war befugt, sich unmittelbar bei Butros Butros-Ghali für die Rücknahme der Entscheidung des DPKO einzusetzen, aber er schob jeden Gedanken daran beiseite und schlug stattdessen vor, die Instruktionen aus New York Wort für Wort zu befolgen. Kurz vor dem Treffen mit Habyarimana am Morgen des 12. Januar erstatteten Booh-Booh, Kabia und ich den Botschaftern von Belgien und der USA sowie dem französischen Geschäftsträger umfassend Bericht. Alle drei hörten uns an und versprachen, ihre jeweilige Regierung zu verständigen. Keiner von ihnen schien über unsere Mitteilungen überrascht zu sein, was mich zu dem Schluss führte, dass unser Informant lediglich bestätigte, was sie bereits wussten. Ich bat sie, für Jean-Pierre und seine Familie ein Asyl zu finden, aber die drei verweigerten jede Hilfe. Wir hatten die meisten seiner Angaben verifizieren können, mit beträchtlichem Risiko für ihn und seine Angehörigen, und ich wusste, dass die diplomatische Gemeinde anderen wertvollen Informanten unter schwierigen Umständen sehr wohl geholfen hatte; deshalb konnte ich damals – und kann bis heute – ihre Weigerung nicht begreifen.

Wenn jemand von UNAMIR um ein Treffen mit dem Präsidenten bat, ließ ihn Habyarimana gewöhnlich ein paar Tage schmoren, bevor er eine Audienz gewährte. Der Missionschef und ich waren daher sehr überrascht, als er zustimmte, uns sofort zu treffen. Er begrüßte uns in seinem Patio, flankiert von seinem Büroleiter Enoch Ruhigira, von Augustin Bizimana, dem Verteidigungsminister, von Generalmajor Déogratias Nsabimana, dem Stabschef der Armee, und von Generalmajor Augustin Ndindiliyimana, dem Stabschef der Gendarmerie.* Von den fünf Männern waren vier Hardliner, Ndindiliyimana ein ungewisser Kandidat. Ich traute keinem von ihnen, und wir waren dabei, die beste Insider-Information an sie weiterzugeben, die wir bis dahin erhalten hatten. Booh-Booh ergriff das Wort und gab dem

* Am 1. Januar 1994 waren die Militärführer von RPF, Regierungsarmee und Gendarmerie, wie es das Arusha-Abkommen vorsah, alle zum Generalmajor befördert und die Ränge anderer Offiziere angepasst worden, um bei der kommenden Demobilisierung und dem Aufbau einer neuen ruandischen Streitmacht für Gleichrangigkeit zwischen den Vertretern der drei Kontingente zu sorgen.

Präsidenten eine detaillierte Zusammenfassung unseres Wissens über die Aktivitäten seiner Partei, darunter die Verteilung illegaler Waffen in der Waffenkontrollzone Kigali, die Verstrickung der MRND mit der Interahamwe und deren Versuchen, das Arusha-Abkommen zu unterlaufen. Mit einiger Befriedigung beobachtete ich den krassen Wechsel im Mienenspiel des Präsidenten: von gelangweilter Gleichgültigkeit zu schierer Ungläubigkeit. Habyarimana leugnete jedes Wissen über solche Waffenlager. Es war unmöglich, zu ergründen, ob ihn die Nachricht selbst oder nur die Tatsache überraschte, dass UNAMIR davon erfahren hatte. Der Missionschef teilte Habyarimana mit, dass New York innerhalb von 48 Stunden eine vollständige Untersuchung erwarte, und warnte ihn, dass jeder folgende Ausbruch von Gewalt in Kigali sofort dem Sicherheitsrat gemeldet würde. Der Präsident versprach, sofort zu handeln. Booh-Booh war überzeugt davon, dass Habyarimana die Botschaft verstanden hatte. Aber ich war mir nicht sicher, wie die Botschaft überhaupt lautete, an der er jetzt schlucken musste. Waren unsere Vorhaltungen eine völlige Überraschung für ihn? War er Teil des Komplotts, oder verlor er die Kontrolle über seine Kamarilla? Wenn ihm die Zügel entglitten waren, wer hielt wirklich die Macht in Händen? Einem Gerücht zufolge waren seine Frau und ihre Brüder die treibende Kraft der Hutu-Power; ursprünglich nannte man sie »le clan de Madame«. Ich wusste nur eines genau: dass diese Informationen an die Extremisten weitergegeben und die Waffen sofort woanders versteckt oder, schlimmer noch, gleich verteilt werden würden.

Am Ende der Unterredung bat Habyarimana den Missionschef und mich spontan, auch den Vorsitzenden der MRND im Parteihauptquartier zu informieren. Diese ungewöhnliche Bitte vom nominellen Kopf der MRND legte nahe, dass sich ein Bruch zwischen dem harten und dem extremistischen Flügel der Partei vollzog, wie schon Gerüchte angedeutet hatten. Als wir Mathieu Ngirumpatse (den Jean-Pierre als seinen Boss bezeichnet hatte) und Parteigeneralsekretär Joseph Nzirorera gegenübersaßen, konfrontierten wir sie mit unseren Erkenntnissen über die Ausbildung der Interahamwe und die illegalen Waffenlager innerhalb der Waffenkontrollzone. Beide versuchten, alles abzustreiten, aber als wir ihnen entgegenhielten, dass wir Mitglieder der Interahamwe bei den gewalttätigen Demonstrationen am vorangegangenen Samstag gesehen hatten, räumten sie schließlich die Teilnahme einiger ihrer Gefolgsleute ein. Aber sie gaben diese Gefolgsleute als dubiose Figuren aus, die die Partei infiltriert hätten, gar als Banditen, die die Parteiabzeichen missbrauchten.

In jener Nacht kam Jean-Pierre verspätet zu einer Verabredung mit Hauptmann Claeys, weil er durch ein dringendes Treffen mit Ngirumpatse aufgehalten worden war. Er sagte, sein Boss sei außer sich über unseren Besuch und habe verlangt, die Verteilung der Waffen sofort zu beschleunigen. Jean-Pierre fuhr dann mit Claeys und Hauptmann Deme, dem anderen Mitglied unseres Aufklärungsteams, los, um ihnen, wie versprochen, eines der Waffenlager zu zeigen. Amadou Deme, der als Senegalese fließend Französisch sprach, war in Zivil gekleidet. Es gab zwei Wachen vor dem Lager, daher blieb Claeys im Wagen, während Deme und Jean-Pierre, der ihn den Wachen als einen afrikanischen Freund vorstellte, hineingingen. Das Lager lag im Keller des Hauptquartiers der MRND, im selben Gebäude also, in dem wir uns noch vor ein paar Stunden mit Ngirumpatse und Nzirorera getroffen hatten. In dem Lager befanden sich mindestens 50 Sturmgewehre, Munitionskisten, Magazine und Handgranaten. Das Gebäude gehörte Ndindiliyimana, dem Stabschef der Gendarmerie, der sich als Gemäßigter dargestellt hatte. Er war jedoch in Gesellschaft von Extremisten gesehen worden, es gab Hinweise auf eine Beteiligung seiner Gendarmen an extremistischen Taten, und nun stellte sich heraus, dass sich im Keller des Gebäudes, das er der MRND vermietet hatte, ein Waffenlager befand. Welcher Seite fühlte er sich wirklich verpflichtet?

Ich fürchtete, dass Jean-Pierre, nachdem wir die durch ihn gewonnenen Erkenntnisse an Habyarimana und Ngirumpatse weitergegeben hatten, nicht mehr mit uns sprechen würde, aber er versorgte uns weiterhin mit wertvollen und überprüfbaren Informationen. So ließ er uns wissen, dass Agenten mit zivilen Arbeitsverträgen im Missionshauptquartier im Amahoro-Komplex arbeiteten und einer von ihnen mein Fahrer gewesen sei, bevor er durch Philippe Troute ersetzt worden war. Mindestens viermal war er gerufen worden, um sich Bänder mit Gesprächen zwischen einem MRND-Parteifunktionär und einem nichtruandischen, frankophonen Afrikaner anzuhören, der politische und administrative Informationen über UNAMIR preisgab. Er verschaffte uns auch Einblick in die Struktur und die Planungsprozesse der Extremisten. Bis Mitte Januar hatten wir dank Jean-Pierre alles, was wir brauchten, um eine gut organisierte Verschwörung im Land zu belegen, deren Ziel die Sabotage des Arusha-Friedensabkommens mit allen erforderlichen Mitteln war.

Ich wollte ihm eine sichere Ausreise aus dem Land verschaffen, aber New York sagte, man könne sich nicht in »verdeckte« Aktivitäten verwickeln, ihm also zum Beispiel keine Reisedokumente besorgen. Jean-Pierre verlor schließlich die Geduld mit uns, brach die Verbindung ganz ab und verschwand gegen Ende Januar. Ob ihm auf eigene Faust die Flucht geglückt oder ob er entdeckt und ermordet worden war, habe ich nie herausfinden können. Noch beunruhigender ist die Möglichkeit, dass er schlicht wieder in die Interahamwe abtauchte, wütend und enttäuscht über unsere Wankelmütigkeit und Ineffizienz, und sich am Völkermord beteiligte.

*

Die Sicherheitslage in Kigali verschlechterte sich weiter, es kam zu Zwischenfällen an der Grenze der entmilitarisierten Zone und in Flüchtlingslagern im Süden. Nachdem mich New York angewiesen hatte, nichts gegen die Waffenlager zu unternehmen, befahl ich am 18. Januar allen Sektorhauptquartieren und Truppenstandorten, ihre Verteidigungsstellungen auszubauen und binnen einer Woche ihre Anträge für die erforderlichen Pioniermittel einzureichen. Wir überprüften dann diese Anträge und leiteten sie an die Abteilung für Feldeinsätze (FOD) in New York weiter, doch dort reagierte man nicht. Wir erhielten nie das angeforderte Material, um unsere Lager mit Schutzunterständen ausrüsten zu können, was im April vernichtende Konsequenzen haben sollte. Auch sollten die übrigen Soldaten aus Bangladesch und das ghanaische Bataillon Anfang bis Mitte Januar eintreffen, sie kamen aber erst Anfang Februar. Meine vorhandene Truppe war der Erschöpfung nahe, da sich aufgrund der gewachsenen Einsatzanforderungen ihre Belastung ständig erhöht hatte.

In der Zwischenzeit schloss Brigadegeneral a. D. Paddy Blagdon, der Leiter des UN-Minenräumprogramms, seine Einschätzung der Minenbedrohung in Ruanda ab. Ich war ein bisschen geschockt und zugleich entrüstet, als Paddy mir sagte, die Gefahr, die in Ruanda von den »nur« schätzungsweise 30.000 Landminen ausgehe, die meisten davon Personenminen, sei nicht sonderlich groß. Schließlich konnte jede dieser Minen einen Menschen töten oder verstümmeln. Aber als er mir dann den Umfang des Minenproblems in Kambodscha, Angola, Mosambik, Bosnien und anderen Brandherden der Welt schilderte, begriff ich seine Vergleichsgrößen. Paddy wollte nun die notwendigen Mittel loseisen und die Aufträge für die Minenräumung vergeben, aber das würde Zeit kosten. Vier Monate später, als der Krieg erneut ausbrach, hatten wir noch immer keinen Dollar und keinen Minenräumer in Ruanda gesehen, und tagtäglich kam es zu Opfern unter Soldaten wie Zivilisten, die, wenn nicht ihr Leben, so doch Beine oder Arme verloren.*

Am Abend des 18. Januar lud ich meine höchsten Offiziere zu Ehren von Oberst Figoli, der aus der Mission ausschied, zu einem seltenen geselligen Abendessen ins Meridien-Hotel. Herbert Figoli war seit Oktober bei mir gewesen und hatte mehr als jeder andere den Frieden in der entmilitarisierten Zone aufrechterhalten – mit kaum mehr als 100 Militärbeobachtern und Soldaten und jedem denkbaren Mangel bei Logistik und Ausrüstung. Wir sollten ihn bitter vermissen. Selbst der Missionschef und Per Hallqvist nahmen an dem Essen teil.

Ein paar Stunden zuvor hatte ich mich bereits von der Hälfte der tunesischen Kompanie verabschiedet, die unter Figolis Kommando gestanden hatte und nun von einem neuen Kontingent abgelöst wurde. Die Tunesier waren alle Wehrdienstleistende, die sich freiwillig für eine Verlängerung ihres Militärdienstes gemeldet hatten, um in Ruanda zu dienen, und sie waren der Inbegriff professioneller Soldaten, geführt von einem vorbildlichen Offizier, Kommandeur Mohammed Belgacem. Diese kleine, fest zusammenhaltende Einheit erwies sich als meine Feuerwehr. Ob ich ein Problem in der entmilitarisierten Zone, am Nationalratsgebäude in Kigali oder später während des Krieges hatte, immer konnte ich auf die Tunesier zurückgreifen, die mich nie im Stich ließen. Als ich mich auf dem Asphalt des Flughafens von 30 dieser Männer verabschiedete, lobte ich sie für ihren Dienst und die Opfer, die sie in den sehr risikoreichen Tagen Ende 1993 in der entmilitarisierten Zone gebracht hatten. Mit einer ganzen Truppe solcher Soldaten hätten wir jede Herausforderung in Ruanda bewältigen können.

*Ich bat um Minenräumgerät für meine Pioniere aus Bangladesch, da sie selbst keines mitgebracht hatten. Man schickte uns wenige, veraltete, wirkungslose Gerätschaften und einige neue Räumfahrzeuge, die wir für die UNO testen sollten, aber die Pioniere aus Bangladesch konnten sie nicht bedienen und zeigten keinen Ehrgeiz, es zu lernen. Als wir abermals um einsatzfähige Ausrüstung baten, teilte man mir erneut mit, dass es dafür kein Budget gebe. Mein belgisches Kontingent verfügte über eingeschränkte Minenräumkapazitäten, hatte aber von der Regierung in Brüssel strikte Anweisung, nicht an Minenräumaktionen teilzunehmen, außer in Notlagen, wenn das Leben von UNAMIR-Mitarbeitern unmittelbar bedroht sei und Minen in unmittelbarer Umgebung der belgischen Quartiere entdeckt würden. Als Folge der bürokratischen und finanziellen Beschränkungen der UNO und dieser restriktiven nationalen Politik der Entsendenationen waren wir nie in der Lage, mit der Minengefahr im Land fertig zu werden.

Binnen weniger Tage gelang es Kommandeur Belgacem glücklicherweise, die neuen Soldaten, die ihre Landsleute abgelöst hatten, in die Einheit zu integrieren und ihre hohe Effizienz aufrechtzuerhalten. So blieben die Tunesier mein Ass im Ärmel.

*

Zu dieser Zeit begann Paul Kagame, der Führer der RPF, wegen des Schneckentempos des Friedensprozesses Druck zu machen. Er sagte mir, ihm gehe das Geld aus, um seine Truppe mit Proviant und Treibstoff zu versorgen. Als Folge müssten seine Soldaten gefährliche Vorstöße in die entmilitarisierte Zone unternehmen, um Nahrung und Wasser zu suchen. Wenn er bereits jetzt ernste Versorgungsengpässe hatte, wie sollten seine Truppen bis zur Zeit der Demobilisierung drei Monate nach Vereidigung der Übergangsregierung überleben? Kagame sagte mir auch, dass seine unverheirateten Soldaten, die zumeist in ihren 20ern waren, nach vier Jahren im Feld immer unruhiger würden, weil sie sich endlich niederlassen wollten. Nach landläufiger Meinung würde nämlich, wer mit 30 noch nicht verheiratet sei, nie seine Enkel erleben und später in seiner Gemeinde auch nicht in den Genuss der Verehrung kommen können, die man den Alten zollte. Das war ein zusätzlicher, sehr realer sozialer Druck in seiner Truppe.

Ich musste mich fragen, wie die Demobilisierung beginnen sollte, wenn sich niemand bereit erklärte, sie zu finanzieren. Da sich alle mit der verfahrenen politischen Lage beschäftigten, verwandte niemand außerhalb der militärischen Abteilung Zeit darauf, über diese wichtige Phase nachzudenken. Es gab dafür nicht einmal irgendwelche dürftigen UN-Gelder, und der Einzige, der noch immer versuchte, Geldgeber zusammenzutrommeln, war der UNDP-Vertreter Amadou Ly.* Ich ging zu Booh-Booh, um ihm diese dringenden Erfordernisse vorzutragen, und er hörte mich wie üblich bis zu Ende an, schien sich aber nie darüber im Klaren zu sein, dass er als Missionschef in der Verantwortung stand, die Planung für die Hilfe voranzutreiben.

*

*Am 26. Januar rief Ly in Kigali einen runden Tisch mit Vertretern humanitärer Organisationen, der Weltbank, dem IWF, relevanten UN-Agenturen, der RPF, der ruandischen Regierung, Geberländern und UNAMIR zusammen, um die Finanzierungsstrategie für die Demobilisierung und Reintegration überschüssiger Truppen zu beraten. Dieses Treffen wurde zur Grundlage eines weiteren runden Tisches, zu dem sich die Geberländer im März in Europa trafen.

Ben Matiwaza von UNOMUR, unserer Beobachtertruppe in Uganda, hatte berichtet, dass Flüchtlinge aus Uganda in das von der RPF kontrollierte Gebiet in Nordruanda vordrangen. Wir bekamen auch unbestätigte Berichte, dass Radio Muhaburu, ein RPF-Sender, die ruandische Diaspora ermutige, von ihrem im Arusha-Abkommen festgelegten Rückkehrrecht Gebrauch zu machen. Mir schien, dass Kagame die Rückkehr der Flüchtlinge und die Einfälle seiner Truppen in die entmilitarisierte Zone benutzte, um UNAMIR zu zwingen, die Einsetzung der Übergangsregierung voranzutreiben. Am 20. Januar traf ich mich auf seine Bitte hin mit ihm in Mulindi, um diese und andere Fragen zu erörtern.

Wie immer, wenn ich einen Abstecher nach Mulindi oder zu anderen Orten außerhalb von Kigali machte, flog ich in einem unserer zwei betagten Hubschrauber, die das belgische Kontingent mitgebracht hatte. In den alten Biestern mit ihren dürftigen Pferdestärken gab es nur Platz für den Piloten und zwei Passagiere. Trotzdem war der Trip nach Mulindi ein Flug, den ich liebte. Wir flogen tief (wie immer, um kein leichtes Ziel für Heckenschützen abzugeben) über die wogenden Smaragdhügel und landeten schließlich auf einem buckeligen, von Bäumen gesäumten Fußballfeld, das aussah, als hätte man es mit Schaufel und Hacke aus dem Berghang gebuddelt. Überall standen und saßen RPF-Soldaten herum; sie benutzten das Feld als Drillplatz, und es gab immer mindestens 100 Männer, die dort übten.

Eine Eskorte empfing mich und führte mich zum RPF-Quartier. Kagame hatte einen bescheidenen Bungalow etwas abseits der anderen Gebäude. Vogelgezwitscher und das sanfte Rauschen des Windes in den Bäumen waren die einzigen Geräusche, die man hörte. Er saß im kleinen Patio des Bungalows und richtete langsam seinen langen, knochigen Körper auf, um mich stehend zu begrüßen. Seine suchenden, sondierenden, prüfenden Augen haben etwas Zwingendes, und er verschwendet wenig Zeit auf Höflichkeitsfloskeln. Als wir uns setzten, stieg er sofort ins Thema ein, sprach von der Situation langjähriger ruandischer Flüchtlinge in Burundi, die nach dem Oktoberputsch unhaltbar geworden sei. Viele dieser Flüchtlinge hätten sich in die Sicherheit von Missionsschulen und -kirchen geflüchtet, um bewaffneten Haufen, die sich für die Ermordung des burundischen Präsidenten rächen wollten, zu entgehen. Viele hätten keine andere Wahl, als zurück nach Ruanda zu fliehen, um nicht vom Pöbel massakriert zu werden. Und auch die ruandischen Flüchtlinge in Uganda sähen sich einem ähnlichen Druck ausgesetzt, wenngleich nicht so extrem. Eine Landreform habe jüngst Landbesetzern Eigentumsrechte auf Grundstücke verliehen, die seit fast 30 Jahren von den Exilruandern besiedelt waren; die Flüchtlinge würden vertrieben. Er und andere Führer der RPF versuchten, den Zustrom nach Ruanda aufzuhalten, aber das sei schwierig. Schließlich habe die RPF den Krieg ausgefochten, damit die Flüchtlinge in ihre Heimat zurückkehren könnten.

Als er vom Leid der Flüchtlinge sprach, gab er seine übliche Zurückhaltung auf. Er griff weit zurück auf seine eigenen Erlebnisse, um seine Ausführungen zu illustrieren und ihnen Nachdruck zu verleihen. Manchmal stand er auf und ging unruhig auf und ab, als er beschrieb, wie er selbst in einem Flüchtlingslager in Uganda aufwuchs, immer Außenseiter, immer in der Minderheit, geduldet zwar, aber nie wirklich als Gleicher akzeptiert. Wut blitzte in seinen Äußerungen auf, als er von dem Kampf erzählte, den er selber hatte führen müssen, um sein Selbstwertgefühl und seine Würde vor dem verheerenden Defätismus in den Flüchtlingslagern zu bewahren. Er selbst habe sich ganz seinem Fortkommen gewidmet und nach seiner Militärausbildung in Tansania geholfen, Uganda von dem Diktator Milton Obote zu befreien, indem er sich der ugandischen Nationalen Widerstandsarmee (NRA) unter Yoweri Museveni anschloss, dem späteren Präsidenten des Landes. Obwohl ein hoch angesehener Offizier, habe er in der NRA sein Potenzial nie voll ausschöpfen können, weil niemand jemals vergaß, dass er Ruander war.

Ich wusste, dass die NRA Tutsi-Flüchtlinge wie Kagame in ihre Reihen aufgenommen hatte. Sie hatten für Museveni gekämpft, weil sie glaubten, dass dieser sie fair behandeln würde, wenn sie Obote besiegten. Aber Museveni musste Allianzen mit anderen Stämmen und Gruppen auf Kosten der großen Tutsi-Minderheit eingehen, die ihn an die Macht gebracht hatte. Ich erinnerte mich an ein Gleichnis, das Brent von einem RPF-Verbindungsoffizier, Kommandeur Karake Karenzi, gehört hatte, um die Erfahrungen der Tutsi in Uganda zu verdeutlichen: Wenn Jäger und Hund das Wild jagen, sind sie Gleiche; wenn aber das Wild erlegt ist, bekommt der Jäger das Fleisch, der Hund nur die Knochen. So hatten sich laut Karenzi die Tutsi, die unter schwierigen Bedingungen in der NRA gekämpft hatten, in Uganda gefühlt, nachdem Museveni an die Macht gekommen war. Die Erkenntnis, dass sie in Uganda immer nur Hunde bleiben würden, war die treibende Kraft hinter der Bildung der RPF gewesen.

Sie wollten heimkehren und in ihrem eigenen Land wie Gleiche behandelt werden.

Kagame blickte mir direkt in die Augen und sagte, die Flüchtlingssituation ließe sich nur lösen, wenn der politische Prozess wieder angeschoben werden würde. Andernfalls käme es unweigerlich zu einer Verschlimmerung der Lage. Verzweifelte Menschen seien bereit, die Waffe in die Hand zu nehmen, um ihr Geburtsrecht zu beanspruchen. Gegen Ende des Treffens lehnte er sich zu mir vor und sagte mit vollkommener Überzeugung: »Wenn die Dinge so bleiben, wie sie sind, sehen wir einer Lage entgegen, aus der einer als Sieger hervorgehen muss.« Das hieß nichts anderes, als dass die RPF äußerstenfalls den Krieg wieder aufnehmen und bis zum Sieg kämpfen würde. Dieser Sieg war ihr schon zweimal zum Greifen nahe, aber beide Male hatten die Franzosen auf Seiten der Regierungsarmee interveniert.

Ich erhob mich schließlich mit einigem Bedauern und entschuldigte mich, da mein Helikopter keine Nachtsichtausrüstung hatte und ich abfliegen musste. Es war faszinierend, Kagame ein paar Stunden mit offenem Visier zu erleben und die Leidenschaft zu spüren, die diesen außergewöhnlichen Mann antrieb.

*

Am folgenden Freitag, dem 21. Januar, fuhr ich zum Flughafen von Kigali, um meinen stellvertretenden Kommandeur und Stabschef zu begrüßen, Brigadegeneral Henry Anyidoho aus Ghana, der endlich ernannt worden war. Anyidoho ist ein imposanter Mann von 120 Kilo und weit über einsachtzig groß. Beeindruckend wie seine körperliche Präsenz war seine Arbeitswut. Wie ich hatte er am Marine Corps Command and Staff College in Virginia graduiert, und er verfügte über einen ungeheuren Erfahrungsschatz aus vielen Einsätzen, vom Kongo in den 60er Jahren bis hin zum Libanon und zu Kambodscha, ganz zu schweigen von seinem eigenen Land. Selbstsicher, kühn und kompetent, engagierte sich Henry von Anfang an mit Leib und Seele für die Mission. Wir mochten einander auf den ersten Blick.

Noch am selben Tag durchsuchte eines der Militärbeobachterteams ein außerplanmäßig in Kigali eintreffendes DC-8-Transportflugzeug und fand Tonnen von Artillerie- und Mörsermunition. In den Frachtpapieren – Registrierung, Eigentumsurkunde, Versicherung, Frachtgüterliste – tauchten Firmen aus Frankreich, Großbritannien, Belgien, Ägypten und Ghana auf. Die meisten Länder auf der Liste beteiligten sich mit Truppenkontingenten an UNAMIR. Brent fragte einen belgischen Offizier, wie es sich anfühle, die eigene Haut in Ruanda zu riskieren, während sein Land mit Waffen handelte, die ihn das Leben kosten könnten. Der Offizier erwiderte, Friedenshüten sei Friedenshüten und Geschäft sei Geschäft, und Belgiens Geschäft seien nun einmal Waffen. Ich verfluchte die Doppelmoral dieser Länder, die angeblich mit ihrer Vergangenheit als Kolonialmächte abgeschlossen hatten, befahl die Beschlagnahmung der Munition und verlangte eine Erklärung vom Verteidigungsminister. Ich schickte Brent zu Oberst Luc Marchal in dessen Quartier im Meridien-Hotel, um den Befehl zur Konfiszierung der Waffen auf dem Flughafen zu überbringen. Luc fragte, ob wir autorisiert seien, die Waffen zu konfiszieren. Brent bestätigte ihm, dass ich es als Teil unseres Mandats und des Abkommens über die Waffenkontrollzone Kigali ansähe, woraufhin Luc die entsprechende Order gab.

Auf dem Weg zurück zum Truppenhauptquartier stießen Brent und Troute vor dem Nationalratsgebäude auf eine feindselige Menschenmenge. Seit die RPF in Kigali vertreten war, hatten sich Regierungsarmee und Verteidigungsminister regelmäßig über die große Zahl von Besuchern im Gebäude des Nationalrats beklagt und den Vorwurf erhoben, die RPF schmuggle mit ihnen heimlich Verstärkung und Munition in das Gebäude. Regierungsarmee, Präsidentengarde und Interahamwe postierten gewöhnlich ihre Leute in der Nähe, um das Kommen und Gehen zu überwachen, wobei sie oft Besucher anhielten und drangsalierten. Es war daher nicht ungewöhnlich, dort eine wütende Menge zu sehen. Aber als Brent und Troute vorbeifuhren, konnten sie sehen, dass dieser Mob mit Macheten bewaffnet war und die RPF-Wachen anbrüllte, die innerhalb des Komplexes stationiert waren. Brent befahl Troute, anzuhalten, um herauszufinden, was vor sich ging. Schnell wurde klar, dass einzelne Aufwiegler aus der Menge ein Ehepaar nach dessen Besuch im Nationalratsgebäude angegriffen hatten, um die RPF-Wachen herauszufordern, es zu retten.

Brent erkannte, dass die Situation rasch eskalieren konnte, und griff ein. Er befahl den RPF-Wachen, auf dem Gelände des Nationalratsgebäudes zu bleiben und nicht auf die Provokation zu reagieren. Brent und Troute mischten sich dann unter die Menge, in der Gewissheit, dass die acht Mann starke Wache der Bangladescher vor dem Eingang des Nationalrats ihnen Rückendeckung geben würde. Als sie sich ins Zentrum der Ansammlung durchgedrängelt hatten, sahen sie einen

Mann, der inmitten einer Blutlache auf dem Boden lag. Sein Gesicht war der Länge nach aufgeschnitten, sodass die Knochen blau-weiß schimmernd hervortraten. Gleich in der Nähe lag eine hochschwangere Frau, deren Arm bis zum Knochen aufgeschlitzt und gebrochen war. Brent hob den Mann auf seine Schulter und ging direkt auf das Auto zu. Als er sich mit seiner blutenden Last vorwärts bewegte, löste sich ein Mann mit einer Machete aus der Menge und verstellte ihm den Weg. Ohne eine Sekunde zu überlegen rammte ihm Brent seine Faust in den Solarplexus und warf ihn zu Boden. Troute hob sein Sturmgewehr, und die Menge wich zurück und gab ihm Raum, um die Frau aufzuheben und in Sicherheit zu bringen. Erst als Brent und Troute zurück am Wagen waren, wurde ihnen klar, dass von den Wachsoldaten aus Bangladesch niemand in Sicht war. Sie hatten sich in ihrem Unterstand neben dem Haupttor versteckt.

Brent und Troute fuhren direkt zum König-Faisal-Krankenhaus, einem prachtvollen Hospital, das die Saudis Anfang der 90er Jahre als Geschenk für Ruanda erbaut hatten. Das Problem war, dass es weder genügend medizinisches Personal noch genug Geld gab, um das Krankenhaus zu unterhalten, daher hatten die Ruander es praktisch geschlossen und dem Staub überlassen. Da man mir kein Feldlazarett zugeteilt hatte, war ich auf die Idee gekommen, mein medizinisches Personal im König-Faisal unterzubringen, worauf die Regierung nur allzu bereitwillig eingegangen war. Der Sanitätszug, den ich dort stationiert hatte, wurde von einem Oberstleutnant aus Bangladesch geführt, der als hervorragender Chirurg bekannt und dankbar für die Ausstattung eines erstklassigen Krankenhauses war.

Als Brent mit seinen Verletzten eintraf, erlebte er das übliche Inferno einer Ambulanz. Die schwangere Frau, die auf der Fahrt ins Krankenhaus unablässig Kinyarwanda gesprochen hatte, begann plötzlich, untröstlich zu weinen. Ein kleiner ruandischer Junge, den die Bangladescher angeheuert hatten, weil er englisch sprach, übersetzte ihre schmerzerfüllten Schreie. Wie sich herausstellte, hatte sie ein Kind auf dem Arm gehabt, als sie angegriffen wurde. Nun wusste sie nicht, ob es ebenfalls verletzt worden oder wo es abgeblieben war. Brent kehrte um, nahm Troute mit und fuhr zum Nationalratsgebäude zurück.

Als sie dort ankamen, waren ein paar Gendarmen eingetroffen und hatten den Mob aufgelöst. Die Angreifer waren längst verschwunden, aber an einer Wand hockte eine Frau, die ein Baby im Arm wiegte.

Brent fragte sie in stockendem Französisch, ob das Kind der vom Pöbel verwundeten Frau gehöre, und sie nickte. Brent und Troute brachten das Baby sofort zum Krankenhaus und vereinten es mit seinen Eltern. Als Brent sie ein paar Tage später besuchte, waren sie wohlauf. Der Chirurg, in seiner Heimat berühmt, weil er das Leben des Premierministers von Bangladesch gerettet hatte, als dieser bei einem Putschversuch angeschossen worden war, hatte eine bemerkenswerte Arbeit geleistet, das Gesicht des Mannes wieder zusammengenäht und sowohl den Arm der Frau als auch ihr ungeborenes Kind gerettet.

*

Der Angriff am Nationalratsgebäude war nicht das erste Mal, dass Angehörige von UNAMIR Zeugen wurden, wie ein machetenschwingender Mob sich auf unschuldige Zivilpersonen stürzte, um Tutsi zu ermorden. Aber in den folgenden Tagen, als aufgrund des Scheiterns der Bemühungen um die Einsetzung der Übergangsregierung die Frustration über das Arusha-Abkommen und UNAMIR zunahm und die Milizen unverhüllt aggressiv wurden, nahmen diese Vorfälle in alarmierender Weise zu. Es war, als sei ihnen ein Zeichen gegeben worden, um einen Kreislauf von Aufruhr, blutigen Angriffen und Mord in Gang zu setzen.

Manfred Bleim, der Chef der Zivilpolizeiabteilung der UNO, war Ende Dezember eingetroffen. Ich hatte gehofft, dass er sich mit allen Kräften dafür einsetzen würde, die zivile Polizei in Kigali zu stärken und sie zu überreden, stärker mit UNAMIR zusammenzuarbeiten. Ich hatte auch gehofft, dass es ihm ferner gelingen würde, diejenigen Elemente aus der Gendarmerie und der örtlichen Polizei zu entfernen, die die wachsende ethnische Gewalt stillschweigend unterstützten, wenn nicht gar aktiv daran teilnahmen. In meinem technischen Missionsbericht hatte ich verlangt, die Zivilpolizei meinem Kommando zu unterstellen, da ihr ruandisches Pendant, die Gendarmerie, eine paramilitärische Organisation war. Statt mit uns zusammenzuarbeiten baute Bleim jedoch eine ganz eigene Verwaltung auf, was die Kommunikation der Truppe mit der Gendarmerie gefährdete. Bleim und seine Beamten machten nur geringe Fortschritte bei der Untersuchung der Novembermorde, die für die Extremisten nach wie vor als Beispiel dafür herhalten mussten, dass UNAMIR nicht nur ineffizient sei, sondern auf Seiten der RPF stehe. Er und seine Leute entwickelten nie eine gute Arbeitsbeziehung zur Gendarmerie und zur kommunalen Polizei, und es gelang ihnen nie, Informationen über die Moderaten und Extremisten in den Reihen der ruandischen Polizei zu sammeln, geschweige denn Einfluss auf die beiden Fraktionen zu nehmen. Bleims Ziel bestand stattdessen darin, eine unabhängige Zivilpolizeieinheit der UNO aufzubauen, und um das zu erreichen, pflegte er eine enge Arbeitsbeziehung zum Missionschef.

Als wir am Morgen nach dem Angriff auf das Ehepaar am Nationalratsgebäude zur Arbeit im Amahoro-Komplex fuhren, fanden wir alle großen Kreuzungen auf unserem Weg von macheten- und knüppelschwingenden Jugendlichen blockiert. Beim Kreisverkehr vor dem Meridien-Hotel trafen wir auf einen besonders feindseligen Pöbel, der ein Fahrzeug mit einigen unserer Zivilangestellten umringt hatte. Ich stieg sofort aus dem Auto, gefolgt von Brent und Willem de Kant, meinem Adjutanten. Wir ließen Troute mit entsichertem Gewehr am Wagen zurück und drängten uns durch die Menge. Ich befahl dem Mob, das Fahrzeug durchzulassen. Die Leute ließen von unseren Mitarbeitern ab, da sich nun alle Aufmerksamkeit auf mich richtete. Ich redete ihnen wegen der Verletzung der Waffenkontrollzone ins Gewissen und sagte ihnen, die Gendarmerie würde sich binnen kurzem um sie kümmern. Unter einem Hagel von Beschimpfungen und Drohgebärden gingen wir zum Wagen zurück.

Endlich im Amahoro angekommen, trafen Berichte aus der ganzen Stadt ein, dass alle großen Kreuzungen blockiert seien. Brent nahm einen UN-Bus mit einem einheimischen Fahrer, um einige Zivilbedienstete einzusammeln, die eingewilligt hatten, an diesem Samstagmorgen zu arbeiten. Auf dem Weg fand er einen Mann mit einer schweren Machetenwunde und brachte ihn ins Krankenhaus. Doch es war unmöglich, mit dem Mob über eine sichere Durchfahrt für unser Zivilpersonal zu verhandeln. Brent beschloss, die Leute am Meridien abzusetzen, und nahm dann einen Umweg zurück zum Amahoro-Gebäude, nur um auf einen weiteren Pöbelhaufen zu stoßen, der gerade dabei war, einen Mann und eine Frau aus ihrem Auto zu zerren. Auch Hauptmann Claeys kam in diesem Moment zufällig vorbei, und auch er hielt an. Brent, Claeys und Troute rannten auf den Mob zu, der das Weite suchte und das Paar zurückließ. Es waren, wie sich herausstellte, ein Tutsi-Arzt und seine Frau, eine Krankenschwester, die versucht hatten, zum Krankenhaus von Kigali zu fahren, da sie im Radio von einer vermutlich hohen Zahl von Verletzten in der ganzen Stadt gehört hatten.

Im Hauptquartier schlugen in der Zwischenzeit viele untergeordnete Kommandeure und Stabsoffiziere vor, einzugreifen und die Demonstrationen aufzulösen, falls notwendig auch unter Einsatz von Gewalt. Aber niemand von UNAMIR war direkt angegriffen worden, und wir hatten auch keine bestätigten Berichte, dass unser Zivilpersonal attackiert worden war. Ich wollte mich heraushalten, um keine Zwischenfälle zu provozieren, bei denen wir vielleicht schießen mussten, was die Mission in gravierende Schwierigkeiten gebracht hätte. Ich hielt die Räumung der Kreuzungen für eine grundlegende Aufgabe der Gendarmerie, die schließlich für die öffentliche Ordnung zu sorgen hatte und die doch eigentlich Beistand von Bleim und seinem Team hätte erhalten sollen. Aber von denen gab es nirgends eine Spur. Die Zivilpolizeiabteilung der UNO hielt es mit geregelten Arbeitszeiten: von montags bis freitags und zumeist nur tagsüber. Am Samstag blieb ihr Hauptquartier unbesetzt. Auch von den Gendarmen war nirgendwo etwas zu sehen.

Luc Marchal arbeitete bereits an der Beseitigung des Schlamassels. Er spürte Augustin Ndindiliyimana auf, den Befehlshaber der Gendarmerie, und verlangte von ihm, er solle eingreifen, um der vereinbarten Waffenkontrollzone Geltung zu verschaffen. Am Vormittag stimmte der zu, mittags bezogen seine Männer Position, die Demonstrationen verliefen sich, der Pöbel löste sich auf. Ich war froh, dass UNAMIR nicht zu Schüssen auf wütende, aber schlecht bewaffnete Zivilisten gezwungen worden war, sondern dass wir stattdessen die Gendarmerie dazu gebracht hatten, ihre Aufgabe zu erfüllen. Binnen einer Woche stellte sich heraus, wie glücklich meine Entscheidung gewesen war. Jean-Pierre berichtete Hauptmann Claeys, dass die Demonstrationen ein weiterer Versuch der Extremisten gewesen waren, die belgischen Soldaten zum Einsatz von Gewalt zu provozieren. In der Nähe vieler Demonstrationen hatte es sorgfältig geplante Hinterhalte gegeben. Wieder hatten wir durch unsere Zurückhaltung das Leben von UNAMIR-Soldaten geschützt.

*

Aufgrund der sich verschlechternden Sicherheitslage hatten wir zu Beginn der letzten Januarwoche UNAMIR-Wachen vor den Häusern von Madame Agathe, Verfassungsgerichtspräsident Joseph Kavarunganda, Faustin Twagiramungu, Lando Ndasingwa und vier weiteren moderaten Ministern postiert. Die Truppe des Kigali-Sektors stellte fünf bis acht Mann vor jedem Haus auf, die 24 Stunden am Tag Wache schoben. Eigentlich konnte ich es mir gar nicht leisten, auf diese Soldaten zu verzichten, aber die Todesdrohungen gegen diese Persönlichkeiten waren erwiesen und nur allzu real. Da sie so wichtig für die Zukunft Ruandas waren, welche andere Wahl hätte ich gehabt? Zu dieser Zeit hatte ich nur drei Kompanien in Kigali, aus denen ich Soldaten für Wachdienste abziehen konnte: zwei belgische und eine aus Bangladesch. Eine davon konnte ich nicht anrühren, da sie den Flughafen sicherte. Jede Kompanie konnte höchstens neun wichtige Persönlichkeiten bewachen. Nachdem ich den Wachtrupps einmal zugestimmt hatte, musste ich bald eine ganze Kompanie dafür einsetzen. Denn Anfragen nach UNAMIR-Wachen kamen nun auch von anderen gemäßigten Politikern, Menschenrechtsaktivisten, kleineren Parteifunktionären, sogar von Abteilungen der UN-Ziviladministration, die Büros abseits des Hauptquartiers bezogen hatten. Ich wusste, dass die Wachen eine glaubwürdige Abschreckung waren, außer im Falle eines gezielten, nachdrücklichen Angriffs, aber ihre Bereitstellung untergrub meine Fähigkeit, all die anderen Kernaufgaben von UNAMIR zu erfüllen. Ich lehnte daher alle weiteren Anfragen ab, außer der des Missionschefs: Auf Booh-Boohs Residenz war geschossen worden, daher verlangte er einen Halbzug zu seinem Schutz. Wieder hatte ich das Gefühl, dass uns die Initiative aus der Hand glitt, weil wir zum Schutz bedrohter Personen herbeieilen mussten, statt der Wurzel der Bedrohung zu begegnen: So wurde unsere Fähigkeit geschwächt, andere Missionsziele zu erreichen. Ende Januar, als das Kontingent von Phase zwei noch nicht eingetroffen war, musste eine meiner Kompanien in Kigali tatsächlich die Aufgaben von vier erfüllen.

*

Inmitten all dieses Aufruhrs erhielt ich eine ungewöhnliche Einladung. André Ntagerura, Transportminister und anerkannter Wortführer der MRND, wollte mich sehen. Am 24. Januar traf ich mich mit ihm zum Abendessen im Restaurant Péché Mignon, einen Steinwurf vom MRND-Parteihauptquartier entfernt. An einen Berghang geschmiegt, stand das Restaurant im Ruf einer erlesenen Küche und hatte einen hübschen Hof mit Garten und Springbrunnen. Als ich kurz nach 21 Uhr eintraf (gemeinsam mit Willem de Kant, der diskret für etwas Sicherheit sorgte), war der Raum fast leer. Ich fand Ntagerura an einem abgeschiedenen Tisch. Er war ein kleiner, untersetzter Mann mit jovialer Art und einem außerordentlich runden Gesicht. Seine geschwungenen Züge hatten, ob freudestrahlend oder wutverzerrt, eine überwältigende Wirkung. Ntagerura war seit fast 13 Jahren eine der Säulen des Habyarimana-Regimes und hatte einige der einflussreichsten Ministerien bekleidet. Er gehörte zu Habyarimanas engstem Kreis und ich war neugierig, warum er sich mit mir treffen wollte, wenn ich mir auch Sorgen machte, dass die Annahme seiner Einladung als parteiliche Geste missverstanden werden könnte.

Da Ntagerura keinen Alkohol bestellte und auch mir keinen anbot, wurde mir klar, wie wichtig er das Treffen nahm. Es stellte sich heraus, dass auch er einer der vielen ruandischen Politiker war, die viele Jahre in Quebec verbracht hatten. Er konnte besser auf Québécois fluchen als ich und wusste äußerst gut über die politische Kultur meiner Heimatprovinz und Kanadas Bescheid. Nachdem er einige Zeit charmant geplaudert hatte, kam er auf den Punkt des Treffens. Der Präsident halte nicht länger das Ruder in der Hand, sagte er, die MRND operiere unabhängig von ihm. Faustin Twagiramungus Halsstarrigkeit gegenüber seiner eigenen Partei, was die Nominierungen für die Übergangsregierung betraf, sei der Hauptgrund für den politischen Stillstand. Ntagerura beugte sich zu mir vor und unterbrach sich, wenn ein Kellner in unsere Nähe kam. Es sei nutzlos, insistierte er, sich an Habyarimana zu wenden, um aus der Sackgasse herauszukommen. Der bessere Weg sei, Twagiramungu zu überzeugen, den designierten Premier, dass die Kandidaten aus seiner Partei für die Übergangsregierung die Wünsche der Partei, nicht seine eigenen spiegeln sollten. Dann wandte er sich den internen Problemen der Liberalen Partei zu und erklärte, Lando und Justin Mugenzi sollten sich schlicht darauf verständigen, dass sie uneins seien.

Während er sich in sein Thema hineinsteigerte, kam seine niedrige Gesinnung immer mehr zum Vorschein. Er sagte, die Übergangsregierung solle die wahren Verhältnisse im Land spiegeln, nicht die plötzliche Auferstehung einer ethnischen Minderheit, die versuche, die Mehrheit zu dominieren. Die RPF wolle die Übergangsregierung kontrollieren, indem sie die Mehrheit des Kabinetts auf ihre Seite zöge und die MRND isolierte. Für ihn röche das alles nach einer Rückkehr der feudalen Tutsi-Herrschaft vor der Unabhängigkeit.

Seine Augen funkelten wild, seine Stimme hob sich alarmierend, als er darauf pochte, die RPF wolle in der Region der großen Seen eine Tutsi-Hegemonie errichten. Er behauptete, dass sich die Zahl der

RPF-Soldaten im Nationalratsgebäude seit Dezember auf über 1.000 erhöht habe und RPF-Agenten versuchten, Einfluss auf die örtliche Bevölkerung zu nehmen und Waffen zu verteilen. Ich wies darauf hin, dass die RPF unter dem Arusha-Abkommen die Freiheit habe, sich wie jede andere Partei zu verhalten, und dazu gehöre es auch, politische Versammlungen abzuhalten und der örtlichen Bevölkerung ihre Positionen zu verdeutlichen. Er warf mir einen skeptischen Blick zu und sagte, UNAMIR behandle die RPF viel zu zart, besonders die Belgier. Mit missbilligend geschürzten Lippen fügte er hinzu, die Belgier seien dabei beobachtet worden, wie sie Frauen hinterherliefen und Krawalle in örtlichen Bars und Diskotheken anzettelten. Mit seinem fleischigen Zeigefinger in die Luft stochernd, warf er UNAMIR vor, nicht die Täter der Novembermorde gefunden zu haben und nur den Tutsi und ihren Unterstützern Schutz zu gewähren. Die Lage spitze sich zu, warnte er, UNAMIR könne sich nicht länger heraushalten. UNAMIR würde von der einheimischen Bevölkerung nicht gut verstanden, und falls wir nicht die Initiative ergriffen, blieben wir weiterhin ein Hauptziel von Diffamierungen. Die Gewalt und die negative Presse würden eskalieren, falls sich die Situation nicht ändere.

Als wir das Gespräch beendeten, war es fast ein Uhr morgens. Der Fanatiker in ihm verschwand, und nun war Ntagerura wieder ganz Höflichkeit und Charme. Ich dankte ihm für seine Offenheit und räumte bedächtig meine vielen Notizen zusammen. Als wir aufstanden, schüttelte er mir fast herzlich die Hand und klopfte mir mit offensichtlicher Befriedigung über den Verlauf der Unterhaltung mit seiner anderen auf den Arm. Als Willem und ich nach Hause fuhren, ging ich das Treffen in Gedanken noch einmal durch. Ich beschloss, die Sicherheit am Nationalratsgebäude zu erhöhen. Ntageruras Ausführungen bekräftigten, was wir schon von Jean-Pierre erfahren hatten: Das Regime hatte den Eindruck, dass ihm die Felle davonzuschwimmen begannen. Es tat sich eine große Kluft auf, und der einzige Weg, sie zu überbrücken, waren politisches Engagement und Diplomatie auf einer höheren Ebene als das kleinteilige Flickwerk, das UNAMIR bislang versucht hatte. Wir mussten einen Weg finden, den Falken die Hand zu reichen, ohne ihrem ethnischen Extremismus Vorschub zu leisten. Ntagerura hatte doch eingeräumt, dass der Präsident nicht länger die volle Kontrolle über die MRND hatte. Aber wer war es dann, der bei den Extremisten das Heft in der Hand hielt?

Am folgenden Tag erstattete ich Booh-Booh und einigen seiner Mitarbeiter über mein Treffen mit Ntagerura Bericht und übergab ihm eine schriftliche Zusammenfassung und Analyse der Unterhaltung. Ich sagte ihm, dass wir größeren Druck auf die Parteien ausüben müssten, damit sie ihre Meinungsverschiedenheiten ausräumten und die Übergangsregierung einsetzten. Booh-Booh reagierte alarmiert. Im Gegenteil, sagte er, wir müssten den Prozess *verlangsamen*, um einen Konsens aufzubauen. Er wies auf die Korrespondenz hin, die Butros Butro-Ghali mit Habyarimana führte und meinte, dass wir abwarten sollten, ob die diplomatischen Bemühungen des Präsidenten Früchte trügen. Ich konnte nicht fassen, was ich da hörte: Hatte ich ihm nicht gerade gesagt, dass nach Aussage des Wortführers der MRND der Präsident nicht mehr Herr über seine eigene Partei war? Wütend kehrte ich in mein Büro zurück.

Einen Tag später erhielt ich von Abdul Kabia eine Kopie der Analyse eines der Politikberater, die bei meinem Treffen mit dem Missionschef zugegen gewesen waren. Statt sich klar zu machen, dass der Präsident laut einem der wichtigsten Männer in der MRND nicht mehr Herr seines eigenen Regimes war, konzentrierte sich der Berater darauf, wie unstatthaft es gewesen sei, dass ich mich überhaupt mit Ntagerura getroffen hatte: »Der Praxis und den Richtlinien der UNO zufolge werden Stabsmitglieder davor gewarnt, in Konfliktsituationen wie der in Ruanda enge Bande mit Einzelpersonen, Organisationen, Parteien oder Fraktionen zu knüpfen, um keine Zweifel an ihrer Fähigkeit aufkommen zu lassen, unparteiisch und objektiv ihre Pflichten zu erfüllen.«

Ruanda trieb einer düsteren Zukunft entgegen, und allem Anschein nach wollte oder konnte niemand etwas dagegen unternehmen.

*

Von UNOMUR in Uganda gingen mir Berichte zu, dass immer mehr Verpflegung, Treibstoff und auch junge Männer in die RPF-Zone in Nordruanda gelangten. Mein Stellvertreter Ben Matiwaza und die anderen waren sich sicher, dass sich die RPF zum Kampf rüstete. Aber die Regierungstruppen waren ebenso rege. Meine Militärbeobachter berichteten von Truppenbewegungen aus dem Südsektor in das Gebiet nördlich der Waffenkontrollzone Kigali in die Nähe der RPF und der entmilitarisierten Zone. Der Stabschef der Armee hatte bei einem Treffen im Verteidigungsministerium um die Erlaubnis gebeten, die Hauptstadt mit Elitetruppen zu verstärken, und zwar mit der lahmen Begründung, dass die Regierungsarmee Nachschubprobleme habe und ihre Truppen näher an ihren Depots in Kigali stationieren müsse. Dann äußerte der Verteidigungsminister den Wunsch, das Militärpolizeibataillon mit über 400 Mann innerhalb der Waffenkontrollzone Kigali einzusetzen, wo es stationäre Wachdienste übernehmen sollte, die zu den Aufgaben der Gendarmerie gehörten. Der Minister argumentierte, dass die Gendarmerie völlig überlastet sei und Verstärkung brauche. Ich lehnte beide Anfragen kategorisch ab, da die Gendarmerie, obwohl stark beansprucht, immer noch über ihre zwei schnellen Einsatzkompanien verfügte und sich die Truppenbalance innerhalb der Waffenkontrollzone bereits überwältigend zugunsten der Regierung neigte. Selbst nachdem wir den Kontakt zu Jean-Pierre verloren hatten, erhielten wir weiter verlässliche Berichte, dass bewaffnete, mit den Parteien MRND und CDR verbundene Milizen immer neue Waffenvorräte anlegten und auch Waffen an ihre Anhänger verteilten. Beide Seiten hielten sich alle Optionen offen. Wenn der politische Prozess scheiterte, wollten sie bereit sein, die Sache auszukämpfen.

Das RPF-Bataillon, das sich im Komplex des Nationalrates verschanzt hatte, legte zunehmend eine Belagerungsmentalität an den Tag. In jüngster Zeit waren sie einige Male aus dem Gelände ausgebrochen, hatten Schüsse abgegeben und sich den Weg durch die UNAMIR-Sperren gebahnt. Die Soldaten ebenso wie die politische Führung neigten immer mehr dazu, ihre Frustration an UNAMIR auszulassen: Sie bedrohten meine Militärbeobachter, wenn sie zu spät zum Eskortendienst kamen, oder verletzten in flagranter Weise die Regeln des Waffenkontrollabkommens, indem sie bewaffnet im Amahoro-Hauptquartier auftauchten. Das Bataillon war seit beinahe sechs Wochen in dem Gebäude eingepfercht, häufig mit feindseligen Demonstranten vor der Tür, und ich ahnte nichts Gutes, sollte der politische Stillstand weitergehen. In dieser Zeit kam Luc Marchal ins Hauptquartier, um mich davon in Kenntnis zu setzen, dass UNAMIR über Gebühr mit Anfragen für Eskorten überschwemmt werde, weil die RPF immer häufiger Treffen außerhalb von Kigali abhielt, um sich auf die Übergangsregierung vorzubereiten. Seiner Meinung nach handelte es sich um einen Trick der RPF, Druck auf UNAMIR auszuüben, dem politischen Leerlauf ein Ende zu machen.

Eine Zeit lang schien Justin Mugenzi, der Scharfmacher der Liberalen Partei, zu politischen Kompromissen über die Vertreter seiner

Partei in der Übergangsregierung bereit, aber dann geriet sein Wagen am 19. Januar auf dem Nachhauseweg in einen Hinterhalt, bei dem einer seiner Leibwächter getötet wurde. Prompt nahm er wieder seine harte Haltung ein. Wir fanden nie heraus, wer versucht hatte, Mugenzi umzubringen. Als ich Paul Kagame danach fragte, stritt er eine Beteiligung der RPF ab. Sein Argument: Hätte die RPF das Attentat geplant, dann wäre Mugenzi nun tot.

Trotz unserer redlichsten Bemühungen, die Waffenkontrollzone durchzusetzen, schwamm Ruanda geradezu in Waffen: Handgranaten waren auf den örtlichen Märkten leicht für etwa drei Dollar das Stück zu haben. Anfang Januar hörte man in Kigali alle paar Nächte Granatenexplosionen, Mitte des Monats jede Nacht eine, gegen Monatsende jede Nacht mehrere. Nun kam es auch zu Angriffen auf unsere Mission oder auf Leute, die eng mit UNAMIR verbunden waren. Am 29. Januar versuchten Unbekannte, Major Frank Kamenzi, den neuen RPF-Verbindungsoffizier bei UNAMIR, mit einer Granate zu ermorden; am nächsten Tag warf jemand eine Handgranate in das Hauptquartier des Kigali-Sektors. Glücklicherweise gab es keine Opfer. So sehr häuften sich die Übergriffe, dass man sich wie auf einem knisternd trockenen Reisighaufen fühlte, der nur auf ein Streichholz wartete.

Ich musste einen Weg finden, der es uns ermöglichte, in die Offensive zu kommen. Das konnte aus meiner Sicht nur gelingen, wenn ich die Hauptabteilung Friedenssicherung (DPKO) erneut bat, mir Abschreckungsoperationen zu erlauben, um die illegalen Waffen aus dem Verkehr zu ziehen. Dieses Mal wollte ich vorschlagen, solche Operationen gemeinsam mit der Gendarmerie durchzuführen oder sogar, wann immer es angezeigt war, mit der RPF. Wir mussten unter Beweis stellen, dass wir an der Schaffung einer Atmosphäre der Sicherheit mitwirkten, und unsere nur reagierende, defensive Haltung aufgeben.

Am 31. Januar setzte ich mich mit Brent hin, um eine detaillierte Sicherheitsanalyse für Booh-Booh zu schreiben. Es war meine dritte formelle und umfassende militärische und politische Analyse in diesem Monat. Die erste ging mit Booh-Boohs Unterstützung am 5. Januar an das DPKO. Die zweite, vom 21. Januar, hörte sich der Missionschef kaum noch an; sie wurde lediglich mit einer mehrdeutigen Begleitnotiz von Abdul Kabia, in der er meinen Bericht besonderer Aufmerksamkeit anempfahl, an die Hauptabteilung geschickt. Ich erhielt auf keine der Analysen hin jemals eine Anweisung aus New York und kam zu dem Schluss, dass sie entweder das DPKO nicht erreicht hatten oder dieses keine Kapazitäten erübrigen konnte, um sich damit zu befassen. Ich beschloss, jede mir mögliche Maßnahme in Kigali zu ergreifen und Kabia und Maurice Baril darüber auf dem Laufenden zu halten.

In meinem dritten Bericht schlug ich vor, wie sich die Waffensuche und Beschlagnahmungen in transparenter Weise durchführen ließen, indem wir eine koordinierte Öffentlichkeitskampagne führten, um die Bevölkerung vor Ort über unsere Ziele zu informieren. Ich bat um die Einrichtung eines Radiosenders für UNAMIR. Die Ausrüstung dafür hatte Brent in Italien aufgespürt, wo die UNO sie eingemottet hatte. Wir mussten den Falschinformationen entgegenwirken, die den Menschen von den lokalen Medien aufgetischt wurden. Ich untermauerte meine Argumentation mit einem Verweis auf das Arusha-Friedensabkommen, besonders Artikel 54, der den neutralen internationalen Friedenshütern auftrug, »die Suche nach Waffenlagern und die Neutralisierung bewaffneter Banden im ganzen Land« sowie »die Sicherung aller an Zivilisten verteilten oder von diesen illegal erworbenen Waffen zu unterstützen«. Booh-Booh reagierte sehr positiv auf meinen Vorschlag und schickte ihn an das Triumvirat in New York.

Die von Annan selbst unterzeichnete Antwort, die bei mir am 3. Februar einging, war ein weiterer Schuss vor den Bug. Wieder einmal bekräftigte er die passive Haltung der Mission. Er schrieb: »Wir sind bereit, UNAMIR zu autorisieren, von Fall zu Fall positiv auf Bitten der Regierung und der RPF zu reagieren, bei Operationen zur Sicherung illegaler Waffen Unterstützung zu gewähren. Es sollte jedoch unmissverständlich klar sein, dass UNAMIR zwar Rat/Anleitung bei der Planung solcher Operationen leisten, aber keine, wiederhole, keine aktive Rolle bei ihrer Ausführung übernehmen kann. UNAMIRs Rolle … sollte sich auf eine Überwachungsfunktion beschränken.«

Sie banden mir die Hände.

KAPITEL 8

Mord und Meuchelmord

Im Februar neigte sich die Dürrezeit dem Ende zu. Die Luft atmete keine Frische mehr, die Landschaft war mit einem Film aus feinem, rotem Staub überzogen, den plötzliche Windstöße zu Staubkreiseln aufpeitschten. Die politische Atmosphäre war erwartungsgespannt. Am 1. Februar lud mich der Verteidigungsminister zu einem Treffen in sein Büro. Augustin Bizimana wirkte auf mich immer wie jemand, der einen Sack voller Geheimnisse mit sich herumschleppte. Er gab sich zwar Mühe, eine entrückte Ruhe vorzuspiegeln, doch dabei schienen ihn innere Kräfte anzutreiben, die seine lebhaften Gesichtszüge zu einer absurd dramatischen Miene verfinsterten. Kein Treffen mit ihm wurde jemals langweilig, weil es in jedem Moment so schien, als könne er irgendetwas preisgeben.

Aber an diesem Donnerstagmorgen hatte sich Bizimana zu einer untypischen Offenheit entschlossen. Er sprach ein Problem nach dem anderen an, als ob er meine Liste über Sicherheitsrisiken in der Waffenkontrollzone Kigali durchgegangen wäre und nun Punkt um Punkt abhaken wollte. Er schlug tatsächlich vor, alle Probleme gemeinsam anzugehen: das Banditentum, die Granatenangriffe, die illegalen Demonstrationen, die gelegentlichen Unruhen. Er sagte, die Gendarmerie müsse ihr volles Gewicht zur Geltung bringen, um die Lage unter Kontrolle zu bringen. Er komme gerade von einem Treffen mit der MRND-Führung über die bewaffneten Milizen und wie sie in den Griff zu bekommen seien, und er plane ähnliche Treffen mit den Vertretern anderer Parteien. Er wolle zudem ein Treffen zwischen UNAMIR und der Führung der Interahamwe arrangieren, damit wir einen Dialog mit ihr beginnen und sie vielleicht bewegen könnten, in der heiklen Übergangsphase eine konstruktivere Rolle zu spielen. Ich hörte ihm aufmerksam zu und war mir sicher, dass mich meine Ohren täuschten.

Die Tür seines Büros stand offen, und sowohl Oberst Ntwiragaba, der Chef des Militärgeheimdienstes, als auch Théoneste Bagosora, Bizimanas persönlicher Referent, lauerten in Hörweite. Mir war angesichts von Bizimanas plötzlichem Gesinnungswandel unwohl: Nur wenige Tage zuvor hatte er UNAMIR in den örtlichen Medien diffamiert. Ich nutzte jedoch die Gelegenheit, um für Luc Marchal und mich auf eine Einladung zu einer großen Tagung aller Bürgermeister und Unterpräfekten der Region über Sicherheitsfragen zu drängen, von der wir gehört hatten, dass sie demnächst stattfinden solle. Der Minister schien ein wenig verlegen, willigte aber ein, dafür zu sorgen.

Auf der Rückfahrt zum Hauptquartier rätselte ich darüber, was Bizimanas dramatischen Meinungsumschwung ausgelöst haben mochte. Das einzige bedeutende Ereignis in jüngster Zeit war der Besuch des US-Staatssekretärs für internationale Organisationen, Doug Bennett, gewesen. Eigentlich ein Routinebesuch, denn es ist üblich, dass Vertreter des US-Außenministeriums in die Hauptstädte der Nationen einschweben, die einen turnusmäßigen Sitz im Sicherheitsrat eingenommen haben, um hochrangigen Politikern und Diplomaten des jeweiligen Landes die US-Politik zu erläutern und sie auf die amerikanischen Interessen einzuschwören. Bennett hatte den Präsidenten getroffen, die Interimspremierministerin, den designierten Premierminister, den Außenminister, den Verteidigungsminister und andere, und er war nicht müde geworden, bei jedem Treffen zu betonen, wie wichtig es sei, dass die Ruander den politischen Stillstand überwänden und die Übergangsinstitutionen einsetzten.

Am folgenden Tag, dem 2. Februar, hatte ich die Gelegenheit, Bennett zusammen mit Booh-Booh und Repräsentanten mehrerer nichtstaatlicher Organisationen im Konferenzraum des Amahoro selbst Bericht zu erstatten. Ich sprach sehr offen die Probleme an, die Ruanda plagten, aber ich wollte Bennett die Botschaft vermitteln, dass UNAMIR immer noch eine gute Erfolgschance habe, wenn wir die versprochenen Ressourcen und die Ermächtigung zum Handeln erhielten. Er war ein angenehmer Mann, der meinen Ausführungen geduldig zuhörte und ein paar kluge Fragen stellte. Aber dann war er fort, und sofern er nach seiner Rückkehr in die USA meine Botschaft wirklich weitergegeben hatte, dann ohne Folgen. Vielleicht jedoch hatten sein Besuch und seine Botschaft Eindruck auf die Falken gemacht, und Bizimana reagierte nun darauf.

*

Später an diesem Tag fuhr ich zu Kilometer 64, um mich mit der Gemeinsamen Militärkommission zu treffen.* Das einzig Positive am politischen Stillstand war, dass ich nun mehr Zeit hatte, um den komplizierten Demobilisierungsprozess auszuarbeiten. Einer der ersten – und entscheidenden – Schritte war die Neufestlegung der entmilitarisierten Zone. Dies sollte sicherstellen, dass die beiden Streitkräfte weit genug voneinander getrennt wären, damit ihre weitest reichenden Geschütze keine Bedrohung für die jeweils andere Seite mehr darstellten. Damals lagen die Parteien an einigen Stellen 20 Kilometer auseinander, an anderen nur wenige 100 Meter. Das Arusha-Friedensabkommen gab der neutralen internationalen Truppe die Aufgabe, die demilitarisierte Zone neu abzugrenzen und die ehemaligen Kriegsparteien zu überreden, ihre Truppen entsprechend zu verlegen. Das Gebiet zwischen ihnen sollte von UNAMIR-Truppen kontrolliert werden. Es war ein weiteres Beispiel für die umstrittenen, bewusst vage formulierten Punkte im Abkommen, deren Bereinigung an UNAMIR hängen blieb.

Ich hatte über die Probleme dieses Prozesses während der Erkundungsreise im August nachgedacht. Da ich wusste, dass die Neubestimmung der demilitarisierten Zone umstritten sein würde, behandelte ich unseren tatsächlichen Plan als Verschlusssache, bis ich genügend Vertrauen zwischen RPF und Regierungsarmee aufgebaut hatte, um ihn zu präsentieren. Erst jetzt, am 1. Februar, sahen die Verhandlungspartner meinen Plan zum ersten Mal. Die neue Trennlinie verlangte von der Regierungsarmee, 75 Prozent ihrer Streitkräfte ein paar Kilometer zurückzuziehen, da ich die RPF nicht weiter zurückverlegen konnte, ohne sie nach Uganda zu treiben.

*Dieses Gremium hatte UNAMIR schon im November gemäß den Bestimmungen des Arusha-Abkommens und der Verfahrenspraxis von Missionen nach Kapitel VI eingerichtet. Es brachte die Chefs der Regierungsarmee, der Gendarmerie und der RPF mit UNAMIR zusammen, um nach einer gemeinsam festgelegten Tagesordnung die Einzelheiten von Vereinbarungen des Arusha-Abkommens wie Truppenrückzug, Demobilisierung oder Rehabilitation und Wiedereingliederung von Soldaten zu planen und zu verabschieden.

Um den groben Holztisch der Sitzungsbaracke bei Kilometer 64 saßen etwa 20 Leute: Nsabimana, Ndindiliyimana und Kagame, die drei Generalmajore und Stabschefs von Armee, Gendarmerie und RPF, sowie ihre jeweiligen Stabsmitglieder. Es war tatsächlich das erste Mal, dass sich diese einst bitter verfeindeten Männer trafen. Da Kagame kein Französisch sprach und Nsabimana kein Englisch, fungierte ich wieder als Übersetzer, damit es keine Fehlinterpretationen gab und nicht zu viel Zeit verschwendet wurde. Wieder begegneten sich die Stabsmitglieder unbefangen; ich war auch von der Umgänglichkeit und Höflichkeit aller Kommandeure untereinander beeindruckt. Als ich jedoch in unserer behelfsmäßigen Konferenzhütte die Karte ausbreitete und die neue Demarkationslinie nachzeichnete, sah ich, wie Nsabimanas Züge erschlafften. Er hatte die meisten Schuldzuweisungen für die militärische Niederlage der Regierungstruppen im Februar 1993 einstecken müssen und sich kaum auf seinem Posten halten können. Ihm gegenüber am Tisch saß der Mann, der ihn besiegt hatte. Nsabimana hob seine Augen von der Karte, blickte mich an und fragte, warum ich ihn auffordere, sich zurückzuziehen. Kagame schwieg.

Ich sagte Nsabimana, dass ich ihn nicht darum bitte, sich zurückzuziehen, sondern bloß darum, seine Truppe anders aufzustellen, damit beide Armeen aus der Reichweite ihrer Geschütze kämen und meine Truppe sich sicher zwischen ihnen postieren könne. Die Regierungsarmee müsse sich bewegen, weil Kagames Truppen nirgendwo anders hingehen könnten. Aber wenn dieses Szenario für ihn inakzeptabel sei, gebe es noch eine andere Option. Wenn jede Armee ihre mittleren und schweren Waffensysteme, auch die Hubschrauber der Regierungstruppen, der Obhut von UNAMIR übergebe, müssten wir keine so umfassende Truppenverlegung vornehmen. Das angespannte Schweigen im Raum machte deutlich, dass an diesem Tag niemand dem Plan zustimmen würde. Ich bat sie alle, ihn in ihren Hauptquartieren zu überdenken und sich in sieben Tagen wieder mit mir zu treffen, womit sie einverstanden waren. Diese siebentägige Bedenkpause wuchs sich jedoch zu mehreren Wochen aus, und der neue Verlauf der demilitarisierten Zone wurde nie beschlossen.

Als ich das Treffen verließ, glaubte ich noch, wir hätten einen Durchbruch erzielt. Wenn die höchsten Militärbefehlshaber beider Seiten immer noch gewillt waren, sich zusammenzusetzen, um die Demobilisierung zu erörtern, gab es ein Chance, dass wir mit dem Friedensprozess vorankommen würden. Aber ich hatte keine Möglichkeit, diese kleinen militärischen Erfolge in einen Fortschritt auf politischer Ebene umzumünzen. Tatsache war, dass bei jedem Treffen mit Kagame, Nsabimana oder Ndindiliyimana alle drei weit besser über die politische Situation im Bilde waren als ich. Die Beziehung, die ich zu Booh-Booh nach seiner Ankunft hatte aufbauen können, war gestört, seit er eine Gruppe von frankoafrikanischen Beratern um sich geschart hatte, die mir, von wenigen Ausnahmen wie Abdul Kabia und Beadengar Dessande abgesehen, feindselig gegenüberstanden. Wir waren alles andere als ein kooperatives Team.

Der Wichtigste in dieser Gruppe war Mamadou Kane, Booh-Boohs politischer Chefberater und Führer dieser Clique. Von dem Moment seiner Landung in Kigali an manövrierte er unablässig, um seinen Einfluss, sein Gehalt und seinen Rang zu erhöhen. In nur zwei Monaten gelang es ihm, zweimal befördert zu werden, bis er in der Hierarchie der UNO ranghöher war als ich und jeder andere UNAMIR-Mitarbeiter – abgesehen von Booh-Booh. Am Ende waren Booh-Booh und seine Clique vom Rest der Mission isoliert; die rechte Hand wusste nie was die linke tat – sofern sie es überhaupt verstanden hätte.

*

Am nächsten Tag nahmen Luc und ich an dem Treffen über Sicherheitsfragen im Rathaus von Kigali teil. Es war überfüllt. Wir saßen an einem langen Tisch auf dem Podium zusammen mit einer beeindruckenden Versammlung von Politikern, Ministern und lokalen Offiziellen. Das Treffen begann um etwa zehn Uhr morgens und dauerte sechs Stunden ohne Unterbrechung, wobei die ganze Zeit weitere Leute versuchten, sich in den Raum zu zwängen. UNAMIR wurden eine Menge Fragen gestellt, einige von gewöhnlichen Bürgern aus dem Parkett, was mir Einblicke gewährte, wie sich der politische Stillstand auf ihr Leben auswirkte. Die Leute beklagten sich, dass die Regierung nicht länger wirklich regiere: Viele Gehälter würden nicht ausgezahlt, öffentliche Schulen geschlossen, für staatlich finanzierte Gesundheitsleistungen fehlten die Mittel. Sie waren äußerst beunruhigt über das zunehmende Banditentum und wachsende Gesetzlosigkeit. Dennoch hatten die Lokalpolitiker und die gewöhnlichen Bürger noch nicht aufgesteckt, sondern wollten Lösungen finden. Sie stellten gute Fragen und hörten aufmerksam zu, als Luc und ich das Mandat der Mission erläuterten und sehr deutlich machten, dass wir da seien, um die Ziele des Arusha-Abkommens zu erreichen. Sie wollten, dass wir mehr täten, um die Gewalt im Zaum zu halten, hofften, dass die Gendarmerie unter unserer Anleitung für die Sicherheit in Kigali sorgen könnte, und waren enttäuscht über die Grenzen, die unserer Mission gesteckt waren.

Es war klar, dass die allgemeine Öffentlichkeit immer noch nicht wusste, was all die Blauhelme in ihren weißen Fahrzeugen wirklich bedeuteten. Ich verfluchte im Stillen das DPKO und die FOD, weil sie nicht begriffen, wie entscheidend es für die Mission war, über einen Radiosender oder ein kompetentes Öffentlichkeitsbüro zu verfügen, damit wir auf der Friedenssehnsucht der großen Mehrheit der Ruander aufbauen konnten. Nach der Zustimmung für UNAMIR aus dem Publikum versicherte uns jeder Minister am Tisch seiner Unterstützung und ermutigte uns sogar, nach Waffenlagern zu suchen, um die Waffenkontrollzone Kigali besser zu sichern. Augustin Ndindiliyimana, der Chef der Gendarmerie, appellierte erneut an mich, die UNO um geeignete Ausrüstung für seine Leute zu bitten, um gewalttätige Demonstrationen ohne Einsatz tödlicher Waffen in den Griff zu bekommen. Einer der Politiker regte sogar an, wir sollten mithilfe des Ministers das Informationsministerium nutzen, um unsere Botschaft zu verbreiten.

Danach besuchte ich Booh-Booh, um ihn über die Kernpunkte der Veranstaltung ins Bild zu setzen, und er schien durch die Neuigkeiten sehr ermutigt. Ich fragte ihn dann unumwunden, wann er mit dem Eintreffen seiner restlichen Mitarbeiter rechne. Wir brauchten Rechtsberater, um die ins Stocken geratenen Untersuchungen der Novembermorde voranzubringen und uns mit ihrem Fachwissen beizustehen. Wir brauchten auch Menschenrechtsbeauftragte, die uns halfen, Lösungen für die ethnisch motivierte Gewalt zu finden und Verbindung zu den vielen Aktivisten und Organisationen in Ruanda aufzunehmen, die über beste Informationen verfügten, sie uns aber vorenthielten. Die nichtstaatlichen Organisationen behandelten UNAMIR zumeist als eine Kriegspartei und gaben ihr exzellentes Wissen an die internationalen Medien weiter, nicht jedoch an uns. Vor allem brauchten wir Koordinatoren – einen etwa für humanitäre Angelegenheiten; einen anderen, um die Tätigkeit der nichtstaatlichen Organisationen und UNO-Agenturen bei der Bewältigung der verschiedenen Krisen im Land aufeinander abzustimmen, einen weiteren, um die künftige Rückkehrflut ruandischer Flüchtlinge ins Land zu bewältigen, sobald die Übergangsregierung im Amt war. All diese Erfordernisse legte ich dem Missionschef dringend ans Herz. Wir waren nun seit über drei Monaten vor Ort und in diesen kritischen Bereichen noch immer ineffektiv. Booh-Booh wusste, wie wichtig diese Punkte waren, machte sich aber nicht dafür stark. Ich verließ sein Büro in dem Glauben, dass wir niemals vorwärts kommen würden.

Ich begab mich zu den Botschaftern Frankreichs, Deutschlands und Belgiens und bemühte mich selbst um eine Ausrüstung mit nichtletalen Polizeiwaffen zur Niederschlagung von Demonstrationen, aber keines der Länder wollte helfen. Diese Unwilligkeit gab mir Rätsel auf, da diese Länder als Erste die zivile Gewalt verurteilt und zugleich die ruandische Gendarmerie gedrängt hatten, nicht überzureagieren. Aber als sie die Gelegenheit hatten, ihren Worten Taten folgen zu lassen, blieben sie untätig.

*

In der Zwischenzeit bekam Ruanda die Rechnung präsentiert. Der politische Leerlauf vergraulte den Hauptgläubiger des Landes, die Weltbank, die damit drohte, Ruanda alle finanziellen Mittel zu streichen, falls die Übergangsregierung nicht bis zum 1. März im Amt wäre. Stoppte die Weltbank einmal ihre Zahlungen, würde es sechs Monate dauern, bevor sie erneut fließen konnten. Das würde eine verheerende Kettenreaktion bei anderen Institutionen, Ländern und Organisationen in Gang setzen. Am Ende stünden der völlige wirtschaftliche Kollaps Ruandas und der Ausbruch unabsehbarer Gewalt. Wir bekämen es mit einer Lage zu tun, wo sich die einfachen Menschen auf der Straße fragen würden, ob das Habyarimana-Regime, das sie zwar unterdrückt, aber ihnen auch eine stabile Herrschaft geboten hatte, nicht der gegenwärtigen Unsicherheit und Not vorzuziehen wäre.

Ein Vorbericht über den Demobilisierungsprozess erbrachte weitere bittere Neuigkeiten. Die Umsetzungsstudie des IWF und der Weltbank würde nicht vor Mitte März fertig sein; diese Studie würde weitere Planungsspiele und Studien nach sich ziehen. Das hieß im Klartext: Erst in drei bis sechs weiteren Monaten war mit der Finanzierung der Truppendemobilisierung durch diese beiden Institutionen zu rechnen. Der IWF und die Weltbank hatten außerdem beschlossen, uns für die ersten vier Monate die Grundversorgung der demobilisierten Soldaten aufzuhalsen; ihre Schätzungen dafür beliefen sich auf zwölf Millionen Dollar. Es war aber sehr wahrscheinlich, dass alle Soldaten – bis zu 40.000 wütende, hungrige Männer – zur gleichen Zeit in den

Demobilisierungszentren eintreffen würden, da weder der RPF noch der Regierungsarmee daran gelegen sein würde, sie weiter zu versorgen, sobald sie uns die Verantwortung für sie übertragen konnten. Daher kalkulierten wir die Kosten weit eher auf 36 Millionen Dollar. Wir sollten die Bürde der Demobilisierung, der Umschulung und Reintegration der Truppen in einem Zeitraum von neun Monaten tragen, obwohl wir nicht einmal eine vernünftige Finanzierung unserer kleinen Friedensmission zuwege brachten. IWF und Weltbank verstanden offensichtlich nicht die gravierenden finanziellen Beschränkungen, unter denen UNAMIR litt. Sie waren dabei, einen Plan auszuarbeiten, der sich niemals erfolgreich umsetzen ließe.

Ich hoffte, mit unserer gemeinsamen Militärkommission neuen Schwung zu gewinnen, und schlug erneut vor, die Hauptstraße zwischen Ruanda und Uganda für den kommerziellen Verkehr und humanitäre Lieferungen zu öffnen. Bis auf gelegentliche Hilfskonvois war die Straße seit den Feindseligkeiten im Februar 1993 gesperrt. Sie war solide gebaut, immer noch in gutem Zustand und musste nur von Minen geräumt werden. Die Brücke zwischen Ruanda und Uganda war zwar im Krieg beschädigt worden, ließ sich aber reparieren. Ich war sicher, dass die Pioniere aus Bangladesch, die ich in Byumba in der Nähe der entmilitarisierten Zone stationiert hatte, beide Aufgaben leicht bewältigen konnten. Da die Straße durch Gebiete beider Bürgerkriegsparteien führte, würde ihre Öffnung eine große Geste der Kooperation zwischen ihnen erfordern.

Ich plante gemischte Patrouillen von RPF, Regierungssoldaten und UN-Beobachtern, um die Straße zu überwachen; das übergeordnete Ziel bestand darin, eine Beziehung zwischen den beiden Streitkräften herzustellen. Dieses Mal willigte Verteidigungsminister Bizimana sofort in meinen Plan ein, aber die RPF lehnte ihn rundweg ab. In der gegenwärtigen politischen Situation könne sie nicht zustimmen, falls wir nicht den südlichen Teil der Straße von Mulindi zu ihrer Garnison im Nationalratsgebäude in Kigali zuerst öffnen würden. Ich war wütend über ihre Unfähigkeit, über ihr Eigeninteresse hinauszublicken. Einfache Ruander hungerten, weil humanitäre Hilfe nicht angemessen verteilt werden konnte, und der Flaschenhals, der das verhinderte, war nicht der Straßenabschnitt von Kigali nach Mulindi. Es gelang mir schließlich, die RPF zu überreden, die Straße für humanitäre Konvois und UNO-Mitarbeiter zu öffnen, aber sie behielten ihre Straßensperren entlang der Route bei und weigerten sich, freien Güter- und zivilen Personenverkehr durch das Gebiet zu erlauben. Wieder einmal bewies die RPF, wie wenig sie gewillt war, sich irgendeine ihrer Trumpfkarten aus der Hand nehmen zu lassen.

*

Die Lage in Ruanda und auch in der Mission spitzte sich weiter zu. Am 13. Februar reichte Per Hallqvist seine Kündigung ein. Mamadou Kane hatte Hallqvist mit seinen extravaganten Sonderbestellungen zu sehr unter Druck gesetzt. Booh-Boohs Residenz war schon jetzt palastartig, aber Kane bestand darauf, dass der Missionschef im Stil eines großen Diplomaten durchs Land kutschiert werden müsse. Er verlangte den Kauf von zwei Daewoo-Limousinen und außerdem weitere Möbel für Booh-Boohs Residenz, darunter Orientteppiche und teure Schaukelstühle. Kane hatte auch einen Geländewagen mit Fahrer in Beschlag genommen, damit Booh-Boohs Mitarbeiter Erledigungen und Einkäufe machen konnten, während meine Militärbeobachter immer noch unter Fahrzeugmangel litten. Hallqvist verweigerte viele dieser Anschaffungen und beschwerte sich wiederholt beim Missionschef über Kane. Aber Kane war nun einmal Booh-Boohs Günstling, und der Missionschef befahl Hallqvist, sich in diesen Angelegenheiten gefälligst nicht mehr an ihn zu wenden, sondern direkt mit Kane zu sprechen. Hallqvist war außer sich. Er setzte ein langes Kündigungsschreiben voller Vorwürfe auf, in dem er seine Probleme mit Kane Punkt für Punkt auflistete, und flog mit seinen Klagen im Gepäck nach New York ab.

Seine Kündigung hätte zu keiner schlechteren Zeit erfolgen können. Das Kontingent aus Bangladesch war am 30. Januar vollständig stationiert, das ghanaische Kontingent traf ab dem 9. Februar ein; im Verlauf von zwei Wochen kamen etwa 1.200 Soldaten auf dem Flugplatz von Kigali an, die einquartiert und in ihren neuen Dienst eingeführt werden mussten. Meist hieß ich die Soldaten und ihre Offiziere persönlich auf dem Flughafen willkommen. Als die Bangladescher Ende Januar eingetroffen waren, lud mich ihr Befehlshaber, Oberst Nazrul Islam, ein, vor ihnen in ihrem Quartier im Amahoro-Stadion zu sprechen. Er und seine Soldaten bewahrten in Kleidung und Haltung noch vorbildlich die alten britischen Kolonialstandards. Als ich das Fußballfeld des Amahoro-Stadions betrat, um die Neuankömmlinge zu begrüßen, war ich beim Anblick der 600 makellos gekleideten und säuberlich in mehreren Reihen auf dem Feld sitzenden Soldaten sehr überrascht.

Während meine Begrüßungsansprache für sie übersetzt wurde, ging mir auf, dass keiner dieser Männer Französisch, Englisch oder Kinyarwanda verstand; nur Offiziere sprachen überhaupt etwas Englisch. Die Soldaten zeigten zwar ein hohes Maß an persönlicher Disziplin, Haltung und erstklassigem Drill, aber bald fand ich heraus, dass sich damit ihre Fähigkeiten auch schon erschöpften. Sie waren eine ebenso zusammengewürfelte Truppe wie ihr großes Vorauskommando und im Hinblick auf Versorgung und Ausrüstung nicht minder auf UNAMIR angewiesen.

Ganz anders die Ghanaer. Da sie nach ihrer Ankunft direkt nach Norden an ihren Einsatzort in der demilitarisierten Zone verlegt werden sollten, hielt ich meine Begrüßungsrede auf dem Flughafen. Zum Erstaunen ihrer Offiziere und Unteroffiziere winkte ich die ganze Gruppe von 200 bis 300 Mann zu mir heran, um einen Kreis um mich herum zu bilden – ein Ring aus blauen Baretten, in dem ich praktisch verschwand, als ich zu ihnen darüber sprach, wie wichtig ihre Mission für Ruanda sei und welchen bedeutsamen Beitrag sie als meine Augen und Ohren in der entmilitarisierten Zone zu ihrem Erfolg leisten könnten. Diese Männer waren in der Regel groß und gut gebaut, und sie strahlten Entschlossenheit aus. Obwohl nicht so geübt im Paradieren wie die Bangladescher, machten sie doch den Eindruck einer gut geführten, kohärenten Einheit. In den folgenden Monaten sollten sie sich durch ihre gute Arbeit auszeichnen und offenbarten während des Krieges endgültig, was in ihnen steckte. Sie standen an jeder neuen Front in vorderster Linie und schwankten nie. Sie warteten nicht darauf, versorgt zu werden (hätten sie es getan, sie hätten womöglich ewig warten können); sie improvisierten, betrieben Tauschhandel, dehnten die Vorschriften und waren unschlagbar im Organisieren. Ich fühlte mich diesen Männern verbunden; nach der Unabhängigkeit in den frühen 60er Jahren war die ghanaische Armee von Kanadiern ausgebildet worden und hatte wie wir gelernt, noch aus dem letzten Ackergaul ein Rennpferd zu machen.

Mit ihnen traf ein würdiger Nachfolger für Oberst Figoli ein, der neue Kommandeur der demilitarisierten Zone, Oberst Clayton Yaache. Stämmig gebaut, klug, enthusiastisch und nicht aus der Fassung zu bringen, hatte er die demilitarisierte Zone in kürzester Zeit unter Kontrolle und war eine willkommene Bereicherung meines unmittelbaren Führungsstabs. Er sollte sich in der Zeit des Völkermords als Chef unserer humanitären Abteilung Ruhm erwerben.

Es traf sich gut, dass die Ghanaer so gewitzt im Organisieren waren. Obwohl UNAMIR sehr sorgfältig geprüft hatte, was diese Soldaten nach ihrer Ankunft brauchen würden, war es Hallqvist und seinem zivilen Stab nicht gelungen, für ihren unmittelbaren Bedarf an Verpflegung und Quartieren zu sorgen. Ich fühlte mich in das wahnwitzige Gerangel um Nachschub im November zurückversetzt und konnte mir ein solches Chaos nicht leisten. Die Bangladescher hatten nichts als ihre persönlichen Sachen und Waffen und erwarteten keinen weiteren Nachschub aus der Heimat. Ich hatte nicht einmal eine vernünftige Küche für die 800 Soldaten im Amahoro-Stadion; sie mussten sich mit einer Feldküche und ohne angemessene Sanitäranlagen behelfen. Ich hatte Hallqvist um Mittel gebeten, eine feste Baracke mit grundlegenden Sanitäreinrichtungen zu bauen, aber ohne Erfolg. Nun war er fort. Oberst Henry Anyidoho, mein stellvertretender Kommandeur, versicherte mir zwar, dass die Ghanaer in vollem Umfang ausgestattet seien, aber noch waren ihre Ausrüstung und Vorräte auf dem langsamen Seeweg von Ghana nach Daressalam unterwegs und mussten dann erst noch mit Lastern durch Ostafrika nach Kigali gebracht werden – ein Transport, der Monate dauern konnte. Ich brauchte so bald wie möglich eine ausgerüstete und einsatzfähige Truppe in der entmilitarisierten Zone. Da wir in Kigali kein Quartier hatten, das sie aufnehmen konnte, schickten wir sie sofort weiter nach Byumba, wo wir sie in einer Schule unterbringen konnten, die von der Canadian International Development Agency (CIDA) erbaut worden war. Wir kratzten für sie zusammen, was wir konnten, und brachen mithilfe von Christine de Liso, die nach Hallqvists Ausscheiden geschäftsführende Verwaltungschefin wurde, zweifellos jede nur denkbare UNO-Vorschrift.

*

Am Abend des 13. Februar hielten wir ein weiteres Allparteientreffen im Amahoro-Hotel ab, da für den folgenden Tag ein neuer Termin für die Einsetzung der Übergangsregierung angesetzt war. Ereignisse mit sehr hohen Sicherheitsanforderungen wie dieses erhielten den Codenamen »Heuschrecke«: Wir stellten den meisten Gemäßigten und der RPF Eskorten zur Verfügung; um die MRND kümmerte sich die Regierungsarmee; die Liberale Partei, die MDR und viele Abweichler und Mitglieder extremistischer Fraktionen hatten Gendarmen zu ihrem Schutz. In den Pausen solcher Sitzungen ging ich oft hinaus und sah mir die verschiedenen Gruppen von Soldaten und Milizen an, die bis an die Zähne bewaffnet und hyperwachsam auf dem Parkplatz umherliefen. Bei den zahlreichen Sitzungen höchster Sicherheitsstufe, die wir arrangierten, fiel nie ein einziger Schuss, aber die vielen Soldaten, die wir dafür benötigten, erhöhten die Belastung meiner Truppe in Kigali noch zusätzlich.

Zu Beginn des Treffens verkündete Booh-Booh, dass es keine weiteren Sitzungen mehr geben würde: Heute Nacht würde man den Stillstand überwinden. Er blickte von seinen Notizen auf und bemerkte, dass die Vertreter der MRND sich nicht die Mühe gemacht hatten, zu erscheinen. Es gab eine peinliche Pause und ein paar unterdrückte Lacher, bevor sich die Politiker niederließen und abermals ihre altbekannten, lahmen und zirkulären Argumente breittraten.

Während der allgemeinen Diskussion wurde eine Idee vorgebracht, über die ich auch schon nachgedacht hatte: Warum vereidigten wir nicht jene Abgeordneten und Minister, über die sich alle einig waren, setzten die Übergangsregierung ins Amt ein, ließen die wenigen strittigen Positionen unbesetzt und überließen es der neuen Regierung, das Problem zu lösen? Zumindest könnten wir auf diese Weise einige der Bedingungen für weitere Finanzhilfen der internationalen Gemeinschaft erfüllen und auch dem ruandischen Volk signalisieren, dass wir uns auf eine Lösung zubewegten, statt auf der Stelle zu treten. Die Liberale Partei und die MDR liefen sofort Sturm gegen diese Idee, weil sie befürchteten, dass ihre eigenen Hutu-Power-Flügel die Ministerposten und Abgeordnetensitze ihrer Parteien erhalten würden. Nach mehrstündigem Gerangel schreckte uns Booh-Booh plötzlich alle auf: Er schlug auf den Tisch, stand auf und warf dabei in seiner Hast seinen Stuhl um. Dieses Treffen führe zu nichts, verkündete er emphatisch, er sei nicht gewillt, noch weitere Zeit darauf zu verschwenden. Tatsächlich weigerte er sich von nun an, bei solchen Treffen den Vorsitz zu führen. Er packte seine Sachen zusammen, stürmte hinaus und ließ uns sprachlos zurück.

Obwohl es für mich und fast alle anderen im Raum offensichtlich war, dass es sinnlos wäre, eine weitere Vereidigungszeremonie zu veranstalten, rief mich Booh-Booh spätabends noch an, um sicherzugehen, dass ich alle diesbezüglichen Sicherheitsvorkehrungen getroffen hatte. Am folgenden Tag setzte ich sämtliche Hebel für einen weiteren Tag voller Eskortenabordnungen und Demonstrationseindämmungen in Gang, aber dieses Mal erschien keine einzige der Parteien. Selbst die

RPF, die ihr Quartier gleich nebenan auf der anderen Seite des Nationalratskomplexes hatte, ließ sich nicht zur Teilnahme bewegen. Die einzigen Anwesenden waren Booh-Booh, einige Botschafter und die Presse.

Demonstranten scharten sich um das Gebäude, aufgehetzt von der Interahamwe und den üblichen, in Zivil gekleideten Kadern der Präsidentengarde. Da man ihnen das Spektakel der Zeremonie vorenthalten hatte, begannen sie giftig zu werden. Der kurze Lichtstrahl von Offenheit und Entgegenkommen, den wir zu Beginn des Monats erlebt hatten, war spurlos verschwunden.

*

In der zweiten Februarwoche gelang es meinen Nachrichtenoffizieren, einen Informanten aus der Interahamwe zu rekrutieren, der uns weitere Einzelheiten über die Waffenlager und Milizausbildung nennen konnte, von denen Jean-Pierre gesprochen hatte. Laut diesem Informanten steckte die MRND hinter der Serie von Handgranatenanschlägen gegen Tutsi-Familien, gemäßigte Geschäftsleute, das Hauptquartier des Kigali-Sektors und Major Kamenzi. Wir hatten am 7. Februar außerdem einen Bericht von UNOMUR, unserer Beobachtermission in Uganda, bekommen. Danach hatten mehrere verlässliche Quellen aus der ugandischen Armee gegenüber UNOMUR-Offizieren angedeutet, dass es aufgrund des Stillstands bei der Vereidigung der Übergangsregierung »noch in dieser Woche zu einer Wiederaufnahme [der Feindseligkeiten] zwischen RPF und [ruandischer] Regierungsarmee kommen könne«. Dann erhielten wir Nachricht, dass Todesschwadronen gebildet würden, um Lando Ndasingwa, den Führer des gemäßigten Flügels der Liberalen Partei, und den Verfassungsgerichtspräsidenten Joseph Kavaruganda zu ermorden. Als UNAMIR beide Männer vor dieser Gefahr warnte, war keiner von ihnen überrascht; wie gefährdet ihr Leben war, wussten sie besser als wir. Unser neuer Informant nannte als Kopf der Todesschwadronen den Schwager von Präsident Habyarimana. Obwohl wir keine Möglichkeit hatten, die Information zu überprüfen, war ich mir sicher, dass darin mehr als nur ein Körnchen Wahrheit steckte: Im Kern war sie unter Diplomaten, gemäßigten Politikern, nichtstaatlichen Organisationen und Ausländern allgemein bekannt. Ich hielt es für unabdingbar, zu zeigen, dass UNAMIR von diesen machiavellistischen Komplotten wusste und entschlossen war, sie zu vereiteln. Aber wie sollte ich das anstellen?

Seit meinem letzten Telex an Annan hatte ich das DPKO weiter gedrängt, Operationen zur Abschreckung durchführen zu dürfen. Am 15. Februar erhielt ich dafür Unterstützung aus einer gänzlich unerwarteten Richtung. Abdul Kabia reichte eine verschlüsselte Nachricht aus New York an mich weiter, in dem wir gebeten wurden, der UNO bei der Beantwortung eines Briefes zu helfen, den sie von Willy Claes, dem belgischen Außenminister, erhalten hatte. Luc Marchals überzeugende Einwände bei seinen Vorgesetzten in Brüssel hatten Wirkung gezeigt. Außenminister Claes unterstützte nun meine Forderung nach abschreckenden Operationen und warnte davor, dass es zu einem »unumkehrbaren Ausbruch von Gewalt« kommen könne, falls UNAMIR keine energischere Rolle übernehme. Endlich hatte ich jemanden auf meiner Seite, der New York vielleicht davon überzeugen könnte, mir größeren Spielraum einzuräumen.

Ich schrieb rasch eine Antwort, um auf die Sorgen von Claes einzugehen, fügte meinem bereits fertigen Plan für die Razzien der Waffenlager Maßnahmen zur Wahrung der öffentlichen Sicherheit hinzu und ging hinüber zu Booh-Boohs Büro. Der Missionschef zeigte sich offen für meine Anregungen, doch viel später fand ich heraus, dass er meinen Vorschlag zwar an Annans Büro schickte, aber nicht seiner Antwort an Claes beifügte. Stattdessen spielte Booh-Booh die Informationen, die wir über die illegale Verteilung von Waffen und die Ausbildung von Milizionären gesammelt hatten, gegenüber Claes herunter und betonte in denkbar deutlichster Weise die strengen Beschränkungen der Mission.

Zwei Tage später schickte das Triumvirat in New York auf Rat von Hédi Annabi, dem Direktor der Afrika-Sektion des DPKO, eine Antwort auf meinen überarbeiteten Plan. Wieder sprach sich das DPKO gegen Razzien und Abschreckungseinsätze aus. Man betonte, dass »UNAMIR die Wahrung von Recht und Gesetz in und außerhalb von Kigali nicht übernehmen kann und vermutlich auch gar nicht die Fähigkeit dazu hätte. Öffentliche Sicherheit und die Wahrung von Recht und Gesetz liegen in der Verantwortung der Behörden; sie müssen auch in ihrer Verantwortung bleiben, wie es bei allen anderen Friedensmissionen der Fall ist.« Ich erinnere mich, dass ich am Schreibtisch saß und gerade diese Antwort las, als ein besonders heftiger Windstoß durch die Korridore des Amahoro-Hotels pfiff, an den Fenstern rüttelte und Türen ins Schloss knallen ließ.

*

Während sich der Monat dahinschleppte, machte mir der Zustand meiner Truppe immer größere Sorgen. Schon vor Monaten hatte ich gepanzerte Truppenfahrzeuge angefordert, und die waren auch schließlich – als Restposten der UN-Mission in Mosambik – am 30. Januar eingetroffen. Allerdings hatte ich 20 verlangt, und es kamen nur acht. Von diesen acht waren bloß fünf tatsächlich funktionstüchtig. Die Fahrzeuge landeten bei uns ohne Mechaniker, die sie bedienen konnten, ohne Ersatzteile und Werkzeug, und die Bedienungsanleitungen waren auf Russisch. 100 weitere Fahrzeuge, vor allem Geländewagen aus Kambodscha, die nach der Beendigung der dortigen Mission nicht mehr gebraucht wurden, waren nach Daressalam verschifft und im dortigen Hafen mutwillig beschädigt worden; die Tansanier erlaubten mir nicht, UNAMIR-Soldaten zu schicken, um sie zu bewachen, und die UNO hatte keine Kapazitäten, um sie zu schützen. Sie schloss stattdessen einen Frachtvertrag mit dem günstigsten Anbieter ab, der unerfahrene zivile Fahrer engagierte, um die Fahrzeuge im Konvoi über Tausende von Kilometern afrikanischer Lehmpisten nach Kigali zu bringen. Auf dem Weg gingen etwa zehn Fahrzeuge verloren. Als der Konvoi eintraf, erwiesen sich nicht einmal 30 Fahrzeuge als fahrtüchtig – allerdings war auch aus ihnen alles Mögliche, von den Scheibenwischern über die Sitze bis hin zu vielen der Funkgeräte, entfernt worden. Wir konnten in Ruanda keine Ersatzteile oder Kraftfahrzeugmechaniker finden, um sie zu reparieren.

Da Luc und ich unsere Feuerkraft erhöhen wollten, besonders am Flughafen, hatte ich Munition angefordert, einige schwerere Waffen, Mörser und Ähnliches – nichts davon traf je ein. Die Belgier hatten bei ihren Übungen viel Munition verbraucht und ersetzten sie nie, da sich die UNO und Belgien nicht einigen konnten, wer sie bezahlen sollte. Wenn mir die UNO doch bloß den Nachschub geschickt hätte! Später wäre immer noch Gelegenheit gewesen, sich mit ihrem Mitgliedsland über die Kosten zu streiten.

Obwohl ich im Dezember weitere 48 unbewaffnete Beobachter angefordert hatte, um auf die bestätigten Berichte über Rekrutierungen in burundischen Flüchtlingslagern sowohl durch die RPF als auch die Regierungsarmee reagieren zu können, hatte der Missionschef meine Bitte nicht unterstützt, und wir hatten sie nicht bekommen. Wie die Dinge lagen, standen mir nur sechs unbewaffnete Militärbeobachterteams zur Verfügung, um die Lager zu durchsuchen; sie konnten wenig tun, um die Berichte zu verifizieren. Außerdem wurde an der demilitarisierten Zone immer häufiger der Waffenstillstand gebrochen. Am 11. Februar hatte es etwa 30 Kilometer nordöstlich von Byumba, wo RPF-Truppen und Soldaten der Regierungsarmee zu beiden Seiten eines Flusses stationiert waren, einen schweren Zwischenfall gegeben. Anscheinend hatte ein Regierungssoldat das Feuer auf einen RPF-Trupp eröffnet, der Wasser holte. In dem kurzen Scharmützel, das folgte, wurden drei Regierungssoldaten getötet und weitere fünf verletzt, und auch einige Zivilisten, die ins Kreuzfeuer geraten waren, wurden verwundet, einer von ihnen starb. Oberst Tikoka, mein Oberkommandierender der Beobachterteams, erarbeitete einen neuen Stationierungsplan, um die entmilitarisierte Zone zu sichern, aber die Verlegungen, die er vorschlug, gingen auf Kosten anderer Sektoren.

Als ich diese Erfordernisse gegenüber General Baril ansprach, riet er mir, solche großen Anforderungen nicht unmittelbar bei Bedarf zu stellen, sondern in meinen Sechsmonatsbericht zur Beurteilung vorzulegen, der im März fällig war. Das bedeutete, dass ich selbst für den Fall, dass die Aufstockung bewilligt würde, nicht vor Sommer mit neuen Soldaten rechnen konnte.

*

Am 17. Februar trafen General Uytterhoeven, der Generalinspekteur der belgischen Armee, und Oberst Jean-Pierre Roman, der Kommandeur der Fallschirmjägerbrigade, zu einem viertägigen Besuch in Kigali ein. Ich war glücklich, diese Herren zu sehen. Ich musste dringend mit Offizieren des belgischen Oberkommandos sprechen, um einige Probleme zu lösen, die ich mit ihrem Kontingent hatte. Man hatte uns gesagt, dass die UNO im März das Fallschirmjägerbataillon in Kigali durch ein *ad hoc* gebildetes Bataillon aus belgischen Fallschirmjägern und österreichischen Soldaten ersetzen wolle. Ich war entschlossen, jede Initiative dieser Art zu torpedieren, da sie den entstehenden Zusammenhalt in meiner Truppe zu einer Zeit zerstört hätte, wo unsere militärischen Aufgaben immer anspruchsvoller wurden.

Mit voller Unterstützung von Luc Marchal sprach ich die gravierenden Mängel in Führung, Disziplin und Ausbildung des belgischen Bataillons an. Doch auch nachdem ich mit der belgischen Führung besonders über den erforderlichen Einstellungswandel bei einer Mission nach Kapitel VI gesprochen hatte, änderte sich an der Haltung des Bataillons nichts. Die belgischen Soldaten waren häufig frustriert von den geduldigen Verhandlungen, die Friedenshüter bei einer Mission wie der unsrigen führen müssen, wo der Aufbau von Vertrauen und Kooperation mit der einheimischen Bevölkerung genauso wichtig ist wie die Errichtung von Straßensperren, um nach geschmuggelten Waffen zu suchen. Sie sahen sich als *crème de la crème* unseres Kontingents und fühlten sich ihren UNAMIR-Kollegen weit überlegen. Sie schienen die Mission als eine Art Club-Med-Einsatz zu betrachten, bei dem die Erfüllung ihrer Erholungs- und Urlaubswünsche an erster Stelle stand, während ihre fortlaufende Ausbildung nur dem Ziel diente, sie auf den Beurteilungstest für die Fallschirmjäger vorzubereiten, der sie bei der Rückkehr nach Belgien erwartete. Die ernsthafte Führungsschwäche bei den Belgiern, gepaart mit Disziplinproblemen und dem Mangel an missionsspezifischer Ausbildung, führte zu Konflikten zwischen der Mission, der Regierungsarmee und der breiten Bevölkerung.

Es hatte Dutzende von Verstößen gegen die Disziplin gegeben. Die Belgier wurden ständig bei Nachtklubbesuchen erwischt, die ihnen zu ihrer eigenen Sicherheit verboten waren. Sie tranken auf Patrouille und verstrickten sich in Kneipenkeilereien, anscheinend den französischen Soldaten nacheifernd, die ihre persönlichen Waffen dabei hatten, wenn sie im Kigali Nights, dem örtlichen Szenelokal, tanzen und trinken gingen. Eines Nachts verwandelten mehrere betrunkene Randalierer die Lobby des Hôtel des Mille Collines, die beliebteste Bar der feinen Gesellschaft von Kigali, in einen Trümmerhaufen. Die Belgier weigerten sich häufig, vor Offizieren anderer Kontingente zu salutieren und ihnen den angemessenen Respekt zu zollen, besonders schwarzen Offizieren. Es gab belgische Soldaten, die sich ohne Erlaubnis von der Truppe entfernten, nach Zaire fuhren und wer weiß was alles anstellten, bevor sie von den dortigen Behörden in Arrest genommen wurden. Bei einem der ernsteren Zwischenfälle veranstaltete der Bataillonskommandeur LeRoy am Tag der Luftlandekräfte im Meridien-Hotel eine Party für seine Einheit, zu der wichtige Persönlichkeiten geladen waren. Im Geiste des Anlasses beschlossen die Piloten der belgischen Herkules, die zur Evakuierung von Verletzten auf dem Flughafen stationiert war, einen Tiefflug über das Hotel. Dabei überflogen sie in niedriger Höhe das Nationalratsgebäude, was bei dem wachsamen RPF-Bataillon sofort eine Reaktion auslöste. Nun schon zwei Monate dort eingepfercht, waren die RPF-Soldaten ein bisschen paranoid geworden und eilten auf das Dach, wo sie das Feuer auf die Maschine eröffneten. Wie in vielen anderen Fälle dieser Art leitete Luc

Marchal ein Disziplinarverfahren gegen die Verantwortlichen ein und schickte sie zurück in die Heimat.

Luc und später ich wurden zudem darauf aufmerksam gemacht, dass einige der belgischen Stabsoffiziere mit Tutsi-Frauen angebandelt hatten. Der hetzerische Rundfunksender RTLM und die unflätige Extremistenzeitung *Kangura* bekamen Wind davon und schlachteten die Story bis zur Neige aus. Das Blatt illustrierte seinen düsteren Bericht mit obszönen Karikaturen und deutete an, dass auch ich daran beteiligt sei. Dabei ist nach meiner Überzeugung einvernehmlicher Sex zwischen Soldaten und einheimischen Frauen in Kriegen oder Konfliktgebieten praktisch ein Ding der Unmöglichkeit. Die Belgier untergruben die Glaubwürdigkeit von UNAMIR, indem sie Gerüchte nährten, wir stünden auf Seiten der Tutsi. Luc zitierte diese Offiziere in sein Büro, las ihnen die Leviten und verhängte über sie und das ganze Bataillon eine Ausgangssperre. Ein paar Tage später besaßen ein paar der Offiziere die Frechheit, in mein Büro zu kommen und sich über Lucs Befehl zu beklagen. Ich sagte ihnen, dass Luc nicht nur meine volle Unterstützung habe, sondern dass ich auch persönlich an ihren Stabschef schreiben würde.

Trotzdem schienen kein Tadel und keine Disziplinarmaßnahme die Fäulnis beseitigen zu können, die sich in diesem Kontingent ausgebreitet hatte. Anfang Februar hatte eine meiner belgischen Patrouillen Oberst Théoneste Bagosora, den persönlichen Referenten des Verteidigungsministers, an einer Straßensperre in Kigali grob angefasst. Bagosora fuhr in einem deutlich gekennzeichneten Militärfahrzeug und zeigte der Patrouille seine Papiere, aber die Belgier zwangen ihn, seinen Fahrer und seinen Leibwächter aus dem Auto und begannen mit einer erniedrigenden Durchsuchung, während sie die ganze Zeit ihre Waffen auf sie richteten. Ein belgischer Offizier griff schließlich ein.

Die Krönung geschah kurz vor dem Eintreffen von General Uytterhoeven und Oberst Roman. Eine Gruppe belgischer Soldaten in Zivil verschaffte sich gewaltsam Zugang zum Haus eines der Köpfe der extremistischen Koalition zur Verteidigung der Republik (CDR), Jean-Bosco Barayagwiza, und griff ihn vor den Augen seiner Familie an. Die CDR hatte enge Verbindungen zu dem Radiosender RTLM, der häufig negative Berichte über die Belgier brachte. Die Soldaten schlugen den Politiker auf seiner eigenen Türschwelle übel zusammen, und einer von ihnen hielt zum Schluss eine Pistole an seinen Kopf und warnte ihn, dass sie zurückkehren und ihn töten würden, falls er, seine Partei oder die lokalen Medien jemals wieder Belgien, belgische Ausländer in Ruanda oder das belgische Kontingent von UNAMIR beleidigten oder bedrohten. Barayagwiza ging sofort an die Öffentlichkeit und zerstörte auf einen Schlag die ganze Sympathie, die wir uns Anfang des Monats so mühsam erworben hatten. Ich befahl eine umfassende Untersuchung zur Identifizierung und Anklage der Täter, aber die Einheit hüllte sich in einen Mantel des Schweigens, sodass wir die Übeltäter nie zu fassen bekamen.

Diese dicke Akte von Disziplinarverstößen der Belgier legte ich General Uytterhoeven und Oberst Roman vor. Ich sagte ihnen, dass ihre Soldaten nicht nur die belgische Armee in Verruf brächten, sondern auch in gravierender Weise die Glaubwürdigkeit der Mission untergrüben. Ich hielt ihnen vor, dass die Ausbildung, die diese Soldaten vor ihrer Stationierung erhalten hatten, beklagenswert ungenügend gewesen sein müsse, wenn sie mit einer derart aggressiven und destruktiven Haltung in eine Mission nach Kapitel VI gingen; schlimmer noch, trotz meiner unmissverständlichen Eingaben an ihre Führung hatte sich nichts verändert. Ich erinnerte sie daran, dass ich über Luc Marchal offiziell eine Kopie des Trainingsprogramms angefordert hatte, das man dem belgischen Ersatzbataillon angedeihen ließ, um ähnliche Schwierigkeiten mit der eintreffenden Truppe zu vermeiden. Ich wusste, dass meine brutale Offenheit die Beziehung zwischen mir und den belgischen Militärbehörden aufs Spiel setzte, aber ich hatte keine Wahl: Die belgischen Fallschirmjäger brachten die ganze Mission in Gefahr.

Später kam Oberst Roman allein in mein Büro, um die Wogen zu glätten und seine Truppe zu verteidigen. Er meinte, mir die Eigentümlichkeiten der Luftlandekräfte erklären zu müssen. Sie würden dazu ausgebildet, sehr unabhängig und erfinderisch zu sein, und neigten daher dazu, sich etwas weniger leicht von ihrem Offizierskorps führen zu lassen als die reguläre Infanterie. Sie brauchten ihre Übungszeiten, sagte er, um ihre hohe Effizienz zu erhalten. Der Unterton all dessen war, dass ich überreagierte und »Jungs eben Jungs bleiben« – genau jene veraltete Vorstellung, die ich im kanadischen Militär bekämpft hatte. Ich hielt Oberst Roman entgegen: Seine Truppe verbringe so viel Zeit damit, ihre Fähigkeiten zu erhalten, dass sie dabei viel von unserer wertvollen Munition verpulvert hatte, und seine Regierung scheine nicht allzu versessen darauf zu sein, diese essenziellen Vorräte zu ersetzen. Damit setze sie uns einem Risiko aus. Ich sagte ihm, was ich General Uytterhoeven auch schon gesagt hatte: Falls diese gravierenden Mängel in Ausbildung, Disziplin, Haltung und Führung nicht behoben würden, erwöge ich den beispiellosen Schritt, New York zu empfehlen, die Belgier von der Mission abzuziehen. Als ich alles von mir gegeben hatte, was mir auf der Seele lag, war der Oberst weiß vor Wut.

*

Zufällig besuchte der belgische Außenminister Willy Claes zu dieser Zeit ebenfalls Kigali. Ich sprach mit ihm am Sonntag, dem 20. Februar, im Rahmen eines runden Tisches mit Diplomaten, nichtstaatlichen Organisationen, in Ruanda lebenden Ausländern und dem Missionschef. Ich sagte ihm, wir müssten härter vorgehen und aktiver werden, sowohl militärisch als auch politisch, um innerhalb des vom Abkommen vorgegebenen Zeitrahmens einen Erfolg sicherzustellen. Die Führer von Ruandas jungen politischen Parteien hätten sich als unfähig erwiesen, über ihre Eigeninteressen hinauszuwachsen. Es gebe, sagte ich, keinen echten Staatsmann unter ihnen. Um aus der Sackgasse herauszukommen, müssten wir die diplomatischen Anstrengungen erhöhen und internationale Partner – wie Belgien – gewinnen, echten Druck auszuüben, nicht nur auf Habyarimana, sondern auf alle politischen Akteure, auch die RPF. Claes hörte aufmerksam zu und lobte UNAMIR für das, was wir bislang erreicht hatten. Er hinterließ bei uns den Eindruck, dass er in Brüssel und New York für unsere Mission kämpfen werde.

Noch am selben Tag bekam der belgische Politiker Gelegenheit, eine Lektion in ruandischer Politik zu lernen. Sonntag war immer der schwerste Tag der Woche für meine Truppe, weil die politischen Parteien an diesem Tag ihre Massenveranstaltungen abhielten. Kleine, weiße Toyota-Pritschenwagen vollgepfropft mit betrunkenen Milizionären der Interahamwe und der womöglich noch extremistischeren Impuzamugambi kreuzten dann durch Kigali und machten Ärger. Die Straßen waren gewöhnlich mit umherlaufenden Menschen gefüllt, die sich irgendwie beschäftigen wollten, und es brauchte nicht viel, sie aufzuhetzen. Dieser Sonntag war schlimmer als die meisten anderen. Die MDR hielt eine riesige Versammlung im Nyamirambo-Stadion ab; Faustin Twagiramungu versuchte immer noch, den Bruch zwischen ihm und dem extremistischen Hutu-Power-Flügel seiner Partei, geführt von Froduald Karamira, dem Vizepräsidenten der MDR, zu kitten. Laut unserem Informanten rief die Interahamwe die Leute dazu auf, mit dem Pflanzenschutzmittel DDT bewaffnet zu der Veranstaltung zu gehen, als »Medizin für die *inyenzi*« (»Kakerlaken«). Als die Versammlung am Nachmittag begann, wurde das Stadion von der Interahamwe umzingelt, die sich unter die krakeelende Menge mischte und es der MDR-Führung fast unmöglich machte, das Gebäude zu erreichen. Als Madame Agathe mit ihrer belgischen Eskorte eintraf, bewarf die Menge sie mit Steinen, und es gab blutende Verletzungen. Die Belgier feuerten in die Luft, um die Menge zu zerstreuen.

An jenem Abend konnte Willy Claes bei einem Abendessen zu Ehren der belgischen Delegation aus der ersten Reihe beobachten, wie zum Reißen gespannt die Stimmung in der ruandischen Politik war. Das gesamte diplomatische Corps, UNAMIR in Gestalt des Missionschefs und meiner selbst sowie alle führenden Politiker der offiziellen Parteien einschließlich der RPF waren geladen. Extremisten saßen Seite an Seite mit Gemäßigten. Trotzdem begann der Abend gut, mit viel lockerem Geplauder, begleitet von üppigen Speisen und Alkohol. Es gab auch politische Gespräche, aber sie blieben vage und optimistisch. Wir wollten einen weiteren Versuch noch in dieser Woche unternehmen, die Übergangsregierung einzusetzen, aber die Unterhaltungen um mich herum vermieden zunächst sorgsam jede wirkliche Diskussion der festgefahrenen Situation. Erneut beeindruckte mich die Fähigkeit der Ruander, die Reihen zu schließen, wenn der Blick der internationalen Gemeinschaft auf sie fiel, als wären sie eine große, zerstrittene Familie, die sich verschworen hatte, den Schein zu wahren.

Dann geschah etwas Unerwartetes. Ich saß neben Félicien Gatabazi, dem Chef der einflussreichen (und immer noch vereinten) Sozialdemokratischen Partei (PSD). Gatabazi war ein bekannter gemäßigter Hutu aus dem Süden, der sehr viel Sympathie für die RPF hegte. Er hatte ein paar Glas Wein zu viel intus und verwickelte sich in eine intensive Debatte mit Mitgliedern der MRND über ihre extremistischen Ansichten. Je mehr Wein Gatabazi trank, desto lauter und streitsüchtiger wurde er, bis er beinahe schrie. Er fing an, einzelne Mitglieder der MRND zu beleidigen, und beschuldigte sie, den politischen Prozess zu manipulieren und den Stillstand verursacht zu haben. Der ganze Raum verstummte, um zuzuhören. Gatabazi hatte bereits öffentlich die Präsidentengarde beschuldigt, Milizen in der Kanombe-Garnison auszubilden, und mehrere Todesdrohungen erhalten, aber in dieser Nacht war er furchtlos. Ich versuchte, die Situation zu entschärfen, indem ich ihn unterbrach und das Thema wechselte, aber der Schaden war bereits angerichtet. Als ich in die Augen der MRND-Extremisten blickte, sah ich schieren Hass, der sich wie eine Mauer um Gatabazi und mich erhob. Es besteht für mich kein Zweifel, dass Gatabazi in jener Nacht sein eigenes Todesurteil unterschrieb. Doch auf dem Nachhauseweg vom Bankett war es zunächst Faustin Twagiramungus Auto, das in einen Hinterhalt geriet. Faustin entkam, aber einer seiner Leibwächter wurde getötet.

Es war, als wäre eine dunkle Kraft entfesselt worden. Am nächsten Tag stürmten CDR-Demonstranten gewaltsam in das Büro von Madame Agathe und nahmen acht Geiseln. Es gab ein Patt, aber dann kam die Gendarmerie und half meinen Soldaten. Nach ein paar Stunden geduldiger Verhandlungen gelang es ihnen, die Demonstranten zur Freilassung ihrer Geiseln zu bewegen.

An jenem Abend wollte sich Brent zu Hause ein bisschen ausruhen, während Willem de Kant und ich zu einem offiziellen Diner in der Residenz des US-Botschafters gingen. Brent war gerade von einem zweiwöchigen Urlaub zurück und begann mit dem Auspacken, als die Stille der Nacht vom unverkennbaren Geratter automatischer Waffen hinter dem Haus zerrissen wurde. In der Annahme, unser Haus stehe unter Beschuss, löschte Brent die Lichter und kroch zum Küchenschrank, wo er de Kants Pistole vermutete, doch die hatte Willem an diesem Abend mitgenommen. Brent bewaffnete sich mit einer Machete kanadischen Fabrikats (die noch nie aus ihrer Scheide gezogen worden und nicht einmal geschärft war) und kroch zum Telefon, um das Hauptquartier anzurufen. Nachdem er aufgelegt hatte, klingelte Augenblicke später das Telefon. Es war Félicien Gatabazi, der in unserer Nachbarschaft lebte. Er war überfallen und dabei verwundet worden, er stöhnte und hatte offenbar große Schmerzen. Er hatte es zurück in sein Haus geschafft und bat Brent, Hilfe zu holen. Brent rief sofort im Hauptquartier an, meldete den Überfall und stellte sicher, dass mir die Botschaft beim Diner überbracht würde. De Kant, Philippe Troute und ich rasten zurück zum Haus, gerade als ein belgischer Halbzug eintraf. Sobald wir wussten, dass es Brent gut ging, durchkämmten wir gründlich die Gegend. Auf der Straße hinter dem Haus fand die belgische Patrouille eine von Kugeln durchsiebte Limousine. Die Leichen von zwei Gendarmen, die Eskorte des Politikers, lagen in einer Blutlache daneben. Gatabazi war kurz nach seinem Anruf bei Brent gestorben.

Dieser Mord war vielleicht der Funke, der das ganze Land in Flammen setzte. Am nächsten Tag, dem 22. Februar, sollte erneut die Übergangsregierung vereidigt werden. Das Schlimmste fürchtend, beorderte ich alle dienstfreien Soldaten in die Kasernen zurück und befahl eine Ausgangssperre. Noch vor Tagesanbruch war die Truppe aufgestellt und in höchster Alarmbereitschaft.

Am nächsten Morgen gingen sowohl die Gemäßigten als auch die Radikalen auf die Straßen von Kigali. Die extremistischen Medien feierten sofort die Ermordung Gatabazis als Sieg über die Hutu-Verräter. Vielfach sah man die Interahamwe auf den Straßen. Die Gendarmerie schien in ihre Kasernen verschwunden zu sein, und die politischen Führer aller Richtungen waren wortwörtlich in Deckung gegangen und für mich nicht erreichbar. Der Mob beherrschte die Straße, und nur UNAMIR war da, um ihm entgegenzutreten. Ich beschränkte alle unnötigen Truppenbewegungen, erhöhte aber unsere Präsenz und die Patrouillen, um die Stadt nach Möglichkeit zu beruhigen. Inmitten dieser Lage musste Luc Marchal Außenminister Willy Claes zum Flughafen bringen. Wieder einmal war die Vereidigung der Übergangsregierung geplatzt. Präsident Habyarimana kam zwar zum Nationalratsgebäude durch, aber Faustin Twagiramungu, der designierte Premierminister, und die RPF verweigerten aus Protest gegen Gatabazis Ermordung ihre Teilnahme.

Trotz des entschlossenen Versuchs der UN-Polizeiabteilung, endlich einen dieser politischen Gewaltakte aufzuklären, meldete sich außer Brent und Mitgliedern der Gatabazi-Familie kein einziger Zeuge. Es wimmelte in Kigali nur so von Gerüchten. Von vernünftigen Mutmaßungen bis hin zum abenteuerlichsten Verdacht war alles vertreten. Einem der Gerüchte zufolge war der Mord die Arbeit eines Killerkommandos aus Togo, aber die meisten glaubten, dass die Extremisten der CDR dafür verantwortlich waren. (Tatsächlich wurde der Fall niemals aufgeklärt.)

In Gatabazis Heimatstadt Butare im Süden gab es große Demonstrationen. Später am Nachmittag hörten wir, dass ein Mob von Anhängern der PSD Martin Bucyana, den nationalen Vorsitzenden der CDR, in der Nähe von Butare ergriffen und gelyncht hatte. Als sich diese Nachricht in Kigali verbreitete, schlugen die Interahamwe-Milizen zurück, indem sie alle großen Kreuzungen und Ausfallstraßen der Stadt blockierten.

Unsere Truppe war schier überwältigt von der riesigen Zahl hysterischer und gewalttätiger Zivilpersonen, die auf die Straßen strömten. Wir konnten nicht viel tun. Ich wollte verhindern, dass bewaffnete

UNAMIR-Soldaten Gewalt gegen unbewaffnete oder machetenschwingende Zivilisten einsetzten, da ich sicher war, dass die Gewalt schlicht eskalieren würde, wenn wir, ganz unabhängig von der Heftigkeit aller Provokationen, auf jemanden feuerten. Stattdessen wandte ich mich an die Regierung und die Gendarmerie, um sie zu bewegen, ihre Arbeit zu tun.

Premierministerin Agathe appellierte im Radio an die Bevölkerung, Ruhe zu bewahren. Nichts schien den Gendarmeriechef Ndindiliyimana zum Eingreifen bewegen zu können. Auch Nsabimana, der Stabschef der Armee, hatte es vorgezogen, von der Bildfläche zu verschwinden. Als ich ihn schließlich fand, wandte er listig ein, er sei gezwungen, sich an das Abkommen über die Waffenkontrollzone zu halten, das seinen Truppen Einsätze, die in der Verantwortung der Gendarmerie lagen, verbot. So ging es hin und her, während sich auf der Straße die Gewalt ausbreitete. In den folgenden Tagen starben 35 Menschen, weitere 150 wurden verletzt – die Mehrzahl waren Tutsi und moderate Hutu. Wenn es zuvor Zweifel gegeben hatte, so waren sie nun eindeutig ausgeräumt: Das Giftgebräu des Rassenhasses war angerührt und stand kurz davor, überzukochen.

Auf ihre Bitte traf ich mich mit Madame Agathe in ihrem Büro. Sie war den Tränen nahe. Sie sagte mir, sie verstehe, dass wir nicht viel mehr tun konnten, als das, was wir bereits täten, aber sie bat mich, keinesfalls die Wachen abzuziehen, die wir vor den Häusern der Gemäßigten postiert hatten. Ich versicherte ihr, dass ich alle gefährdeten Politiker weiterhin 24 Stunden schützen würde, bis die Situation unter Kontrolle war. Sie flehte mich geradezu an, dass meine Truppe die Lage in der Waffenkontrollzone in den Griff bekommen müsse, da sich die Menschen einfach nicht sicher fühlten. Viele würden bei Einbruch der Dunkelheit ihre Häuser verlassen und sich in Kirchen flüchten, wo sie über Nacht kampierten. Kirchen hatten in Ruanda immer Schutz geboten und wurden zunehmend zu Zufluchtsorten für alle, die sich bedroht fühlten.

Während sie sprach, ging sie auf und ab wie eine müde Löwin, die in einen zu kleinen Käfig gesperrt war. Sie sagte mir, dass sich die extremistischen Minister von der MRND weigerten, zu den Sitzungen zu kommen, die sie ansetzte, und sogar ihre Telefonanrufe ignorierten. Sie entlud ihre Wut gegen Habyarimana und warf ihm vor, die politische Lage zu manipulieren. Sie wollte keinen Rat oder eine Antwort von mir, nur Trost und die Versicherung, dass ich sie und die Gemäßigten nicht im Stich ließe, ganz gleich, wie schwierig die Situation werden würde.

Als ich mich erhob, rannen Tränen über ihre Wangen, und ich spürte einen Kloß im Hals, als ich ihr versicherte, dass ich Ruanda nie aufgeben würde, was immer auch geschähe. Es war beklemmend, sie so zu sehen; sie hatte in all den schwierigen Monaten, die ich sie kannte, wie ein Fels in der Brandung gestanden. In ihrem Mut und ihrer Standhaftigkeit hatte sie nie geschwankt, und ihr unbedingter Glaube an ihr Land und seine Menschen hatten mir immer Kraft gegeben. Ich verließ ihr Büro mit neuer Entschlossenheit.

Ein paar Stunden später traf ich, in Begleitung von Oberst Marchal, endlich Ndindiliyimana und den Verteidigungsminister Bizimana. Faustin Munyazesa, der Innenminister, ein bekannter Radikaler der MRND, kam ebenfalls dazu – ich wusste nicht, ob aus Zufall oder Absicht. Ich fragte sie offen heraus, warum sie nicht mehr taten, um die Situation zu beruhigen. Ich sagte Ndindiliyimana, dass seine Gendarmen nicht genug täten, um meiner Truppe zu helfen, der Unruhen Herr zu werden. Zu seiner Verteidigung gestand er, dass er wirklich nicht wisse, was er tun solle: Seine Männer seien ausgebrannt, ihre Fahrzeuge brächen zusammen und hätten fast kein Benzin mehr. Außerdem, fügte er mit einem bedeutsamen Blick zum Innenminister hinzu, bekäme er keinerlei politische Anweisungen im Hinblick auf den Einsatz letaler Gewalt. Seine Männer hätten keine Mittel, die Menschenansammlungen zu zerstreuen, keine Demonstrationsausrüstung, kein Tränengas und keine Wasserwerfer. Hier schaltete sich nun Bizimana ein und schlug vor, dass doch die Regierungstruppen aus der Kanombe-Garnison die Bewachung der wichtigen Persönlichkeiten und zentralen Punkte übernehmen könnten. Außerdem könne er ein Militärpolizeibataillon nach Kigali verlegen, um die ausgedünnten Reihen der Gendarmerie aufzufüllen. Mit dieser verstärkten Streitmacht ließe sich eine Ausgangssperre nach 20 Uhr durchsetzen und gegen alle gewaltsamen Umtriebe vorgehen. Das lief praktisch auf dieselbe Forderung hinaus, die ich am Monatsanfang kategorisch abgelehnt hatte. Ich glaubte nicht, dass die Sicherheit der Bürger von Kigali Bizimanas Hauptsorge war. Wenn ich der Bitte nachkam, war es gut möglich, dass er mit diesen Truppen die völlige Kontrolle über die Stadt übernehmen und möglicherweise das RPF-Bataillon im Nationalratsgebäude überwältigen würde. Dann befände sich das Land auf einen Schlag zurück im Bürgerkrieg.

Ich hielt mit der Empfehlung dagegen, sich über die Medien an die extremistischen Parteien zu wenden, damit diese die Milizen im Zaum hielten und die Krawalle beendeten, und beobachtete dann, wie die drei nervös herumdrucksten. Laut unserem Informanten waren die Interahamwe- und Impuzamugambi-Milizen direkt mit der MRND beziehungsweise der CDR verbunden. Ich wusste, dass mir mit dem Verteidigungs- und Innenminister zwei Extremisten gegenübersaßen. Ndindiliyimana war immer noch ein Rätsel. Ich spürte geradezu seine Gespaltenheit im Hinblick auf die beiden anderen. Ich wandte mich an ihn und schlug gemischte Patrouillen von Gendarmen und UNAMIR-Soldaten vor. Als er einwarf, ihm fehlten dazu die nötigen Fahrzeuge, bot ich an, seine Männer könnten mit meinen Soldaten fahren. Schließlich hätten wir ja bereits einigen Erfolg bei der Auflösung der Demonstration vor Madame Agathes Büro Anfang der Woche gehabt. Ich verließ die drei Männer mit dem Versprechen, einen Patrouillenplan für eine Ausgangssperre auszuarbeiten; sobald ich die Soldaten und Fahrzeuge beisammen hätte, könnten wir mit den gemeinsamen Patrouillen beginnen. Vorläufig bestand für die Regierungsarmee keine Notwendigkeit, mehr Soldaten nach Kigali zu verlegen.

*

Um etwa 16 Uhr kehrte ich in mein Hauptquartier zurück. Am Morgen hatten wir die Erlaubnis für einen Konvoi der RPF nach Mulindi unter Begleitung einer bewaffneten Eskorte von Militärbeobachtern erteilt. Dabei handelte es sich um einen regelmäßigen Nachschubkonvoi, mit dem die RPF Feuerholz, Verpflegung und Post holte und Verbindung zur übrigen Truppe hielt. Der Konvoi gelangte problemlos aus Kigali hinaus, aber später am Tag riegelten Demonstranten erneut die Stadt ab. Nachdem ich Tikoka losgeschickt hatte, um den gegenwärtigen Stand der Unruhen nördlich der Kadafi-Kreuzung in Erfahrung zu bringen, kam ich zu dem Schluss, dass der Konvoi an diesem Nachmittag nicht sicher zurückkehren könnte, und wies ihn an, in Mulindi zu bleiben, bis wir Entwarnung gäben. Aber die belgische Eskorte des Konvois missachtete bewusst den Befehl und ging lieber das Risiko ein, nach Einbruch der Dunkelheit nach Kigali zurückzukehren, als eine unbequeme Nacht in ihren Fahrzeugen zu verbringen.

Sie waren gerade in der Vorstadt nördlich der Kadafi-Kreuzung angekommen, die an diesem Tag ein großer Brandherd gewesen war, als eine Handgranate auf das Frontfahrzeug ihres Konvois geworfen wurde, gefolgt von Maschinengewehrfeuer. Die Belgier erwiderten das Feuer und versuchten, sich aus dem Hinterhalt zu manövrieren. Ein Fahrzeug der Militärbeobachter landete im Straßengraben, seine beiden Insassen sprangen aus dem Wagen auf einen der belgischen Jeeps. Dem anderen Fahrzeug der Militärbeobachter gelang es, umzudrehen, nicht jedoch den RPF-Soldaten, deren Fahrzeug getroffen worden war. Sie riefen über ihre Handfunkgeräte Hilfe und erwiderten das Feuer – einer von ihnen wurde bei dem Schusswechsel am Kopf getroffen. Als die Belgier bemerkten, dass die RPF-Soldaten nicht mit ihnen hatten flüchten können, kehrten sie nicht etwa um, sondern fuhren zum UNAMIR-Lager in Byumba im Norden Ruandas, um sich dort in Sicherheit zu bringen. Sobald der RPF-Notruf Kigali erreichte, brachen zwei RPF-Abteilungen aus dem Nationalratsgebäude aus, ungehindert von den nur schwach protestierenden Wachen der Bangladescher, und rasten durch die Stadt, um ihre Kameraden zu retten.

Wir hatten gerade das Abendessen beendet, als der Überfall über unseren Funk gemeldet wurde. Augenblicke später hörte ich, dass die RPF aus ihrem Komplex ausgebrochen war. Ich rief Luc an, um ihn in Marsch zu setzen, und forderte eine halbe Stunde später einen Lagebericht an, doch in der Zwischenzeit hatte sich noch nichts ereignet. Ich blickte Brent und Willem an und sagte: »Gehen wir nachsehen.« Wir stiegen in den Wagen, Troute am Steuer, und fuhren in einem Höllentempo zur Kadafi-Kreuzung.

Als wir eintrafen, herrschte Totenstille. Obwohl in der Nähe vereinzelte Häuser standen, sahen wir keine Menschenseele: keine Person, kein Licht, kein Geräusch. Überall auf der Straße war Blut und die unverkennbare graue Substanz von menschlichem Gehirn. Wir entdeckten das Fahrzeug der Militärbeobachter verlassen im Straßengraben und eine Blutspur in seiner Nähe. Das Schlimmste befürchtend, suchten Willem und Brent die Umgebung des Autos nach Anzeichen des Geschehenen ab. Bei ihrem dritten Schritt rief Willem plötzlich: »Halt!« Rechts neben Brents Fuß lag eine nicht explodierte Handgranate ohne Abzugsring und Zünderbügel. Es hätte nicht viel gefehlt …

Dann traf Luc zusammen mit Henry Kesteloot ein, dem Einsatzoffizier des Kigali-Sektors, kurze Zeit später gefolgt von einem Trupp Belgier, die das Gelände sicherten. Brent und Kesteloot gingen die Straße hinunter und entdeckten einen großen alten Laster verlassen im Graben. Brent blickte über die hintere Wagenklappe und sah sich einem toten Mann in Zivil gegenüber, dessen Schädel von einer Machete gespalten war.

Nicht nur hatten die Belgier meinen direkten Befehl missachtet, über Nacht in Mulindi zu bleiben, nicht nur hatten sie offene Feigheit bewiesen, als sie den RPF-Konvoi verließen, zu dessen Schutz sie abkommandiert waren, sie hatten sich auch über die Mission gestellt – ein Verhalten, das jeden soldatischen Kodex verletzte. Ich verlangte eine umfassende Untersuchung und die Bestrafung der Soldaten. Furchtbar verlegen und beschämt stimmte Luc zu.

Mit ihrem Ausbruch aus dem Ratskomplex hatte die RPF ihren völligen Mangel an Vertrauen in UNAMIR bewiesen, das zu diesem Zeitpunkt, wie ich zugebe, auch nicht gerechtfertigt gewesen wäre. In jener Nacht beorderte ich die 60 Mann starke tunesische Kompanie aus der entmilitarisierten Zone nach Kigali, um das Nationalratsgebäude zu bewachen, und schickte die Bangladescher zurück zu ihrer Einheit, um weniger anspruchsvolle Aufgaben zu erfüllen. Ich fuhr dann direkt zum Ratsgebäude, um die Situation zu klären. Als ich dort eintraf, wurde der verwundete RPF-Soldat zu einer Notoperation in unser Krankenhaus abtransportiert. Er hatte schwerste Kopfverletzungen und einen Teil seines Gehirns am Ort des Überfalls eingebüßt. Der RPF-Kommandeur Charles räumte ein, die Waffenkontrollzone verletzt zu haben, jedoch erst, nachdem meine Truppe es nicht geschafft habe, seine Männer zu beschützen. Ich kam spät in der Nacht heim, beunruhigt über das Versagen meiner Soldaten.

*

Am selben Abend, dem 22. Februar, hatte Habyarimana ein Treffen in seinem Bürokomplex abgehalten, zu dem alle Parteien mit Ausnahme der RPF eingeladen waren. Abdul Kabia berichtete mir die Einzelheiten. Die diplomatische Gemeinde ebenso wie Butros Butros-Ghali übten enormen Druck auf den Präsidenten aus, die politische Krise zu lösen. Sie schienen nicht zu verstehen, dass der Präsident unter dem Arusha-Friedensabkommen die Autorität über seine Regierung abgetreten hatte und nur noch das formelle Staatsoberhaupt war. Es war lediglich seine Überzeugungskraft, die seine verbliebene Macht begründete.

Zu dieser Zeit herrschte einige Verwirrung darüber, wer denn nun wirklich die Macht in Händen hielt. Wer war für die Regierungsführung verantwortlich? War es Madame Agathes Interimsregierung, deren Mandat Ende Dezember ausgelaufen war? Wer trug die letzte Verantwortung, eine Lösung zu finden? Faustin Twagiramungu, der designierte Premier? Booh-Booh?

Während des Treffens nutzte Habyarimana diese Unsicherheit geschickt aus und versuchte, den anderen eine Lösung aufzuzwingen. Er entwarf einen Plan, wonach die verfeindeten Fraktionen innerhalb der Liberalen Partei und der MDR durch gleichmäßige Aufteilung der Minister- und Stellvertreterämter zu einem Kompromiss finden sollten. Im Fall von Abgeordneten, deren Befähigung angefochten wurde, sollten die Gerichte entscheiden. Der Vorschlag schien vernünftig, aber Madame Agathe und die Vertreter der Liberalen Partei lehnten ihn rundweg ab und protestierten lautstark, dass Habyarimana den Stillstand zu seinem Vorteil nutzen wolle, obwohl er nicht mehr die Macht habe, eine solche Lösung zu diktieren. Nach Meinung mehrerer ihrer moderaten Kollegen besiegelte Madame Agathes furchtloser verbaler Angriff auf den Präsidenten bei diesem Treffen ihr Schicksal. Faustin Twagiramungu, vielleicht eingeschüchtert durch den jüngsten Mordversuch an ihm, schien eher gewillt, auf den Vorschlag einzugehen. Aber aufgrund des Widerstands von Madame Agathe und der Liberalen Partei scheiterte auch diese Sitzung daran, eine Einigung über die Listen zu erzielen.

*

Am 23. Februar wurde eine ab 20 Uhr geltende Ausgangssperre über Kigali verhängt. Mit zunehmender Präsenz der Gendarmerie verschwand der Mob, und eine nervöse Ruhe hielt Einzug in der Stadt. Als die Gewalt und das Chaos einfach von einem auf den anderen Tag dahinzuschmelzen schienen, konnte ich nicht umhin, dahinter das Wirken einer verborgenen Hand zu vermuten, die alles orchestrierte. Ich bezweifelte nicht mehr, dass es direkte Verbindungen zwischen dem Kader einflussreicher Minister und den Milizen gab, aber unsere Informanten deuteten an, dass hinter beiden noch eine andere Macht stand, die auf keiner der Sitzungen erschien und deren Motive wir erst zu ergründen begannen. Etliche Male holte ich Lucs Meinung darüber ein. Wir verbrachten Stunden mit Überlegungen, wohin diese Spuren führen könnten, aber sobald wir meinten, der Lösung des Rätsels näher gekommen zu sein, waren sie wie weggewischt.

Eines war sicher: Wir liefen dem Spiel immer hinterher, wir reagierten nur, statt den Ereignissen voraus zu sein. Der Grund dafür war überhaupt kein Geheimnis. Seit Januar hatte der ruandische Botschafter bei der UNO, Jean-Damascène Bizimana, einen Sitz im Sicherheitsrat und war infolgedessen nicht nur über die Interna der Mission informiert, sondern auch über die Haltung des Sicherheitsrates zur Mission und ihren vielen Nöten. Mit all diesen Informationen wurde offenkundig jener geheimnisvolle Machtzirkel gefüttert, der in Ruanda die Fäden zog. Ich protestierte dagegen bei Maurice Baril in einem Telefongespräch nach dem anderen; er sagte, ja, alle wüssten, dass dies ein Problem sei, aber es sei unmöglich, Bizimana von seinem Posten zu entfernen. Da stand ich also mit meinem kleinen Team von Nachrichtenoffizieren, die ihr Leben für Informationskrümel riskierten, während Extremisten direkten Zugang zu strategischen Informationen hatten und jeden meiner Schritte unbemerkt verfolgen konnten.

*

Am folgenden Tag erfuhr ich, dass die Führungsspitze der RPF zu Gatabazis Begräbnis in Butare eingeladen worden war. Ein Fußballstadion war für die Feier reserviert worden, da es eine sehr große Veranstaltung werden sollte. Ich war schockiert, dass die RPF die Einladung angenommen hatte, ohne mir davon etwas zu sagen: Eine hochrangige RPF-Delegation auf der 100 Kilometer langen Route nach Butare musste für die Extremisten ein unwiderstehliches Ziel bieten. Wir konnten es uns nicht leisten, bei der RPF noch weiter an Boden zu verlieren, daher plante ich mit meinem Stab einen Einsatz, der es mit der Operation Sauberer Korridor aufnehmen konnte, um die Abordnung sicher zur Beisetzung und wieder zurückzubringen. Es bestand die Gefahr, dass man uns in einen Hinterhalt lockte, aber ich war entschlossen, dieses Mal darauf mit geballter Kraft zu reagieren, und übernahm selbst die Leitung der Operation.

Die beiden belgischen Hubschrauber über uns und unsere Panzerfahrzeuge entlang der Route postiert – so machten wir uns mit einem großen, gut bewaffneten Konvoi auf den Weg. An kritischen Kreuzungen stellten wir selbstbewusste, fähige UNAMIR-Soldaten auf. Alle meine Soldaten waren an diesem Tag außerordentlich beeindruckend, besonders die Belgier und Bangladescher.

Es war eine dreistündige Fahrt nach Butare. Entlang der Route musste sich die Nachricht unserer Durchfahrt herumgesprochen haben, denn beide Seiten der Straße waren von jubelnden Ruandern gesäumt. Die RPF war erfreut über diese Begrüßung; die Tatsache, dass die gewöhnlichen Menschen Ruandas ihre Schulen und Arbeitsstätten verlassen hatten, um spontan ihre Unterstützung für uns alle und das, wofür wir standen, zu bekunden, ermutigte auch mich enorm. In Butare trafen wir bei unserer Ankunft auf ein großes Sicherheitsaufgebot von Regierungsarmee und Gendarmerie und nahmen an der Beerdigung im Stadion teil, wo die RPF-Delegation von Tausenden Anwesenden bejubelt wurde.

Die Trauerfeier dauerte vier Stunden und war sehr bewegend, aber meine Aufmerksamkeit galt ganz dem Sicherheitsalbtraum, der sich vor mir ausbreitete. In der Menge bewegten sich etwa 18 meiner unbewaffneten Beobachter, 25 bis 30 belgische Fallschirmjäger und 20 Mitglieder der RPF – und außerdem noch viele Regierungssoldaten und Gendarmen. Hinter jedem Pfeiler des Stadions stand ein Soldat, bis an die Zähne bewaffnet mit einer AK-47 oder einer Panzerabwehrrakete, und es gab noch weitere, ebenso stark bewaffnete Sicherheitskräfte auf dem Parkplatz. Wenn auch nur ein einziger Schuss gefallen wäre – vielleicht von einem allzu ekstatischen Trauergast, der mit seiner Pistole in die Luft geballert hätte –, dann hätte es ein Massaker gegeben. Als die Feier endlich vorüber war, weinte ich fast vor Erleichterung.

Es war hoher Nachmittag, als wir den Konvoi wieder zusammenstellten, was bedeutete, dass es Nacht werden konnte, bevor wir Kigali erreichten. Ich ließ den Konvoi außerhalb von Butare halten und sprang in das Fahrzeug von Pasteur Bizimungu, dem politischen Führer der RPF, und Tito Rutaremara, einem von der RPF vorgeschlagenen Abgeordneten für die Nationalversammlung. Jeder potenzielle Heckenschütze, der seinen Feldstecher auf das Auto richtete, sollte auch mich darin sehen, und so fuhren wir den ganzen Weg nach Kigali zurück. Die Heimfahrt war so bewegend wie die Anreise; es war, als hätten sich die Menschenmengen nicht bewegt und den ganzen Tag auf unsere Rückkehr gewartet, und immer noch waren sie vor Aufregung ganz aus dem Häuschen, als wir vorbeifuhren. Pasteur und Tito wurden immer ausgelassener angesichts der Freude, die diese einfachen Ruander zeigten.

*

Nach der Fahrt war ich noch entschlossener, eine Kampagne zu starten, um auf die Bevölkerung zuzugehen und ihre Unterstützung zu gewinnen. Luc versuchte, auf unserem kleinen Erfolg beim Rathaustreffen zu Beginn des Monats aufzubauen und hielt ähnliche Veranstaltungen in Städten und Dörfern innerhalb des 20-Kilometer-Radius der Waffenkontrollzone ab. Er traf sich mit örtlichen Offiziellen und Bürgern, um zu erklären, wer wir waren, was wir zu tun versuchten und wie sie helfen konnten; zumeist wurde er herzlich empfangen. Ich trug auch meinen Militärbeobachtern im Südsektor und in der entmilitarisierten Zone auf, ihre Gebiete nicht nur zu patrouillieren, sondern sich auch mit der Bevölkerung zu treffen und mit ihr zu reden. Sie sollten ihre Unterstützung anbieten und, wo sie konnten, praktische Probleme lösen, zum Beispiel bei der Reparatur einer kriegsbeschädigten Schule. Nach der Ankunft einiger veralteter Minenräumfahrzeuge konnten wir kleine Areale der entmilitarisierten Zone säubern und vielen Leuten, die in das Vertriebenenlager gepfercht waren, das ich im August besucht hatte, die Rückkehr auf ihre kleinen Höfe und in ihre Dörfer ermöglichen. Das waren alles kleine Schritte, aber wenigstens waren es positive.

Ich hatte erwogen, 225 ghanaische Soldaten aus der entmilitarisierten Zone nach Kigali zu verlegen, um die stationären Wachdienste in der Stadt zu übernehmen, damit ich die Belgier für mobile Einsätze und Reserveaufgaben freibekäme, während die schnelle Eingreiftruppe der Bangladescher noch trainierte. Ich hatte meine Kommandeure und meine wichtigsten Stabsoffiziere angewiesen, mit den administrativen Vorbereitungen einer solchen Verlegung zu beginnen, als ein weiterer Vorfall mich endgültig von der Richtigkeit dieser Entscheidung überzeugte. Am 26. Februar zog die gesamte politische Führung der RPF unangekündigt aus dem Nationalratsgebäude ab und kehrte nach Mulindi zurück. Sie ließ nur untergeordnete Funktionäre und ihre ausgebaute Garnison zurück. Angeblich fuhren sie zu einem Parteikongress, aber sie kehrten nie wieder zurück. Am 27. Februar informierte ich New York von meiner Entscheidung, die Ghanaer noch vor Monatsende zu verlegen; wir bereiteten ein kleines taktisches Hauptquartier für sie vor und sorgten für ihre Logistik.

An diesem Tag gaben Luc Marchal und ich eine große Pressekonferenz, um die Initiative bei der Medienberichterstattung zurückzugewinnen. Ich griff besonders RTLM und dessen unerbittliche Angriffe auf das Arusha-Abkommen und die Tutsi an und erklärte, seine Sendungen seien nichts anderes als Hasspropaganda und stellten als solche einen unmoralischen Angriff auf Demokratie und freie Meinungsäußerung dar. Die Menschen von Ruanda würden von einer gut organisierten Angstkampagne manipuliert, sagte ich den zahlreich erschienenen

Journalisten, deren Ziel die Umkehrung des Friedensprozesses durch die Provokation ethnischer Konflikte sei. Und schließlich richtete ich einen Appell an die Menschen im Land, sich zusammenzufinden und mithilfe von UNAMIR einen Friedensmarsch abzuhalten, um den Kräften von Gewalt und Extremismus zu signalisieren, dass solche üblen Vorstellungen im neuen Ruanda keinen Platz hätten. Diese Idee verfing, und im März veranstalteten wir einen großen und erfolgreichen Marsch durch Kigali.

Entgegen diesen friedensstiftenden Initiativen kam es jedoch immer wieder zu hässlichen Vorfällen und beunruhigenden Anzeichen. Ende Februar begann einer unserer afrikanischen Militärbeobachter, der vor seinem Eintritt in die Armee Lehrer gewesen war, Schulen in entlegenen Teilen des Landes zu besuchen. In einer Schule bemerkte er, dass die Lehrer eine »Verwaltungsmaßnahme« durchführten: Sie registrierten die ethnische Zugehörigkeit ihrer Schüler und setzten sie so, dass Tutsi und Hutu jeweils getrennt saßen. Dies kam unserem Beobachter sehr sonderbar vor, da die Kinder in Ruanda keine Ausweise bei sich führen mussten. Als er andere Schulen besuchte, entdeckte er dasselbe Verfahren auch dort. Wir nahmen fälschlich an, dass dies nur ein weiteres Beispiel für die rassistischen Spielereien in Ruanda sei.

KAPITEL 9

Ostern ohne Auferstehung

Im März begann – wohltuend und willkommen – die Regenzeit. Mit ihr schien die Gewalt, die durch Gatabazis Ermordung ausgelöst worden war, wieder abzuflauen. Die Ausgangssperre wurde von 20 auf 22 Uhr gelockert, das Leben kehrte in die Stadt zurück. Trotzdem gingen in dieser Zeit hinter den Kulissen geheime Planungen und Vorbereitungen eindeutig weiter.

Die Regierungstruppen bauten ihre Verteidigungsstellungen in ihren Garnisonen unmittelbar südlich der entmilitarisierten Zone und in einem zehn Kilometer großen Radius um die Waffenkontrollzone aus. An einem Sonntag Ende Februar hatte ich einen Hubschrauber genommen, um eine Information zu überprüfen. Einer von Oberst Isoa Tikokas Beobachtern im Südsektor hatte Flüchtlingslager südlich von Butare inspiziert und zwei grüne Stadtbusse aus Kigali gesehen, voll besetzt mit jungen Männern und Jugendlichen. Er war den Bussen so weit gefolgt, wie er konnte, und vermutete, dass sie zur Garnison der Regierungstruppen in Gabiro an der Ostseite der entmilitarisierten Zone in der Nähe des Kagera-Nationalparks gefahren waren, den abgeschiedensten Außenposten der Regierung in diesem Gebiet.

Ich wies den Piloten an, direkt vor den Lagertoren zu landen. Den Major, der mir öffnete, machte mein Überraschungsbesuch offenkundig nervös. Er zeigte mir auf einem recht bedächtigen Rundgang das Lager. Es war ein milder Tag, im Armeelager war absolut nichts los. In der Lagerapotheke waren die Regale bis auf einige Flaschen Alkohol und Verbandmullrollen leer. Auf dem Boden lagen gebrauchte Verbände, schmutzig und fliegenverseucht. Der Major erzählte mir, das

Lager habe keinen Nachschub an Medikamenten erhalten, 20 Prozent der Soldaten erkrankten jeden Monat an Malaria und müssten abgelöst werden. Als wir an den Kasernen vorbeigingen, bemerkte ich an einer Seite eine auf dem Boden sitzende Gruppe von etwa 100 jungen Männern in Zivil. Ich fragte den Major, wer sie seien, und er antwortete mit einem Schulterzucken, dass es Sonntag sei und viele der Soldaten daher lieber Zivil trügen.

Wir gingen weiter zur Lagerküche, die unter einem Baldachin im Freien stand. Ihre Einrichtung bestand aus vier offenen Feuerstellen; über jeder hing ein riesiger, schmutziger, schwarzer Kochtopf. Mittlerweile waren einige Soldaten von den Kasernen zur Küche geschlendert. Sie wirkten unordentlich, waren in aufgetragene Uniformen gekleidet und sahen gelangweilt und lustlos aus. Sie beobachteten mich, wie ich in einen der übel aussehenden Pötte spähte und darin einen klumpigen, grau-braunen Haferschleim entdeckte. Ich zog eine Grimasse und alle lachten.

Hinter dem Baldachin hatte man eine Grube für die Küchenabfälle und das Abwaschwasser gegraben, und als ich bemerkte, dass sich darin etwas bewegte, tippte ich mit der Fußspitze in die Pfütze. Plötzlich spritzte das trübe Wasser heftig auf. Verdutzt bemerkte ich, dass ich um ein Haar auf ein riesiges Schwein getreten hätte. Ich stieß es wieder mit dem Fuß an, und nun ließ es einen Grunzer fahren, bevor es in seinen komatösen Zustand zurücksank. Ich fragte die Soldaten, ob sie vorhätten, es als Sonntagsbraten zu verputzen, und wieder lachten sie. Aber das Lustigste, was sie je gehört hatten, war meine Frage, ob das Schwein einen Namen hätte: »Charles, Henri oder vielleicht Pierre?« Sie schüttelten sich vor Lachen bei der Vorstellung, ein Tier könne so heißen wie ein Mensch.

Am Rand des Camps erblickte ich zwei grüne Busse aus Kigali.

*

Auch die RPF wurde reger. Am 28. Februar nahm ich einen der belgischen Helikopter und unternahm einen Aufklärungsflug über die RPF-Zone. Als ich über die grünen Hügel flog – manchmal tief genug, um einem verblüfften RPF-Soldaten in die Augen zu sehen –, sah ich große Truppenkontingente beim Training sowie eindeutige Anzeichen, dass an der Nordwestgrenze der demilitarisierten Zone nahe Ruhengeri, der Hochburg des Präsidenten, Verteidigungsstellungen ausgehoben wurden. In der Mitte der Zone, wo sie sich in der Nähe von

Byumba auf weniger als einen Kilometer verengte, erblickte ich Soldaten, die um frisch aufgeworfene Erdhügel herumschwärmten; sie waren wie Riesenameisen, die Byumba von beiden Flanken in die Zange nahmen. Offenbar stellte Kagame seine Truppe neu auf und sorgte für den Bau sicherer Ausgangspositionen, von denen aus er eine neue Offensive beginnen konnte.

Ich fuhr allein zu seinem Hauptquartier in Mulindi und konfrontierte Kagame mit diesem Befund. Als ich die zahlreichen Waffenstillstandsbrüche durch seine Truppe ansprach, ihre fortgesetzten Einfälle in die entmilitarisierte Zone und die Waffen- und Munitionsbewegungen zwischen Uganda und Ruanda, die offenkundig Nachschub für seine Truppe brachten, erklärte er kühl, dass er es aufgrund der stagnierenden politischen Situation immer noch mit Disziplinproblemen zu tun habe. Solange nicht die Übergangsregierung im Amt sei und UNAMIR nicht ihren Teil zur Versorgung seiner Truppe leiste, würden diese Schwierigkeiten weitergehen. Ich räumte ein, dass er sich in einer schwierigen Position befinde, hielt ihm aber auch die Unbeweglichkeit der Politiker seiner eigenen Bewegung vor, die mit ein Grund für den Stillstand sei. Er solle bei seiner Truppe die Zügel anziehen, die Verteidigungsanlagen abbauen und seine Einfälle in die demilitarisierte Zone beenden, forderte ich. Er stimmte im Wesentlichen zu, fügte aber hinzu, dass er als Soldat vorbereitet sein müsse, falls der politische Prozess vollständig zusammenbreche.

Ich erinnerte ihn daran, dass fast 1.000 Soldaten meiner Truppe über die entmilitarisierte Zone verstreut waren und sie praktisch gefangen wären, falls Kagame eine Offensive begönne. Er versprach mir eine 24-stündige Vorwarnung, sollte sich die Lage jemals bis zu diesem Punkt verschlechtern – er wolle keinem UN-Angehörigen auch nur ein Haar krümmen. Aber ich wusste, dass das schändliche Verhalten der Belgier beim Überfall an der Kadafi-Kreuzung das Vertrauen zwischen Kagames Truppe und meiner grundlegend gestört hatte, und war mir nicht sicher, ob ich ihn beim Wort nehmen konnte.

Am nächsten Tag erhielt ich einen Bericht vom neuen Kommandeur unseres UNOMUR-Sektors in Uganda, Oberst Azrul Haque, der bestätigte, dass Waffen- und Munitionslieferungen von der ugandischen Armee an die RPF gingen. Zu dieser Zeit berichteten Frank Claeys und Amadou Deme, unser zweiköpfiges Aufklärungsteam, dass ugandische Armeeoffiziere Treffen abgehalten hatten, um die Unterstützung einer RPF-Offensive zu besprechen, die entweder von Byumba oder Ruhengeri aus begonnen werden sollte. Claeys hatte auch von einer Schiffsladung Waffen für die RPF Wind bekommen, die von den zairischen Behörden in Goma am jenseitigen Ufer des Kivusees beschlagnahmt worden war. Anscheinend hatten Tutsi-Flüchtlinge, die kurz hinter der zairischen Grenze in der Nähe von Gisenyi lebten, versucht, die Wachsoldaten zu bestechen, um die Vier-Tonnen-Ladung freizubekommen; örtliche Hutu sollen den Versuch mit einem Gegengebot vereitelt haben.

Am 1. März teilte mir Präsident Habyarimana telefonisch mit, dass er mit mir dringend über Sicherheitsprobleme sprechen wolle. Ich konnte an den Fingern einer Hand abzählen, wie oft wir uns bisher wirklich zusammengesetzt und geredet hatten, und beschloss, meinen Stellvertreter Henry Anyidoho und Luc Marchal als Verstärkung mitzunehmen. Als wir eintrafen, saß der Präsident mit seinem Verteidigungsminister sowie den Befehlshabern von Armee und Gendarmerie in seinem Patio. Er sagte, er habe gehört, dass ich einen Teil meiner Truppe aus der entmilitarisierten Zone nach Kigali verlegen wolle. Ich war etwas verdutzt. Henry, Luc und ich hatten vor kurzem darüber gesprochen, 225 Ghanaer aus Byumba abzuziehen und nach Kigali zu bringen, aber wir waren in der Sache noch nicht tätig geworden. Unser Hauptquartier leckte augenscheinlich wie ein Sieb – hier war ein weiterer Beweis dafür.

Habyarimana meinte, nach einer solchen Verlegung wären meine Soldaten zu dünn über die demilitarisierte Zone verteilt, was unklug sei angesichts der häufigen Verletzungen des Waffenstillstands, die es dort gegeben hatte – seiner Auffassung nach alles die Schuld der immer aggressiveren RPF. Ich sagte, ich sei besorgter über die unruhige Lage in der Waffenkontrollzone Kigali. Wenn die RPF wirklich einen Angriff starte, hätte meine Truppe weder das Mandat noch die Mittel, sie zu stoppen. Es lag lediglich im Rahmen meines Mandates, für die Sicherheit der Bürger in Kigali zu sorgen.

Hier schaltete sich Bizimana ein: Sein Ministerium erhalte Berichte, wonach die RPF massiv das Nationalratsgebäude verstärke und zu einer Festung ausbaue. Das war nicht nur richtig, sondern auch keine Überraschung, da alle Parteien des Waffenkontrollabkommens davon ausgehen mussten, dass die RPF das Gelände verteidigen würde, sobald sie in Kigali eingetroffen war. Dann versuchte Ndindiliyimana mit Verweis auf seine überlastete Gendarmerie erneut, mir die Einwilligung abzuringen, seine Truppe mit Regierungssoldaten verstärken zu dürfen. Das wäre ein Bruch des Waffenkontrollabkommens gewesen, daher lehnte ich ab.

Bizimana glaubte, mich überreden zu können, die im Januar auf dem Flughafen von Kigali beschlagnahmte Lieferung von Artillerie- und Mörsermunition an die Regierungsarmee auszuhändigen. Er bestand darauf, dass sie vor der Unterzeichnung des Friedensabkommens geordert worden sei, und zeigte mir entsprechende Dokumente. »Auf keinen Fall«, sagte ich, dies würde den Waffenstillstand nur weiter destabilisieren, und da die Demobilisierung unmittelbar bevorstehe, gebe es dafür keine wirkliche Notwendigkeit. Von uns allen werde erwartet, uns auf den Frieden zuzubewegen, nicht den Krieg vorzubereiten.

Ein paar Tage nach dem Treffen entwickelte Nsabimana ein ganz untypisches Interesse für meine Truppe. Er und Bizimana begannen, Luc in seinem Hauptquartier in Kigali zu besuchen, was sie nie zuvor getan hatten, und bei den Bangladeschern und dem belgischen Bataillon vorbeizuschauen. Vielleicht erwiderten sie nur meine unangekündigten Besuche in ihren Militärlagern, möglicherweise taxierten sie aber auch die Kampfkraft meiner Truppe. Das störte mich im Prinzip überhaupt nicht – ich wollte offen und transparent sein. Aber jetzt, nach Monaten der Gleichgültigkeit, war dieses plötzliche Interesse beunruhigend, besonders, als meinen Militärbeobachtern zu Ohren kam, dass die schweren Waffensysteme auf dem Anwesen des Präsidenten in Ruhengeri abtransportiert würden (was wir allerdings nicht überprüfen konnten, da mir Booh-Booh verboten hatte, dort Durchsuchungen vorzunehmen).

Während beide Seiten weiter aufrüsteten, überprüfte ich unsere eigene Einsatzfähigkeit. Mit Eintreffen des ghanaischen Bataillons konnte ich auf die gewachsenen Anforderungen in der Waffenkontrollzone reagieren, indem ich das tunesische Kontingent zusammen mit den 225 Ghanaern dauerhaft in Kigali stationierte. Doch weiterhin plagten mich Transport- und Logistikprobleme, und noch immer konnte ich die Truppe nicht vollständig ausrüsten. Die Kommunikation mit der Truppe im Feld war schwierig. Die meisten Zivilangestellten waren nur in der Lage, grundlegende Schreibarbeiten auszuführen, und die Stabsoffiziere, die ich erübrigen konnte, um das Hauptquartier zu beaufsichtigen, sprachen weder fließend Englisch noch Französisch.

Meldungen an das Hauptquartier zu übermitteln, war ebenso schwierig. Sie mussten entweder persönlich überbracht – ein Problem, da Treibstoff und Fahrzeuge knapp waren – oder über unser Funknetz gesendet werden. Leider hatten unsere Motorola-Funkgeräte (anders als die Geräte der RPF und der Regierungstruppen) keine Verschlüsselungsfunktion. Obwohl das die meisten unserer Soldaten wussten, bekamen wir gelegentlich auch heikle Informationen gefunkt, die abgehört werden konnten. Manchmal waren meine Beobachter gezwungen, ein Telefon von der Regierungsarmee oder der RPF zu borgen, um ihre Positionen an den Kommandoposten durchzugeben. Zu diesen Sicherheitslücken kam noch hinzu, dass eine Reihe einheimischer Zivilangestellter vor ihrer Einstellung nicht richtig überprüft worden war. Einige von ihnen mussten, wie die Vertrautheit des Präsidenten mit meinen Plänen bewies, Spitzel sein.

Ich hatte nur zehn Lastwagen für die knapp 1.000 Soldaten in der demilitarisierten Zone. Es dauerte fast zehn Tage, um die 225 Ghanaer in die Stadt zu bringen. Der Fahrzeugengpass bedeutete, dass der Hauptteil meiner Truppe in der Zone an Wachposten, Beobachtungsposten und Straßensperren gebunden war, statt Patrouillen fahren zu können. Und ich hatte keine Möglichkeit, diese Immobilität zu beheben, da die angeforderten Hubschrauber noch nicht eingetroffen waren.

Dann gab es da die weiterhin mangelnde Professionalität der Soldaten aus Bangladesch. Am 8. März lud mich Luc zu einer Demonstration der schnellen Eingreiftruppe ein, die seit Dezember geübt hatte, um wichtige Persönlichkeiten rasch aus einem bewaffneten und wütenden Mob zu befreien – eine Situation, mit der die meisten meiner Soldaten im Kigali-Sektor schon konfrontiert gewesen waren.

Die Bangladescher hielten die Übung auf einem Militärübungsplatz unweit des Flughafens von Kigali ab. Sie hatten sogar auf einem Hügel einen Baldachin für mich und Luc errichtet, unter dem wir sitzen und zuschauen konnten, und servierten eisgekühlte Getränke. Der befehlshabende Offizier beschrieb, wie der Zug von 35 Soldaten (nicht, wie ich eigens erwähnen muss, die 120 Mann, die ich wirklich brauchte) mit unseren fünf fahrtüchtigen Panzerfahrzeugen herbeieilen und die Menge umringen sollte (von den 20 verlangten und acht im Februar schließlich eingetroffenen Panzerfahrzeugen waren, wie erwähnt, drei defekt). Einmal in Position, würden die Soldaten herausspringen, einen engen Kordon vor der Menge bilden, sie zurückdrängen, sodann die wichtigen Persönlichkeiten isolieren, in eines der Fahrzeuge verfrachten und wegfahren. Der Idee nach sollte die Menge durch eine Demonstration überlegener Macht geschockt und überrascht werden – ohne einen einzigen Schuss abzugeben.

Während Luc und ich zusahen, fuhren die Soldaten zögernd auf den fingierten Mob zu, den ein paar Dutzend ihrer Kameraden überzeugend mimten, und brauchten dabei viel zu lange, um die Fahrzeuge in Position zu bringen. Aber das war erst der Anfang der Posse. Der Ausstieg aus unseren gepanzerten Truppentransportern war nicht so einfach, und die Bangladescher waren mit sehr langen, veralteten SKS-Gewehren ausgerüstet. Statt stetig wie die einzelnen Glieder einer Kette aus den Fahrzeugen herauszuspringen, stolperten sie ins Freie, strauchelten über ihre Ausrüstung und übereinander. Ich wusste nicht, ob ich lachen oder weinen sollte, aber mir war sofort klar, dass diese Soldaten unter keinen Umständen eine wirkliche Notlage bewältigen würden.

Verdrossen dachte ich an die Worte des Armeestabschefs aus Bangladesch zurück, als dieser im Februar zu einer Inspektion nach Ruanda gekommen war: »Ihnen ist doch klar, dass Ihre Mission hier darin besteht, dafür zu sorgen, dass alle meine Männer heil nach Hause kommen.« Er wünsche sich, sagte er, dass die Erfahrung in Ruanda seinen Offizieren und Unteroffizieren helfen würde, »zu reifen«, war aber zu stolz, um damit herauszurücken, dass er seine Truppe lieber nicht als schnelle Eingreiftruppe eingesetzt sähe. Er hatte mich tief schockiert: Die Sicherheit der Soldaten über die Mission zu stellen – das war nach meinem Berufsethos Ketzerei, und seine Ansicht bestätigte mir, dass Bangladesch sein Kontingent nur aus eigennützigen Zielen aufgestellt hatte: wegen der Ausbildung, der finanziellen Vergütung und der Ausrüstung, die sie mit nach Hause nehmen wollten. Ich würde stattdessen auf die Tunesier zurückgreifen müssen.

*

Während die militärische Situation weiterhin angespannt war, gab es etwas Hoffnung an der politischen Front. Gatabazis Ermordung hatte die internationale Gemeinschaft endlich veranlasst, nach Wegen aus dem Schlamassel zu suchen. Niemand unterstützte Habyarimanas Vorschlag zur Überwindung des Stillstands; die diplomatische Gemeinde in Kigali, sekundiert von New York, war überzeugt, dass der Präsident schlicht versuche, an einigen Machtpositionen festzuhalten, und sei es nur, um das Gefängnis oder Schlimmeres zu vermeiden. Stattdessen konzentrierten die Diplomaten ihre Anstrengungen auf die RPF und übten auch Druck auf Lando Ndasingwa aus, die Spaltung in der Liberalen Partei zu kitten. In der zweiten Märzwoche schien es einige

Bewegung in Richtung einer politischen Lösung zu geben; unter anderem wurde vorgeschlagen, sich erst nach der Einsetzung der Übergangsregierung mit der Überwindung des Bruchs in der Liberalen Partei zu beschäftigen. Schließlich wurde der 25. März als neues Datum für die Amtseinführung festgesetzt.

Angesichts dieser politischen Fortschritte beschloss ich, zwei Wochen Urlaub zu nehmen. Ich hatte ihn seit Weihnachten, als eine Vereidigungszeremonie nach der anderen scheiterte oder vertagt wurde, aufgeschoben, da uns nach Einsetzung der neuen Regierung die Herkulesaufgabe bevorstand, fast 40.000 Soldaten zu demobilisieren. Obwohl noch nicht alle Geldmittel und Ressourcen eingetroffen und die Pläne noch nicht fertig waren, war ein Vertrag zur Verpflegung der demobilisierten Soldaten unterzeichnet, und erste Lieferungen trafen bereits in Daressalam ein. Wir hatten Pläne für die vorübergehende Unterbringung und die Lagerung der abgegebenen Waffen ausgearbeitet. Der eigentliche Reintegrationsplan mit Pensionen und Umschulungen steckte noch in den Anfängen, aber ich hoffte, dass die internationale Gemeinschaft Mittel zur Verfügung stellen würde, sobald die Übergangsregierung im Amt wäre. Ich nahm an, dass keine der beiden Armeen vorrücken würde, solange sich der politische Prozess weiterbewegte, und ich traute Henry Anyidoho zu, die Mission während meiner Abwesenheit reibungslos weiterzuführen – wenn er auch zugegebenermaßen ein bisschen überrascht war, als ich ihm eine Liste mit 39 Aufgaben präsentierte, die in dieser Zeit zu erledigen waren. Einer dieser Punkte beinhaltete, dem belgischen Verteidigungsminister Léo Delcroix Bericht zu erstatten, der am Abend meiner Abreise in Kigali erwartet wurde. Henry sollte von Delcroix das Einverständnis einholen, Luc für weitere sechs Monate als Kommandeur des Kigali-Sektors in Ruanda zu belassen, wie ich es schriftlich erbeten hatte, obwohl seine turnusmäßige Abberufung bevorstand. Genau wie Henry hatte sich Luc die Ziele unserer Mission zu Eigen gemacht und lebte für sie. Ich konnte es mir nicht leisten, jetzt auf ihn zu verzichten.

Als ich am 10. März ins Flugzeug stieg, fühlte ich mich in eine andere Dimension versetzt – in eine Welt, in der es glückliche Familien und warme Sonnenstrände gab. Nach zwölf Stunden umarmte ich meine Frau und meine Kinder, aber ich kam mir seltsam künstlich vor. Bevor ich Ruanda verließ, waren sie mir nicht aus dem Sinn gegangen; nun, wo ich bei ihnen war, konnte ich an nichts anderes als Ruanda denken. Ich telefonierte in meiner ersten Ferienwoche praktisch jeden Tag mit Henry, dann gab ich der Erschöpfung endlich nach und ließ die Anrufe sein. Ich glaube, die meiste Zeit meiner zweiten Woche daheim in Quebec verschlief ich einfach. Meine einzige ruandische Pflicht war es, fünf Blocks die Straße hinunterzugehen, um persönlich einen Brief auszuhändigen, den Präsident Habyarimana mir für seine Tochter mitgegeben hatte.

Ich sollte über Ottawa und New York nach Ruanda zurückkehren. In Ottawa versuchte ich, mehr kanadische Unterstützung zusammenzutrommeln, und bat um zehn zweisprachige Stabsoffiziere, die ich verzweifelt brauchte. Am 27. März nahm ich an der täglichen Lagebesprechung teil, bei der Bob Fowler, der stellvertretende Verteidigungsminister, Generalstabschef John de Chastelain, alle Dreisternegeneräle Ottawas, der Chef des militärischen Geheimdienstes und die zivilen Abteilungsleiter des Verteidigungsministeriums zugegen waren. Ich hatte zehn Minuten, um meine Sache zu vertreten. Als Symbol für die Armut und den Lebensmut der Ruander hatte ich einen der Fußbälle mitgebracht, die ruandische Kinder aus Bananenblättern bastelten. De Chastelain war verdutzt, als ich ihm zu Beginn meiner Rede den Ball zuwarf. Ich erklärte, dass ich eine Riesenladung echter Fußbälle mit dem kanadischen Ahornblatt oder dem UN-Logo mit nach Ruanda zurücknehmen wolle, die von den Soldaten als Geste des guten Willens verteilt werden sollten. Die gegenwärtige Situation sei stabil, aber gespannt, fügte ich hinzu, doch falls nicht bald eine politische Lösung gefunden werde, sei ich mir sicher, dass es zu einer Katastrophe kommen müsse: Das Friedensabkommen würde scheitern, der Bürgerkrieg erneut beginnen.

Mir waren zwar zehn Minuten eingeräumt worden, doch ich spürte, dass mein Bericht nur eine Episode am Rande war und andere Krisen im Vordergrund standen. Für das Verteidigungsministerium war eine schwierige Zeit angebrochen. Die Liberalen hatten gerade mit einem radikalen Sparprogramm die Wahlen gewonnen, die Streitkräfte sollten kräftig bluten. Zudem standen große kanadische Truppenkontingente im ehemaligen Jugoslawien, wo die Situation sehr ernst war. Und schließlich waren die beschämenden, quälenden Einzelheiten über die Ermordung eines somalischen Teenagers, Shidane Arone, durch kanadische Friedenshüter bei der glücklosen Somalia-Mission ans Licht gekommen. Vor Ende der Sitzung teilte man mir jedoch mit, dass meine Bitte um zehn Stabsoffiziere endlich bearbeitet werden würde und sie im Juni im Einsatzgebiet eintreffen sollten.* Damit musste ich mich begnügen, da klar war, dass ich mehr nicht bekommen würde. Niemand aus der Runde meldete sich freiwillig, um die Fußbälle zu schicken.

*

Am 28. März traf ich in New York ein, früh genug, um an einer Morgensitzung der Hauptabteilung Friedenssicherung (DPKO) teilzunehmen. Die Hoffnung scheint wirklich als Letztes zu sterben, erwartete ich doch an diesem Tag allen Ernstes, von der UNO echte Hilfe bei der Lösung der ewigen Engpässe von UNAMIR zu erhalten – wo waren meine Hubschrauber, meine Pioniermittel, wo meine Munition, meine Medikamente, Ersatzteile, Mechaniker, meine humanitären und juristischen Experten? Selbst Verpflegung, Wasser und Treibstoff waren knapp. Aber wie schon in Ottawa wurde die Ruanda-Mission von vertrauteren Krisen überschattet: Ex-Jugoslawien, Mosambik, Haiti, Kambodscha und Somalia. Als ich abwechselnd in die besorgten Gesichter von Kofi Annan, Maurice Baril und Iqbal Riza blickte, wusste ich, dass dies anständige Menschen waren, die mich nach Kräften unterstützten, aber ich war eben nicht ihr einziger Problemfall. Und niemand aus dem DPKO war jemals in Kigali gewesen, um mit eigenen Augen die unmögliche Situation zu sehen und sich selbst ein Bild von unserem mit Spionen verseuchten Hauptquartier, dem Mangel an Sicherheit, dem lähmenden Sprachenmischmasch zu machen. In einem vertraulichen Gespräch mit dem Triumvirat nach der Sitzung teilte mir Maurice mit, dass der Vertrag für die Hubschrauber endlich unterzeichnet sei und ich mit den ersten vier in der folgenden Woche rechnen könne. Was die anderen Engpässe anlangte, waren sie verständnisvoll und besorgt, gaben mir aber keine festen Zusagen. Tatsächlich beharrten sie darauf, dass die Mission für UN-Verhältnisse sehr zügig vorankomme und schlugen mir vor, doch persönlich bei der Abteilung für Feldeinsätze (FOD) vorbeizuschauen, um den zuständigen Sachbearbeitern dafür zu danken, meine Anforderungen so

* Kanada stellte meiner Mission während des Krieges zwei Herkulesmaschinen zur Verfügung. Diese beiden Flugzeuge versetzten uns überhaupt erst in die Lage, in Ruanda zu bleiben, da wir durch sie genug Transportkapazität für die Evakuierung Verletzter und die logistische Unterstützung meiner kleinen Truppe hatten. Kanada war auch das einzige Land, das die Mission im April und Mai 1994 durch exzellente Stabsoffiziere und Militärbeobachter verstärkte.

schleunig bearbeitet zu haben. Das war nicht gerade die Botschaft, die ich selbst dieser Abteilung hätte zukommen lassen wollen.

Ich war ratlos, was ich noch alles tun sollte, um ihnen meine Not zu schildern. In den drei Monaten zuvor hatte ich dem DPKO sehr detaillierte Lageberichte geschickt, Berichte über besondere Vorkommnisse sowie periodische politische und militärische Lageanalysen. Ich hatte Interviews in den Medien gegeben; ich hatte dem Missionschef mehrere umfassende militärische und politische Lagebeurteilungen eingereicht, komplett mit Optionen und Empfehlungen. Selten bekam ich irgendeine Antwort. Wer in New York las dieses Material wirklich und was taten sie damit? Maurice sagte mir beim Lunch, dass er nur einen oder zwei meiner Berichte gesehen habe. Gab der Missionschef wirklich alles weiter, was ich schrieb? Ich hatte auch einiges direkt an Maurice geschickt und damit alle ungeschriebenen Regeln des DPKO verletzt, was mir nie jemand vorhielt, aber gelangte das Material wirklich auch auf seinen Schreibtisch? Oder auf den von Miguel Martin, dem DPKO-Fachoffizier? Oder auf den von Hédi Annabi, dem Direktor der Afrika-Sektion? Wie viel davon drang bis zum Sicherheitsrat durch, wo das Mandat unserer Mission überprüft wurde? Maurice versicherte mir, der Sache nachzugehen.

Bei allen großen Fragen blockten sie mich ab. Wir waren viel zu überlastet, um mit den burundischen Flüchtlingen fertig zu werden, weshalb Henry und ich für eine Friedensmission in Burundi eintraten – vielleicht unter Henrys Kommando. Annan sagte mir, die burundische Armee habe das Angebot einer UN-Truppe abgelehnt, daher würde es keine geben. Ich wollte lediglich 48 weitere Militärbeobachter, die mir helfen könnten, den Strom von Menschen und Material über alle Grenzen hinweg, aus dem sich die gar nicht so geheime militärische Aufrüstung speiste, einzudämmen. Ende Februar war ein Lastwagen mit burundischem Kennzeichen durch eine routinemäßige Straßensperre gerast, die eine belgische Patrouille im Geschäftsviertel von Kigali errichtet hatte – das Herz der angeblichen Waffenkontrollzone. Der Lkw kippte um, seine Ladung – Gewehre und Handgranaten – rollte auf die Straße. Maurice fiel mir ins Wort: Es würde absolut keine weiteren Soldaten geben. Als ich die Abschreckungsoperationen erwähnte, auf die ich weiterhin drängte, und den Plan für die gemeinsamen Teams von Gendarmen und UN-Soldaten, den Luc und ich ausgearbeitet hatten, wies mich Riza erneut auf die Grenzen meines Mandats hin. Unsere erste Razzia war für den 1. April geplant.

Jede einzelne Razzia, sagte er, müsse vorher von der UNO genehmigt werden.

So weit ich mich entsinne, war es Riza, der mich ins Bild setzte, wie die politische Stimmungslage im Sicherheitsrat im Hinblick auf die Zukunft der Mission aussah. Die USA vertraten unzweideutig die Position, dass die Mission abgezogen werden sollte, falls es nicht binnen kurzem zur Bildung einer Übergangsregierung komme. Franzosen und Belgier verwahrten sich eisern dagegen, wieder in Ruanda einrücken zu müssen, nur weil die UNO das Land am Rande einer Katastrophe verlassen habe. Als Folge schienen die USA geneigt, einer 60-tägigen Verlängerung zuzustimmen – ein Kompromiss, den Frankreich und Belgien akzeptierten.

An jenem Abend war ich zum Diner bei Maurice und seiner Frau Huguette in ihrer geräumigen Wohnung im 45. Stock eines eleganten Gebäudes in der Nähe der UNO eingeladen. Wir versuchten, unsere Freundschaft aufzufrischen, aber es dauerte nicht lange, bis wir wieder auf das DPKO zu sprechen kamen und Maurice mich mit Horrorgeschichten von anderen Missionen ergötzte. Zu später Stunde, als wir noch seinen Hund in einem nahe gelegenen Park ausführten, erzählte er mir vom wachsenden Unbehagen im Sicherheitsrat über meine Mission, besonders bei Frankreich und den USA. Obwohl von einer 60-tägigen Verlängerung die Rede war, betrachtete der Rat den politischen Stillstand als rotes Warnsignal. Sollte der Stillstand länger andauern, würden sie uns abziehen, das Land in Bürgerkrieg und Chaos zurücksinken lassen und sich der ganzen Sache entledigen. Ich sagte Maurice, dass wir dies nicht zulassen dürften – es sei unmoralisch. Er erwiderte, dass in Ruanda jemand nachgeben oder sich etwas ändern müsse – und zwar bald. Dagegen konnte ich nichts einwenden.

Ich verließ New York am folgenden Tag. Mein Urlaub war vorbei. Ich grübelte über eine weitere beunruhigende Neuigkeit nach, von der ich heute beim besten Willen nicht mehr weiß, wer sie mir zuerst berichtete. Frankreich hatte sich an die kanadische Regierung mit der Bitte gewandt, mich als Kommandeur von UNAMIR abzuziehen. Anscheinend hatte jemand meine Berichte gelesen und war nicht erfreut über meine scharfen Bemerkungen über die Gegenwart französischer Offiziere in der Präsidentengarde gewesen, besonders angesichts der engen Verbindungen zwischen der Garde und den Interahamwe-Milizen. Das französische Verteidigungsministerium muss gewusst haben, was vor sich ging, und drückte beide Augen zu. Meine Freimütigkeit hatte die Franzosen genügend aufgeschreckt, um den kühnen und äußerst ungewöhnlichen Schritt zu tun, meine Entlassung zu fordern. Es war klar, dass Ottawa und das DPKO immer noch hinter mir standen, aber ich wollte von nun an die Franzosen in Ruanda im Auge behalten, ihren Motiven weiter misstrauen, die Präsenz von französischen Militärberatern bei den Elitetruppen der Regierungsarmee und ihre mögliche Beteiligung an der Ausbildung der Interahamwe sondieren.

Ich bereute keinen Moment, die strahlenden Lichter Manhattans zugunsten eines Nachthimmels hinter mir zu lassen, dessen Sterne so nahe schienen, dass man sie fast mit Straßenlaternen verwechseln konnte. In der trockenen und dumpfen Kabinenluft verspürte ich auf dem Rückflug ein körperliches Verlangen nach Ruanda, nach seiner fruchtbaren, roten Erde, dem Geruch seiner Holzfeuer und seiner Hoffnung auf Frieden.

*

Ich traf am Donnerstagmorgen, dem 31. März, in Kigali ein. In meiner Abwesenheit hatte sich die gesamte politische Landschaft verändert. Henry holte mich vom Flugplatz ab und steckte mir sofort einen detaillierten Bericht zu, den ich erst lesen sollte, bevor er mich mündlich auf den neuesten Stand brachte. Auf der Fahrt zurück zum Bungalow, wo ich mich duschen und umziehen wollte, setzte mich Brent ins Bild. Es hatte ernste Komplikationen bei der Einsetzung der Übergangsregierung gegeben, was zu einer weiteren Verschlechterung der Sicherheitslage geführt hatte. Der Präsident hatte auf einmal auf der Mitwirkung der extremistischen CDR an der Regierung bestanden. Alle ausländischen Politiker, allen voran der Missionschef, hatten dieser Initiative im Geiste der »Einbeziehung« zugestimmt und übten nun, statt sich gegen die Extremisten und den Präsidenten zu wenden, Druck auf die RPF aus, sich kompromissbereit zu zeigen.

Kurz nach meinem Abflug aus Ruanda am 10. März hatten sowohl die RPF als auch Präsident Habyarimana den Beistand des tansanischen Präsidenten Mwinyi gesucht, der schon am Zustandekommen des Arusha-Friedensabkommens mitgewirkt hatte, um als Schlichter eine Lösung zu finden. Mwinyi hatte seinen Außenminister nach Kigali geschickt. Wenn das einzige unerledigte Problem die Spaltung der Liberalen Partei war, so sollten nach seinem Vorschlag die fraglichen Minister- und Abgeordnetenposten zwischen beiden Fraktionen aufgeteilt werden. Er hatte weiter vorgeschlagen, dass Premierministerin Agathe das letzte Wort über die Abgeordnetenliste und Faustin Twagiramungu, ihr designierter Nachfolger, das letzte Wort über die Ministerliste haben sollte, wenngleich nach vorheriger Konsultation aller interessierten Parteien einschließlich des Präsidenten.

In einer landesweiten Radioansprache verlas Faustin am 18. März die endgültige Liste der Ministerkandidaten für die künftige Übergangsregierung und versicherte der Nation emphatisch, dass es mit dem politischen Manövrieren nun ein Ende habe. Nichts stehe der neuen Regierung im Weg, versprach er, die am 25. März vereidigt werden solle. Am folgenden Abend gab Madame Agathe die Namen der Abgeordneten für die Nationalversammlung bekannt.

Ob nun Zufall oder nicht: An eben diesem Tag besuchte Prudence Bushnell, die Leiterin der Abteilung für afrikanische Angelegenheiten im US-Außenministerium, überraschend Kigali und traf sich sowohl mit Paul Kagame als auch mit Habyarimana. Was verhandelte sie mit ihnen? Überbrachte sie lediglich eine Warnung, dass die internationale Gemeinschaft die Geduld mit ihnen allen verliere? Sie traf sich auch mit Booh-Booh und teilte ihm mit, die bevorstehende Sitzung des Sicherheitsrates, auf der die Erneuerung des Mandats überprüft werden sollte, könne »schwierig« werden, falls es keinen Fortschritt bei der Einsetzung der Übergangsregierung gebe oder falls Gewalt ausbreche.

Habyarimana war mit Twagiramungus und Madame Agathes Listen unzufrieden und warf beiden im nationalen Rundfunk öffentlich vor, ihn vor ihren Radioansprachen nicht konsultiert zu haben. Am 21. März rief er Faustin zu sich und teilte ihm mit, er habe einen Beschwerdebrief von Mitgliedern der Liberalen Partei über die Wahl des Justizministers erhalten. Er schlug vor, dass Faustin seine Beratungen mit der Partei fortsetze. Bei ihm seien außerdem Briefe von der CDR und PDI (einer kleinen islamischen Partei, Parti Démocrate Islamiste) eingegangen, in denen beide erklärten, dass sie nun bereit seien, das Arusha-Friedensabkommen und den politischen Ethikkodex zu unterzeichnen, und daher ihre respektiven Sitze in der Versammlung reklamierten. Im Geiste der Versöhnung, sagte der Präsident, solle die Übergangsregierung über ihren Schatten springen und Mitglieder aller offiziellen Parteien einschließen, die im Arusha-Abkommen aufgeführt seien. Faustin wusste, dass es völlig inakzeptabel war, die CDR in die Regierung aufzunehmen. Es war eine unverhohlen faschistische Organisation, die ein radikal Hutu-freundliches, Tutsi-feindliches Programm verfolgte und direkt mit den Impuzamugambi-Milizen und dem infamen Sender RTLM verbunden war. Und natürlich lehnte die RPF die Aufnahme der CDR in die Abgeordnetenkammer kategorisch ab; sie warf Habyarimana vor, dem bereits festgefahrenen politischen Prozess unüberwindliche Hindernisse in den Weg zu legen.

In die Vorbereitung für die Vereidigung am 25. März waren beträchtliche politische Anstrengungen geflossen. Der Verteidigungsminister und Enoch Ruhigira, der Büroleiter des Präsidenten, hatten mündlich zugesichert, dass es keine Demonstrationen geben würde, um die Zeremonie zu verhindern. Aber wieder war sie fatalerweise nicht zustande gekommen, dieses Mal, weil sich die RPF weigerte, daran teilzunehmen. Ein folgender Versuch am 28. März schlug ebenfalls fehl, was eine beträchtliche Zunahme von Banditentum und bewaffneten Angriffen auf Bürger auslöste, die bekanntermaßen moderat waren.

Das diplomatische Corps von Kigali unterstützte unter Führung des päpstlichen Nuntius und des Missionschefs einhellig die Forderung des Präsidenten, dass alle im Arusha-Abkommen anerkannten Parteien an der Übergangsregierung beteiligt werden sollten. Sie gaben eine gemeinsame Erklärung heraus, die auch von Vertretern Zaires, Ugandas, Burundis und Tansanias unterzeichnet wurde – praktisch von der gesamten Region der großen Seen. In einem meisterlichen Schachzug hatte Habyarimana die RPF als einzige Partei isoliert, die den politischen Prozess aufhielt. Die UNO, ihre Abteilung für politische Angelegenheiten (DPA) sowie die gesamte politische und diplomatische Gemeinde waren in seine Falle getappt. Wir, die internationale Gemeinschaft, versetzten an jenem Tag, als alle unsere Diplomaten mit dem Missionschef und der UNO an der Spitze diesem geschickten Manöver des Präsidenten auf den Leim gingen, dem Arusha-Abkommen den Todesstoß. Bei den Beratungen im Sicherheitsrat über die Zukunft der Mission wollten die USA den Rat zwingen, einem sehr strengen Zeitlimit für die Vereidigung der Übergangsregierung zuzustimmen. Der RPF hätte das kaum Gelegenheit für einen politischen Gegenzug gelassen – und sie war in einer guten militärischen Position für eine schnelle Offensive. Kein Mitarbeiter der UNO hatte daran gedacht, mir von diesen Ereignissen zu berichten, als ich in New York war, und wieder musste ich mich fragen, ob irgendjemand Ruanda wirklich Aufmerksamkeit schenkte.

Die Sicherheitslage hatte sich in dem Maße verschlechtert, in dem das politische Chaos um sich griff, berichtete mir Brent. Viele der gemäßigten Politiker hatten Todesdrohungen erhalten. Henry ließ nun UN-Schutzsoldaten permanent im Hof von fünf prominenten Politikern kampieren: Verfassungsgerichtspräsident Kavarunganda, der über einige der umstrittenen Abgeordnetensitze entscheiden würde; die amtierende Premierministerin und ihr designierter Nachfolger; Lando Ndasingwa und Außenminister Anastase Gasana. Am 15. März waren bei einem Vorfall, der an die Ermordung von Gatabazi erinnerte, Enoch Ruhigiras Schwester und ihr Ehemann in ihrem Auto überfallen und getötet worden. Beide waren einflussreiche Gemäßigte gewesen. Auf das Chez Lando war am 19. März ein Handgranatenanschlag verübt worden, Samstagnacht, wo die Hoteldisco gerammelt voll war. Acht Menschen hatten Verletzungen davongetragen.

Es gab auch beunruhigende Neuigkeiten aus dem Süden. Sowohl meine Militärbeobachter als auch humanitäre Helfer des UNHCR berichteten, dass die Regierungsarmee weiter junge Männer aus den Flüchtlingslagern von Ruheru und Shororo rekrutierte und sie an Gewehrattrappen und hölzernen Granaten ausbildete. In einigen nördlichen Gebieten der demilitarisierten Zone hinderte die RPF meine Militärbeobachter daran, Patrouillen durchzuführen.

Ich musste alle diese Probleme angehen, aber zuerst musste ich mich meines politischen Bosses annehmen. Das Erste, was ich hörte, als ich am Tag meiner Rückkehr im Hauptquartier eintraf, war, dass Booh-Booh eine Einladung des Präsidenten angenommen hatte, das Osterwochenende in dessen Ferienvilla nahe Gisenyi zu verbringen. Damit nicht genug, der Missionschef verlangte dafür eine UNAMIR-Eskorte. Abdul Kabia und ich begaben uns sofort zu ihm, um ihn in seinem unfassbar ordentlichen Büro auf diplomatische Weise zur Rede zu stellen. Wir wiesen darauf hin, dass der einzige Vorteil des Wochenendtrips darin bestehe, möglicherweise die eine oder andere Neuigkeit in Erfahrung zu bringen. Natürlich, sagte er, genau das sei ja seine Absicht. Er kenne den Präsidenten seit seiner Zeit als Außenminister von Kamerun und sei in einer guten Position, um Habyarimanas Absichten zu ergründen. Wir beeilten uns hinzuzufügen, dass jeder Vorteil, den er dadurch gewinnen könne, durch den schrecklichen Eindruck zunichte würde, den er damit erweckte: Die RPF und die Gemäßigten würden annehmen, er stünde auf der Seite des Präsidenten. Booh-Booh zuckte die Schultern und wiederholte, es handle sich um ein Arbeitswochenende, wo er seine Strategien, die Einsetzung der Übergangsinstitutionen zu erreichen, weiterverfolgen werde. Was immer wir einwandten, nichts konnte ihn davon abbringen. Schließlich gab er uns doch tatsächlich zu verstehen, unsere Befürchtungen ließen darauf schließen, dass wir das Ethos des frankophonen Afrika nur unvollkommen verstünden.

Am nächsten Tag war Karfreitag, und ich wachte zum ersehnten Geruch von Holzkohlefeuer und der Kakophonie prächtiger Vögel auf, aber als Erstes schoss mir der Gedanke durch den Kopf, dass der politische Führer der Mission am Nachmittag, einer verheerenden Eingebung folgend, abreisen würde. Und natürlich fuhr Booh-Booh auch wirklich, begleitet von einer UNAMIR-Eskorte und mit seinem Günstling Mamadou Kane im Schlepptau. Prompt erhielten wir am nächsten Morgen einen formellen Protest der RPF, der die Unparteilichkeit des Missionschefs in Frage stellte.

*

Ich musste sofort die Militärführer beider Seiten sprechen, um selbst zu sehen, wie die Dinge standen. Am Sonntagmorgen, dem 2. April, traf ich mich mit dem Verteidigungsminister und nahm Brent mit, um Notizen zu machen. Ich glaube, Bizimana wollte nach meiner Reise nach New York die Entschlossenheit von UNAMIR taxieren; durch den ruandischen Botschafter war er mit Sicherheit über den Stand der Mission im Bilde. Ich ging sofort zum Angriff über und ratterte seine Sünden und Unterlassungen herunter: Warum hatte Bizimana nichts getan, um bei der Untersuchung des Gatabazi-Attentats zu helfen? Warum hatte er mir keine Liste jener Personen zukommen lassen, die Sondergenehmigungen für das Tragen von Waffen zum Selbstschutz in der Waffenkontrollzone hatten, oder Listen von Kleinwaffen, die in den letzten Jahren auf dem Land verteilt worden waren? Er hatte die Minen im Gatunda-Kigali-Korridor nicht räumen lassen; er hatte weitere Treffen der Gemeinsamen Militärkommission blockiert, wo die Demobilisierung vorbereitet werden sollte. Ich fragte ihn, warum seine Truppen keine humanitären Lieferungen an die Flüchtlingslager in der RPF-Zone durchließen. Bei dieser letzten Frage schlug er zurück: Ja, er habe versprochen, die nichtstaatlichen Organisationen und humanitären Anstrengungen zu unterstützen, aber ein Teil der Hilfe würde doch für die Unterstützung der RPF-Truppen abgezweigt, und das könne er nicht dulden.

Weder der Minister noch ich fanden unser Treffen sonderlich befriedigend.

Nach dem Mittagessen flog ich mit einem unserer beiden neuen Hubschrauber, die endlich angekommen waren, nach Mulindi, um Kagame zu treffen. Er schien entrückt und ein wenig in sich gekehrt, als ich ihm eine ähnlich lange Problemliste präsentierte. Selbst als ich ihm sagte, dass wir mit den zwei neuen Helikoptern nun regelmäßige Aufklärungsflüge über das ganze Land durchführen könnten, darunter auch über sein Operationsgebiet, reagierte er kaum, was seltsam war angesichts seiner üblichen Bestrebungen, andere über die Bewegungen und Stärke der RPF im Dunkeln zu lassen. Ich geißelte die zunehmenden Verletzungen des Waffenstillstandes an der Ostflanke der demilitarisierten Zone, wo beide Seiten häufig nur durch wenige 100 Meter getrennt waren. Nachdem er seinen dortigen Kommandeur ausgetauscht hatte, hatte es vier heftige Auseinandersetzungen gegeben, bei denen nicht weniger als sechs Regierungssoldaten getötet und mehrere verletzt worden waren. Mein Untersuchungsteam war in weniger als einer Stunde am Ort des jüngsten Zwischenfalls gewesen und hatte den Eindruck, dass Kagames Truppe für das Feuergefecht verantwortlich war. Er versprach, der Sache nachzugehen.

Schließlich fragte ich, ob ihn eine Frage beschäftige, die er mit mir erörtern wolle. Er wollte wissen, wie es zu dem Vorschlag von CDR und PDI gekommen sei. Ich blickte in sein Gesicht, das so düster war, wie ich es noch nie gesehen hatte. Etwas Umwälzendes stehe bevor, sagte er, und wenn es einmal angefangen hätte, könne es niemand mehr im Zaum halten.

Als ich nach Kigali zurückflog, wurde mir klar, dass ich an diesem Tag zwei Männer gesehen hatte, die beide etwas vorbereiteten, dem ich noch nicht ins Auge blicken konnte: Das ganze Arusha-Experiment stand vor dem Kollaps. Ich musste mit Luc sprechen – der Kigali-Sektor würde der Schlüssel für unsere Sicherheit sein, wenn es zum Schlimmsten käme –, aber ich musste auch all meine untergebenen Offiziere um eine Einschätzung unserer wenigen Stärken und unserer schreienden Schwächen bitten.

Ein paar Stunden später kam Luc in mein Büro, so begeistert und zuversichtlich wie immer, auch wenn seine Augen müde wirkten. Ich war glücklich, ihn zu sehen. Die erste gemeinsame Razzia gegen ein vermutetes Waffenlager war planmäßig am 1. April erfolgt, wobei UNAMIR-Soldaten den Sicherheitskordon gebildet und Gendarmen die eigentliche Suche durchgeführt hatten. Die Gendarmen waren mit leeren Händen wieder herausgekommen; offensichtlich war der Plan durchgesickert und waren die Waffen weggeschafft worden. Aber Luc hatte den Glauben noch nicht verloren. Er hatte mit der Gendarmerie geübt, war sich ihres guten Willens sicher und ging davon aus, dass wir das nächste Mal Erfolg haben könnten, wenn wir das Ziel der Razzia besser geheim hielten. Wir legten den 7. April als Datum für den nächsten Versuch fest.

Aber es gab viele Probleme, die ihm den Schlaf raubten. Wir wussten beide, wie überlastet seine Truppe war. Luc teilte mir nun mit, dass seine Einheiten sich selbst, UN-Zivilisten oder Ausländer schlicht nicht verteidigen könnten, sollte eine der beiden Seiten einen größeren Angriff in der Hauptstadt beginnen. Die Aufstellung der 225 Ghanaer war immer noch nicht abgeschlossen; das neue belgische Bataillon war noch nicht mit seinem Sektor vertraut und hatte die Einsatzregeln einer Mission nach Kapitel VI noch nicht verinnerlicht. Dann war da das Kontingent aus Bangladesch. Sein befehlshabender Offizier verlangte, ihm jeden Befehl schriftlich zu überbringen, und weigerte sich, seine Truppe in Einsätze zu schicken. Zwar war erfreulicherweise der Evakuierungsplan für Verwundete und Kranke weit gediehen, aber wir hatten noch immer keine Medikamente erhalten. Auch hatten weder New York noch Brüssel das Munitionsproblem gelöst; niemand wollte für die Munition zahlen, die das erste belgische Kontingent bei seinen Übungen verschossen hatte. Unsere Truppe verfügte über einen Vorrat von annähernd zwei Magazinen oder 40 bis 60 Schuss pro Mann – beklagenswert wenig. Damit ließe sich ein Kampf von ein bis drei Minuten ausfechten, dann würden wir Steine werfen müssen.

Ich war erschöpft, als ich in dieser Nacht nach Hause fuhr, mein Kopf brummte von den Warnungen aller Seiten. Aber im tiefen Herzen war ich froh, zurück zu sein. Die Menschen von Ruanda waren keine unbedeutende schwarze Masse, die in elender Armut an einem belanglosen Ort lebten. Sie waren Menschen wie ich, wie meine Familie, mit jedem Recht und den Hoffnungen aller anderen Mitglieder unserer gemarterten Spezies. Ich war entschlossen, durchzuhalten.

*

Am 3. April, Ostersonntag, flog ich nach Byumba, um den Großteil meiner Truppe in der entmilitarisierten Zone zu inspizieren: die dort verbliebenen Ghanaer und die Pioniere aus Bangladesch. Es war ein herrlicher 50-Minuten-Flug in sehr geringer Höhe über die gerundeten Bergkuppen Zentralruandas. Unter mir sah es so aus, als hätten sich alle Dörfler im Land in ihren Sonntagsstaat geworfen; in prozessionsartigen Märschen machten sich die Bewohner auf den Weg zu ihren Gotteshäusern. Aber ich bin unfähig, mich an die Heiterkeit, Ordnung und Schönheit dieser Szene zu erinnern, ohne dass sich sofort schmerzhafte Bilder des Grauens darüberlegen. Extremisten, Gemäßigte, einfache Dorfbewohner und glühende Gottesanbeter – alle gemeinsam waren sie an diesem Tag in der Kirche und sangen die Botschaft von der Wiedergeburt Christi. Eine Woche später sollten dieselben frommen Christen zu Mördern und Opfern werden, ihre Kirchen zu Orten kalkulierter Massaker.

Wir landeten in Byumba in einer gewaltigen Staubwolke. Das Gebäude war ein erlesenes Stück moderner Architektur, ein ausladender Komplex unter der Obhut von Nonnen, die dort im nächsten Jahr eine Schule eröffnen wollten: ein Beispiel für die vielen kanadischen Hilfsleistungen, die in dieses kleine frankophone Land Afrikas geflossen waren. Es gab an fast jeder Tür diskrete Abzeichen der kanadischen Entwicklungshilfeagentur CIDA mit unserer Nationalflagge darauf. Ich fragte mich abermals, warum Brent und ich in dieser gefährlichen Zeit das ganze kanadische Militärkontingent im Land bildeten. Ein Bataillon oder auch nur eine Kompanie frankokanadischer Soldaten wäre jetzt ungleich sinnvoller gewesen als die Bevorratung dieses künftigen Schulgebäudes. Das Außenministerium und die Entwicklungshilfeagentur waren seit langem in diesem Land engagiert, aber es hatte keine Kontakte zwischen uns und ihnen gegeben; sie hatten nicht ihr Wissen über seine Kultur und Geschichte an uns weitergegeben, als wir aufbrachen, um Ruanda eine friedvolle Zukunft zu sichern.*

Der Sektorkommandeur der demilitarisierten Zone, Clayton Yaache, begrüßte mich gemeinsam mit den Kommandeuren der Kompanien aus Ghana und Bangladesch. Seit meinem letzten Besuch vor über einem Monat hatten die Pioniere aus Bangladesch etwa ein Drittel des Arbeitsgerätes erhalten, das sie benötigten. Zu ihren Aufgaben gehörte

* Kanada verfolgte tatsächlich keine kohärente und integrierte Ruandapolitik, es gab nur isolierte Initiativen einzelner Ministerien, die in der Krise nicht zusammenkamen. Howard Adelman, ein kanadischer Wissenschaftler, hat der kanadischen Ruandapolitik in einer Studie ein exzellentes Kapitel gewidmet, das meine eigene Erfahrung von der konfusen Beziehung Kanadas zu Ruanda bestätigt (*The Path of a Genocide. The Rwandan Crisis from Uganda to Zaire*, New Brunswick, NJ, u. a. 1999).

es, im Hinblick auf Patrouillen und ganze Truppenbewegungen Brücken zu bauen oder zu reparieren sowie künftig den Ruandern bei zivilen Bauprojekten unter die Arme zu greifen. Die Gatuna-Brücke hatte Priorität, da ich noch immer darauf drängte, den Korridor zwischen der ugandischen Grenzstadt Kabale und Kigali zu öffnen. Auch Minenräumung und die Vorbereitung von Lagern für demobilisierte Soldaten standen auf ihrem Programm. Die Ghanaer wurden bei ihren Patrouillen durch die Zone von allen üblichen Engpässen behindert. Yaache lag vor allem auf der Seele, dass es keinen praktikablen Plan für die Evakuierung von Verletzten aus der Zone gebe. Er hatte ein kleines Sanitätsteam für die Erstversorgung von Schwerverletzten, aber der Transport über die Straße nach Kigali würde Stunden in Anspruch nehmen, und es fehlte ein Krankenwagen. Hier konnten die jüngst eingetroffenen Hubschrauber Abhilfe schaffen – ich hatte einen für Notevakuierungen vorgesehen. Obwohl ihnen der Mangel an Fahrzeugen, Ausrüstung und Nachschub schwer zu schaffen machte, waren beide Einheiten weiterhin äußerst engagiert bei der Sache und zeigten eine hohe Moral.

Ich nahm am Ostergottesdienst in der Kapelle teil, amüsiert über die Verwandlung der ghanaischen Band, die ich bis dahin nur Tanz- und Militärmusik hatte spielen hören, zu überzeugenden Kirchenmusikern. Ich ließ meine Gedanken einen Augenblick in die Heimat schweifen. Ostersonntag, in Quebec ein wichtiges Familienfest, war dort nun schon fast vorbei. Keine Eiersuche mit den Kindern, kein traditionelles Sugar Bush Lunch* mit der Familie, nur eine unwägbare Entfernung.

Ich stand am Ostermontag ein wenig später als gewöhnlich auf und setzte mich eine Weile auf die Veranda. Ich war später mit Henry zu einer langen Sitzung verabredet, aber ich musste mich nicht beeilen. In unserem Hauptquartier machte nur eine Schrumpfbesetzung Dienst, da dies das erste Wochenende war, an dem meine Truppe einige Zeit frei nehmen konnte. Das Haus wirkte leer ohne Willem de Kant, der kurz vor meinem Urlaub turnusmäßig an die Generalstabsakademie in den Niederlanden zurückversetzt worden war. Auch der Zoo an Haustieren, den der tiernärrische Willem angeschafft hatte, vermisste ihn offensichtlich. Es gab eine Ziege namens Gaetan (da Willem nun fort

*Ein Familienausflug in die Ahornwälder (*sugar bush*), die der Gewinnung von Ahornsirup dienen. Mit dem Sirup werden bei einem anschließenden üppigen Picknick alle Speisen beträufelt, also auch Schinken, Eier, Käse etc. (A.d.Ü.).

war, hatten wir beschlossen, das Tier für die Feier des Kanadatages am 1. Juli zu mästen – niemand außer ihm hatte dieses Tier gemocht), einen Hahn namens Rusty und zwei Hennen – Henry und Henrietta –, die uns mit frischen Eiern versorgten. Das anspruchsvollste Haustier war eine Promenadenmischung, die wir liebevoll Shithead (»Hirni«) nannten. Der junge Hund war unglaublich dumm, rannte ewig hinter der Ziege oder dem Hahn her und kassierte von der einen regelmäßig Huftritte und vom anderen ebenso regelmäßig Schnabelhiebe. Jeden Morgen, wenn ich mich in Gedanken über die Mission verlor, stahl er ein Stück Toast von mir. An Willems Stelle als mein Adjutant rückte Hauptmann Robert van Putten, der eifrig seine Pflichten erfüllte, aber weniger Erfahrung hatte als de Kant und auch kein Französisch sprach – in Ruanda ein schwerer Nachteil.

Als ich auf der Veranda verweilte und über Kigali blickte, grübelte ich über mein ständiges Unbehagen und mein notorisches Unverständnis nach. Wie häufig hatte ich daheim erlebt, welche Auswirkungen es auf eine Minderheit hat, wenn Entscheidungen einseitig von den Institutionen der Mehrheit getroffen werden! Die sprachlichen und kulturellen Nuancen zu erfassen, wo es um den Austausch von Informationen oder die Erteilung von Befehlen geht – das kann über Akzeptanz oder Ablehnung entscheiden. Daheim war ich stolz darauf gewesen, diese Nuancen erspüren zu können. Aber bei unserer Mission ging uns allen diese Fähigkeit im Hinblick auf die Ruander ab. Da ich zweisprachig bin, konnte ich zwar die Worte der Akteure verstehen, aber nicht ihre Bedeutung. Politisch, militärisch und diplomatisch baute sich unzweifelhaft eine immer größere Spannung auf, und doch fühlte ich mich die meiste Zeit, als schlüge ich im Dunkeln nach Phantomen.

Es war die erste Möglichkeit, mich nach meiner Rückkehr mit Henry zusammenzusetzen. In einer langen Sitzung sortierten wir unsere Prioritätenliste. Mein Vertrauen in seine Führungsqualitäten und sein Verständnis der Situation bestätigte sich voll und ganz: Er hatte während meiner Abwesenheit alles gut gemacht. Besorgt war er darüber, dass – kaum überraschend – der Missionschef ihn und die Truppe nicht über die politische Entwicklung auf dem Laufenden gehalten und sich weder der Chef der Gendarmerie, der Stabschef der Armee noch der Verteidigungsminister mit ihm getroffen hatten. Er machte sich Sorgen, welche Folgen dieser Abriss der Kontakte nach sich ziehen würde.

Nachdem Henry gegangen war, nahm ich an der Soiree teil, die das senegalesische Kontingent anlässlich seines Nationalfeiertags organisiert hatte. Das Kontingent bestand aus 39 Offizieren, allesamt Militärbeobachter und zumeist zweisprachig. Zusammen mit Moctar Gueye, dem Sprecher der Mission, hatten sie ein Büffet mit Musik und Tanz im Meridien-Hotel arrangiert. Vertreter aller Parteien, der Regierung, der diplomatischen Vertretung und eine Delegation jedes Kontingents von UNAMIR waren geladen, und die Resonanz war groß. Einige der senegalesischen Offiziere hatten für bedürftige Ruander gesammelt und drückten mir wortwörtlich einen Stapel Geldscheine in die Hand. Ich dankte ihnen für ihre Großzügigkeit und übergab das Geld an Brent mit dem Auftrag, dafür eine passende wohltätige Verwendung zu finden.

Ich bahnte mir meinen Weg zum Büffet durch einen Wirbel von Tänzern, häufig in Gruppen tanzender Männer, und sah Luc bei Mamadou Kane und einigen Ruandern sitzen. Ich war überrascht, in einem von ihnen Oberst Bagosora zu erkennen, den persönlichen Referenten des Verteidigungsministers, der mit seiner Frau gekommen war. Er hieß mich am Tisch willkommen. Er hatte getrunken und war gesprächiger als üblich, auch wenn die Band laut war und wir alle schreien mussten, um uns verständlich zu machen. Als die Sprache auf das Arusha-Abkommen kam, wiederholte Bagosora die alte Geschichte, dass die Tutsi die Hegemonie über die Region der großen Seen anstrebten. Ich versuchte ihn von seiner Tirade gegen die Tutsi abzulenken und fragte, ob der Präsident jemals jemanden zu seinem Kronprinzen gesalbt habe. Ich war mit Recht neugierig über die Thronfolge, falls Habyarimana etwas zustieße. Angesichts der Ereignisse der folgenden Tage muss meine unschuldige Frage bei Bagosora wie eine Bombe eingeschlagen sein. Nein, erwiderte er, es liege nicht im Naturell des Präsidenten, an solche Dinge zu denken. Er wandte sich dann wieder seiner Theorie der Tutsi-Hegemonie zu, die ich schon kannte. Luc erinnert sich noch daran, wie Bagosora ihm betrunken sagte, der einzige Weg, mit den Tutsi umzugehen, sei, sie vollständig zu eliminieren, sie einfach auszulöschen.

*

Welchen Beitrag UNAMIR künftig bei der Umsetzung des Arusha-Friedensabkommens spielen würde, entschieden 15 Männer in einem Hinterzimmer des Sicherheitsrates in New York, von denen einer ein ruandischer Extremist war. Er repräsentierte ein politisches Lager in Ruanda, das sich gegen Arusha wandte und sich nun in einer Allianz mit den Amerikanern, Russen und Chinesen wiederfand, die alle das Ende der Mission wollten. Am Morgen des 6. April wurde uns die Resolution 909 des Sicherheitsrates zugestellt, die unser Mandat um sechs Wochen verlängerte. Wenn die Übergangsregierung bis dahin nicht eingesetzt war, würde die Mission »überprüft« – im UNO-Jargon nur ein anderes Wort für »beendet«. Aber wie würden wir uns jetzt noch zurückziehen können? Bliebe uns auch nur ein Funken Glaubwürdigkeit? Würden wir die UN-Zivilisten und Ausländer evakuieren müssen? Ich las weiter. Obwohl uns die Resolution keine neuen Einsatzbeschränkungen auferlegte, räumte sie uns auch keinen neuen Spielraum für Abschreckungsoperationen ein. Außerdem wurden wir aufgefordert, nach Wegen zu suchen, unsere Kosten zu senken. Dieser letzte Punkt war absurd. Die UNO gab jeden Tag Millionen von Dollar im ehemaligen Jugoslawien aus. Mir standen, grob gerechnet, 50 Millionen Dollar für das ganze Jahr zur Verfügung, und wir mussten alles einfliegen lassen, weil es keinen Hafen, sondern nur einen Flughafen gab, drei Straßen zur Grenze und keine Eisenbahn.

Die Resolution gab das falsche Signal, und die Folgen waren wahrhaft verheerend. Sie bestätigte allen Ruandern – den Gemäßigten, die an der Hoffnung festhielten, und den Extremisten, die ein Komplott zur Ausrottung der Tutsi schmiedeten –, dass die Welt keinen Pfifferling auf Ruanda gab.

*

Der 6. April erwies sich als der längste Tag meines Lebens. Der Präsident weilte in Daressalam, wo er sich mit Staatsmännern und Politikern aus der ganzen Region traf, die ihn drängten, endlich die Übergangsregierung einzusetzen. Ich hegte bis zuletzt die irrwitzige Hoffnung, dass er unter ihrem Druck doch noch einlenken würde – sofern er denn die Falken und Extremisten in seiner Partei und der CDR im Zaum halten könnte. Er hatte immer noch etliche Anhänger, und durch Nsabimana und Ndindiliyimana hielt er die Kontrolle über die Armee und die Gendarmerie in Händen. Ich musste diese diplomatische Initiative als letzte Chance betrachten.

Als Konsequenz aus der Resolution 909 verlangte das DPKO von mir die sofortige Zustellung meiner Rückzugspläne. UNAMIR würde die Leitung übernehmen und alle ausländischen Evakuierungskommandos koordinieren, die in Ruanda eintreffen könnten, um ihre Staatsangehörigen auszufliegen. Die Arbeit an einem Rückzugsplan war jedoch die absolut letzte meiner Prioritäten. Wer würde die Ruander evakuieren?, fragte ich mich. Niemand natürlich.

Ich fuhr an jenem Abend heim und dachte darüber nach, wie ich das Arusha-Abkommen doch noch retten könnte. Ich hatte den Missionschef nicht mehr gesehen, seit er zu seinem schlecht beratenen Wochenendbesuch beim Präsidenten aufgebrochen war, und wir mussten unbedingt über die Anweisung beraten, die wir gerade vom Sicherheitsrat erhalten hatten. Wir planten für den nächsten Morgen die Razzia eines Waffenlagers: Mit etwas Glück würde ich ihm einen Erfolg melden können. In Daressalam würde am Flughafen ein Flugzeug startklar gemacht, um den Präsidenten zurück nach Kigali zu bringen. Dieses Flugzeug und meine Hoffnungen befanden sich auf einem Kollisionskurs, der Ruanda in den Abgrund stürzte.

KAPITEL 10

Eine Explosion am Flugplatz

Am 6. April um etwa 20.20 Uhr gab der diensthabende Offizier unserer Militärbeobachter am Flughafen eine beunruhigende Nachricht durch: »Es gab eine Explosion am Flughafen von Kigali.« Zuerst glaubten unsere Beobachter, ein Munitionslager sei in die Luft geflogen, aber bald wussten wir es besser. Ein Flugzeug war zerschellt, aber niemand konnte bestätigen, ob es sich um Habyarimanas Maschine handelte. Die Präsidentengarde und Angehörige des Fallschirmjägerbataillons aus der Kanombe-Garnison liefen wild mit ihren Waffen fuchtelnd auf dem Flughafen umher und bedrohten die Leute. Unsere Beobachter waren in Deckung gegangen. Ich funkte Luc Marchal die Order, eine Patrouille zu schicken, um den Absturzort zu finden und das Areal zu sichern, damit wir eine Untersuchung durchführen konnten.

Unser Telefon begann wie wild zu klingeln: Premierministerin Agathe, Lando Ndasingwa und andere riefen an, um Näheres zu erfahren. Madame Agathe sagte, sie versuche ihr Kabinett zusammenzutrommeln, aber viele Minister hätten Angst und wollten ihre Familien nicht verlassen, und die Hardliner in ihrem Kabinett seien ohnehin abgetaucht. Ich fragte sie, ob sie herausfinden könne, ob es sich um die Präsidentenmaschine handelte, die abgestürzt war, und ob er an Bord gewesen sei, und bat sie, mich zurückzurufen. Ich rief Booh-Booh an, um ihn über die Lage zu informieren. Sobald ich aufgelegt hatte, rief Madame Agathe zurück und bestätigte, dass es Habyarimanas Flugzeug und er selber vermutlich an Bord gewesen sei.

Sie wollte jeden nur erdenklichen Beistand von UNAMIR, um die politische Situation unter Kontrolle zu halten. Da der Präsident vermutlich beim Absturz ums Leben gekommen war, rückte sie rechtlich zum höchsten Exekutivorgan im Staat auf. Aber sie sah sich nicht in der Lage, eine Krisensitzung einzuberufen. Einige ihrer moderaten Minister waren bereits an sichere Orte geflohen, andere, von UNAMIR-Soldaten, Gendarmen oder Regierungssoldaten beschützt, zogen es vor, zu Hause zu bleiben. Und wo waren all die extremistischen Politiker?

Wir mussten das Gespräch eilig beenden, um die Leitung für genauere Informationen offen zu halten, die ich dringend brauchte, um auf deren Grundlage handeln zu können. Wir verwiesen alle verzweifelten Anrufer an das Truppenhauptquartier, nicht gerade eine ideale Anlaufstelle, da die Offiziere vom Dienst aus Bangladesch kein Französisch sprachen.

Um etwa 22 Uhr erhielt ich einen Anruf von Ephrem Rwabalinda, dem Verbindungsoffizier der Regierungsarmee bei UNAMIR: In Kürze werde ein Krisenkomitee im Hauptquartier der Regierungsarmee zusammentreten. Ich rief Luc an und sagte ihm, er solle mich dort treffen, sobald er sich davon überzeugt habe, dass der Kigali-Sektor in höchste Alarmbereitschaft versetzt worden sei. Ich rief auch Henry Anyidoho an, den ich zum Nationalratsgebäude beorderte, wo er bei der RPF bleiben sollte, um sie zu beruhigen, bis ich herausgefunden hatte, was vor sich ging. Kurz bevor wir aufbrachen, rief Iqbal Riza aus New York an. Ich erstattete ihm Bericht, so gut ich konnte, und sagte, ich sei auf dem Weg zum Hauptquartier der Regierungsarmee.

Brent, mein neuer Adjutant Robert van Putten und ich fuhren in die Nacht hinaus. Die Stadt war beängstigend ruhig, das Licht in den meisten Häusern gelöscht. Wenn es keine Ausgangssperre gab, war Kigali normalerweise voller Menschen. Aber wir sahen nicht einmal eine Polizeipatrouille. Ich befürchtete, dass Schläger der Präsidentengarde unterwegs sein könnten, und wollte keinen Zwischenfall; sie würden jede Konfrontation mit UNAMIR bis zur Neige propagandistisch ausschlachten. Vorsichtig suchten wir unseren Weg durch die Straßen.

Die Tore des Hauptquartieres waren mit übermäßig vielen schwer bewaffneten Soldaten besetzt. Auf dem Gelände marschierten Soldaten in Formation. Ich ließ Robert im Auto mit dem Funk zurück, während Brent mich ins Gebäude begleitete. Wir wurden nach oben in den Konferenzraum geführt. Die Deckenventilatoren waren ausgeschaltet, der Raum war bis auf ein paar fluoreszierende Lichter dunkel; die Decke schien auf unsere Köpfe zu drücken.

Oberst Bagosora hatte am Kopf des großen, hufeisenförmigen Konferenztisches Platz genommen. Die Tatsache, dass er das Zepter schwang, verhieß nichts Gutes. Er winkte uns ungeduldig, uns zu setzen. Zu seiner Linken saß, begleitet von mehreren seiner Stabsoffiziere, der Gendarmeriechef Ndindiliyimana, sein Stuhl zurückgeschoben, sein Gesichtsausdruck unbeteiligt. Zu Bagosoras Rechten saß ein hochrangiger Stabsoffizier der Armee, von dem wir wussten, dass er eng mit den belgischen und französischen Militärberatern zusammenarbeitete, die allerdings selbst nicht anwesend waren. Das beunruhigte mich, da unter allen Ausländern im Land diese Männer am besten wussten, was im ruandischen Militär vor sich ging.* Rwabalinda, der Verbindungsoffizier der Armee bei UNAMIR, saß ganz rechts. Insgesamt hatte das Krisentreffen etwa anderthalb Dutzend Teilnehmer, die meisten hochrangige Stabsoffiziere. War dies nun ein gut geplanter Staatsstreich, oder hielten diese Offiziere nur die Ordnung aufrecht, bis die Frage der politischen Führung geklärt war? Bagosoras Anwesenheit begrub meine schwache Hoffnung, dass dieser Coup, wenn es denn einer war, von moderaten Militär- und Gendarmerieangehörigen angezettelt worden war.

Bagosora begrüßte uns und erklärte, dass in Abwesenheit des Verteidigungsministers, der an einer Zusammenkunft des olympischen Komitees in Kamerun teilnehme, die Gruppe von Offizieren in diesem Konferenzraum die höchste Führung von Armee und Gendarmerie repräsentiere. Die Armee müsse aufgrund der Unsicherheit, die der Absturz der Präsidentenmaschine ausgelöst habe, die Kontrolle des Landes übernehmen. Bagosora sah mich geradeheraus an und sagte, er wolle den Arusha-Friedensprozess nicht gefährden, sondern mit der RPF Frieden halten, und die Armee wolle die Kontrolle nur für die kürzestmögliche Zeit übernehmen, um sie dann wieder den Politikern zu übergeben. Er räumte ein, dass Elemente der Regierungsstreitkräfte, besonders der Präsidentengarde, außer Kontrolle seien, versicherte aber, dass jede Anstrengung unternommen werde, um sie in die Kasernen zurückzuschicken. Ich traute ihm nicht eine Sekunde.

* Obwohl sie in der Vergangenheit nie mit UNAMIR kooperiert hatten – sie bestanden darauf, dass sie nicht ihren eigenen Regierungen, Ruanda und der UN-Mission zugleich dienen konnten –, hätten sie sich doch vielleicht eines anderen besinnen und uns ihre Innenansichten mitteilen können. Ich habe mich oft gefragt, welche Position die belgischen Militärberater einnahmen. Ich kann verstehen, dass sie loyal ihre eigentliche Aufgabe erfüllen mussten, den inneren Führungszirkel der Regierungsarmee zu beraten, aber warum weigerten sie sich, UNAMIR und besonders ihren eigenen Landsleuten zu helfen?

Er hatte gerade Ndindiliyimana das Wort erteilt, als das urtümliche Telefon auf einem kleinen Tisch hinter ihm so laut klingelte, dass wir alle zusammenzuckten. Ein Stabsoffizier hob ab. Er hörte kurz zu und antwortete dann ruhig auf Kinyarwanda. Als er auflegte, sagte er, dass nicht nur Habyarimana bei dem Absturz ums Leben gekommen sei, sondern auch Cyprien Ntaryamira, der Präsident von Burundi, und Déogratias Nsabimana, der Stabschef der Armee. Er begann zu lächeln, als er uns mitteilte, dass die Maschine hinter Habyarimanas eigenem Haus nahe der Kanombe-Garnison abgestürzt sei, beherrschte sich aber sofort wieder. Bagosora warf ihm einen giftigen Blick zu, dann wandte er sich an mich, um meine Antwort zu hören.

Ich hielt mich nicht mit Beileidsbekundungen auf, sondern betonte sofort, dass, was mich und UNAMIR betraf, Ruanda noch immer eine Regierung habe, die von Premierministerin Agathe geführt werde. Alle Angelegenheiten sollten nun unter ihrer Kontrolle stehen. Bagosora fauchte zurück, dass Madame Agathe nicht das Vertrauen des ruandischen Volkes genieße und unfähig sei, die Nation zu regieren. Dieses hier anwesende Krisenkomitee müsse die Kontrolle übernehmen, bis eine neue Gruppe von Politikern eine Regierung bilden könne. Er habe die Führungsspitzen der Armee für den nächsten Morgen zu einer Sitzung nach Kigali gerufen.

Ich verwies ihn noch einmal auf die Autorität von Madame Agathe und bestand darauf, dass sie nun einbezogen werden müsse. Sie solle sich über Radio Ruanda, den Regierungssender, an das Volk wenden und die Menschen auffordern, Ruhe zu bewahren. UNAMIR und die Gendarmerie könnten die ganze Nacht gemeinsame Patrouillen fahren, um die Ordnung in Kigali aufrechtzuerhalten. Ein sicheres Kigali sei der Schlüssel zur Beherrschung der Situation.

Bagosora stand auf und beugte sich so weit zu mir vor, dass er sich mit den Fingerknöcheln auf dem Tisch abstützen musste. Vehement sprach er Premierministerin Agathe alle Autorität ab. Der Offizier neben Brent roch nach Alkohol und murmelte bei der Erwähnung ihres Namens auf Französisch eine Beleidigung. Eine absurde Situation: Hier war Bagosora, der seine Verpflichtung auf das Arusha-Friedensabkommen beteuerte – doch nicht ein einziger Offizier in diesem Raum respektierte die Autorität der Premierministerin.

Ich wandte mich an Ndindiliyimana, der sagte, er wolle Gendarmeriewachen vor Radio Ruanda, dem Fernsprechamt, den Versorgungsanlagen und Treibstofflagern aufstellen. Das waren sensible Objekte, die geschützt werden mussten, doch bestand ich darauf, dass alle Maßnahmen im Kigali-Sektor nach den Regeln der Waffenkontrollzone koordiniert werden müssten. Ndindiliyimana stimmte zu. Für mich blieb es immer ein Rätsel, wo seine Loyalität lag. Bislang hatte ich angenommen, dass er kein Freund von Bagosora war.

Ich verlangte, dass UNAMIR erlaubt werde, den Absturzort zu sichern, damit eine einwandfreie Untersuchung des Unfalls durchgeführt werden könne. Bagosora war so rasch einverstanden, dass ich fürchtete, es gebe entweder nichts zu verbergen oder es sei bereits verborgen. Da viele der Fragen, die wir diskutieren mussten, politischer Natur waren, schlug ich vor, Booh-Booh einzubeziehen. Ich bat um ein Telefon, das man mir in einem Büro nebenan zur Verfügung stellte.

Es war um Mitternacht, und mit meinem Anruf weckte ich Booh-Booh, der sich trotz der einschneidenden Ereignisse schon schlafen gelegt hatte. Ich informierte ihn rasch über das, was bislang geschehen war. Bagosora steckte seinen Kopf zur Tür hinein und unterbrach mich, weil er wissen wollte, ob Booh-Booh ihn sofort treffen könne. Der Missionschef stimmte zu, und ich richtete Bagosora aus, dass ich ihn sofort zu ihm bringen könne. Bagosora hatte eine weitere Bitte: Würde ich an die RPF herantreten, um ihr zu sagen, dass nichts, was geschehen war oder geschehen werde, als etwas anderes interpretiert werden sollte denn als Versuch, die Ordnung wiederherzustellen?

Ich rief Henry im Nationalratsgebäude an. Er sollte die RPF auffordern, sich vollständig an das Waffenkontrollabkommen zu halten und Ruhe zu bewahren. Während ich noch mit Henry sprach, trafen die belgischen und französischen Militärberater ein und verlangten eine sofortige Untersuchung des Absturzes. Die Franzosen hätten ein Expertenteam zur Untersuchung von Flugzeugabstürzen in Bangui in der Zentralafrikanischen Republik, das innerhalb von zwölf Stunden eintreffen könne. Ich sagte ihnen, dass ich unmöglich auf ein französisches Team zurückgreifen könne: Die Franzosen galten als regierungsfreundlich, eine Untersuchung von ihrer Seite würde nicht als unparteiisch angesehen werden. Wir würden gewiss innerhalb von 24 Stunden ein Team entweder von den NATO-Truppen in Europa oder von den Amerikanern in Somalia bekommen können. Sie machten sich leicht vergrätzt davon.

Luc traf ein, als Robert und ich zusammen mit Bagosora und Rwabalinda zu Booh-Booh aufbrechen wollten. Ich wies Brent an, zurückzubleiben, um am Telefon erreichbar zu sein und Verbindung zum

Truppenhauptquartier zu halten. Luc sagte mir, dass in der Innenstadt Barrikaden errichtet würden, besetzt von Präsidentengardisten, doch die Straßen seien ruhig. Seine Leute versuchten, sich um die Sicherheit unseres gesamten Personals im Kigali-Sektor zu kümmern. Er hatte eine belgische Abteilung losgeschickt, um den Absturzort zu sichern, aber die Präsidentengarde am Flughafen hatte sich geweigert, sie durchzulassen, sodass sie nichts ausrichten konnten. Ich wies Luc an, mit Ndindiliyimana Kontakt aufzunehmen, um die Einzelheiten der gemeinsamen Patrouillen und Wachen vor wichtigen Einrichtungen zu klären, während ich das Krisenkomitee drängte, die Präsidentengarde zurück in die Kasernen zu schicken – wir wollten unsere eigenen Truppenbewegungen minimieren, um Konfrontationen zu vermeiden, und die Ruhe in der Stadt auf dem Verhandlungsweg wiederherstellen.

Wir fuhren nun los, Robert am Steuer, Bagosora und Rwabalinda totenstill auf dem Rücksitz. Wir nahmen den kürzesten Weg durch leere Straßen zum Haus des Missionschefs und kamen problemlos durch, bis wir auf zwei Straßensperren der Präsidentengarde an der Hauptzugangsstraße zu ihrer Kaserne stießen – eine offene Verletzung der Waffenkontrollzone. Ein paar Autos wurden angehalten, einige Zivilisten befragt; im Licht einer Straßenlaterne sahen wir einen Mann im Gras liegen, die Hände hinter dem Kopf verschränkt.

Ich bat unsere Mitfahrer auf dem Rücksitz, herauszufinden, was diese Soldaten taten, und sie aufzufordern, uns durchzulassen. An der zweiten Straßensperre kurbelte Bagosora sein Fenster herunter und schnauzte den Soldaten der Präsidentengarde auf Kinyarwanda an. Der Stabsgefreite war über diesen Autoinsassen, der ihm Befehle zurief, sichtlich überrascht und nahm Haltung an. So sehr er auch das Gegenteil behaupten mochte, Bagosora hatte eindeutig einige Macht über die Präsidentengarde. Wir wurden durchgewunken.

Im Hauptquartier der Regierungstruppen setzten Brent und Luc unterdessen weitere Teile des Puzzles zusammen. Brent bemerkte, dass Soldaten auf dem Hof Befehle erhielten und gepanzerte Fahrzeuge abfuhren – eine weitere offene Verletzungen der Waffenkontrollzone. Jeder Soldat trug ein RF4-Sturmgewehr, eine Waffe, die Brent bei der ruandischen Armee nie zuvor gesehen hatte. Die Gewehre waren brandneu, an einigen Läufen klebte noch das Schmierfett der Verpackung. Luc sprach einen Offizier mittleren Rangs an, um gegen die Verletzung der Waffenkontrollzone zu protestieren, wurde aber ignoriert.

In Booh-Boohs Residenz waren alle Lichter innen und außen erleuchtet, aber niemand stand davor. Nachdem wir an das Tor geklopft hatten, öffneten die UNAMIR-Wachen, und wir gingen in den ummauerten Hof, wo wir Booh-Boohs Leibwächter trafen und hineinbegleitet wurden. Der Missionschef hielt sich noch in seinem Schlafzimmer auf, wir mussten ein paar Minuten warten, bevor er herunterkam, um uns zu begrüßen. Er führte uns in einen großen Raum am Hauptflur und nahm seinen Platz am Kopf eines Sofarechtecks ein. Bagosora setzte sich am weitesten von Booh-Booh weg und wirkte winzig auf der großen Polsterfläche. Er gab eine überzeugende Vorstellung ab, als er die Situation des Landes schilderte und um mehr Unterstützung von UNAMIR bat, um ein paar über die Stränge schlagende Einheiten in den Griff zu bekommen, die dem Präsidenten nahe stünden und verständlicherweise fassungslos über den Verlust ihres Beschützers seien. Aber seine Augen straften seine beruhigenden Worte Lügen. Booh-Booh hörte ihn bis zu Ende an und wiederholte dann, dass Premierministerin Agathe der legitime Kopf der Regierung sei und in allen Fragen konsultiert werden müsse. Sie sei diejenige, die der Armee Befehle erteilten könne, nicht das Krisenkomitee. Bagosora protestierte, und in aller Höflichkeit erörterten er und Booh-Booh noch eine Weile lang das Problem.

Dann ging Booh-Booh abrupt nach oben, und obwohl er uns nicht ausdrücklich darum gebeten hatte, wussten wir, dass wir warten sollten. Eine Viertelstunde später kehrte er zurück und sagte uns, dass er sich mit gewissen Diplomaten beraten habe und es um neun Uhr ein Treffen in der amerikanischen Botschaft geben würde. Bagosora war eingeladen und akzeptierte sofort. Mit starrem Blick sagte ihm Booh-Booh, dass diese Einladung keine Anerkennung der Legitimität des Krisenkomitees sei. Die Sitzung war vorbei.

Als uns Booh-Booh zum Wagen brachte, schickte ich die anderen voraus und bat ihn um ein kurzes Wort unter vier Augen. Er billigte meinen Plan für gemeinsame Patrouillen und Wachen mit der Gendarmerie vor gefährdeten Einrichtungen und den Häusern wichtiger Persönlichkeiten. Auch er hatte Anrufe von Madame Agathe erhalten, die sich immer noch nicht aus ihrem Haus herauswagte. Es gab keine Nachrichten über den Aufenthaltsort der MRND-Minister. Die Premierministerin plante weiterhin, am kommenden Morgen, wo die meisten Ruander in dieser vom Radio geprägten Kultur zuhörten, im Staatssender eine Rede an die Nation zu halten. Diese Rede war unsere größte Hoffnung auf eine Stabilisierung der Lage. Ich sagte Booh-Booh, ich würde eine Eskorte zu Madame Agathe schicken, um sie sicher zu Radio Ruanda zu bringen. Auch Booh-Booh bat für den Morgen um eine Eskorte, um zur amerikanischen Botschaft zu fahren.

Bagosora wurde kindisch ungeduldig, seufzte demonstrativ laut und schlug wiederholt die Tür unseres Autos zu. Ich verließ daher den Missionschef, und wir fuhren zurück zum Hauptquartier der Regierungstruppen. Es gab keine neuen Straßensperren oder Barrikaden. Es war so völlig ruhig, dass ich mich an die Minuten vor einem Angriff bei einem militärischen Manöver erinnert fühlte, wenn alle Nerven vibrieren und nichts mehr verändert werden kann. Man ist festgelegt, sitzt da mit gespannten Muskeln und späht mit angestrengtem Blick in die Dunkelheit. Der Mund ist trocken und die Finger umklammern die Waffe so fest, dass die Hände kalt zu werden beginnen, man kann nicht atmen und jedes Geräusch klingt wie eine Detonation. Ich wusste, dass das ganze Land explodieren konnte.

Es war zwei Uhr nachts, als wir zurück zum Hauptquartier der Armee kamen. Weniger Soldaten gingen umher, aber die Verteidigungspositionen waren alle besetzt und in voller Alarmbereitschaft. Luc hatte mit Ndindiliyimana einen umfassenden Plan für gemeinsame Patrouillen erstellt. Das Problem war, dass dafür belgische Soldaten bei Nacht durch die Stadt bewegt werden mussten, was, wie ich wusste, als Provokation angesehen würde. Ich bat ihn, darauf zu verzichten, da dies das Letzte war, was wir brauchten. Ich wies ihn außerdem an, eine Eskorte zum Haus von Madame Agathe zu schicken.

Brent und ich mussten zu unserem Hauptquartier zurück, um New York Bericht zu erstatten und Anweisungen entgegenzunehmen. Die Fahrt durch die Stadt verlief ereignislos, um drei Uhr waren wir zurück. Ich bat Brent, unseren schriftlichen Bericht an das DPKO abzufassen und sich dann mit Oberst Moen und Oberstleutnant Ballis, dem leitenden Einsatzoffizier und seinem Stellvertreter, zu treffen, die ihr Quartier im Meridien gemeinsam mit ein paar anderen Offizieren verlassen hatten und über Nebenstraßen auf dem Weg zu uns waren. Moen machte mir die unangenehme Meldung, dass weniger als ein Dutzend Offiziere im Einsatz waren, drei davon die einsprachigen Offiziere vom Dienst aus Bangladesch. Er versuchte verzweifelt, das Funknetz zu mobilisieren und Lageberichte von allen sechs unserer Einsatzsektoren zu erhalten, einschließlich UNOMUR in Uganda.

Henry war den Spießrutenweg zurück vom Nationalratsgebäude gefahren und hatte Glück gehabt, es durch ein kurzes Feuergefecht zwischen RPF und Präsidentengarde zu schaffen. Er betonte, dass die RPF nur auf die Provokation reagiert habe. Die wöchentliche belgische Herkules mit aus dem Urlaub zurückkommenden Soldaten – darunter viele wichtige Stabsoffiziere und mein Fahrer – war nach Nairobi umgeleitet worden. Die Herkules hatte vor dem Präsidenten landen sollen, war jedoch in die Warteschleife geschickt worden, um der Maschine des Staatsoberhauptes Vorrang zu geben. Die Fluglotsen hatten den Flughafen auf Anordnung der Präsidentengarde sofort nach dem Absturz geschlossen. Vorläufig waren wir von der Welt abgeschnitten. Der belgische Trupp am Flughafen wurde von der Präsidentengarde in Schach gehalten; Verhandlungen waren im Gange, um die Spannung abzubauen.

Gemäßigte Führer, gewöhnliche Ruander und nervöse zivile UN-Mitarbeiter riefen weiter an, um Informationen zu erbitten oder Schutz anzufordern. Es gab aber nur eine begrenzte Anzahl von Soldaten, die losgeschickt werden konnten, und jeder stationäre Wachposten war ein Mann weniger, den wir auf Patrouille schicken oder für einen Notfall bereithalten konnten. Wir baten die Anrufer, das Haus nicht zu verlassen oder sich zu verstecken.

Ich rief schließlich über Satellitentelefon in New York an. Es war keine sichere Leitung, aber es war das einzige Mittel, das ich hatte. Maurice Baril war im Urlaub. (Später fand ich heraus, dass genau zu der Zeit, als die Präsidentenmaschine in Kigali abstürzte, Maurice und seine Frau zu Besuch im Wohnzimmer unseres Hauses in Quebec saßen, um meiner Frau zu versichern, dass es mir gut gehe.) Ich erstattete Iqbal Riza Bericht. Als das erledigt war, sagte er: »UNAMIR darf nicht, wiederhole, darf nicht schießen, falls sie nicht beschossen wird.« Ich erinnerte ihn daran, dass es uns unsere Einsatzregeln erlaubten, notfalls auch tödliche Gewalt anzuwenden, um Verbrechen gegen die Menschheit zu verhindern. Aber er wiederholte, dass UNAMIR nicht feuern dürfe, solange kein Missionspersonal beschossen würde – wir sollten verhandeln und, vor allem, Konflikte vermeiden. Er sei sich der Krise, in der wir steckten, völlig bewusst, wir sollten aber keinen Zwischenfall provozieren, der sich ausnutzen ließe. Er ließ sich nicht überzeugen. Ich sagte ihm, dass ein schriftlicher Lagebericht auf dem Weg sei, dann legte ich auf.

Brent hatte Roberts Notizbuch mit Kontakten und Adressen auf dem Tisch des belgischen Militärberaters vergessen. Er und Robert fuhren zurück zum Hauptquartier der Regierungstruppen, um es zu holen. Sie stießen auf eine Straßensperre der Armee, auf eine Gruppe wütender, betrunkener Soldaten mit einem Panzerfahrzeug als Rückendeckung. Brent stieg aus dem Wagen und sprach mit ihnen, um durchgelassen zu werden, aber als die Soldaten ihre Waffen auf ihn richteten, auch die Kanone des Panzers, zog er es vor, sich wieder ins Auto zu setzen und in unser Hauptquartier zurückzukehren. Als Brent mir berichtete, was geschehen war, versuchte ich, Bagosora anzurufen. Aber er war weder in seinem Büro im Verteidigungsministerium noch im Armeehauptquartier noch zu Hause. So viel zu dem Versprechen, in Kontakt zu bleiben. Wir konnten keines der Mitglieder des so genannten Krisenkomitees auftreiben.

Oberst Moen versuchte, das Chaos der Funknetze zu ordnen, die nie richtig funktioniert hatten, ganz abgesehen davon, dass sie nicht sicher waren. Die Verbindung zu unseren zahlreichen Außenposten, auch zum Kigali-Sektor, lief nur notdürftig über Motorola-Handfunkgeräte; es fehlte an Relaisstationen, um die Reichweite zu erhöhen. Die einzelnen Kontingente hatten ihre eigenen Funkgeräte mitgebracht, während die UNO-Standardausrüstung die unsicheren Motorolas waren. Der Kigali-Sektor sprach mit dem belgischen Bataillon über die Hochfrequenzfunkgeräte der belgischen Armee, die mit unseren Motorolas nicht kompatibel waren. Die Kommandoposten der Einheiten aus Belgien, Ghana und Bangladesch sprachen mit ihren verschiedenen Untereinheiten, Patrouillen und Außenposten wie zum Beispiel den Wachposten vor den Häusern wichtiger Persönlichkeiten ebenfalls mit inkompatiblen Funkgeräten über unterschiedliche Frequenzen. Jede wichtige Nachricht an die Mission oder mich konnte vier verschiedene unsichere Funknetze durchlaufen und von Funkern weitergegeben werden, die sehr unterschiedliche Sprachen, Akzente und technische Fähigkeiten hatten. Für den Moment konnte Moen nicht mehr tun, als mit den wenigen Sektorkommandeuren in Kontakt zu bleiben, die zu uns durchkamen.

Premierministerin Agathe rief wegen der Radioansprache an. Wir erreichten den Direktor des Senders, den ich verständigte, dass ich die Premierministerin in einer Stunde zu ihm bringen werde. Er müsse mich zurückrufen, sagte er, meldete sich ein paar Minuten später und erklärte, er würde der Premierministerin nur dann Sendezeit geben, wenn UNAMIR ihm und seiner Familie Schutz garantieren könne. Ich erwiderte, ich würde herausfinden, was verfügbar sei, und ihn meinerseits zurückrufen. Als ich ihn zehn Minuten später wieder anrief, erklärte er, es gebe nichts, was er tun könne. Die Präsidentengarde sei eingetroffen, blockiere die Eingänge des Senders und ließe niemanden hinein oder heraus. Ich fragte ihn, ob Madame Agathe von ihrem Haus aus telefonisch auf Sendung gehen könne. Mit einem nervösen Flüstern erwiderte er, dass er nichts mehr tun könne, und hängte auf.

Ich rief Madame Agathe an, um ihr zu sagen, dass die Ansprache abgesagt sei, und drängte sie, in ihrem ummauerten Anwesen zu bleiben, beschützt von den zusätzlichen belgischen Soldaten. Sie stimmte zu. Ich zählte die Männer, die sie beschützen sollten: die ursprünglichen fünf ghanaischen Wachen, mehrere Gendarmen, die ihr persönlich ergeben waren, und wen immer Luc geschickt hatte, um sie zu verstärken und die Premierministerin zu eskortieren. Es mochten nun bis zu 20 gut bewaffnete Männer bei ihr sein. Sie hatte so viel Schutz, wie wir ihr nur geben konnten.

In jener Nacht gab es keinen Schlaf. Als die Sonne über den Bergen aufging, schwoll die Zahl der Anrufer, die um Hilfe und Schutz baten, dramatisch an. Brent nahm diese Gespräche die folgenden zwölf Stunden ohne Unterbrechung entgegen, manchmal bis zu 100 in der Stunde. Moustache (Deckname), der französische Sicherheitsoffizier am Sitz des UNDP, rief an, um uns zu sagen, dass eine »wichtige Persönlichkeit« bei ihnen Zuflucht gesucht habe, wollte über Funk aber nicht deren Namen preisgeben. Brent gab die Nachricht an den Kigali-Sektor weiter, der zwei Panzerfahrzeuge der Bangladescher zum UNDP schickte.

Wir erhielten immer beunruhigendere Anrufe. Verstörte Menschen berichteten uns, dass Elemente der Präsidentengarde, der Armee, der Gendarmerie und der Interahamwe mit Namenslisten von Haus zu Haus gingen. Schüsse und Schreie waren gehört worden. Es war erschreckend und unwirklich, mit jemandem zu sprechen – manchmal mit jemandem, den man persönlich kannte – und ihm lediglich versichern zu können, dass Hilfe auf dem Weg sei, um gleich darauf Schreie, Schüsse und das Schweigen einer toten Leitung zu hören. Geschockt hängte man auf, dann klingelte das Telefon wieder und die ganze Abfolge wiederholte sich. Ob die versprochene Hilfe auch tatsächlich eintraf, hing davon ab, ob der Kigali-Sektor die Nachricht überhaupt erhielt und eine Patrouille losschicken konnte und ob die dann nicht von einer Straßensperre aufgehalten wurde.

Die Informationen, die uns erreichten, waren bruchstückhaft, unvollständig und schwer zu überprüfen, und durch die schlechte Funkdisziplin wurde alles noch viel unübersichtlicher. Alle UN-Zivilisten und Militärangehörigen riefen gleichzeitig bei uns an und alle bestürmten uns auf Englisch, was alle nur als zweite, dritte oder vierte Sprache beherrschten.* Von den 2.538 Militärangehörigen von UNAMIR, die am 7. April vor Ort waren, sprach nur Brent Englisch als Muttersprache. Panik brach aus, und nur die direkte Intervention hoher Offiziere hielt ein Mindestmaß an Disziplin in den Funknetzen aufrecht. Immer mehr Benutzer verloren die Fassung, brüllten noch lauter und wurden unverständlich; immer weniger Meldungen kamen durch. Selbst die entscheidendsten Nachrichten mussten viele Male wiederholt werden, wenn ein Bangladescher sie in gebrochenem Englisch über einen Uruguayer weitergab, der sie selbst an einen Ghanaer übermittelte, welcher sie seinerseits an einen flämischsprachigen Belgier funkte.

Am frühen Morgen erreichte mich ein Hilferuf von Helen Pinsky, meiner Landsmännin, der Frau des liberalen Parteiführers Landoald Ndasingwa. Ich bat sie, im Schutz ihrer Wache zu Hause zu bleiben, bis wir es arrangieren könnten, ihre Familie in unser Hauptquartier zu bringen. Vor oder in ihrem Haus hielten sich immer fünf UNAMIR-Soldaten und mindestens zwei Gendarmen auf, die der Familie Ndasingwa treu ergeben waren. Ich glaubte, dass sie dort sicherer sei, als wenn sie allein aufbräche. Helen hatte große Angst um ihren Mann und ihre beiden Kinder; sie hatte gehört, dass einige ihrer Freunde, ebenfalls gemäßigte Politiker, in ihren Häusern angegriffen worden waren. Ich versicherte ihr, dass wir so schnell wie möglich zu ihr kommen würden, und Brent leitete auch sofort die Nachricht an den Kigali-Sektor weiter. Noch während ich ihr das ausrichtete, unterbrach sie mich und sagte, sie höre Leute auf der Straße vor ihrem Haus. Ihre Stimme wurde unbeschreiblich ruhig, als hätte sie nun keine andere Wahl mehr, als sich in ihr Schicksal zu fügen, dann legte sie auf.

* Obwohl wir uns in einem frankophonen Land befanden, war Englisch die Missionssprache. Das ist bei UN-Missionen so üblich, wenngleich es auch einige Ausnahmen gegeben hat (in der Westsahara hatte sich die Mission auf Französisch, in Zentralamerika auf Spanisch verständigt). In meinem technischen Bericht hatte ich nachdrücklich Französisch empfohlen. Das DPKO lehnte ab, mit der Begründung, dass wir nicht genug französischsprachiges Personal finden würden, um die Mission zu besetzen. Ich bereue heute, nicht auf Französisch bestanden zu haben.

Ich fand am nächsten Tag heraus, dass ihr Ehemann daraufhin Luc Marchal angerufen hatte und dass noch während dieses Telefonats die Präsidentengarde eingetroffen war, unsere Wachen überwältigt und die ganze Familie getötet hatte. Helen, wie so viele andere, hatte darauf vertraut, dass UNAMIR sie beschützen würde. Luc war am Telefon Zeuge ihrer Ermordung geworden.

Ich ertrage bis heute den Gedanken nicht, wie vielen Ruandern, die dann abgeschlachtet wurden, wir an jenem Tag versicherten, dass Hilfe unterwegs sei. In nur wenigen Stunden hatte die Präsidentengarde eine offensichtlich gut organisierte Operation durchgeführt: Bis zum Mittag des 7. April waren die gemäßigten politischen Führer Ruandas tot, sofern sie sich nicht verstecken konnten. Die Aussicht auf eine künftige moderate Regierung war damit vollständig dahin.

*

Die Führung von Armee und Gendarmerie hielt an diesem Morgen eine Sitzung ab, nur wusste ich nicht wo. Ich musste sie finden und bat Major Peter Maggen, den höchsten Offizier vom Dienst, Robert und mich zu begleiten, um Notizen zu machen, da er zu dieser Zeit der einzige verfügbare Offizier im Truppenhauptquartier war, der fließend französisch sprach. Als er hörte, was vor sich ging, hatte sich Maggen – ein schmächtiger, reservierter belgischer Offizier der Luftabwehrartillerie – allein durch die gefährlichen Straßen von Kigali zu unserem Hauptquartier aufgemacht. Wenn nur die dem Präsidenten nahe stehenden Einheiten meuterten, so meine Überlegung, warum sollte meine Truppe dann nicht gemeinsam mit der Gendarmerie eingreifen und den Aufstand im Keim ersticken? Wenn es sich hingegen um einen von Bagosora geführten Putsch der Hardliner handelte, der auf die Beseitigung des Arusha-Abkommens zielte, hatte ich kein Mandat mehr. Zweifellos würde dann ein neuer Bürgerkrieg ausbrechen.

Booh-Booh rief an, um sich zu beklagen, dass der gepanzerte Truppentransporter noch nicht eingetroffen sei, der ihn zu seiner Unterredung in die Residenz des amerikanischen Botschafters bringen sollte. Ich sicherte ihm zu, mich selbst darum zu kümmern, und schickte eine Anfrage über unser wackeliges Funknetz. Zehn Minuten später rief er erneut an. Das Panzerfahrzeug sei immer noch nicht eingetroffen, er würde das Treffen verpassen. Er war wütend.

Vor unserem Aufbruch rief ich noch Riza in New York an. Wir wüssten nun, dass Gemäßigte, Leute unter dem Schutz von UNAMIR, angegriffen worden seien – aber Gott allein wisse, was mit unseren Wachen geschehen sei. Es sei schwierig, durch die Straßensperren zu kommen, bald hätten wir keine andere Wahl mehr, als Gewalt anzuwenden. Wieder instruierte mich Riza, erst im Fall einer akuten eigenen Bedrohung zu feuern. (Ich zitiere aus dem Lagebericht, der später an jenem Tag nach New York ging: »Der Truppenkommandeur besprach die Einsatzregeln mit Herrn Riza; bestätigt wurde dabei die Einsatzregel, dass UNAMIR nicht schießen solle, sofern die Mission nicht beschossen würde.«)

Um etwa 9.30 Uhr rief der Missionschef abermals an, um mitzuteilen, dass die Unterredung abgesagt worden sei, weil die Botschafter nicht sicher dorthin eskortiert werden könnten. Es war eine verlorene Chance, Bagosora doch noch umzustimmen. Ich musste so schnell wie möglich zur Sitzung der militärischen Führung.

Um zehn Uhr setzte ich mich mit einigen Offizieren zusammen, die es zu unserem Hauptquartier geschafft hatten. Die Situation an der Absturzstelle war unverändert; ein Zug belgischer Soldaten am Hauptterminal des Flughafens wurde weiterhin in Schach gehalten, aber sie hatten noch ihre Waffen. Es war fast unmöglich, durch die Stadt zu kommen; wir hatten weder die Befugnis noch die Feuerkraft, den Weg durch die Straßensperren gewaltsam zu erzwingen. Unsere Patrouillen konnten wenig mehr tun, als alternative Routen zu finden, die unweigerlich zu anderen Straßensperren führten. Die Situation außerhalb Kigalis war relativ ruhig.

Ich bat Henry, die übrigen Mitarbeiter auf jede mögliche Weise aufzutreiben und Ordnung in das Chaos des Einsatzzentrums zu bringen, verkündete sodann die Neuigkeit über Rizas neuerliche Einschränkung unserer Einsatzregeln und betonte, dass wir jeden Zwischenfall vermeiden müssten, den die Extremisten ausnutzen könnten, um die Armee, die Gendarmerie, die Milizen und möglicherweise auch die Bevölkerung gegen uns aufzubringen. Ich ordnete an, die Änderung der Einsatzregeln die Kommandokette hinunter an alle Sektoren weiterzugeben. Ich schickte Oberstleutnant Ballis zum Nationalratsgebäude und bat ihn, dort bei der RPF zu bleiben, die bislang die Waffenkontrollzone respektierte. Er sollte ihren Kommandeuren versichern, dass ich mit dem Krisenkomitee in Kontakt stehe und so lange bei Bagosora zu bleiben beabsichtige, wie es dauere, um die Lage in den Griff zu bekommen. Was ich nun am allerwenigsten gebrauchen konnte, war ein Ausbruch der RPF aus dem Nationalratskomplex. Der Waffenstillstand und der gesamte Friedensprozess hingen an einem seidenen Faden. Brent sollte den schriftlichen Bericht an New York fertig stellen, ihn aber nicht vor meiner Rückkehr abschicken. Er sollte außerdem mein Telefon beantworten, die Verbindung zum DPKO aufrechterhalten und, soweit erforderlich, Nachrichten an mich oder Henry weiterleiten.

Endlich konnten Robert, Major Maggen und ich aufbrechen, um den Ort zu suchen, an dem sich die Spitzen von Armee und Gendarmerie versammelt hatten. Wir hatten neben dem Funkgerät des Fahrzeugs ein Motorola-Handfunkgerät bei uns. Robert trug als einziger eine Waffe, eine Pistole. Maggen saß am Steuer, Robert auf dem Rücksitz, ich vorne auf dem Beifahrersitz mit dem Ohr dicht am Funkgerät. Sporadisch flackerte in der Stadt Gewehrfeuer auf, aber die Hauptstraßen waren noch leer, bis auf gelegentliche Fahrzeuge der Präsidentengarde. Wir mussten einen langen Umweg in den Südwesten der Stadt fahren, um die Feuergefechte zu umgehen, die erneut zwischen RPF und Präsidentengarde um das Nationalratsgebäude ausgebrochen waren. Ich hoffte, dass Ballis durchgekommen war. Als wir uns dem Stadtzentrum näherten, sahen wir Leute auf der Straße und in den Hauseingängen; an Straßensperren sammelten sich Pulks von Menschen. Interahamwe-Milizen in ihren markanten, pluderigen, clownartigen Anzügen und gewöhnliche Zivilisten hielten, bewaffnet mit Macheten, die Straßensperren besetzt. Einige von ihnen hatten Feuerwaffen. Halb in Armeeuniformen gekleidete Jugendliche beschimpften uns, als wir vorbeifuhren.

In der Nähe des Hôtel des Mille Collines im Zentrum von Kigali trafen wir auf zwei gepanzerte Fahrzeuge der Bangladescher, die von einer Straßensperre der Präsidentengarde aufgehalten wurden. Ein Spähpanzer französischer Bauart richtete seine 76-Millimeter-Kanone auf sie. Als ich ausstieg, steckte der Leutnant aus Bangladesch seinen Kopf aus dem Geschützturm. Ihm und seinen Männern sei sehr unbehaglich, rief er mir zu. Sie waren nicht in der Lage gewesen, zum Gebäude des UNDP zu fahren, um die dort gestrandeten Ruander abzuholen. Ich wies ihn an, zu bleiben, wo er war, bis ich die Panzerfahrzeuge durch die Sperre bekäme. Ich ging zu dem Stabsgefreiten, der die Straßensperre befehligte, und forderte ihn auf, meine Panzerwagen passieren zu lassen. Er weigerte sich. Er habe den Befehl, niemand, besonders nicht UNAMIR, ins Stadtzentrum durchzulassen, und würde das Feuer eröffnen, falls wir einen Durchbruch versuchten.

Ich hätte am liebsten seine Sperre platt gewalzt, erinnerte mich aber an Rizas Anweisung. Ich drehte mich auf dem Absatz um, sondierte die Lage um mich herum und bemerkte, dass die Kanone des Geschützturms und das mittelschwere Maschinengewehr des Panzers nun auf mich gerichtet waren. Ich ging zu meinem Auto zurück und wies den Leutnant aus Bangladesch an, die Panzerfahrzeuge dort zu lassen, bis ich ihre Weiterfahrt befähle. Das bewirkte wenig, um die Angst aus seinem Gesicht zu vertreiben. Die fünf fahrtüchtigen Panzerfahrzeuge waren unser massivstes Aufgebot, und wenn schon sie nicht durch eine Straßensperre kamen, würde es auch sonst nichts und niemand von uns schaffen. Ich musste Bagosora oder Ndindiliyimana dazu bringen, die Straßensperren zu öffnen.

Ich beschloss, zusammen mit Maggen zu Fuß weiterzugehen. Robert sollte mit dem Wagen umkehren und versuchen, an einer anderen Straßensperre westlich von uns durchzukommen und dann wieder zu uns zu stoßen. Wir gingen auf die Straßensperre zu. Als wir sie passierten, brüllte uns der Stabsgefreite an und erteilte dann einen Befehl auf Kinyarwanda, dem das Spanngeräusch von Waffen folgte. Ich verständigte mich mit Maggen, einfach weiterzugehen. Weitere Befehle wurden gebrüllt, aber es knallten keine Schüsse.

Wir mussten nun einen halben Kilometer durch das verlassene Regierungs- und Geschäftsviertel laufen. Aus dem Nordwesten der Stadt hörte man vereinzelte Schüsse aus Kleinwaffen, aber hier gab es keinerlei Lebenszeichen, als seien alle Leute geflohen oder hätten sich versteckt. Die Präsidentengarde hatte ganze Arbeit geleistet und das relativ kleine Stadtzentrum vollständig abgeriegelt, aber wer gab die Befehle? Warum wirkte der Rest der Stadt, als sei Anarchie ausgebrochen, während die Gendarmerie offenbar die Hände in den Schoß gelegt hatte?

Wir erreichten das Bürogebäude des UNDP. Es stand vollkommen leer. Die wichtige, uns unbekannte Persönlichkeit, die Moustache zufolge hier Zuflucht gesucht hatte, war ebenfalls nicht da – allen Anzeichen nach war den ganzen Vormittag über hier keine Menschenseele gewesen. Wir kehrten zum Boulevard de la Révolution zurück und liefen mit raschen Schritten weiter. Die einzigen Geräusche waren Vogelgezwitscher, das Echo unserer Schritte auf dem Pflaster und das Pochen unserer Herzen. Maggen und ich schwiegen, beide tief in Gedanken versunken. Ich fragte mich, ob ich trotz Rizas Befehl nicht doch Gewalt einsetzen sollte. Angesichts unserer knappen Ressourcen

war es mir unmöglich, uns auf wundersame Weise in eine Interventionstruppe zu verwandeln, aber wie weit könnten wir gehen? Ich hatte immer noch ein Mandat – die RPF hielt sich noch immer an die Regeln, und wir hatten es nur mit verbrecherischen Einheiten der Regierungsarmee zu tun. Der Schlüssel zur Wiederherstellung der Sicherheit war Bagosora. Er trug die Verantwortung. Er und Ndindiliyimana mussten mir beweisen, dass dies kein Staatsstreich war.
Das Verteidigungsministerium lag nur etwa 100 Meter vom UNDP-Gebäude entfernt und wurde von einigen Gendarmen und einem Zug von etwa 40 Mann bewacht, die meisten von ihnen Armeesoldaten ohne Regimentsabzeichen. Ich fragte den wachhabenden Leutnant – der klar gemacht hatte, dass er nicht gewillt war, uns hineinzulassen –, wo sich Oberst Bagosora aufhalte. Er erwiderte bloß, dass er nicht da sei. Ich wandte mich um und ging mit Maggen weiter die Straße hinunter, auf das etwa 400 Meter entfernte Eingangstor des Armeehauptquartiers in der Kigali-Garnison zu. Während wir noch am Gelände des Verteidigungsministeriums entlangliefen, rief uns ein Major von der Mauer herab zu. Er halte es nicht für klug, dass wir zu Fuß weitergingen – er würde uns den Rest des Weges fahren. Ich erwiderte, er solle sich keine Sorgen machen, aber er kam schon zu uns gerannt, gefolgt von einem kleinen Armeeauto. Da er darauf bestand, stiegen wir ein. Ich sagte ihm, dass wir unbedingt Bagosora und Ndindiliyimana finden müssten.

Das Armeehauptquartier lag gleich hinter dem Tor der Kigali-Garnison. Als wir ankamen, war alles immer noch in voller Gefechtsbereitschaft. Alle Unterstände waren besetzt, mittelschwere Maschinengewehre deckten den Eingang. Mehrere Reihen von Krähenfüßen waren ausgelegt, um Radfahrzeuge an der Durchfahrt zu hindern. Etwa 20 Meter innerhalb des Geländes befand sich ein großer Gefechtsunterstand, von dem aus der gerade Boulevard der Länge nach beschossen werden konnte. Ein gepanzertes Fahrzeug parkte halb verdeckt vor dem Eingang, seine Kanone zielte die Straße hinunter. Mehrere Soldaten und einige Präsidentengardisten bewachten die Tore. Der Major sprang aus dem Auto und ging auf die Wachen zu. Nach ein paar Minuten kam er zurück und sagte uns, die Sitzung würde in der École Supérieure Militaire abgehalten.

Wir kehrten um und fuhren, vorbei am zweiten Tor der Kigali-Garnison, nach Süden die Avenue de l'Hôspital entlang zum Eingang der Militärakademie. Durch dieses zweite Tor der Garnison erhaschte ich im Vorüberfahren einen Blick auf zwei Soldaten am jenseitigen Ende des Geländes – allem Anschein nach Belgier. Das war ein brutaler Schock. Wie waren sie gefangen genommen worden? Ich befahl dem Major, den Wagen anzuhalten, doch stattdessen bog er in hohem Tempo um die Ecke und fuhr direkt auf den Parkplatz der Akademie. Diese wenigen Augenblicke, in denen wir uns weiter und weiter vom zweiten Tor entfernten, kamen mir endlos vor. Als er den Wagen gestoppt hatte, sagte mir der Major mit Nachdruck, dass ich die Kigali-Garnison keinesfalls hätte betreten können. Die Truppe im Lager, vor allem die dort stationierte Präsidentengarde, sei außer Kontrolle.

Maggen und ich stiegen aus. Voll bewaffnete Soldaten und Gendarmen in stattlicher Anzahl, einige mit Patronengürteln um die Brust, schützten sich im Schatten mehrerer großer Bäume vor der Mittagssonne. Alle Gespräche unter ihnen verstummten abrupt, als sie uns erblickten. Plötzlich löste sich einer unserer Militärbeobachter, Hauptmann Apedo Kodjo aus Togo, aus der Menge der Soldaten, die ihn umringt hatten, und kam zu mir herüber. Ängstlich zeigte er auf fünf ghanaische UNAMIR-Soldaten, die ein paar Meter weiter weg festgehalten wurden. Sie seien gerade aus der Kigali-Garnison hierher gebracht worden, wo noch immer eine Gruppe belgischer Soldaten gefangen gehalten werde. Diese Belgier, sagte er, würden misshandelt – er benutzte das Wort *tabasser*, was »schlagen« oder »prügeln« bedeutet. Ich blickte zu den Ghanaern hinüber, die hätten bewaffnet sein sollen, aber keine Waffen trugen. Sie winkten nervös. Ein Murmeln erhob sich unter den ruandischen Regierungssoldaten, aber keiner von ihnen bewegte sich von seiner Position.

Ich wies Hauptmann Kodjo an, an Ort und Stelle zu bleiben und auf meine Rückkehr zu warten. Seine Augen weiteten sich bei diesem Befehl angstvoll, aber er gehorchte. Nach meinem Urteil waren die Ghanaer und mein Militärbeobachter vorläufig sicher, daher eilte ich weiter jenem Schauplatz entgegen, auf dem Bagosora, wie ich annahm, Hof hielt.

Ich kam in einen kleinen, völlig dunklen Vorraum. Als ich die schweren Vorhänge an seiner anderen Seite aufriss, platzte ich in einen hell erleuchteten Raum voller Uniformträger. Ich konnte den Schock und die Überraschung auf Bagosoras Gesicht sehen. Wie es schien, hatte ich ihn mitten in einer Rede unterbrochen, als er gerade emphatisch seinen Arm hob. Ich ging ein paar Schritte auf das kleine Podium zu, wo er stand. Ndindiliyimana saß an einem Tisch zu seiner Linken.

Im Saal war es still, niemand regte sich. Dann kam Bagosora auf mich zu, streckte seine Hand aus und sagte, ich sei höchst willkommen und wie glücklich es sich treffe, dass ich gerade jetzt eingetroffen sei, wo die höchste Armee- und Gendarmerieführung an einem Ort versammelt sei.

Ein dritter Stuhl wurde rasch für mich auf das Podium gestellt. Ich blickte mich im Saal um und sah einige der gemäßigten hohen Offiziere, mit denen ich in der Vergangenheit mehrfach über die politische Zukunft des Landes diskutiert hatte. Insgesamt war es jedoch eine wenig freundlich gesonnene Schar. Bagosora nahm seine Rede wieder auf, verteidigte die Schaffung des Krisenkomitees und sagte, bis zwei Uhr nachmittags müsse es ein Kommuniqué herausgeben, um die Nation zu beruhigen und die Menschen zu informieren, dass man die Sicherheitslage voll im Griff habe. Bagosora erhielt Unterstützung für seinen Plan, und Oberst Marcel Gatsinzi, der höchste Oberst der Armee (ein Gemäßigter, den ich mehrmals getroffen hatte), wurde zum Vorsitzenden eines Unterausschusses ernannt, der das Kommuniqué abfassen sollte. Bagosora betonte, es komme wesentlich darauf an, der RPF verständlich zu machen, was vor sich ging, und hoffte, ich würde diese Botschaft an sie weitergeben.

Auch an diesem Punkt glaubte ich noch nicht, dass der Arusha-Friedensprozess unwiederbringlich verloren war. Allerdings bewegten wir uns angesichts der Misshandlung der belgischen Soldaten in der Kigali-Garnison und des ungeklärten Verbleibs anderer UNAMIR-Soldaten rasch auf eine Konfrontation zu. Wie konnte ich die unbewaffneten Zivilisten und das Militärpersonal schützen? Und dann gab es ja noch die anderen UN-Mitarbeiter an entlegenen Orten im ganzen Land, die ein leichtes Ziel für Vergeltungsaktionen werden konnten, wenn ich Gewalt mit Gewalt beantwortete. Außerdem gab es über ganz Ruanda verteilt ein diplomatisches Corps und eine Ausländergemeinde von etwa 5.000 Menschen, die ebenfalls höchst verletzbar waren.

Bagosora wandte sich an mich und fragte, ob ich zu den Kommandeuren sprechen wolle – ich entdeckte bei dieser Gelegenheit völlig neue Muskeln in der Magengegend, die sich krampfhaft zusammenzogen, als ich mich erhob. »Ich bedauere den Verlust Ihres Präsidenten und des Stabschefs der Armee letzte Nacht außerordentlich«, begann ich. »Mir ist klar, dass einige dem Präsidenten nahe stehende Einheiten von Trauer, Angst und Wut überwältigt sind und in den letzten zwölf Stunden schwerste Verbrechen begangen haben, die nun von Ihnen, den obersten Offizieren und Kommandeuren der Einheiten, gestoppt werden müssen. Wir von UNAMIR bleiben an Ort und Stelle. Ich werde Sie weiterhin unterstützen, um alle Verletzungen des Arusha-Abkommens zu verhindern, und Ihnen helfen, einen weiteren Bürgerkrieg mit der RPF zu vermeiden. Es ist die Pflicht der Kommandeure der Einheiten in der Waffenkontrollzone, die Kontrolle über ihre Einheiten zurückzugewinnen und sofort in ihre Garnisonen zurückzukehren, um den Regeln im Waffenkontrollsektor Genüge zu tun. Es ist entscheidend, dass Sie die Ruhe in Ihren Einheiten und unter der Bevölkerung in den Gebieten unter Ihrer Verantwortung bewahren, bis die politische Lage geklärt und die Sicherheit wiederhergestellt ist.«

Es gab vereinzelten Applaus am Ende meiner kurzen Rede. Sie hatten nun aus meinem Mund gehört, dass UNAMIR bleiben würde; die Umsetzung des Friedensabkommens war immer noch meine Mission. Ich konnte die Menschen nicht im Stich lassen, die auf die Hilfe der internationalen Gemeinschaft vertraut hatten. Ich hatte die Entscheidung, zu bleiben, im Bruchteil einer Sekunde getroffen, unmittelbar vor der folgenschwersten Rede meines Lebens. Als Folge musste ich akzeptieren, dass UNAMIR einer großen Gefahr ausgesetzt sein würde.

Ich bin für die Entscheidungen, die ich am 7. April 1994 traf, von verschiedenen Seiten heftig kritisiert worden. Ich übernehme die Verantwortung für jede dieser Entscheidungen – an jenem Tag, an den Tagen davor und an den Tagen danach. Ich übernehme die Verantwortung für meine Führung der gesamten Mission. Ich versuche, in meinem Bericht über die Ereignisse deutlich werden zu lassen, dass dies kein Tag mit einem oder zwei vereinzelten Vorfällen war, auf die ich mit Bedacht hätte reagieren können. Es war ein Tag, der sich ausnahm wie ein geschlagenes Jahr, mit Hunderten von Vorfällen und Hunderten von Entscheidungen, die in Sekundenschnelle gefällt werden mussten.

Ich kam in meiner Rede nicht auf die belgischen Soldaten zu sprechen, weil ich mit Bagosora allein über die Sache reden wollte. Ich musste erst die Auswirkungen ihrer Gefangenschaft und mutmaßlichen Misshandlungen auf die ganze Mission einschätzen und wollte mich mit der obersten Armeeführung verständigen, die, so hoffte ich, die Situation würde retten können. Es war auch diese Entscheidung, die zum Tod von zehn Soldaten unter meinem Kommando beitrug. Ich wollte durch Verhandlungen weiterkommen, da mir klar war, dass der Einsatz von Gewalt mit Sicherheit weitere Opfer gefordert hätte.

Mir stand nicht die Offensivkraft zur Verfügung, eine eingegrabene Garnison von über 1.000 Soldaten anzugreifen. Ich hielt eine Rettungsaktion für unverantwortlich. Wären wir gegen den Stützpunkt der Armee mit militärischen Mitteln vorgegangen, dann wären wir zu einem legitimen Ziel und zur dritten Kriegspartei geworden. Mein Ziel an jenem Vormittag war es, alles zu tun, was in meiner Macht stand, um eine Konfrontation zu vermeiden, die Kontrolle über die meuternden Einheiten in Kigali zurückzugewinnen und den Dialog und die Aussichten des Friedensabkommens am Leben zu halten.

Kommandeure verbringen ihre Laufbahnen damit, sich auf jenen Augenblick vorzubereiten, der sie beim Einsatz ihrer Truppe vor die Wahl stellt, entweder Verluste oder noch größere Verluste hinzunehmen. Ganz gleich, welche Entscheidung sie treffen, einige ihrer Männer werden fast sicher sterben. Meine Entscheidung, mit UNAMIR im Land zu bleiben, raubte Kindern ihre Väter, Ehefrauen ihre Ehemänner. Ich kannte den Preis meiner Entscheidung: Ich riskierte das Leben der Belgier in der Kigali-Garnison – jener Männer, denen ich nicht zuletzt dieses Buch gewidmet habe. Sie waren und bleiben Helden Ruandas.

Wir erlebten zweifellos die Ausführung jenes Komplotts, von dem uns unser Informant Jean-Pierre Monate zuvor berichtet hatte. Die Extremisten nahmen sich bewusst die belgischen Soldaten vor, um Angst zu verbreiten. Sie wussten, dass westliche Nationen nicht den Mut und nicht den Willen aufbringen, bei Friedenseinsätzen Verluste hinzunehmen. Sobald Tote zu beklagen sind, wie bei den Amerikanern in Somalia oder den Belgiern in Ruanda, rennen sie davon, ganz gleich, welche Folgen das für die im Stich gelassene Bevölkerung hat.

Ich blieb noch ein paar Minuten stehen, während Bagosora wieder die Mitte des Podiums einnahm. Ich hörte, wie er seine angebliche Erleichterung zum Ausdruck brachte, dass UNAMIR bleiben und ihnen über diese schreckliche Krise hinweghelfen würde. Als das Treffen zu Ende war, verschwand er durch die Menge der Offiziere hindurch, die aufgestanden war und nach vorne kam, um mich zu begrüßen. Eine Gruppe hoher Offiziere billigte meine Haltung ausdrücklich, darunter mein Verbindungsoffizier zur Regierungsarmee, Ephrem Rwabalinda, und der Kommandeur der Militärakademie, Oberst Gatsinzi. Da ich Bagosora nicht erblickte, stellte ich Ndindiliyimana zur Rede: Was geschah mit meinen Soldaten in der Kigali-Garnison? Er sei sich nicht sicher, erwiderte er, aber RTLM habe gemeldet, dass die Präsidentenmaschine von Belgiern abgeschossen worden sei und Soldaten und Veteranen in der Garnison randalierten. Er und die anderen bestanden darauf, es ihnen zu überlassen, die Belgier freizubekommen. Zu dieser Zeit wusste ich nicht, dass es sich um jene Soldaten handelte, die als Eskorte und Wache für Premierministerin Agathe abkommandiert worden waren. Die Offiziere baten mich, an der Ausarbeitung des Kommuniqués an die Nation teilzunehmen, während zugunsten meiner Männer interveniert werden würde, und so nahmen wir in einem Unterrichtsraum neben dem Saal Platz. Ich fragte mich, ob Gatsinzi einen Versuch unternehmen würde, die Gemäßigten zu einer Koalition zu einen. Als die Sitzung begann, schien Ndindiliyimana in eine düstere Lethargie zu versinken und an der Diskussion keinen Anteil zu nehmen. Die einzigen Männer, die weder Verdruss noch Unsicherheit an den Tag legten, waren zwei Oberstleutnants der Armee, die ich nie kennen gelernt hatte und die Gatsinzi zur Eile drängten – offensichtlich dort platzierte Hardliner, die auf alles ein Auge haben sollten. Wenn die Gemäßigten in diesem Raum tatsächlich gewillt gewesen wären, den Manipulationen von Bagosora ein Ende zu machen, hätten sie es schwer gehabt.

Mittlerweile war es Mittag geworden. Ich hatte zwar die Idee einer Rettungsaktion verworfen, aber im Geiste spielte ich verschiedene Szenarien durch. Die Einheiten der Armee, besonders die Präsidentengarde, hatten Verteidigungspositionen eingenommen, Barrikaden um den Kern der Hauptstadt errichtet und schränkten die Bewegungsfreiheit auch noch in größerer Entfernung bis hin zum Flughafen ein. Die Präsidentengarde war durch Teile des Aufklärungsbataillons und des Fallschirmjägerbataillons verstärkt worden. Sie waren gut bewaffnet, erfahren und gut ausgebildet. Die Kigali-Garnison war ein ummauertes, ausgedehntes Areal, Sitz des Aufklärungsbataillons, der Artillerieeinheit, einer Instandhaltungs- und Transporteinheit, der obersten Militärakademie, des Militärhospitals und Rehabilitierungszentrums sowie des Hauptquartiers der Armee. Das ruandische Hassradio hatte alle in diesem Komplex überzeugt, dass die Belgier ihren Präsidenten ermordet hatten.

Um irgendeine Chance zu haben, eine gut befestigte Garnison zu stürmen, hätte ich mehrere hundert Mann gebraucht, unterstützt von einer leichten Panzertruppe und Mörsern. Meine schnelle Eingreiftruppe war dafür beklagenswert ungeeignet. Ein Großteil des ghanaischen Kontingents befand sich in der demilitarisierten Zone weit im

Norden, ohne Fahrzeuge oder schwere Waffen, ganz zu schweigen von Munition. Auch sie waren verwundbar. Die Ghanaer, die wir in die Stadt verlegt hatten, waren für Schutzaufgaben überall in Kigali verteilt. Sie und die Tunesier am Nationalratsgebäude, wo sie die RPF bewachten, waren leicht bewaffnet, hatten keine Transportmittel und erfüllten bereits unverzichtbare Aufgaben. Die Belgier waren ebenfalls über die ganze Stadt verstreut. Jeder Versuch, die Garnison oder auch nur einen Teil davon einzunehmen, wäre unverantwortlich gewesen. Und auch dann, wenn wir eine Interventionstruppe zusammenbekommen und uns den Weg durch mehrere Straßensperren freigekämpft hätten, wenn wir in die Garnison eingedrungen und mit unseren Männern wieder herausgekommen wären, so hätten wir uns danach durch die ganze Stadt zurückziehen müssen, vorbei an weiteren Straßensperren, um zum Flughafen zu gelangen, da wir keinen Rückzugsort hatten, an dem wir realistischerweise den unvermeidlichen Gegenangriffen der Armee und den Bombardements ihrer 105- und 122-Millimeter-Geschütze hätten standhalten können. Ich dachte an Mogadischu, wo die Amerikaner – die größte Militärmacht der Welt – ein paar Monate zuvor die Festnahme eines somalischen Kriegsherren verpatzt und 18 Tote und über 70 Verletzte zu beklagen gehabt hatten. Von den malaysischen und pakistanischen Friedenshütern, die den amerikanischen Soldaten zu Hilfe kamen, starben 90 Mann. Und diese Truppen waren groß, gut ausgebildet und gut ausgerüstet gewesen.

Ich musste weiter Druck auf die Führer der Armee ausüben, sich selbst in die Garnison zu begeben und die Belgier herauszuholen. Die Arbeit am Kommuniqué führte zu nichts. Es waren mindestens anderthalb Stunden vergangen, seit ich meinen Wagen mit Robert an der Straßensperre zurückgelassen hatte. Ich musste weg von dort. Ich sagte der Gruppe, sie sollten Sorge tragen, unsere Verpflichtung auf das Arusha-Abkommen in das Kommuniqué aufzunehmen, entschuldigte mich und ging.

Ich rannte den Pfad zum Parkplatz hinunter. Hauptmann Kodjo und die ghanaischen Soldaten, immer noch unter Bewachung, waren erleichtert, mich zu sehen. Ich sagte ihnen, sie würden jetzt sofort auf ihre Posten zurückkehren. Ich bat einen Offizier um ein Fahrzeug, um meine Männer zurück zu unserem Hauptquartier zu bringen, und er stimmte ohne Zögern zu und stellte sogar eine kleine Eskorte bereit. Der hilfreiche Major wartete noch immer im Auto. Er fuhr mich und Maggen zum Verteidigungsministerium. Die Route, die er wählte, umging das Gelände der Kigali-Garnison. Er hatte kein Funkgerät, sodass ich ein Telefon finden musste. Als wir eintrafen, trug ich Maggen auf, Robert und unseren Wagen zu finden und zu mir zu bringen.

Das Ministerium war nahezu verlassen. Einige Wachen warfen mir neugierige Blicke zu, ließen mich aber passieren. In einem der Gebäude fragte ich einen Leutnant, ob es ein Telefon und ein Büro gebe, das ich benutzen könne. Nach einigem Zögern geleitete er mich in das Hauptgebäude, in dem Bagosoras Büro lag, und führte mich in den Raum daneben. Wo waren die Führer? Wo der Stab? Das Ministerium hätte zusammen mit dem Armeehauptquartier der Nabel der Aktivitäten sein müssen. Es gab keine Kuriere, die neueste Meldungen überbrachten, keine Stabsoffiziere oder Zivilbeamte an ihren Schreibtischen, keine klingelnden Telefone. Bis auf die neuen Wachposten und die bemannten Verteidigungsstände war die Stätte fast ausgestorben. Gab es einen alternativen Kommandoposten, und wenn ja, wer führte dort den Befehl? Der Verteidigungsminister war praktischerweise außer Reichweite, in Kamerun. Ich schickte nach dem Offizier vom Dienst und fragte ihn, wo sich denn das ganze Personal aufhalte. Das Letzte, was ich erwartete, war die Antwort, die er mir gab: Sie seien alle beim Mittagessen.

Ich rief unser Hauptquartier an und bekam Henry an den Hörer. Er hatte entsetzliche Neuigkeiten. Die von UNAMIR geschützten wichtigen Persönlichkeiten – Lando Ndasingwa, Joseph Kavaruganda und viele andere Gemäßigte – waren von der Präsidentengarde und den Milizen entführt und zusammen mit ihren Familien ermordet worden. Mindestens 35 unserer Soldaten in und um Kigali waren verschwunden oder gefangen genommen worden, viele von ihnen hatten bei den entführten ruandischen Persönlichkeiten Dienst getan. Es gab einen Politiker in unserem Hauptquartier, den Luc gerettet hatte und dessen Namen Henry am Telefon nicht nennen wollte. Bei der wichtigen Persönlichkeit im UNDP-Gebäude, von der Moustache berichtet (und die ich dort nicht angetroffen) hatte, handelte es sich, so erfuhr ich jetzt, um Premierministerin Agathe, zusammen mit ihrem Ehemann und ihren Kindern.

Henry hatte von den Belgiern gehört, die in der Kigali-Garnison in Bedrängnis waren – elf Mann, wie er annahm, vielleicht auch 13. Ich berichtete ihm von den zwei auf dem Boden liegenden belgischen Soldaten, die ich gesehen hatte. Er hatte keine neuen Nachrichten von Luc, weil das Hauptquartier des Kigali-Sektors von Hilferufen überflutet wurde. Tiko und seine Militärbeobachter hatten den neutralen Konferenzort Kinihira verlassen und waren im Konvoi zum Amahoro-Stadion gefahren, weil sich langsam eine Schlinge von Straßensperren um sie zugezogen hatte. Vor ihrem Abzug hatten sie gesehen, wie die Präsidentengarde und Mitglieder von Interahamwe herumliefen, die auf ihren Listen vermerkten Häuser stürmten und die dort lebenden Familien ermordeten. Seine unbewaffneten Beobachter hatten keine Möglichkeit, diese grausig effizienten Morde zu verhindern. Tiko wollte das Leben keines seiner Männer riskieren, und ich hätte ihm auch nicht befohlen, es zu tun.

Der Verbleib von Dutzenden ziviler UNAMIR-Mitarbeiter war ungeklärt, weil sie kein Telefon oder Funkgerät hatten und wir nicht zu ihren Wohnungen durchkamen. Die Lage auf dem Flughafen und an der Absturzstelle, wo unser Kontingent in Schach gehalten wurde, hatte sich nicht verändert. Henry versuchte, gefährdete Ruander und Ausländer zu retten, und brachte sie zum Amahoro-Stadion, ins Meridien, zum König-Faisal-Krankenhaus, zum Hôtel des Mille Collines, zum belgischen Camp in der Don-Bosco-Schule und zu mehreren kleinen belgischen UNAMIR-Stützpunkten in der ganzen Stadt. Diese Orte wurden Zufluchtsstätten für gefährdete Personen unter UN-Schutz; die Zahl der Menschen, die bei uns Zuflucht suchten, stieg gewaltig an. Ich fragte Henry nach Booh-Booh und der politischen Front, aber er hatte seit dem Morgen nichts mehr vom Missionschef gehört.

Henry war über die Soldaten aus Bangladesch völlig frustriert. Ihre Panzerfahrzeuge blieben geheimnisvollerweise liegen (wir fanden später heraus, dass die Besatzungen die Fahrzeuge sabotierten, indem sie Lappen in die Auspuffrohre stopften), oder sie waren nicht zu erreichen (eine erwiesene Taktik von einigen der Besatzungen bestand darin, in geringer Entfernung vom Hauptquartier den Funk abzustellen, um später zurückzukehren und zu behaupten, sie seien von einer Straßensperre aufgehalten worden). Wenn sie tatsächlich an dem Ort eintrafen, an den sie geschickt worden waren, erfüllten sie ihre Mission alles andere als eifrig.

Zu diesem Zeitpunkt war das Amahoro-Stadion von einem Mob von Tausenden wütender, von Extremisten aufgestachelter Ruander umringt, die die Eingänge blockierten. Henry drängte die Bangladescher immer wieder, den Bereich zu räumen, aber ihr Kommandeur reagierte nicht auf die Befehle und bemühte sich um Instruktionen aus

Dakka. Die beiden Panzerfahrzeuge, die zum Stadion zurückgekehrt waren, standen untätig herum, während der Kigali-Sektor dringend um sie bat, um gefährdeten UNAMIR-Mitarbeitern und Ruandern zu Hilfe kommen zu können. Ich wies Henry an, den Kommandeur der Bangladescher darüber in Kenntnis zu setzen, dass er möglicherweise zum Tod sowohl von Ruandern als auch von UNAMIR-Mitarbeitern beitrug und sich dafür verantworten müsse. In jener Nacht fand ich heraus, dass er direkte Order vom Stabschef in Dakka erhalten hatte, keinerlei Risiken einzugehen, sich nicht zu rühren, die Tore zu schließen und keine Ruander mehr in Panzerfahrzeugen zu transportieren. Er tat exakt das, was man ihm befohlen hatte, und ignorierte dabei die Befehlskette von UNAMIR sowie die Tragödien, die sich aufgrund seiner Entscheidung ereigneten.

Ich bat Henry, weiter nach unseren Mitarbeitern zu suchen, unsere Standorte zu sichern und Rettungspatrouillen zu so vielen Menschen in Kigali wie möglich auszuschicken. Luc sollte allein die Entscheidung treffen, ob ein bestimmter Einsatz das Risiko lohnte, da er die Truppe im Gebiet von Kigali befehligte und über das beste Netzwerk in der Waffenkontrollzone verfügte. Ich würde mich an die Fersen von Bagosora und Ndindiliyimana heften, Henry würde engen Kontakt zur RPF halten, wobei einer den anderen ständig auf dem Laufenden halten sollte.

*

Kurz nachdem ich aufgehängt hatte, trafen Robert und Maggen mit dem Auto vor dem Verteidigungsministerium ein. Es war keine Zeit, um die Ruander zu trauern, die schon verloren waren. Robert hatte unseren Truppenfunk mitgehört und brachte zwei Neuigkeiten mit: UNAMIR hatte den designierten Premierminister Faustin Twagiramungu retten können, der sich nun in unserem Hauptquartier befand. Es war sein Name, den Henry nicht am Telefon hatte nennen wollen. Die zweite, unheilverkündende Neuigkeit war eine für mich bestimmte Nachricht von Paul Kagame, dem Führer der RPF: »Ich habe gerade erfahren, dass viele Häuser unserer Anhänger von Regierungssoldaten umzingelt sind. Die Absicht ist unzweideutig. Informiere Sie, dass unsere Streitkräfte reagieren müssen, um uns zu schützen. Ich meine es sehr ernst und möchte Sie vorher info [*sic*].« Ich rief sofort abermals in unserem Hauptquartier an und kam nach mehreren Versuchen wieder zu Henry durch. Ich trug ihm auf, Kontakt zu unserem Einsatzoffizier

Ballis im Nationalratsgebäude aufzunehmen, der der RPF unmissverständlich klar machen solle, dass sie im Gebäude und im Norden des Landes bleiben müsse, bis ich eine echte Gelegenheit bekommen hätte, die Situation zusammen mit Bagosora in den Griff zu bekommen.

Ein Uhr mittags war vorbei, als ich endlich vom Telefon loskam. Es gab immer noch keine Spur von Bagosora oder Ndindiliyimana, daher beschloss ich, mit Robert zum UNDP-Gelände zu fahren. Madame Agathe hatte sich mit ihrer Familie in eines der dortigen Wohn-, nicht in das von mir leerstehend vorgefundene Bürogebäude geflüchtet, und vielleicht bot sich noch immer eine Chance, ihnen herauszuhelfen. Wir hörten weiterhin sporadisches Gewehrfeuer aus der Richtung der Kigali-Garnison. Ich ließ Maggen zurück, um das Funkgerät des Wagens abzuhören, und ging mit Robert den Boulevard de la Révolution hinunter. Wir blieben vor dem vierten oder fünften Gebäude zur Linken stehen und klopften an die blaue Stahltür, identifizierten uns und wurden hereingelassen.

Zu meiner Überraschung fanden wir dort Hauptmann Diagne Mbaye vor, einen senegalesischen Militärbeobachter, der sogar ein UNAMIR-Auto dabeihatte. Als sich die Tür hinter uns schloss, tauchte eine Schar von 15 bis 20 Zivilpersonen auf, die alle gleichzeitig auf uns einredeten. Hauptmann Mbaye beruhigte sie und beschrieb mir dann die entsetzlichen Ereignisse des Morgens. Er war auf eigene Faust vom Hôtel des Mille Collines hierher gekommen, nachdem ihm Ruander, die im Hotel Zuflucht gesucht hatten, von Madame Agathe berichtet hatten. Als er den UNDP-Komplex erreichte, waren die Premierministerin und ihr Ehemann bereits von Männern der Präsidentengarde und der Armee festgenommen worden. Sie hatten sich ergeben, um ihre Kinder zu retten, die sich dort immer noch versteckten. Madame Agathe und ihr Ehemann wurden auf der Stelle ermordet; eine der Wände war blutbespritzt, Spuren von Granatenexplosionen fanden sich am Hauseingang und im Wohnzimmer. Aus irgendeinem Grund hatten die Mörder das Gebäude nicht durchsucht, und die vier Kinder waren unbehelligt geblieben. Man führte mich in einen dunklen Raum, wo sie sich in einer Ecke hinter Kleidern und Möbeln verborgen hielten.

Seit der Ermordung ihrer Eltern war das Gebäude relativ ruhig. Mbaye hatte Moustache abgelöst, der losgefahren war, um weitere UN-Mitarbeiter zu retten. Doch der senegalesische Hauptmann war besorgt, dass die Präsidentengarde zurückkehren und die Kinder finden könnte. Ich versprach ihm, dass UNAMIR-Soldaten später am Nachmittag mit Panzerfahrzeugen eintreffen würden, um die UN-Mitarbeiter und die Kinder der Premierministerin in Sicherheit zu bringen. Ihr Transport in einem offenen UNAMIR-Wagen wäre angesichts der mit Präsidentengardisten besetzten Straßensperren zu riskant gewesen. Hauptmann Mbaye wollte bleiben, bis die Kinder in Sicherheit wären. (Keines unserer Panzerfahrzeuge schaffte es an jenem Tag zum UNDP-Gebäude, aber Mbaye und Moustache retteten die Kinder, indem sie sie heimlich mit ihren eigenen Autos fortschafften.)

Ich war erschüttert über Madame Agathes Tod. Sie liebte ihr Land und ihr Volk und strebte nach einer demokratischen Zukunft für ihre Nation. Deshalb musste sie sterben. Ich konnte nicht einmal innehalten, um ihren Verlust zu betrauern – zu viele andere waren noch in Gefahr, auch meine Soldaten in der Kigali-Garnison und anderswo. Robert und ich gingen zurück zum Verteidigungsministerium, in der Hoffnung, dass die Militärführer nun vom Mittagessen zurück wären.

Doch niemand war bislang aufgetaucht. Maggen gab mir eine neuerliche Botschaft von Kagame weiter: UNAMIR solle sofort einschreiten, um alle verschwundenen oder verhafteten Politiker zu beschützen, je eher, desto besser. Ich rief erneut in unserem Hauptquartier an. Unsere Truppen waren in gefährliche Situationen verwickelt, und obwohl durch die Änderung der Einsatzregeln eingeschränkt, hätte ich das Verbot jeder Intervention missachten und dann, wenn der Tatbestand »Verbrechen gegen die Menschheit« gegeben war, Gewalt anwenden können. Ich machte keinen Gebrauch von dieser Möglichkeit, da ich weder ernsthafte Kampfeinsätze hätte durchhalten noch die Sicherheit von Zivilisten oder meiner Soldaten garantieren können, wenn UNAMIR zur dritten Kriegspartei geworden wäre. Auch Luc forderte keine Rettungsaktion für die Belgier in der Kigali-Garnison von mir, weil er unsere Lage so gut kannte wie ich. Und wäre er doch mit einer solchen Forderung an mich herangetreten, ich hätte sie wegen des hohen Risikos, das damit verbunden war, kategorisch abgelehnt. Letztlich verminderte die Strategie der Nicht-Intervention tatsächlich das Risiko, dass meine Soldaten selber zum Angriffsziel wurden, aber sie bedeutete auch, dass die Truppe nicht effektiv genutzt wurde, um gefährdete Personen zu schützen.

Bagosora kam um etwa 14 Uhr zurück, dicht gefolgt von Ndindiliyimana. Ich hielt sie in der Halle auf, und, ja, wie sich herausstellte, war Bagosora beim Mittagessen gewesen – aber erst, sagte er, nachdem er erfolglos versucht habe, in der Kigali-Garnison vorstellig zu werden, um meine Soldaten zu retten. Hier schaltete sich Ndindiliyimana ein: Jeder hohe Offizier, der das Lager zu beruhigen versucht habe, sei von den Meuterern bedroht oder angegriffen worden. Bagosora behauptete, dass er eine Truppe zusammenstelle, um dem Chaos in der Garnison Einhalt zu gebieten. Frustriert und wütend erwiderte ich, dass ich selbst in die Garnison gehen würde. Er blieb reglos vor der Tür seines Büros stehen, drehte sich um, fixierte meine Augen und sagte, dass ich mich der Garnison nicht nähern dürfe, sondern ihm die Angelegenheit überlassen müsse. Ich erwiderte, dass er keine Befehlsgewalt über mich habe und dass ich ihn für die sichere Rückkehr meiner Soldaten persönlich verantwortlich mache.

Ich ging zurück zum Telefon und rief Brent an, um ihn darüber zu informieren, was vor sich ging. Er reichte mich an Henry weiter. Es gab eine dritte Botschaft von Kagame, ein offenes Ultimatum: Die Morde in der Stadt müssten sofort aufhören, oder er würde seinen Truppen befehlen, einzugreifen. Die Botschaft hatte sechs Zeilen:

> RPF ist bereit, Kigali zu sichern;
> Truppenkommandeur sollte sich nicht auf seine belgischen Mitarbeiter verlassen;
> UNAMIR sollte seine Kräfte aus der DMZ [demilitarisierten Zone] abziehen, um Kigali zu verstärken;
> RPF bereit, UNAMIR zu unterstützen; und
> falls Angriff auf Nationalratsgebäude, wird RPF auf Kigali vorrücken; und
> falls Lage nicht bis Sonnenuntergang 7. April unter Kontrolle, definitiv RPF-Angriff.

Dieser letzte Punkt war, wie versprochen, Kagames Warnung, uns aus dem Weg zu machen. Henry berichtete mir, dass Kagame und sein Führungsstab gerade aus Mulindi abgezogen seien, offenbar, um einen taktischen Kommandoposten näher an der entmilitarisierten Zone aufzubauen und sich in eine bessere Position für den Beginn einer Offensive zu bringen. Das war kein Bluff.

Die Sonne ging in Ruanda um etwa sechs Uhr unter, also blieben mir weniger als vier Stunden, um die Situation unter Kontrolle zu bringen, oder das Land würde in den Bürgerkrieg zurückfallen. Ich sagte Henry, ich würde das Nationalratsgebäude anrufen und versuchen, ein Gespräch zwischen RPF und Bagosora zu arrangieren, um der Meuterei der Einheiten und der Ermordung einfacher Bürger ein Ende zu machen. Es war das Einzige, was mir einfiel, um die RPF davon abzubringen, nach Süden vorzurücken. Kaum hatte ich den Hörer aufgelegt, kam Robert mit einer weiteren Botschaft von Kagame herein. Kagame bot an, die Regierungstruppen sofort mit zwei seiner Bataillone zu verstärken, um ihnen bei der Niederschlagung der meuternden Einheiten zu helfen, besonders der Präsidentengarde. Er brauche sofort eine Antwort.

Kagames Hilfsangebot setzte bei Bagosora eindeutig den falschen Hebel in Gang. Er stand hinter seinem Schreibtisch, ein Porträt des verblichenen Präsidenten blickte auf ihn herab, als würde Habyarimana noch immer jeden seiner Schritte beobachten. Sein Gesicht verzog sich, als er versuchte, seine Fassade der Vernünftigkeit zu wahren. Er bat mich, der RPF seinen Dank für das Angebot zu überbringen, aber er könne es nicht annehmen. Es sei sein Problem, das hier zu lösen sei. Ich blickte zu Ndindiliyimana hinüber, den Zaungast, in der Hoffnung auf ein Zeichen, dass er die Verwendung von RPF-Truppen in Erwägung zöge, um mit der RPF einen Gegenputsch gegen die Hardliner zu unternehmen. Aber es gab keins. Er stimmte Bagosora zu. Mir wurde deutlich, dass die Gemäßigten über keine Einheiten in Kigali verfügten, die ihnen wohlgesonnen waren. Vielleicht gab es welche in Südruanda, aber es war mehr als zweifelhaft, ob sie sich mit der RPF verbinden und die extremistischen Eliteeinheiten der Regierungstruppen überwältigen könnten. (Später fand ich heraus, dass die Südeinheiten selbst durch und durch von Extremisten infiltriert waren.) Ich leitete die Weigerung der beiden an unser Hauptquartier weiter und bat die RPF erneut darum, im Nationalratsgebäude und hinter der demilitarisierten Zone zu bleiben.

Wenn Bagosora wirklich auf das Arusha-Abkommen verpflichtet war, müsste es in seinem Interesse liegen, direkten Kontakt mit der RPF aufzunehmen und die notwendigen Garantien zu geben, um die Wiederaufnahme der Feindseligkeiten zu verhindern. Wenn er gegen den Frieden war, müsste er die Verbindung mit der RPF verweigern. Oder er würde auf seinem üblichen Weg fortfahren: den Anschein von Kooperationsbereitschaft erwecken, um seine wahren Absichten zu maskieren. Ich konfrontierte Bagosora daher erneut mit der Forderung, die meuternden Einheiten in ihre Kasernen zurückzuschicken und die Straßensperren zu beseitigen. Er sortierte Papiere auf seinem riesigen Schreibtisch und unterschrieb sie, Millimeter für Millimeter der gelangweilte Bürokrat. Sonnenlicht fiel durch das Fenster auf die frisch getünchten Wände, keine Telefone klingelten, kaum ein Beamter war anwesend. Er winkte mich zu dem Sofa, auf dem Ndindiliyimana anscheinend entspannt Platz genommen hatte, aber ich wollte mich nicht setzen. Er bot mir Tee oder Kaffee an, als wäre dies ein gewöhnlicher Besuch an einem trägen Tag im Büro.

Der Tod von Premierministerin Agathe sei bestätigt, fing ich wieder an, ermordet von der Präsidentengarde. Bagosora erwiderte, das tue ihm leid, aber es sei nur ein weiteres Beispiel für die Schwierigkeiten, mit denen er zu kämpfen habe, um die Kontrolle über die meuternden Einheiten wiederzuerlangen, die immer noch über den Tod ihres geliebten Präsidenten aufgebracht seien. Ich fragte ihn, warum er nichts dagegen unternommen habe, dass meine Soldaten am Flughafen und an der Absturzstelle weiterhin in Schach gehalten wurden, und auch nichts für die Freilassung meiner Belgier getan habe. Er müsse mir garantieren, dass sich UNAMIR frei bewegen könne. Bagosora bat um Zeit; sowohl er als auch Ndindiliyimana hätten Logistik- und Transportprobleme. Was die Absturzstelle angehe, handle die Präsidentengarde eigenmächtig. Die Garde scheine ja hinter allem Zwist und allen Morden in der Stadt zu stehen, sagte ich. Bagosora behauptete, er verhandle mit ihrem Befehlshaber, um sie in ihre Kasernen zurückzubekommen. Von Panik war bei ihm nichts zu spüren, kein Gefühl der Dringlichkeit trieb diesen Mann. Bagosora war entweder der kälteste Fisch in Afrika, oder er war der Geist eines machiavellistischen Fürsten, der einen subversiven Plan ausführte.

Ich drängte ihn abermals, direkt mit der RPF zu sprechen, um einen Bürgerkrieg zu verhindern, und dabei die Maßnahmen zu skizzieren, die er ergriffen habe, um die Lage zu beruhigen. Bagosora lehnte sich zurück, unbeeindruckt von meinem Vorschlag, und wandte sich wieder seinen Papieren zu. Aber Ndindiliyimana hielt es für eine gute Idee und bat mich, ein Treffen zu arrangieren. Ich antwortete, dass ich alles tun würde, was in meiner Macht stehe, um es zuwege zu bringen.

Ich ging, um Anrufe zu erledigen, aber die Telefone des Truppenhauptquartiers und des Nationalrates waren besetzt. Während ich durchzukommen versuchte, sah ich einen großen, hässlichen Oberst der Armee in Bagosoras Büro treten und die Tür hinter sich schließen. Ich hatte ihn nie zuvor gesehen und sah sein Gesicht nur noch ein weiteres Mal bis mir der Internationale Strafgerichtshof für Ruanda Jahre später sein Foto zeigte. Er war einer der militärischen Führer des

Völkermords und einer der unbarmherzigsten Schlächter des Massakers, das nun bevorstand.

Als ich schließlich Oberstleutnant Ballis im Nationalratsgebäude erreichte, erfuhr ich von ihm, dass die Präsidentengarde von ihrer Garnison aus die RPF direkt unter Feuer genommen hatte; die RPF reiße ihrerseits die Zäune ein und bereite sich auf Kampfhandlungen vor. Die Tunesier vor Ort waren in einer äußerst heiklen Situation, eingeklemmt zwischen zwei Streitkräften, und hatten den Großteil des Tages damit verbracht, das Tor geschlossen zu halten und sich tiefer einzugraben. Ich bat Ballis, ihren Kommandeur zu veranlassen, ihre Präsenz um das Gebäude herum zu verringern und die meisten Soldaten in den Büros der Nationalversammlung und den Schützengräben davor in Deckung zu bringen. Falls die RPF einen Ausfall beschlösse, sollten sich alle Tunesier ohne Gegenwehr in ihre Sicherheitsbereiche zurückziehen.

Dann bat ich Ballis, irgendeinen politischen Führer der RPF ans Telefon zu holen. Die wichtigsten wie Pasteur Bizimungu und Patrick Mazimhaka waren mehrere Wochen zuvor nach Mulindi gefahren und hatten nur drei Politiker aus der zweiten Reihe in Kigali zurückgelassen. Es schien keine feste Hierarchie unter ihnen zu geben: Keiner von ihnen hatte sich je für verantwortlich erklärt. Am häufigsten hatte ich mit Seth Sendashonga verhandelt, der auch der freimütigste von ihnen war. Seth, ein Hutu, der aus Ruanda geflohen war und sich der RPF in Uganda angeschlossen hatte, sprach fließend Französisch und ein bisschen Englisch. Auch jetzt war er es, der ans Telefon kam, aber er nahm meinen Vorschlag, direkt mit Bagosora zu sprechen, sehr kalt auf. Er sagte, er würde sich zuerst mit den anderen beraten und mich dann zurückrufen. Das war typisch für die RPF, deren politische Führungsfiguren sich immer erst untereinander absprechen mussten. Kagames Ultimatum lief unaufhaltsam ab.

Ich rief unser Truppenhauptquartier an, diktierte Brent meine Erwiderung auf Kagames sechs Punkte und ging dabei ausführlich auf Punkt F ein: »UNAMIR würde keine offensiven Operationen durchführen, da sich ihr Mandat ausschließlich auf defensive Friedenssicherung beschränkt. UNAMIR versucht mit der Gendarmerie und Elementen der Armee, die loyal zu Ruanda stehen, die Situation zu stabilisieren. UNAMIR steht in keiner Offensivposition, und falls die RPF heute abend am Nationalratsgebäude und/oder in der DMZ [demilitarisierten Zone] Kampfhandlungen beginnt, wird dies als gravierende Verletzung des Waffenstillstandes betrachtet. Das friedenssichernde Mandat von UNAMIR würde damit grundlegend verletzt. Bitte überdenken Sie diese Handlungen, da loyale Truppen und UNAMIR versuchen, die Ordnung wiederherzustellen und der Aggression in Kigali Herr zu werden.«

Ich bat Brent, diese Botschaft so schnell wie möglich an Kagame und eine Kopie an das DPKO nach New York zu schicken. Da es nicht so aussah, dass ich sobald zum Amahoro-Stadion zurückkäme, bat ich ihn auch, den schriftlichen Lagebericht nach New York weiterzuleiten. Es hatte keine Bewegung an der politischen Front gegeben, kein Wort von Booh-Booh. Da sich die Schüsse in der Nähe seiner Residenz häuften, plante Henry, Booh-Booh zum Meridien-Hotel zu eskortieren, das zu einem sicheren Zufluchtsort für UN-Personal geworden war.

Ich kehrte in Bagosoras Büro zurück, als der hünenhafte Oberst der Regierungstruppen gerade ging, nachdem er einige letzte Instruktionen auf Kinyarwanda entgegengenommen hatte. Zum dritten oder zum vierten Mal hielt ich Bagosora und Ndindiliyimana eine Standpauke wegen der Gewalt, die in der ganzen Stadt ausgebrochen war, wegen der unterbliebenen Freilassung meiner Soldaten und wegen der augenscheinlichen Gleichgültigkeit, mit der die beiden der ganzen Katastrophe gegenüberstanden. Ich fragte sie, wann das Krisenkomitee die Macht an die Politiker übergeben werde und welche Politiker das überhaupt sein würden, da doch viele für die Übergangsregierung nominierte Minister verschwunden oder tot seien. Wer würde den Vorsitz führen? Bagosora erwiderte, dass die Politiker sich demnächst zusammensetzten, um das Heft in ein oder zwei Tagen in die Hand zu nehmen. Ich verlangte, dass Booh-Booh daran teilnehmen solle. Bagosora verweigerte eine Antwort und kehrte zu seinen Papieren zurück. Ndindiliyimana neben mir nickte beinahe ein.

Aus heiterem Himmel rückte Bagosora dann mit einem Hinweis heraus, den er mich zu erwägen bat: Wegen des Gerüchts, dass die Belgier die Präsidentenmaschine abgeschossen hätten, sei es vielleicht am besten, sie von UNAMIR und aus Ruanda abzuziehen. Was in der Kigali-Garnison geschehen sei, könne schließlich auch den übrigen Belgiern widerfahren, wenn das Krisenkomitee weiterhin Probleme haben sollte, die Situation in den Griff zu bekommen. Es war das erste Mal, dass ich einen hochrangigen Führer der Habyarimana-Regierung sagen hörte, die Belgier seien unerwünscht. Hoffte er, dass die beste Kampfeinheit von UNAMIR das Feld räumen würde? Falls es dazu käme, dann würde New York zweifellos den Abbruch der gesamten Mission befehlen.

Kurze Zeit später klingelte das Telefon in dem kleinen Büro, das ich benutzt hatte. Es war Seth, der einwilligte, mit Bagosora zu sprechen. Ich bat ihn, über Bagosoras Nummer zurückzurufen und ging in dessen Büro. Sein Telefon klingelte, als ich den Raum betrat, Bagosora hob ab. Wenn er wirklich sein Land vor einem Bürgerkrieg retten wollte, so gab es dafür in seiner Stimme kein Anzeichen. Nach einigen Worten reichte er den Hörer an Ndindiliyimana weiter. Dieses Gespräch dauerte ein bisschen länger und war freundlicher. Als Ndindiliyimana aufhängte, sagte er, dass man nichts tun könne. Die RPF bestehe darauf, dass die Präsidentengarde verhaftet und ins Gefängnis gesteckt und das Morden sofort beendet werden müsse – sehr wahrscheinlich würde sie bald angreifen. Bagosora zeigte sich angesichts dieser neuen Krise völlig unbekümmert. Er sagte mir, dass der Interimsstabschef der Regierungstruppen, Oberst Léonidas Rusatira, rechtzeitig in der Hauptstadt eintreffen würde, um sich um etwa 18 Uhr mit dem Krisenkomitee in der Kigali-Garnison zu treffen, und lud mich ein, daran teilzunehmen. Ich nahm die Einladung an, fragte mich aber, warum Bagosora ausgerechnet Rusatira ernannt hatte, einen Hutu aus Butare im Süden, bekanntermaßen ein Gemäßigter und ein ehrlicher Mann.

Es waren noch zwei Stunden bis zur Dämmerung, und die einzige Chance, einen Bürgerkrieg zu vermeiden, war gerade vertan worden. Wenn Feindseligkeiten ausbrachen, war zu erwarten, dass viele unschuldige Menschen abgeschlachtet werden würden, wie es in Burundi nach dem Putsch im Oktober geschehen war. Ich beschloss, auf die bevorstehende Sitzung des Krisenkomitees zu warten. Vielleicht würde Rusatiras Gegenwart Ndindiliyimana ermutigen, Bagosora die Kontrolle zu entreißen.

Eine halbe Stunde später rief Ballis an: Eine Kompanie des RPF-Bataillons sei gerade aus dem Komplex des Nationalrates ausgebrochen und rücke auf das Lager der Präsidentengarde vor.

Ich brauchte dringend politischen Rat, wie sich die Entscheidungsgewalt schnellstmöglich dieser Militärclique entreißen ließe. Ich schickte daher Maggen und Robert, um Abdul Kabia, Booh-Boohs Stabschef, abzuholen und herzubringen. Währenddessen wartete ich draußen vor dem Gebäude in der kühlen Brise des frühen Abends. Die großen Bäume warfen lange Schatten, und eine berückende Ruhe breitete sich aus, kaum gestört von entfernten Schüssen. Plötzlich überwältigte mich ein Gefühl der Verzweiflung; einem Krieg mitsamt Blutbad stand nun nichts mehr im Wege. Es war höchste Zeit, meine Truppe zusammenzuziehen, um ihre eigene Sicherheit zu gewährleisten, unser Möglichstes zu tun, um unsere sicheren Zufluchtsstätten für bedrohte Zivilisten beider Seiten offen zu halten, und herauszufinden, welche politischen Machenschaften hinter Bagosora am Werk waren. Was könnte ich noch ausrichten, wenn die 450 Belgier sich unter dem Druck der Armee zurückziehen müssten oder von ihrer Regierung abgezogen würden? Mir bliebe nur ein sehr leicht bewaffnetes, nahezu nutzloses Kontingent aus Bangladesch mit etwa 1.100 Soldaten, ein exzellentes ghanaisches Bataillon mit etwa 800 Mann, die meisten ohne operative Ausrüstung und Fahrzeuge in der demilitarisierten Zone aufgestellt, etwa 300 unbewaffnete, über das ganze Land verstreute Militärbeobachter sowie ein zusammengewürfeltes Hauptquartier, das den Verlust der belgischen Stabsoffiziere nicht wettmachen könnte und nur mit Bangladeschern besetzt wäre, die auf ihren Kommandeur und nicht auf mich hörten. Und was würde aus den Tausenden von Ruandern, die unter unserem Schutz standen? Verpflegung, Wasser und Medikamente reichten kaum für unsere eigene Truppe, geschweige denn für diese Flüchtlinge. Die leidenschaftslose, professionelle Seite in mir riet mir, meine Verluste gering zu halten und alle meine Soldaten in Sicherheit zu bringen. Mein Bauch, meine Gefühle – mein moralisches Empfinden – drängten mich, alles zu tun, um das kommende Gemetzel zu verhindern.

Während ich noch mit mir rang, fuhren Kabia, Robert und Maggen um etwa 17.30 Uhr auf dem Gelände vor. Sie waren bei ihrem ersten Versuch, die Straßensperren zu überwinden, bedroht worden, mussten umkehren und hatten dann eine Eskorte der Gendarmerie in Beschlag genommen, um es noch einmal zu versuchen. Hunderte von Straßensperren waren nun überall in der Stadt errichtet, bemannt mit aufgebrachten Milizionären, Soldaten und Zivilisten, die alle mit Knüppeln, Äxten, Macheten, belgischen FN-Gewehren und sogar gelegentlich mit AK-47 bewaffnet waren. Im Autofunkgerät überschlugen sich die Beschreibungen des RPF-Angriffs auf die Präsidentengarde – ein furchtbarer Feuerkampf, bei dem die RPF erst kurz vor der Garnison der Präsidentengarde zum Halten gebracht worden war.

Es war fast 18 Uhr, also fuhren wir zur Sitzung des Krisenkomitees. Zum ersten Mal an diesem Tag wurden wir in den Kernbereich der

Kigali-Garnison eingelassen. Wir passierten ein Spalier von Stahlbarrieren, einen gepanzerten Wagen und eine große Gruppe von Wachen mit Maschinengewehren. Wo waren die Meuterer? Ich ließ Maggen und Robert im Wagen und ging mit Kabia zum Konferenzraum der vorherigen Nacht. Als wir den oberen Treppenabsatz erreichten, kam der frisch ernannte Generalmajor Rusatira auf uns zu und begrüßte uns, dicht gefolgt von Ndindiliyimana. Es war gut, Rusatira zu sehen, wir begrüßten uns aufrichtig. Von Bagosora keine Spur.

Als die Sitzung begann, fragte ich mich, ob Rusatira und Ndindiliyimana wirklich bloß Bagosoras Marionetten waren. Ich war mir sicher, dass Rusatira einiges von den Hardlinern zu befürchten hatte: Er war Mitglied jener Gruppe moderater Offiziere, die mich in ihrem offenen Brief vom 3. Dezember vor der dritten Kraft gewarnt hatten. Sollte er tatsächlich den Oberbefehl über die Armee haben, und warum sollte Bagosora das dulden?

Die Beratung war düster. Alle Gemäßigten in der Regierung, die nicht hatten fliehen können, waren von der Präsidentengarde festgenommen und, soweit Rusatira wusste, exekutiert worden. Er verlas die Liste der ermordeten oder vermissten Personen. Zwei Überlebende waren Faustin Twagiramungu und Anastase Gasana, der Außenminister. Faustin befand sich in unserem Truppenhauptquartier, Gasana in Daressalam, nachdem ihn Habyarimana umstandslos aus der Präsidentenmaschine geworfen hatte, um Platz für den Präsidenten von Burundi zu machen. Rusatira bestätigte auch, dass die Kommandostruktur der Regierungstruppen zusammengebrochen sei, besonders in Kigali. Er versicherte mir, dass er auf das Arusha-Friedensabkommen verpflichtet sei und alles dafür tun werde, um die Präsidentengarde unter Kontrolle und die Regierungseinheiten zurück in ihre Kasernen zu bringen. Er drängte mich, der RPF mitzuteilen, dass er Frieden wolle, aber eben unglücklicherweise Zeit brauche. Ich glaubte ihm. Hier war meine Hoffnung. Die Truppen in Südruanda hielt ich für überwiegend gemäßigt. Rusatira konnte vielleicht diese Truppenteile zusammentrommeln, um die Präsidentengarde, die Interahamwe und die dritte Kraft niederzuwerfen. Ich musste mit Kagame sprechen, um ihn um einen Aufschub zu bitten.

Dann übernahm Ndindiliyimana. Der erste Punkt auf seiner Agenda war der Rat an mich, angesichts des von RTLM geschürten Hasses und der Stimmung sowohl in der Armee als auch unter den Bürgern von Kigali mein belgisches Kontingent so rasch wie möglich abzuziehen.

Ich erwiderte, dass ich mir die Empfehlung durch den Kopf gehen lassen wolle, aber zuerst meine belgischen Soldaten zurückbekommen müsse. In der Garnison herrschte Ruhe. Warum waren meine Soldaten nicht freigelassen worden? Ndindiliyimana schickte einen der Offiziere los, um es für mich in Erfahrung zu bringen.

Die Sitzung leierte endlos dahin – der Offizier kam nicht zurück. Das Krisenkomitee hatte immer noch kein Pressekommuniqué herausgegeben, das doch angeblich die Nation beruhigen sollte. Währenddessen wurden die Ruander von RTLM unablässig mit Hasstiraden und Lügen überschüttet. Die einzigen konkreten Maßnahmen, mit denen das Krisenkomitee seine lauteren Absichten hätte unter Beweis stellen können, wären gewesen, die Präsidentengarde in ihrer Garnison einzusperren, allen Einheiten ultimativ die Beachtung der Waffenkontrollzone zu befehlen und dem Morden ein Ende zu setzen. Doch so lauter die Absichten auch sein mochten, niemand in dieser Gruppe schien zu wissen, wie sich diese Ziele erreichen und die drohenden Kämpfe abwenden ließen.

Plötzlich standen alle auf, räkelten sich und sammelten ihre Papiere ein. Sie benahmen sich so, als sei dies eine normale Sitzung an einem ganz normalen Tag. Das war der Punkt, an dem ich meine Fassung verlor und auf den Tisch schlug. »Jetzt reicht's!«, schrie ich. Keine weitere Zeit mehr, keine weiteren Entschuldigungen, keine weiteren Diskussionen. Entweder würden mir jetzt sofort meine belgischen Soldaten übergeben, oder ich würde dieses Hauptquartier nicht mehr verlassen und sie müssten auf allen Beistand von UNAMIR und mir verzichten.

Ndindiliyimana hängte sich wieder ans Telefon und schickte mehrere weitere Stabsoffiziere los. Nach 20-minütigem Schweigen, in denen ich bebend vor Wut dasaß, klingelte das Telefon. Ndindiliyimana nahm ab, führte mit gedämpfter Stimme eine kurze Unterhaltung und wandte sich dann an mich, um mir zu sagen, dass meine Soldaten im Kigali-Krankenhaus ganz hier in der Nähe gefunden worden seien. Gut, erwiderte ich, dann würden wir nun alle zum Krankenhaus gehen, um die Freilassung der Belgier sicherzustellen.

Das Krankenhaus war nur 200 Meter entfernt. Am Eingang liefen mehrere Soldaten herum, darunter einige Verletzte. Ndindiliyimana übernahm die Führung und schleuste uns durch die Menge ins Gebäude. Wir stolperten fast in einen Operationssaal, dessen Türen weit offen standen, um frische Luft hereinzulassen. Der Raum war überfüllt mit verwundeten Soldaten und Zivilisten, die in Feldbetten oder sogar auf dem Boden lagen. Ringsum Schreie und Stöhnen, überall Blut auf den Tischen und auf dem Boden, die Kittel des Personals rot befleckt. Der nächste Arzt knurrte uns verärgert an, hinauszugehen.

An der Hintertür sagte ein Offizier zu Ndindiliyimana, dass sich die Leichen der Belgier am Ende des langen Hofes vor der Leichenhalle befänden. Das Wort »Leichen« traf mich mitten ins Herz. Ich hörte ungläubiges Geraune um mich herum. Sie waren alle tot. Wir gingen den dunklen Weg auf ein kleines Häuschen zu, über dessen Tür eine trübe 25-Watt-Birne hing. Ich konnte nicht fassen, dass sich diese Szene so nahe an dem Sitzungssaal abspielte, in dem ich den ganzen Abend verbracht hatte.

Zuerst sah ich rechts vor der Leichenhalle etwas, das aussah wie ein Haufen Kartoffelsäcke. Langsam klärte sich das Bild, und meine Augen erkannten einen Leichenberg: weißes Fleisch in zerrissenen belgischen Fallschirmjägeruniformen, ineinander verschlungene, blutige Leiber. Die Männer waren übereinander geworfen worden, man konnte im schwachen Licht nicht auf Anhieb sagen, wie viele es waren. Wir zählten sie zweimal durch: elf Soldaten. Später stellte sich heraus, dass es zehn waren.

Ich wollte das Gesetz in die eigene Hand nehmen, Auge für Auge, Zahn um Zahn – es war das allererste Mal, dass ich in mir das Gift der Vergeltungswut spürte. Ich befahl Robert, die Leichen zu fotografieren; benommen und schweigend machte er sich an die Arbeit. »Wer hat das getan?«, fragte ich die Kommandeure. Veteranen, abtrünnige Soldaten und Kriegsversehrte in der Kigali-Garnison, war ihre Antwort. Ich fragte sie, was sie in der Sache unternehmen wollten. Rusatira versicherte mir, dass er den Vorfall untersuchen und alle Verantwortlichen vor Gericht stellen werde. Ich sagte ihm, dass diese Morde sofort nach New York gemeldet würden und Ruanda den Zorn der internationalen Gemeinschaft zu gewärtigen habe. Er und Ndindiliyimana waren aufrichtig erschüttert. Sie baten inständig um Verzeihung, drückten mir ihr Beileid und Mitgefühl aus – und flehten mich fast an, dass diese Morde UNAMIR nicht davon abhalten sollten, ihrem Land zu helfen.

Ich wies sie an, die Körper der Toten waschen und anständig betten zu lassen und verlangte, eine Wache neben ihnen aufzustellen. UNAMIR würde sie beim ersten Tageslicht abholen; jeder von ihnen sei mir persönlich für meine toten Soldaten verantwortlich.

Als ich mich schließlich umdrehte, stieß ich fast mit Kabia zusammen, der offenbar betete. Ich ging den Pfad zurück ins Krankenhaus, wo mir das Stöhnen der Verwundeten und die Rufe der Ärzte und Schwestern noch lauter als bei unserer Ankunft vorkamen. Maggen war vor dem Krankenhaus vorgefahren, wo eine kleine Gruppe verwundeter Soldaten und einige Zivilisten neben dem Auto warteten. Ich blickte ihn an und konnte mich nicht erinnern, ob er mit uns vor der Leichenhalle gewesen war. Was für einen Tag voller Angst und Mut hatte er hinter sich.

Ndindiliyimana bot mir seine Eskorte von sechs Mann und ein Fahrzeug an, um uns sicher zum Amahoro-Stadion zurückzubringen. Er erteilte die Order auf Französisch, zweifellos zu meiner Beruhigung, und trug ihnen auf, mich mit ihrem Leben zu verteidigen. Wir fuhren in die stockfinstere Nacht. Viele der Straßenlaternen waren defekt, trotzdem konnte ich Roberts Gesicht auf dem Rücksitz erkennen, aschfahl und regungslos. Maggen, erschüttert vom Tod seiner Landsleute, konzentrierte sich angestrengt auf das Fahren. In der Ferne sahen wir einige Feuer brennen und hörten Schüsse aus leichten Waffen und gelegentlich die Explosion einer Granate. Der Mob verzog sich in seine Häuser, aber an einigen Straßensperren lungerten noch immer aggressive Milizionäre herum.

Am Kreisverkehr in der Nähe des Meridien kam es immer noch zu sporadischen Feuergefechten zwischen RPF und Präsidentengarde. An einer großen Kreuzung verlangsamten wir zum Abbiegen das Tempo und gerieten mitten in einen Hinterhalt. Mehrere Maschinengewehrsalven und rote Leuchtspurgeschosse zischten über unsere Köpfe hinweg. Die Fallschirmjägereinheit aus der Kanombe-Garnison war ausgerückt und kontrollierte diese Kreuzung. Peitschend knallten uns die Kugeln um die Ohren. Mein weißes Auto mit UN-Aufschrift in großen, schwarzen Lettern, auf dem eine große, blaue UN-Flagge und meine kleinere UN-Kommandeursflagge flatterten, war deutlich erkennbar. Wir waren nun eindeutig zu einem Angriffsziel geworden. Kugeln trafen das Auto. Die Gendarmen im Wagen hinter uns erwiderten das Feuer nur halbherzig. Maggen drückte das Gaspedal durch und versuchte, aus dem Hinterhalt zu rasen, aber der Diesel reagierte nur langsam. Eine schiere Ewigkeit lang fühlten wir uns wie lebende Zielscheiben. Trotz der Einschüsse im Wagen wurde niemand getroffen. Es war das erste Mal, dass auf mich geschossen worden war. Ich hatte 24 Stunden hinter mir, in denen ich unzählige andere fürchterliche Dinge zum ersten Mal erlebt hatte. Niemand im Auto gab einen Laut von sich, während wir zu unserem Hauptquartier zurückrasten.

Der Mob war vom Eingang des Amahoro-Stadions vertrieben worden, die Tore waren geschlossen und von den ghanaischen Soldaten gut bewacht. Sobald wir in Sicherheit waren, wollte meine Gendarmerie-Eskorte nicht die Rückfahrt zur Kigali-Garnison riskieren, um Ndindiliyimana abzuholen, sondern lieber die Nacht über bei uns bleiben.

Als wir das Gebäude betraten, schlug uns der Lärm des Einsatzzentrums entgegen. Ich schickte Maggen auf seinen Posten und wies ihn an, seine Offiziere vom Dienst in den Griff zu bekommen. Kabia und Robert folgten mir nach oben in die Kommandeursbüros, wo Brent und Henry auf Hochtouren arbeiteten und die Telefone immer noch heißliefen. Beide waren müde und vom vielen Reden ausgelaugt. Ich bat sie, die Offiziere im Konferenzraum nebenan zum Appell antreten zu lassen. Während Brent die paar Offiziere im Hauptquartier versammelte, sprach ich mit Henry einige Minuten allein. Über Funk hatte ich nicht durchgegeben, dass die Belgier tot waren; das war eine Nachricht, die ich persönlich überbringen musste. Henrys Gesicht verdüsterte sich, als sich seine schlimmsten Befürchtungen bestätigten. Ich sagte ihm, dass ich nicht die Absicht hätte, aufzugeben. Wenn ich auch bislang daran gescheitert sei, einen Bürgerkrieg zu verhindern, würde ich jetzt nicht in Deckung gehen und das Land in diesem Zustand zurücklassen. Wir sollten versuchen, vom Arusha-Abkommen zu retten, was immer möglich war. Ich berichtete ihm auch, dass Bagosora und die oberste Führung der Armee die Belgier so schnell wie möglich aus dem Land haben wollten. Wenn die Belgier gingen und wir keine Verstärkung bekämen, würde das Gewicht der Mission zweifellos auf Henrys Schultern lasten. Henry stand vor mir und hörte mir aufmerksam zu. Er war mein stellvertretender Truppenkommandeur und Stabschef, aber er war auch der Kontingentkommandeur der 800 ghanaischen Soldaten bei UNAMIR, die in diesem Moment in ihrer Mehrheit über die demilitarisierte Zone verstreut und extrem verwundbar waren. Ohne Zögern erwiderte Henry mit grimmig entschlossener Miene, dass die Ghanaer bleiben würden. Nicht wir seien gescheitert, sagte er. Henry hatte immer bezweifelt, dass auf beiden Seiten genügend guter Wille und der Wunsch nach Frieden vorhanden war. Er war überzeugt, dass unter solchen Umständen niemand hätte Erfolg haben können.

Als Nächstes rief ich Luc im Hauptquartier des Kigali-Sektors an und überbrachte ihm die niederschmetternde Nachricht von seinen toten und verstümmelten Soldaten. Er stieß nur ein knappes, dunkles

»*qui*« aus, aber seine unregelmäßigen Atemstöße verrieten seine Erschütterung. Als ich ihm sagte, dass ich elf Leichen gezählt hätte, erwiderte er, nein, es müssten zehn sein. Zehn Soldaten waren zum Schutz von Premierministerin Agathe abkommandiert worden, eine Mörserabteilung unter dem Kommando von Leutnant Thierry Lotin; dies seien die einzigen Männer, deren Verbleib ungeklärt sei.

Nachdem sich Luc wieder gefasst hatte, erstattete er mir seinerseits Bericht. Der Botschafter seines Landes beanspruche ihn stark, damit er sich um die belgischen Staatsangehörigen und das diplomatische Corps kümmere: Er solle, forderte der Botschafter, seine Truppe so weit wie möglich bündeln, die Verteidigungsstellungen verstärken und weiterhin Menschen in Gefahr zu Hilfe kommen. Ich beglückwünschte ihn, Faustin gerettet zu haben, und erteilte ihm dann meine Instruktionen für den folgenden Tag. Wir müssten alle Rusatira und Ndindiliyimana helfen, die Präsidentengarde in den Griff zu bekommen und die Stadt zu stabilisieren. Ich würde weiter Druck auf Kagame ausüben, von der demilitarisierten Zone aus nicht nach Süden vorzurücken, und ihn bitten, seine Truppe in Kigali in das Nationalratsgebäude zurückzubeordern. Luc versprach, eng mit Ndindiliyimana zusammenzuarbeiten, obwohl der es doch für klüger hielt, das belgische Kontingent abzuziehen. Davon könne keine Rede sein, erwiderte Luc, die belgischen Soldaten würden bleiben. Zum Schluss sprach ich ihm, seiner Truppe, seiner Regierung und den Familien der massakrierten Soldaten noch einmal mein Beileid aus.

Dann ging ich zum Appell. Dieselben Offiziere, die ich am Morgen verlassen hatte, waren noch immer im Dienst, weil die anderen wegen der Feuergefechte zwischen RPF und Präsidentengarde im Meridien-Hotel in der Falle saßen. Ich ordnete an, dass alle Mitarbeiter bis kurz nach Sonnenaufgang auf ihrem Posten zu bleiben hätten. Dann berichtete ich auch ihnen vom Tod der belgischen Soldaten. Die Nachricht schockte diese müden Männer und raubte ihnen den letzten Rest von Kraft. Oberst Moen, der leitende Einsatzoffizier, bestätigte, dass alle übrigen Vermissten mittlerweile gefunden worden seien. Die Belgier auf dem Flughafen seien freigelassen worden, würden aber noch immer nicht zur Absturzstelle vorgelassen. Die RPF hatte keine Einwände gegen eine ausländische Untersuchung des Absturzes, aber die Armee hüllte sich in Schweigen. Meine Instruktionen für den nächsten Tag bestanden vor allem darin, dass der Kigali-Sektor seine Truppe konzentrieren sollte, und zwar vorrangig am Flughafen. Wir würden weiterhin

Hilfe suchenden Ruandern, unseren eigenen Mitarbeitern und allen anderen in Notfällen beistehen. Ich schloss die Sitzung, indem ich alle bat, sich etwas auszuruhen.

Ich machte einen Rundgang durch das Hauptquartier. Es gab ein paar hundert ruandische Zivilisten – Männer, Frauen, Kinder –, die auf dem Boden unserer Cafeteria und in den Fluren schliefen. Irgendwann tagsüber hatte Brent die Tore für diese Leute öffnen lassen, aber angeordnet, alle vorher zu durchsuchen. Er sagte mir, dass Henry sehr wütend über diese Verletzung der Sicherheit gewesen sei und ihm ein Disziplinarverfahren angedroht habe (zu dem es nie kam). Diese Leute gehörten zu den Tausenden von Ruandern, die sich zu UNAMIR-Stützpunkten in der ganzen Stadt geflüchtet hatten. Die meisten waren Tutsi, einige gemäßigte Hutu, aber alle bangten sie um ihr Leben. Einige unserer Rettungsversuche waren erfolgreich gewesen, wie beim designierten Premierminister Faustin Twagiramungu, aber die meisten waren es nicht – unsere Patrouillen waren immer wieder von betrunkenen Milizionären und feindseligen Jugendlichen aufgehalten worden.

Und inmitten all diesen Aufruhrs hatte das kanadische Armeehauptquartier aus Ottawa angerufen und auf einmal für jeden zweiten Tag einen Bericht verlangt. Es hatte sich nie sonderlich für unsere Mission erwärmt und in den letzten sechs Monaten nicht auf einen einzigen unserer Wochenberichte reagiert. Dieses plötzliche Interesse kam ein bisschen spät.

Wir hatten in unserem Hauptquartier keine Lebensmittel gelagert, aber irgendwo hatte Brent etwas Schokolade aufgetrieben. Er hatte auch eine alte Matratze in einem Lagerraum gefunden und einige Vorhänge als Decken heruntergerissen, um für mich daraus ein Bett zu machen. Währenddessen telefonierte ich mit New York. Es war nach Mitternacht in Kigali und etwa 15 Uhr an der amerikanischen Ostküste.

Am Telefon waren Kofi Annan, Iqbal Riza und Hédi Annabi. Ich ging die Fehlschläge des Tages durch: der Tod meiner Soldaten und der moderaten politischen Führer, die systematischen Morde, die gescheiterten politischen Treffen, Kagames Angebote und Drohungen, Bagosoras Handlungen, die Wiederaufnahme der Feindseligkeiten – aber sie hatten keine Vorschläge parat, wie man den entfesselten bösen Geist wieder in die Flasche zurückbekommen könne. Ich wies auf die Möglichkeit hin, dass sich die Gemäßigten über Nacht vereinen und sich für uns so die Chance eröffnen könnte, die Lage zumindest militärisch unter Kontrolle zu bringen. Dazu müsste ich ihnen meine Unterstützung anbieten und ihnen das Gefühl geben, dass die internationale Gemeinschaft die Sicherheit gewährleiste. Nein, erwiderten sie, zuerst müssten die Gemäßigten selbst an mich herantreten; ich solle UNAMIR nicht als Schutztruppe für eine Fraktion innerhalb einer der beiden Kriegsparteien anbieten. Diese Anweisung verwirrte mich. Die Gemäßigten würden ihr Blatt nicht offen legen, wenn ich nicht zuerst meines aufdeckte. Ich hielt deshalb dagegen, dass, sollte sich uns eine Chance bieten, Ruanda auf den Weg des Arusha-Abkommens zurückzuführen, wir uns diese Gelegenheit nicht entgehen lassen dürften. Andernfalls würden wir die Initiative erneut den Extremisten überlassen und nichts anderes sein als Zeugen einer menschlichen Katastrophe. Die Antwort schallte laut und deutlich zurück: Ich dürfe nicht Partei ergreifen, es liege an den Ruandern, ihre Angelegenheiten allein zu regeln. Ich sagte, dass ich meinem Dafürhalten nach immer noch ein Mandat hätte, solange die RPF nicht die demilitarisierte Zone überschritten habe. Niemand erhob dagegen Einspruch, aber man erinnerte mich daran, mich nur innerhalb strenger Grenzen zu bewegen. Das New Yorker Triumvirat wies mich an, das Leben von UNAMIR-Soldaten keinesfalls aufs Spiel zu setzen, mich um die Sicherheit aller UN-Zivilisten und Beschäftigten zu bemühen, engen Kontakt zur Ausländer- und Diplomatengemeinde zu halten, meinen Rückzugsplan auf den neuesten Stand zu bringen und mich auf seine Ausführung vorzubereiten. Als ich auflegte, war ich wütend und ausgebrannt: Ich steckte in einer moralischen Zwickmühle.

Es war ein Uhr nachts, aber bevor ich zu Bett ging, besuchte ich noch Faustin, der nach seiner Rettung den Tag am Radio verbracht hatte. Den ganzen Tag über hatte RTLM triumphierend über die Morde an seinen gemäßigten Verbündeten und ihren Familien berichtet. Der Sender ermutigte seine Hörer, alle Tutsi zu töten und auch alle moderaten Hutu, die als Verräter beschimpft wurden. Diese Aufrufe wurden von Musikaufzeichnungen populärer Sänger begleitet, die zu Gewalt aufstachelten, zum Beispiel mit Zeilen wie: »Ich hasse Hutu, ich hasse Hutu, ich hasse Hutu, die glauben, dass Tutsi keine Schlangen sind.« Faustin war überzeugt, dass die Apokalypse angebrochen sei. Was sollte ich ihm erwidern? Ich konnte nur beteuern, dass er in unserem Hauptquartier sicher sei und wir versuchen würden, die geflohenen Mitglieder seiner Familie zu finden. Ich ließ ihn im Zustand großer Verzweiflung zurück.

Als ich mich hinlegte, hörte ich durch das offene Fenster Schüsse und Granatenexplosionen aus dem Osten der Stadt. Mein Kopf quoll über von Geräuschen und Bildern: die verschlungenen Leiber der belgischen Soldaten; Helen, Lando und ihre großartigen Kinder, die um Hilfe riefen und sich dann in ihr Schicksal ergaben; das geronnene Blut und die Schreie im Krankenhaus von Kigali; Bagosoras trügerisches Lächeln; die Präsidentengarde und Interahamwe-Milizen an den Straßensperren, ihre Gesichter von Mordlust erfüllt; das Rätsel Ndindiliyimana; die Stimme von Premierministerin Agathe, als ihr klar wurde, dass sie nicht zum Radiosender würde fahren können, um zu ihrer Nation zu sprechen; ihre Kinder, die in der dunklen Ecke eines Schlafzimmers kauerten und die nächsten Schritte für die ihrer Henker hielten; der Schock in Roberts hellem Gesicht vor der Leichenhalle.

Meine Mission war gescheitert. Ich, sturer Lobbyist für und Kommandeur von UNAMIR, war gescheitert. An Schlaf war nicht zu denken.

Meine Soldaten waren gestorben, nicht für ihre jeweiligen Nationen und Mitbürger, sondern in Verteidigung von Anstand und Menschenrechten. War dies der wahre Preis des Friedens? War es ein Preis, den die Familien, Freunde und Regierungen meiner Blauhelme zu zahlen bereit waren? Der Verlust von zehn belgischen Soldaten war ein Scheidepunkt: Entweder würde mir die internationale Gemeinschaft mehr Beistand leisten und vielleicht diesen Wahnsinn doch noch stoppen, oder sie würde, wie in Somalia, die Toten als Ausrede benutzen, im Angesicht des Unheils zu desertieren.

Der kommende Tag versprach, noch schlimmer zu werden als der gestrige. Ob man uns nun abziehen oder Verstärkung leisten würde: Ich würde nicht vor diesem Schlamassel davonlaufen, und ich war mir sicher, dass Luc, Henry, Tiko, Moen und Yaache genauso dachten. Ich stand auf, kritzelte ein paar Notizen über die morgigen Aufgaben in meinen Kalender, legte mich wieder hin und schlief endlich ein.

Das war das Ende des ersten Tages eines 100-tägigen Bürgerkrieges und eines Völkermords, der uns alle in ein unvorstellbares Blutbad stürzen sollte.

KAPITEL 11

Gehen oder bleiben?

Ich wachte im Morgengrauen des 8. April zum Krach von schwerem Gewehrfeuer auf. Brent hatte mir eine Tasse Tee organisiert, und nachdem ich ihn getrunken hatte, wusch und rasierte ich mich mit dem Inhalt eines Wasserglases. So sollte in den folgenden 100 Tagen meine Morgenroutine aussehen. Die Wasserversorgung der Stadt war bereits unterbrochen, daher mussten wir so viel von unseren Wasservorräten wie möglich zum Trinken reservieren. Monatelang konnten wir von einer Dusche oder einem Bad nur träumen, alle mussten sich mit einer Ration von einem Glas Wasser pro Tag für die Körperpflege begnügen. Wir fingen an, Regenwasser aufzufangen, um unsere Uniformen zu waschen – mit der Hand, häufig ohne Seife –, und verströmten bald alle einen sehr markanten, unangenehmen Geruch.

Bei Morgengrauen war der Mob wieder auf der Straße, Schüsse wurden aus der ganzen Stadt gemeldet. Der Angriff der RPF auf die Präsidentengarde war zurückgeschlagen worden, aber die RPF festigte ihre Stellungen um das Nationalratsgebäude. Teile der Regierungstruppen und der Gendarmerie hatten sich am Vortag dem Wüten der Präsidentengarde und der Interahamwe angeschlossen; es schien, dass die Macht der dritten Kraft nun weit über die extremistischen Einheiten hinausreichte.

Alle UN-Standorte beherbergten Tausende angsterfüllter Ruander. Ich brauchte Klärung aus New York, welche Vollmachten ich zum Schutz dieser Menschen hatte, deren Not zugleich eine moralische Zwickmühle und ein logistischer Albtraum war. Wie konnten wir nur ihre Sicherheit gewährleisten? In der Zwischenzeit öffneten wir weiterhin unsere Tore für alle Zufluchtsuchenden. Beim ersten Morgenappell des Krieges ordnete ich an, alle, die sich in unsere Stützpunkte flüchteten, zu durchsuchen und zu entwaffnen. Außerdem ließ ich die paar hundert Ruander, die bereits in unserem Hauptquartier waren, so bald wie möglich zum Stadion eskortieren. Der Mangel an Wasser und Verpflegung sollte in den folgenden Tagen und Wochen noch etliche Opfer fordern. Wir schützten diese Bürger vor dem sicheren Tod durch die Hand von Extremisten oder der RPF, aber dann mussten wir hilflos zusehen, wie einige von ihnen an Dehydrierung, Krankheit und schließlich Hunger starben. Viele meiner Soldaten, die unter ihnen lebten, wurden ebenfalls krank: Sie brachten es einfach nicht über sich, vor hungernden Menschen, besonders Kindern, die mageren Rationen zu essen, die sie bekamen, und gaben sie auf Kosten ihrer eigenen Gesundheit fort. Humanitäre Hilfe sollte noch lange auf sich warten lassen.

Ich ordnete auch an, alle Stabsoffiziere an diesem Tag per Konvoi aus dem Meridien ins Truppenhauptquartier zu holen. Wenn ich ohne Eskorte durch die Stadt fahren konnte, würden sie es mit Eskorte auch schaffen. Das hatte Vorrang: Wir mussten vollbesetzt und so einsatztüchtig wie möglich sein. Alle Sektoren waren für ihre eigenen Leute verantwortlich und sollten Patrouillen losschicken, um vermisste UN-Soldaten oder -Zivilisten zu retten. Ich wollte sicher sein, dass alle, die mit UNAMIR zu tun hatten, sich bei Anbruch der Nacht in einem sicheren UN-Stützpunkt befanden. Wir mussten immer noch mit der Einschränkung unserer Einsatzregeln zurechtkommen, die Iqbal Riza in New York erläutert hatte, sodass diese Rettungsaktionen eine Frage des Glücks und der Überzeugungskraft, nicht des Einsatzes von Gewalt waren. Zu allem Unglück fielen gerade, als meine Offiziere sich an die Erledigung dieser Aufgaben machten, alle Telefone im Truppenhauptquartier aus.

Am Tag zuvor waren außer den toten Belgiern auch Verwundete zu beklagen – zwei unserer Uruguayer, ein Bangladescher und ein Ghanaer –, und ich wusste, dass wir weitere Verluste erleiden würden. Trotz all unserer Bitten um Nachschub waren selbst die Schränke unseres Feldlazaretts leer; nur das belgische Kontingent hatte Medikamente. Die belgische Herkules, der am 6. April die Landung verweigert worden war, saß in Nairobi fest. Der Flughafen von Kigali stand unter der Kontrolle der Regierungstruppen und blieb für den Verkehr geschlossen. Die beiden gemieteten Hubschrauber waren am Vortag verschwunden – als die Gewalt im Land ausbrach, hatten sich die Piloten nach Uganda abgesetzt. Beide waren zivile Vertragspiloten, wer sollte ihnen einen Vorwurf machen? Aber das Resultat war, dass wir auf Kigali beschränkt waren und keine Möglichkeit hatten, Verletzte auszufliegen. Fast sicher würde jeder Schwerverwundete sterben. Bei jeder Entscheidung, die ich in den folgenden Wochen traf, musste ich das Risiko eines Einsatzes gegen die Tatsache abwägen, dass wir kein medizinisches Sicherheitsnetz und zu wenig Munition hatten.

*

Robert van Putten, mein Adjutant, und ich fuhren zum Haus des Missionschefs. Das Nationalratsgebäude wurde aus mehreren Richtungen beschossen; die RPF erwiderte das Feuer, so gut sie konnte. Wieder kreuzten wir in unserem Geländewagen ein Kampfgebiet. Mitten durch ein Feuergefecht hindurchzufahren, ist entnervend, um es sehr zurückhaltend zu formulieren, besonders in einem ungepanzerten Fahrzeug, aber das sollte zu einer täglichen Erfahrung werden.

Booh-Booh und seinen Stab trafen wir in einem Schockzustand an. Ich riet ihnen allen, in unser Truppenhauptquartier umzuziehen, wo Booh-Booh die Lage besser unter Kontrolle hätte und es ein Satellitentelefon für Anrufe nach New York gab. Zweifellos hatte er bereits Kontakt zur UNO aufgenommen, und der Himmel weiß, was er gesagt hatte oder ob ihm die falschen Leute zugehört hatten. Er bestand jedenfalls darauf, zu bleiben, wo er war, obwohl er sich von den Ereignissen offenkundig überwältigt fühlte und weder ein noch aus wusste. Ich verstand nicht, warum er nicht an einen Ort umziehen wollte, wo er auf der Höhe des Geschehens bleiben konnte, besonders, da ich überzeugt war, dass wir seine Sicherheit bei der Überfahrt garantieren konnten. Ein paar Stunden später geriet sein Haus in ein Kreuzfeuer von RPF und Präsidentengarde, sodass er und sein Stab doch noch evakuiert wurden – aber ins Meridien-Hotel. Das Hotel war ein unpraktischer Kommandoposten, und Booh-Booh verließ sich auf seinen politischen Berater, Mamadou Kane, um zwischen dem Truppenhauptquartier, seinen Räumen im Meridien und politischen Sitzungen, die wir an anderen Orten arrangierten, hin und her zu pendeln.

Wir fuhren weiter zum Nationalratsgebäude, um Paul Kagame zu bewegen, die Wiederaufnahme der Feindseligkeiten auszusetzen, und kamen dabei durch das Niemandsland, das nun RPF und Regierungsarmee trennte. Oberstleutnant Ballis, unser stellvertretender Einsatzoffizier, fing mich am Eingang ab und flüsterte mir ins Ohr, dass die

RPF nicht auf Argumente höre; sie halte unverrückbar an den Vorbedingungen für die Aushandlung eines Waffenstillstands fest und bereite sich auf weitere Kampfhandlungen vor. Im ganzen Land wurden Tutsi gejagt und massakriert, darunter auch Angehörige von RPF-Kämpfern – ein zwingendes Argument, zu den Waffen zu greifen. Wenn die RPF jedoch in die Offensive ginge, würde dies unweigerlich zum Bürgerkrieg führen.

Ich traf mich mit dem verbliebenen Rest der politischen RPF-Führung in der großen Halle, die das Gebäude der Nationalversammlung und den Hotelkomplex verband. Seth Sendashonga, Tito Rutaremara, Dr. Jacques und Kommandeur Charles standen aufgereiht wie Würdenträger eines Empfangskomitees. Ich folgte ihnen in einen kleinen, schlecht beleuchteten Sitzungsraum. Der Kern meines Arguments war, dass die Gemäßigten nicht in der Lage seien, Teile der Armee und Gendarmerie auf ihre Seite zu ziehen, wenn die RPF die Feindseligkeiten wieder aufnähme. Ich drängte sie, den Frieden zu wahren und mir die Möglichkeit zu geben, ein Treffen mit den Gemäßigten des Krisenkomitees zu vereinbaren. »Welche Gemäßigten?«, wollte Seth wissen. Der Premierminister und die anderen Führer seien doch ermordet worden und die Extremisten setzten offenkundig ihren lang erwarteten Plan um. Wenn es Moderate gebe, die noch am Leben seien und Machtpositionen bekleideten, sollten sie ihre wahren Absichten zu erkennen geben, und zwar schnell. Kommandeur Charles würde bald Kagames Befehle ausführen, UNAMIR solle ihm besser nicht in die Quere kommen. Seth ließ immerhin eine kleine Hintertür offen. Falls ich es arrangieren könne, würde sich die RPF mit dem Krisenkomitee treffen, das ein Geschöpf der Armee, nicht der Regierung sei. Ich drängte sie, bei einem solchen Treffen über eine Rückkehr zum Status des Waffenstillstands unter dem Arusha-Abkommen zu verhandeln. Wie üblich mussten sie erst Rücksprache mit dem obersten Rat der RPF halten, bevor sie mir eine Antwort geben konnten. Zumindest, sagte ich, könnten sie mir doch aber ihre Vorbedingungen nennen. Seth betete sie herunter: 1. Das Abschlachten unschuldiger Zivilisten muss aufhören; 2. der wahllose Beschuss der Regierungstruppen auf das Nationalratsgebäude muss aufhören; 3. die Präsidentengarde muss entwaffnet, in ihre Garnison zurückgebracht und verhaftet werden; 4. das Krisenkomitee muss offen die Taten der Extremisten, besonders der Präsidentengarde, verurteilen; 5. das Telefonsystem muss vollständig wiederhergestellt werden; 6. das Krisenkomitee muss seine Führer nennen; 7. das Krisenkomitee sollte gemeinsam mit der RPF ein Kommuniqué über die wahre Lage im Land verfassen und über Radio der Nation bekannt geben; 8. das Krisenkomitee muss vollständig Rechenschaft über die Amtsträger ablegen, die umgekommen oder verschwunden sind. Dann, und nur dann würde sich die RPF zu Verhandlungen über einen Waffenstillstand bereit finden. Das Treffen kam zu einem abrupten Ende, als Glasstücke aus dem Oberlicht herunterprasselten – die Folge von schwerem Maschinengewehrfeuer.

Ich hatte meinen Wagen mit Robert am Eingang zurückgelassen, der trotz der heftigen Schusswechsel noch immer darin wartete. Ich verabschiedete mich rasch von Walter Ballis, einem verlässlichen und soliden Offizier, der an Ort und Stelle bleiben sollte, und wünschte ihm viel Glück. Dann fuhren wir durch die Feuerlinie auf direktem Weg zum Verteidigungsministerium, in der Hoffnung, dort mit Oberst Bagosora, dem persönlichen Referenten des Verteidigungsministers, der jetzt faktisch die Exekutivgewalt ausübte, und seinem Krisenkomitee sprechen zu können. Es dauerte über eine halbe Stunde, um uns an den verschiedenen Straßensperren vorbeizumanövrieren, von denen viele nun Zuschauer angezogen hatten; es war, als ob sich jede Sperre in ein Theater der Grausamkeit verwandelt hätte. Die Macht lag in den Händen von selbst ernannten Bürgerwehren. Näher am Verteidigungsministerium in der Innenstadt besetzten noch immer die Präsidentengarde und das Aufklärungsbataillon die Straßensperren – jenseits des Kontrollpunktes am Hôtel des Mille Collines sahen wir keine Zivilpersonen mehr. Soldaten hielten uns bei jeder Sperre an, blickten in den Wagen und ließen uns passieren. Ich hatte den Eindruck, dass man den Befehl erteilt hatte, uns Bewegungsfreiheit zu gewähren, und hoffte, dass dies für alle UNAMIR-Angehörige gelten würde. Ich irrte mich.

Ich überraschte Bagosora erneut, als er am Kopf des Konferenztisches des Ministers saß und sich mit Politikern verschiedener Parteien unterhielt. Die Männer, die ich erkannte, waren alle bekannte Hardliner. Er stand auf, um mich zu begrüßen, und erklärte, er führe den Vorsitz eines Treffens führender Zivilpersönlichkeiten, um den Übergang von der derzeitigen Militärherrschaft zu einer politischen Herrschaft voranzutreiben. Er war sichtlich nervös: Er druckste herum und versuchte dabei die ganze Zeit, mich zurück zur Tür zu lotsen. Er hätte nicht deutlicher machen können, dass er mich bei der Sitzung nicht dabeihaben wollte. Bevor er mich hinausbugsierte und die Tür vor meiner Nase schloss, sagte er, dass die Regierung am nächsten Tag, dem 9. April, vereidigt werden würde, wahrscheinlich im benachbarten Hôtel des Diplomates. Die meisten überlebenden Politiker waren aus Sicherheitsgründen mit ihren Familien dort eingezogen.

Wütend fuhr ich weiter zum Hauptquartier der Armee in die Kigali-Garnison, um von Oberst Rusatira, dem amtierenden Stabschef, und Oberst Ndindiliyimana, seinem Kollegen von der Gendarmerie, herauszubekommen, welche Richtung Bagosora ihnen vorgegeben hatte. Soldaten öffneten uns die Stahlbarrieren und Tore. Es gab an allen gesicherten Orten Präsidentengardisten, denen sich die anderen Regierungssoldaten offenbar unterordneten. Ich traf Rusatira am Eingang des Bürogebäudes. Er schien erleichtert, mich zu sehen, wie alle Offiziere in seinem Tross, aber er wirkte besorgt und müde. Er beklagte erneut den Tod der Belgier und die Tatsache, dass er die Armee noch immer nicht in den Griff bekommen habe. Einige Einheiten weigerten sich, überhaupt mit ihm Kontakt aufzunehmen; andere hörten ihn an, ignorierten aber seine Befehle. Er war niedergeschlagen, dass die Gemäßigten nicht in der Lage waren, eine geeinte Truppe hinter sich zu scharen. Sowohl er als auch Ndindiliyimana litten unter weitgehendem Kommando- und Kontrollverlust: Ihre Funkgeräte seien nicht verlässlich, ihre Telefonsysteme zusammengebrochen.

Da mir Bagosora keine Chance zum Sprechen eingeräumt hatte, gab ich die Vorbedingungen der RPF an Rusatira weiter und sagte ihm, dass die RPF nur mit dem militärischen Krisenkomitee, nicht mit irgendwelchen Politikern verhandeln würde. Er war einverstanden, sich mit der RPF zu treffen, da er aber die Armee nicht unter Kontrolle habe, könne ich mir ja denken, dass ihn die RPF nicht für sehr glaubwürdig halten würde. Ich schlug ihm vor, wieder wechselseitig Verbindungsoffiziere zwischen unseren Hauptquartieren einzusetzen, fragte ihn dann, wo die entführten Politiker seien. Er wisse es nicht, vermute aber, dass Bagosora darüber informiert sei. Rusatira brachte mich zu meinem Wagen und blickte mir mit einem Gesichtsausdruck nach, den ich kannte: der eines Kommandeurs im Kampfgetümmel einer unmöglichen Mission.

*

Auf dem Weg zurück zum Amahoro-Stadion in unser Hauptquartier beschloss ich, am Hôtel des Mille Collines Halt zu machen, wo viele Ausländer, Ruander und UNAMIR-Mitarbeiter Schutz gesucht hatten.

Die Lobby, das Patio und die Zimmer waren überfüllt mit verängstigten Zivilisten, die sich um mich scharten und um Nachrichten und Schutz baten. Ich beschwor sie, Ruhe zu bewahren, und gab mir alle Mühe, ihnen Mut zu machen, aber über bloße Worte hinaus konnte ich ihnen nichts anbieten.

Ich blickte mich diskret nach Hauptmann Mbaye um, als dieser wie aus dem Nichts auftauchte und mich zur Seite zog. Gestern, als unsere gepanzerten Fahrzeuge ausgeblieben waren, hatte er die Kinder von Premierministerin Agathe geholt, sie unter einem Haufen Kleider in seinem Wagen versteckt und sie zum Hotel gefahren. Es habe auf dem Weg keine Vorfälle gegeben, im Moment seien die Kinder sicher oben in einem der Zimmer. Ich versprach ihm mein Möglichstes, um sie herauszuholen. Ohne Zweifel gab es Spitzel im Hotel, daher riet ich ihm, die Kinder im Zimmer versteckt zu halten.

Draußen vor dem Hotel errichtete eine Gruppe von Interahamwe-Milizionären eine Straßensperre. Ich ging zu ihnen und wollte von ihnen wissen, was sie da taten. Sie sagten, es gebe Verräter im Hotel, daher würden sie niemandem erlauben, es zu verlassen, aber jeder, der in das Mille Collines hineinwolle, dürfe ihre Barrikade passieren. Ein Schauder lief mir über den Rücken. Sie pferchten diese Menschen ins Hotel, um sie später desto bequemer töten zu können. Ich sagte ihnen, das Hotel stünde nun unter dem Schutz der UNO, es sei ihnen nicht erlaubt, es zu betreten. Sie lachten mich aus. Ich winkte eine Gruppe von Militärbeobachtern heran, die unter der Führung eines kongolesischen Majors, Victor Moigny, Zuflucht im Hotel gesucht hatten. Ich befahl dem Major, jede unbewaffnete Person ins Hotel zu lassen und jeder bewaffneten den Zutritt zu verwehren. Er sah mich ungläubig an: Wie sollte er einen Bewaffneten am Hineingehen hindern? Mein Befehl setzte ihn und sein Team einem extremen Risiko aus. Seine einzige Waffe war seine Fähigkeit, zu bluffen, bis ich bewaffnete Soldaten und möglicherweise gepanzerte Fahrzeuge zum Hotel bringen konnte – in das Herz des von Extremisten kontrollierten Gebietes von Kigali.

Auf dem Weg zurück zu unserem Hauptquartier hörten wir sporadisches Feuer aus mehreren Richtungen. Das Hotel Chez Lando – geführt von meiner guten Bekannten Helen Pinsky, die ebenfalls am Vortag umgebracht worden war – stand in Flammen. Es war jetzt früher Nachmittag, der Mob blockierte wieder zu Tausenden den Eingang zum Stadion. Als wir durch die Massen hindurchfuhren, konnte ich an nichts anderes denken als an die Möglichkeit überall ausbrechender

Massaker, wie es in Burundi nach dem Oktoberputsch geschehen war. Wir mussten unbedingt einen Weg finden, um zu verhindern, dass sich das Morden ausweitete.

Drinnen gab es Neuigkeiten. Kagame hatte mit seiner Offensive begonnen und, fast 24 Stunden nach seiner ersten Warnung, die Grenze zur demilitarisierten Zone überschritten. Vor dem Angriff hatten sich alle unsere Soldaten in der Zone von ihren vorgeschobenen oder isolierten Positionen zurückziehen und in ihren Lagern sammeln können. Die Kämpfe waren in der Nähe von Ruhengeri im Nordwesten, Byumba im Zentrum und Gabiro im Osten ausgebrochen, offenbar ein Angriff von drei Seiten. Es sah so aus, als ob Kagame seinen Feind so lange wie möglich über seine Hauptstoßrichtung rätseln lassen wollte. Er hatte seine Truppe für einen Direktangriff auf Kigali massiert, während er gleichzeitig große Truppenkontingente an den gegenüberliegenden Flanken – Ruhengeri und Gabiro – gegen die feindlichen Kräfte aufgestellt hatte. Wenn er entschlossen vorging, könnte er die Garnison in Kigali überwältigen, zu seiner eigenen Einheit in der Stadt vorstoßen und in Rekordzeit die Hauptstadt sowie die Herrschaft über das ganze Land erobern. Dieses Mal gab es keine französischen Interventionstruppen, die ihn aufhalten konnten, und UNAMIR hatte kein Mandat, sich ihm in den Weg zu stellen.

Es saßen zwar heute wieder mehr Offiziere an ihren Schreibtischen als gestern, und Oberst Tikoka, der Chef unserer Militärbeobachter, hatte zudem in einem Raum neben meinem Einsatzzentrum hastig eine neue Zentrale für seine Männer eingerichtet, aber es gab immer noch etliche Stabsoffiziere, die fehlten. Anscheinend war der Befehl, sie im Konvoi in unser Hauptquartier zu bringen, irgendwo zwischen dem Kigali-Sektor und dem Bataillon aus Bangladesch verloren gegangen – wie zu viele meiner anderen Befehle auch. Ich bat Henry, persönlich für einen weiteren Konvoi am nächsten Tag zu sorgen, der alle Stabsoffiziere zu uns bringen sollte. Sie nützten niemandem etwas, wenn sie in ihren Zimmern im Meridien herumsaßen. Da wir keine Verpflegung und kein Wasser mehr hatten, organisierte Henry einen Konvoi, um uns Wasser, Treibstoff und Nahrungsmittel von der Logistikkompanie der Bangladescher zu holen – sie selbst konnte uns den Nachschub nicht bringen, weil sie sich weigerte, ohne bewaffnete Eskorte auszurücken. Nach der Wasserversorgung und dem Telefonsystem war nun auch die Elektrizitätsversorgung in Kigali zusammengebrochen. Wenn uns jetzt noch der Treibstoff für unsere Generatoren ausginge, würden wir sowohl unsere Satellitenverbindung als auch unser Funknetz verlieren und völlig von der Außenwelt abgeschnitten sein.

Es waren nun etwa 15.000 ruandische Bürger, die in unseren Stützpunkten Schutz gesucht hatten, die meisten von ihnen im König-Faisal-Krankenhaus und im Amahoro-Stadion. Die Bangladescher wussten aus den Erfahrungen mit Naturkatastrophen in ihrem Land, dass nun Dehydrierung, Cholera und Ruhr drohten. Sie ordneten den Bau von Latrinen an und sorgten streng für deren Benutzung. Allerdings fehlte uns der Kalk für die Gruben. Was immer wir taten, binnen weniger Tage würden die ersten Menschen sterben.

Ich ging zum Einsatzzentrum, um mich von Oberst Moen, dem leitenden Einsatzoffizier, und den Offizieren vom Dienst über die Gesamtlage ins Bild setzen zu lassen. Während sie mir Bericht erstatteten, meldete Brent, dass der Sicherheitsoffizier des UNDP alle Mitarbeiter seiner Agentur ohne Verluste aufgespürt und in Sicherheit gebracht hatte. Christine de Liso, unsere geschäftsführende Verwaltungsleiterin, hatte die meisten ihrer Leute und die wichtigsten zivilen technischen Mitarbeiter des Hauptquartiers ausgemacht. Es gab keine Berichte über ausländische Opfer – anscheinend hatten es die Extremisten nicht auf UN-Mitarbeiter und Angehörige des diplomatischen Corps abgesehen. Unseren einheimischen Beschäftigten erging es dagegen schlimm. Brent berichtete, dass Patrouillen, die zu den Häusern dieser Mitarbeiter gefahren waren, ermordete Familien vorgefunden hatten – oder die Leute waren verschwunden. Unsere ruandischen Vertragsarbeiter, zumeist Tutsi, waren ein wichtiges Verbindungsglied zur einheimischen Bevölkerung gewesen, hatten für uns gedolmetscht und großen Anteil am reibungslosen Betrieb unseres Hauptquartiers. In den folgenden Stunden konnten wir einige von ihnen retten, aber sie waren ein vorrangiges Ziel der Mörder. In den ersten Tagen der Tragödie fielen ihnen die meisten zum Opfer.

Gerüstet mit dieser Information rief ich New York an und sprach mit Kofi Annan, Iqbal Riza und Maurice Baril. Mein Mandat war praktisch beendet. Ich brauchte Anweisungen, wie ich weiter verfahren sollte. Ich hatte keine Kontrolle über den Flughafen, der einzigen Verbindung zur Außenwelt. Meine Soldaten hielten dort zwar noch ihre Stellungen, aber die Regierungstruppen kontrollierten die Zufahrten, und der Kontrollturm und die Landebahnen blieben gesperrt. Die RPF hatte mich informiert, dass sie den Flughafen als geschlossen betrachte und auf jedes Flugzeug im Landeanflug schießen würde, um jedweden Versuch der Franzosen, der Regierungsarmee zu Hilfe zu kommen, abzuwehren.

Ich berichtete dem Triumvirat von dem humanitären Desaster, das uns mit den Tausenden von Hilfesuchenden in Kigali in den Schoß gefallen war. Ich bat dringend um zwei Bataillone und logistische Unterstützung. Ich wollte versuchen, den gegenwärtigen Kontrollbereich von UNAMIR über die isolierten Stützpunkte hinaus zu vergrößern, da dies der Schlüssel zu einer Evakuierung oder einer doch noch möglichen Ausweitung der Mission war.* Ich war zuversichtlich, meine Vorgesetzten in allen Belangen über den Zustand meiner Truppe und die Situation im Einsatzgebiet der Mission informiert zu haben. In New York musste das Ausmaß der Krise jetzt klar geworden sein. Das Triumvirat riet mir, meinen logistischen Erfordernissen Vorrang zu geben, und versprach mir, dabei nach Kräften zu helfen. Vor allem Kofi Annan richtete ermutigende Worte an mich. Er drängte mich, mit den politischen Parteien in Kontakt zu bleiben und weiterhin zu versuchen, einen Waffenstillstand auszuhandeln.

*

Beim Abendappell stellte sich heraus, dass sich die Lage verschlechtert hatte. Kagame hatte Mulindi mitsamt seinem taktischen Hauptquartier verlassen, wie uns der Sektorkommandeur unserer Militärbeobachter berichtete, der sich in Kagames Begleitung befand. Die RPF-Soldaten zogen aus ihren Lagern aus, gerüstet für den Krieg, mit hoher Moral und Disziplin. Es schien, als brächen sie nur zu einem gut geplanten Manöver auf. Es gab keine Berichte von Gewaltausbrüchen im Sektor der RPF.

In der entmilitarisierten Zone bezogen das ghanaische Bataillon, die Pioniere aus Bangladesch und die Militärbeobachter Verteidigungsstellungen in ihren Lagern. Aus dem Nordsektor erreichten uns Berichte von Mord und Totschlag, besonders in Ruhengeri und Gisenyi. Im Süden, wo Armee und Gendarmerie in großer Stärke ausgerückt waren, blieb alles friedlich. Die Lage war gespannt, aber ruhig, und unsere Militärbeobachter standen in engem Kontakt zu den dortigen politischen, militärischen und polizeilichen Führungskräften, die Recht

* Zu diesem Punkt schickte ich dem DPKO am nächsten Tag zwei ausführliche Berichte zu: »Outgoing Code Cable 8 April 1994. Supplementary Report on UNAMIR Humanitarian Activities« und »Outgoing Code Cable 8 April 1994. An Update on the Current Situation in Rwanda and Military Aspects of the Mission«.

und Gesetz verteidigen und sich an das Arusha-Abkommen halten wollten.

In Kigali waren alle Angehörigen der Bataillone aus Belgien und Bangladesch – die Logistikkompanie, der Transportzug, die Militärpolizeiabteilung und das Feldlazarett – vollzählig und sicher in ihre Stützpunkte eingerückt. Der belgische und auch der französische Botschafter drängten Luc, die Ausländer zu schützen. Ich bestand gegenüber Luc darauf, dass Aufgaben von UNAMIR Vorrang hätten: Der vollständige Evakuierungsplan, der die Ausländer einschloss, würde erst dann ausgeführt werden, wenn der Befehl dazu erginge. Bis dahin waren wir für das gesamte ruandische Volk verantwortlich. Die Milizen blockierten nun ganze Stadtgebiete; Lucs belgische Soldaten wurden körperlich drangsaliert, gelegentlich beschossen. Die Probleme mit dem Bataillon aus Bangladesch häuften sich. Luc hatte den Eindruck, dass diese Einheit nahezu nutzlos war. Die Bangladescher ignorierten entweder die Einsatzbefehle, oder sie meldeten ihre Ausführung, obwohl sie gar nicht aktiv geworden waren. Der befehlshabende Offizier hatte nichts als Entschuldigungen parat; ein Großteil des Kontingents hatte sich aus lauter Angst auf seinem Stützpunkt verkrochen.

Nach dem Abendappell trank ich mit Faustin eine Tasse Tee in meinem Büro. Wir hatten seine Familie bislang nicht finden können. Wieder hatte er den Tag überwiegend vor dem Radio verbracht und die Propagandameldungen von RTLM gehört: ein ewiger Strom von hetzerischen Kommentaren und aufpeitschenden Liedern. Dazwischen wurden immer wieder die Namen und Adressen von Leuten verlesen, die getötet werden müssten. In Ruanda war das Radio fast die Stimme Gottes; wenn das Radio zu Gewalt aufrief, reagierten viele Ruander darauf in dem Glauben, die Untaten würden gutgeheißen. Die Mordlieder, die Faustin gehört hatte, mussten Aufzeichnungen gewesen sein, was bedeutete, dass RTLM bereits seit einiger Zeit wusste, was kommen würde, und somit einer der wesentlichen Komplizen war. Auch ein Aufruf der Armee an die Reservisten, sich zum Dienst zu melden, war über den Äther gegangen. Dennoch glaubte Faustin, dass die RPF diesen Krieg gewinnen würde. Ihre Soldaten kämpften für eine Sache, an die sie glaubten, während die Regierungssoldaten nur um des Mordens willen mordeten.

Nachdem Faustin gegangen war, bestellte ich Oberst Moen zu mir. Moen ist Bangladescher. Ich bat ihn, mir das Verhalten des Kontingents aus seinem Land in den letzten 24 Stunden zu erklären. Er erwiderte, ihr Kommandeur würde ohne zu zögern das Leben seiner Männer riskieren, um Ausländer zu retten, aber er wolle sie nicht in Gefahr bringen, um das Gleiche für ruandische Bürger zu tun. Der Kommandeur habe in dieser Angelegenheit um Anweisung aus Dakka gebeten und sei in seiner Haltung völlig bestätigt worden. Verlegen fügte Moen hinzu, dass ich jeden Befehl schriftlich erteilen müsse, der nach Ansicht des Kontingentkommandeurs unnötigerweise das Leben seiner Männer aufs Spiel setze.

Diese Haltung machte mich wütend. Ich sagte Moen, dass ich genug hätte von der mangelnden Tapferkeit und dem unprofessionellen Verhalten seiner Landsleute. Ich erwarte, dass meine Befehle befolgt würden. Die Soldaten aus Bangladesch trügen lediglich die gleichen Risiken wie die anderen UNAMIR-Soldaten – sie seien hier nicht im Urlaub. Ich wies Moen an, dem Kommandeur der Einheit zu befehlen, bei Morgengrauen in voller Stärke anzutreten, den Mob um das Stadion und das Truppenhauptquartier zu vertreiben und die Kreuzungen für den Verkehr zu öffnen. Und die Truppe solle – unter dem persönlichen Befehl des Kommandeurs – diese vorgerückten Stellungen halten. Moen tat mir leid. Er war ein erfahrener Offizier, Absolvent des amerikanischen Army Command and General Staff College in Leavenworth. Ich wusste, dass er sich für das Verhalten seiner Landsleute schämte. Als UN-Kommandeur konnte ich ohne Erlaubnis aus New York keinen Offizier feuern, der im Rang höher stand als ein Oberstleutnant, besonders keinen befehlshabenden Offizier, aber wenn ein gleichrangiger Landsmann Druck auf den Kontingentkommandeur ausübte, ließe der sich vielleicht doch zu Taten bewegen.

Nachdem Moen gegangen war, ermunterte mich Brent, Beth anzurufen und sie wissen zu lassen, dass es mir gut gehe. Ich bin froh, dass ich es tat. Tagsüber hatte schon der Regimentspfarrer mit ihr gesprochen, um ihr alle erdenkliche Hilfe anzubieten, und sie hatte sofort das Schlimmste befürchtet. Sie sagte mir, dass sie und die Kinder für mich beteten und den Mut nicht sinken ließen. Jeden Tag, den ich nun in Ruanda verbrachte, lebten sie – wie die Frauen und Kinder der anderen UNAMIR-Soldaten auch – auf Messers Schneide, stets in der Befürchtung eines Anrufs oder eines Besuchs mit der Nachricht, dass etwas Furchtbares geschehen sei. In dieser Epoche 24-stündiger TV-Kriegsberichterstattung müssen die Familien der Missionsangehörigen den Einsatz ebenso durchleben wie ihre Männer selber – ein neues Phänomen, das unseren Lieben und uns gleichermaßen zu schaffen machte.

Ich stellte meinen schriftlichen Bericht an New York fertig und verließ vor Mitternacht, immer noch ruhelos, das Büro, um durch die dunklen Korridore zu gehen. Die Ghanaer hatten an diesem Tag die Bewachung des Truppenhauptquartiers übernommen; ich wollte mir ansehen, wie sie aufgestellt waren. Ich stieg auf das Dach der Hotelrotunde und traf auf zwei ghanaische Soldaten, die von hier aus den Parkplatz überblickten und mit einem Maschinengewehr sicherten. Sie hatten außerdem eine M72-Panzerabwehrrakete, wussten aber nicht, wie man sie bedient. Ich hielt eine kurze Waffenausbildung im Dunkeln ab und ging dann weiter auf das Dach des Hauptgebäudes, wo ein Beobachtungsposten errichtet worden war. Ich erschreckte den einsamen ghanaischen Wachposten so heftig, dass er sich buchstäblich in die Hosen machte. Ich setzte mich zu ihm, um ihn zu beruhigen, dann schickte ich ihn los, damit er seine Hosen wechseln konnte, während ich ihn auf seinem Posten vertrat. Die Stadt war weitgehend ruhig. Als ich dort im Dunkeln saß, blickte ich prüfend auf unseren Umgrenzungszaun und stellte mir vor, wie ihn Hunderte von Extremisten einrissen, um Faustin in die Hand zu bekommen. Das Bild erinnerte mich an den Film *Khartoum*, in dem Scharen von Derwischen die Treppe hinaufstürmen, um General Gordon und seine Männer zu töten.* Würden meine Soldaten unter einer UN-Flagge kämpfen, um Faustin zu verteidigen? Zum ersten Mal an diesem Tag fühlte ich mich wahrhaft von aller Hoffnung verlassen und in der Falle, ein Gefühl, das ich entschlossen beiseite schob, als der junge Ghanaer zurückkam, um mich abzulösen.

Irgendwann nach Mitternacht trafen ein RPF-Offizier und ein Zug Soldaten an unserem Haupttor ein. Brent wurde von den ghanaischen Wachen gerufen, um mit dem Offizier zu sprechen, der frech einen UN-Blauhelm wie eine Trophäe trug und mit Faustin zu sprechen verlangte. Brent forderte ihn auf, den Helm abzusetzen und seine Waffen und Soldaten vor dem Tor zu lassen. Der Offizier erklärte, er sei gekommen, um Faustin in Sicherheit zu bringen. Wir überbrachten dem designierten Premierminister das Angebot, doch Faustin weigerte sich, da er Distanz zur RPF halten müsse, um seine Glaubwürdigkeit bei

* Der britische General Charles Gordon wurde am 26. Januar 1885 ermordet, als »El Mahdi« (»der von Gott Geleitete«), ein eifernder Derwisch, mit einer Armee von Aufständischen die von Gordon verteidigte sudanesische Hauptstadt einnahm und eine Herrschaft errichtete, die erst 1898 von Lord Kitchener mit einem Sieg über die Mhadi-Armee beendet wurde. (A.d.Ü.)

den Moderaten und dem Volk von Ruanda zu wahren. Er zog es vor, unter unserem Schutz zu bleiben.

Es war gegen zwei Uhr, als ich eine Weile einnickte. Um 2.45 Uhr weckte mich ein Anruf von Maurice aus New York: In 45 Minuten – also um 3.30 Uhr – würde auf dem Flughafen von Kigali erst eine französische, dann eine belgische Militärtruppe einfliegen, um die ersten Ausländer zu evakuieren. Ich wurde leichenblass, und das nicht nur wegen der kurzfristigen Ankündigung. Ich erinnerte Maurice daran, dass wir den Flughafen nicht mehr in der Hand hatten. Was, wenn die Regierungstruppen (oder, wie sie angedroht hatte, die RPF) die Flugzeuge abschössen? Warum wurde ich erst informiert, als die Flugzeuge schon in der Luft waren und möglicherweise sogar schon in den ruandischen Luftraum einflogen? Maurice versicherte, dass er davon selbst eben erst erfahren habe, und wies mich an, bei der Evakuierung zu helfen.

Da die Telefone nicht mehr funktionierten, musste ich unseren unsicheren Funk benutzen, um Luc zu beauftragen, die Flughafen-Kompanie über das unmittelbar bevorstehende Eintreffen der Franzosen zu alarmieren. Luc hatte selbst gerade einen Anruf von General Charlier erhalten, dem belgischen Stabschef. Ich funkte Ballis im Nationalratsgebäude an und bat ihn, die RPF davon in Kenntnis zu setzen, dass die französische Truppe nur komme, um Ausländer auszufliegen. Die RPF solle um Gottes willen nichts unternehmen.

Mit ausgeschaltetem Licht, um bloß keine verlockende Silhouette abzugeben, stand ich an dem kleinen Fenster meines Büros und wartete auf einen Anruf von Luc, der mir jeden Moment ein Unheil verkünden oder mich über die sichere Landung der Flugzeuge unterrichten würde. Eine leichte Brise wehte durch das Insektengitter. Einen Augenblick lang meinte ich, menschliches Stöhnen zu hören, als ob Hunderte entfernter Stimmen vom Wind herangetragen würden. Ich erinnere mich nicht, wie lange ich dort stand und voller Unbehagen in die Nacht hineinlauschte, aber endlich hörte ich das Heulen eines landenden Flugzeugs auf dem Flughafen. Zu meiner Erleichterung wurde es nicht von Gewehrfeuer oder Explosionen beantwortet.

Ich ignorierte mein Lager auf dem Boden und beschloss, mich ein bisschen in meinem Lehnstuhl auszuruhen, während ich mir vorzustellen versuchte, wie wohl die verschiedenen Parteien auf die jetzt gerade einschwebenden Militärtrupps reagieren würden: die Armee gewiss misstrauisch, verärgert und besorgt über die neuen belgischen

Soldaten, die RPF ebenso gewiss misstrauisch, verärgert und besorgt über die Franzosen. UNAMIR säße in der Mitte gefangen. Aber vielleicht erwies sich diese unverhoffte Aktion auch als Gelegenheit, meinen Einfluss auf beide Parteien zu behaupten, da jede nur über mich an die Franzosen und Belgier herankommen könnte. Ich betete, dass es keine weitere Konfrontation zwischen den Franzosen und der RPF in dieser schon jetzt chaotischen Lage geben würde – oder zwischen den Belgiern und den Regierungstruppen. Die RPF hatte Flugabwehrgeschütze, Mörser und möglicherweise Boden-Luft-Raketen im Nationalratsgebäude. Der Flugplatz lag nur vier Kilometer davon entfernt – noch gut in ihrer Reichweite. Aber nun begann mich die Mühe der Anspannung zu übermannen. So sehr ich hatte wach bleiben wollen, ich schlief im Stuhl ein.

*

Das Kontingent der Bangladescher musste nie die Probe bestehen, die ich ihm auferlegt hatte. In dieser Nacht rückte die RPF in unser Gebiet vor. Am Morgen des 9. April gab es keine Menschenmassen, keinen Mob, keine Milizen mehr, nur disziplinierte und kooperative RPF-Soldaten, die unser Gebiet wohl weniger deshalb eingenommen hatten, um uns beizustehen, als vielmehr, um die vielen Tausend verängstigter Menschen im Stadion zu schützen. (Später behauptete die RPF, einen Funkspruch abgefangen zu haben, der den Fallschirmjägern in der Kanombe-Garnison befahl, unser Hauptquartier anzugreifen und Faustin festzunehmen oder zu töten.)

Im Einsatzzentrum bestätigte der Offizier vom Dienst, dass bereits drei französische Flugzeuge mit etwa 300 Fallschirmjägern am Flughafen gelandet seien. Weitere Flugzeuge würden demnächst eintreffen. Wollten die Franzosen etwa doch erneut in die Kämpfe eingreifen, oder waren sie wirklich nur hier, um ihre Landsleute zu evakuieren?

Luc traf einige Minuten später ein und teilte mir jubelnd mit, dass Willy Claes, der belgische Außenminister, in New York für eine sofortige Verstärkung von UNAMIR und eine massive logistische Nachschuboperation warb. Wenn wir ein neues Mandat und die nötige Truppe erhalten würden, könnte es uns vielleicht gelingen, die beiden Parteien an den Verhandlungstisch zurückzubringen. Beim Morgenappell wies ich den Kigali-Sektor an, so viele Rettungsaktionen zu übernehmen, wie sie irgend bewältigen konnten. Ich bekräftigte meine Order vom Vortag, dass unsere Tore allen Asylsuchenden offen stehen sollten. Die Nachschubroute für unsere Truppe in der demilitarisierten Zone war nun unterbrochen; wir würden herausfinden müssen, ob wir sie nach Kigali verlegen sollten, sofern denn das überhaupt noch möglich war. Angesichts unserer knappen Ressourcen hatten wir keine Möglichkeit, diese Soldaten mit einem einzigen Transport zu uns zu holen. Wir müssten über mehrere Tage einen regelrechten Pendelverkehr einrichten, was den Großteil unserer Fahrzeuge und unseres Treibstoffs in Anspruch nehmen würde.

Meine erste Anlaufstelle an diesem Morgen war das Nationalratsgebäude. Ich machte mich auf einen kühlen Empfang gefasst. Nicht nur waren die Franzosen auf dem Flughafen gelandet, im Radio hatte die Regierungsarmee auch alle Reservisten aufgefordert, sich zum Dienst zu melden; außerdem war zu hören, dass die neue Regierung eingesetzt worden sei und man bald die Namen der Minister bekannt geben würde. Für die RPF waren diese Schritte eine offene Kriegserklärung. Seth erklärte kategorisch, dass es keine irgendwie geartete Anerkennung für diese illegitime und eindeutig extremistische Regierung geben werde: Diese Krise sei keine Überreaktion auf den plötzlichen Tod des Präsidenten, sondern ein Staatsstreich. Die RPF sei lediglich bereit, mit Vertretern der Armee über die Beendigung des Mordens und die Verhaftung der Präsidentengarde zu verhandeln, aber erst nachdem das Krisenkomitee ihre Vorbedingungen erfüllt hätte. Ich sprach die Möglichkeit lokaler Waffenruhen an, um ausländischen Truppen und UNAMIR die Durchführung humanitärer Aktionen einschließlich der Evakuierung von Ausländern zu erlauben, was Seth widerwillig zubilligte. Wenn jedoch solche humanitären Anstrengungen in eine militärische Unterstützung der Regierungstruppen münden sollten, dann würde die RPF gewaltsam eingreifen – ob nun gegen die Franzosen, die Belgier oder auch gegen UNAMIR. Ich erwiderte, dass ich ab 16 Uhr einen 48-stündigen Waffenstillstand in Kigali wolle. Unser Abschied war düster und voller Misstrauen, ohne jede Freundlichkeit.

Ich fuhr zum Verteidigungsministerium, um Bagosora zu finden und mehr über die neue »Interimsregierung« in Erfahrung zu bringen. Die Stadt versank im Chaos. Die Menschen zogen in Scharen mit ihrer gebündelten Habe Richtung Stadtrand. Es lagen Leichen auf der Straße, umgeben von großen Blutlachen, die in der Sonnenhitze schwarz geworden waren, sodass die Körper wie verkohlt aussahen. Gruppen von Interahamwe-Milizen und Regierungssoldaten streiften zwischen den Straßensperren umher, die häufig nur aus ein paar Steinen oder leeren Plastikkisten bestanden. Die Wachen an den Barrieren waren aggressiv, verhielten sich eher wie Tiere, die Blut geleckt hatten, als wie Sicherheitsbeamte, die legitimerweise nach angeblichen RPF-»Eindringlingen« suchten. Bei jeder Straßensperre plärrten Radios die Musik und Gewaltaufrufe von RTLM über die Köpfe der Ruander jeden Alters hinweg, die, vor Angst wie erstarrt, in langen Reihen anstanden, um ihre Papiere kontrollieren zu lassen. Immer mehr Menschen ließen sich in die Gewaltakte hineinziehen, als ob sich die blutige Raserei exponentiell ausbreiten würde.

Vor dem Verteidigungsministerium standen nur wenige Wachen. Von denen erfuhr ich, dass sich alle fraglichen Personen im Hôtel des Diplomates aufhielten. Im Hotel traf ich auf einige Minister mit ihren Familien, die ihre Koffer und Besitztümer in Autos packten. Niemand wollte stehen bleiben und mit mir ein Wort wechseln, sie waren einzig darauf aus, so schnell wie möglich aus der Stadt herauszukommen, um sich in Gitarama, etwa 60 Kilometer westlich von Kigali, in Sicherheit zu bringen. Die Szene erinnerte mich eher an den Fall Saigons als an die Einsetzung einer Regierung, die angeblich entschlossen war, die Kontrolle im Land zu übernehmen. Bagosora war nirgends zu sehen.

Rusatira, Ndindiliyimana und andere Mitglieder des Krisenkomitees waren immer noch im Armeehauptquartier. Sie sagten mir, dass die Mobilisierung der Reservisten ein schrecklicher Fehler gewesen sei und sie Funkbotschaften und Faxe an alle Einheiten schickten, damit aufzuhören. Ich konnte keinen möglichen Lösungsweg erkennen, und ihnen ging es nicht anders. Sie konnten die Vorbedingungen der RPF nicht garantieren. Da die Interimsregierung nun angeblich eingesetzt war – Bagosoras Werk, da war ich mir sicher –, würde sich das Krisenkomitee wahrscheinlich auflösen. Und was sollte das für eine Regierung sein? Die verbliebenen Minister waren im Aufbruch, und es gab keine organisatorische Infrastruktur mehr. Trotzdem bat ich Rusatira und seine Leute um eine Waffenpause, damit die Franzosen und Belgier ihre Landsleute evakuieren konnten – wieder eine hohle Geste, da niemand im Krisenkomitee die Eliteeinheiten der Regierungstruppen im Griff hatte. Das hatte bestenfalls Bagosora: Ohne seine Kooperation wäre die Evakuierung gefährdet, besonders, wenn die belgischen Soldaten, die Luc erwartete, noch im Laufe des Tages einträfen.

Als ich zum Truppenhauptquartier zurückkehrte, sah ich weitere Leichen, die wie Lumpenhaufen an den Straßenrand geworfen waren, während Flüchtlinge an ihnen vorbeiströmten, die alles daransetzten, diesem Schicksal zu entgehen.

*

Brent und ein Team von Militärbeobachtern verbrachten den Tag damit, Rettungsaktionen mit einem der Panzerfahrzeuge zu unternehmen. Beim ersten Versuch holten sie mehrere zivile UN-Mitarbeiter mit ihren Familien ab und auch die kanadische Geschäftsträgerin, Linda Carroll, die Brent eine Liste von Kanadiern übergeben konnte, die in Kigali lebten.*

An diesem Tag wurde Brent von Marek Pazik und Stefan Stec begleitet, beides polnische Offiziere, die kurzzeitig in der Gikondo-Gemeindekirche einquartiert worden waren, die als »polnische Mission« bekannt war, weil sie von Priestern aus Polen geleitet wurde. Pazik und Stec hatten es unter dem strengen Regiment der Geistlichkeit nicht lange ausgehalten, aber zwei ihrer Landsleute, Militärbeobachter wie sie, waren geblieben. Am Morgen hatte uns ein schwacher Hilferuf über Funk von den Männern aus der Mission erreicht. Die Batterien des Funkgeräts waren fast leer; Brent hatte nur verstanden, dass es vor der Kirche Morde gegeben hatte.

Ohne zu wissen, was sie erwartete, nahmen Brent, Pazik und Stec ihre Waffen und fuhren mit einem Offizier und drei Mann aus Bangladesch im Panzerwagen mit geschlossenen Luken zur Gikondo-Kirche. Auf dem Weg kamen sie durch Gefechte zwischen Regierungstruppen und der RPF und passierten Straßensperren der Gendarmerie sowie die ständig zunehmenden, chaotischen Milizsperren. Sie sahen die Leichen von Männern, Frauen und Kindern in der Nähe dieser Straßensperren. So viele Menschen waren auf den Beinen, dass es aussah, als zöge die gesamte Bevölkerung aus Kigali aus.

* Linda Carroll ist der Inbegriff einer krisenfesten Diplomatin. Seit dem Absturz der Präsidentenmaschine hatte sie ihre Gebietsbeauftragten gewarnt, alle über Funk beruhigt, die meisten Kanadier aufgespürt, die sie in Kigali kannte, und es geschafft, sie an zentralen Orten zu sammeln. Mithilfe unserer Botschaft in Nairobi und anderswo führten Brent und sein Team in den folgenden zwei Wochen Dutzende von Einsätzen durch, um nicht nur Kanadier, sondern auch Ruander und Menschen anderer Nationalitäten zu retten. Es gab eine große Schwierigkeit: Ihren Unterlagen zufolge ging Linda Carroll davon aus, dass es nur 65 kanadische Bürger in Kigali gab, doch wir evakuierten 195. Viele Reisende und Ausländer nehmen ihre Sicherheit nicht ernst und fühlen sich nicht verpflichtet, sich bei ihren Botschaften oder Konsulaten im Ankunftsland zu melden – was den Männern und Frauen, die versuchen müssen, sie im Krisenfall zu retten, gewaltige Anstrengungen abverlangt und ihnen große Kopfschmerzen bereitet.

Vor der Kirche hielten sie und stiegen aus. Pazik und ein Soldat aus Bangladesch gingen in das Pfarrhaus hinein, um die polnischen Militärbeobachter zu suchen, während Brent und Stec die ersten Anzeichen eines riesigen Massakers entdeckten. Gegenüber der Kirche auf der anderen Straßenseite war eine ganze Gasse nahe einer hastig verlassenen Schule mit den Leichen von Frauen und Kindern übersät. Als Brent und Stec versuchten, deren Anzahl festzustellen, donnerte ein Lastwagen voller bewaffneter Männer vorbei. Brent und Stec beschlossen, sich zur Kirche zurückzuziehen. Stec ging hinein, während Brent an der Tür blieb, um ihm Deckung zu geben und den Panzerwagen im Blick zu behalten. Sie stießen auf ein Bild unglaublichen Grauens – die erste solcher Szenen, deren Zeuge UNAMIR wurde, und zugleich der erste Beweis für einen Völkermord, auch wenn uns der Begriff zu dieser Zeit noch nicht geläufig war. In den Gängen und auf den Bänken lagen die Leichen von Hunderten von Männern, Frauen und Kindern. Mindestens 15 von ihnen waren noch am Leben, aber in einem furchtbaren Zustand. Die Priester leisteten den Überlebenden erste Hilfe. Ein Baby schrie, während es versuchte, an der Brust seiner toten Mutter zu saugen – ein Anblick, den Brent bis heute nicht vergessen kann. Pazik fand die beiden polnischen Militärbeobachter in einer Ecke hockend, derart erschüttert und schockiert, dass sie kaum in der Lage waren, zu berichten, was sich abgespielt hatte.

In der Nacht zuvor hatten die Regierungstruppen das Gebiet abgeriegelt, dann war die Gendarmerie von Haus zu Haus gegangen und hatte die Papiere kontrolliert. Alle Tutsi, Männer, Frauen und Kinder, waren zusammengetrieben und zur Kirche gebracht worden. Ihre Schreie hatten die Priester und die beiden Militärbeobachter alarmiert, die herbeieilten und die Kirchentür öffneten. Dort wurden sie prompt festgenommen. Man hielt ihnen Gewehrläufe an die Hälse und drückte sie so gegen die Wand. Sie wurden mit vorgehaltener Waffe gezwungen, den weiteren Ereignissen zuzuschauen. Zunächst trieben die Gendarmen die Tutsi ins Kircheninnere, dann sammelten sie die Ausweise der Erwachsenen ein und verbrannten sie, dann riefen sie die zahlreichen zivilen, mit Macheten bewaffneten Milizionäre heran und übergaben die Opfer ihren Mördern.

Methodisch und mit viel Prahlerei und Gelächter gingen die Milizionäre von Bank zu Bank und hieben und hackten mit ihren Macheten auf die Menschen ein. Einige starben sofort, andere, die bereits schreckliche Wunden davongetragen hatten, bettelten um ihr Leben oder um das ihrer Kinder. Niemand wurde verschont. Eine schwangere Frau schlitzten die Mörder auf, zerschnitten ihren Fötus, die meisten anderen Frauen verstümmelten sie furchtbar. Den Männern spalteten sie die Schädel; wer nicht sofort starb, erlag seinen Verletzungen nach kurzem Todeskampf. Kinder flehten um ihr Leben, aber erlitten dasselbe Schicksal wie ihre Eltern. Genitalien waren ein bevorzugtes Ziel der Gewalttaten, die Opfer wurden verblutend zurückgelassen. Es gab keine Gnade, kein Zögern und kein Mitleid. Die Priester und Militärbeobachter, Gewehrläufe am Hals, Tränen in den Augen, die Schreie der Sterbenden in den Ohren, flehten für die Opfer, woraufhin die Gendarmen mit den Gewehrläufen nur noch fester zudrückten und ihre Köpfe hochrissen, damit sie das Grauen besser sehen konnten.

Das Morden mit Macheten ist eine harte Arbeit. Irgendwann in der Nacht wurden die Mörder müde von ihrem grauenvollen Werk und verließen die Kirche, vermutlich, um etwas zu schlafen, bevor sie zum nächsten Ort weiterzogen. Die wenigen Überlebenden regten sich oder stöhnten unter den Körpern, die sie geschützt hatten, und die Priester und Militärbeobachter taten für sie, was sie nur konnten.

Beide Militärbeobachter waren von Gefühlen überwältigt, als sie die Ereignisse der Nacht erzählten. Einer verfiel in völliges Schweigen, der andere war fertig: Er habe schon in anderen Ländern gedient, im Irak und in Kambodscha, aber jetzt sei es genug, er fahre nach Hause. Die Männer mussten von dort fort, zurück in die Sicherheit des Hauptquartiers, um halbwegs ihr Gleichgewicht wieder zu finden. Brent drängte die Priester, mit ihnen zu kommen, aber die Geistlichen wollten sich um die Verwundeten kümmern – zu viele, als dass sie alle im Panzerwagen Platz gefunden hätten. Er und die anderen überließen den Priestern ein Funkgerät mit aufgeladener Batterie, alles Wasser, das sie hatten, und einen kleinen Erste-Hilfe-Kasten. Sie versprachen, so schnell wie möglich eine Rettungsaktion zu starten, aber da es bereits Nachmittag war, würde bis zum Einbruch der Dunkelheit wohl keine Hilfe mehr eintreffen können. Dazu musste erst eine große, bewaffnete Eskorte mit Ambulanzen oder Lkw zusammengestellt und die dann an Dutzenden von Straßensperren vorbeimanövriert werden. Aber die Priester waren zuversichtlich, dass sie sich über Nacht würden verstecken können, da die Milizen und Gendarmen sicher mit ihnen fertig seien.

Die UNAMIR-Soldaten, die sich wie Deserteure fühlten, kehrten zum Hauptquartier zurück, die polnischen Militärbeobachter wurden ins Bett gebracht. Wir wiesen den Kigali-Sektor an, eine Rettungsaktion zu unternehmen, er konnte sie aber, wie Brent vermutet hatte, erst am nächsten Tag ausführen – Dutzende von anderen Einsätzen waren bereits im Gange. Früh am nächsten Morgen berichteten uns die Priester über Funk, dass die Milizen in der Nacht zurückgekehrt seien. Unser Panzerfahrzeug war vor der Kirche gesehen worden, was die Mörder alarmiert hatte. Sie wollten nun alle Beweise für das Massaker vernichten. Sie hatten die Verwundeten ermordet und die Leichen mitgenommen und verbrannt.

Die Entscheidung, die Priester und die Opfer zurückzulassen, hatte furchtbare Konsequenzen, aber so sind nun einmal die Entscheidungen, die Soldaten im Krieg zu treffen haben. An manchen Tagen muss man Entscheidungen fällen, die für bestimmte Menschen die Rettung, dann wieder welche, die für andere das Todesurteil bedeuten. Diese unschuldigen Männer, Frauen und Kinder waren einfach nur Tutsi. Das war ihr Verbrechen.

Das Massaker war kein spontaner Akt. Es war eine gut ausgeführte Operation unter Beteiligung der Armee, der Gendarmerie, Interahamwe und von Zivilbeamten. Das Ausweissystem, eingeführt in der belgischen Kolonialzeit, war ein Anachronismus, der zum Tod von unzähligen unschuldigen Menschen führte. Durch die Vernichtung dieser Ausweise und die Löschung ihrer Namen aus den Gemeinderegistern wurden diese Menschen aus der Menschheit getilgt, sie hatten schlicht nie existiert. Bevor der Völkermord zu Ende war, sollten noch Hunderttausende andere auf diese Weise ausgelöscht werden. Die Männer, die diese Verbrechen organisierten und begingen, wussten, dass es Verbrechen, keine Handlungen eines gerechten Krieges waren, und sie wussten auch, dass man sie dafür verantwortlich machen konnte. Die Interahamwe kehrte zurück, um die Beweise zu vernichten. Die gesichtslosen Bürokraten, die den Milizen die Namenslisten übergaben und die Register vernichteten, spielten ihren Teil. Wir befanden uns nicht in einem Krieg von Siegern und Besiegten, wir waren mitten in einem Schlachthaus, auch wenn es noch Wochen dauern sollte, bevor wir das Grauen bei seinem richtigen Namen nennen konnten.

*

Ich fuhr an diesem Tag um etwa 14 Uhr zum Flughafen. Auf dem Weg wichen wir Feuergefechten zwischen RPF und dem Fallschirmjägerbataillon der Regierungstruppen im Nordosten des Flughafens aus, weniger als einen Kilometer von unserem Hauptquartier entfernt. Auf der Fahrt zu meinem Treffen mit dem französischen Kommandeur drängte sich mir die Frage auf, was die eilige Evakuierung ausländischer Staatsbürger über die Bereitschaft der UNO erahnen ließ, im Land zu bleiben. Schaffte man die Ausländer außer Landes, um den Weg für eine Militärintervention freizumachen, oder hatte man die Absicht, Ruanda aufzugeben?

Meine Unterhaltung mit Oberst Poncet war kurz und bündig. Der französische Kommandeur zeigte kein Interesse, mit uns zusammenzuarbeiten. Dieser unglückliche Austausch war ein erstes Vorzeichen, wie sich die französische Evakuierungstruppe mit ihrer »Opération Amaryllis« in der Folge UNAMIR gegenüber verhalten sollte. Poncet sagte, seine Mission sei die Evakuierung der Ausländergemeinde innerhalb der nächsten 48 bis 72 Stunden. Wir hatten von den Militärbeobachtern am Flughafen gehört, dass die Franzosen bereits etliche Ruander evakuiert hatten. Zwölf Mitglieder der Präsidentenfamilie waren Teil dieser Gruppe, aber Poncet bestand mir gegenüber darauf, dass er nur da sei, um Ausländer und »Weiße« auszufliegen. Ich sagte ihm, dass es in zwei Stunden einen Waffenstillstand geben müsste, die Regierungstruppen diesen aber nicht garantieren könnten. An diesem Punkt entschuldigte sich Poncet, drehte sich um und schritt, ohne auf eine Antwort von mir zu warten, von dannen. Ich beschloss, dass Luc jeden künftigen Austausch mit diesem rüden Franzosen übernehmen würde.

Später am Nachmittag fuhr ich zum Meridien, um mich mit Booh-Booh zu treffen. Am Eingang stand nun der Kommandoposten des belgischen Bataillons. Ich blieb stehen und sprach dort mit Oberstleutnant Dewez, den ich seit der Ermordung seiner Männer nicht mehr gesehen hatte. Ich drückte ihm mein Beileid aus und bat ihn, Zurückhaltung und Disziplin in seiner Einheit zu bewahren.

In der Lobby umschwärmten mich Hunderte von UN-Zivilisten und Ruander, die auf Nachrichten warteten. Ich sagte ihnen, dass der Kommandoposten des belgischen Bataillons ins Hotel verlegt worden sei, um für ihre Sicherheit zu sorgen. Im Hotel gäbe es noch Lebensmittel und Wasser, sie sollten es aber rationieren. Ich teilte ihnen mit, dass eine Evakuierung angelaufen sei. Bis dahin sollten sie Ruhe bewahren, sich ausruhen und sich von Fenstern und Balkonen fernhalten.

Die Suite des Missionschefs lag im obersten Stock, und da die Fahrstühle nicht funktionierten, kam ich etwas außer Atem an. Sein Gebäudeflügel war bis auf ihn und seinen Stab leer; er hatte den Hotelmanager gebeten, aus Sicherheitsgründen alle Zivilisten zu entfernen. Booh-Booh saß in einem großen Stuhl, umgeben von seinen politischen Beratern, darunter Mamadou Kane. Ich wurde nicht sonderlich herzlich empfangen. Eine Kugel war durch eines der Fenster geflogen, nun hatten sie Angst. Ich erklärte ihnen, dass es von vornherein unklug gewesen sei, in den obersten Stock zu ziehen – wenn sie darauf bestünden, dort zu bleiben, sollten sie in Fensternähe sehr vorsichtig sein. Wir besprachen die neue Interimsregierung. Booh-Booh insistierte, dass weder die UNO noch die internationale Gemeinschaft dieses illegitim eingesetzte Extremistenregime anerkennen dürften, stimmte aber meiner Anregung zu, mit ihr in Kontakt zu bleiben, und sei es nur, um ihre Absichten zu ergründen. Ich sagte ihm, dass die RPF nur mit den Militärführern des Krisenkomitees verhandeln würde und ich Ndindiliyimana und Rusatira ermutigt habe, ein solches Mandat von der neuen Regierung zu erbitten. Augustin Bizimana, der Verteidigungsminister, wurde am folgenden Tag aus Kamerun zurückerwartet und würde sehr wahrscheinlich wieder ihre politische Führung übernehmen.

Zurück im Hauptquartier waren die Nachrichten nicht berauschend. Mit vielen Beobachterteams hatten wir keinen Funkkontakt mehr, sie waren entweder Geiseln, verwundet oder hatten sich zur Flucht entschlossen. Wir konnten nichts für sie tun, außer New York zu bitten, sich bei den Nachbarstaaten um Asyl für sie einzusetzen. Ich erfuhr außerdem, dass ein großer Konvoi, eskortiert von UNAMIR-Militärbeobachtern und ruandischen Regierungssoldaten, an diesem Tag die Residenz des amerikanischen Botschafters verlassen hatte und nach Süden Richtung Burundi unterwegs war. In der Nacht zuvor hatte Brent einen Anruf von einem Mann erhalten, der sich als Offizier des amerikanischen Marine Corps bei einer militärischen Truppe im burundischen Bujumbura ausgab; er habe nur überprüfen wollen, ob er die richtige Nummer meines Büros habe. Wir hörten nie wieder etwas von ihm, erfuhren aber später aus einer Reihe von Quellen, dass etwa 250 Marines der US-Armee nach Kigali unterwegs gewesen, dann aber nach Burundi umgelenkt worden waren; sie hatten angenommen, UNAMIR verstärken und US-Bürger schützen zu sollen.

Am Abend rief ich New York an und beschrieb die Situation. Das DPKO hatte meine Berichte vorliegen: Außer den politischen Morden und den wahllosen Tötungen ließ sich mit dem Verbrechen in der polnischen Mission jetzt ein erstes systematisches ethnisches Massaker belegen, zudem standen 20.000 Ruander unter unserem unsicheren

Schutz. Doch obwohl es in Kigali nun von ausländischen Soldaten wimmelte, war keine Nation daran interessiert, uns zu verstärken, abgesehen von Belgien und einigen kleineren Staaten der Dritten Welt. Mittlerweile operierte ein französisches Fallschirmjägerkommando von 500 Mann vom Flughafen aus, 1.000 belgische Fallschirmjäger sammelten sich in Nairobi. Dem ließen sich noch die 250 Marines in Bujumbura hinzufügen. Eine Truppe dieser Größe, gut ausgebildet und gut ausgerüstet, konnte dem Morden möglicherweise ein Ende setzen, aber eine solche Option wurde nicht einmal in Erwägung gezogen.

Als ich am Abend meine Tour durch unser Hauptquartier machte, stand allen die Erschöpfung ins Gesicht geschrieben, doch die Moral war unglaublich gut. Man muss wissen, wo die eigenen Leute moralisch, mental und physisch stehen und wie viel mehr man ihnen abverlangen kann. In dieser Nacht war ich davon überzeugt, dass wir weitermachen konnten. Als ich mich in mein Büro zurückzog, überraschte mich Brent nicht nur mit einem Teller Reis und Curry, den er von den Bangladeschern organisiert hatte, sondern auch mit dem Versprechen, dass am nächsten Tag belgische Rationen eintreffen würden. Robert hatte außerdem eine Fahrt zu unserem Haus in Kigali riskiert und sich geschnappt, was immer er konnte, darunter eine Uniform zum Wechseln für mich und weitere Toilettenartikel. Die letzte Wohltat, die er für mich bereithielt, war ein Waschbecken voll heißen Wassers, schon jetzt ein unvorstellbarer Luxus.

*

Als ich am Sonntag, dem 10. April, aufwachte, war das Gewehrfeuer in der Stadt sporadischer geworden, aber der Geruch des Todes hatte zugenommen. Ich wies die Ghanaer an, die Gegend nach Leichen abzusuchen und sie zu beseitigen, um das Risiko von Krankheiten für uns und die Ruander, die wir beherbergten, zu vermindern. Sie fanden in wenigen 100 Metern Entfernung von unserem Hauptquartier hinter einem Abhang in einem Elendsviertel 80 Tote, stapelten sie auf einen Haufen, begossen sie mit Dieselöl und verbrannten sie. Der schreckliche Gestank hielt sich in der Hitze. Ich fragte mich, ob es diese Leute gewesen sein konnten, deren Sterbeseufzer ich durch das Fenster gehört hatte, als ich auf die Landung der Franzosen wartete. Es mochte also wirklich das Stöhnen von Menschen gewesen sein und nicht das Geräusch des Windes.

Ich brauchte den Flughafen zurück; es war der einzige Weg, die Mission weiterzuführen oder zu verstärken. Dort dominierten nun Franzosen und Belgier, aber sie würden sich bald zurückziehen. Der einzige Anreiz sowohl für die RPF als auch für die Regierungstruppen, mir den Flughafen zu überlassen, war das Versprechen humanitärer Hilfe, die nur eintreffen würde, wenn UNAMIR selbst dieses Einfallstor ins Land sicherte. Diese Überlegung sollte später in das »Sicherheitsabkommen über den internationalen Flughafen von Kigali« münden. Aber zuerst musste ich die Parteien zu einer grundsätzlichen Einwilligung bewegen.

Ich machte mich auf zu meiner täglichen Tour zu den politischen und militärischen Führern, pendelte zwischen Armee und RPF hin und her und suchte nach Möglichkeiten für Verhandlungen. Die Fahrt ins Herz von Kigali war ein Weg durch die Hölle, Tausende und Abertausende Menschen wanderten herum, immer noch mehr Straßensperren wurden errichtet, immer noch mehr Leichen häuften sich vor ihnen. Was mich schockierte, war die Resignation der Menschen, die geduldig Schlange standen und darauf warteten, als Opfer identifiziert zu werden.

Im Hauptquartier der Regierungstruppen erfuhr ich, dass Bizimana nun aus Kamerun zurück war, also ging ich zum Verteidigungsministerium, um mit ihm zu sprechen – noch ein Mann, der nicht allzu froh war, mich zu sehen. Ich sagte ihm, ich sei gekommen, um möglichst rasch eine Waffenpause als Auftakt umfassender Waffenstillstandsverhandlungen zu erreichen. Wie erwartet, erwiderte er, dass nun die Interimsregierung für die Armee verantwortlich und das Krisenkomitee aufgelöst sei. Er glaube, die Regierung und die örtlichen Behörden würden die Lage bis zum nächsten Mittag im Griff haben. In einigen Stunden treffe er sich mit Jean Kambanda, dem neu ernannten Premierminister. Ich bat ihn, die Straßensperren zu beseitigen und sagte ihm, dass ich den Flughafen offen halten wolle, damit humanitäre Hilfslieferungen hereinkommen und Ausländer das Land mit geringerem Risiko verlassen könnten. Bizimana war nicht erfreut über das Signal, das die plötzliche Abreise der Ausländer bedeutete, erklärte aber, dass auch er einen Waffenstillstand und die Rückkehr zum Waffenkontrollabkommen im Kigali-Sektor befürworte.

Ich verließ ihn und fuhr durch das immer gefährlichere Spalier von Straßensperren zum Nationalratsgebäude. Dort war gerade ein Schusswechsel im Gange, als ich eintraf; ich musste mein Fahrzeug verlassen und den Hügel zum Gebäude zu Fuß hinaufgehen. Ich wurde in einen dunklen Raum geführt, wo die drei RPF-Politiker mich erwarteten. Ich gab Bizimanas Versicherungen an sie weiter und dankte ihnen für ihre Zurückhaltung im Hinblick auf die französischen Soldaten, aber damit öffnete ich bloß die Schleusentore ihres Ressentiments. Sie waren mit Recht außer sich, dass es auf breiter Front zu Mord und Totschlag kam. Seth beschwerte sich wütend, dass die Franzosen UNAMIR-Fahrzeuge benutzt hätten, um bekanntermaßen extremistische Ruander zum Flughafen zu fahren, wo sie aus dem Land geflogen wurden. Er hielt mir auch vor, dass die Franzosen mehrfach von diesen Fahrzeugen aus geschossen hätten. Es war tatsächlich absolut inakzeptabel, dass die Franzosen UNAMIR in dieser Weise benutzten, meine Soldaten damit in Gefahr brachten und bei allen Beteiligten Verwirrung über den Zweck der Blauhelme stifteten. Begütigend wandte ich ein, Luc spreche bereits mit dem französischen Kommandeur über diesen Punkt. Dann kam die Rede auf die Waffenruhe und die Verhandlungen über den Flughafen; sie versprachen, meine Bitte sofort an Generalmajor Kagame weiterzuleiten. Ich hatte Kagame seit dem Osterwochenende nicht mehr gesehen und bot an, an jeden beliebigen Ort in Ruanda zu reisen, um ihn zu treffen.

Ich verließ das Gebäude auf einem sichereren Weg und kam am Behelfslazarett der RPF vorbei, wo Soldaten und einige Zivilisten behandelt wurden. Der Raum mit seinen dunkelgrünen Wänden, seinen schwarzen Möbeln und seiner schlechten Beleuchtung, dem Schreien und dem Blut war wie eine Szene aus Dantes Inferno.

Ich fuhr direkt zur amerikanischen Botschaft weiter und traf gerade noch rechtzeitig ein, denn Botschafter Rawson und sein Stab waren bereits dabei, die letzten Gepäckstücke in ihren Autos zu verstauen. Rawson war froh, mir auf Wiedersehen sagen zu können, und dankte für die Unterstützung meiner Militärbeobachter bei ihrer Evakuierung. Er hatte in den vorangehenden Monaten hart daran gearbeitet, die festgefahrene politische Situation zu überwinden, und war eines der einflussreichsten Mitglieder in der kleinen diplomatischen Gemeinde im Land. Ich muss gestehen, dass seine Abreise einen weiteren Hoffnungsfunken in meinem Herzen erlöschen ließ.

Ich beschloss, den belgischen Botschafter zu besuchen, der zum Koordinator des Evakuierungsplans ernannt worden war. Während ich den Hügel zu seiner Residenz hinaufstieg, kam ich an einem Sammelpunkt vorbei, an dem französische Soldaten Ausländer in Fahrzeugen unterbrachten. Hunderte von Ruandern hatten sich versammelt, um all die verängstigten weißen Geschäftsleute und Mitarbeiter nichtstaatlicher Organisationen samt ihrer Familien bei der Abreise zu beobachten. Als ich mir den Weg durch die Menge bahnte, sah ich, wie aggressiv die Franzosen schwarze Ruander, die Asyl suchten, aus dem Weg stießen. Ein Gefühl der Scham überkam mich. Die Weißen, die ihr Geld in Ruanda gemacht und so viele Ruander als Diener und Arbeiter angeheuert hatten, ließen sie nun im Stich. Dem eigenen Wohl dienen, die eigene Haut retten: Das war die Parole des Tages. Eine große Zahl von belgischen Blauhelmen war um die Botschafterresidenz aufgezogen, im Gebäude selbst saß Militärpersonal an den Funkgeräten und plante die Evakuierung. Ich sagte Botschafter Swinnen, dass bis Mittag des nächsten Tages hoffentlich eine Waffenruhe in Kraft sei, die seinen Konvois weit größere Sicherheit verschaffen würde.

Ich fuhr dann zum Hauptquartier des Kigali-Sektors, wo Luc mitten in einem Satellitengespräch mit dem belgischen Stabschef in Brüssel war. Während ich auf ihn wartete, machte ich eine Runde durch das Hauptquartier, wo Funkgeräte kreischten und eine Schar von Stabsoffizieren, müde und zerfahren, aber offenkundig noch immer effizient, in ständiger Bewegung war. Als Luc sein Gespräch beendet hatte, erstattete er mir Bericht über die Lage in seinem Sektor und seine Zusammenarbeit mit den Franzosen. Die neuen belgischen Kräfte sollten im Wesentlichen den Flughafen sichern und, aus offensichtlichen Gründen, die Straßen Kigalis so weit wie möglich meiden. UNAMIR würde die Konvois zum und vom Flughafen organisieren, die französischen Soldaten die Sammelpunkte bewachen und die Eskorten stellen. Die Evakuierung sollte am nächsten Tag um zehn Uhr morgens ernsthaft beginnen.

Ich sprach dann das Problem an, dass Lucs Kompanie am Flughafen ohne Genehmigung meinem Kommando entzogen und der Operation Silverback unterstellt worden war, dem belgischen Teil der Evakuierungsaktion. Dies sei auf direkten Befehl aus Belgien geschehen; Luc sah sich außerstande, irgendetwas dagegen zu unternehmen. Auch das DPKO hatte dagegen nichts ausrichten können. Etliche belgische Stabsoffiziere waren nicht aus dem Urlaub zurückgekehrt, darunter Frank Claeys, mein Nachrichtenoffizier. Luc hatte gehört, dass diese Männer überhaupt nicht mehr zu UNAMIR zurückkommen würden, sondern der belgischen Evakuierungstruppe zugeteilt worden seien. Taktisch war das aus belgischer Sicht äußerst sinnvoll, aber mir in dieser kritischen Phase der Mission diese wichtigen Offiziere wegzunehmen, erschien mir unverantwortlich und gefährlich. Luc beschwichtigte mich: Der Rest der Belgier unterstehe weiterhin meinem Kommando. Aber er hatte einiges auszuhalten, als ich mir in den folgenden Tagen meiner zunehmenden Frustration über die Ausfälle bei den Belgiern Luft machte.

*

Es wurde dunkel, als ich wieder in unserem Hauptquartier eintraf. Mein neuer leitender Nachrichtenoffizier, Hauptmann Amadou Deme, stand mit einem Bericht über die Lage außerhalb von Kigali bereit. Die Schlinge der RPF um Byumba, wo fünf bis sieben Bataillone der Regierungstruppen stationiert waren, zog sich zu. Byumba war Bizimanas Heimatstadt, der Verteidigungsminister betrieb dort seine Privatgeschäfte und besaß auch ausgedehnte Ländereien in dem Gebiet. Die Stadt selbst war nicht zu verteidigen; Bizimana opferte eindeutig das Leben seiner Männer, um seinen eigenen Reichtum zu schützen – ein dummer Zug, den Kagame ohne Zögern ausnutzen würde. Deme berichtete auch, dass sich die RPF anscheinend von Ruhengeri zurückgezogen hatte und sich auf die Umklammerung von Byumba und die Öffnung eines Korridors nach Kigali konzentrierte. Die RPF-Kolonne, die am 8. April Mulindi zu Fuß verlassen hatte, war an diesem Morgen singend in der RPF-Garnison im Nationalratsgebäude eingetroffen. Ein Zwei-Tage-Marsch von 60 Kilometer durch feindliches Territorium mit schweren Rucksäcken und Waffen, und sie kamen immer noch singend in Kigali an! Es waren Jugendliche – junge, harte Burschen, mit Hingabe bei der Sache. Es gab für mich keinen Zweifel, dass sie diesen Krieg gewinnen würden. Aber konnten sie ihre Leute retten?

Auch die andere Offensive im Osten durch die Kagera-Region auf Kibungo zu hatte Schwung gewonnen – die Regierungstruppen rannten um ihr Leben. Gabiro war gefallen, und UNOMUR berichtete, dass die gesamte ugandisch-ruandische Grenze im Osten nun in der Hand der RPF war. Ich vermutete, dass Kagame alle Kämpfe in Kigali vermeiden wollte, bis die Franzosen abrückten, um ihnen keinen Vorwand für eine Intervention zu liefern. Er würde wohl eher die Regierungsarmee in Byumba einschnüren und das Grenzgebiet zu Tansania erobern, um von Osten her weiter auf Kigali vorzurücken. Er beherrschte den Manöverkrieg wie nur wenige andere Kriegsherren der modernen Militärgeschichte, aber seine Brillanz forderte einen hohen

Tribut. Während er seine zeitraubenden Truppenbewegungen orchestrierte, eskalierten die Morde an den Bürgern nur noch weiter.

Jean Kambanda und der neue Außenminister, Jérôme Bicamumpaka, baten mich zu einer Unterredung ins Hôtel des Diplomates. Wir fuhren in fast völliger Dunkelheit zum Hotel; auf den Straßen war wenig Bewegung, einige Straßensperren waren unbesetzt. Ein Dutzend Feuer brannten in der ganzen Stadt, beißender Qualmgeruch erfüllte die Luft. Es war kurz nach sieben, als ich am Hotel ankam. Kambanda und Bicamumpaka erwarteten mich in einem abgedunkelten Raum. Es waren nur wir drei anwesend, und sie gaben sich trotz des höflichen Händeschüttelns keine Mühe, ihre Feindseligkeit zu verbergen. Ich warnte sie, meine Anwesenheit nicht mit einer Anerkennung ihrer Regierung zu verwechseln; ich sei nur gekommen, um zuzuhören. Sie wärmten alle alten politischen Streitigkeiten auf, als ob das Arusha-Abkommen nicht gescheitert wäre, als ob die Massaker auf den Straßen nicht weitergingen. Aus ihrer verqueren Sicht hatte die RPF die Feindseligkeiten durch einen Angriff auf die Präsidentengarde begonnen, und auch UNAMIR habe Schuld, weil sie die RPF aus ihrem Gebäude herausgelassen habe. Und wo, wollten sie wissen, war Faustin? Ich sagte ihnen, ich wisse es nicht. Das Treffen fand ein abruptes Ende. Noch im Aufstehen ließ ich sie wissen, dass sie sich keine falschen Hoffnungen machen sollten: UNAMIR würde nicht abrücken. Die Überraschung war ihnen von den Augen abzulesen, als ich sie verließ.

Am späten Abend rief mich ein Berater des UN-Generalsekretärs an, um herauszufinden, was in Ruanda vor sich ging. Ich sagte ihm, mit 4.000 schlagkräftigen Soldaten könne ich das Morden stoppen. Um 22.30 Uhr rief ich das DPKO an. Maurice Baril wollte wissen, wo meine Analyse der möglichen Optionen bleibe. Welche Analyse? Was für Optionen? Wollten sie uns abziehen, uns zum Ausharren veranlassen, uns Verstärkung schicken? Sechs Panzerfahrzeuge von der UN-Truppe in Somalia seien zu uns auf dem Weg, teilte mir Maurice mit, außerdem arbeite die Abteilung für Feldeinsätze (FOD) fleißig an unseren Logistikproblemen. Ich schlug ihm meinen ganzen Ärger über das Vorgehen der Franzosen und Belgier um die Ohren und beschwerte mich bitter, dass die Franzosen meine Fahrzeuge am Flughafen gestohlen und von ihnen aus geschossen hatten. Wieder endete das Gespräch mit ermutigenden Worten, die kaum fruchtloser hätten sein können. Maurice versprach, Beth anzurufen. Nachdem ich aufgelegt hatte, holte mich schließlich die Erschöpfung ein. Ich schlüpfte unter die Vorhänge meiner auf dem Boden liegenden Matratze und fiel in einen tiefen Schlaf.

*

11. April, der fünfte Tag des Gemetzels. Der Sicherheitsrat und das Generalsekretariat waren offensichtlich ratlos, was sie tun sollten. Immer weitere Berichte verlangten sie von mir, bevor sie konkrete Schritte unternehmen wollten. Was hätte ich ihnen denn noch erzählen sollen, was ich nicht bereits in grauenhaften Details geschildert hatte? Der Geruch des Todes in der heißen Sonne; die Fliegen, Maden, Ratten und Hunde, die ausschwärmten, um sich an den Toten zu laben. Zuweilen schien es, als sei der Geruch in die Poren meiner Haut gekrochen. Mein christlicher Glaube war das moralische Gerüst gewesen, das mich in meinem Erwachsenenleben gestützt hatte. Wo war Gott inmitten all dieses Grauens? Wo war Gott in der Reaktion der Welt?

An diesem Tag verloren 2.000 Ruander ihr Leben, weil sich die Belgier von einem ihrer Stützpunkte zurückzogen. Nach dem 7. April hatten sich die Ruander zusammen mit ein paar Ausländern in das belgische Lager in der Don-Bosco-Schule geflüchtet. An diesem Morgen waren französische Soldaten zur Schule gekommen, um die Ausländer zu evakuieren. Nachdem sie fort waren, rief der Kompaniekommandeur, Hauptmann Lemaire, seinen Vorgesetzten, Oberstleutnant Dewez, an, um für seine Kompanie die Erlaubnis einzuholen, den Flughafen zu verstärken. Er erwähnte die 2.000 Ruander nicht, die seine Soldaten in der Schule beschützten. Als Dewez zustimmte und die Truppe abrückte, kam die Interahamwe und schlachtete fast alle Ruander ab.

Trotz unserer mündlichen und schriftlichen Berichte über die sich verschlimmernde Lage und Episoden wie diese wurde in New York nicht über eine Verstärkung von UNAMIR diskutiert. Maurice hatte mir bei mehreren Gelegenheiten klar gemacht, dass niemand an Ruanda interessiert war, und nun, wo das Risiko unwägbar wurde, brachte man erst recht kein Interesse auf. In New York fehlte es an Führung. Wir hatten eine Flut von Berichten geschickt und nichts zurückerhalten: keinen Nachschub, keine Verstärkung, keine Entscheidungen. Wenn tatsächlich die Option einer Verstärkung vom Tisch war, wollte ich wenigstens dafür sorgen, dass ein völliger Rückzug aus dem Land ebenfalls nicht in Betracht gezogen wurde.

Damit UNAMIR an der Evakuierung teilnehmen konnte, unterzeichnete ich an diesem Abend neue Einsatzregeln, die es meinen Soldaten erlaubten, Angehörige der Kriegsparteien zu entwaffnen und nach Warnschüssen einzugreifen. Nach den neuen Regeln konnten die Kommandeure an Ort und Stelle über das Maß der erforderlichen Gewalt entscheiden. Die Frage bleibt, ob ich die Befugnis hatte, meine eigenen Einsatzregeln für die Dauer der Evakuierung zu ändern. Aber ich war vor Ort, ich führte den Befehl, mir war die Mission erteilt worden, daher traf ich diese Entscheidung.

Meine erste Priorität war die Waffenruhe. Bizimana hatte jedoch keinen großen Einfluss in der Übergangsregierung. Anders sein Büroleiter Bagosora. Er war gewandt und machtgierig genug, aber er hielt sich verborgen. An diesem Tag verließ ich unser Hauptquartier um sieben Uhr, um mich um die Aushandlung einer Waffenruhe zu bemühen. Es brauchte acht verschiedene Treffen, für die ich – vorbei an immer wütenderen, betrunkeneren Milizionären an den Straßensperren – hin- und herfahren musste, aber schließlich hatte ich die Unterschriften: Die RPF unterzeichnete um halb drei in der Nacht, die Regierungsarmee morgens um sechs. Die Waffenruhe erlaubte die sichere Evakuierung von 650 Ausländern aus 22 Nationen mit zehn französischen Flügen. 211 UN-Mitarbeiter wurden in drei Herkules-Maschinen der kanadischen Streitkräfte ebenfalls ausgeflogen. Eine Kompanie französischer Spezialkräfte traf ein, und weitere Fallschirmjäger hielten sich in Bangui in der Zentralafrikanischen Republik in Bereitschaft. Mit acht Flügen kam die Hälfte der belgischen Fallschirmjägerbrigade ins Land, zusammen mit Motorrädern und drei Panzerfahrzeugen.

Ich verzeichne den 12. April als den Tag, an dem die Welt nach dem mangelnden Interesse, das sie schon zuvor für Ruanda bewiesen hatte, dazu überging, die Ruander ihrem Schicksal zu überlassen. Die rasche Evakuierung der Ausländer war das Signal für die Völkermörder, die Apokalypse zu entfesseln. In jener Nacht bekam ich vor Schuldgefühlen kein Auge zu.

*

Kagames Truppen hatten die Umzingelung abgeschlossen und begannen nun mit dem Angriff auf Byumba. Der Generalmajor hatte mir 24 Stunden Vorwarnung gegeben, um meine Soldaten aus der demilitarisierten Zone bei Byumba abzuziehen. Nachdem ich das DPKO von unserer bedrängten Lage in der Zone unterrichtet und meinen Notfallplan für einen möglichen Rückzug vorgelegt hatte, schickte mir New York eine kleine Erinnerung daran, dass nur der Generalsekretär einen Rückzug anordnen dürfe – wir sollten weitere Order abwarten. Einerseits wurde ich gewarnt, keine unnötigen Risiken einzugehen, andererseits wurde mir befohlen, keine unmittelbar erforderlichen taktischen Entscheidungen zu treffen, um Risiken zu vermeiden. An diesem Punkt beschloss ich, selbst zu entscheiden, ob und wann ich die Truppe abziehen würde.

Kagames Stabschef schickte mir eine formelle Erwiderung auf meine Absicht, in der demilitarisierten Zone zu bleiben: »Wir haben alles Erdenkliche getan, um UNAMIR zu schützen. Bislang haben wir Byumba trotz des Granatbeschusses des Feindes nicht unter Geschützfeuer genommen. Wir haben unsere Verpflichtung erfüllt.« Damit war die Sache entschieden.

Die Schlacht in Kigali eskalierte an diesem Tag. Es gab mehrere Artillerie- und Mörserscharmützel, wobei die Kämpfe im Norden und Osten der Stadt intensiver und entschlossener waren. Ein paar Granaten explodierten in der Nähe meines Hauptquartiers und von Lucs Kommandoposten im Kigali-Sektor. Einige der vielen Tausend Menschen, die im Amahoro-Stadion und um das König-Faisal-Krankenhaus Schutz gesucht hatten, wurden verwundet. Von den Militärbeobachtern, die noch im Land unterwegs waren, kamen frische Horrormeldungen. Aus Gisenyi, einem Touristenort am Kivusee, berichtete ein österreichischer Militärbeobachter von der festlichen Ausgelassenheit, mit der die Mörder dort zu Werke gingen: Während sie Männer, Frauen und Kinder auf den Straßen niedermetzelten, schienen sie blind für das blanke Grauen und das Inferno, das sie anrichteten. In Kibungo betrieben Regierungssoldaten eine Politik der verbrannten Erde gegen Tutsi und gemäßigte Hutu. In Teilen Kigalis waren Planierraupen herbeigeschafft worden, um bei den Straßensperren tiefere Gräben auszuheben und die Leichenberge zu verringern. Gefangene in ihrer rosafarbenen Gefängniskluft warfen Leichen auf Mülllaster, mit denen sie fortgeschafft wurden. Man mache sich das einen Moment lang begreiflich: Es gab so viele Leichen, dass sie auf Müllwagen geworfen werden mussten. Ganze Stadtteile waren bis auf streunende Hunde verlassen.

Kagame brachte ungefähr drei weitere Bataillone in den Norden Kigalis. Es gab viel Bewegung im Osten der demilitarisierten Zone in Richtung auf den Kagera-Nationalpark und die in Nord-Süd-Richtung verlaufende Hauptstraße entlang der tansanischen Grenze. In Butare im Süden war die Lage angespannt, weil Präsidentengardisten in dem Gebiet marodierten. In Cyangugu, Kibuye und Gikongoro kam es zu ethnischen Morden durch Regierungssoldaten und Leute, die im Verdacht standen, der CDR nahe zu stehen. Teams unserer Militärbeobachter nahmen Kontakt zu einem Konvoi des Internationalen Roten Kreuzes auf, der mit humanitären Hilfsgütern aus Burundi ins Land gekommen war. Die Franzosen hatten ihre Evakuierungsoperation fast abgeschlossen und begannen mit dem Rückzug; Lucs Soldaten übernahmen die französischen Positionen am Flughafen. Frankreichs Botschafter hatte die Botschaft geschlossen und war abgeflogen.

Am Abend brachte mir Brent die Kopie eines »Kommuniqués der ruandischen Streitkräfte«. Es plädierte für ein persönliches Treffen zwischen Rusatira und Kagame unter Schirmherrschaft von UNAMIR und war von Rusatira, Gatsinzi, fünf Obersten und drei Oberstleutnants der Armee unterzeichnet, darunter unserem Verbindungsoffizier Ephrem Rwabalinda. Sie erklärten, es habe zu viele Morde gegeben, sie seien daher zu einer bedingungslosen Kapitulation um zwölf Uhr am folgenden 13. April bereit, und sprachen sich für die Einsetzung der in Arusha verabredeten Übergangsregierung aus, die schon so oft verhindert worden war. Ich fragte mich, warum Ndindiliyimanas Unterschrift nicht auf dem Kommuniqué stand, aber am nächsten Tag erfuhr ich von ihm, dass er in Butare aufgehalten worden sei, wo er einigen Tutsi bei der Flucht aus dem Land geholfen habe. Deshalb habe er nicht rechtzeitig zurück sein können. Natürlich war das Angebot so gut wie wertlos, da die moderaten Politiker der geplanten Übergangsregierung ermordet worden waren und es keine politische Struktur gab, auf der man hätte aufbauen können. Außerdem konnten diese Offiziere überhaupt nicht garantieren, dass sich irgendeines ihrer Kontingente ergeben würde. So naiv das Angebot auch anmutete – der Mut, den es gekostet hatte, und ihr Wunsch, den Krieg zu beenden und das Morden zu stoppen, fanden meinen Beifall. Und wenn Kagame ihnen die Anerkennung und Unterstützung gäbe, die sie brauchten, um eine gemäßigte Gegenbewegung innerhalb der Regierungstruppen zu schaffen, würde es ihnen vielleicht letztlich gelingen, die Extremisten auszuschalten.

Wie sich herausstellte, war das Kommuniqué nur das letzte Hoffnungsgesäusel. Kaum war es abgeschickt, wurde Rusatira als Stabschef abgesetzt. Verteidigungsminister Bizimana gab die Ernennung von

Oberstleutnant Augustin Bizimungu aus der Ruhengeri-Garnison zum Generalmajor und zum Nachfolger Rusatiras bekannt. Bizimungu war ein brutaler, alkoholsüchtiger Tyrann, der seine Befehlsgewalt auf Angst stützte. Er hatte in früheren Konflikten erfolgreich gegen die RPF gekämpft und hasste sie mit Leidenschaft; seine Ernennung war eindeutig ein Zeichen, dass alle Beteuerungen der frisch installierten Zivilregierung, das Morden beenden zu wollen, nur leeres Gerede waren. Es war klar, dass Bizimungu die lethargische Regierungsarmee im Feld auf Zack bringen sollte. Von diesem Moment an hatte ich es bei den Verhandlungen mit der Regierungsseite mit drei bekannten Extremistenführern zu tun: Bizimana, Bizimungu und Bagosora – und Ndindiliyimana, der irgendwie an seinem Stuhl kleben blieb und gegen die Hardliner nichts aufzubieten hatte. Innerhalb von Tagen wurden alle Offiziere, die das Kommuniqué unterzeichnet hatten, auf symbolische Posten versetzt und durch bekannte Extremisten ersetzt. Die letzte Chance der Gemäßigten, die Kontrolle über die Regierung zu erlangen, war verloren.

*

Später am Abend erhielt ich einen Anruf aus Europa. Ein Herr Gharekhan war in der Leitung, der sich mir als Sonderassistent von Butros Butros-Ghali vorstellte. Er teilte mir mit, dass die belgische Regierung gerade beschlossen habe, ihre Friedenshüter aus Ruanda abzuziehen. Zwischen seinen knappen Fragen über die Situation von UNAMIR und meinen ebenso bündigen Antworten sprach er mit jemandem im Hintergrund – ich glaube, dem Generalsekretär selbst. Ich hatte mich nie mit Butros-Ghali unterhalten oder ihn getroffen, und natürlich war ihm erst recht an diesem Abend nicht daran gelegen, ein Wort mit mir zu wechseln, doch sein Assistent bereitete mich offenkundig auf den Gedanken eines völligen Rückzugs von UNAMIR vor. Er bat mich, künftige Optionen zu erwägen, und beendete das Gespräch.

Noch in derselben Stunde rief mich Luc völlig aufgelöst an. Er hatte gerade mit General Charlier um den Rückzug des belgischen Kontingents aus Ruanda gerungen. Luc hoffte, seinen Stabschef überzeugt zu haben, dass ein Rückzug ein gravierender Fehler wäre, aber er wusste sehr wohl, dass Charlier nur Berichte an und Weisungen von der belgischen Regierung weitergab, wo die Entscheidungen fielen. Ich sagte ihm, wir müssten uns am nächsten Morgen mit allen Kontingentkommandeuren treffen, um die Position ihrer jeweiligen Regierungen zu besprechen. Zwar hatte ich zuletzt gehört, dass Willy Claes für eine Verstärkung der Mission plädierte, aber nun hatten die Belgier offensichtlich ihre Position geändert und ihre Absicht zweifellos Butros-Ghali mitgeteilt, der seinerseits Gharekhan angewiesen hatte, bei mir vorzufühlen.

Es war spät. Ich stieg auf das Dach des Hauptquartiers, um die Leuchtspurmunition und die kleinen Explosionen am Himmel über der ganzen Stadt zu beobachten und zu versuchen, einen Moment die Kühle der Nachtluft zu genießen. Bagosora und die Extremisten hatten mit meinem Rückzug gerechnet. Ihr Mann – der offizielle UN-Vertreter Ruandas – saß immer noch im Sicherheitsrat, wo er alles über den Status meiner Mission erfuhr. Da ich mich noch nicht zurückgezogen hatte, würde meine Angstvision vielleicht doch noch wahr werden: Sie könnten versucht sein, auf uns loszugehen, würden über den Zaun kommen, um Faustin zu holen und uns weitere Verluste beizubringen, damit wir Reißaus nähmen. Unsere Befestigung war papierdünn, aber wir würden Faustin nicht kampflos übergeben.

In dieser Nacht bestätigte Maurice, was ich bereits erahnt hatte: Der Generalsekretär würde nach Beratungen mit dem belgischen Außenminister den Ratspräsidenten am nächsten Tag brieflich in Kenntnis setzen, dass die Belgier die Absicht hätten, sich einseitig aus Ruanda zurückzuziehen. Nach Ansicht von Butros-Ghali bringe dies die ganze Mission in Gefahr. Ich wollte den Grund für den Meinungsumschwung der Regierung in Brüssel wissen, aber Maurice kannte ihn auch nicht. Ich machte ihm daraufhin meine Haltung sehr deutlich: Ich würde nicht gehen. Wir konnten die Ruander in dieser Not und die vielen Tausend Menschen unter unserem Schutz nicht im Stich lassen. Booh-Booh hatte am selben Abend eigene Gespräche mit Iqbal Riza und möglicherweise auch mit Kofi Annan geführt. Ich fragte mich, was sie wohl besprochen haben mochten, denn in den folgenden Tagen änderte Booh-Booh seine Meinung ebenfalls und befürwortete nun einen vollständigen Abzug.

Am nächsten Morgen unterrichtete ich meinen Stab von der belgischen Kehrtwende. Wir seien gebeten worden, unsere Notfalloptionen im Fall eines belgischen Rückzugs vorzulegen. Ich forderte die Kontingentkommandeure auf, sich direkt mit ihren Heimatländern in Verbindung zu setzen, um festzustellen, welche Nationen bleiben wollten, welche ebenfalls einen Rückzug beabsichtigten und welche unentschlossen waren. Die USA, Frankreich und Belgien hatten mit ihrer Evakuierung bewiesen, dass diese Mission sehr wohl verstärkt werden konnte. Es war sicher kein Mangel an Mitteln, der sie davon abhielt, meine Mission zu verstärken oder sie sogar unter ihr Kommando zu stellen, um das Morden zu beenden.

Später am Tag sprach ich zum ersten Mal mit der RPF über das Angebot der gemäßigten Offiziere der Armee, sich bedingungslos zu ergeben. Wie vorhergesehen wiesen es Seth und die anderen Politiker rundweg ab. Seth war bei diesem Treffen besonders arrogant; seine Haltung erinnerte mich an die unflexible Position, die die RPF während eines Großteils der Verhandlungen über die Übergangsregierung eingenommen hatte. Wieder wollten sie den Extremisten an die Kehle. Die Armee bestand auf einem Waffenstillstand, damit sie ihre Truppen neu aufstellen und das Morden beenden könne. Die RPF bestand darauf, das Morden müsse aufhören, bevor sie einem Waffenstillstand zustimmte. So ging es hin und her, tagein, tagaus: Beide Seiten verteidigten stur ihre Position, keine war zum Nachgeben bereit.

Zurück in unserem Hauptquartier schickte ich einen weiteren Bericht nach New York, dieses Mal über die Notfalloptionen nach dem belgischen Rückzug. Man kann sich vorstellen, wie trübe sie aussahen, aber mein entscheidendes Argument war, dass wir in irgendeiner Form vor Ort präsent bleiben müssten, um die Ereignisse zu bezeugen und Waffenstillstandsverhandlungen voranzubringen. Am 14. April um 6.12 Uhr erhielt ich ein Telex vom DPKO mit der Bitte, zwei neue Optionen zu sondieren. Die erste war, beiden Seiten mitzuteilen, dass der Generalsekretär den Verbleib von UNAMIR für weitere drei Wochen ohne die Belgier, aber mit einem Großteil ihrer Ausrüstung erwäge, um den Parteien die Möglichkeit zu geben, den Arusha-Friedensprozess wieder aufzunehmen – doch nur, wenn sie die gesamte Zeit über einen Waffenstillstand einhalten und den Flughafen zu neutralem Gebiet erklären würden. Falls es bis zum 30. April keine Einigung gäbe, würde UNAMIR bis zum 7. Mai vollständig abgezogen.

Die andere Möglichkeit? Falls kein Fortschritt möglich sei, sollten beide Seiten wissen, dass UNAMIR nicht in Ruanda bleiben könne und zusammen mit dem belgischen Kontingent abrücken würde. Booh-Booh und ich würden bleiben, zusammen mit einer kleinen Sicherheitstruppe von annähernd 200 bis 250 Mann, um die Vermittlungsbemühungen fortzuführen. Auf die Belgier, so präzisierte das Telex, könnte ich nur noch vier weitere Tage zählen. Das DPKO gab uns acht Stunden Bedenkzeit, in der eine vollständige Liste der Ausrüstung zu erstellen war, die wir von den Belgiern brauchten, und in der ich zur Durchführbarkeit beider Optionen Stellung nehmen sollte.

Ich überflog das angehängte Protokoll der Sitzung des Sicherheitsrates vom Vortag und entdeckte, dass Riza sogar einen noch beunruhigenderen Gesichtspunkt ins Spiel gebracht hatte. Über die Frage des Schutzes von Zivilpersonen hatte Riza bemerkt, dass der Sicherheitsrat erwägen möge, »ob friedenserhaltenden Operationen solche Aufgaben übertragen werden sollten«. Aus humanitären und moralischen Gründen hatte ich den Schutz von Zivilpersonen für selbstverständlich gehalten, und hier stellte einer meiner Vorgesetzten die ganze Idee in Frage. Obwohl wir bis auf unsere schiere Präsenz absolut keine Mittel hatten, um sie zu verteidigen, hatten wir die Flüchtlinge in unseren Stützpunkten bislang recht gut schützen können. Es hatte nur einen Vorfall im Amahoro-Stadion gegeben, als RPF-Soldaten sich ohne Widerstand der Bangladescher gewaltsam Eintritt verschafft und etwa ein Dutzend Zivilisten mitgenommen hatten, die von anderen Ruandern im Stadion bezichtigt wurden, Gräueltaten begangen zu haben. Sie wurden außerhalb des Stadions standrechtlich erschossen.

Als ich beim Appell den unmittelbar bevorstehenden Rückzug der Belgier bekannt gab, fühlten sich die belgischen Stabsoffiziere verraten, waren wütend und beschämt. Sie waren seit November bei mir gewesen, und nun, da sich die Lage als Katastrophe erwiesen hatte, wurde ihnen befohlen, Ruanda seinem Schicksal zu überlassen. Das militärische Ethos des Gehorsams gegenüber Vorgesetzten wurde an diesem Morgen zweifellos auf eine harte Probe gestellt. Ich bat Henry, einen Reorganisationsplan für den Stab des Hauptquartiers ohne die Belgier auszuarbeiten, und stürzte alle Anwesenden fast in Verzweiflung, als ich die von New York vorgeschlagenen Optionen erläuterte, die nach Abzug der Belgier zur Wahl stünden. Der einzige Lichtblick war, dass die belgischen Stabsoffiziere durch kanadische ersetzt werden konnten, von denen drei in den nächsten Tagen aus Somalia zu UNAMIR verlegt werden sollten. Ich hatte das Versprechen erhalten, in den folgenden Wochen acht oder neun weitere kanadische Offiziere zu bekommen. Während andere Länder Ruanda aufgaben, hatte allein Kanada die Entscheidung getroffen, die Mission zu verstärken.

Dies war auch der Tag, an dem ein belgischer Richter eintraf, um den Mord an den zehn Fallschirmjägern zu untersuchen. Ich gab die Anweisung, ihm jede Unterstützung bei der Zeugenbefragung zu gewähren: Alle Angehörigen von UNAMIR – mich eingeschlossen – sollten ihm bei Bedarf zur Verfügung stehen. Ich hatte bereits einen Untersuchungsausschuss unter Führung des russischen Oberstleutnants Dunkow eingesetzt, dessen sämtliches Material der belgischen Militäruntersuchung zur Verfügung gestellt werden sollte.*

*

Am Nachmittag traf ich mich mit dem Verteidigungsminister. Bizimana war überglücklich, dass die Belgier abzogen; er behauptete, dies würde die Spannungen unter seinen Kollegen, in der ruandischen Armee und der Bevölkerung als Ganzer abbauen. Wir nahmen nach dem Treffen wegen schwerer Feuergefechte um das Nationalratsgebäude und sporadischer Scharmützel in verschiedenen Stadtteilen eine neue Route zurück zu unserem Hauptquartier. Als wir dort eingetroffen waren, rief Katz Kuroda von der UN-Abteilung für humanitäre Angelegenheiten (Department of Humanitarian Affairs, DHA) an, um mir seine Fachkenntnisse für meine im Aufbau befindliche humanitäre Abteilung anzubieten. Er bat mich für seine Abteilung und den Sicherheitsrat um eine »grobe Einschätzung« der allgemeinen humanitären Situation (ein Wort, das ich hassen lernte, wenn es von humanitären Organisationen kam). Er gab mir die Befugnis, auf alles Material und alle Lebensmittel in den UN-Lagerhäusern zurückgreifen zu können (diese Hilfsgüter waren ursprünglich für Vertriebene innerhalb Ruandas und burundische Flüchtlinge gedacht). Das Problem war nur, wie wir von seinem Angebot Gebrauch machen sollten. Wir versuchten mehrmals, die Lagerhäuser unter Kontrolle zu bekommen, wurden aber von beiden Seiten, die sie für ihren Eigenbedarf plünderten, beschossen. Einige Male erwiderten wir das Feuer. Manchmal konnten wir mit ein paar Lkw-Ladungen Nahrungsmittel entkommen. Das erforderte Mut – Mut war ohnedies das Gebot der Stunde. Ich erinnere mich, dass es ein Panzerfahrzeug mit Verpflegung zurückschaffte, obwohl es von vielen Hundert Kugeln getroffen worden war und einen platten Reifen hatte.

Die Krankenhäuser blieben dank der Bemühungen von Philippe Gaillard und dem Internationalen Komitee des Roten Kreuzes, unter-

* Ich fand Dunkows Untersuchungsergebnisse allerdings unvollständig. Am 14. Juli verfügte ich jedoch die Einstellung aller weiteren Recherchen, da sie letztlich genug Material zur Begründung einer Entschädigung der Familien der belgischen Soldaten und der belgischen Regierung erbracht hatten.

stützt von Ärzte ohne Grenzen und dem kanadischen Arzt und Somalia-Veteran James Orbinski, während des gesamten Völkermords in Betrieb. Aber zu welchem Preis! 56 Ruander, die für das Rote Kreuz arbeiteten, kamen während des Konflikts ums Leben, einige weiße Ärzte und Schwestern wurden verletzt sowie Hunderte von ruandischen Opfern aus den Krankenwagen gezerrt und auf der Stelle abgeschlachtet. Bei einer Fahrt zum Stadtzentrum sah ich einen Transporter des Roten Kreuzes von Kugeln durchlöchert quer auf der Straße stehen. Rauch stieg aus dem Motorraum, alle Fenster waren eingeschlagen. Die Fahrertür stand offen und ein Ruander in der Weste des Roten Kreuzes hing aus dem Wagen heraus, sein Blick auf uns gerichtet, während in einem langsamen, stetigen Strom Blut aus seinem Kopf floss. Die Hecktüren waren offen, ein Toter auf einer Bahre befand sich noch im Inneren, ein anderer lehnte an der Stoßstange. Es gab drei weitere Opfer, umwickelt mit weißen, blutbefleckten Verbänden. Eine Leiche hatte keinen Kopf. Fünf blutbespritzte Jugendliche saßen am Straßenrand neben dem Krankenwagen und rauchten eine Zigarette. Ihre Macheten waren blutrot. Sie mochten höchstens 15 Jahre alt gewesen sein.

*

Am Morgen des 15. April wachte ich um 4.30 Uhr auf. Eine verschlüsselte Nachricht aus New York war gerade eingetroffen – unsere Fernschreiben jagten über den Atlantik hin und her und trugen einiges zur Verwirrung der Diskussion bei. Jetzt informierte man mich, dass die beiden Vorschläge über die Art des Rückzugs von Butros-Ghali gebilligt und dem Sicherheitsrat vorgelegt worden waren. Das DPKO hatte eine dritte Option hinzugefügt, eine Übung in Finesse: Diesem Plan zufolge sollten wir mit der größeren Truppe von 2.000 Mann beginnen und dann auf 250 Soldaten verringern, falls am Ende der drei Wochen kein Waffenstillstand zustande käme. Butros-Ghali trat für die erste Option ein: ein sofortiger Waffenstillstand als Vorbedingung, dass 2.000 Soldaten drei Wochen lang vor Ort blieben. Frankreich unterstützte diesen Plan, sofern innerhalb von sechs Tagen die Lage neu bewertet würde. Die Briten vertraten mehr oder weniger die gleiche Position wie Frankreich. Nach Auffassung Nigerias, das für die blockfreien Mitglieder des Rates sprach, war jedoch keine dieser Optionen eine angemessene Reaktion auf die besorgniserregende Lage: Der mögliche Rückzug von UNAMIR würde das falsche Signal geben. Nigeria wollte mehr Zeit, um einen Vorschlag zu unterbreiten. Die USA dagegen wollten UNAMIR sofort abziehen: »Der Sicherheitsrat sollte eine Resolution annehmen, die für die ›geordnete Evakuierung‹ von UNAMIR sorgt, da es unwahrscheinlich ist, dass es in naher Zukunft zu einem Waffenstillstand kommt.«

Nur der Neuseeländer Colin Keating, turnusmäßiger Präsident des Sicherheitsrates, war der Meinung, dass man etwas unternehmen müsse, um die Katastrophe in Ruanda zu stoppen. Er schlug wirklich vor, dass die UNO »die Stärke von UNAMIR erhöht und ... ihr Mandat überprüft, um ihr zu ermöglichen, an der Wiederherstellung von Recht und Ordnung und der Einsetzung von Übergangsinstitutionen im Rahmen des Arusha-Friedensabkommens mitzuwirken«. Damit ich gar nicht erst in voreilige Begeisterung verfallen konnte, wies Riza sofort darauf hin, dass man sich weder auf die Formulierungen noch die Resolution geeinigt habe.

Ein paar Stunden später erhielt ich eine weitere Nachricht von Riza. Ich hatte sein Büro um Klärung der festen UN-Einsatzbefehle (Standing Operational Orders) im Hinblick auf Personen unter UN-Schutz gebeten. Seine Antwort: Ich selbst entschiede über Priorität, Machbarkeit und Umfang der Reaktion auf diese Erfordernisse. »Unter den herrschenden anomalen Umständen«, schrieb er, »können sich der Missionschef und der Truppenkommandeur aus humanitären Gründen nach ihrem Ermessen über diese Befehle hinwegsetzen.« Mir wurde übel, als ich das las. Am Morgen des 7. April hatte mir Riza befohlen, »nicht (zu) schießen ..., sofern die Mission nicht beschossen würde«. Nun teilte er mir mit, dass ich als Truppenkommandeur die ganze Zeit das Vorrecht gehabt hatte, aus humanitären Gründen offensive Maßnahmen zu ergreifen.

*

Zehn Tage nach Beginn des Mordens fasste Hauptmann Deme den Stand des Krieges zwischen den beiden kämpfenden Parteien zusammen. In einem Bericht an mich schrieb er, dass es »die allgemeine Absicht [der RPF] zu sein scheint, mit tiefen Vorstößen die Hauptnachschubrouten der Regierungstruppen zu kontrollieren, die Hauptziele zu umzingeln und nur dann anzugreifen, wenn sie ihre Vorbereitungen abgeschlossen hat. Sie hat gegenwärtig kein Interesse am Flughafen. Sie erzielt langsam, ruhig und kühlen Kopfes Gebietsgewinne. Viele wichtige Ziele wie Byumba sind eingekesselt. In den Gebieten, die bereits ihrer Kontrolle unterstehen, macht sie Tutsi ansässig.« Zur Rede gestellt, rechtfertigten sich Seth und die anderen RPF-Politiker schlicht damit, dass sie die Tutsi-Flüchtlinge in ihre alte Heimat zurückkommen ließen – woran nichts weiter auszusetzen war, da es sich dabei um eines der Ziele des Arusha-Abkommens handelte. Aber sobald die Tutsi vor Ort waren, garantierte die RPF einigen nichtstaatlichen Organisationen Sicherheit, und diese fielen – aus meiner Sicht überstürzt und undiszipliniert – hinter den Frontlinien ein, um die angeblichen Flüchtlinge zu versorgen. Natürlich kontrollierte die RPF die Verteilerstellen für die Hilfslieferungen und zweigte für sich einen Anteil davon ab, was nicht im Sinne der nichtstaatlichen Organisationen war, die eigentlich nur den Bedürftigen helfen wollten. Es war ein flagrantes Beispiel dafür, wie nichtstaatliche Organisationen in die missliche Lage kommen können, sich faktisch auf die Seite einer Kriegspartei zu schlagen, und soweit ich sehen konnte, gab es keine Möglichkeit, dagegen vorzugehen, sofern man das Thema nicht zum Gegenstand von Waffenstillstandsverhandlungen machte.

Aufschlussreich war auch Demes Einschätzung der Armee. Die Fronttruppen erhielten sehr wenige taktische Informationen oder Befehle. Immer mehr Soldaten desertierten, andere plünderten, um sich selbst zu versorgen, wiederum andere wollten Frieden und hatten Vertrauen in UNAMIR (sobald die Belgier abgezogen waren). Außerdem zeigten sich erste Risse zwischen einigen Armeeeinheiten und der Interahamwe. Wie vorhergesehen leisteten die undisziplinierten und schlecht organisierten Frontsoldaten der vorrückenden RPF kaum nennenswerten Widerstand.

Ich pendelte zwischen RPF und Armee hin und her und versuchte, ein Treffen zu vereinbaren, um die Bedingungen für einen Waffenstillstand auszuhandeln. Sie stimmten alle schließlich zu, sich im Hotel Meridien zu treffen. Unterhändler der Regierungsseite sollte Ndindiliyimana sein, der Stabschef der Gendarmerie, aber als ich mit einem Panzerfahrzeug und einigen Soldaten aus Bangladesch eintraf, um ihn abzuholen, hatten die Machthaber beschlossen, stattdessen Léonidas Rusatira aufzubieten, sein erst kürzlich geschasstes Pendant von der Armee, um, wie man mir sagte, Ndindiliyimana für die nächste, höherrangige Gesprächsrunde aufzusparen. Es war ein sehr nervöser Rusatira, der mit mir im Panzerwagen fuhr und beauftragt war, einen bedingungslosen Waffenstillstand zu fordern. Er hielt den Atem an, wann immer wir an eine Straßensperre kamen und ich meinen Kopf durch die Luke des Gefechtsturms steckte, um eine freie Durchfahrt für uns auszuhandeln. Es dauerte wirklich lange, aus der Zone der Regierungstruppen und der Interahamwe herauszukommen, aber in der RPF-Zone wurden wir sofort durchgewunken. Ich ließ den Fahrer die Treppen hinauf direkt vor das Hotel fahren, um uns so nahe wie möglich an die Türen zu bringen, und stieg als Erster aus, um Rusatira zu decken.

Das Treffen fand im geräumigen Speisesaal des Hotels statt, der von zwei Fensterwänden flankiert war. Als wir hineingingen, waren die Vorhänge weit geöffnet, und als Erstes holte ich Hilfe, um sie zuzuziehen. Bei geschlossenen Vorhängen und Türen stand uns ein heißer, unangenehmer Nachmittag bevor. Mamadou Kane, der Chefberater des Missionschefs, erwartete uns schon und übernahm die Formalitäten, aber die RPF-Delegation kam zu spät, genauso wie Booh-Booh. Rusatira sah man die Enttäuschung an, als er merkte, wie niedrig der Rang der RPF-Delegation war: Die RPF hatte nur Kommandeur Charles aus dem Nationalratsgebäude und Frank Kamenzi, ihren Verbindungsoffizier bei UNAMIR, aufgeboten. Als Booh-Booh eintraf, flankiert von seiner persönlichen Leibgarde und Abdul Kabia, war auch ihm anzumerken, dass er vom Auftritt der RPF enttäuscht war.

Booh-Booh erteilte zuerst Rusatira das Wort, und der tat sein Bestes, um ein leidenschaftliches Plädoyer für ein Ende der Feindseligkeiten und der Massaker zu halten. Die Soldaten, die Zivilisten ermordeten, handelten keinesfalls auf Befehl von ihm oder seinem Hauptquartier; sie seien Verbrecher, denen man das Handwerk legen müsse. Am Schluss drückte er sein Bedauern über das schreckliche Schicksal der belgischen UNAMIR-Soldaten aus und dankte uns dafür, dass wir in Ruanda geblieben waren.

In seiner Erwiderung rührte sich Kommandeur Charles keinen Zentimeter von der Stelle. Er wiederholte schlicht die Vorbedingungen der RPF für einen Waffenstillstand – jene sich unerbittlich in den Schwanz beißende Schlange, erst das Morden zu stoppen, bevor man dann alles daran setzen wolle, das Morden zu stoppen. »All diese Bedingungen«, so zitiere ich wörtlich, »sind nicht verhandelbar und müssen sofort erfüllt werden.« Er verteilte sogar Kopien seiner Forderungen.

Booh-Booh fasste in seiner Eigenschaft als Vorsitzender zusammen. Beide Positionen, sagte er, drückten den Wunsch nach Frieden aus. Nun, ja, die RPF sei allerdings die unnachgiebige Partei. Sie habe die Regierungstruppen in die Defensive gedrängt und, bei Lichte besehen, gerade vorgeschlagen, dass die Gemäßigten einen eigenen Staatsstreich unternehmen sollten. Wir hätten dann außer den Massakern einen Bürgerkrieg zwischen drei Parteien. Rusatira tat mir leid, und so etwas wie Verachtung für den selbstgefälligen Kommandeur Charles stieg in mir hoch, der eindeutig bereit war, all dem Morden zuzusehen, während sich seine Seite in ihre eingebildete Überlegenheit hüllte. In diesem Moment knallten wie auf ein Stichwort Schüsse hinter dem Hotel. Eine Glastür hinter den Vorhängen sprang mit einem Knall auf, und uns allen stockte das Herz. Dann kämpfte sich ein belgischer Offizier den Weg durch den Vorhang, um zu berichten, dass ein einzelner schießwütiger RPF-Soldat für die Schüsse verantwortlich sei. Wir nahmen die Verhandlungen in einer noch angespannteren Atmosphäre wieder auf und erreichten absolut nichts. Nach dem Treffen fuhr ich einen mürrischen Rusatira zurück zum Armeehauptquartier. Er kämpfte eine verlorene Schlacht mit den Extremisten, und jetzt, nachdem er sich vorgewagt, an diesem Treffen teilgenommen und sich so eine entschiedene Abfuhr eingehandelt hatte, war er noch verwundbarer geworden. Ich musste befürchten, dass der Mangel an Fortschritt bei diesen ersten Waffenstillstandsverhandlungen den Sicherheitsrat nur noch weiter bestärken würde, einen totalen Rückzug anzuordnen.

Als ich zum Amahoro-Stadion zurückkam, erfuhr ich, dass die Beratungen des Sicherheitsrates an diesem Tag mit einem unentschiedenen Votum zwischen jenen geendet hatten, die Option eins unterstützten (die blockfreien Nationen, ebenso China, Frankreich und Argentinien), und jenen, die Option zwei befürworteten (Großbritannien, Russland und, nach einigem Druck, die USA). Colin Keating schloss die Debatte mit der Bemerkung, dass man an diesem Tag nicht zu einer endgültigen Entscheidung kommen müsse. Da es Freitag war, würden wir auf den Schiedsspruch über unsere Zukunft bis mindestens Montag zu warten haben. Wir waren in der Vorhölle, aber hinter dem Hügel gab es keine Kavallerie, die darauf wartete, zu unserer Hilfe heranzupreschen. Wie viele Tausend Ruander würden an diesem Wochenende sterben?

*

Jeden Tag gab es eine neue Runde von Waffenstillstandsverhandlungen und Diskussionen über ein geplantes Abkommen, den Flughafen UNAMIR zu unterstellen. Das Morden beschleunigte sich. Immer mehr Ruander flüchteten sich in unseren Schutz. Es kam zu ständigen Überfällen, Feuergefechten und Granatbeschuss, die in den meisten unserer Stützpunkte Opfer unter den Schutzsuchenden forderten. Jeden Tag riefen verschollene oder vergessene Ausländer an, die aus unmöglichen oder gefährlichen Lagen gerettet werden wollten. Jeden Tag rangen wir um Verpflegung und Wasser und versuchten, von einem 1.000 Kilometer entfernten Nachschubstützpunkt in Nairobi einfache Dinge wie zum Beispiel Papier zu bekommen. Meine Leute waren gereizt und erschöpft, und nichts zehrte mehr an ihren Nerven als das endlose Gezänk der Diplomaten.

Am 16. April erhielt ich einen Brief vom Geschäftsführer des Mille Collines, dass nun über 400 Menschen, zumeist Tutsi, in seinem Hotel Zuflucht gesucht hätten. Die Tunesier und einige Militärbeobachter hatten hervorragende Arbeit geleistet, die Miliz zu bluffen und für Sicherheit zu sorgen, aber der Manager hielt es nur für eine Frage der Zeit, bis die Miliz das Hotel angreifen würde. Er bat um die Verlegung der Leute. Ich befahl den Soldaten aus Bangladesch, die Sicherung des Hotels zu verstärken, doch ihr Kommandeur protestierte in einem formellen Schreiben, dass dieser Einsatz zu gefährlich sei, und teilte mir mit, dass er seinen Protest nach Dakka weitergeleitet habe. Ich zog den Befehl zurück. Was hätte ich sonst tun sollen? Bei einer etwaigen Konfrontation hätten sie doch nur sofort das Weite gesucht. Zum gegenwärtigen Zeitpunkt gab es nichts, was wir für die Zufluchtsuchenden tun konnten. Eine Evakuierung würde die 400 Menschen mehr gefährden, als sie es jetzt durch die bedrohliche Belagerung der Miliz waren.

Ich kann die Tapferkeit der Tunesier nicht genug loben. Sie scheuten vor keinem Dienst zurück und bewiesen bei schwierigen oder gefährlichen Aufgaben immer äußersten Mut und Disziplin. An diesem Morgen waren die tunesischen Soldaten am König-Faisal-Krankenhaus zum Beispiel mit einem Zug RPF-Soldaten konfrontiert, die verzweifelt Medikamente brauchten und die ganzen Bestände der Klinik als Kriegsbeute für sich beanspruchten. Mit zwei Infanterieabteilungen verschafften sie sich gewaltsam Zugang. Der Chef des tunesischen Kontingents, Kommandeur Belgacem, hielt sie mit seiner kleinen Reservetruppe sofort auf. Er hatte seine Männer taktisch klug aufgestellt, um die Apotheke des Krankenhauses zu verteidigen, und machte der RPF deutlich, dass er das Feuer eröffnen würde – die wenigen Medikamente, die sie hatten, waren für die über 7.000 Flüchtlinge auf dem Krankenhaus-Gelände eingeflogen worden. Der Kommandeur des Feldlazaretts aus Bangladesch handelte dann eine Abmachung mit der RPF aus, und der Trupp zog sich zurück, ohne dass ein einziger Schuss fiel.

Ein paar Stunden später fuhr ich vorbei, um den Soldaten zu gratulieren, und inspizierte das Krankenhaus. Jedes Zimmer, jeder Flur war mit kranken, verletzten und sterbenden Ruandern belegt. Ganze Familien drängten sich mit ihren schreienden, hungrigen und verdurstenden Kindern zusammen. Das Personal verteilte, was an Hilfe und Bandagen inmitten des Geruchs ungewaschener Körper, geronnenen Blutes und Tod möglich und vorhanden war. Ohne Wasser zum Waschen drohte eine Choleraepidemie. Hinter dem Gebäude befand sich ein großes, umzäuntes Areal mit Tausenden von Menschen jeden Alters und einer Ansammlung kleiner Zelte, Kleidung, Latrinen und Müll. Es war wie ein Konzentrationslager. Hier erlitten die Alten einen langsamen Tod, und Neugeborene bereiteten ihren Müttern Seelenqualen, weil diese sie nicht stillen konnten.

Es gab kein Wasser und kaum Verpflegung, keine Töpfe zum Kochen und kein Holz zum Feuermachen. Als ich durch die Reihen der Kranken ging, flehten sie mich auf Knien an, zogen an meiner Kleidung, hielten mir ihre Babys hin. Ich hatte nichts, um ihre Not zu lindern. Einige ihrer Wortführer führten mich zu einem Ort, wo am Vortag eine große Mörsergranate eingeschlagen war. Der Boden war nur leicht aufgewühlt, weil der Aufschlagszünder vermutlich einen Menschen getroffen und sofort eine Explosion ausgelöst hatte, die ein Maximum an Schrapnellen dicht über dem Erdboden verteilte. In unmittelbarer Nähe lagen Fleischfetzen, Gehirn und Blut. Dutzende von zerrissenen Körpern waren fortgebracht und begraben worden. Es gab über 100 Menschen, die mit schrecklich klaffenden Schrapnellwunden überlebt hatten. Die Detonation hatte selbst im Krankenhaus eine Panik ausgelöst, Kinder waren zu Tode getrampelt worden, Platzkämpfe waren ausgebrochen, aber am Ende hatten sich alle wieder beruhigt, weil sie nirgendwo anders hingehen konnten – außerhalb des Geländezauns würde man sie umbringen. Ringsum lauerte überall der Tod, und nun kam er auch noch durch die Luft mitten unter sie. Ich wollte schreien, kotzen, irgendetwas schlagen, mich aus meinem Körper losreißen, um dieser schrecklichen Szene ein Ende zu bereiten. Stattdessen rang ich um Fassung, weil ich wusste, wie wichtig Haltung war angesichts so vieler verzweifelter Augen, die sich auf mich richteten. Ich dankte den medizinischen Teams für ihre Bemühungen und versprach ihnen allen Nachschub, sobald ich ihn bekäme.

*

Bevor er abrückte, gab mir Oberst Roman, der Kommandeur der belgischen Fallschirmjäger, eine Telefonnummer in Tansania, wohin er und seine Truppe verlegt werden sollten. Sie würden in den nächsten Wochen dort bleiben, sagte er, nur für den Fall, dass wir nach unserem Rückzugsbefehl Schwierigkeiten hätten, aus dem Land zu kommen. Er rief in den folgenden zehn Tagen zweimal an, fragte mich, ob ich abrücken wolle und Hilfe brauche, und beide Male sagte ich nein. Ich vermute, die Belgier wollten nicht, dass UNAMIR Verluste erlitt, die direkt mit ihrem eigenen Abzug von der Mission in Verbindung gebracht werden konnten.

An diesem Tag trafen die ersten drei kanadischen Offiziere aus Somalia ein. Ich räumte ihnen kaum Zeit zum Auspacken ein, bevor ich sie an die Arbeit setzte. Ich bat Major Michel Bussières, die Personalabteilung im Hauptquartier zu übernehmen. Man hatte mir zwar gesagt, dass der Verbleib aller unserer Mitarbeiter geklärt sei, aber niemand konnte mir auch nur eine annähernde Namensliste geben. Binnen 24 Stunden hatte Major Bussières die Sache erledigt und leistete weiter hervorragende Dienste, als wir die Mission verkleinerten. Major Jean-Guy Plante teilte ich den Posten des Medienoffiziers zu. Er sollte alle Journalisten im Einsatzgebiet begleiten und koordinieren. Ich wollte von ihm in den internationalen Nachrichtensendern mindestens einen Bericht am Tag, um das Weltgewissen aufzurütteln; bei BBC-Reporter Mark Doyle schaffte Major Plante das auch wirklich. Den Korvettenkapitän Robert Read beauftragte ich mit dem Aufbau einer Logistikbasis am Flughafen, um den Nachschub, der nun in den beiden zwischen Nairobi und Kigali hin- und herpendelnden Herkules-Maschinen der kanadischen Streitkräfte einzutreffen begann, zu entladen, zu sortieren, zu lagern und zu verteilen. Read musste erst bei Brent nachfragen, was eine »Logistikbasis« ist, aber sobald er es wusste, machte er sich ans Werk und hatte es binnen weniger Tage geschafft.

An diesem ersten Tag der Neuankömmlinge war Brent mit Rettungsaktionen überlastet und bat Plante und Read, mit einem Panzerfahrzeug der Bangladescher einen kanadischen Staatsbürger ruandischer Herkunft zu retten, der sich im Mille Collines verborgen hielt. Er und seine Familie hatten ausgerechnet Anfang April in ihrer alten Heimat Urlaub gemacht. Seine Frau und Tochter waren dem Mob in die Hände gefallen und ermordet worden, aber seine beiden Söhne konnte er retten und irgendwo verstecken. Plante und Read schleusten ihn aus dem Hotel heraus und brachten ihn in unser Hauptquartier, wo er das Versteck seiner Söhne verriet. Plante und Read fuhren abermals los und konnten auch die beiden Jungen zu uns holen. Der überlebende Teil der Familie wurde nach Nairobi evakuiert und am nächsten Tag nach Kanada ausgeflogen.

In dieser Nacht ließ mich das Schicksal der ruandischen Flüchtlinge im Mille Collines nicht ruhen. Ich wusste, dass es jede Minute zu einem Angriff kommen konnte. Ich war bereit, Gewalt einzusetzen, um alle unsere Stützpunkte unter unserer wackeligen Obhut zu verteidigen, aber ich wusste zugleich, dass mir dazu die militärische Schlagkraft fehlte – ich konnte nur hoffen, dass die Miliz unseren Bluff nicht durchschaute. Ich rief Moigni an, den kongolesischen Militärbeobachter, der im Hotel den Befehl führte, und bat ihn, sich jeden Abend zu melden, erst recht und sofort dann, wenn ein Angriff drohte. In vielen der kommenden Nächte sprach ich mit ihm über Funk und machte ihm Mut, wenn ich ihm auch sonst nichts von Substanz anzubieten hatte. In den folgenden Wochen erwies er sich als ein wunderbarer Militärführer und wehrte mit seinen Tunesiern drei massive Angriffe auf das Hotel und einige Bombardements ab.

Die Hilferufe gingen weiter, als sich verbrecherische Elemente der Regierungstruppen und der Gendarmerie offen mit der Interahamwe und anderen Milizen verbündeten. Diese Allianz wurde von einem Aufruf der Interimsregierung auf RTLM an alle gewöhnlichen Bürger angefacht, landesweit zu den Waffen zu greifen, Barrikaden oder Straßensperren zu errichten, um sich, wie es bei RTLM hieß, vor einer Rebellenarmee zu schützen, die dabei sei, das Land zu infiltrieren und Hutu zu töten. Es war eine Art von Massenmobilisierung, mit dem Ergebnis, dass es nun drei Kriegsparteien gab, von denen sich eine voller Fanatismus der Ausrottung einer ganzen Volksgruppe widmete.

Unsere Neutralität als Blauhelme geriet unter Beschuss. Es war nur eine Frage der Zeit, bis meine Truppe in eine Schlacht mit den Mordhorden der Milizen verstrickt werden würde, wenn nicht sogar mit einer oder beiden der Kriegsparteien. Wir traten in eine neue Phase des Konflikts ein, in der unser Bluff auffliegen würde.

An den Straßensperren in ganz Kigali hatten sich immer mehr Jugendliche mit Macheten und Speeren postiert. Zehn Tage nach Beginn des Massenmordens waren die meisten Straßen leer, bis auf die Gefangenenpatrouillen aus den Gefängnissen Kigalis, die Leichen auf Mülllaster warfen, um sie in Massengräbern außerhalb der Stadt zu verscharren. Natürlich war das schon Völkermord, und es ist mir immer noch rätselhaft, warum ich damals diesen Begriff noch nicht benutzte. Vielleicht sperrte ich mich unbewusst dagegen, dass sich so etwas wie der Holocaust wiederholen könnte.

Die Erinnerung an diese Lastwagen ist unauslöschlich. Dunkles, halbgeronnenes Blut lief wie dicke Farbe von ihren Ladeflächen. Eines Tages sah ich aus dem Auto heraus ein junges Hutu-Mädchen, bekleidet in einem leichten Kleid und Sandalen, das auf dem Blut neben einem der Lastwagen ausrutschte und sein Gleichgewicht verlor. Sie landete unsanft auf dem Boden, und obwohl sie sofort wieder aufsprang, war es, als hätte jemand ihren Körper und ihr Kleid mit dunkelrotem Öl bemalt. Sie wurde hysterisch, als sie sich betrachtete, und je mehr sie schrie, desto mehr Aufmerksamkeit zog sie auf sich. Bald war sie von Hunderten von Leuten umringt, von denen viele Waffen trugen. In Sekundenschnelle konnte eine solche Menge gegen jedes Ziel losschlagen. Ich kurbelte das Fenster herunter und grüßte sie auf Kinyarwanda. Einige von ihnen begannen, auf mein Auto zu trommeln. Mit der traditionellen Freundschaftsgeste hielt ich ihnen meine offenen Handflächen deutlich sichtbar entgegen. Einige Leute in der Menge erkannten mich und riefen meinen Namen, lächelten sogar, und ich konnte mit dem Wagen langsam weiterfahren, bis wir den Mob hinter uns hatten. Der Vorfall dauerte nur eine Viertelstunde, aber er kam mir wie eine Ewigkeit vor.

*

In den letzten vier Tagen hatten wir, wie vom DPKO verlangt, jeweils spätabends unsere Funkprotokolle an die UNO geschickt, eine Praxis, die wir bis zum Ende beibehielten. Ich dachte, wenn die UNO wüsste, womit wir es Tag für Tag zu tun hatten, würde uns vielleicht doch noch jemand zu Hilfe kommen. Stattdessen wurden die Protokolle dazu benutzt, um die Entsendenationen über das Risiko zu informieren, dem ihre Kontingente ausgesetzt waren, was die Furchtsamen wirkungsvoll abschreckte. Wir stellten unsere neueste Einschätzung der militärischen Lage spät in der Nacht fertig und schickten sie nach New York. Zu diesem Zeitpunkt hätte man schon blind oder Analphabet sein müssen, um nicht zu wissen, was in Ruanda vor sich ging. In diesem neuerlichen Bericht informierte ich meine Vorgesetzten, dass mit der Einsetzung all der Falken in Machtpositionen der Armee und Gendarmerie der Wunsch nach einem Waffenstillstand auf Regierungsseite erloschen sei. Während sich der Sicherheitsrat in den vorangegangenen

Tagen beraten hatte, war die Extremistenbewegung gestärkt geworden. War die Interimsregierung, so fragte ich mich, etwa zu dem Schluss gekommen, dass es keine internationale Intervention geben würde und sie somit freie Hand hätte, die Tutsi auszurotten?

Ich berichtete auch, dass Kagame offensichtlich dabei sei, sein Ziel zu erreichen, obwohl sich sein Vormarsch verlangsamte. Vor drei Tagen hätte die RPF Kigali innerhalb von Tagen, wenn nicht Stunden überrennen können. Sie hatte es nicht getan, und das war entweder Kagames Absicht gewesen, oder der Vorstoß war aufgrund der vom Sender RTLM ausgelösten Massenmobilisierung der Bevölkerung doch auf härteren Widerstand gestoßen als erwartet. Vielleicht war Kagame auch der Nachschub ausgegangen. Falls Letzteres, dann könnte die Armee möglicherweise doch noch genug Verteidigungskraft entwickeln, um die RPF zu stoppen und in einen langen Krieg zu verwickeln. Nach Lage der Dinge, schrieb ich an New York, nehme das Morden unter den Augen von Regierungstruppen und Gendarmerie »kurz vor dem Vorrücken der RPF« in Umfang und Ausmaß zu.

Angesichts der gewaltigen Anstrengungen, die wir in Ruanda auf uns nehmen mussten, drängte ich alle Hilfsorganisationen und die UN-Abteilung für humanitäre Angelegenheiten, sich mit meiner neu geschaffenen humanitären Abteilung kurzzuschließen, verdeutlichte aber zugleich das große Dilemma, in dem wir steckten. UNAMIR könne rasch in eine Lage hineingezogen werden, wo die Mission aus humanitären Gründen Gewalt einsetzen müsse. Falls sie den Frieden erzwingen, die Massaker stoppen und bedrohte Zivilpersonen retten solle, sei ein verändertes Mandat erforderlich, und UNAMIR müsse mit Männern, Waffen und Ausrüstung verstärkt werden. Die rangniedrigen Offiziere des Kontingents aus Bangladesch, schrieb ich weiter, hätten unmissverständlich erklärt, dass sie im Falle eines Falles an einer Straßensperre Einheimische in ihrem Konvoi ihrer unweigerlichen Hinrichtung ausliefern würden, statt ihre Waffen zu ihrer Rettung einzusetzen. Außerdem müsse UNAMIR darauf vorbereitet sein, den Flughafen mit einem Bataillon zu verteidigen, da er die Lebensader für uns und alle Hilfslieferungen sei.

»Die Truppe«, so mein Schluss, »kann angesichts dieser moralisch legitimen Forderungen nach Unterstützung/Schutz nicht einfach neutral bleiben, noch kann sie ohne geeignete Befugnisse, Personal und Ausrüstung einfach zu einer Operation nach Kapitel VII übergehen.« Es sei daher zu erwarten, dass ich innerhalb der nächsten 24 Stunden als eine von zwei Lösungen vorschlagen werde, die Truppe auf ein verantwortliches, für die Sicherheit des Flughafens, des politischen Prozesses und humanitärer Einsätze erforderliches Maß auszudünnen, also etwa auf 1.300 Mann. Meine andere Option war, im Fall eines Abzugs von UNAMIR wenigstens eine kleine Truppe von etwa 250 Mann im Land zu lassen.

Am Sonntag erhielt ich eine Antwort von Iqbal Riza. Er machte einen überraschend konkreten Vorschlag, die Unnachgiebigkeit der RPF aufzubrechen. »Es sollte der RPF deutlich gemacht werden, dass ohne eine schnelle Einigung über einen – wenn auch begrenzten – Waffenstillstand bis spätestens Mittwoch [den 20. April] ein Beschluss des Sicherheitsrats zu erwarten ist, UNAMIR aus Ruanda zurückzuziehen. Dann könnte der RPF die Schuld zugeschrieben werden, den Waffenstillstand als Voraussetzung für die Aufnahme von Gesprächen nicht akzeptiert zu haben.« Nur ein dauerhafter Waffenstillstand biete einen Rahmen für die Wiederaufnahme des Arusha-Prozesses, so Riza weiter. Ich sollte gegenüber der RPF betonen, dass ohne Waffenstillstand auch keine humanitären Hilfsoperationen beginnen könnten.

Rizas Antwort enthielt auch beunruhigende Neuigkeiten: »Ihre Pläne zum Beginn einer starken Verminderung des UNAMIR-Personals werden gebilligt. Dies wird auch den unmittelbar drohenden Abzug von UNAMIR unterstreichen, falls sich kein Waffenstillstand erreichen lässt.« Ohne es zu wollen, hatte ich ihnen ein Argument für den Abzug gegeben, und sie hatten sich sofort darauf gestürzt. Henry und ich grübelten bis spät in den Abend hinein, warum nur die Massaker und die Not des ruandischen Volkes einen so geringen Niederschlag in den Instruktionen fanden, die wir aus New York erhielten. Vielleicht glaubte man dort, dass ein Waffenstillstand das Morden automatisch beenden würde, was angesichts dessen, was hinter den Linien der Regierungstruppen geschah, im Höchstmaß naiv war. Ich fühlte mich hilflos und frustriert, denn ich meinte, dass ich es nicht vermocht hatte, die Herzen und die Köpfe der Leute im DPKO, im Sicherheitsrat, im Generalsekretariat und auch nicht die Weltöffentlichkeit für das Grauen um mich herum zu öffnen.

Bevor ich zu Bett ging, verbrachte ich etwas Zeit mit den sechs zivilen Mitarbeitern der Fernmeldeabteilung, die darauf bestanden hatten, bei uns zu bleiben, nachdem ihre übrigen Kollegen evakuiert worden waren. Obwohl sie im hinteren Teil der einstigen Hotelküche des Amahoro unter elenden Bedingungen hausten, schien ihre Moral mit jedem weiteren Tag noch zu steigen. Sie hatten ein paar Flaschen Primus-Bier organisiert und boten mir eins an. Wir setzten uns im Mief von schwitziger Ermattung und Zigarettenqualm zusammen, und ich versank im Wirbel ihrer lauten Kommentare, wohin man den Sicherheitsrat mit all seiner Unentschlossenheit zusammen mit unseren Leuten im »Club Med« in Nairobi am besten jagen sollte. Dann wies mich ihr Leiter in wieder ernstem Ton darauf hin, dass unsere Satellitenantenne in der Nähe des Einsatzzentrums nicht ausreichend gegen schweren Beschuss durch beide Kriegsparteien geschützt sei. Ich nahm mir vor, mich gleich am nächsten Morgen darum zu kümmern, die Anlage mit Sandsäcken zu schützen, und brach auf, um ein bisschen Schlaf zu finden. Zwei Tage später detonierte eine Bombe nicht mehr als fünf Meter vor der neuen Sandsackbarriere um die Satellitenantenne. Das System wurde zwar beschädigt und war 19 lange, einsame Stunden außer Betrieb, aber es wurde nicht zerstört. Ich organisierte eine Flasche Whisky als Dankeschön für den vorausschauenden Rat dieser Männer.

*

Am 18. April wachte ich zu Maschinengewehrfeuer und Granatendonner auf. Unser Hauptquartier stand unter Beschuss. Heute war der Tag, an dem Luc mit seinem belgischen Kontingent abrücken sollte. Er war einer der Ersten vor Ort gewesen, und seine Nervenstärke, seine Professionalität und sein integres moralisches Urteil hatten mir oft genug ein Gefühl der Zuversicht, ja der Sicherheit vermittelt. Er übergab die Sicherung des Flughafens an Oberst Yaache, den ghanaischen Kommandeur der entmilitarisierten Zone. Yaache und ich trafen uns mit Luc um acht Uhr, um die letzten Einzelheiten zu besprechen. Luc sah nicht gut aus. Er stand leicht gebeugt und kurzatmig vor mir: Die Anstrengung, der Stress, die körperlichen Entbehrungen und seelischen Qualen, die erdrückende Verantwortung des Kommandos über den Kigali-Sektor hatten ihn schließlich zermürbt. Scham, Trauer und Zweifel über seine eigene Haltung waren ihm an den Augen abzulesen. Aber schon drückte er wieder den Rücken durch, wandte sich der noch zu erledigenden Aufgabe zu und teilte uns alles Notwendige zur Übergabe mit.

Ich hatte für Luc eine kleine Abschiedszeremonie am Flughafen veranstalten wollen, mich aber dem Einspruch der RPF beugen müssen, daher behalfen wir uns mit unserem Hauptquartier, wo wir Luc das übliche UNAMIR-Geschenk für wichtige Persönlichkeiten überreichten: die hölzerne Statue eines traditionellen ruandischen Kriegers. (Wir hatten vor dem Krieg einige dieser beeindruckenden Statuen gekauft; später fanden wir die Holzschnitzer, die Tutsi waren, niedergemetzelt in ihrem Laden.) Ich weiß, dass meine Dankesworte seinen Diensten für die Mission und das ruandische Volk nur unzureichend gerecht wurden.

Die belgische Regierung hatte Faustin Asyl angeboten, und der designierte Premierminister, der sein Amt nicht hatte antreten können, saß bereits in Lucs Panzerwagen. Bevor auch Luc einstieg, nahm ich ihn beiseite, um ihm unter vier Augen zu sagen, wie sehr ich den Verlust des Kigali-Bataillons bedauerte, und ihm dafür zu danken, dass er uns seine Ausrüstung, Waffen, Versorgungsgüter und Munition überließ. Ich wollte gerade hinzufügen, wie stolz ich auf ihn war und wie traurig mich seine Abreise machte, als mehrere Artillerie- und Mörsergeschosse auf dem Gelände des Hauptquartiers und des Stadions einschlugen. Glas zersplitterte um uns herum, einen Moment lang regierte Panik. Über ein Dutzend Menschen kamen ums Leben, über 100 wurden verwundet, darunter ein ghanaischer Blauhelmsoldat, aber unsere Notfallübungen hatten uns gut vorbereitet, sodass sich bald alles wieder beruhigte.

Dann verabschiedete sich Luc kurz von allen und fuhr ab.

Inmitten der Menge von Soldaten und Zivilisten, die entweder auf einen direkten Einschlag oder auf ein Ende der Bombardierung warteten, kam mir die Bedeutung seiner Abreise erst so recht zu Bewusstsein, und ich empfand ein heftiges Gefühl des Verlustes und etwas, was noch bitterer war. Oberstleutnant Dewez und seine 200 belgischen Fallschirmjäger würden morgen ebenfalls abrücken. Die ehemaligen Kolonialherren rannten mit eingeklemmtem Schwanz vor diesem Kampf davon.

Während des Angriffs drängten sich die Leute in den Ecken der Haupthalle zusammen. Ich hatte genügend Sandsäcke auftreiben können, um die Satellitenantenne zu schützen, aber Türen und Fenster hatten wir nicht befestigen können. Um mich herum waren kleine Kinder mit Tränen in den Augen, die sich bemühten, tapfer zu sein; ärmlich bekleidete Männer und Frauen, die mit ihren Körpern ihre Kinder abschirmten; nervös rauchende Soldaten, die bei jeder Explosion leicht zusammenzuckten. Hätte eine Granate die Front oder die Rückseite des Gebäudes getroffen, die Halle hätte sich in ein grauenhaftes Chaos abgerissener, zerfetzter Arme, Beine, Leiber und Köpfe verwandelt.

Die Bombardierung dauerte eine Stunde. Als sie aufhörte, nahmen Brent und ich eine rasche Schadensanalyse vor: zerbrochene Fenster, ein Teil der Außenwand der Küche weggesprengt, eine Reihe von Fahrzeugen auf dem Gelände beschädigt, aber die meisten noch fahrtüchtig. Als wir zurück ins Büro gingen, blickte Brent nach oben durch ein zerbrochenes Dachpaneel und entdeckte eine nicht explodierte 120-Millimeter-Mörsergranate, eingeklemmt zwischen zwei Rohren. Er übertrug die Aufgabe ihrer vorsichtigen Entfernung einem der beiden polnischen Pionieroffiziere, die das Massaker in der Gikondo-Gemeinde miterlebt hatten. Wir fanden später heraus, dass er die Granate einfach herausgezogen und quer durch das Gebäude und über das Gelände des Hauptquartiers hinausgetragen hatte, um sie auf der gegenüberliegenden Straßenseite abzusetzen. Sie hätte jeden Moment explodieren können. Brent äußerte den Verdacht, dass er nach dem Trauma des Gikondo-Massakers wohl seelisch krank geworden und von einem Todeswunsch getrieben sei. Der Offizier wurde kurze Zeit später in sein Heimatland ausgeflogen. Er war nicht der Einzige bei UNAMIR, dessen psychische Gesundheit Schaden nahm.

*

Die Regierungstruppen standen immer noch am Flughafen und in der nahen Kanombe-Garnison, waren aber während der französischen und belgischen Evakuierungsoperation von gut bewaffneten ausländischen Truppen daran gehindert worden, am Flughafen militärisch aktiv zu werden. Nun hatten wir weder das Mandat noch die Schlagkraft der abgerückten Soldaten, und als die Belgier ausgeflogen waren, besetzten die Regierungstruppen wieder den Flughafen. Falls die Armee nicht bis zum folgenden Tag, dem 19. April, die Vereinbarung über die Neutralität des Flughafens unterzeichnen würde, wären wir dort Seite an Seite mit ihr stationiert, und dies in einer sich verschlechternden Sicherheitslage. Ihre Gegenwart dort würde uns außerdem dem Granatbeschuss der RPF aussetzen: Alle humanitären Flüge und Evakuierungen liefen dann eine enorme Gefahr.

Ich traf mich an diesem Tag mit hochrangigen Vertretern der Armee, um sie zu bewegen, den Flughafen vollständig UNAMIR zu überlassen, damit wir unsere Truppe versorgen und humanitäre Hilfe für die Ruander einfliegen könnten. Die RPF wollte diesem Vorschlag nur zustimmen, wenn die Armee den Flughafen als neutrales Gebiet anerkennen würde. In der Zwischenzeit machte ich mir über die letzten beiden Konvois unserer Ghanaer Sorgen, die aus der demilitarisierten Zone eintreffen sollten. Sie waren in ihren langsamen, pannenanfälligen Fahrzeugen auf dieser langen Strecke, auf der jederzeit ein Hinterhalt drohte, schrecklich verwundbar. Wenn sie über Nacht einen Zwischenstopp einlegen müssten, würden sie vor der Abreise des Restes von Dewezs belgischem Bataillon nicht mehr rechtzeitig eintreffen.

Bei einem weiteren Sondierungstreffen ein paar Stunden später nahmen Rusatira und Ndindiliyimana eine neue, harte Haltung ein. Zuvor hatten beide zugestimmt, den Flughafen zur neutralen Zone zu erklären, und sogar die Teilnahme der RPF an einer gemeinsamen Kommission zur Überwachung des Abkommens gutgeheißen. Nun jedoch lehnten sie die Neutralität ab und wollten die RPF nicht mehr an den Gesprächen beteiligen. Der Flughafen gehöre zur nationalen Infrastruktur, argumentierten sie, und müsse daher der Kontrolle der Armee unterstehen. Besonders heftig wehrten sie sich gegen die Vorbedingung der RPF, die gesamte Präsidentengarde zu verurteilen und festzusetzen; einige Gardisten seien doch gar nicht an den Massakern beteiligt, wandten sie ein. Ndindiliyimana bestand sogar darauf, dass sich das Gemetzel dramatisch verringert habe – eine lächerliche Behauptung. Ich hatte den Verdacht, dass sie nun gezwungen wurden, nach der Pfeife der Extremisten zu tanzen.

Ein Waffenstillstand wurde immer unwahrscheinlicher. Jemand hatte die beiden Generäle offenkundig unter Druck gesetzt. Was die monolithische RPF anging, war absolut klar, dass sie keine Waffenruhe wollte. Aber warum nicht? Sie wusste doch, dass die Massaker eskalierten. Ihr musste auch klar sein, dass wir durch das Abrücken der Belgier reduziert und in unseren Bewegungen und Interventionsmöglichkeiten nun noch eingeschränkter waren. Sie wusste ferner, dass die Moderaten jede Chance verloren hatten, Einfluss auf die Ereignisse zu nehmen. Warum dann die Verhandlungen über eine Waffenruhe sabotieren? Im Ergebnis bedeutete das, dass die Gemetzel nicht aufhören würden und jede humanitäre Hilfe gefährdet war. Ich musste Kagame zur Rede stellen.

Am Spätnachmittag erhielt ich eine Nachricht von Dewez. Er hatte den Befehl erhalten, die Abreise der verbleibenden belgischen Soldaten zu beschleunigen. Um Zeit für die Ghanaer zu schinden, die aus der demilitarisierten Zone anrückten, hatte Luc Marchal drei Tage lang alle Abzugsbefehle des belgischen Stabschefs ignoriert. Nun musste Dewez abziehen, ohne dass die Ghanaer die belgischen Positionen am Flughafen übernommen hätten. Ich befürchtete, dass bei einer Unterbrechung der Besetzung die Regierungstruppen einrücken und die vollständige Kontrolle übernehmen würden. Das letzte belgische Flugzeug würde irgendwann früh am nächsten Morgen abfliegen. Dann wären wir allein.

Das Fernschreiben 1173, gezeichnet von Riza für das Triumvirat, traf am Abend unter der Überschrift »Status von UNAMIR« ein. Im Wesentlichen war seine Botschaft einfach: Falls sich RPF und Regierungsarmee nicht bis zum nächsten Morgen um neun Uhr New Yorker Zeit auf einen Waffenstillstand einigten, solle UNAMIR mit ihrem Rückzug beginnen. Es gab keine Erörterung irgendwelcher anderer Optionen. Weiter bat er in seinem Telex um unsere Beurteilung, welche Konsequenzen unser Rückzug für die Menschen hätte, die in unseren Stützpunkten »Zuflucht gesucht« hatten. Mir fiel auf, dass der Ausdruck »Zuflucht gesucht« verwendet wurde – im Gegensatz zu »unter UN-Schutz stehen«. »Wir meinen«, so Riza weiter, »dass mit beiden Seiten angemessene Übergabeverhandlungen geführt werden sollten.« Mir war unbegreiflich, wie irgendjemand in der UNO glauben konnte, dass diese verzweifelten Ruander in der Hand irgendeiner der beiden Kriegsparteien sicher wären. Ich fragte mich, welche Informationen Booh-Booh über sein Satellitentelefon nach New York weitergab.

Ich hatte keine andere Wahl, als Henry, Brent und unseren Stab anzuweisen, unsere Evakuierung vorzubereiten, und wandte mich der Aufgabe zu, für das DPKO eine Risikoeinschätzung der Konsequenzen eines völligen Rückzugs auszuarbeiten. Aber ich musste wissen, ob Booh-Booh und sein Stab irgendetwas mit dieser neuen Wendung zu tun hatten, und fuhr kurz vor Morgengrauen zusammen mit Abdul Kabia zum Hotel Meridien. Beim Flughafen gab es beträchtlichen Granatenbeschuss zumeist von der RPF, der auf die nahe gelegene Kanombe-Garnison gerichtet war. In der Hotellobby war alles ruhig; die Leute schliefen noch oder waren schlicht zu schwach, um aufzustehen. Wir gingen durch überfüllte Korridore und Treppen in den obersten Stock und fanden uns in der sauberen, verdunkelten Einsamkeit von Booh-Boohs freigeräumter Etage wieder, wo ein einsamer UN-Sicherheitsmann Wache vor seiner Tür hielt.

Booh-Booh sah besorgt aus. Als ich anfing, das Schreiben von Riza mit ihm durchzugehen, war klar, dass er dessen Inhalt bereits kannte.

Ich sagte ihm, dass ein völliger Rückzug außer Frage stünde – wir müssten die UN-Flagge über Kigali hochhalten, und sei es nur, um die Ereignisse zu bezeugen. Er erwiderte, ich solle aufhören, herumzureden, und mich, wie befohlen, auf den Rückzug nach Kenia vorbereiten, wo UNAMIR von Nairobi aus operieren könne. Was folgte, war ein Hin und Her von Meinungen, gewürzt durch Mamadou Kanes Einwürfe zugunsten seines Meisters, darunter der Vorwurf, ich schüre Angst. Aufgebracht wandte sich Booh-Booh an Kabia und bat ihn geradeheraus um seine Meinung in der Angelegenheit. Plötzlich sah ich, dass die Zukunft von UNAMIR völlig an dem hing, was Kabia jetzt sagen würde.

Es schien eine Ewigkeit zu dauern, bis er zu sprechen begann, aber als er es tat, unterstützte er mit voller Überzeugung meinen Vorschlag, mit einer Resttruppe von 250 Mann im Land zu bleiben. Wir könnten die Ruander nicht völlig aufgeben. Zu seiner Ehre stimmte Booh-Booh ohne Murren zu, aber Kane warf mir Blicke zu, in denen Mordlust funkelte. Kabia wusste, wie entscheidend seine Unterstützung gewesen war, und sagte mir auf der Rückfahrt unter dem Dröhnen des Motors, dass er sie nicht bereue. Wir würden das Richtige tun, jedenfalls, soweit es uns unter den gegebenen Umständen möglich sei.

Wie zum Beweis, womit wir es in Ruanda zu tun hatten und was an diesem Morgen auf dem Spiel stand, bat Tiko kurz vor meinem letzten Versuch, beide Seiten von einem Waffenstillstand zu überzeugen, um eine Unterredung mit Henry und mir. Er wollte uns von der Situation in Gisenyi berichten, der Touristenstadt am Kivusee, wo seit der Nacht vom 6. April Hutu-Extremisten Massaker verübten. Das Folgende sind Notizen dieser Unterredung, aufgezeichnet von Major Diagne Mbaye, dem Retter der Kinder von Madame Agathe, der als Neuzugang meinem persönlichen Stab angehörte*:

*Major Diagne nahm mit mir nach Kriegsbeginn an fast jedem Treffen teil, machte detaillierte Notizen und schrieb sie dann zu lesbaren Berichten um. Eines Abends, als er an seinem Schreibtisch saß und seine Notizen in Reinschrift brachte, verspürte er das plötzliche Bedürfnis, zu beten, und kniete sich auf seinen Gebetsteppich, den Kopf gen Mekka gewandt, wie es sein islamischer Glaube verlangte. In genau diesem Moment schmetterte ein großes Schrapnell von einer Mörserdetonation durch das Fenster, flog durch die Luft, wo er eben noch gesessen hatte, prallte gegen die Wand und landete, noch immer glühend heiß, vor seinen Füßen. Er war dem sicheren Tod um Haaresbreite entgangen. Immer würdig und gefasst, begutachtete Diagne den Schaden an seinem Fenster und kehrte an seinen Schreibtisch zurück, um seine mühselige, aber wichtige Arbeit fortzusetzen.

> Am Mittag des 7. [April] gingen sie von Haus zu Haus. … Sie töteten einige Leute auf der Stelle, schafften aber andere zu einem Massengrab in der Nähe des Flughafens fort, wo sie ihnen die Arme und Beine abhackten und sie schließlich massakrierten, was die Militärbeobachter mit ansehen mussten. Die Armee und die Gendarmerie taten nichts, um diese Mördergruppen aufzuhalten. …
> Sie schlossen die Grenze nach Goma, Zaire. Die Militärbeobachter wurden bedroht und sammelten sich im Hotel Meridien, wo Ausländer Zuflucht gesucht hatten. Diese Augenzeugen berichteten von Massakern in der ganzen Region. Ein Pfarrer suchte mit etwa 200 Kindern Schutz in einer Kirche. Nach dem Beten brachen die Mörder die Türen auf und ermordeten sie alle. …
> Eine andere Kirche wurde mit Hunderten von Menschen darin niedergebrannt. Kinder zwischen zehn und zwölf Jahren töteten andere Kinder. Mütter mit Babys auf dem Rücken töteten Mütter mit Babys auf dem Rücken. Sie warfen Kleinkinder in die Luft und zerschmetterten sie auf dem Boden. In Rsumbura wurden drei belgische Lehrer, zwei Männer und eine Frau, und drei örtliche Priester umgebracht. In der Nacht des 8. [April] wurde einem Ausländerkonvoi die Durchfahrt nach Goma erlaubt. Am 10. verließ Madame Carr, berühmt geworden durch den Film *Gorillas im Nebel*, zum ersten Mal wieder ihr Haus. Sie lebt seit über 45 Jahren in Ruanda. Die 85-jährige Frau sagte, was sie gesehen habe, sei schrecklich gewesen. Madame Carr und 68 Amerikaner, viele davon Studenten, verließen das Land. Die Militärbeobachter versorgten die Ruander im Meridien, zumeist Tutsi, mit Lebensmitteln und halfen ihnen. Sie konnten einige Patrouillen durchführen, aber die Straßen waren mit Straßensperren und Leichen übersät. Erhielten am 13. [April] Befehl zur Evakuierung, verbrachten zwei Nächte zwischen dem ruandischen und zairischen Grenzposten. Schafften es schließlich nach Mkumba und fuhren nach Kigali. Kommunikation sehr schlecht.

Ich hörte den Bericht regungslos an. Die grauenhaften Schilderungen schockierten mich nicht mehr. Vielmehr verfiel ich nun in eine Art von Trancezustand, wenn ich solche Meldungen hörte; ich hatte in den vergangenen zwei Wochen so viel davon mitbekommen, dass sich diese Geschichten schlicht in mir aufhäuften. Keine Reaktion mehr. Keine Tränen, kein Erbrechen, scheinbar kein Abscheu.

Viel später, zurück in Kanada, als ich mit meiner Frau und den Kindern Urlaub machte, fuhr ich eine enge Straße zum Strand hinunter. Straßenarbeiter hatten viele junge Bäume an einer Straßenseite gefällt und zum späteren Abtransport aufgestapelt. Die gefällten Stämme waren braun geworden, ihre abgesägten Enden, weiß und recht dick, waren zur Straße ausgerichtet. Das setzte auf einmal in mir die kaum verschütteten Bilder frei. Ohne mich bremsen zu können, beschrieb ich meiner Frau in genauen Einzelheiten eine Fahrt in die RPF-Zone, bei der ich durch ein Dorf gekommen war. Die Straßenseiten waren übersät mit Haufen über Haufen in der Sonne verdorrender Leichen, deren weiße Knochen hervorragten. Meine Kinder hatten keine Wahl, sie mussten sich all das mitanhören. Als wir zum Strand kamen, gingen sie schwimmen, und Beth las ein Buch, während ich über zwei Stunden lang die Ereignisse erneut durchlebte, die in meiner Erinnerung wach geworden waren. Mit welchen schrecklichen Wunden wir alle seit Ruanda leben müssen.

*

Etwa um 11.30 Uhr kam ich zum Hôtel des Diplomates. Ich machte mir keine großen Hoffnungen, die Regierungsarmee zu einem Waffenstillstand zu bewegen, da Bizimungu nun sein Amt als Stabschef der Armee angetreten und Rusatira abgelöst hatte – und niemand hätte Bizimungu jemals einen Gemäßigten genannt. Bagosora hatte sich in einem Büro im Hotel eingerichtet, das einen guten Blick über die Lobby bot, wo Bittsteller und Geschäftsleute Schlange standen, um sich mit ihm zu treffen, aber er war nirgends in Sicht.

Bizimungu, ein kleiner, beleibter Mann mit einem aggressiven Gesichtsausdruck und gepflegter Uniform, kam in die Lobby, um mich zu begrüßen. Seine Augen waren hell, ja strahlend, aber sie vermittelten weder Selbstbewusstsein noch den Eindruck, dass er die Lage im Griff hätte. Wir reichten uns die Hand und tauschten Höflichkeiten aus, als wir zum Konferenzraum an der linken Seite der Hotelhalle gingen. Wir nahmen auf getrennten Sofas Platz; in meinem Rücken eine Fensterwand mit Blick auf den Hotelgarten, wo Präsidentengardisten patrouillierten. Es wunderte mich, dass er sich allein mit mir traf, aber nichts, was er mir sagte, war im Mindesten überraschend. Am Rande des Sofas sitzend, um mir gegenüber einen gewissen Höhenvorteil zu wahren, verfiel er in eine Litanei von Klagen. Er zeigte sich äußerst verärgert, dass die internationalen Medien und die Presse von der RPF-Propagandamaschine manipuliert würden und die Regierungsarmee und die Interimsregierung als Bösewichter hinstellten. Warum, so sein Lamento, berichtete niemand über die Tatsache, dass die RPF hinter ihren Linien mit Massakern in großem Stil begonnen, dass sie beispielsweise die Familien von Offizieren der Regierungstruppen im Gebiet von Byumba, darunter die Familie des Verteidigungsministers, vollständig ermordet hätte? Bizimungu wollte interviewt werden, und zwar bald – er habe einiges mitzuteilen. (Tatsächlich brachte ich am nächsten Tag Journalisten mit, doch dabei erwies sich nur, dass er ein Falke und ein Kämpfer, aber kaum eine glaubwürdige Quelle für Informationen war, die bei irgendjemanden einen Meinungsumschwung hätten bewirken können, wer denn nun in der gegenwärtigen Lage die Guten und die Bösen waren.)

Als ich ihn zur Beendigung der Gräueltaten und zur Aufnahme von Verhandlungen über eine Waffenruhe und die Neutralität des Flughafens drängte, erwiderte er, dass er noch nicht vollständig im Bilde sei, mir aber bald eine Antwort von der Regierung überbringen werde. Ich kehrte zu unserem Hauptquartier zurück, erfüllt von einer unvernünftigen Enttäuschung. Schließlich hatte Bizimungu ja lediglich das Szenario bestätigt, das ich bereits erwartet hatte: Er würde kämpfen, die Massaker würden weitergehen, und unter dem Druck der Mächte, die den Sicherheitsrat beherrschten und ihre eigenen Interessen verfolgten, sowie dem vor Gewalt zurückschreckenden UN-Sekretariat würde die UNO alles nur Erdenkliche tun, um uns abzuziehen.

Als ich zurückkam, rief mich Tiko über Funk an, um mir vom Schicksal der Militärbeobachter und der unter ihrem Schutz stehenden Nonnen in Butare zu berichten. Ein kürzlicher Besuch des neuen Premierministers Jean Kambanda in Butare habe die widerwärtigsten Mordgelüste gegen die Gemäßigten und Tutsi aufgestachelt. Der örtliche (moderate) Präfekt sei gefeuert worden und wahrscheinlich bereits tot. Unter Aufsicht der Präsidentengarde töte die Interahamwe wahllos. Die Militärbeobachter seien von einigen Einheimischen gewarnt worden, dass ihr Leben ernsthaft in Gefahr sei; die Beobachter hätten schließlich darum gebeten, abgezogen zu werden. Aber bei ihnen hätten etwa 30 lokale Würdenträger und Ordensleute Zuflucht gesucht, die sie nicht zurücklassen könnten.

Während ich noch mit Tiko sprach, winkte Brent mir eilig zu, Tiko auszurichten, dass eine Herkules auf dem Weg nach Butare sei. Sie würde in einer Stunde eintreffen, deshalb müssten es die Militärbeobachter und ihre Schützlinge bis dahin zur kurzen Graspiste am Stadtrand schaffen. Tiko bestätigte und legte auf.

Hier die Szene, die in Butare folgte: Drei UN-Geländewagen, rammelvoll mit Menschen, rasen durch die Stadt, durchbrechen einige kleinere Straßensperren und schaffen es zur Landepiste. Eine wütende Menge hat die Verfolgung aufgenommen und eilt zum Flugplatz, eindeutig in der Absicht, jeden Insassen der Geländewagen zu töten. Angst übermannt die kleine, unbewaffnete Gruppe, während sie verzweifelt den Himmel nach der Herkules absucht. Kaum ist der Mob auf den Flughafen vorgedrungen, macht sich die Maschine mit dem Lärm ihrer vier Turbopropeller bemerkbar; dicht über dem Boden kommt die Herkules ins Blickfeld und setzt zu einer Notlandung an. Das riesige Transportflugzeug berührt den Boden und kommt 200 Meter vor den Militärbeobachtern und ihren Schützlingen kreischend und rutschend zum Stehen. Staub erfüllt die Luft, die Rampe wird heruntergelassen, die Motoren heulen laut und gnadenlos, die vor Angst fast wahnsinnige Gruppe rennt zum Flugzeugheck, wobei die Militärbeobachter die Nonnen und Kinder mitziehen oder gar tragen.

Am anderen Ende des Rollfeldes schwillt die Menge bedrohlich an. Maschinengewehrfeuer blitzt auf. Das Flugzeug wird einige Male getroffen, der Lademeister, der den Passagieren heftig zuwinkt, sich zu beeilen, duckt sich beim scharfen Knallen der Kugeln, die ihm um die Ohren fliegen. Die Militärbeobachter wollen ihre Autos mitnehmen, doch das würde zu viel Zeit kosten, deshalb machen ihre wütenden Fahrer sie fahruntüchtig. Das Flugzeug wendet bereits und rollt die kurze Graspiste direkt auf die Menge und die Gewehre zu, während der letzte der Evakuierten sich noch abkämpft, die Rampe zu fassen zu bekommen und in die Maschine gezogen zu werden.

Dass die Herkules bei der Hitze und mit erhöhter Last auf einer verkürzten, unvorbereiteten Piste überhaupt abheben konnte, war ein Wunder. Die geglückte Evakuierung erinnerte an die erfolgreichen Geiselbefreiungen im Kongo durch belgische Fallschirmjäger Ende November 1964. Und solche heldenhaften Szenen spielten sich im ganzen Land ab.

*

An diesem Abend fuhr ich kurz vor Sonnenuntergang zum Flughafen, um Dewez und die letzten belgischen Blauhelme zu verabschieden. Das Flughafengelände war mit Müll und sogar mit Autowracks übersät, zerstört von den italienischen Soldaten, die kurzfristig eingeflogen waren, um den Franzosen und Belgiern bei der Evakuierung zu »helfen«. Im Flughafengebäude selbst waren alle Geschäfte zerstört, die Fenster zertrümmert, überall lag Abfall. Nur europäische Soldaten hatten den Terminal seit Beginn des Kriegs benutzt, zusammen mit den zumeist europäischen Ausländern auf der Durchreise. Ich war empört über dieses schreiende Banditentum und die Verachtung für das nationale Kleinod, das dieser Flughafen für ein so armes Land darstellte.

Dewez und ich hatten eine kleine Unterredung, um sicher zu gehen, dass alle Fragen der Übergabe und alle militärtechnischen Probleme gelöst waren. Er war in einer schrecklichen Verfassung, am Boden zerstört, dass er die Mission im Angesicht des Feindes im Stich lassen musste. Ich machte ihm seine Abreise nicht leichter, als er zum letzten Mal salutierte und die belgische Maschine bestieg, deren Motoren bereits liefen. Die Rampe schloss sich, als er in ihrem Rumpf verschwunden war, und schon rollte das Flugzeug los. Es rumpelte die Landebahn entlang, hob ab und stieg hinauf in einen bilderbuchschönen ruandischen Sonnenuntergang. Der Lärm der Gefechte, den ich eine Zeit lang nicht hatte hören können, wurde immer lauter, als das Flugzeug am Horizont verschwand.

Ich war außer mir vor Wut, und das ratternde Gewehrfeuer machte es nur noch schlimmer. Bilder meines Vaters und Schwiegervaters in ihren Kampfuniformen aus dem Zweiten Weltkrieg schienen aus dem sich verdunkelnden Himmel aufzutauchen. Müde, schmutzig und ausgezehrt hatten sie ihr Leben für die Befreiung Belgiens aufs Spiel gesetzt. Als kanadische Soldaten mit Zähnen und Klauen gegen die Deutschen kämpften, hielten König Leopold III. von Belgien und seine skrupellosen Lakaien Millionen schwarzer Afrikaner in Ruanda und der Region der großen Seen unter ihrem Joch und plünderten die natürlichen Ressourcen dieser Länder. Und da stand ich, im Herzen ihrer ehemaligen Kolonien, und sah zu, wie belgische Truppen uns inmitten eines der schlimmsten Gemetzel des Jahrhunderts im Stich ließen, weil sie einige ihrer Berufssoldaten bei der Ausübung ihrer soldatischen Pflicht verloren hatten.

Ich stand da und blickte lange in den Himmel. 50 Jahre, nachdem unsere Väter in Europa gekämpft hatten, ließ man mich hier mit einer zusammengewürfelten Truppe zurück, um Zeuge eines Verbrechens gegen die Menschheit zu werden, für das die Belgier unwissentlich die Vorarbeit geleistet hatten. Begleitet vom Lärm des Gewehrfeuers und der Granaten im Hintergrund und der stockfinsteren Nacht, die sich über mich herabsenkte, gab ich mich dem Hass auf eine Nation hin, die nicht nur nicht die Nerven aufgebracht hatte, im Kampf auszuharren, sondern auch bereit war, die Namen und den Ruf ihrer eigenen Soldaten zu opfern, um ihr Gewissen zu beruhigen. Marchal, Dewez, Ballis, van Put, Kesteloot, de Loecker, Deprez, Puffet, van Ashbroek, Mancel, Podevijn, Maggen, Dupuis, Claeys, de Weghe, Yansenne und andere loyale belgische Offiziere und Unteroffiziere waren es, die letztlich die Ehre der belgischen Regierung und des belgischen Volkes retteten. Und bald schon sollten diese Männer die Verachtung jener zu spüren bekommen, die ihnen Medaillen hätten verleihen und Lob und Respekt zollen sollen. Sie allein hatten die Würde und das Gewissen einer Nation bewahrt, die nach eigenen blutigen Verlusten der Not von 8,3 Millionen gefährdeten Ruandern und den 800.000 Frauen, Kindern, Alten und Männern, die von der Hand der Extremisten sterben sollten, den Rücken kehrte.

Ich kehrte schließlich durch die Linien der ruandischen Fallschirmjäger, wo ein paar Kugeln mein Tempo beschleunigten, in unser Hauptquartier zurück. Ich war entschlossen, nicht in die Geschichte einzugehen als der Kommandeur, der Reißaus nahm. Warum überhaupt Soldaten schicken, wenn man uns nach ein paar Verlusten befahl, die Mission aufzugeben, um unsere Haut zu retten? Ich musste dafür sorgen, dass die Ghanaer, die einzige wirklich organisierte Truppe, die mir übrig blieb, nicht schwankte. Mit militärischem Gruß bezeuge ich Henry Anyidoho meine Dankbarkeit, der mit großem persönlichen Risiko seine Regierung den Rest des Krieges und des Völkermordes über zum Stillhalten bewegte und das ghanaische Kontingent bei uns hielt. Er war ein vorzüglicher Führer und loyaler Diener der Mission. Und es war Henry, der mich in der Nacht des 18. April in meinem Entschluss bestärkte, nicht abzuziehen.

*

Brent hatte ungeduldig meine Rückkehr erwartet, um meine letzten Kommentare in die militärische Lagebeurteilung aufzunehmen (MIR-19), damit wir uns den Rückzugsbefehlen aus New York entgegenstellen konnten, falls kein Waffenstillstand zustande käme. Wieder schilderte ich die furchtbare Lage so ungeschminkt wie nur möglich und führte alle taktischen und moralischen Gründe an, um wenigstens mit einer kleinen Truppe im Land zu bleiben. Ein völliger Rückzug der Truppe sei nicht nur gefährlich, sondern stoße auch auf große Hindernisse: »UNAMIR hat nicht die schweren Waffen, die

Munition, ganz zu schweigen von sicheren Transportmitteln, um sich aus dem Land herauszukämpfen.« Das Personal von UNAMIR ließe sich erfolgreich und sicher aus Ruanda nur bei einem Waffenstillstand oder mit militärischer Unterstützung abziehen, was beides nur durch internationalen Druck erzwungen werden könne. Aber auch dann würde unser Rückzug zweifellos die Flüchtlinge in unseren Stützpunkten gefährden. Als beste Lösung in einem solchen Fall bot sich ihre Erfassung in Namenslisten an: Philippe Gaillard und das Rote Kreuz könnten danach die Behandlung dieser Menschen durch beide Kriegsparteien überwachen. Da die Ruander unter unserer Obhut von der jeweils anderen Seite Schlimmes zu fürchten hätten und vermutlich ihr Leben verlören, würden wir jedoch mit einer Übergabe die Feindseligkeiten zwischen den Kriegsparteien nur noch weiter schüren.

»Die Sicherheit unseres Rückzugs hängt direkt davon ab, dass wir zumindest eine kurze Zeit lang in Ruanda einen Fuß auf dem Boden behalten«, argumentierte ich. »Der Truppenkommandeur kann diesen Punkt nicht stark genug betonen. Wir erwarten Ihre Entscheidung in dieser Frage.« Ich unterschrieb, Brent schickte es ab.

Nur Stunden später flackerte erneut Hoffnung in mir auf. In den frühen Stunden des 20. April wurde ich geweckt, um zwei Nachrichten vom DPKO entgegenzunehmen. Eine fasste die Diskussion im Sicherheitsrat am Vortag zusammen und enthielt eine verblüffende Neuigkeit: Wieder einmal hatte Colin Keating, der neuseeländische Ratsvorsitzende, die Entscheidung über einen Rückzug von UNAMIR vertagt, dieses Mal mit der Mitteilung an die Ratsmitglieder, dass bald in Arusha von der UNO geführte Verhandlungen zwischen den Kriegsparteien aufgenommen würden und keine Entscheidung getroffen werden sollte, bevor nicht die Resultate dieser Beratungen vorlägen. Was für Verhandlungen unter UN-Führung in Arusha?

Die andere Nachricht wies mich an, bis auf weitere Order den Rückzug meiner Truppe zu *stoppen*. In einem neuerlichen Entwurf für eine Vorlage an den Sicherheitsrat wurden drei Optionen vorgeschlagen: »Eine Alternative, die in Erwägung gezogen werden könnte, bestünde darin, UNAMIR zu verstärken und sein Mandat zu erweitern, um zu versuchen, die gegnerischen Kräfte zu einem Waffenstillstand zu zwingen, Gesetz und Ordnung wiederherzustellen und das Morden zu beenden. Sollte dieses Szenario erwogen werden, ist daran zu denken, dass dazu mehrere Tausend zusätzliche Soldaten (Anmerkung: vielleicht 10.000 – von UNAMIR erbetene Stärke) erforderlich wären und UNAMIR möglicherweise ein Mandat zur gewaltsamen Durchsetzung dieser Ziele erhalten müsste.« Ich hatte natürlich nie 10.000 Soldaten Verstärkung gefordert. Ein »Mandat zur gewaltsamen Durchsetzung« wollte kein Ratsmitglied erteilen; es ließ bei ihnen die Alarmglocken schrillen. Bei diesem Text musste man wohl eher zwischen den Zeilen lesen, und mir kam der Verdacht, dass diese Option nur für das Archiv aufgenommen worden war.

Der zweite Punkt in der Vorlage, der mir in die Augen sprang, war diese Zeile: »Letztlich sind es allein die Parteien, die das Arusha-Abkommen unterzeichnet haben, namentlich die Regierung von Ruanda (oder ihr Nachfolger) und die RPF, in deren Verantwortung es liegt, ob ihr Land und ihr Volk Frieden finden oder Gewalt erleiden.« Das Problem war, dass die »Nachfolgeregierung« in Ruanda überhaupt nicht Mitunterzeichner des Arusha-Abkommens war, sondern aus extremistischen Putschisten bestand, aber diesen Gesichtspunkt wollte man in New York nicht weiter zur Geltung bringen, unter anderem wohl deshalb, weil ein ruandischer Hardliner im Sicherheitsrat saß. Doch der Generalsekretär musste sehr wohl wissen, dass weder die RPF diese Regierung je anerkennen würde noch die Extremisten daran dachten, ihre Machtpositionen an eine gemäßigte oder auch nur eine zwischen Moderaten und Extremisten aufgeteilte Regierung abzugeben. Mit welcher Lösung also wollte die UNO aus dieser Sackgasse herauskommen? Mit gar keiner. Dabei hätte es dem Sicherheitsrat angestanden, sich auf den Hintern zu setzen und mir ein Mandat und die Mittel zu geben, um das Morden zu stoppen und die Sicherheit im Land wiederherzustellen. Ich musste das Triumvirat ans Telefon bekommen, bevor der Entwurf seine endgültige Fassung erhielt. Es war nicht zu fassen: Da saß ich mitten im Schlachthaus von Kigali und hatte nichts Besseres zu tun, als die grammatikalischen Eingeweide missratener bürokratischer Vorlagen auseinander zu klamüsern.

Im Laufe des folgenden Morgens hatte man mich über die Pläne neuer Verhandlungen in Arusha ins Bild gesetzt. Sie sollten am 23. April beginnen, vehement unterstützt von Salim Salim, dem tansanischen Generalsekretär der OAU. Wie sich herausstellte, war der stellvertretende Vorsitzende der RPF nach Daressalam geflogen, um Ali Hassan Mwinyi, den Präsidenten von Tansania, zu bitten, beide Parteien zusammenzubringen. Ich konnte es nicht glauben, als ich davon hörte. Was erhoffte sich die RPF davon? Sie war bei den Waffenstillstandsverhandlungen doch die unnachgiebigste Partei gewesen.

Da auch Booh-Booh eingeladen war, beschloss ich, Henry mitzuschicken, um militärische Fachkenntnisse beizusteuern und für mich Notizen zu machen. Wir mussten außerdem die Delegation der ruandischen Armee zum Konferenzort bringen, da sie anders nicht dorthin kommen konnte. Unter anderem sollte es um zwei wichtige Tagesordnungspunkte gehen: Beendigung der Massaker mithilfe einer Beobachtertruppe aus UNAMIR-Personal und Beobachtern aus der Region sowie die Wiederherstellung von Recht und Gesetz, um diejenigen zu suchen und zu verfolgen, die die Massaker begingen.

In der Zwischenzeit musste ich klären, wie wir den Flughafen wieder in einen halbwegs betriebsfähigen Zustand bekommen konnten. Weder die Franzosen noch die Belgier hatten ihre Fluglotsen dagelassen, daher suchten wir nun nach qualifizierten Mitarbeitern. Mit dem Einverständnis der RPF in der Tasche, die Neutralität des Flughafens zu respektieren, verfasste ich eine weitere Note an Bizimungu und die Interimsregierung in Gitarama, um sie zu einer schnellen Antwort zu drängen. Unterdessen fanden meine Militärbeobachter den ehemaligen Flughafenleiter im Mille Collines und ließen ihn sofort mit der Arbeit beginnen – unter schwerer Bewachung, da er um sein Leben fürchtete. Und zu Recht, denn er war ein Hutu, der jetzt UNAMIR dabei half, die (mögliche) Ankunft einer Interventionstruppe vorzubereiten.

Am Morgen des 21. April hielt ich eine Sondersitzung mit meinen Kommandeuren und dem Führungsstab ab. Es ging um die Frage, wie wir die Stellung halten würden. Die angesprochenen Punkte reichten von der Logistik bis hin zur verbleibenden Truppenstärke und wie damit unsere Sicherheitsaufgaben bewältigt werden könnten. Alle waren der Meinung, dass wir versuchen sollten, mehr als 250 Mann vor Ort zu behalten. Ich sagte ihnen, dass mir das DPKO die Entscheidung darüber überlassen habe, sobald unsere Truppe auf etwa 600 Soldaten aller Ränge reduziert worden sei. Zu diesem Zeitpunkt hatten wir noch für zwölf Tage Verpflegung und Wasser in kleinsten Rationen. Der letzte Konvoi der Ghanaer aus dem Norden war endlich eingetroffen. Sie waren ernstlich ausgehungert und durstig, und eine Reihe von ihnen hatte Malaria, da ihnen die Medikamente ausgegangen waren.

An der militärischen Front rückte die RPF immer noch vor und eroberte einen beträchtlichen Teil der Ausrüstung der Regierungsarmee, darunter Raketen, die von fliehenden Truppen zurückgelassen worden waren. Alle Streitkräfte rückten auf Kigali zu; schwere Artilleriegefechte und Raketenbeschuss in der Stadt deuteten auf eine große bevorstehende Konfrontation. Nachdem sie Byumba eingenommen hatte, legte die RPF wiederholt Hinterhalte für Regierungstruppen, die zurück nach Kigali durchzukommen versuchten. Die Armee meldete schwere Verluste; die Berge Kigali und Nianza in der Nähe der Stadt waren Schauplätze heftiger Gefechte.

Das also war unsere Situation: In Arusha waren neue Gespräche auf dem Weg; die Mission erhielt eine humanitäre Abteilung; das Gemetzel breitete sich weiter unvermindert im ganzen Land aus, und beide Seiten bereiteten sich auf einen schwierigen und möglicherweise entscheidenden Kampf um die Kontrolle der Hauptstadt vor. Alles wie gehabt, die Lage war normal.

Nach dem Treffen wandte ich mich erneut an das DPKO, indem ich ein weiteres Mal die Notwendigkeit einer endgültigen Entscheidung über die Zukunft meiner Truppe vor Ort betonte. Ich warf abermals die Frage einer Verstärkung auf, aber die Antwort bot keinen Trost. Maurice Baril, Iqba Riza und Kofi Annan erwiderten schlicht, ich solle nicht erwarten, dass irgendjemand in den ruandischen Schlamassel eingreifen wolle; eine Verstärkung würde es nie geben. Damit war die Sache erledigt. Viele Länder blickten auf Belgien als ehemalige Kolonialmacht und warteten deren Ratschlag ab. Außenminister Willy Claes schlug vor, die ganze Truppe zu evakuieren, bevor wir noch alle massakriert werden würden. Am frühen Morgen des 22. April brachte mir Brent eine Nachricht von Riza, der die Resolution 912 des Sicherheitsrates angehängt war. Der Rat hatte sich schließlich für die Option einer kleinen Resttruppe entschieden. Die Formulierungen waren reinstes UN-Chinesisch: »... nachdem in Erwägung gezogen wurde ... Ausdruck des Bedauerns ... schockiert ... entsetzt ... äußerst besorgt ... betonen ... mit dem Ausdruck tiefer Sorge ... verurteilt ... verurteilt heftig ... verlangt ... beschließt ... wiederholt ... bekräftigt erneut ... fordert ... lädt dazu ein ... beschließt, sich mit der Sache weiter aktiv zu befassen.«

Während ich dies schreibe, höre ich Samuel Barbers Adagio für Streicher – für mich der reinste musikalische Ausdruck des Leids, der Verstümmelung, der Vergewaltigung und des Mords an 800.000 Ruandern. Dieses Drama konnte sich nur mit Hilfe der Mitgliedsnationen des bloß scheinbar unparteiischen Weltgremiums namens UNO vollziehen. Geführt von den USA, Frankreich und Großbritannien, unterstützte und ermutigte die UNO letztlich den Völkermord in Ruanda. Kein Geld, das sie je spenden, keine Hilfe, die sie je aufbringen wird, kann ihre Hände vom ruandischen Blut reinwaschen.

Da Resolution 912 nun schriftlich vorlag, befahl ich den beschleunigten Rückzug von etwa 1.000 Soldaten nach Nairobi. Sie sollten dort vorerst bleiben – allerdings nicht länger als drei Tage, aber vielleicht würde das reichen und ich könnte sie wieder zurückbekommen, falls man sich in Arusha auf einen Waffenstillstand einigte. Am Nachmittag informierte man mich, dass die UN-Mitarbeiter in Nairobi nun doch gleich die Soldaten in ihre Heimatländer ausfliegen würden. Grund: Die kenianische Regierung weigerte sich, den Truppen die Erlaubnis zum Verlassen ihres Lagers auf dem Flughafen zu erteilen, und dort herrschten haarsträubende Bedingungen vor. Erst einmal zu Hause eingetroffen, würden die Soldaten selbst dann, wenn sie offiziell noch Teil von UNAMIR wären, in ihren Garnisonen verschwinden, und wir müssten ganz von vorn beginnen.

Mit dieser ausgebluteten Truppe saß ich als Kommandeur in einer schönen Patsche. Ich musste meinen Soldaten erklären – von denen viele wegen des Mangels an anständigem Essen und Medikamenten sehr erschöpft und krank waren, während andere nach grauenhaften und traumatischen Erlebnissen in diesem Pfuhl von Eingeweiden, abgetrennten Gliedmaßen, Menschenfleisch fressenden Hunden und Würmern in einem zombiehaften Zustand umherwandelten –, dass die Welt beschlossen hatte, uns aus Sicherheitsgründen abzuziehen, statt uns zu unterstützen, obwohl sich viele von ihnen heldenhaft geschlagen hatten. Ich bat ihre Kommandeure, ausdrücklich zu betonen, dass keine Schande in diesem Rückzug läge und sie sich für eine mögliche Rückkehr bereithalten sollten.

Zu meinem großen Unmut erhielt ich später am Nachmittag einen Anruf von Riza, der mich fragte, was denn mit dem Rückzug los sei. Die *Washington Post* habe gerade auf der Titelseite ein großes Foto von UNAMIR-Soldaten veröffentlicht, die wie eine verängstigte Viehherde auf ein Evakuierungsflugzeug losstürmten. Einige sähe man, wie sie tatsächlich das Flugzeug küssten, während andere es offenbar so eilig gehabt hätten, zur Maschine zu rennen, dass sie ihre persönlichen Gepäckstücke auf der Piste fallen ließen.

Ich bat Brent, der Sache nachzugehen, und in 15 Minuten bestätigte er, dass beim ersten Flug an diesem Tag die Offiziere und Unteroffiziere aus Bangladesch einen peinlichen Sturm auf das Flugzeug veranstaltet hatten – während ihre Soldaten auf das nächste Flugzeug warten mussten. Alle anderen Flüge waren glatt verlaufen und hatten über 600 Soldaten ausgeflogen. Was konnte ich sagen? Der Schaden war angerichtet: Das Bild eines fluchtartigen Rückzugs der UNO aus Ruanda nach Unterzeichnung der Abzugsresolution war bereits um die Welt gegangen. Wir wurden als verängstigte Ratten porträtiert, die ein sinkendes Schiff verließen. Selbst noch bei ihrer Abreise hatten es die Bangladescher fertig gebracht, die Mission in den Augen jener, die uns von vornherein für einen Witz hielten, vollends in Verruf zu bringen.

*

Ich musste die Führung von Regierungsarmee und RPF über den Truppenabzug und die Funktion meiner neuen Mission informieren. Ich konnte nicht mehr hoffen, den Bluff durchzuhalten, dass wir die fast 30.000 Menschen tatsächlich beschützen könnten, die hinter jeder der beiden Kampflinien bei uns Zuflucht gesucht hatten. Mein Vorschlag war, diese Menschen zu ihrer jeweiligen Seite zu transferieren, dann würden wir unsere Stützpunkte auch nicht mehr für sie offen halten und für ihre Sicherheit aufkommen müssen.

Zuerst traf ich mich mit Seth im Nationalratsgebäude. Er befürwortete diesen Austausch, wollte aber auch, dass wir die noch versteckten Ruander retteten. Ich erwiderte, dass wir zwar nicht in den Krieg eingreifen dürften, aber unser Möglichstes tun würden. Dann traf ich mich mit Bizimungu im Hôtel des Diplomates, wo Bagosora wieder mit ängstlich bestrebten, gut gekleideten Aktentaschenträgern Hof hielt. Bizimungu hatte kein Problem mit einem Waffenstillstand am Flughafen für die Dauer des UNAMIR-Rückzugs. Im Hinblick auf den Austausch von Flüchtlingen und die fortdauernde Neutralität des Flughafens müsse er jedoch die Einwilligung der Interimsregierung einholen, die aber wohl gewährt würde. Er empfahl mir, am nächsten Tag selbst mit Premierminister Kambanda in Gitarama zu sprechen. Der machte sich selbst nicht nach Arusha auf den Weg, sondern schickte Oberst Gatsinzi, den Leiter der Militärakademie und eine machtlose Figur – Gatsinzi würde keinem Punkt zustimmen, der die Interimsregierung einschränkte, da in diesem Fall sein Leben und das seiner Familie keinen Heller mehr wert gewesen wären. Die Extremisten hintertrieben offensichtlich diesen neuen Versuch, einen Waffenstillstand zu erreichen, obwohl sie ihn nach außen hin befürworteten. Und die RPF würde sich keinen Millimeter bewegen. Wieder einmal waren die Kriegsparteien entschlossen, die regionalen und internationalen Bemühungen zur Lösung der Krise auszutricksen. Am Ende der Unterredung äußerte sich Bizimungu sehr ungehalten über die RPF-

Truppe im Nationalrat und bat mich, alle Militärbeobachter und Verbindungsoffiziere aus dem Gebäude abzuziehen. Ich lehnte ab, solange ich keine sicheren Hinweise auf einen Artillerie- oder Bodenangriff erhalte; meine Leute dort seien entscheidend, um mit der RPF-Führung in Kontakt zu bleiben.

Ich verließ ihn und fuhr nach Mulindi, wo Paul Kagame mir endlich Audienz gewährt hatte.

*

Die Hauptstraße nach Mulindi war immer noch ein unpassierbares Schlachtfeld. Entlang der Nebenstraßen, die durch sehr kleine Dörfer und über Hügel führten, trafen wir allenthalben auf Belege der Verheerungen, die der Krieg auf dem Land angerichtet hatte. Ein Großteil des Gebietes hatte sich bis vor kurzem in der Hand der Regierungsarmee befunden. Unseren Weg säumten die Spuren der Kämpfe, an den Straßenrändern und in den Straßengräben lagen überall Gefallene, einige Dörfer waren bis auf den Grund abgebrannt und mit einem Flickenteppich von Leichen bedeckt. Wir wechselten uns damit ab, vor unserem Wagen herzugehen, damit wir nicht versehentlich über einen Leichnam hinwegfuhren. Bis zum heutigen Tag mache ich, wenn ich auf der Straße ein Kleidungsstück liegen sehe, einen Bogen darum und muss den Drang zügeln, nachzuschauen, ob sich darunter nicht eine menschliche Leiche verbirgt.

Tausende von Menschen jeden Alters zogen mit allem bepackt, was sie tragen konnten, in endlosen Reihen auf Lehmpfaden, kauerten an Bächen zusammen, bauten kleine Schutzhütten unter den Bananenstauden oder saßen in völliger Verzweiflung einfach nur da. Wohin man auch blickte, weinten Kinder, versuchten ihre Mütter und Schwestern, sie zu trösten. Der faulige Geruch verwesender Körper in den Hütten entlang der Route stieg nicht nur in Nase und Mund; man fühlte sich schmutzig und schmierig davon. Es war mehr als ein Gestank, es war eine Atmosphäre, durch die man sich den Weg bahnen musste. Es erwies sich als unmöglich, die Leichen vor unserem Fahrzeug aus dem Weg zu räumen, ohne sie mit den Händen zu berühren. Wir hatten keine Handschuhe, und mit jeder Leiche, die wir anfassen mussten, klebten mehr Haut- und Fleischpartikel sowie getrocknetes Blut an unseren Händen – und das angesichts der epidemischen Verbreitung von AIDS im Land. Noch monatelang hatte ich das Gefühl, dass Spuren dieses Blutes an meinen Händen klebten.

Schließlich, etwa 20 Kilometer südlich von Mulindi, gelangten wir wieder auf die Hauptstraße. Wir hatten Flüsse voller Leichen durchwatet, Brücken überquert, an deren Pfeilern sich die Toten stapelten, waren an Sümpfen vorbeigekommen, deren Pegel durch die Masse aufgeblähter toter Leiber gestiegen war. Wir hatten uns Zentimeter um Zentimeter durch Dörfer bewegt, in denen es nur noch Tote gab. Wir waren mit unseren Fahrzeugen im Schritttempo durch verzweifelte Menschenmengen gefahren, die uns um Nahrung und Schutz anflehten. Wir hatten uns mit unseren Händen einen Weg durch die Toten und Halbtoten gebahnt. Und wir hatten uns übergeben, selbst wenn unsere Mägen leer waren. Bei ihren Rettungseinsätzen waren meine mutigen Männer seit Wochen mit Szenen wie diesen konfrontiert. Kein Wunder, dass einige von ihnen vom Antlitz der Erde tief in eine innere Hölle gestürzt waren. Wir hatten absolut keine Heilmittel, um ihnen zu helfen.

Es wurde schon dunkel, als wir Kagames Büro und Residenz auf der Teeplantage in Mulindi erreichten, die solide verteidigt war – fast uneinnehmbar, falls einem Angreifer nicht eine stattliche Zahl schwerer Geschütze zur Verfügung stand. Kagame wirkte unter den prächtigen Tropenblumen seines Gartens fit und makellos. Er hatte keine Zeit zum Plaudern, daher sprach ich rasch die Fragen unserer Truppenreduzierung, des Waffenstillstands, der Neutralität des Flughafens, des Austauschs von Zivilpersonen an. Er sagte mir mehrfach, dass er Aktionen von UNAMIR, die als Einmischung verstanden werden könnten, nicht dulden werde. Ich erwiderte, dass ich dafür nicht nur über kein Mandat verfüge, sondern man mir auch die Soldaten weggenommen hätte, um Offensivoperationen durchzuführen. Ich meinerseits würde nicht dulden, dass seine Truppen oder die Regierungsarmee die Ruander, die sich unter unseren Schutz begeben hatten, gefährdeten. Er versprach, alle notwendigen Vorbereitungen zu treffen, damit so bald wie möglich ein Austausch stattfinden könne. Er habe seine Offensive auf Kigali bewusst verzögert, damit die Zivilisten die Stadt vor der Schlacht verlassen konnten. Mir leuchtete dieses Argument nicht ein; er musste doch wissen, dass jeder Tag, an dem er sich auf den methodischen Ausbau seiner Stellungen an der Peripherie konzentrierte, den sicheren Tod für die Tutsi hinter den Linien der Regierungstruppen bedeutete. Er ignorierte diesen Einwand, sondern sagte mir bloß, dass bereits Orte für Flüchtlingslager ausgewählt worden seien, und er bat um meine Unterstützung, internationale Hilfe für diese Lager zu bekommen. Ich antwortete, dass ich dieser Bitte nur dann entsprechen würde, wenn die Hilfe nicht auf den Fahrzeugen und in den Mägen seiner Soldaten landen würde. Unsere Stäbe sollten diese Frage ausarbeiten, erwiderte er, was mich nicht beruhigte.

Dann breitete ich meine Einsatzkarte auf dem Boden zwischen uns aus, und wir erörterten die Lage auf dem Schlachtfeld. Es bestand kein Zweifel, dass Kagame mit minimalem Aufwand eine Reihe von Bataillonen der Regierungstruppen, die Ruhengeri und das Hutu-Kernland verteidigten, eingekesselt hatte. Dies erlaubte es ihm, nach der Einnahme von Byumba und der Hauptstraße im Osten nach Süden bis zur tansanischen Grenze vorzustoßen und sie entlang des Kageraflusses zu schließen. Im Westen, leicht südlich von Kigali, verlegte er gegenwärtig seine Sturmtruppen auf die Hauptachse der befestigten Straße Richtung Hauptstadt. Ohne Frage war Kagame dabei, Kigali für einen Endkampf zu umzingeln. Er beendete die Kartenübung abrupt und kam auf das Arusha-Treffen zu sprechen, das am nächsten Morgen beginnen sollte. Er werde daran nicht teilnehmen, weil das Sache des politischen Flügels der RPF sei. Er machte sich aber nicht die geringsten Illusionen über das mögliche Ergebnis. Kagame war im Grunde der Auffassung, dass das Arusha-Abkommen, das ich hatte absichern sollen, nur dazu diente, »das Leben der Militärs und nicht das der Zivilisten zu retten«. Als wir fertig waren, lud er mich ein, über Nacht zu bleiben, da es zu gefährlich sei, nach Einbruch der Dunkelheit zurück nach Kigali zu fahren. Wir tauschten einen festen Händedruck aus und wünschten einander Glück, dann wurde ich hinausbegleitet.

Ich fand meine Eskorte und Offiziere beim Umtrunk in einer kleinen Bar im Lager. In einer Ecke saßen auch Pasteur Bizimungu (der später, nach dem Sieg der RPF, Präsident von Ruanda werden sollte) und einige Politiker, denen ich mich zugesellte, während sich meine Leute und die RPF-Soldaten gut unterhielten, was Soldaten nie schwer fällt. Pasteur und ich unterhielten uns etwa eine Stunde lang über seine Vergangenheit, die gegenwärtige Katastrophe, den Missionschef, die internationale Gemeinschaft und die Zukunft des Landes, falls die RPF gewönne. Dann gingen wir den Hügel hinauf zu dem Haus, wo wir unsere formellen Treffen abgehalten hatten. Es gab ein kleines Feuer im Kamin, da es nach Sonnenuntergang recht kühl geworden war. Wir ließen uns zum Essen an einem kleinen, klapprigen Tisch auf vier ebenso wackeligen Stühlen nieder und bekamen eine Schüssel mit Bohnen und eine andere mit milden, mehligen Miniaturbananen serviert.

Das warme Essen und der Kamin forderten ihren Tribut, und vor Erschöpfung kam ich mir fast vor wie im Fieberwahn, als mich Pasteur zu einem kleinen Gästezimmer führte. Auf einem Nachttischchen stand eine bereits halb abgebrannte Kerze. Es gab ein Feldbett mit sauberen weißen Laken und einem herrlich bauchigen Kissen unter einem Moskitonetz. Ich zog mich aus, nahm mein übliches Feldbad mit wenig Wasser und stieg ins Bett. Leichte Schuldgefühle gegenüber meinen Soldaten und Brent in Kigali beschlichen mich, aber ich war so überwältigt vom Geruch der sauberen Wäsche, der Behaglichkeit der warmen Decke und der anständigen Mahlzeit in meinem Bauch, dass ich mich für eine kurze Zeit wie im Himmel auf Erden fühlte und traumlos schlief.

KAPITEL 12

Mangel an Entschlusskraft

Ich stand beim ersten Tageslicht auf, um nach Kigali zurückzufahren. Die Rückkehrroute war etwas kürzer, aber nicht weniger grauenhaft. Zum allgegenwärtigen Verwesungsgestank gesellte sich ein beißender Geruch von Morgenfeuern aus feuchten Bananenblättern und einigen gehorteten Kohleklumpen. Um sieben Uhr traf ich zum Morgenappell in unserem Hauptquartier ein. Oberst Moen, der leitende Einsatzoffizier, präsentierte den Einsatzplan unserer reduzierten Truppen. Es war uns allen sofort klar, dass die ursprüngliche Vorgabe von 250 Mann drastisch zu niedrig angesetzt war, um humanitäre Hilfe wie Transport, Überwachung und Verteilung von Hilfslieferungen oder den Austausch von Flüchtlingen zwischen den Linien zu bewältigen. Ich wies das ghanaische Bataillon an, so viele qualifizierte Fahrer wie möglich dazubehalten. Über 200 ghanaische Soldaten, die ursprünglich abrücken sollten, blieben daraufhin bei uns. Am Ende des Tages umfasste meine Truppe 454 Mann aller Ränge, zusammen mit einem Dutzend ziviler UN-Mitarbeiter.

Peter Hansen, der stellvertretende UN-Generalsekretär für humanitäre Angelegenheiten, sollte an diesem Tag mit seinen Fachleuten eintreffen – er war der erste hochrangige UN-Vertreter, der uns seit Beginn des Krieges besuchte. Nachdem er unsere Flüchtlingslager besucht und ihm Oberst Yaache, der Leiter unserer humanitären Abteilung, Bericht erstattet hatte, machte ich ihm gegenüber vor allem mein Anliegen geltend, dass UNAMIR die Nachrichtenzentrale der nach Ruanda kommenden nichtstaatlichen Organisationen und Agenturen sein und immer über deren Schritte im Bilde sein müsse. Ich konnte nicht dulden, dass einzelne Hilfsorganisationen auf eigene Faust aktiv wurden, ohne die Gesamtlage zu kennen, und damit möglicherweise Waffenstillstandsverhandlungen oder die Sicherheit der Mission gefährdeten. Das Beste, was Hansen für mich tun konnte, war die Entsendung eines robusten Notfallteams für unsere humanitäre Abteilung. Hansen war mutig und entschlossen und erfasste die Lage schnell. Er ließ ein Team mit der Anweisung zurück, sich in unser Hauptquartier zu integrieren, und versprach, den fraglichen Hilfsorganisationen meinen Plan und meine Anweisungen zu übermitteln, auch wenn er nicht garantieren konnte, dass sie sich daran hielten. Ich bat ihn, eine einfache Botschaft an sie weiterzugeben: Wenn irgendeine ihrer Hilfslieferungen auch nur versehentlich bei den kämpfenden Truppen der einen oder anderen Kriegspartei landen würde, dann wiese ich sie sofort aus Ruanda aus, ohne mich auf die geringsten Diskussionen einzulassen.

*

Ich machte mich nach Gitarama auf, um die Mitglieder der jüngst installierten Interimsregierung und die Armeeführung über das neue Mandat und die Truppenreduzierung zu informieren. Die Fahrt war abermals ein Abstieg ins Inferno. Eine Zeit lang hält man solche Szenen aus, aber als wir wieder einmal in einer langsam vorrückenden, leidenden Menschenmenge feststeckten, konnte ich die Brutalität nicht mehr ertragen – ich schwankte, unterbrochen nur von kurzen Pausen, in denen ich benommen vor mich hinstarrte, zwischen Wut und Tränen hin und her. All diese Augen schauten zu uns zurück – müde, rot unterlaufene, traurige, ängstliche, verrückte, verwirrte Augenpaare.

Ich kam zu spät zu dem verabredeten Treffen, und als wir vor dem Gebäude vorfuhren, in dem sich die Interimsregierung verkrochen hatte, ging mir der Kontrast zwischen diesem Ort und den Szenen entlang der Straße nahe. Es war ein friedlicher, moderner Schulhof, auf dem sich etliche wohlgekleidete Herren und einige Damen mittleren Alters unter Avocadobäumen inmitten eines großen Blumengartens ziellos ergingen. Jean Kambanda, der Premier, und sein besonders aggressiver Informationsminister Eliezer Niyitegeka arbeiteten in kleinen Büros, aber niemand sonst schien viel zu tun, kein Regierungsapparat war zu sehen. Die Interimsregierung hatte hier schon vor über einer Woche ihre Zelte aufgeschlagen und wirkte noch immer, als brüte sie über der Sitzordnung einer Konferenz, die in absehbarer Zeit nicht einberufen werden würde.

Kambanda wirkte unbehaglich; auch sonst schien niemand sonderlich erfreut, uns zu sehen, daher kam ich sofort zur Sache. Der Premierminister zeigte keinerlei Reaktion, weder Befriedigung noch Bedauern, dass unsere Truppenstärke reduziert worden war und UNAMIR ein neues Mandat hatte. Er sagte, er würde den sicheren Austausch von Menschen zwischen den Linien unterstützen und zu diesem Zweck mit dem Verteidigungsminister eine Waffenruhe der Milizen klären. Als ich das unerbittliche Morden an den Straßensperren ansprach, bestand Kambanda darauf, dass die »Selbstverteidigungskräfte« eine wichtige Sicherheitsaufgabe zu erfüllen hätten, um Eindringlinge der Rebellen auszumerzen. Er beschwerte sich darüber, dass UNAMIR mit der RPF im Amahoro-Komplex »zusammenwohnt«: Wie könne er der Neutralität des Flughafens zustimmen, wenn wir sofort einknickten, sollte die RPF die Einnahme des Flughafens beschließen? Ich erwiderte, dass von einem »Zusammenwohnen« mit der RPF keine Rede sein könne: Mein Hauptquartier sei überrannt worden und befinde sich nun hinter ihren Linien. Aber ich würde unser Hauptquartier zum Flughafen verlegen, als Garantie unserer Unabhängigkeit von der RPF. Bei dieser Beteuerung entfuhr dem Informationsminister ein höhnisches Lachen.

Dann überraschte mich der Minister mit der Bitte um ein öffentliches Begräbnis für den ermordeten Präsidenten. Ich sagte, ich könne in der Sache nichts unternehmen, falls ich keinen Zugang zur Präsidentenmaschine bekäme: Internationale Inspektoren müssten eine unabhängige Untersuchung durchführen. Er und Kambanda willigten ein und fragten, wann die Inspektoren kommen könnten. Ich erwiderte, sie würden schon auf meinen Anruf warten. Schließlich verurteilte ich energisch die Hetztiraden auf RTLM gegen UNAMIR und die Tutsi. Zu meiner Überraschung stimmte der Minister zu und sagte, er würde es für den nächsten Tag auf die Tagesordnung setzen.

Nach einem mechanischen Handschlag verließ ich das kleine Büro und ging durch die umherschlendernden Minister und ihre Begleiter zurück zu meinem Wagen. Auf dem Weg brütete ich über ihre Selbstgefälligkeit: Wie sauber und entspannt sie alle schienen! Entweder besaßen sie überhaupt keine Entscheidungsgewalt, um der in ihrem Land ausgebrochenen Katastrophe zu wehren, oder sie waren von hintergründigen Motiven getrieben. Und wo steckte Bagosora? Er hatte ebenfalls zum Treffen kommen sollen.

*

Wir trafen um 18 Uhr im Hauptquartier ein und hielten bald danach den Abendappell ab. Die Neuigkeit der neuen Arusha-Verhandlungen bestand darin, dass die Delegation der Armee nicht erschienen war. Die RPF hatte als Kopf ihrer kleinen Delegation ihren Generalsekretär entsandt, Théogène Rudasingwa; sein Vorschlag für einen Waffenstillstand enthielt noch immer die anspruchsvollen Vorbedingungen. »Nachdem wir vergeblich auf die Regierungsdelegation gewartet haben und die RPF-Delegation abgereist ist«, so schrieb Booh-Booh in seinem Bericht an das UN-Hauptquartier, »plane ich, von Arusha nach Nairobi zu fliegen. ... Ich ergriff jedoch die Gelegenheit der Anwesenheit des OAU-Generalsekretärs und der tansanischen Delegation (Präsident) zu einem Meinungsaustausch über unsere Anstrengungen, den Friedensprozess zu fördern und auch einen Vorschlag für einen Waffenstillstand vorzubereiten, der, wie ich glaube, die Basis für eine Beendigung der Feindseligkeiten bilden könnte.« Nicht nur entschloss sich Booh-Booh, nach Nairobi abzureisen, er und seine Politikberater blieben von nun an gleich ganz dort und kamen nur noch zu Kurzbesuchen nach Kigali. So drehte sich das politische Rad im Leerlauf, und jeder konnte auf dem Nachhauseweg sagen, er habe sein Beste versucht.

Der letzte der sechs Truppentransportflüge verließ den Flughafen von Kigali gegen Ende des Abendappells. Wir mussten unser Hauptquartier zum zweiten Mal in zwei Wochen umgruppieren. Ich behielt ein Truppenhauptquartier, eine verminderte Anzahl von Militärbeobachtern, etwas mehr als einen Zug Tunesier und ein kleines Bataillon Ghanaer. Die Militärbeobachter waren bei uns im Amahoro-Hotel in unserem vertrauten Hauptquartier, geschützt von den Tunesiern. Das Bataillon der Ghanaer stationierte ich am Flughafen, unserem alternativen Hauptquartier, zusammen mit der Sanitätsabteilung, einem Logistiktrupp und einer Schützenkompanie, um den Flughafen zu verteidigen. Die andere Schützenkompanie sollte die Flüchtlinge im Amahoro-Stadion vor möglichen Überfällen bewahren.

Ich stellte auch kleine Abordnungen an den anderen Stützpunkten in Kigali auf, wo wir Flüchtlingen Zuflucht gewährten. Mobile Militärbeobachterteams pendelten zwischen ihnen hin und her. Ich überließ die Panzerfahrzeuge den Tunesiern, die binnen Stunden ohne Werkzeug, Ersatzteile oder Mechaniker die Zahl der einsatzfähigen Fahrzeuge von drei auf fünf erhöhten. Die defekten Fahrzeuge, die im Februar aus Mosambik eingetroffen waren, ließen sich nicht reparieren, daher zogen wir sie vor die Tore unserer Stützpunkte und benutzten sie als Barrikaden.

Trotz aller Bemühungen der Tunesier gingen die Fahrzeuge nach und nach kaputt, bis schließlich keines mehr übrig blieb. Nach langem Gerangel erlaubten die USA ihrer Mission in Somalia Mitte April, UNAMIR sechs alte, ausgeschlachtete Panzerfahrzeuge aus der Frühzeit des Kalten Kriegs zu »leihen«. Sie trafen auch tatsächlich bei uns ein, allerdings ohne Kanonen, Funkgeräte und Werkzeug. Brent hatte eines Abends einen Anruf von einem Unteroffizier aus dem Pentagon entgegengenommen, der wissen wollte, warum wir die Fahrzeuge brauchten. Beredsam schilderte ihm Brent unsere substanziell reduzierte Truppenstärke, unsere verzweifelte logistische Situation und unsere heikle Lage vor Ort und schloss seine Erklärung mit den Worten: »Da bekommt das Wort ›leichte Truppe‹ eine ganz neue Bedeutung, nicht wahr?« Der nette Kerl in Washington erwiderte: »Kamerad, du bekommst deine Panzerfahrzeuge, viel Glück und Gottes Segen.« Von diesem einen Feldwebel bekamen wir mehr und schnellere Unterstützung als von der Regierung der Vereinigten Staaten und ihren Streitkräften zusammengenommen.

*

Wie könnte es mir gelingen, das Gewissen der Welt wachzurütteln? Ich musste die richtigen Knöpfe finden, und ich musste sie so schnell wie möglich drücken. Da meine Berichte in New York in einem Abgrund der Untätigkeit zu verschwinden schienen, blieb mir nichts anders übrig, als verstärkt um die Medien zu werben. Allen Politikern und Generälen, die den freien Medien misstrauen und sie meiden, kann ich versichern, dass sie sich als Verbündete einsetzen lassen, als ebenso starke Waffe wie ein Bataillon vor Ort. Mit dem Abzug der Belgier schien auch Mark Doyle von der BBC das Land verlassen zu müssen. Ich rief ihn in mein Büro und machte ihm ein Angebot, das er nicht abschlagen konnte. Er könne bei uns leben, sich von uns schützen und versorgen lassen, und ich würde ihm dafür eine Story pro Tag und die Mittel garantieren (mein Satellitentelefon), um der Welt davon zu berichten. Es scherte mich nicht, ob seine Berichte UNAMIR in einem guten oder schlechten Licht erscheinen ließen, solange sie akkurat und wahrheitsgetreu waren. Das Entscheidende für ihn war, dass er zur Stimme des Geschehens in Ruanda werden würde.

Mark stimmte zu und wurde in den folgenden Tagen zu dieser Stimme. Anderen Nachrichtensendern entging das nicht, sodass nun Journalisten nach Ruanda strömten, um von dem Morden zu berichten. Jean-Guy Plante, unser Medienoffizier, kümmerte sich um sie und half, wo immer er konnte. Er war gerne unter Leuten und organisierte mithilfe der kanadischen Transportgruppe in deren Herkules-Maschinen Flüge für Journalisten zwischen Nairobi und Kigali. Plante entschied jeweils, wie lange ein Reporter oder ein Korrespondent vor Ort bleiben konnte, um möglichst vielen verschiedenen Sendern und Zeitungen Gelegenheit zu geben, über die Vorgänge in Ruanda zu berichten. Er hielt UN-Transporter, Zimmer im Meridien, Verpflegungskarten und Anschlüsse in unserem Hauptquartier für sie bereit. Er garantierte ihnen Sicherheit, mindestens eine Story pro Tag und die Übermittlung ihres Materials nach Nairobi. Das geschah manchmal auch durch UN-Militärbeobachter, die zur ugandischen Grenze fuhren und das Material UNOMUR übergaben; von dort wurde es per Helikopter nach Entebbe transportiert und weiter in die ganze Welt verschickt.

Ich wies Brent außerdem an, dafür zu sorgen, dass jeder Journalist, der um ein Interview mit mir bat, auch zu mir durchgestellt würde. Beim öffentlichen kanadischen Sender CBC ergriff Brent mit sehr großem Erfolg selbst die Initiative. Der Produzent von *As It Happens*, einer international angesehenen Radiosendung, der in Kanada Hunderttausende von Menschen zuhören, rief schließlich bei uns an, um ein Live-Interview mit dem Gastgeber der Show, Michael Enright, zu arrangieren. Brent weigerte sich, ihn zu mir durchzustellen, solange der Produzent nicht versprach, uns über die Ergebnisse der kanadischen Eishockeyliga zu informieren. Wir bekamen überhaupt keine Nachrichten von daheim, wussten aber, dass jetzt die Endrundenspiele anstanden, und Brent hielt ebenso entschieden zu den Toronto Maple Leafs wie ich zu den Montreal Canadiens. In den folgenden Wochen berichtete uns Enright von jedem Spielausgang, und er bekam natürlich sein Live-Interview. Für mich wurde Enright die Stimme der Heimat.

Die Medien waren die Waffe, um das Gewissen der Welt aufzurütteln und die internationale Gemeinschaft zum Handeln anzustacheln. Ich setzte sogar das Leben von Militärbeobachtern aufs Spiel, um sicherzustellen, dass die Storys jeden Tag hinausgingen.

Soweit ich heute feststellen kann, war es die nichtstaatliche Organisation Oxfam, die als Erste das Wort »Völkermord« benutzte, um zu beschreiben, was in Ruanda passierte. Wir hatten bislang eher von »ethnischer Säuberung« gesprochen, aber das schien den Kern der Katastrophe nicht ganz zu treffen. Nach zahlreichen Telefongesprächen mit den Mitarbeitern von Oxfam in London fragten wir New York, ob das, was wir in Ruanda erlebten, als Völkermord bezeichnet werden könne. So weit ich weiß, erhielten wir nie eine Antwort, aber nach dem 24. April begannen wir, den Terminus in all unseren Mitteilungen zu benutzen. Ich ahnte nicht, welche hitzigen Kontroversen dieser Begriff in New York und den Hauptstädten der Welt auslösen sollte. Für mich war es endlich ein angemessenes Wort.

*

25. April. Mit einem breiten Lächeln im Gesicht erstattete mir Tiko Bericht. Es war ihm gelungen, zu allen der mutigen Militärbeobachter, die zur Flucht nach Tansania, Uganda, Zaire und Burundi gezwungen worden waren, Kontakt herzustellen. Er hatte jene ausgewählt, die er in Ruanda behalten wollte, und den Rest bis auf weitere Befehle in Nairobi konzentriert. Das war die einzig gute Nachricht, die ich an diesem Tag in meiner Lagebeurteilung nach New York vermelden konnte.

Der Rest des Berichts: Augustin Bizimungu, der Armeechef, hatte sehr deutlich gemacht, dass er keine Schritte ohne ausdrückliche Instruktion durch die Interimsregierung unternehmen werde, die ich nur schwer erreichen konnte, da sie meinen Verbindungsoffizier abgelehnt hatte (den ich dann trotzdem schickte). Er weigerte sich außerdem, vor dem geplanten Flüchtlingsaustausch die Milizen an den Straßensperren anzuweisen, RPF-Unterstützern freie Durchfahrt zu gewähren. Ihm und dem Präfekten von Kigali war es sichtlich unbehaglich, wenn sie von den Milizen sprachen, als müssten sie sich einer Organisation beugen, die mächtiger war als die Regierungsarmee und die Interimsregierung.

Ich erhielt eine Nachricht von Gatsinzi, dass sich der Gendarmeriechef Ndindiliyimana im Süden aufhalte und tatsächlich Menschen bei der Flucht helfe; es gebe zudem eine Reihe von Offizieren der Regierungstruppen, die von der Entwicklung angewidert seien und den Eindruck hätten, Bizimungu habe keine Kontrolle über die Armee. Ich empfahl New York, diese Gemäßigten, falls erforderlich, zu schützen, da sie sich in der Zeit nach der Krise als nützlich erweisen könnten. Die humanitäre Lage war weiterhin trostlos, nach einem großen

Massaker in Butare tatsächlich noch trostloser. Mitarbeiter von Ärzte ohne Grenzen und des Internationalen Roten Kreuzes waren massiv bedroht, einheimische Mitarbeiter des Roten Kreuzes getötet worden. Ärzte ohne Grenzen hatte beschlossen, das Land zu verlassen und sich neu zu formieren.

Da der Flughafen von beiden Seiten beschossen wurde, kamen keine Flugzeuge mehr herein, und Kanada wollte seine Herkules-Maschinen in fünf Tagen nach Hause holen. Rechnet man noch dazu, dass auch der Amahoro-Komplex von beiden Seiten mit Mörsern unter Feuer genommen wurde, war dies weder ein guter Start für mein neues Mandat noch eine Ermutigung für meine Truppe, ihre Arbeit fortzusetzen.

Schließlich sah es stark danach aus, dass es zu einer Teilung des Landes wie in Zypern mit einer von der UNO überwachten grünen Linie zwischen den verfeindeten Parteien kommen könnte. Vielleicht würde sogar die Hauptstadt zweigeteilt. Die RPF verlangsamte bewusst ihren Vormarsch aus dem Osten, und seit Bizimungu persönlich die Schlacht in Kigali führte, schlug sich die Regierungsarmee besser. Die Crux blieben die Milizen und »Selbstverteidigungskräfte« hinter den Linien der Regierungstruppen und die Frage, wer sie steuerte. Aber mit dem RPF-Angebot eines Waffenstillstands und einiger Hilfe von den Gemäßigten, oder indem wir der Interimsregierung auf irgendeine Weise Todesangst einjagten, könnten wir eine zeitweilige Einstellung der Kämpfe entlang einer klar definierten Linie vorschlagen. Möglicherweise würde sich daraus etwas Dauerhafteres entwickeln. Zum Klang von Brents Tippen, der die Lagebeurteilung am Computer in Reinschrift brachte, schlief ich ein.

*

Der nächste Tag wurde mit weiteren ergebnislosen Verhandlungen über einen möglichen Waffenstillstand vergeudet; beide Seiten warfen sich gegenseitig Unnachgiebigkeit vor. Am Abend stand ich um etwa 22 Uhr mit Brent auf dem Balkon meines Büros, um in einer kurzen Pause die Abendbrise zu genießen, als wir auf der Straße vor dem Hauptquartier das gedämpfte Läuten einer kleinen Kuhglocke hörten. Als wir angestrengt in die Richtung des Gebimmels starrten, erblickten wir die unwirklichste Szene. Tagsüber hatte die RPF unsere humanitäre Abteilung informiert, dass sie die Absicht habe, ihre Leute aus dem Amahoro-Stadion und dem Hotel Meridien hinter ihre Linien in Sicherheit zu bringen. Was Brent und ich nun mit ansahen, war der

Abzug von über 12.000 Menschen im Dunkeln und in äußerster Stille, um nicht das Feuer der Regierungstruppen auf sich zu ziehen. Wir hörten kaum ein Schlurfen, als sie vorbeizogen. Sie waren wie ein Geisterzug, Gespenster mit gebeugten Köpfen, die sich mit ihrer Habe beladen in der finsteren Nacht zu einem unbekannten Ziel aufmachten, wo sie zumindest sicher wären. Sie waren fast zwei Wochen lang nahezu ohne Verpflegung und Wasser gewesen, dennoch schafften sie es noch, diszipliniert und geordnet abzumarschieren. Nicht einmal ein Baby schrie, als sie vorbeizogen.

*

Mit unserer reduzierten Truppe hatten wir viel Mühe, für jede Aufgabe geeignetes Personal zu finden. Henry sorgte für Ordnung und kümmerte sich um alle Fragen des Stabs und der militärischen Disziplin. Ich verbrachte meine Zeit mit dem Aufbau der humanitären Hilfe und den dazugehörigen Verhandlungen und traf mich weiter mit beiden Seiten, immer in der Hoffnung, den Massakern ein Ende zu machen und doch noch einen Waffenstillstand zuwege zu bringen. Häufig hatten wir für eine Aufgabe nur einen einzigen Mitarbeiter. Wegen der Erschöpfung, des schlechten Essens, der traumatischen Erlebnisse, der langen Dienstzeiten und dem Fehlen von Freizeit mussten wir unsere Leute sehr gut im Auge behalten. Ich begann damit, einigen von ihnen drei Tage freizugeben und mit dem Flugzeug nach Nairobi zu schicken (meine Bitte an Admiral Murray, den stellvertretenden Stabschef der kanadischen Streitkräfte, die beiden Herkules-Maschinen nicht abzuziehen, war die Kommandokette nach oben bis zum Premierminister gelangt, der seine Zustimmung gab, daher hatten wir noch immer unsere Flüge). Gutes Essen, saubere Bettwäsche, ein paar Bier, kein Stress und der Geschmack von Normalität, und sie waren schnell wieder auf dem Damm. Einige fühlten sich schuldig, einige Zeit außerhalb von Ruanda zu verbringen, und wollten schneller zurückkommen, was natürlich nicht in Frage kam. Mein Büro erhielt regelmäßig Anrufe von der Verwaltungsleiterin, meine Soldaten möchten doch bitte aufhören, ihre Mitarbeiter wegen der schlechten Nachschubsituation zu drangsalieren. Als binnen einer Woche die letzten kanadischen Offiziere eintrafen, zählte die Truppe 463 Angehörige und ein Dutzend Zivilisten, darunter meine Missionssekretärin Suzanne Pescheira, die aus Nairobi zu uns zurückgeflüchtet war. Sie bewies beträchtliche Courage, zu uns zurückzukommen, und arbeitete jederzeit, auch unter Feuer.

Bis Ende April, 23 Tage nach Beginn des Gemetzels, war die Situation auf dem Land und in den Städten immer furchtbarer geworden. Keine Seite unternahm ernsthafte Anstrengungen zu einem einseitigen Waffenstillstand, und der Flughafen war nun ein großes Schlachtfeld. Das ghanaische Bataillon dort war sehr verwundbar geworden. Viele der Soldaten hatten kleinere Verletzungen erlitten, der einzige Bataillonsarzt konnte sich vor Arbeit nicht retten. Interimsregierung und Armee beklagten sich ständig, wir seien ein Aufklärungstrupp der RPF, da mir der Krieg stets zu folgen schien. Ich erwiderte Bizimungu persönlich, dass sich seine Truppen ständig zurückzögen und wenig oder überhaupt nicht gegen die RPF kämpften. Während ich zwischen den Seiten hin- und herpendelte, wurde ich entweder als Spion der einen oder als Vorhut der anderen Seite betrachtet.

Bei ihrem Vormarsch eroberte die RPF nur allzu häufig mit Leichen übersäte Schauplätze kürzlich begangener Massaker. In den östlichen Flüssen trieben die Toten bis nach Uganda und in den Viktoriasee. Bisher waren schätzungsweise 40.000 Leichen aus dem See gefischt worden. Die Krokodile hielten ein Festmahl. Und binnen weniger Tage strömten 500.000 Flüchtlinge über die abgelegene Brücke bei Rusumo nach Tansania – die größte Flüchtlingswelle, die das UNHCR je erlebt hatte und die auf tansanischem Gebiet eines der größten Flüchtlingslager der Welt entstehen ließ. In Lagern wie diesem bildete sich ein Muster heraus, das sich später in Goma und Bukavu wiederholen sollte: Die Flüchtlinge wurden nach Dorf, Gemeinde und Präfektur organisiert und denselben Völkermördern unterstellt, die für die Massaker in Ruanda verantwortlich waren. Remy Gatete, der Präfekt von Kibungo, erlangte die Kontrolle über ein ganzes Camp, bedrohte und, wenn nötig, tötete jeden, der gegenüber Journalisten und Menschenrechtsaktivisten darüber aussagte, was die Völkermörder in Ruanda getan hatten. Er ließ außerdem jeden ermorden, der heimkehren wollte. Darüber hinaus zweigte er humanitäre Hilfsgüter ab, um seine Schläger im Lager zu versorgen. Die tansanische Regierung weigerte sich, Gewalt anzuwenden, um sein Terrornetzwerk zu zerschlagen, und da sie keine Alternative hatten, blieb den Hilfsorganisationen nichts anderes übrig, als über den Missbrauch hinwegzusehen.

Die Mitarbeiter des UN-Notbüros Ruanda (UNREO), die Hansen zurückgelassen hatte, leisteten unter Leitung von Lance Clark jedoch vorzügliche Arbeit. Er und Yaache integrierten ihre Anstrengungen ohne große Probleme und machten gute Fortschritte bei der RPF, um die Hilfslieferungen auf den Weg zu bringen. Clark selbst schlug sich mit Versicherungsproblemen herum – keine Versicherungsgesellschaft wollte es riskieren, Operationen im Gebiet eines Völkermordes abzusichern. Er blieb trotzdem vor Ort und hielt die entscheidende Verbindung zur Zentrale des Notbüros in Nairobi. Wir drängten auch die Armee heftig zu einer solchen Zusammenarbeit, aber sie war mittlerweile derart zersplittert, dass es sich als so gut wie unmöglich erwies, herauszufinden, welche Information zu den Verantwortlichen vordrang und wer die Verantwortlichen überhaupt waren. Bizimungu schien den Milizen und ihren Führern das Heft zu überlassen, obwohl er immer noch einigen Einfluss auf die Armee und die Gendarmerie hatte.

Ende April erhielt ich eine Botschaft von Oberst Gatsinzi, dem Kommandeur der Militärakademie. Er sagte, die Kigali-Garnison sei nach den großen Geländegewinnen der RPF demoralisiert und gefährlich unberechenbar geworden. Einige Offiziere würden Massaker unter den Schützlingen unserer Stützpunkte planen. Ich stellte mehr Militärbeobachter und Soldaten auf, um unsere Präsenz zu verstärken, aber mehr konnte ich kaum tun.

Bagosora wich mir weiterhin aus, selbst als ich einmal auftauchte, während er gerade in seinem Büro im Hôtel des Diplomates war. Immerhin gelang es mir, mich am Mittag des 28. April mit Bizimungu zu verabreden. Er war verärgert, dass ihn die Leiterin der Abteilung für afrikanische Angelegenheiten im US-Außenministerium, Prudence Bushnell, persönlich angerufen hatte, um ihn dringend aufzufordern, die Massaker zu beenden und einen Waffenstillstandsvertrag zu schließen. Er habe ihr erwidert, dass er kein Mandat habe, irgendetwas zu unterschreiben, und war außer sich über die »Unverschämtheit« von Bushnell – nicht nur die Vertreterin einer fremden Macht, sondern obendrein noch eine Frau! –, ihn anzurufen und ihm ihren Willen aufzwingen zu wollen. Er erging sich eine Zeit lang in Schuldzuweisungen an Booh-Booh und die Diplomaten: Was sei denn nun mit all den Bemühungen um einen Waffenstillstand? Alle Probleme – die Neutralität des Flughafens, die Flüchtlinge und deren Austausch – müssten im Rahmen der Waffenstillstandsverhandlungen gelöst werden. Ich stimmte zu, fragte aber, was er und seine Regierung denn anzubieten hätten, um die Gespräche voranzubringen. Er betete seine Antwort herunter: 1. Rückkehr auf die Positionen vor dem 6. April; 2. Beendigung der Massaker; 3. Rückkehr der Vertriebenen und Flüchtlinge;

4. beschleunigte Einsetzung der Übergangsregierung; 5. Respektierung eines Waffenstillstandes unter Schirmherrschaft von UNAMIR.

Ich fragte ihn auch, was die RPF seiner Meinung nach mit diesem Krieg erreichen wolle. Er erwiderte, die RPF strebe danach, das ganze Land zu erobern. Aber das würden er und seine Regierung nicht zulassen, daher würde es viele, sehr viele Tote geben. Seine Seite, behauptete er, habe sich nicht geweigert, die Macht mit der RPF zu teilen; es sei die RPF, die sich nun weigere, mit der Interimsregierung zu verhandeln.

*

Am Abend erhielt ich den Entwurf einer Erklärung von Colin Keating, dem amtierenden Sicherheitsratspräsidenten, in der er zu einer Beendigung der entsetzlichen Massaker und der massiven Vertreibungen von Menschen in Ruanda aufrief. Die blockfreien Mitglieder der UNO reklamierten nun mit Unterstützung von OAU und Rotem Kreuz, dass bislang den Kämpfen zu viel und dem Gemetzel zu wenig Beachtung geschenkt worden sei. Sie wollten einen energischen, handlungsorientierten Ton in der Präsidentenerklärung und baten um meine sofortigen Kommentare. Der US-Vertreter im Rat hatte sich unlängst mit der Mitteilung begnügt, dass die Armee neue Waffen kaufe und ein Embargo an der Sache vorbeigehe. Die Tatsache, dass die USA offenbar genau wussten, was in Ruanda vor sich ging, gab mir zu denken. Seltsam auch, dass die Amerikaner davon etwas preisgaben, wo sie doch ansonsten ihre Informationen in den allermeisten Fällen lieber für sich behalten.

Ein paar Tage zuvor hatte Brent einen Anruf von Oberst Cam Ross erhalten (der die erste technische UN-Mission in Ruanda geleitet hatte und nun Direktor für friedenssichernde Einsätze in Ottawa war). Er richtete Brent aus, eine befreundete ausländische Macht (die USA vermittels ihres Botschafters in Nairobi, wie wir später herausfanden) habe Informationen erhalten, dass ich in den nächsten Tagen ermordet werden solle, und empfahl, ich solle unser Hauptquartier nur noch unter geeignetem Schutz verlassen. Brent gab diese Empfehlung an Henry weiter, der persönlich zwei ghanaische Unteroffiziere und einen Trupp Soldaten als meine Leibgarde auswählte. Einer der Unteroffiziere hatte einen speziellen Fahrkurs gemacht und eine Zeit lang den Präsidenten von Ghana chauffiert, der andere war ein hervorragender Schütze. Die zugeteilten Soldaten waren die größten, am fiesesten aussehenden Gentlemen, die ich je gesehen habe, besonders, wenn ihre Augen von Sonnenbrillen verdeckt waren, was mehr oder weniger immer der Fall war. Dieses Team hängte sich an mich und war meine ständige Eskorte, bis ich die Mission verließ. Ich schätze, ich hätte für den Tipp dankbar sein sollen, aber mir stellte sich eine ganz andere Frage: Wenn sich heikle Informationen wie diese durch Überwachung gewinnen ließen, wie konnten die USA dann keine Beweise für den Völkermord abfangen, der sich in Ruanda ereignete?

Während der Stab unter Führung von Brent eine Antwort für New York vorbereitete, arbeiteten Henry und ich die Erfordernisse der technischen Mission nach Burundi aus, um die wir ein paar Tage zuvor gebeten worden waren. Die Situation dort hatte sich verschlechtert – das Land erlebte eine subtilere Form von Völkermord. Die dort von Tutsi dominierte Armee hatte mit Operationen gegen Hutu-Rebellen begonnen, viele Dörfer waren in Rauch aufgegangen. In New York war man der Meinung, dass wir hinfahren und einen Blick darauf werfen sollten. Ich hatte keine Einwände und bat Henry, Tiko sowie vier weitere Mitarbeiter aus dem Hauptquartier und der Gruppe der Militärbeobachter, sich rund um die Uhr für eine solche Reise in Bereitschaft zu halten. Henry hatte sich viel mit Burundi beschäftigt und würde gute Erkundungsarbeit leisten. Aber ich teilte dem Triumvirat auch mit, dass keine für meine Mission bestimmten Ressourcen in diese mögliche Unternehmung umgelenkt werden dürften.

*

Die Rettungseinsätze gingen in dieser Zeit weiter. Wir holten erfolgreich hier eine Familie ab, dort einige Nonnen, hier einen verlorenen Ausländer, dort einen Verschollenen. Die meiste Zeit kümmerte sich Brent um solche Rettungsmissionen, und jeden Morgen nahm er die Anfragen aus ausländischen Hauptstädten, Botschaften, der UNO und anderen Organisationen in Nairobi entgegen oder reagierte auf Gerüchte und entschied, welche Aktionen durchgeführt und für welche wir nicht die beschränkten Ressourcen mobilisieren konnten, die für andere Aufgaben zurückgehalten werden mussten. Besonders abstoßend fand ich es, wenn sich große ausländische Staatsführer oder Regierungsbeamte direkt an mich wandten und versuchten, mich mit Befehlen, Drohungen oder Einschüchterungen zu bewegen, einen einzelnen Ruander zu retten, den sie persönlich kannten. Warum sollte der Bekannte einer wichtigen Persönlichkeit bedeutsamer sein als irgendeine andere gefährdete Person? Ich überließ die Auswahl Brent, der zur ewigen Dankbarkeit vieler religiöser Orden auf der ganzen Welt besonderes Geschick bei der Rettung von Nonnen bewies. Es gab extrem stressreiche und emotionale Einsätze. Das Schlimmste für Brent war, wenn er einen Einsatz wegen Mangels an Ressourcen um ein oder zwei Tage aufschieben musste, oder weil das Risiko in einem bestimmten Gebiet momentan zu groß war, nur um sie kurz darauf durchzuführen und die Hilfesuchenden ermordet zu finden. Menschen eignen sich nicht gut dazu, Gott zu spielen, aber die Situation zwang uns in einigen Fällen zu der Entscheidung, wer leben und wer sterben würde.

*

Am frühen Morgen des 30. April traf Booh-Booh mit seinem politischen Beraterteam aus Nairobi ein. Abdul Kabia und ich trafen ihn in seinem Büro im Truppenhauptquartier, wo er uns über die regionalen politischen Ereignisse der letzten Woche ins Bild setzte. Er zeigte uns die formelle Antwort auf das Waffenstillstandsangebot von Arusha, das von Bizimungu für die Interimsregierung unterzeichnet war. Es war das altbekannte rhetorische Blendwerk: Bizimungu bestand darauf, dass der Waffenstillstand von der Interimsregierung unterzeichnet werden müsse, was die RPF, wie er wusste, von vornherein ablehnen würde. Wir waren nicht einen Schritt vorangekommen. Die RPF, die bislang auf dem Schlachtfeld siegreiche Partei, würde diesen Bedingungen der Regierungsarmee nie zustimmen.

*

An diesem Morgen verlor ich Brent. Am Tag zuvor hatte ich ihn nachmittags auf der Matratze liegend gefunden. Brent ruhte sich tagsüber nie aus. Er sagte mir, er habe Kopfschmerzen, aber zur Abendbrotzeit konnte er seine Finger nicht mehr zum Tippen bewegen, fieberte und schwitzte stark. Mein neuer senegalesischer Adjutant, Hauptmann Babacar Faye Ndiaye, erkannte Brents Krankheit als Malaria und brachte ihn zum Flughafen zum Arzt des ghanaischen Bataillons. Brent und ich hatten beide unsere Malariamedikamente verloren, als wir am 6. April unser Haus verließen. Der Arzt diagnostizierte tatsächlich Malaria, gab Brent eine gewaltige Menge Medikamente und verordnete ihm Ruhe. Brent kehrte zum Hauptquartier zurück und legte sich ins Bett, wo sich Major Diagne um ihn kümmerte.

Brent wurde in der Nacht regelmäßig geweckt, um seine Medikamente einzunehmen, aber bei Tagesanbruch sah er aus wie eine aufgewärmte Leiche. Ich ordnete an, ihn nach Nairobi zur Untersuchung zu bringen, und erwartete ihn in ein paar Tagen zurück. In Nairobi stellte man fest, dass es gar nicht Malaria war, Brent aber nun unter einer allergischen Reaktion auf die Malariamedikamente litt. Er sollte ein paar Tage unter Beobachtung ruhen und entschied sich wegen des guten Essens und der Dusche für ein Hotel.

Zwei Tage später rief seine Frau an, da war Brent fast gelähmt vor Schmerzen und fantasierte. Sie rief das Einsatzzentrum der kanadischen Streitkräfte in Ottawa an, das unsere Luftwaffenabordnung in Nairobi kontaktierte, welche ihn abholte und ins Krankenhaus brachte. Er wäre fast gestorben und brauchte fast ein Jahr, um wieder gesund zu werden. Er rief zuerst aus Nairobi, dann noch einmal aus Ottawa an, um mitzuteilen, dass er abgelöst würde. Nach alledem, was wir gemeinsam durchgemacht hatten, waren wir nun getrennt, ohne auch nur auf Wiedersehen gesagt zu haben. Seine Ablösung war Major Phil Lancaster, ein Offizier, den ich gut kannte, da Phil und ich als junge Männer unsere Offizierslaufbahn gemeinsam begonnen hatten. Er sprach fließend Englisch und Französisch, hatte eine Stabsausbildung und war außerordentlich fähig. Ich würde irgendwie zurechtkommen müssen, bis er in Kigali eintraf.

*

Am Nachmittag des Tages, an dem Brent ausgeflogen wurde, hatte ich Gelegenheit, mich mit Paul Kagame zu treffen, um über den Waffenstillstand und den Flughafen zu sprechen. Er hatte versprochen, den Flughafen zu verschonen, aber nicht nur waren einige seiner Geschosse auf der Landebahn eingeschlagen, auch das ghanaische Bataillon im Terminal war bewusst mit Artillerie und Mörsern beschossen worden. Der Beschuss kam, so hatten wir herausgefunden, von RPF-Positionen.

Auf dem Weg nach Mulindi gerieten die beiden Fahrzeuge meines Konvois auf einer neuen Route durch den Busch und die Sümpfe nördlich von Kigali bei einer großen Straßenkreuzung unter direkten Mörserbeschuss. Die ersten Schüsse kamen dicht genug an uns heran, um die Wagen mit Schmutz zu bespritzen, die nächsten Granaten hätten uns fast getroffen, während wir uns beeilten, aus dem Hinterhalt herauszufahren. In diesem Fall hätte jede Seite der Schuldige sein können, da die Kämpfe um die Kontrolle der Kreuzung noch anhielten.

Kagame erwartete mich nicht weit von seinem Hauptquartier entfernt. Unsere Begrüßung war knapp, wir kamen gleich zur Sache. Ich wollte, dass er sich um die Situation am Flughafen kümmerte. Er versprach, seine Truppen zu instruieren, auf UNAMIR Rücksicht zu nehmen; es habe sich aber eine große Masse von Regierungssoldaten in der Kanombe-Garnison direkt am Ende der Landebahn gut verschanzt, daher würde es am Flughafengelände unweigerlich zu einer großen Schlacht kommen. Ich erinnerte ihn daran, dass der Flughafen die Hauptquelle für Hilfslieferungen und den Aufbau einer humanitären Versorgung war und ich keine Pioniere für die Reparatur der Piste hätte, falls sie in die Luft gesprengt werden würde.

Ich teilte ihm die Bedingungen in Bizimungus Brief mit, den mir Booh-Booh gegeben hatte; sie entsprachen Bagosoras Aufzählung von Vorbedingungen für einen Waffenstillstand. Kagame überraschte mich mit der Behauptung, die Idee eines Rückzugs der Kriegsparteien auf ihre Positionen von vor dem 6. April sei eine Erfindung der Franzosen. Letzte Woche habe sich das diplomatische Corps in Uganda unter Federführung des französischen Botschafters in Kampala getroffen. Auch Präsident Museveni sei dabei gewesen. Kagame hatte einen Vertreter entsandt, der sehr deutlich gemacht habe, dass eine solche Rückkehr ausgeschlossen sei. Er war überrascht, dass ich die Frage nun wieder aufwarf und offenkundig von dem Treffen in Kampala nichts wusste. Was ihn, Kagame, angehe, sei ich der UN-Vertreter in Ruanda und müsse das lösen.

Er wollte – aus dem Blauen heraus, wie es mir in diesem Moment erschien – noch über ein weiteres Thema mit mir sprechen. Er sei nicht glücklich mit einer Verstärkung von UNAMIR, die wie eine Interventionstruppe aussehe. Da eine baldige Waffenruhe nicht in Sicht war und er weiterhin Erfolge auf dem Schlachtfeld erzielte, verstand es sich von selbst, dass ihm nicht daran gelegen war.

Ich sagte ihm klipp und klar, dass es keine Diskussionen über den Ausbau von UNAMIR zu einer Interventionstruppe gegeben habe. Für den Fall, dass eine größere Truppe in Erwägung gezogen würde, sollte diese nur an der Beendigung der Massaker und der Umsetzung eines Waffenstillstandes mitwirken.

Aber Kagame widersprach mir. »Die UNO erwägt, aus angeblich humanitären Gründen eine Interventionstruppe zu schicken, aber welche Motive stecken wirklich dahinter?«, fragte er. »Jene, die sterben sollten, sind bereits tot. Wenn eine Interventionstruppe in Ruanda eintrifft, werden wir sie bekämpfen. Lassen Sie uns das Problem der Ruander lösen. Diese Interventionstruppe soll nur die Kriminellen an der Macht schützen. Die internationale Gemeinschaft ist nicht einmal in der Lage, die Massaker an armen, unschuldigen Menschen zu verurteilen. Sie stellt das ruandische Problem als ein ethnisches dar, was nicht stimmt, da sich die Massaker gegen Tutsi und gegen die Opposition richten. Jeder der Soldaten, die ich befehlige, hat Familienmitglieder verloren, angefangen mit mir selbst. Meine Vorstellung ist nicht, das Land zu spalten, sondern die Verbrecher zu jagen, wo immer sie sein mögen.«

Er erhob heftige Vorwürfe gegen Frankreich und die Gleichgültigkeit der Welt und beschuldigte die UNO, mir nicht rechtzeitig ein angemessenes Mandat gegeben zu haben. Sein letzter Vorwurf ging an die Adresse von Booh-Booh: »Der Missionschef ist in Ruanda nicht mehr willkommen. Wir erkennen ihn nicht an, und wenn er bleibt, werden wir nicht weiter mit der UNO zusammenarbeiten.« Nachdem er mir und meiner Gruppe höflich angeboten hatte, über Nacht zu bleiben, entschuldigte er sich.

Es war bereits nach 17 Uhr. Angesichts der direkt gegen mich gerichteten Todesdrohungen wusste ich, dass es gefährlich wäre, nach Einbruch der Dunkelheit in unseren unverwechselbaren weißen Geländewagen mit blauer UN-Flagge in die Stadt zurückzufahren, aber ich wollte Kagames Erklärung noch am selben Abend Booh-Booh überbringen und mit dem Triumvirat in New York sprechen. Ich musste außerdem den ersten Entwurf unserer Antwort über die Zukunft von UNAMIR überarbeiten.

Die Dunkelheit senkte sich auf uns herab, als wir auf der gewundenen Straße über Hügel und Täler zurückfuhren und unsere Scheinwerfer die mit betrunkenen Milizionären und halb schlafenden Regierungssoldaten besetzten Straßensperren beleuchteten. Hinter einer Kurve stießen wir in stockfinsterer Nacht auf etwas, was wie ein Schwarm von Glühwürmchen aussah, ein ganzer Kosmos davon. So weit das Auge reichte sahen wir in der vollkommen ruhigen Nacht an den Berghängen bis scheinbar hoch in den Himmel hinauf Tausende und Abertausende von kleinen Feuern und Kerzen flackern. Wir waren in ein Flüchtlingslager hineingefahren. Wir verlangsamten sofort drastisch unser Tempo, um durch die Massen von Flüchtlingen zu manövrieren, die immer noch auf der Hauptstraße unterwegs waren, kaum fähig, die dunklen Silhouetten der Menschen in der Nacht auszumachen. Wir krochen kilometerweit voran, voller Angst, dass wir die falsche Art von Aufmerksamkeit erregen könnten. Und dann, genauso plötzlich, wie wir auf diesen ungewöhnlichen Sternenteppich gestoßen waren, fuhren wir aus ihm hinaus in die völlige Dunkelheit.

Als wir in unserem Hauptquartier eintrafen, war Henry sehr erleichtert, uns zu sehen. Ich sprach unter vier Augen mit Kabia und vertraute nur ihm Kagames Äußerung über Booh-Booh an. Ich rief dann das Triumvirat an und berichtete ihm von meinem Treffen. Da Brent nicht mehr da war, waren die Notizen für den Bericht an den Generalsekretär noch nicht zur Überarbeitung fertig. Eine Zeit lang nickte ich in meinem Schlafzimmerbüro in meinem großen Stuhl am Fenster ein. Eine Stunde später wurde ich mit der Nachricht geweckt, dass mein neuer Adjutant, Hauptmann Ndiaye, sich zum Hotel Meridien auf den Weg gemacht hatte, um Booh-Booh einige Papiere zu bringen, und etwa 500 Meter vor dem Hotel angegriffen worden war. Eine der Kugeln hatte seine linke Kopfseite gestreift, was ihm schreckliche Kopfschmerzen bereitete. RPF-Soldaten kontrollierten das Gebiet und waren unzweideutig die Schuldigen. Kagames Soldaten wurden immer schießwütiger, es wurde Zeit, dass er sie zur Ordnung rief. Bislang hatten sich seine Truppen sehr gut benommen. Es hatte einen Fall von Vergewaltigung gegeben, aber der schuldige Soldat war umgehend erschossen worden. Wir hatten keine wilden Plünderungen erlebt. Von Bizimungu wusste ich allerdings, dass alle Familien hochrangiger Offiziere in Byumba nach dem Fall der Stadt ermordet worden waren. Ein Unteroffizier der RPF in Ramagana hatte seine mit Macheten niedergemetzelten Onkel, Tanten und Cousins vorgefunden, woraufhin er durchdrehte und mehrere Hutu erschoss, bis er aufgehalten wurde.

*

Am nächsten Morgen traf ich Bizimungu im Hôtel des Diplomates an unserem üblichen Platz mit Blick auf den prachtvollen Garten, der nun mit Artillerie- und Mörserkratern übersät war. Ein Fenster war durch umherfliegendes Erdreich zerbrochen. Sobald ich über mein Treffen mit Kagame berichtet hatte, kam Froduald Karamira, der Vizepräsident der MDR, in den Raum und gesellte sich zu uns. Ich hatte einen Vorschlag für sie: Ich wollte, dass sie ein Treffen zwischen mir und der Interahamwe-Führung arrangierten. Bevor ich humanitären Hilfslieferungen und dem Austausch von Zivilpersonen zustimmte, wollte ich mir ein eigenes Bild von der Bereitschaft der Miliz machen, beides zuzulassen, da es ohne eine feste Zusage der Milizführer unmöglich wäre, durch alle diese Barrieren hin- und zurückzukommen. Ich brauchte ihre persönliche Zustimmung, um sie verantwortlich zu machen, falls etwas schief ging. Bizimungu und Karamira versicherten mir, sie würden ein solches Treffen noch am selben Tag arrangieren.

Ich fuhr daraufhin zum Flughafen, um Oberstleutnant Joe Adinkra und sein Bataillon im Flughafengebäude zu inspizieren. Die Ghanaer hatten erstklassige Arbeit geleistet, den Innenraum mit Sandsäcken und Splitterschutzwänden zu befestigen, die endlich von den zweimal täglich einfliegenden Herkules angeliefert worden waren. Obwohl das Bataillon zweimal bombardiert worden war, gab es in ihrem Teil des Gebäudes nur geringe Schäden. Sie hatten gute Verteidigungsstellungen gegen Bodenangriffe errichtet, exzellente Beobachtungsposten über die Rollbahn und Feuerstellungen aufgebaut und Telefonkabel (für Feldtelefone) zu einer Hilfstruppe auf der anderen Seite des Flughafengeländes verlegt.

Ich machte danach eine Rundfahrt zu unseren anderen Stellungen und nahm Joe Adinkra mit, einen vorzüglichen jungen Bataillonskommandeur, massiv und aufrecht wie ein Baum, dessen Soldaten ihm sehr treu ergeben waren und seine Befehle voller Energie umsetzten. Die Hilfstruppe, viele ihrer Soldaten Mitglieder der Regimentskapelle, hatte sich eine veritable Festung gebaut, die ohne Zweifel einem Artilleriefeuer standhalten würde. Allerdings wiesen die Beobachtungsposten und Schießstellungen im Umfeld einige Schwächen auf. Die Ghanaer gruben sich nicht gerne ein und hatten daher nur wenige Leute außen postiert. Ich nahm Joe zusammen mit seinen Offizieren und Unteroffizieren zu den alten belgischen Schützengräben mit. Obwohl gut angelegt, mussten sie um entweder offene oder abgedeckte Verbindungsgräben erweitert werden. Ohne dass ich es bemerkte, gesellte sich ein Medienteam zu uns. Der Nachrichtenbeitrag am nächsten Tag zeigte Joe und mich an den alten belgischen Schützengräben. Das Fernglas in der Hand, weise ich auf das Feld hinaus und sage im kollegialsten Ton: »Wenn ihr euch nicht hier eingrabt und ein schweres Maschinengewehr unter die Deckung stellt, werden die Hunde direkt über euch kommen, bevor ihr auch nur furzen könnt.« Nach dem Kommentar zeigt der Bericht, wie die Soldaten zu gebrüllten Befehlen mit Schaufel und Hacke in Löcher springen, gefolgt von in die Luft fliegendem Erdreich. Es war ein gutes Gefühl, ein bisschen klassische Soldatenarbeit zu tun.

*

Später am Nachmittag des 1. Mai hatte ich mein erstes Treffen mit den Führern der Interahamwe. Nicht nur Bizimungu war anwesend, sondern auch Bagosora, der sich herabgelassen hatte, selbst zu erscheinen. Ich hatte mir den Weg zum Hôtel des Diplomates durch die allgegenwärtigen Straßensperren gebahnt, vorbei an betrunkenen und vollständig durchgedrehten Milizionären und Hunderten von Kindern, die aufgeregt zwischen den Ermordeten des Tages umhersprangen. Diese Kinder wurden angefeuert, Steine auf unsere Autos zu werfen und uns anzuschreien, wenn wir anhielten, um von den Milizionären durchgelassen zu werden. Ich bemühte mich, vor dem moralischen Abgrund die Augen zu verschließen, dass ich im Begriff stand, mich mit den Völkermördern zu treffen, und musste der Tatsache ins Auge sehen, dass ich wohl keinen einzigen Flüchtling herausbekäme, wenn sie sich weigerten, bei dem Austausch zu helfen. Als ich am Hotel ankam, nahm ich die Kugeln aus meiner Pistole, nur für den Fall, das die Versuchung übermächtig würde, sie zu erschießen, und ging hinein.

Die drei jungen Männer, die Bagosora mir vorstellte, hatten keine besonders markanten Züge. Ich glaube, ich erwartete Schaum vor ihrem Mund, aber es war ein Treffen mit Menschen. Bislang waren diese Männer in keiner offiziellen Diskussion aufgetaucht, sondern lediglich als Bandenführer, Gesindel, Kriminelle betrachtet worden. Heute jedoch waren sie gebeten worden, sich mit mir zu einer formellen Unterredung über Sicherheitsfragen zu treffen. Sie mochten gerade eben volljährig sein und legten eine gewisse Frechheit an den Tag, als sie mich begrüßten. Ich erinnere mich, wie ich sie anlächelte, mein Herz so heftig pochend, dass ich sicher war, sie könnten es sehen. Ich verlor fast die Fassung, als ich bemerkte, dass der offene weiße Hemdkragen des Kerls in der Mitte mit getrocknetem Blut bespritzt war. Ich sah kleine Flecken auf seinem Arm, als wir uns die Hand gaben. Ich machte schnell ein paar nichtssagende Bemerkungen, bevor ich Zeit zum Nachdenken fand. Bei den dreien handelte es sich um Robert Kajuga, den Präsidenten der Nationalen Interahamwe, Bernard Mamiragaba, der das Nationalkomitee Interahamwe vertrat, und Ephrem Nkezabera, der den Titel eines Sonderberaters trug. Am Ende der Empfangskette begrüßte mich höflich Bizimungu. Wir setzten uns sofort hin. Bagosora führte den Vorsitz, während Kajuga, der älteste der drei, dessen Mutter Tutsi gewesen war, seinem Respekt und seiner Bewunderung für UNAMIR Ausdruck gab und der Mission und ihren Bemühungen um den Arusha-Friedensprozess seine Unterstützung zusicherte – an welchem

Punkt sich Bagosora entschuldigte und so schnell zur Tür hinaus war, dass uns kaum Zeit blieb, etwas zu erwidern.

Kajuga fuhr fort und bot UNAMIR seine Hilfe an. Er schlug vor, einige seiner Jugendlichen könnten uns bei der Patrouillierung unserer Stützpunkte begleiten. Er habe alle Straßensperren angewiesen, das Rote Kreuz bei humanitären Einsätzen durchzulassen. Was für Einsätze sollte das Rote Kreuz denn sonst wohl fahren?, fragte ich mich. »Wir stehen Ihnen zur Verfügung«, insistierte er und wurde dann von dem Kerl zu seiner Rechten unterbrochen, der sagte, sie seien bereit, über die Details des Austauschs zu sprechen. Er fügte hinzu, dass sie alle ihre Leute »sensibilisiert« hätten, mit den Massakern aufzuhören. Ich traute meinen Ohren nicht. Da hatte er doch tatsächlich gerade herausposaunt, dass sie es waren, die die Morde begingen. Ein bisschen verärgert übernahm Kajuga wieder die Gesprächsführung und beteuerte abermals, dass die Interahamwe absolut keine Probleme mit UNAMIR habe.

Ich dankte ihnen für ihre Unterstützung, und dass sie einen solchen Sinn für Kooperation bewiesen. Ich sei überwältigt von ihrer positiven Haltung und versprach, sie in Zukunft in Sicherheitsfragen zu konsultieren. Sie platzten fast vor Stolz. Ich konnte nicht sicher sein, ob sie mir ihre wahren Absichten verrieten, aber es war offenkundig, dass sie auf Schmeichelei ansprachen. Nach 25 Minuten hatte ich genug davon. Hocherfreut über die glückliche Wendung dankte mir Bizimungu. Ich erwiderte den Dank und schüttelte allen die Hand.

Was für eine kranke Veranstaltung. Ich verließ das Hotel und ging an den Wachen der Regierungsarmee vorbei, ohne auch nur aufzusehen, mit mir hadernd, was gerade geschehen war. Ich fuhr dann zum Hotel Mille Collines, um mich separat mit dem Vizepräsidenten der MDR, Froduald Karamira, zu treffen, der aufgrund seiner extremistischen Gesinnung dem Schicksal seiner Parteigenossen entgangen war. Er erzählte mir dasselbe wie Bizimungu, nur vom Standpunkt eines Politikers der Interimsregierung statt eines Militärs aus. Zumindest hatte ich nun den Beweis, dass sie alle nach derselben Musik tanzten. Die Verbindungen zwischen Armee, Miliz und Interimsregierung waren eine Tatsache.

Auf dem Weg zurück zum Truppenhauptquartier war mir so, als hätte ich dem Teufel die Hand geschüttelt, und ich fühlte mich einer Untat schuldig. Wir hatten tatsächlich miteinander verhandelt und darüber hinaus sogar Nettigkeiten ausgetauscht. Mein Magen zog sich bei dem Gedanken zusammen, ob ich das Richtige getan hatte. Wir würden es erfahren, wenn der erste Austausch über die Bühne ging.

*

Die Kirche Sainte Famille ist ein Fixpunkt im Weichbild Kigalis. Das sie umgebende Gelände, auf halber Höhe eines der Hügel im Stadtkern gelegen, ist großzügig und offen. Für Artillerie- und Mörserbeobachtungstrupps ist es ein ideales Ziel – unmöglich zu verfehlen, wenn man darauf zielt, leicht zu meiden, wenn man es nicht tut. Zurück von meiner widerwärtigen Begegnung mit den Interahamwe-Führern hatte ich versucht, die Flut von Schreibarbeit auf meinem Schreibtisch zu bewältigen, und vermisste jetzt schon Brent und seine Fähigkeit, die Fülle der anstehenden Arbeiten nach Vorrangigkeit zu sortieren. Ich hörte beim Arbeiten nebenbei unseren Funk ab, als um 16 Uhr 45 ein Notruf zur Entsendung medizinischer Hilfe zur Kirche Sainte Famille eintraf, wo Mörsergranaten auf das von uns geschützte Gelände eingeschlagen waren.

Wir brauchten fast eine halbe Stunde, um dorthin zu kommen. Es herrschte Chaos. Mehrere Tausend Menschen versuchten in Panik, in der Schule und der Kirche Zuflucht zu finden, duckten sich an Wände oder versuchten, von dem Gelände zu fliehen, obwohl sie dann wahrscheinlich in die Hände der Miliz fallen würden. Ich konnte die blauen Barette der UN-Militärbeobachter inmitten des Getümmels erkennen, umgeben von Toten oder Sterbenden. Zivilisten, einige offenkundig vom Roten Kreuz, kümmerten sich um die Dutzende und Aberdutzende von Verwundeten. Als ich aus dem Auto stieg, wurde ich von hysterischen Männern und Frauen bestürmt, die Antworten, Trost, Rettung verlangten. Ich musste mir schließlich meinen Weg durch sie hindurchkämpfen, um zu meinen Militärbeobachtern zu gelangen. Aus der Menge befreit, näherte ich mich den Einschlagsorten. Abgetrennte Gliedmaßen und Köpfe, entzweigerissene Kinder, Schwerverwundete, die einen mit verwirrten Augen in dem Moment anblickten, in dem das Leben aus ihnen wich, der Geruch verbrannten Sprengstoffs vermischt mit verbranntem Blut und Fleisch. Und inmitten dieses Gemetzels der flüchtige Anblick von Würde im Gesicht eines Alten, der sich in sein nahendes und unvermeidliches Schicksal ergab. Blutbespritzt berichtete mir der Kommandeur der Militärbeobachter, dass eines seiner Teams gerade die Berechnungen der Krater abschließe, um zu bestimmen, von wo die Granaten abgefeuert worden waren. Er hatte seine

Messungen in den Einschlaglöchern inmitten von toten Körpern und Blut vorgenommen.

In der Zwischenzeit gelang es ein paar Wortführern unter ihnen, Teile der Menge zu beruhigen, und ich ging zu ihnen hinüber, um mit so vielen Leuten wie möglich zu sprechen. Sie konnten nicht verstehen, warum wir nicht mehr Soldaten hatten, um sie zu beschützen. Sie seien dankbar für die mobilen Patrouillen, die tagsüber bei ihnen vorbeisahen, und dass einige meiner unbewaffneten Militärbeobachter die Nacht über bei ihnen blieben, aber das sei einfach nicht genug. Ich erinnere mich, wie ich, bedrängt von Hunderten verängstigter Menschen, einer Gruppe die Gründe erklärte, warum meine Truppe nicht kämpfen konnte, um sie zu beschützen. Verwirrt über die Komplexität meiner Antwort drängten sie mich, eine Lösung zu finden. Was war so kompliziert daran? Sie standen unter Beschuss und ich war ihre einzige Hoffnung.

*

Beim Appell am nächsten Morgen erhielten wir die Meldung, dass endlich ein Team im Anmarsch sei, das die abgestürzte Präsidentenmaschine untersuchen sollte, und dass auch eine Vereinbarung erzielt worden war, die eine internationale Untersuchung erlaubte. So begann ein Prozess, der meines Wissens nie eine definitive Antwort auf das Rätsel lieferte, wer die Maschine abgeschossen hatte und warum.

Der Bericht über den Beschuss der Sainte-Famille-Kirche war eingetroffen: 13 Tote, über 120 Verletzte, von denen 61 ins Feldlazarett des Roten Kreuzes und 15 ins König-Faisal-Krankenhaus eingeliefert worden waren. Zu schade, dass dieses Gemetzel nicht auf einem Marktplatz in Jugoslawien stattgefunden hatte, vielleicht hätte es dann jemanden geschert – dieser zynische Gedanke drängte sich mir unweigerlich auf. Tatsächlich kam der ruandische Völkermord auf den Titelseiten kaum gegen die Wahlen in Südafrika und die Storys an, die über die Konflikte der amerikanischen Eiskunstläuferin Tonya Harding mit dem Gesetz berichteten. Die Krateranalyse deutete darauf hin, dass es sich um 81-Millimeter-Mörserprojektile handelte, die von RPF-Positionen abgeschossen worden waren. Ich wollte mich ohnehin am folgenden Tag mit Kagame treffen, also würde ich ihm formell Mitteilung davon machen, damit er dagegen vorging, und ich würde in meinem täglichen Lagebericht nach New York mit dieser Gräueltat die RPF belasten.

*

Endlich wurde meiner Bitte entsprochen, von RTLM interviewt zu werden, und ich fuhr um die Mittagszeit zum Hôtel des Diplomates. Trotz eines Versuchs der RPF, den Sender mit Granatbeschuss zum Schweigen zu bringen, war er, bösartiger denn je, wieder auf Sendung. Wir hatten den Verdacht, dass er mobile Sendeanlagen besaß.

Die drei RTLM-Mitarbeiter hatten sich in einem Zimmer in einer unteren Etage des Hotels eingerichtet: ein Weißer, George Ruggiu (der behauptete, Italiener zu sein, tatsächlich aber Belgier war), eine sehr aggressive Ansagerin und ein Techniker. Das Interview wurde aufgezeichnet und nicht live gesendet, wie ich erbeten hatte, was bedeutete, dass sie es zerhacken konnten, um zu benutzen, was sie wollten. Ich beschloss, etwas aus der Situation herauszuholen und begann, ihnen Fragen zu stellen. Was wollte die RPF ihrer Meinung nach erreichen? Giftig erwiderte die Frau: »Das Land zweiteilen, aber das wird nicht geschehen. Kein Tutsi wird in seinem Dorf sicher sein. Arusha wurde von der RPF beerdigt.« Ich hatte dieses ungereimte Zeug schon gehört, aber was steckte dahinter? Ich fragte nach den Auswirkungen der Ermordung von Präsident Habyarimana und bekam eine überraschende Antwort. In den Augen dieser Extremisten hatte Habyarimana die Tutsi beschützt. Er sei für die RPF gewesen, und man habe ihn nicht im Amt behalten wollen. Näher war ich nie an ein Geständnis herangekommen, dass die Extremisten Habyarimana hatten loswerden wollen.

Ich ging noch etwas weiter und fragte nach den Massakern. Sofort erwiderten sie, dass die RPF für den Abschuss der Maschine und damit auch für den Krieg verantwortlich sei, während die Präsidentengarde lediglich reagiert habe, »um gewisse Elemente zu liquidieren, die sich als Verschwörer versuchten«. Das war in ihren Köpfen eindeutig eine Tutsi-freundliche RPF-Verschwörung. Das Treffen endete damit, dass sie weitere Vorwürfe gegen die Belgier erhoben, aber zumindest hatte ich einiges mehr in Erfahrung gebracht.

*

Am Nachmittag erhielt ich einen Brief von der Interimsregierung, unterzeichnet von Bizimungu, die darin dem Transfer der Flüchtlinge aus dem Mille Collines und dem Amahoro-Stadion zustimmte. Gleichzeitig trafen sich UNAMIR-Mitarbeiter – Oberst Yaache und zwei Mitglieder seiner humanitären Abteilung, Major Don MacNeil und Hauptmann André Demers (beides neue Offiziere aus Kanada) – unter

Führung von Henry mit Vertretern der Miliz und der Armee, um die Einzelheiten der Überführung auszuarbeiten, die am folgenden Tag stattfinden sollte. Wir wollten einige RPF-freundliche Leute aus dem Mille Collines hinter die RPF-Linien außerhalb von Kigali bringen – ein erster Test, ob die Hutu-Kriegspartei tatsächlich Wort halten würde und unter Kontrolle war. Es gab an diesem dritten Maitag in ganz Kigali beträchtliche Artillerie- und Mörsergefechte, auch mit Raketen mittleren Kalibers. Das Gelände der Sainte-Famille-Kirche wurde erneut getroffen, dieses Mal jedoch mit wenigen Opfern. Später am Nachmittag bekam der Hangarbereich des Flughafens vier bis fünf Treffer ab. Drei ghanaische Soldaten wurden bei dem Angriff verwundet und mussten evakuiert werden, aber die tägliche Herkules konnte wegen schlechten Wetters nicht nach Kigali einfliegen, sodass die Verwundeten bis zum Morgengrauen auf einen Flug warten mussten.

Das war noch nicht das Schlimmste. Der Transferversuch geriet direkt vor dem Mille Collines in Schwierigkeiten und hätte die 70 Tutsi in unseren Lastwagen fast das Leben gekostet. Um sie zu beschützen, stellte sich Don MacNeil zwischen die drohenden Milizionäre und die Lastwagen und entging, ebenso wie die meisten Ghanaer, die seinem Teil des Konvois zugeteilt waren, nur um Haaresbreite dem Tod. Über Funk erinnerte ich MacNeil daran, dass er alle Gewaltmittel einsetzen, notfalls also auch gezielt schießen dürfe. Er erwiderte, dass er seine Schutzbefohlenen mit Verhandlungen aus der Gefahr herausbringen wolle. (Dafür erhielt MacNeil später von der kanadischen Regierung eine lobende Erwähnung.) Sie mussten sich ins Mille Collines zurückziehen, was die Lage dort noch unsicherer machte, weil einige der prominenten Personen im Inneren nun der Regierungsarmee und der Miliz bekannt waren. Ich fürchtete, dass es in jener Nacht einen Angriff geben würde. Das Hotel wurde bei Sonnenuntergang mit Granaten beschossen, aber bis auf zersplitterte Fenster und die Verwüstung des Swimmingpools gab es keine Schäden. Ich hielt meine Leitung die ganze Nacht für Major Moigny offen, der dort mit seinem halben Dutzend Militärbeobachtern und den Tunesiern stationiert war.

Unser Hauptquartier geriet ebenfalls unter Beschuss. Die Granaten landeten auf dem Gelände, zerstörten einige Fahrzeuge und zertrümmerten mehrere Fenster des Einsatzzentrums. Für die nächste Zeit wurden Splitterschutzwesten und Helme angeordnet. Es überraschte mich, wie viel Artillerie- und Mörsermunition von beiden Seiten auf taktisch wenig sinnvolle Ziele vergeudet wurde. Der Beschuss schien kaum mit den Aktionen der Infanterie koordiniert zu werden. Stattdessen rangen die Kriegsparteien um bessere Positionen in der Stadt und ihrem Umland, wobei die Regierungstruppen ihre Stellungen um die Kanombe-Garnison und am Ostrand des Flughafens verstärkten, während die RPF um den Norden herummanövrierte. Die Kämpfe hatten sich in dem Gebiet zwischen unserem Hauptquartier und dem Flughafen intensiviert, wir selbst erhielten periphere Treffer. Der Schlafsaal am Ende des obersten Korridors des Hauptquartiers gleich unter der Maschinengewehrstellung auf dem Dach wurde von einer Panzerabwehrrakete getroffen. Die fünf ghanaischen Soldaten, die dort abwechselnd schliefen, hatten den Raum erst Minuten zuvor verlassen. Ein fast anderthalb Meter großes Loch war in die Wand gesprengt worden – niemand hätte die Explosion überlebt.

*

Ich wollte mich auf den neuesten Stand über die Vorgänge in New York bringen und ging daher vor dem Morgenappell die Telexe der vergangenen Nacht durch. Ich musste meine kochende Wut im Zaum halten, als ich die Kopie eines Briefes las, den der ständige Vertreter Ruandas bei der UNO am 2. Mai geschickt hatte. Darin erklärte er, dass seine Regierung sofortige Taten fordere, um aus humanitären Gründen das Morden und die Kämpfe zu beenden, und »ihre volle Zusammenarbeit für den Erfolg der Operation anbietet, die ohne Verzug ins Auge gefasst werden sollte, *in Achtung des Prinzips der Souveränität und der Institutionen des ruandischen Staates*« (Hervorhebung von mir).

Ein anderes Telex war eine Zusammenfassung der Beratungen des Sicherheitsrats vom Nachmittag zuvor. Das Verhandlungsspiel im Rat verwirrte mich. Die Franzosen waren für eine Intervention, entweder durch die Nachbarstaaten, die OAU oder die UNO. Großbritannien erklärte, der Sicherheitsrat solle die Begriffe »gewaltsame Aktion« und »Intervention« vermeiden. China unterstützte die britische Position. Russland sah als einzigen gangbaren Weg eine stärkere Einbeziehung der OAU. Neuseeland bestand auf dem Wort »gewaltsame Aktion«. Die USA schlugen vor, eine Gruppe des Sicherheitsrats nach Ruanda zu schicken und die benötigten Informationen aus erster Hand zu sammeln. Nigeria lehnte das ab, weil eine solche Reise jede Entscheidung um mindestens eine Woche verzögern würde. Alle Mitglieder unterstützten grenzüberschreitende humanitäre Aktionen und ein

Waffenembargo. Eines der Mitglieder nannte es »unglücklich«, dass Butros-Ghali es am 3. Mai in einem Brief an den Präsidenten des Sicherheitsrates (die gewünschte Erwiderung auf den mit zahlreichen Informationen von UNAMIR unterfütterten Präsidentenbericht vom 30. April) nahe gelegt habe, dass der Sicherheitsrat mit dem Truppenrückzug die falsche Entscheidung getroffen habe. Wirklich im Hals stecken blieb mir aber, dass sie nun ihre Zeit damit verschwendeten, mit dem Finger aufeinander zu zeigen. Was dachten sie sich eigentlich? Wie konnte man auch nur einen Gedanken daran verschwenden, der OAU die Verantwortung aufzuhalsen, deren Truppen kaum Ausrüstung und gar keine Kapazitäten für eine strategische Luftbrücke hatten?

Die Herkules traf im Morgengrauen ein und nahm die Verletzten ghanaischen Soldaten auf. Ich fuhr zum Flughafen, um sie zu verabschieden. Als die Maschine zur Startbahn wendete, trafen mehrere Raketen den großen Hangar, wo meine Hilfstruppe untergebracht war. Ein verzweifelter Funkruf bat dringend darum, die Herkules aufzuhalten, weil ein weiterer Ghanaer schwer verletzt worden war. Ich veranlasste meinen Adjutanten, das Flugzeug ein paar Minuten aufzuhalten.

Den Piloten war sehr unbehaglich auf dem Boden, da sie bereits einige Male nur knapp entkommen waren. Während sie vor dem Terminal warteten, ließen sie die Motoren laufen und öffneten die Rampe. Ein UN-Fahrzeug holperte über das offene Feld und raste dann auf uns zu. Der Soldat wurde in den Wagen getragen, damit der Arzt einen Blick auf ihn werfen und ihn für den Flug stabilisieren konnte. Die Herkules war nun schon seit über 20 Minuten auf dem Boden, als neue Granaten auf dem Flughafengelände einschlugen. Ich drängte den Arzt, den Patienten ins Flugzeug zu bringen – in Luftevakuierungen ausgebildete kanadische Krankenschwestern waren an Bord, die ihn versorgen konnten. Wir durften einfach nicht zulassen, dass die anderen verletzten Soldaten zusammen mit der Besatzung in einem Feuerball verglühten. Ich ging schon auf die Türen zu, um die Maschine fortzuwinken und den schwer getroffenen Soldaten zurückzulassen, als ein Pulk medizinischer Helfer in Weiß, der Arzt und Soldaten mit dem Verletzten auf einer behelfsmäßigen Trage auf das Flugzeug losrannten, wobei sie ihn zweimal fast fallen ließen, bevor sie am Ziel waren. Die Herkules beschleunigte schon zum Start, als sich die Rampe endlich schloss. Alle verwundeten Männer kamen durch.

Ich ging zur anderen Seite der Flugbahn, um den Schaden zu begutachten. Es war offensichtlich, dass der Hangar gezielt unter Raketenbeschuss genommen worden war und die Projektile aus der sich am Ende des Flugplatzes ausbreitenden Kanombe-Garnison kamen. Was wollte Bizimungu beweisen? Oder eher, was versuchten Bagosora und das Fallschirmjägerbataillon, das in der Garnison stationiert war, zu erreichen? Wollten sie uns loswerden, und wenn ja, was sollte dann noch kommen? Bagosora kannte den Spielstand in der UNO besser als ich und wusste, dass der Sicherheitsrat erneut die Aufstockung meiner Truppe diskutierte. Versuchte er uns fortzuängstigen, bevor die UNO die Entscheidung zur Verstärkung traf?

Den Rest des Tages unternahmen wir Routineinspektionen unserer Stützpunkte, halfen dem Roten Kreuz bei der Verteilung von Hilfsgütern, leckten unsere Wunden vom Fiasko des Flüchtlingstransfers am Vortag, verfassten Protestbriefe an alle Übeltäter und brachten uns beim DPKO auf den neuesten Stand über unsere Zukunft. Zu meiner großen Freude brachte man mir eine sehr große Kiste aus Quebec, nachdem die zweite Herkules des Tages sicher gelandet und wieder abgehoben war. Beth und die Frau eines unserer neuen kanadischen Offiziere, Luc Racine, hatten uns für ein paar Hundert Dollar Erdnussbutter, Käsesoße, Marmeladen, Cracker, Schokoladenriegel, Weingummi (meine Lieblingsnascherei) und andere Leckerbissen gekauft. Dann hatte Beth eine Herkules aufgespürt, die vom Stützpunkt Trenton in Ontario aus zu einem Nachschubflug starten sollte, und es nach einigem Herumgerenne tatsächlich geschafft, dass die Kiste mit an Bord genommen wurde. Und die hatte unangefochten den Weg von daheim nach Kigali gefunden. Ich verbrachte einige Stunden damit, die Süßigkeiten zu verteilen. Meine armeeerfahrene Frau wusste, dass wir teilen würden, und hatte deshalb eine kleine Schachtel nur für mich beigefügt – mein eigenes Care-Paket mit Erdnussbutter. (Erdnussbutter gehört zu den Spezereien, mit denen die kanadische Armee ihre Soldaten bei Laune zu halten versucht.) Wir genossen jeden Löffel.

*

Der 5. Mai brachte den bis dahin schlimmsten Beschuss mit Artillerie, Raketen und Mörsergranaten in der ganzen Stadt. Zur Mittagszeit flogen Granaten beider Kriegsparteien aus allen Richtungen auf das Nationalratsgebäude, den Flughafen (wo eine unserer Maschinen mit ihrer Fracht unverrichteter Dinge nach Nairobi zurückkehren musste), das Mille Collines und die Sainte-Famille-Kirche. Keiner unserer Stützpunkte war wegen des Mangels an Pioniermitteln ausreichend geschützt. Die Nerven meiner Soldaten lagen immer blanker; es zehrte an ihnen, wie ohnmächtig sie der Bedrohung aus der Luft gegenüberstanden und wie wenig sie den Menschen unter ihrem Schutz helfen konnten. Wieder machte ich mich zu den falsch spielenden Führern auf, um zu protestieren und abermals zu protestieren. Wir wurden von beiden Seiten aufs Korn genommen, gleichzeitig versicherten uns beide Seiten, unsere Anwesenheit zu begrüßen. Ich wollte das Land und die Menschen unter unserem Schutz nicht im Stich lassen, aber unbewaffnete Militärbeobachter schüchterten keine Bombenwerfer ein.

Später am Tag erfuhr ich, dass am 9. Mai José Ayala Lasso, der Hohe Kommissar für Menschenrechte, und ein Untersuchungsteam nach Kigali kommen würden. Das waren hervorragende Neuigkeiten. Ich trug den Kommandeuren und Missionsangehörigen auf, Ayala Lasso alle Mitarbeiter zur Verfügung zu stellen, die Verbrechen gegen die Menschheit bezeugen konnten. Außerdem wollte ich für ihn unbedingt ein Gespräch mit Kagame arrangieren sowie, auf Regierungsseite, zumindest mit Bizimungu. Der Hohe Kommissar sollte etwas zu hören bekommen.

Von Iqbal Riza erhielt ich auch die Kopie eines Briefes des belgischen Außenministers – möglicherweise ein Ausdruck von schwarzem Humor. In dem Brief erinnerte Willy Claes den Generalsekretär daran, dass die UNO Schutz für ruandische Krankenhäuser und Mitarbeiter von nichtstaatlichen Organisationen zur Verfügung stellen und dafür sorgen müsse, dass jene, die für die Massaker verantwortlich seien, nicht ungestraft davonkämen. Hatten Claes oder seine Regierung denn überhaupt keinen Anstand? Sie hätten besser daran getan, einfach zu schweigen.

Am Spätnachmittag konnte ich endlich unseren Vorschlag für ein künftiges Mandat und die Truppenstruktur von UNAMIR unterschreiben, eine gründliche Analyse, was wir brauchten, falls der Sicherheitsrat beschlösse, uns militärische, humanitäre und politische Verstärkung zu gewähren. Hier konnte ich alles im Einzelnen darlegen: Ich wollte etwa 4.000 Mann für eine schlagkräftige Truppe, die in der Lage sein müsste, sich den Milizen entgegenzustellen und Abschreckungsmaßnahmen durchzuführen. Experten, die den Plan seither begutachtet haben, stimmen darin überein, dass das Morden hätte beendet und sogar die Stabilität in Zentralafrika wiederhergestellt werden können, wenn er umgesetzt worden wäre. Ich kann dazu nur sagen, dass uns der Plan zumindest für kurze Zeit erlaubte, wieder in der Hoffnung zu leben, dass die Welt doch noch das Richtige tun würde. Nichts jedoch, was ich darin skizzierte, wurde je Wirklichkeit. Damals dachte ich: »Jetzt können sie doch nicht mehr zögern: Meine Truppe steht täglich unter Feuer, den Politikern liegen ein detailliertes Einsatzkonzept und ein Plan vor, nun fehlt uns nur noch die Zustimmung des Sicherheitsrates …«

Aber ich schickte ihn an einem Donnerstag ab, dann kamen der Freitag und das Wochenende. Vor Montag würden sie sich nicht damit befassen, dann wären Zehntausende weitere Ruander tot, Hunderttausende auf der Flucht zu wieder einem neuen Lager in den Bergen, im Regen, im Schlamm, im Grauen. Wir hatten keine weitere Woche mehr zum Herummurksen. Als ich Maurice Baril in New York meine Verzweiflung eingestand, riet er mir, die Augen zuzukneifen und das Beste zu hoffen. Er hatte keine Macht in der UNO. Er war der Militärberater des Generalsekretärs einer Organisation, die unter der Last politischer Sinekuren, von Gleichgültigkeit und Zögerlichkeit zusammenbrach. Zwischen dem Aufbau der Mission im ehemaligen Jugoslawien, dem Somalia-Debakel und dem fast völligen Fehlen von Mitteln und Unterstützung durch den UN-Ausschuss für Verwaltung und Haushalt (das so genannte Fifth Committee) wuchs sich UNAMIR zu einem weiteren katastrophalen Fehlschlag aus, der jeden Tag nur noch schlimmer wurde.

Ich wusste, dass Maurice aus eigener Anschauung das Leid und die Zerstörung kannte, die diese neue Ära von Konflikten mit sich brachten – er war einmal beinahe an Malaria gestorben, mit der er sich in einem Kriegsgebiet angesteckt hatte. Wie sollte er da nicht ausgelaugt sein? Ich hielt immer noch große Stücke auf ihn, obwohl wir in diesen vielen Monaten ernsthafte Differenzen hatten. Aber wo konnte ich ein Mittel finden, um die Welt zum Handeln zu bewegen? Mit dem ständigen Gestank des Todes in meiner Nase, den jene Brisen herantrugen, die ich einst so verführerisch gefunden hatte, quälte ich mich mit meinen Grübeleien: Was war der Funke gewesen, der die Lunte in Brand gesteckt und zu all diesem Verfall und dieser Perversion geführt hatte? Und warum waren wir so schwach, ängstlich und selbstbezogen angesichts der Gräuel, die an Unschuldigen begangen wurden? Am nächsten Morgen wachte ich mit dem Kopf auf dem Schreibtisch auf, aus meiner Benommenheit gerissen durch das laute Gezwitscher von

Vögeln vor meinem Fenster. Der erste Gedanke, der mir durch den Sinn schoss, war, dass heute weitere Ruander sterben würden.

*

Booh-Booh schickte Annan einen Bericht über den Fortgang der Waffenstillstandsverhandlungen in Arusha. Kabia bekam eine Kopie, ich nicht. Was für ein Zirkus. Wie sich herausstellte, gab es zwei Ausfertigungen der Waffenstillstandsvereinbarung. Tansania und die OAU hatten beide unterzeichnet, aber die Interimsregierung und die RPF hatten jeweils nur eine unterschrieben. Booh-Booh und die Diplomaten hatten versucht, die RPF dazu zu bringen, auch die Kopie zu unterzeichnen, auf der sich die Interimsregierung schon verewigt hatte, aber natürlich war die RPF hinausgestürmt. Warum verstanden all diese hochmögenden Würdenträger nicht, dass sie die RPF niemals überreden würden, mit der Interimsregierung zu verhandeln? Die RPF würde ein solches Abkommen vielleicht direkt mit dem Militär unterzeichnen, aber Bizimungu war ein viel zu großer Tutsi-Hasser und -Mörder, um mit Kagame direkt zu verhandeln.

Im zweiten Teil seines Berichts beklagte sich Booh-Booh bitter darüber, dass ihn die RPF beschuldige, ein Verbündeter der Interimsregierung zu sein. Er warf mir vor, ihn vor Kagame nicht verteidigt zu haben, und mutmaßte, die RPF wolle ihn mit falschen Beschuldigungen aus dem Weg räumen. Bei nächster Gelegenheit erzählte ich Annan, dass die bloße Nennung von Booh-Boohs Namen bei Kagame einen Sturzbach von Kraftausdrücken ausgelöst hatte. Aber von seinen Vorwürfen rückte Booh-Booh niemals wieder ab.

Es war Samstag, der 7. Mai. Die RPF hatte Kigali nun im Süden umgangen und sammelte sich. Die Regierungsarmee, noch immer wie wild Soldaten rekrutierend, hatte wiederholte Angriffe auf Ruhengeri und den Norden von Kigali abgewehrt. Um den Flughafen und den Terminal tobten schwere Kämpfe, und ich hatte genug von den Versprechungen beider Seiten, meine Stellungen zu »meiden«. Alle Hubschrauber von UNOMUR in Kabale waren defekt und konnten nicht repariert werden, weil sich die gelieferten Einsatzteile als falsch erwiesen. Da die ugandische Armee immer noch so tat, als könne sie keine Eskorten für uns erübrigen, musste sich meine Truppe auf die Kontrolle der fünf größten Grenzübergänge beschränken. Die RPF und die ugandische Armee machten bei diesem Krieg nun offen gemeinsame Sache.

Ich beschloss, zum Flughafen hinauszufahren, um meinen Ghanaern Mut zu machen. Das Feuer war so heftig, dass die Morgenlieferung mit dringend benötigtem Wasser, Medikamenten und Verpflegung immer noch auf Paletten mitten auf dem Asphalt stand. Auf dem Weg zurück zum Hauptquartier stießen wir auf eine neue Straßensperre mit einigen sehr abgerissenen Milizionären. Ich war es nun langsam wirklich leid: Laut des unterschriebenen Abkommens musste die Straße zum Flughafen offen bleiben. Nachdem ich das Tempo gedrosselt hatte, um mir den Posten genau anzusehen – ein Dutzend Jugendliche, die um ein paar Plastikkisten auf der Straße herumlungerten –, drückte ich das Gaspedal durch und brach durch die Absperrung. Die Kisten flogen durch die Luft, die Milizionäre sprangen völlig überrascht zur Seite. Zurück im Hauptquartier stieß ich auf Tiko, der gerade nach einer neuen Aufgabe Ausschau hielt, daher gab ich ihm meine Eskorte, um das Problem zu lösen. Die wütenden Milizionäre wurden sehr zahm, als Tiko mit diesem Trupp stämmiger Muskelmänner nahte. Er setzte sich auf eine der Plastikkisten und hielt Hof bei den AK-47-schwingenden Jungs, die nicht älter als 16 waren. Er war offensichtlich sehr überzeugend, da die Jugendlichen ihm in die Hand versprachen, das Feld zu räumen und sich hier nie wieder blicken zu lassen; was sie dann auch nicht taten. Ich genoss diese kleine Geschichte, aber sie zeigte mir aufs Neue, was wir vielleicht mit nur 5.000 Soldaten und Offizieren von Tikos Kaliber hätten erreichen können.

*

Wieder kehrte ich zum Hôtel des Diplomates zurück, dieses Mal, um mich mit Augustin Bizimana zu treffen, dem Verteidigungsminister, der den größten Teil des Monats in Kigali auffällig abwesend gewesen war. Er erklärte mir, er sei ganz von Kabinettsangelegenheiten in Anspruch genommen worden, aber ich wusste, dass es eher seine persönlichen Verluste in Byumba waren, die ihm zu schaffen gemacht hatten.

Nach der nun schon üblichen Litanei von Klagen und Versprechungen berichtete ich ihm von den Plänen für die neue UNAMIR. Obwohl ich eine erhebliche Verstärkung anstrebte, würden wir keine Interventionstruppe sein. Er erwiderte sofort, dass es nur ein Ruanda geben würde, kein Land, das in Tutsi- und Hutu-Territorien aufgeteilt wäre. Woher hatte er diese Idee? Nicht von mir und gewiss nicht von Kagame. Die Einzigen, die von meinen Überlegungen einer künftigen Lösung für das Land nach dem Modell Zyperns wussten, waren die

Mitglieder des DPKO. Hatten sie diese Idee dem Sicherheitsrat mitgeteilt, in dem noch immer ein Repräsentant der ruandischen Extremisten saß? Ich ließ es auf sich beruhen.

Ich versprach Bizimana, dass ich im Falle einer Verstärkung ein Bataillon zum Schutz des Flughafens aufstellen würde. Er sagte, diese Aussicht würde ihm im Kabinett helfen. Er beendete das Treffen und suchte Deckung, als einige Mörsergranaten in der Gegend niedergingen. Wieder einmal blieb bei mir das Gefühl zurück, dass die Extremisten über die Pläne meiner Vorgesetzten besser Bescheid wussten als ich selbst.

Bald darauf fuhr ich, immer wieder Kleiderhaufen und zurückgelassenen Haushaltsgegenständen ausweichend, mit meiner Eskorte zu einem Treffen mit Kagame übers Land. Wir durchquerten ein frisch erobertes RPF-Gebiet, und die Szenen hier waren so grauenvoll wie anderswo. Mehrere Schauplätze von Kämpfen und Massakern waren schon älter und konnten nicht der RPF zugeschrieben werden, aber hier und da schwelten neuerlich abgebrannte Hütten. Wir kamen zu einer Furt über einen kleinen Fluss. Es hatte hier einst eine kleine Brücke gegeben, aber sie war in die Luft gesprengt worden. Eine Sekunde lang fragte ich mich tatsächlich, warum die RPF-Soldaten, die an der Furt Wache hielten, mit langen Ruten, aber ohne Schnur angelten. Dann bemerkte ich große Haufen von aufgeblähten, blauschwarzen Leichen, die an den Flussufern aufgestapelt waren. Da der Fluss hier sehr seicht war, hatte man den Soldaten aufgetragen, dafür zu sorgen, dass die Leichen nicht die Durchfahrt verstopften. Der Gestank war erstickend, bald erbrach ich mein unverdautes Mittagessen. Die Soldaten, weil sie müde waren oder keinen Platz mehr hatten, stießen die Leichen mit ihren Stangen durch die Furt, sodass sie auf ihrem Verwesungsweg in den nächstgrößeren Fluss oder auch in den Viktoriasee gelangen konnten. Ich zog mich mental hinter den Schutzschild meines Kommandos zurück, durchfuhr die Furt und hielt weiter auf mein Ziel zu: Byumba, wo Kagame ein taktisches Hauptquartier errichtet hatte, das weit einfacher zu erreichen war als seine Teeplantage in Mulindi.

Ich sprach meine Sorge über das Schicksal der Tutsi und gemäßigten Hutu an, die immer noch im Mille Collines abgeschnitten waren; Bizimungu hatte gedroht, sie zu töten, falls die RPF nicht aufhörte, Stellungen der Armee in der Stadt unter Granatbeschuss zu nehmen. Kagame war pragmatisch, das Inbild eines kühlen Kriegers: »Sie üben sich in ihren uralten Expressungsmethoden, aber das wird nicht mehr funktionieren. Es wird viele Opfer in diesem Krieg geben. Wenn die Flüchtlinge für die Sache getötet werden müssen, wird man sie eben als Teil des zu entrichtenden Preises betrachten.« Ich fragte instinktiv, ob seine Truppen Vergeltungsmaßnahmen gegen Hutu ergreifen würden, die wir auf unseren Stützpunkten beschützten. Er erwiderte, ich solle diese Zivilisten aus Kigali herausbringen, weil die Kämpfe nur schlimmer werden würden. Was den Flughafen anging, habe er mir alle erdenkliche Zeit gegeben, um ein Neutralitätsabkommen zu erreichen, aber nun könne er seine Einsatzpläne nicht mehr aussetzen oder ändern. Er greife keine UNAMIR-Stellungen als solche an, aber im Getümmel der Schlacht könnten auch meine Soldaten getroffen werden. Ich sagte ihm, ich hätte keine andere Wahl, als auf dem Flughafen zu bleiben, um ihn für humanitäre Zwecke und die kanadischen Nachschubflüge zu schützen. Darauf erwiderte er nichts, sondern saß nur reglos da, so ruhig, dass sich seine Brust beim Atmen kaum hob.

Ich erklärte dann das neue Konzept für UNAMIR. Er hörte aufmerksam zu, obwohl er wahrscheinlich schon von seinem Vertreter bei der UNO detailliert informiert worden war. Seine Antwort verblüffte mich. »Keine Einwände«, sagte er. »Ich schlage jedoch vor, dass die Friedenstruppe stark genug und bereit zum Kämpfen ist.« Prompt erhob er sich, gab mir die Hand und ging.

Die Sonne würde bald untergehen, daher beeilten wir uns, trafen aber dennoch erst bei völliger Dunkelheit im Hauptquartier ein, obwohl wir uns weder verfahren hatten noch angegriffen worden waren. Ich setzte mich schließlich mit einer irgendwo aufgetriebenen Tasse Tee in den Einsatzraum in der Rotunde. Ich musste noch einen inoffiziellen Entwurf studieren, ein so genanntes »non-paper«, das für den Generalsekretär vorbereitet wurde, um UNAMIR voranzubringen. Solche »non-papers« dienen in der UNO zur Erörterung von Themen außerhalb des offiziellen Verfahrens, das stets zu einer offiziellen Resolution führen muss. Da saß ich, bis zum Hals in Leichen, und das DPKO musste mit einem offiziell nicht existierenden »Nicht-Papier« versuchen, die mögliche Unterstützung für die Erteilung eines neuen Mandats zu sondieren. Wie zum Teufel waren sie in so eine Lage geraten? Sie hatten meine Lageberichte und Beurteilungen und militärischen Einschätzungen und mehr Stabsanalysen, als sie verdauen konnten. Trotzdem wollten sie meinen Beitrag für ihr »Nicht-Papier« bis morgen früh.

Man kann mich einen blauäugigen Optimisten nennen, aber der Entwurf dieses Nicht-Papiers sah gut aus. Er sah tatsächlich ganz nach dem aus, was ich vorgeschlagen hatte (so sehr, dass einer meiner Mitarbeiter sarkastisch an den Rand geschrieben hatte: »Das ist bestens, nichts wie ran.«). Ich begrüßte den Vorschlag des DPKO, das sich die 5.500 Soldaten meiner »Minimalversion« zu Eigen gemacht hatte, ihnen aber mit einem erweiterten Mandat eine so aktive Rolle einräumen wollte wie den 8.000 Soldaten meines früheren Modells. Ich beglückwünschte das DPKO, dass es mein Einsatzkonzept, meinen Plan und die Aufgabenstellung für die Mission im Wesentlichen als Paket übernommen hatte. Ich beeilte mich, hinzuzufügen, dass beide Kriegsparteien die Idee einer verstärkten Mission akzeptierten. Ich regte außerdem an, im »Nicht-Papier« unbedingt die große Dringlichkeit der Verstärkung zu betonen. Ich staunte über die Forderung des DPKO, den üblichen Prozess der Truppengestellung zu umgehen und stattdessen die Mitgliedsländer aufzufordern, Soldaten in einsatzfähigen Brigadeformationen aufzubieten. Ich wusste nur zu gut, dass unausgebildete, bunt zusammengewürfelte und schlecht ausgerüstete Einheiten in Ruanda nichts verloren hatten. Ich staunte noch mehr über die Empfehlung des DPKO, die Mission auch ohne einen unterschriebenen Waffenstillstand oder ein Abkommen über die Neutralität des Flughafens zu verstärken. Das war alles Musik in meinen Ohren.

Ich bestand darauf, dass sich die neue Mission zuallererst der humanitären Krise annehmen, also die Sicherheit und den Schutz gefährdeter Zivilpersonen gewährleisten müsse. Der Einsatz von Gewalt sollte sich auf Selbstverteidigung gegen Personen oder Gruppen beschränken, welche die noch einzurichtenden Schutzzonen und sicheren Korridore sowie die bereits existierenden Stützpunkte bedrohten. Aber ich drängte auf klare Festlegungen, welches Risiko die Friedenstruppen eingehen dürften. Ich bat nicht um ein friedenserzwingendes Mandat nach Kapitel VII, sondern um eines nach »Kapitel sechseinhalb«, das uns immerhin erlauben würde, offensive Maßnahmen zu ergreifen, um Verbrechen gegen die Menschheit zu verhindern und uns selbst zu verteidigen. Ich wollte im erweiterten Mandat das Recht verbürgt sehen, die Sicherheit unserer Stützpunkte in Kigali und die Kirchen, die Stadien und Schulen im Land, wo die Menschen Zuflucht gesucht hatten, selbst zu verteidigen. Damit wäre ich in der Lage gewesen, den zwei Millionen Vertriebenen innerhalb Ruandas erheblich mehr Sicherheit zu bieten.

Bei der Arbeit hob sich meine Stimmung. Sicher, es war ein »Nicht-Papier«, aber es sah endlich so aus, als wolle mir das DPKO das richtige Mandat und die Mittel dazu geben. Ich unterzeichnete das Telex am nächsten Morgen, nachdem ich über Kabia eine Kopie an Booh-Booh mit der Bitte um Kommentierung geschickt hatte.

*

Ich hatte neuen Mut geschöpft, und das blieb so, obwohl ich die Furcht nicht abschütteln konnte, morgens mit der Nachricht geweckt zu werden, dass alle Flüchtlinge im Mille Collines in der Nacht abgeschlachtet worden seien. Ich rief Major Moigny an, der bereits mehrfach seinen Wert unter Beweis gestellt hatte, als er Regierungssoldaten, Gendarmen und Interahamwe-Milizionäre vor dem Hotel abwehrte. Die Milizen waren nur einmal in das Gebäude eingedrungen und hatten bei der Suche nach Tutsi Türen eingetreten. Aber Moigny und seine unbewaffneten Offiziere, unterstützt von einigen sehr entschlossenen tunesischen Soldaten, konnten sie überreden, abzurücken, bevor sie Schaden anrichteten – auch mithilfe des geschickten und großzügigen Hotelmanagers, der die Eindringlinge mit vielen Flaschen aus seinem Weinkeller besänftigte.

Entwürfe des zweiten Mandats für UNAMIR gingen zwischen New York und Kigali hin und her. Am 9. Mai musste ich die Herkules-Flüge stoppen, von denen einer den Hohen Kommissar Ayala Lasso und sein Untersuchungsteam mitbringen sollte, weil das schwere Artillerie- und Maschinengewehrfeuer auf und um den Flughafen schlicht zu heftig geworden war. Die RPF nahm an diesem Tag mehrere Stadtviertel unter Granatbeschuss, darunter von uns geschützte Stützpunkte. In unserem Hauptquartier betrat ein ghanaischer Soldat gerade sein Zimmer, als eine Mörsergranate im Stadion explodierte. Granatsplitter flogen durch das Fenster und trafen ihn unter der Achselhöhle, wo er nicht durch seine UN-Splitterschutzweste geschützt war; einer davon traf sein Herz. Er war tot, noch bevor er zu Boden fiel. Auch mehrere Zivilisten wurden verletzt. Henry rief sofort seine Vorgesetzten in Akkra an und beharrte auf der Notwendigkeit, das Kontingent vor Ort zu lassen und es so bald wie möglich zu verstärken.

Später am Nachmittag wurde ich zu einem Treffen mit dem Minister für Soziales im Kigali-Krankenhaus gerufen. Er war völlig hysterisch, als ich am Haupttor aus meinem Wagen stieg. Vor mir breitete sich eine Szene des Chaos und des Grauens aus, die mir mit überwältigender Wucht ins Gesicht sprang.

Die RPF hatte drei oder vier Artilleriegeschosse auf das Krankenhaus abgegeben. Noch immer hingen Rauchschwaden über dem Ort, dämpften die hellen Sonnenstrahlen und verwandelten alles in ein unwirkliches Bild des Grauens. Eine Bombe war mitten in einem großen Zelt gelandet, das als Schutz für etwa 30 Verletzte gedient hatte. Mitarbeiter sammelten verkohlte Leichenstücke ein und versuchten, die benachbarten Zelte wieder aufzubauen. Innerhalb des ummauerten Krankenhausgeländes befand sich das separate Gebäude der Krankenhausapotheke. Neben deren Eingang gab es einen vergitterten Schalter, und die Leute hatten entlang der Außenwand Schlange gestanden und auf ihre verordneten Medikamente gewartet. Das gelb gestrichene, einstöckige Gebäude stand noch, nur die Fenster waren zerborsten. Nach einem genaueren Blick war ich entsetzt: An der Wand sah man die Umrisse von Menschen, von Frauen, von Kindern, gezeichnet aus Blut und Erde. Es war wie eine Szene aus Hiroshima. Über 40 Menschen hatten entlang der Wand gestanden, eingekeilt zwischen der Granatexplosion und dem Steingebäude. Ein Krankenhausmitarbeiter sagte, einige Leute seien schlicht in der Luft explodiert. Niemand hatte überlebt.

Ich konnte das Gemetzel nicht fassen. Als Artillerieoffizier hatte ich den Effekt von Granatexplosionen bei allen möglichen Zielen gesehen, aber niemals hätte ich mir ausmalen können, was sie bei Menschen anrichten. Die Zeit der abstrakten »Übungen« war für mich vorbei. Hunderte von Menschen jeden Alters weinten und schrien, und Schwestern und Ärzte rannten überall umher, um alle Verwundeten zu versorgen. Unter Tränen und wilden Gesten brüllte mich der Minister für Soziales an, dass UNAMIR und ich Komplizen dieser Gräueltat seien. Er hoffe, dass ich dieses Bild niemals aus meinem Gedächtnis würde tilgen können. Dann kam mein Adjutant mit dem Funkgerät zu mir. Henry war dran. Unser Truppenhauptquartier stand unter schwerem Artilleriebeschuss.

Ohne große Rücksicht auf irgendwelche Straßensperren rasten wir zurück durch die Stadt. Ich kochte so sehr vor Wut, dass den Milizionären offenbar ein Blick auf mich reichte, um zu beschließen, uns lieber nicht aufzuhalten. Als ich zum Hauptquartier kam, stieg noch immer dicker Rauch aus dem Komplex auf. Eine Granate schlug etwa 300 Meter von uns entfernt ein, als ich durch das Tor fuhr, und sprengte eine Erdsäule in die Luft, die in alle Richtungen zerstob. Viele Fenster der Rotunde waren zersplittert. Als ich das Hauptquartier betrat, schlugen zwei Granaten am Rand des Geländes nahe der Straße ein. Alle UNAMIR-Mitabeiter und viele Flüchtlinge drängten sich schutzsuchend in der zentralen Lobby zusammen. Während Henry mir Bericht erstattete, explodierte eine weitere Granate auf dem Gelände direkt vor der Tür. Später sah ich einen Fernsehbericht über den Angriff und war sehr überrascht, dass sich alle um mich herum duckten, wenn eine Granate explodierte, ich aber so konzentriert war, dass ich reglos stehen blieb und ungeduldig auf die Fortsetzung der Lagebesprechung wartete. Etwa eine Stunde später erfolgte die Entwarnung. Wir mussten ein gewaltiges Durcheinander aufräumen, aber glücklicherweise war diesmal niemand verletzt worden.

Ich sprach einige aufmunternde Worte an meine Mitarbeiter und schickte die Leute auf ihre Posten zurück. Dann bat ich Frank Kamenzi, unseren RPF-Verbindungsoffizier, nach draußen. Außer Hörweite der anderen hielt ich ihm eine Strafpredigt, drohte zwischen meinen Flüchen mit einem sofortigen Abzug und einem weltweiten Skandal und bestand darauf, Kagame am nächsten Tag zu sehen. Schließlich untersagte ich Frank, zu meinem Hauptquartier zurückzukommen, solange das Treffen nicht vereinbart war.

*

Am nächsten Tag in Byumba reagierte Kagame auf meine wütenden Vorhaltungen über den Angriff auf UNAMIR und das Gemetzel im Kigali-Krankenhaus mit seinen eigenen Gräuelgeschichten, darunter der Massenermordung von Tutsi-Schülern in Gikongoro. Er erklärte sich bereit, für mehr Disziplin bei seiner Truppe zu sorgen, und sagte, er würde persönlich die Verbindungsoffiziere in meinem Hauptquartier instruieren und ihnen die notwendige Funkausrüstung geben, um fehlgelenkte Angriffe auf uns abzublasen. Ich verließ ihn nach etwa einer Stunde und wollte seinen Worten gerne glauben, konnte aber meine Befürchtungen nicht vertreiben.

Henry erinnerte mich in einer formellen Note daran, dass uns Kagame darauf hingewiesen hatte, seinen taktischen Plan zur Einnahme des Flughafens umsetzen zu wollen. Henry war der Meinung, dass es unserer Mission nicht sehr nützen würde, angesichts dieser Drohung unsere Stellungen auf dem Flughafen zu halten. Als wir uns ein paar Stunden später trafen, hielt ich ihm entgegen, dass es uns die RPF fast unmöglich machen würde, später zurückzukehren, wenn wir uns erst einmal vom Flughafen zurückgezogen hätten. Henry stimmte mir zu, gab aber zu bedenken, dass seine Vorgesetzten in Akkra Druck auf ihn ausübten, seine Soldaten von diesem Gelände abzuziehen. Er verbrachte einen Großteil des folgenden Tages bei seinen Ghanaern.

An diesem Tag traf der Rest meiner kanadischen Verstärkung unter Führung von Oberstleutnant Mike Austdal als Kontingentkommandeur ein, darunter auch Phil Lancaster, ein erfrischender Anblick für müde Augen. Die anderen kanadischen Offiziere waren Major John McComber, Hauptmann Jean-Yves St-Denis und Hauptmann Nelson Turgeon. Binnen weniger Stunden hatte ich sie verschiedenen Abteilungen meines Hauptquartiers zugeteilt, wo sie über die gesamte Dauer ihres UNAMIR-Einsatzes erstklassige Dienste leisteten. Ich entließ zwei der drei Offiziere, die aus Somalia zu uns abbeordert worden waren, Bussières und Read, mit Dank für ihre gute Arbeit – Major Plante entschied sich zu bleiben. Major Don MacNeil und Major Luc Racine waren schon Ende April aus Kanada eingetroffen, kurz bevor Brent krank wurde, und beide leisteten mir und meinem Nachfolger in Ruanda das folgende Jahr über hervorragende Dienste.

An diesem Tag schaffte es auch der UN-Hochkommissar für Menschenrechte, Ayala Lasso, ins Land zu kommen, und wir erstatteten ihm alle Bericht. Er machte, so gut es ging, seine Runde zu allen Stützpunkten und sah die Stätten des Grauens. Es war seine erste Reise an einen Ort schwerster Menschenrechtsverletzungen, seit er ernannt worden war, und er konnte seine Wut und seinen Ekel nicht verbergen. Am Ende seiner Informationsreise erklärte er, was er in Ruanda gesehen habe, sei ein Völkermord. Der Bericht, den er schrieb, war eine genaue Wiedergabe der Ereignisse, die uns bis dahin bekannt waren. Er wollte auch sobald wie möglich ein paar Menschenrechtsbeobachter schicken, war sich aber der Risiken bewusst. Kagame ermutigte ihn jedoch ausdrücklich und bot seinen Beistand an. Die Armee war weniger begeistert und erklärte, man würde sich in der Sache zurückmelden.

Als wir uns mühsam in die ersten Maitage schleppten, traten weitere Extremisten in der Regierung, auch Minister, für die Bewaffnung der Hutu-Bevölkerung ein und verlangten ein energischeres Vorgehen an den Straßensperren, um Eindringlinge der Tutsi und Rebellen auszumerzen. UNOMUR berichtete, dass die Regierungstruppen per Boot über den Kivusee und über Land von Goma und Bukavu in Zaire aus mit Nachschub versorgt würden. Berichte über neue Massaker in so gut wie allen Städten Ruandas trafen ein. Phillippe Gaillard, der Chefdelegierte des Internationalen Roten Kreuzes, brachte die Nachricht mit, dass Tausende in dem großen religiösen Zentrum von Kabgayi ermordet worden waren, das ganz in der Nähe von Gitarama liegt, dem Sitz der Interimsregierung.

Abdul Kabia kam zu mir und berichtete, dass Booh-Booh nach Nairobi und weiter nach Paris abgereist sei, um sich mit Butros-Ghali zu treffen. Ich wollte wissen, was das nun wieder zu bedeuten habe, doch Kabia versicherte mir, dass solche Konsultationen nichts Ungewöhnliches seien. Ich brauchte die Stellungnahme des Missionschefs zur letzten Version des »Nicht-Papiers«, insbesondere, da die USA sich eifrig bemühten, die ganze Sache zu torpedieren. Statt sichere Stützpunkte einzurichten, wo sich Flüchtlinge in Ruanda gesammelt hatten, wollten sie entlang der Grenze zu Burundi eine große Schutzzone einrichten, in der dann eine internationale Truppe ungefährdet operieren und allen Vertriebenen Hilfe bieten könne. Sie beriefen sich dabei auf das Vorbild des nordirakischen Kurdengebiets nach dem ersten Golfkrieg. Aber in Kurdistan hatte das Konzept funktioniert, weil die Kurden zum Großteil bereits in dieser 1991 proklamierten Schutzzone lebten, während die gefährdeten Menschen in Ruanda nicht in der Lage wären, eine grenznahe Schutzzone zu erreichen, da die Milizen und bewaffneten Zivilisten dieses Areal abriegeln und jeden massakrieren würden, der kühn genug wäre, dahin vorzudringen. Zudem forderte der britische Vertreter im Sicherheitsrat einen formelleren Bericht des Sekretariats sowie einen Etatentwurf, bevor irgendeine Entscheidung gefällt werden könne. Colin Keating, der turnusmäßige Vorsitzende des Sicherheitsrates, bestand darauf, dass eine Mission nach meinem Modell »Kapitel sechseinhalb« nicht ausreiche – erforderlich sei eine friedenserzwingende Mission nach Kapitel VII. Ich wollte aber nicht in den Krieg eingreifen und selbst zu einer Kriegspartei werden, sondern nur genug Autorität und Feuerkraft haben, um die humanitären Operationen sicher durchzuführen. In einer Unterredung mit dem Triumvirat wurde klar, dass wir den Kampf um ein neues Mandat verstärken mussten.

Vier weitere Tage lang legten uns die Amerikaner ein Hindernis nach dem anderen in den Weg, wobei die Briten sie zurückhaltend unterstützten. Die Franzosen standen hinter einem zweiten Mandat für UNAMIR, wenn auch unter gewissen Bedingungen; die blockfreien Länder waren aufgebracht über die Verzögerungen; und die RPF veröffentlichte eine Erklärung an den Sicherheitsrat, die ganz wie ein gegen uns gerichtetes Manifest aussah und in der sie argumentierte, dass ein zweites UNAMIR-Mandat zu spät komme, um das Morden zu stoppen, sondern bloß ihren Kampf um die Machtübernahme beeinträchtigen würde. Aber in Wirklichkeit war es noch nicht zu spät; die Massaker sollten noch wochenlang weitergehen. Wäre ich ein argwöhnischer Mensch gewesen, hätte ich vielleicht eine Verbindung zwischen der obstruktiven Haltung der Amerikaner und der Weigerung der RPF erkannt, eine ansehnliche UNAMIR-Operation zu akzeptieren. Der Militärattaché der amerikanischen Botschaft war vor Ausbruch des Krieges bekanntermaßen regelmäßig zum RPF-Hauptquartier in Mulindi gefahren. Außerdem unterstützte eine große Tutsi-Diaspora in Nordamerika die RPF.

In der Zwischenzeit durchdrang der Gestank des Todes die reale Welt in Zentralafrika. Wir verfassten und schickten neueste Lageberichte, Klärungen des Einsatzkonzepts, Listen von Ländern, die als Entsendenationen akzeptabel wären. Alles wurde von RPF und Armee geprüft, und immer noch war es nicht genug. Ich gab mehr Interviews, und BBC-Korrespondent Mark Doyle schickte dem Sender ständig neue Storys, aber nichts schien den Sicherheitsrat zum Handeln bewegen zu können. Ich befahl, versuchsweise humanitäre Hilfe der Zone der Regierungstruppen unter den Schutz von UNAMIR zu stellen, um der Anschuldigung zu begegnen, dass wir die RPF bevorzugten, aber auch, um zu beweisen, wie verletzlich wir waren. Unter Leitung seines brillanten Koordinators Arturo Hein organisierte das UN-Notbüro Ruanda (UNREO) in Nairobi diesen Versuch und nahm vier Journalisten mit. In Ruanda angekommen, machten sie sich von Kigali aus zu den Flüchtlingslagern auf, von denen es im ganzen Land 91 gab. Schon am Stadtrand von Kigali gerieten sie in einen Hinterhalt, wurden an mehreren Straßensperren durchsucht, und zweimal mussten die Journalisten ihre Filme herausgeben. Nachdem sie die Lastwagen im ersten Flüchtlingslager entladen hatten, wurden die Fahrzeuge von Ortsansässigen umringt, die mit Macheten, Knüppeln, Granaten und Steinen das ganze Team bedrohten. Der Mob hatte schon begonnen, die Helfer von den Lastwagen zu zerren, als der örtliche Unterpräfekt schließlich eintraf und der Sache ein Ende machte. Die UN-Militärbeobachter hatten ihr Bestes getan, aber sie wurden von der Größe der Menge und ihrer Raserei überrascht. Auf dem Rückweg nach Kigali entgingen das UNREO-Team und seine Begleiter nur mit knapper Not einem Raketenangriff.

Wir schickten einen detaillierten Bericht über diesen fehlgeschlagenen Streifzug an das DPKO zur Veröffentlichung. Der Großteil der Zivilbevölkerung befand sich hinter den Linien der Regierungstruppen. Wenn wir nicht zu ihnen durchkämen, würden Tausende entlang der Straßen und in den Flüchtlingslagern sterben. Ich hoffte, dass dieser Bericht unzweideutig zeigen würde, warum die humanitären Hilfsoperationen in Ruanda militärisch gesichert werden mussten.

*

Mir geisterten so viele Entscheidungen über Leben und Tod durch den Kopf, dass ich einen festen Bezugspunkt brauchte, um die Fassung zu bewahren. Eines Morgens beschloss ich, nach Kinihira in die ehemalige entmilitarisierte Zone zu fahren. Nachdem wir den RPF-Verbindungsoffizier vorgewarnt hatten, fuhr ich mit meiner Eskorte auf der Hauptstraße 80 Kilometer nach Norden Richtung Gatuna und bog dann auf eine Lehmpiste ab. Am Rande eines kleines Dorfes winkten uns noch Kinder zu, während wir vorbeiruckelten. Der Pfad war aufgrund der schweren Regenfälle unwegsam, und es kostete einige Mühe, uns mit dem Geländewagen von einem Loch zum nächsten vorzuarbeiten. Auf diese Weise legten wir etwa 30 Kilometer zurück. Mein Adjutant, immer höflich, und der ghanaische Scharfschütze auf dem Rücksitz beklagten sich nicht, waren aber ziemlich durchgeschüttelt, als wir nach einer Abfolge von Bilderbuchtälern auf dem dritten der langen Hügelkämme am Gemeindebüro von Kinihira ankamen. Ich sehnte mich danach, die kleine Schule auf der Kammhöhe wiederzusehen, wo fast 100 Schüler unterrichtet worden waren, bevor das Morden begann.

Und der Ort schien vom Krieg nicht berührt zu sein, außer dass es keine Kinder gab, die auf dem Schulhof spielten. Wir sahen nur einige sehr furchtsame Erwachsene, die aus ihren Türeingängen zu uns herüberspähten. Als ich unter den wachsamen Augen meiner afrikanischen Eskorte die Runde machte, sah ich vor meinem geistigen Auge die Kinder in ihren hellblauen und beigefarbenen Uniformen, die überarbeiteten, aber lächelnden Lehrer, die kleinen Brüder und Schwestern, die von den älteren Kindern zur Schule mitgeschleppt wurden, damit ihre Mütter auf dem Feld arbeiten konnten, die Jungs, die in der Pause einem Fußball aus Bananenblättern hinterherjagten. Ich setzte mich ans Ende des Schulhofs und betrachtete die Szene unter mir. Die einst sauber gekämmten Tee- und Kaffeeplantagen sahen zottig aus und brauchten Pflege. Die Hunderte von kleinen Gärten an den Hügelhängen waren nun von Unkraut überwuchert. In der Landschaft hatte man früher spektakuläre leuchtende Farbkleckse aus frisch gewaschenen Kleidern gesehen, die auf grünen Flächen neben braunen, reetgedeckten Hütten sauber ausgebreitet lagen. Sie waren alle verschwunden. Ich blickte hinaus zu den niedergebrannten Hütten, von denen einige noch schwelten, während Aaskrähen über ihnen kreisten; schwarze Klumpen in Kleiderfetzen trieben unendlich langsam den Fluss hinunter, während sich andere Leichen an einer Flussbiegung stauten. Mich erfüllte ein Gefühl schändlicher Untauglichkeit. Ich war in ein blühendes Paradies gekommen, und nun, auf meinem Lieblingshügel, sah ich mich im Schatten einer Bananenstaude sitzen und hörte mich reden, ohne dass jemand da gewesen wäre, zerrissen von meinem Scheitern und meiner Reue. Ich war nach Kinihira auf der Suche nach etwas Frieden gekommen, aber der Frieden war auch hier ermordet worden.

Mein Adjutant riss mich jäh aus den Gedanken und reichte mir das Funkgerät. Das DPKO wollte so schnell wie möglich unsere Antwort, und ich sollte wieder ein neues Papier prüfen, bevor es abgeschickt wurde. Schweigend fuhren wir zurück.

*

Zurück im Hauptquartier hatte Yaache Neuigkeiten für Henry und mich. Die RPF habe heute ein humanitäres Koordinationstreffen mit dem UNHCR und 16 nichtstaatlichen Organisationen in Mulindi abgehalten. Ich war darüber nicht informiert worden, unseren Militärbeobachtern bei der RPF hatte man ebenfalls nichts gesagt. »Die Schweinehunde«, sagte ich. Angesichts der gewaltigen Probleme, mit denen wir uns herumschlugen, Hilfsgüter in die Zone der Regierungsarmee zu bringen, musste die humanitäre Hilfe im Gebiet der RPF absolut transparent sein. Auf keinen Fall durften Hilfslieferungen für Kagames Truppen abgezweigt werden. So begann ein anhaltender Kampf zwischen mir und dem UNHCR, der bis zur Hilfsgüterflut für die Hutu-Flüchtlingslager im zairischen Goma fortdauerte.

In diesem Moment steckte Phil Lancaster, der Nachfolger Brents, seinen Kopf zur Bürotür herein, um einen unangekündigten Besucher anzumelden. Ich war nicht in Stimmung. Bevor Phil weitersprechen konnte, kam Bernard Kouchner – ehemals französischer Gesundheitsminister, Gründungsmitglied von Ärzte ohne Grenzen und nun Präsident der Organisation Ärzte der Welt – auch schon zur Tür herein.

Ich bat ihn, in der Halle zu warten, bevor er sich auch nur vorstellen konnte. Nachdem Henry und Yaache mein Büro verlassen hatten, kam Phil mit einem von Kouchners Assistenten zurück, der mir in sehr schnellem Französisch erklärte, wer der Mann war und warum er gekommen sei. Ich wollte ihn nun gern empfangen.

Obwohl es ihn verärgert hatte, zurück in die Halle geschickt zu werden, kam er nun mit einem Lächeln herein und trat mit äußerster Höflichkeit auf, schnitt all meine Entschuldigungen ab, um sich seinerseits dafür zu entschuldigen, einfach so hereingeplatzt zu sein und eine Vorzugsbehandlung erwartet zu haben. Wir kamen danach wunderbar miteinander aus. Er sei auf eigene Initiative gekommen, sagte er, um sich selbst ein Bild von der Situation zu machen, und bot mir für die folgenden Tage jede Hilfe an. Ich rief Henry wieder herein, und wir verbrachten die nächsten Stunden damit, seinen Aktionsplan festzulegen. Ich bat ihn, sich die Führer der Armee und auch der Interimsregierung wegen der Massaker, der Unsicherheit humanitärer Hilfe und der Vertreibung von zwei Millionen Zivilisten vorzuknöpfen, und äußerte meinen Verdacht, dass sie nach genauer Prüfung ihrer Lage nun einen strategischen Rückzug nach Zaire in die Provinz Kivu planten, um von dort aus den Kampf fortzusetzen. Ich müsse sie davon abbringen, der Bevölkerung weiter Angst einzujagen und die RPF als teuflische Kinderfresser darzustellen. Kouchner hatte bereits am Vortag mit Vertretern der Armee gesprochen, doch es war auch ihm nicht gelungen, sie zu einer flexibleren Position zu bewegen.

Als ich wissen wollte, was er sich von seiner Reise versprach, sagte Kouchner, es ginge ihm um die Rettung von Waisenkindern aus dem Gebiet der Interahamwe-Milizen. Er wollte sie aus dem Kriegsgebiet herausfliegen und sie zurückbringen, wenn sich alles wieder beruhigt hätte. Die französische Öffentlichkeit sei angesichts des Völkermords in Ruanda geschockt und entsetzt und verlange nach Taten.

Ich erwiderte, dass ich absolut gegen den Export ruandischer Kinder sei, ob es sich nun um Waisen handele oder nicht. Sie sollten nicht dazu benutzt werden, damit sich ein paar Franzosen ein bisschen weniger schuldig am Völkermord fühlten. Er bat mich, die Sache dennoch zu bedenken, während er sich die Extremisten vornehmen und einige der Waisenhäuser besuchen wolle. Er reiste mit einem kleinen Tross von Journalisten, um sich Nachdruck zu verschaffen.

*

Am folgenden Tag schickte ich Tiko mit Kouchner zur Interimsregierung nach Gitarama. Tiko sprach kein Französisch, aber er war furchtlos und konnte, wie ich hoffte, für ausreichend Sicherheit sorgen. Kouchner wollte dann zurückkommen und mich zu einem Gespräch mit den Militärführern begleiten. Während ich mich auf das Treffen mit Bagosora und den beiden Stabschefs im Hôtel des Diplomates vorbereitete, rief mich UNOMUR aus Uganda an. Meine Militärbeobachter meldeten, dass der niederländische Entwicklungshilfeminister über den Katuna-Grenzposten in die RPF-Zone und weiter nach Mulindi gereist sei, um dort über humanitäre Hilfe zu sprechen. Was sollte das denn? Ich bat ihn um ein Treffen in Kigali.

Im Hôtel des Diplomates gingen wir den üblichen Themenkatalog durch. Am Ende erklärte Bizimungu jedoch, er wolle am nächsten Tag wieder mit den Flüchtlingstransfers beginnen, und Bagosora behauptete, eine entsprechende Abmachung mit der Interahamwe getroffen zu haben. Dann traf Kouchner im Hotel ein und nahm kein Blatt vor den Mund. Obwohl er auf eigene Initiative in Ruanda war, predigte er wie ein Staatsmann, dass Frankreich und die Welt außer sich vor Ekel seien über das, was hier geschehe. Das Morden müsse aufhören. Die UNO stehe kurz davor, ein neues Mandat für UNAMIR zu billigen, und bezeichne die Katastrophe eindeutig als Völkermord, nicht als ethnischen Krieg. Er, Kouchner, würde dem UN-Generalsekretär selbst, der ihm persönlich seinen Besuch ermöglicht habe, von seiner Reise berichten. (Das erklärte, warum weder ich noch das DPKO von seinem Kommen gewusst hatten.) Bagosora und Bizimungu erhoben die üblichen Einwände, und nur Ndindiliyimana ließ sich schließlich zu der Äußerung hinreißen, dass sie das Morden stoppen müssten, dazu aber ein Waffenstillstand wesentliche Vorbedingung sei.

Kouchner unterbrach ihn. »Warten Sie nicht auf einen Waffenstillstand«, sagte er, »zeigen Sie guten Willen und ändern Sie das Stimmungsklima.« Zum Beispiel sollten sie ihm erlauben, Waisenkinder aus den von Milizen kontrollierten Gebieten zu holen und sie in Frankreich in Sicherheit zu bringen. Ich bewunderte seine Chuzpe und bot, trotz meiner inneren Vorbehalte, sofort die Hilfe von UNAMIR an, brauchte dazu aber feste Sicherheitsgarantien. Wenn ein solcher Versuch scheiterte, wäre das für die Kinder ein Desaster.

Am Ende des Treffens verpflichteten sich Bagosora und seine Kumpane darauf, bei der Evakuierung von Waisen zu helfen. Kouchner würde den Rettungskonvoi anführen, zusammen mit vielen Journalisten. Ich hasste Kouchners Argument, dass diese Aktion doch ein Public-Relations-Coup für die Interimsregierung sei. Ich mochte schon die Idee nicht, ruandische Kinder außer Landes zu bringen, aber die Vorstellung, dass die ganze Aktion den Extremisten ein besseres Image verschaffen könnte, machte mich krank. Wenn sich die Armee und die Interimsregierung jedoch auf diese Weise zu einem Waffenstillstand und einer Neutralitätsgarantie für den Flughafen bewegen ließen, war ich bereit, zu kooperieren. Kouchner war auf internationalem Parkett sehr erfahren und hatte viele solche Situationen erlebt. Aber von dem Hintersinn seines Manövers war am Vortag bei unserem ersten Treffen nicht die Rede gewesen. Kouchner hatte nicht alle seine Karten auf den Tisch gelegt, und ich nahm mir vor, in Zukunft sorgfältig auf seine Motive und Handlungen zu achten.

Da ich bis zu meinem nächsten Treffen mit den Führern der Interahamwe im Hotel noch etwas Zeit hatte, kümmerte ich mich zuerst um ein Problem am Krankenhaus des Roten Kreuzes, wo Milizionäre Hilfesuchenden den Weg versperrten. Der starke Dieselmotor meines Geländewagens heulte laut auf, als ich den Berg hinauffuhr, und ich traf mit einiger Geschwindigkeit am Tor ein. Meine Eskorte folgte dicht hinter mir, und als ich aus dem Fahrzeug sprang, rannten drei von ihnen sofort an meine Seite. Zwei weitere hielten auf ihren Toyota-Pritschenwagen die Mündungen ihrer Maschinengewehre direkt auf die Milizionäre gerichtet. Die Milizionäre taten frech, behielten aber meine Jungs genau im Auge. Ich ging auf denjenigen zu, der wie der Anführer aussah, und drohte ihm mit schweren Konsequenzen, falls er weiterhin den Eingang versperre oder das Gebäude betrete. Meine ghanaische Eskorte verstand zwar kein Wort Französisch, aber sie genoss den Augenblick und rückte vor, um die Schläger von der zuschauenden Menge zu trennen. Fast sofort wandelte sich die Atmosphäre völlig. Respektvoll erwiderten die Interahamwe-Milizionäre, dass sie hier nichts weiter unternehmen und das Gebiet verlassen würden. Nach ein paar Worten mit den Leuten vom Roten Kreuz am Tor fuhren wir zum Hotel zurück.

Als ich dieses Mal meine Pistole aus dem Halfter nahm, wie es bei solchen Treffen zur Etikette gehörte, zögerte ich, sicher lange genug, dass es auffiel, und ließ sie dann auf das Sofa fallen. Ich weiß nicht, wie die drei Interahamwe-Führer die Geste deuteten, aber ich kämpfte mit einem schrecklichen Zwang, sie auf der Stelle zu erschießen. Es war kein flüchtiger Impuls; ich musste mich bewusst zwingen, die Waffe herauszunehmen. Warum sie nicht erschießen? Wäre eine solche Tat nicht gerechtfertigt? Sie sprachen ihre Grußworte, dann ließ ich die Chance verstreichen. Bis heute verfolgt mich der Gedanke, dass ich in jenem Moment hätte schießen sollen.

Die drei Reiter der Apokalypse lächelten mich an, offenbar stolz auf die Tatsache, dass ich abermals gekommen war, um sie zu treffen. Kajuga, Mamiragaba und Nkezabera waren zuversichtlich und sauber gekleidet – keine Blutspritzer dieses Mal – und achteten sehr genau auf jede Nuance meiner Eröffnungsworte. Mir schien, Kajuga las mehr in meinen Augen, als dass er zuhörte, und suchte nach Anzeichen von Schwäche oder Zweifel. Ich sagte, dass ich mit allen Kräften in Ruanda zusammenarbeiten möchte, auch mit ihnen. Das zweite Mandat für UNAMIR sei eine Mission mit humanitärem Schwerpunkt, keine Interventionstruppe. Kajuga sicherte mir die Kooperation der Bewegung zu. Die Interahamwe versprach, fleißig auf das Ende der Massaker und die Rückkehr zum Frieden hinzuarbeiten. Ich sagte, die Flüchtlingstransfers würden in den nächsten Tagen wiederaufgenommen werden, und die Welt würde zusehen. Wir schieden so höflich, wie wir konnten.

Als ich zum Truppenhauptquartier zurückkam, erfuhr ich, dass Yaache und sein Team Kouchners Waisenrettung gestoppt hatten, weil die Interahamwe weiter Probleme machte. Sie behaupte, dass UNAMIR schlicht der RPF helfe, die Tutsi aus dem Gebiet der Regierungstruppen herauszuholen, um den Weg für einen Angriff freizumachen. Die Miliz hatte von Yaache meine Anwesenheit am Ort des Abtransports verlangt. Dann bestellte Bagosora Yaache zu sich, um zu erfahren, warum er den Flüchtlingstransfer abgebrochen habe, obwohl der doch so wichtig für das Ansehen der Regierung sei. Als Yaache ihm von der Unnachgiebigkeit der Miliz berichtete, entschuldigte sich Bagosora für die Probleme, die ihm die Interahamwe bereitete, und behauptete, davon nichts gewusst zu haben. Er versicherte Yaache, dass die Regierung voll und ganz hinter der Rettung der Waisenkinder stehe, und fragte, ob sich die Probleme innerhalb von 24 Stunden lösen ließen – offensichtlich wollte Bagosora die Sache über die Bühne bringen, bevor Kouchner mit all seinen Journalisten die Stadt verließ. Die Chance, mit dessen Hilfe ihren guten Willen zu demonstrieren, war für die Extremisten eine wichtige Gelegenheit, ihr Ansehen bei den Franzosen und vor der Welt zu heben – das wollte sich Bagosora nicht entgehen lassen.

*

Am Abend war ich so adrenalingeladen, dass ich mir noch einmal das Einsatzkonzept für das zweite UNAMIR-Mandat vornahm. Mit seinem üblichen Fleiß, für den ich immer dankbar war, blieb der Stab bei mir im Einsatzzentrum, um eine weitere Erwiderung und Beurteilung zuwege zu bringen. Die Interimsregierung, die Armee, die Gendarmerie und sogar die Interahamwe zeigten sich plötzlich kooperativ und sprachen mit einer Stimme, anscheinend unter Führung von Bagosora: Das musste bedeuten, dass etwas oder jemand die Strategie der Extremisten verändert hatte. War ihnen klar geworden, dass sich die RPF nicht mit der Hälfte des Landes begnügen würde? Zeigten sie sich deshalb den Forderungen der UNO und der internationalen Gemeinschaft aufgeschlossen, um Zeit zu schinden? Hatte Kouchners plötzliches Auftauchen eine Wirkung gehabt? Er stand der Regierung in Frankreich nahe, und vielleicht hatte Frankreich einen Plan *in petto*, von dem ich nichts wusste.

Ich musste die Aufstellung von UNAMIR 2 überdenken, da jeder verstreichende Tag mehr Veränderung und Chaos mit sich brachte. Ich musste wechselnde Stationierungsorte einplanen, in denen sich die wenigen Soldaten schneller sammeln ließen, sollte ich eine Chance bekommen, die Situation zu beeinflussen. Ich bat ein weiteres Mal um ein sechstes Bataillon; meine Vorgesetzten in der UNO sollten außerdem dezentrale Flugplätze und neue, sichere Logistikzentren erwägen. Schließlich ließ ich es gut sein. Ich erinnere mich, dass jemand eine Kiste Bier brachte und wir uns alle ein kühles Blondes genehmigten. Es war nicht das grässliche ruandische Primus. Sicher hatten es die Ghanaer besorgt; sie liebten ihr Bier und sorgten ab und zu für eine Notfalllieferung in einer der Herkules-Maschinen.

Ich ging zu Bett und betete für bessere Tage.

*

Der nächste Morgen war der 17. Mai. Unter Henrys Vorsitz fand die erste Sitzung zur Festlegung von Verfahrensstandards (Standing Operation Procedures) für die anvisierten Waffenstillstandsverhandlungen im Hôtel des Diplomates statt. Die Offiziersdelegation der Armee wurde von einem bekannten Hardliner angeführt; die RPF nahm nicht teil, weil sie angeblich noch keine Zeit zur Prüfung des vorgeschlagenen Verfahrens gehabt hatte. Der einzige Fortschritt bestand in Henrys Einsicht, das nächste Treffen besser in unserem Hauptquartier abzuhalten – auf relativ neutralem Boden. Am Morgen reiste auch

Kouchner ab, immer noch in der Zuversicht, in Ruanda etwas bewirkt zu haben, aber voller Ingrimm, dass die Evakuierung der Waisen gescheitert war. Ich war dankbar für seine Bemühungen und seinen Mut, uns zu Hilfe zu kommen.

Im Laufe des Tages erhielt ich ein wichtiges Telex von Kofi Annan selbst. Angehängt war in Kopie die am heutigen 17. Mai im fernen New York verabschiedete Resolution des Sicherheitsrates, von der unsere Zukunft abhing, einschließlich der von den USA in letzter Minute erzwungenen Änderungen. Annans Begleitschreiben verdeutlichte die Halbherzigkeit der Resolution. Noch am Morgen der Abschlussdebatte hatten die Amerikaner das DPKO aufgesucht; sie wollten laut Annan Klarstellungen zu »Wesen und Konzept des Einsatzes einer erweiterten UNAMIR, des Aufstellungszeitplans, der Verfügbarkeit von Truppen und der Zustimmung der Parteien. Auf der Grundlage dieser Diskussion«, berichtete Annan weiter, »schlugen die USA die beigefügten Änderungen vor.«* Maurice hatte die Fassung verloren und den USA erregt eine skrupellose Blockadepolitik vorgeworfen. Dennoch hatten die Amerikaner einige Änderungen erzwungen, wie Annans Schreiben erläuterte: »Bitte beachten Sie, dass laut Absatz 7 der Resolution die Vorbereitungen für die zweite Phase der erweiterten Operation zwar weitergehen, ihre Umsetzung jedoch nicht vollzogen wird, bevor der Sicherheitsrat nicht die Gelegenheit hatte, die Situation abermals zu prüfen und auf der Grundlage des Berichts des Generalsekretärs weitere möglicherweise erforderliche Entscheidungen zu treffen. Dieser Vorbehalt lässt die Möglichkeit einer Revision des Einsatzkonzeptes offen, über das, wie Sie wissen, die USA weiterhin Zweifel hegen.«

Die Resolution forderte unter anderem die Umgruppierung von annähernd 200 Militärbeobachtern aus Nairobi und die Verstärkung

* Einige US-Politiker waren voll und ganz für ein zweites UNAMIR-Mandat. Am 5. Mai riefen mich die Senatoren Paul Simon und Jim Jeffords in Kigali an und bekamen die Informationen aus erster Hand, die sie für einen Brief an das Weiße Haus brauchten. Darin forderten sie eine Änderung der Politik Washingtons im Hinblick auf Ruanda und UNAMIR. In den folgenden Monaten wurden diese Senatoren meine wichtigsten Verbündeten in der US-Politik, bis die Regierung Clinton durch die Medien und die Lobbyarbeit der Senatoren so sehr in Verlegenheit geriet, dass sie schließlich eine humanitäre Mission auf den Weg brachte. Diese Mission rettete Millionen von Leben – auch das der meisten Täter des Völkermords –, aber sie stand nicht den Opfern bei und kam zu spät, um dem Völkermord vorzubeugen oder ihn zu stoppen. Ich schulde Simon und Jeffords großen Dank, dass sie zumindest versucht haben, Ruanda ins Blickfeld des Weißen Hauses zu rücken.

des ghanaischen Bataillons auf volle Stärke inklusive der Panzerfahrzeuge. Das hieß, wir mussten diese Soldaten erst auf den Panzerfahrzeugen schulen, bevor wir sie endlich einsetzen konnten, was mehr als eine Woche in Anspruch nehmen würde. Und die Bataillone der zweiten Phase würde ich erst dann zu Gesicht bekommen, wenn der Sicherheitsrat die Beurteilung der ersten Phase abgeschlossen hatte. Wenn sich die westlichen Nationen weiterhin weigerten, gleich zu Beginn der zweiten Phase gut ausgerüstete Truppen mitsamt Fuhrpark zu entsenden, würde deren Aufstellung und Ausbildung bestenfalls zwei Monate, wenn nicht länger dauern. Diesem Zeitplan zufolge würden die Soldaten von Phase drei erst in drei oder vier Monaten aufgestellt werden. Dann allerdings bestünde kaum noch Bedarf an neuen Truppen, da die RPF wahrscheinlich bis dahin das Land überrannt und den Krieg gewonnen hätte.

Ich machte am Abend einen Rundgang durch das Hauptquartier und fragte mich, was ich mit diesem lahmen Mandat anfangen sollte. Ich würde meine Soldaten nicht bekommen. Sollte ich überhaupt den Versuch unternehmen, weiterzumachen? Ich listete in Gedanken alles auf, was uns entgegenstand. Die Armee und die Interimsregierung waren doppelzüngig und zeigten keinen echten Wunsch an einem Waffenstillstand oder der Beendigung der Massaker. Die RPF wollte die Krise allein lösen und UNAMIR auf den symbolischen Status eines bloßen Beobachters beschränken. Der Sicherheitsrat hatte uns unter dem dominanten Einfluss der USA abermals verkauft. Die Franzosen hielten sich im Hintergrund und schienen auf ihr Stichwort zu warten.

Ich beschloss, die Sache zu überschlafen und mich erst am nächsten Morgen zu entscheiden. Ich wollte nicht aufgeben, aber wie sollte ich mein Bleiben rechtfertigen?

KAPITEL 13

Buchhalter des Gemetzels

Am 17. Mai also verabschiedete der Sicherheitsrat die verwässerte Version meines Plans als Resolution 918, die offiziell UNAMIR 2 aus der Taufe hob. Die Resolution billigte zwar das Einsatzkonzept, die Truppenstruktur und die abgestufte Aufstellung innerhalb von 31 Tagen, blieb aber in allen wesentlichen Belangen vage. 5.500 Blauhelme sollten in Ruanda stationiert werden, aber ihre tatsächliche Bereitstellung hing von einem weiteren Bericht des Generalsekretärs ab, gestützt auf weitere Erkundungen von UN-Militärbeobachtern, wie es um die Kooperationsbereitschaft der Kriegsparteien bestellt sei. Kein exakter Zeitplan, keine Finanzierungsverpflichtungen, keine bindenden Vereinbarungen, welches Mitgliedsland überhaupt Truppen aufbieten werde. Vage war die Resolution auch im Hinblick auf den Völkermord und die Frage, welche Rolle UNAMIR bei dessen Beendigung spielen solle. Colin Keating gab später öffentlich zu: »Die USA haben diese Resolution entkernt.«

Dennoch war ich bereit, die Unbestimmtheit als Erlaubnis zu akzeptieren, meinen Plan durchzuführen, solange ich die verlangten Truppen erhielte – die Resolution autorisierte ja die sofortige Änderung des Mandats von UNAMIR und die rasche Aufstellung von 5.500 Mann. Nachdem mittlerweile ein Jahrzehnt vergangen ist, in dem ich jene Tage immer wieder minutiös durchlebt habe, bin ich heute immer noch sicher, dass ich den Wahnsinn hätte stoppen können, wenn man mir die Mittel dazu gegeben hätte.

Aber als die Tage verstrichen und keine Soldaten eintrafen, wurde klar, dass der Sicherheitsrat wieder eine Resolution verabschiedet hatte, die nicht wirklich die Absichten der Mitgliedsstaaten ausdrückte. Die meisten Nationen schienen zwar durchaus der Ansicht zu sein, dass etwas getan werden müsse, aber jede hatte offenbar einen Grund, das Handeln lieber einem anderen Land zu überlassen. Da saßen wir nun also, warteten auf die Erfüllung eines Versprechens und waren unterdessen zu Buchhaltern degradiert, die nicht mehr tun konnten, als die Zahl der Ermordeten zu verzeichnen, die jeden Tag den Schlächtern zum Opfer fielen.

Madeleine Albright, die ständige Vertreterin der USA bei der UNO, und Sir David Hannay, ihr britischer Kollege, hatten sich über Wochen hinweg geweigert, in den UN-Debatten den Begriff »Völkermord« zu benutzen, aber da ihre Vorbehalte nun von einer Flut von Tatsachenberichten aus Ruanda fortgespült worden waren, verfielen die USA auf das Argument, afrikanische Sicherheitsprobleme sollten auch von den afrikanischen Staaten gelöst werden. Etliche dieser Länder waren auch bereit, einen Beitrag zu leisten: Ghana, Äthiopien, Malawi, Senegal, Simbabwe, Tunesien, Nigeria, Sambia, Kongo, Mali und andere. Aber keines von ihnen verfügte über die logistische Fähigkeit, seine Truppen ohne Hilfe aufzustellen und zu unterhalten. Die Bürde der Truppenentsendung fiel schließlich auf Ghana, Äthiopien, Sambia, Indien, Kanada und Nigeria. Nur die Kanadier und, in geringerem Maße, die Inder konnten diese Bürde aus eigenen Kräften schultern. Keines der Länder, die schließlich vortraten, war in der Lage, UNAMIR jene massive Verstärkung zu geben, die der UNO in den Augen der Kriegsparteien wieder Glaubwürdigkeit verschafft hätte.

Die USA und Großbritannien sabotierten die Truppenaufstellung in Ruanda noch auf andere Weise. Ich war zum Beispiel seit langem in New York dafür eingetreten, den Hasssender RTLM zu schließen, da er als Instrument zur Aufhetzung zum Völkermord diente. Die UNO hatte nicht die Mittel, dessen Programm durch Störsender, einen direkten Luftschlag gegen die Sendestation oder verdeckte Operationen zu unterbinden, aber sie bat formell die USA um Hilfe, da die Amerikaner alle drei Optionen ausführen konnten. Das Pentagon befasste sich mit der Angelegenheit und entschied sich nach gehöriger Zeit wegen der Kosten – 8.500 Dollar pro Stunde für ein über Ruanda kreisendes Störflugzeug – und wegen rechtlicher Probleme dagegen. Nationale Sendefrequenzen sind nämlich Teil staatlicher Hoheitsrechte, daher stellt die Störung eines Landessenders nach internationalem Recht einen Bruch nationaler Souveränität dar. Dem Urteil des Pentagons zufolge ließen sich die Treibstoffkosten und die Verletzung der ruandischen Hoheitsrechte durch die schätzungsweise 8.000 bis 10.000 Ruander, die während des Genozids jeden Tag umgebracht wurden, nicht rechtfertigen. Die Zahl der Opfer, die Ende April auf 200.000 geschätzt wurde, erhöhte sich bis Ende Mai auf 500.000 und bis Ende Juni auf 800.000 Menschen.

Nach meiner Einschätzung brauchten wir 100 gepanzerte Truppentransporter, um am Boden effizient operieren zu können. Das DPKO trat an 44 Nationen heran, um den afrikanischen Entsendeländern Panzerfahrzeuge zu schenken, zu leihen oder zu leasen. Die USA mit ihrem gewaltigen, ungenutzten Arsenal aus dem Kalten Krieg rückten schließlich 50 heraus. Als sich die USA zu ihrem Angebot aufgerafft hatten, hörte das DPKO erleichtert auf, noch nach anderen Spendern zu suchen. Und dann begann die Blockade: Mitarbeiter des Pentagons sträubten sich dagegen, ihre Fahrzeuge nach Zentralafrika zu schicken; sie schienen es vorzuziehen, ihren Fuhrpark in deutschen Depots verrotten zu lassen. Sie löcherten das DPKO mit immer neuen Fragen, die die dortigen Mitarbeiter postwendend an mich weitergaben. Dann beschlossen die USA, dass die Panzerfahrzeuge der Mission nicht geschenkt, sondern von ihr geleast werden sollten und man nun über den Preis verhandeln müsse. Schließlich kamen sie auf eine Summe von vier Millionen Dollar und bestanden darauf, das Geld im Voraus einzustreichen. Und für den Lufttransport der Panzerfahrzeuge nach Kampala zu der ghanaischen Truppe, die dort erst auf ihnen geschult werden musste, forderten die USA weitere sechs Millionen Dollar, um die Kosten zu decken. Nachdem die Finanzierung gesichert war – was wiederum viel Zeit verschlang –, konnten die Panzerfahrzeuge nach Entebbe geflogen werden und trafen nach langen Verhandlungen mit der ugandischen Regierung schließlich ein – ohne Maschinengewehre, Funkgeräte, Werkzeug, Ersatzteile, Ausbildungshandbücher usw. Die USA lieferten tatsächlich Tonnen verrosteten Materials nach Uganda. Wir hatten keine Lastwagen, um die Panzerfahrzeuge nach Kigali zu bringen, und keine Fahrer, die sie bedienen konnten.

Die Briten, die sich von den Amerikanern nicht in den Schatten stellen lassen wollten, boten 50 Bedford-Lkw an – ebenfalls nur gegen eine beträchtliche, im Voraus zu begleichende Summe. Der Bedford ist ein Lastwagen aus den frühen Tagen des Kalten Krieges, der im Jahr 1994 nur noch für das Museum taugte. Als man mir dieses »äußerst großzügige« Angebot mitteilte, fragte ich sarkastisch: »Aber fahren tun sie doch noch, oder?«, worauf ich als Antwort zuerst Schweigen erntete, bis dann die Erwiderung folgte: »Ich überprüfe es und rufe Sie dann zurück.« Die Briten ließen später stillschweigend ihre Geldforderung fallen und lieferten einige Fahrzeuge, die eines nach dem anderen liegen blieben, bis keines mehr übrig war. Es gab noch viele weitere Transaktionen dieser Art, und sie beschränkten sich nicht auf die großen Mächte.

*

Während die UNO und die internationale Gemeinschaft sich nicht über das Schicksal von UNAMIR 2 einig wurden, gab es vor Ort Anzeichen, dass sich die Interimsregierung auf eine entschiedene Gegenoffensive in Kigali vorbereitete. Die Führer der Interahamwe hatten meinem Nachrichtenoffizier Amadou Deme mitgeteilt, sie hätten nach ausführlichen Gesprächen mit Bizimungu eine Vereinbarung mit der Armee getroffen, wonach die Milizen nachts nach Belieben schalten und walten könnten, tagsüber aber mit den Regierungstruppen bei Bedarf zusammenarbeiten sollten. Auf den Wink von Bizimungu hin erhielten die Milizen so freie Hand, den Genozid nach Einbruch der Dunkelheit weiterzuführen.

Abgesehen vom inneren Kern der Stadt, wo die Präsidentengarde noch den Ton angab, sahen wir an den Straßenbarrieren nun immer mehr Gendarmen, die mit der Interahamwe zusammenarbeiteten. Deme folgerte daraus, dass man die Entscheidung getroffen habe, alle Kräfte – Militär, Gendarmerie und Milizen – aufeinander abzustimmen, um mit der Gegenoffensive in der Stadt beginnen zu können. Eine beträchtliche Anzahl von Regierungssoldaten befand sich immer noch in Kigali: Die Armee hatte sieben Bataillone – 4.000 Mann –, daneben die Fallschirmjägerkommandos, die Artillerie, das Bataillon der Militärpolizei und das Aufklärungsbataillon. Sie waren die bestausgebildeten Soldaten der Armee und verfügten über schwere Waffensysteme.

Deme hatte von den Führern der Interahamwe auch erfahren, dass die Milizen nun in zwei Fraktionen gespalten waren. Die mit der CDR verbundenen Impuzamugambi (»die von einem einzigen Ziel Beseelten«), ließen bei den Tutsi keine Gnade walten. Die Interahamwe, repräsentiert durch die drei jungen Männer, mit denen ich mich getroffen hatte, beschrieben sich selbst dagegen als legitime dritte Kraft, welche »die Lage sorgsamer bedenkt«. Die drei räumten auch ein, dass es um die Chancen für unsere Flüchtlingstransfers sehr schlecht stehe, weil sie nicht garantieren könnten, dass die Impuzamugambi irgendeine von der Interahamwe getroffene Abmachung einhalten würden. Selbst wenn Bagosora sage, die Transfers würden klappen, könnten sie dies nicht versprechen. Sie rieten UNAMIR, nicht mit der Regierung oder dem Militär zu verhandeln, weil sie von ihnen nicht die wahre Antwort bekämen. »Kooperieren Sie mit dem Volk«, sagten sie Deme, »und meiden Sie Politiker und die Führer des Militärs, denn die erzählen nur Lügen.« Der Bericht meines Nachrichtenoffiziers erschien mir sehr glaubwürdig. Er bestätigte mir, dass es aus Sicht der Machthaber einen letzten, verzweifelten Versuch geben würde, Kigali zu retten, und dass die Interahamwe in alle Pläne miteinbezogen war. Die Aushandlung eines Waffenstillstands erwies sich dadurch als zweitrangig: Wir würden sehen, wie diese Hunde weiterkämpften, selbst wenn sie am Verhandlungstisch freundlich mit dem Schwanz wedelten. Die Beendigung des Mordens musste das vorrangige Ziel des zweiten Mandats von UNAMIR sein.

Deme hatte auch Neuigkeiten über die andere Seite. Die RPF rekrutierte hinter ihren Linien massiv Tutsi. Nach der Grundausbildung wurden diese Männer als Sicherheitskräfte in den bereits eroberten Gebieten postiert. Unsere Militärbeobachter begegneten diesen Soldaten zunehmend hinter den RPF-Linien und stellten fest, dass einige von ihnen nur einen Suaheli-Dialekt sprachen, was bedeutete, dass sie aus der ugandischen Diaspora kamen. Wir erhielten weiterhin Berichte von Massakern an Hutu, die als staatliche Repräsentanten oder Staatsbedienstete tätig gewesen waren und nun mitsamt ihren Familien umgebracht wurden. Diese Massaker wurden vor allem in den Gebieten von Byumba und Ngarama verübt. Deme berichtete auch von vielen Hutu-Waisen in Byumba, die Kouchner besucht hatte. Bemerkenswerterweise schränkte die RPF die Bewegungsfreiheit unserer Militärbeobachter nun streng ein. »Es hat sich erwiesen«, so die letzte Zeile von Demes Bericht, »dass die uns auferlegten Beschränkungen ihre Aktivitäten [d. h. die der RPF] verbergen sollen, besonders Massaker.«

Den Mai hindurch verfolgte die RPF ihre Umzingelungsstrategie gegen Kigali weiter, um die Armee zu strangulieren. Sie rückte von Norden und Osten und in einem großen südlichen Haken vor, mit dem sie am 16. Mai die Straße zwischen Kigali und der großen Armeegarnison abschnitt und die Verbindung nach Gitarama unterbrach, wo die Interimsregierung saß. Damit hatte die RPF den Kopf vom Rumpf getrennt und große Wirkung erzielt. Moral und Disziplin der

Regierungstruppen schwanden zunehmend: Schon das Auftauchen von RPF-Patrouillen an ihren Flanken oder in ihrem Rücken führte dazu, dass sie sich auf breiter Front absetzten. Rückzüge führen zu Defätismus und unweigerlich zum Zusammenbruch der Disziplin; wir erhielten immer mehr Berichte, dass sich Regierungstruppen am Völkermord beteiligten, plünderten, desertierten und meuterten. Dieser Prozess beschleunigte sich, als die Armee Massenrekrutierungen und Aushebungskampagnen durchführte, die Rekruten drei oder vier Tage ausbildete und dann gegen die kampferprobte, gut ausgebildete RPF in die Schlacht warf, was nur zu einer unvermeidlichen Niederlage und einer weiteren Verschlechterung von Moral und Disziplin führte. In Gitarama wurden die Militärbeobachter, die ich schließlich mit Zustimmung der Armee als Verbindungsoffiziere dorthin entsandt hatte, häufig von betrunkenen und demoralisierten Soldaten bedroht.

*

Um diese Zeit herum fand ich heraus, dass Mamadou Kane, Booh-Boohs Chefberater und Auserwählter, ein Panzerfahrzeug requiriert hatte, um sich direkt mit dem Stab der Armee zu treffen. Ich hatte keine Ahnung, was er zu erreichen hoffte, wenn er allein mit Bizimungu sprach, da wir ihn gewöhnlich zusammen aufsuchten. Als ich ihn darauf ansprach, leugnete er, überhaupt hingefahren zu sein.

Der Druck auf uns alle war ungeheuer. Die Kämpfe um den Flughafen, wo Regierungstruppen und RPF aufeinander und auf alles andere schossen, was sich bewegte, schränkte die Herkules-Flüge ein, was zu einem drastischen Einbruch unserer Notversorgung führte. Wir hatten wenig Verpflegung, wenig Medikamente, dafür umso mehr Stress, was die Willenskraft und Einsatzbereitschaft meiner Soldaten aufzehrte. Täglich sah ich, wie der Pegel des Krankenstandes anschwoll, immer mehr Soldaten litten besonders an Malaria. Es ist kaum zu beschreiben, wie widerwärtig das alltägliche Leben sein konnte. So hatten die leichenfressenden Hunde, die wir erschossen, wo wir sie sahen, nun keine Hemmungen mehr, auch die Lebenden anzufallen. Eines Tages, als ich durch Kigali fuhr, sprang während der Fahrt ein Hund an mein Seitenfenster. Wäre das Fenster nicht oben gewesen, hätte mir das Tier den Arm abgerissen. Ein andermal sahen mehrere Offiziere bei einer kurzen Kaffeepause einen seltsam aussehenden Hund auf dem Gelände unseres Hauptquartiers, dann fiel ihnen auf, dass es eine Ratte war, groß wie ein Terrier. Einer der Offiziere, er stammte aus Ghana, kannte Derartiges von den Naturkatastrophen in seiner Heimat: Die Ratten nährten sich von einem unerschöpflichen Vorrat an menschlichem Fleisch und wuchsen zu unglaublicher Größe heran.

Uns war das Wasser komplett ausgegangen, und innerhalb des Landes war kein Nachschub aufzutreiben. Ich rief den neuen Verwaltungschef in Nairobi an, Allay Golo aus dem Tschad, und wollte von ihm wissen, warum es kein Wasser gab.* Golo, ein Karrierefunktionär der UN-Zivilverwaltung, erwiderte, dass er sich an die UN-Bestimmungen halten müsse. Obwohl wir seit Tagen kein Wasser hatten, musste er erst konkurrierende Angebote einholen und dann die besten drei prüfen. Unser Mindestbedarf für die nächste Zeit lag bei einer Million Liter, aber um so viel zu beschaffen, brauchte man Wochen, und wir hatten nicht einmal Tage. Ich sagte ihm, dass uns selbst 20.000 Liter über die Runden bringen würden, aber er bestand auf der Befolgung der Vorschriften. Ich konnte nicht warten und ließ deshalb von UNOMUR Wasser aus Uganda bringen. Trotzdem mussten wir alle, auch die Menschen, die wir beschützten, zwei Tage ohne Wasser ausharren.

RTLM verschärfte die persönlichen Angriffe auf mich. Ich wusste bereits, dass die »dritte Kraft« Todesdrohungen gegen mich ausgesprochen hatte. Ans Licht der Öffentlichkeit gelangte diese Feindseligkeit jedoch, wie ich glaube, wegen meiner fortgesetzten Bemühungen, sicheres Geleit für Tutsi auszuhandeln, die hinter den Linien der Armee gefangen saßen – verbunden mit der Lüge, dass ich ein Komplott schmiede, um Waisen aus Ruanda herauszubringen. Es schien die Hetzer nicht zu kümmern, dass ich auch versuchte, Hutu in die andere Richtung zu retten. Am 18. Mai brachte RTLM einen Propagandabericht gegen das angebliche Vorhaben der Kanadier, auf Betreiben der RPF Waisen außer Landes zu bringen, um die extremistische Regierung in ein schlechtes Licht zu rücken. Der Sender behauptete, Kouchner und ich seien Teil einer Kabale, um Tutsi-Flüchtlinge aus den Hotels Mille Collines und Meridien zu befreien, wobei er außer Acht ließ, dass die meisten Leute im Meridien Hutu waren. Der Sender empfahl die übliche »Aussonderung«: »Wir sind nicht gegen das Prinzip, diese Flüchtlinge freizulassen, aber wir müssen zuerst die RPF-

* Christine de Liso, unsere geschäftsführende Verwaltungsleiterin, war Anfang Mai abgelöst worden. Sie ist ein wunderbarer Mensch und hatte trotz der gewaltigen Beschränkungen, die ihr die Abteilung für Feldeinsätze auferlegte, alles Menschenmögliche versucht, um UNAMIR zu helfen.

Sympathisanten unter ihnen, die nicht entkommen dürfen, aussondern.« Die Extremisten waren außerdem darüber aufgebracht, dass Kanada auf eine Untersuchung des Völkermords durch die UN-Menschenrechtskommission drängte.

Inmitten dieser Lage – direkte Angriffe der Hasspropaganda gegen uns, Wassermangel und wenig Verpflegung, das unerbittliche Morden um uns herum, die Aufrüstung beider Seiten, die eindeutigen Vorzeichen einer militärischen Eskalation des Krieges – schickte mir Iqbal Riza am 20. Mai die Nachricht, dass er und Maurice Baril in drei Tagen nach Kigali zu ihrem ersten Besuch von UNAMIR kommen wollten. Ihr erklärtes Ziel war, wie Riza schrieb, nicht politischer, sondern humanitärer Natur, um das neue Mandat zu erläutern und die Waffenstillstandsverhandlungen voranzubringen. So musste ich also nun dringend und vorrangig eine zwei- bis dreitägige Waffenruhe aushandeln, damit Riza und Baril nicht in meiner Gesellschaft erschossen würden.

*

Am 21. Mai wurden die Drohungen noch persönlicher. Das war der Tag, an dem RTLM zum ersten Mal seine Zuhörer aufrief: »Tötet Dallaire!«, und mich als den weißen Mann mit dem Schnurrbart beschrieb. Wenn man mich sähe, so der Sender, solle man mich aufhalten und sofort umbringen. Von diesem Moment an wurde ich zum Ziel eines jeden Hutu mit Machete. Ich wusste, wie sehr sich damit die Gefahr für mich erhöhte, aber die Drohung bedeutete auch, dass alle meine weißen Militärbeobachter gefährdet waren, besonders die Schnurrbartträger unter ihnen. Ich zog sie sofort vom Außeneinsatz ab, trotzdem kamen einige von ihnen an den Straßensperren nur knapp mit dem Leben davon. Wenn ich sie erneut losschickte, war ihr Risiko, getötet zu werden, nun noch weit größer.

Die RPF warnte mich, sie habe einen Funkspruch zwischen Bizimungu und seinem Einsatzleiter abgefangen, in dem der Armeestabschef dem Offizier »den Befehl erteilte, Dallaire zu beseitigen«. Ich hatte keine Möglichkeit, die Meldung zu überprüfen, und unternahm in Ermangelung stichhaltiger Beweise nichts in der Sache. Außerdem war mit der Mordaufforderung im Radio der Schaden bereits angerichtet.

Was immer die Belastung war, unter der Mamadou Kane in dieser Zeit stand, eines Nachmittags brach er unter ihr zusammen. Ich befand mich in meinem Büro, als ich Schreie und laute Schritte vom Flur über mir hörte. Kane war, anscheinend vor Angst, durchgedreht und hatte sich in einem seiner Zimmer verbarrikadiert. Seine Kollegen von der politischen Abteilung mussten die Tür aufbrechen, und einer von ihnen, der großgewachsene Beadengar Dessande, musste bei ihm bleiben, um ihn physisch im Zaum zu halten. Am nächsten Morgen flogen wir Kane nach Nairobi aus, wo sein Kollaps behandelt wurde.

Am Tag, als die Todesdrohung gegen mich über den Äther ging, kam unser Hauptquartier unter anhaltenden Artilleriebeschuss. Einige unserer Soldaten wurden verletzt, Fahrzeuge zerstört, Fenster zerbarsten, das ganze Gebäude war mit Glassplittern übersät, auch das Einsatzzentrum beschädigt. Unsere Krateranalyse erbrachte, dass der Angriff von den Regierungstruppen in der Kanombe-Garnison gekommen war.

Es schien wie ein weiterer endloser Marathon. Vor dem Angriff hatte ich mich im Hôtel des Diplomates mit dem Gendarmeriechef Ndindiliyimana getroffen, der nach längerer Abwesenheit vor ein paar Tagen bei einer politischen Sitzung in Gitarama wieder aufgetaucht war. Er war an mich herangetreten, um sich mit mir allein in Kigali zu treffen. Und so setzten Ndindiliyimana und ich uns zusammen, vorgeblich, um einige Probleme mit der Gendarmerie bei der Durchführung der Flüchtlingstransfers zwischen den Linien zu lösen. Er schien sich furchtbar unwohl zu fühlen, war aber entschlossen, sich auszusprechen. Er warnte mich vor dem Präfekten von Kigali, dem man nicht trauen könne, und vertraute mir an, dass Bizimana, der Verteidigungsminister, angesichts der Fehlschläge auf dem Schlachtfeld, des Verlustes seiner Besitzungen in Byumba und des Todes seiner dortigen Angehörigen ganz und gar niedergeschmettert sei. Die moderate Fraktion in der Armee – darunter Gatsinzi, der Leiter der Militärakademie, und Rusatira, der ehemalige Stabschef – gewinne an Stärke, doch er konnte mir nichts Genaueres sagen, außer, dass die meisten ihrer Mitglieder Kigali verlassen hätten und sich nun im Süden aufhielten. (Später fand Deme heraus, dass Gatsinzi dem Oberkommando vorgeschlagen hatte, die Regierungstruppen sollten sich nach Südruanda zurückziehen, woraufhin ihn seine eigenen Soldaten mit dem Tod bedroht und er sich schleunigst abgesetzt hatte.)

Das Treffen mit Ndindiliyimana dauerte fast eine Stunde, wobei er es war, der die meiste Zeit sprach. Vertraulich erzählte er mir, dass er zum Beschützer vieler Menschen in und um Butare geworden sei. Viele Leute würden sich unter den Böden, hinter den Wänden und sogar in den Latrinen ihrer Häuser verstecken und nun an Hunger, Durst und

Krankheiten sterben, weil wir nicht zu ihnen durchkämen. Sein politisches Credo: Um das Land in Frieden regieren zu können, sei es notwendig, eine Kraft oder eine Bewegung zu schaffen, die weder von der Volkszugehörigkeit noch vom Militär beherrscht würde. Abschließend wartete Ndindiliyimana noch mit einer Empfehlung auf. Er sagte, dass die Straßensperren verschwinden würden, wenn ich Gewalt androhte. Die örtlichen Schläger würden die Barrikaden verlassen, wenn sie sich klarmachten, dass sie große Gefahr liefen, von einer verstärkten und entschlosseneren UNAMIR-Truppe mit neuem Mandat angegriffen zu werden. Auch die Hardliner würden sich zurückziehen und sich nicht so rasch neu formieren können.

Ich nahm seine Worte mit einem gehörigen Schuss Skepsis auf, obwohl er doch im Wesentlichen meine Argumente für ein gestärktes, neues UNAMIR-Mandat stützte. Wenn er jetzt wirklich offen zu mir war, dann fand ich es beklagenswert, dass er nie angeboten hatte, die Führung der Moderaten zu übernehmen. Mit Unterstützung von Kagame oder sogar nur von uns hätte es vielleicht gelingen können, eine weitere Front zu eröffnen und die Selbstgewissheit der Extremisten zu erschüttern, dass sie für alle Hutu handelten. Die Unfähigkeit der Gemäßigten und ihr Mangel an Mut und Engagement sollte sie nach dem Sieg der RPF noch teuer zu stehen kommen. Als wir uns verabschiedeten, wirkte Ndindiliyimana wie ein Mann, der gerade zur Beichte gegangen war, aber keine Absolution erhalten hatte.

Ein paar Stunden später musste ich zum selben Hotel zurückkehren, um mich mit Bizimungu zu treffen. Wegen der nun offen ausgesprochenen Todesdrohungen fuhr ich gewöhnlich in den langsamen, wenig verlässlichen Panzerfahrzeugen durch die Stadt. Die Tunesier hatten Wunder bewirkt, um sie fahrtüchtig zu halten, und die Motoren und andere notwendige Teile mit Drähten und sogar Stofflappen zusammengeflickt. Sie versicherten mir, dass die Hauptwaffe, das schwere Maschinengewehr, funktioniere und sie auch wüssten, wie man es bedient. Sie zögerten nie, die Waffe auf jemanden zu richten, der eine Straßensperre kontrollierte, zielten dabei auf seinen Brustkasten und folgten ihm mit dem Lauf, wo immer er sich hinbewegte. Das reichte, um viele dieser Gangster der so genannten Selbstverteidigungskräfte einzuschüchtern.

Als Hauptmann Diagne (dem die Rettung der Kinder von Madame Agathe zu verdanken ist) und ich am Hotel ankamen und aus unserem Panzerfahrzeug stiegen, standen uns über 60 Milizionäre in Schützengräben und Unterständen gegenüber, in denen massenhaft schwere Waffen postiert waren, darunter Panzerabwehrraketen. Mein freundliches »Guten Tag« hellte ihre finsteren Mienen nicht auf, doch sie ließen uns immerhin durch. In der Lobby schaute ich mich um und sah Bagosora zu meiner Rechten mit einem Offizier sprechen, den ich nicht kannte. Als er mich erblickte, stürzte Bagosora auf mich zu, brach in eine Tirade aus und machte mich für das Scheitern der Waisenevakuierung verantwortlich. Vor Feindseligkeit spastisch zuckend, beschuldigte er mich, Zeit zu schinden, um ihn und seine Interimsregierung in den Augen der Welt in ein schlechtes Licht zu rücken. Er verlangte zu wissen, warum ich die Transfers »absichtlich« verhindere. Irgendwann musste er Atem holen, und da fiel ich ihm ins Wort: Ich sei nicht ganz überzeugt, dass der radikale Flügel der Milizen mit dem Waisentransfer einverstanden sei. Obwohl sein Gesicht nur etwa einen halben Meter von meinem entfernt war, brüllte er seine Antwort heraus: Er habe sichergestellt, schrie er, dass die wahren Führer der Milizen anwesend waren, als wir den Transfer vereinbarten, und sie hätten vor seinen Augen ihr Wort gegeben, die Aktion zu unterstützen – so viel dazu. Er stampfte davon. Ich hatte ihn schon zuvor wütend gesehen, aber nun war er fast völlig ausgerastet. Ich fragte mich, was ihm wirklich zusetzte.

*

Trotz allem schlief ich in der Nacht des 21. Mai ziemlich gut. Vielleicht war ich irgendwie erleichtert, dass der Mordaufruf gegen mich nun offen heraus war. Ich hatte mich bei Bizimungu und dem Verteidigungsminister über die massive Bombardierung unseres Hauptquartiers beschwert und war mit ihnen am nächsten Tag erneut verabredet, um über die dreitägige Waffenruhe im Hinblick auf die Sicherheit von Riza und Baril zu verhandeln. Dabei sollte mir dann Bizimungu persönlich erklären, was sich seine Truppe davon versprach, UNAMIR zu bombardieren.

Phil Lancaster weckte mich um etwa 6.15 Uhr mit einem Bericht von den Militärbeobachtern am Flughafen: In der Nacht hatten die Regierungstruppen ihre Positionen dort und in der Kanombe-Garnison vollständig aufgegeben. Sie hatten sich durch eine Lücke im Einkesselungsring, den die RPF um das Lager gezogen hatte, davongemacht. Ich fragte ihn, ob es in der Nacht oder am frühen Morgen nennenswerte Kämpfe in Kigali gegeben habe, da die RPF ihrem Feind gerne

Schlupflöcher ließ, um ihn dann offen zu attackieren oder auf der Flucht zu überfallen. Phil verneinte; allerdings habe Tiko die Meldung eines Militärbeobachters weitergegeben, der Artilleriegeschütze im Westteil der Stadt gesichtet hatte.

Ich beschloss, zum Flugplatz zu fahren. Ich musste sicherstellen, unsere Positionen dort zu halten, da mein schneller Aufstellungsplan für UNAMIR 2 darauf beruhte, dass der Flughafen von Kigali offen war und unserem Kommando unterstand. Ich brauchte eine Viertelstunde dorthin, rasch vorbei an Straßensperren, die am Vortag noch von Milizen und Regierungssoldaten, nun jedoch von der RPF besetzt waren. Als ich ankam, stieg die Morgensonne hinter dem Dunst, der sich langsam über das Plateau des Flughafens hob, gerade über den Horizont.

Oberstleutnant Joe Adinkra stand mit einigen seiner Soldaten vor dem Hauptgebäude, wo sie die Lage erörterten. Wir sprachen über den geschickten Rückzug der Regierungstruppen und die Notwendigkeit, unsere gegenwärtigen Positionen zu halten. Überraschenderweise war die RPF nirgends zu sehen; ich nahm an, dass sie sich vielleicht zunächst auf die Kanombe-Garnison konzentrierte. Unsere Logistik- und Infanteriekompanie in ihren Positionen jenseits der Piste waren gefechtsbereit. Ich fuhr direkt zum alten Kontrollturm und blickte über das Flugfeld hinweg. Die Kanombe-Garnison war nicht zu sehen – sie lag unterhalb des Plateaus am Ende der Rollbahn. Funkberichte bestätigten, dass sich das Artillerie- und das Aufklärungsbataillon der Armee tatsächlich am Westrand der Stadt sammelten, doch die Lage hier war nervenaufreibend ruhig. Ich war schon zurück bei meinem Fahrzeug am Fuß des Towers und gab Anweisungen für den Morgenappell, als einer der Militärbeobachter mir zurief, dass am Ende der Rollbahn Menschen herumliefen – oder waren es Geister?

Ich rannte auf den Verteidigungserdwall in der Nähe und blickte nach Osten, und da waren sie: dünne, schwarze Silhouetten, die sich aus dem Boden und dem Morgendunst zu erheben schienen, während sie, die Sonne im Rücken, wie Illustrationen aus *Don Quijote* über den Plateaurand stiegen. Oberstleutnant Adinkra brach den Zauber: »Was sind das für Wesen?« Ich sprang in mein Auto und eilte, gefolgt von ein paar Geländewagen mit Militärbeobachtern, die Landebahn hinunter, immer wieder Schrapnellsplittern ausweichend, um mir keinen platten Reifen einzuhandeln. Die Hunderte von schwankenden Silhouetten nahmen deutlichere Formen an, als wir näher kamen. Wir erkannten einen Trupp Regierungssoldaten, einige mit den Gewehren über ihren Köpfen, andere, die ihre Frauen und Kinder an der Hand führten, alle mit geneigten Köpfen. Begleitet wurden sie von Hutu-Zilivisten, die man zurückgelassen hatte, als der Großteil der Armee aus der Kanombe-Garnison abgerückt war. Als mich ihr erster Offizier erreichte, erklärte er in makellosem Französisch, dass sie der Überrest des Regierungsbataillons aus der Kanombe-Garnison seien und sich mir und UNAMIR ergeben wollten. Der Major drückte die Hoffnung aus, seine Männer und ihre Familien würden als Kriegsgefangene behandelt. Weitere meiner ghanaischen Soldaten trafen nun ein, nahmen ihnen sehr schnell die Waffen ab und eskortierten sie zu einem Areal in der Nähe des Hauptterminals.

Ich hatte ein Problem. Diese Soldaten und Zivilisten – fast 800 Männer und ihre Familien – hatten sich gerade einer neutralen Partei ergeben. Technisch konnten wir die Soldaten nicht gegen ihren Feind verteidigen, aber wir mussten es unbedingt versuchen, weil sie nach meiner Einschätzung eine gute Chance hatten, von rachedurstigen RPF-Soldaten abgeschlachtet zu werden. Ich wies Adinkra an, sie gut zu schützen und sie vom Bataillonsarzt untersuchen zu lassen, da einige von ihnen schwer verwundet waren. Er und seine Ghanaer sollten sie zählen, ihre Namen aufnehmen und weitere Befehle abwarten. Sie sollten der RPF unter keinen Umständen erlauben, diese Leute mitzunehmen. Die neuen Einsatzregeln von UNAMIR 2 sollten ohne Zögern angewandt werden.

Als ich gerade den Flughafen verließ, rollten auch schon RPF-Patrouillen an. Ich war mir über den Status der Gefangenen nicht sicher, aber ich war entschlossen, sie der RPF nicht kampflos zu überlassen. Henry erinnerte mich an die Genfer Konvention, nach der Kriegsgefangene unter die Obhut des Roten Kreuzes gestellt werden können. Später fuhr dessen Delegierter Philippe Gaillard mit einem Team zum Flughafen, registrierte sie offiziell und kümmerte sich um ihre medizinische Versorgung und ihr leibliches Wohl. Es dauerte mehrere Wochen, in denen wir den Drohungen und der Drangsalierung durch die RPF widerstehen mussten, aber am Ende kamen die Soldaten und ihre Familien formell unter die Obhut des Roten Kreuzes und wurden dann doch Kagames Truppe übergeben, als Gaillard den Eindruck gewonnen hatte, dass die RPF nun die internationalen Abkommen einhalten würde.

*

Am 22. Mai hielten Yaache und sein humanitäres Team ein wichtiges Treffen mit Bagosora und der Interahamwe im Hôtel des Diplomates ab, um den Austausch der Flüchtlinge zu besprechen. Die Sitzung wurde auf Video aufgezeichnet und ist ein definitiver Beweis, dass Bagosora die völkermordende Miliz kontrollierte (so gut es überhaupt jemand konnte). Ich war mir zunehmend sicher, dass er noch eine andere Karte im Ärmel hatte, konnte mir aber noch nicht vorstellen, wie er die Transfers zu seinem Vorteil nutzen wollte.

Am selben Tag tischte mir Bizimungu die Erklärung auf, er habe sich vom Flughafen zurückgezogen, um ihn uns als neutrales Territorium zu überlassen. Natürlich hatte er uns nie etwas von einem geplanten Rückzug gesagt. Da die RPF sofort eingerückt war, brandmarkte RTLM die Ereignisse am Flughafen als einen weiteren UNAMIR-Skandal – wir sollten es nun gewesen sein, die dem Feind den Flughafen ausgehändigt hatten. Ich wies Bizimungu wegen des neuerlichen Artillerieangriffs auf unser Hauptquartier zurecht, doch er beteuerte, einen solchen Angriff nie befohlen zu haben.

Ich musste einen anderen Flughafen finden, da ich der RPF nicht traute, meine Operationen zu respektieren. Kagames Truppe würde nun auf dem Flughafen das Sagen haben, und wir hatten die Erfahrung gemacht, dass sie sehr unkooperativ und eigenwillig war, wenn sie eine Situation beherrschen wollte. Meine Optionen für eine neue Luftbasis waren Bujumbura, Entebbe oder Goma, was bedeutete, dass ich Verhandlungen mit den Regierungen von Burundi, Uganda und Zaire aufnehmen musste. Das waren nicht die besten Aussichten. Einen Luftstützpunkt an einem dieser drei Orte aufzubauen würde bedeuten, dass alle meine eintreffenden Soldaten und der gesamte Nachschub noch eine beträchtliche Entfernung über Land zurücklegen müssten.

Da stand ich nun und erwartete Riza und Maurice am nächsten Morgen. Die RPF wollte auf der direkten Route, der Straße von Kabale nach Kigali, kein sicheres Geleit gewähren. Stattdessen mussten wir die beiden über einen langen Umweg durch den Nordosten Ruandas hereinbringen. Für die RPF wäre es, wenn sie denn nur gewollt hätte, ein Leichtes gewesen, die Straße zu öffnen. Ich kaufte ihr das Argument nicht ab, dass sie für eine sichere Passage zu sehr von Regierungstruppen belagert sei. Immerhin hatte der Umweg etwas Gutes, würde er Riza und Maurice doch im Schneckentempo durch von Massakern verwüstete Gebiete führen.

Am Abend fühlte ich mich zur Abwechslung mal nicht allein. Ich freute mich darauf, Maurice zu sehen. Ich hoffte, dass Riza, ein Diplomat mit der Fähigkeit, die Sachen auf den Punkt zu bringen, die Verhandlungen ein bisschen vorantreiben könnte. Mir war die magische Munition ausgegangen; jede Art von Zauber, den die beiden bewirken konnten, war mir willkommen.

*

Als Maurice und Riza am nächsten Tag im Hauptquartier eintrafen, war ich überglücklich, sie zu sehen. Der Völkermord wütete nun seit fast sieben Wochen, und zum ersten Mal hatte ich das Gefühl, meinen wirr durcheinander wirbelnden Emotionen freien Lauf lassen zu können. Als Kommandeur kann man sich gegenüber den Untergebenen einfach keine Luft machen; mit der Ankunft von Maurice hatte ich dagegen einen Gleichrangigen vor mir, dem ich mich anvertrauen konnte. Auch Riza, von Natur aus förmlicher, war ein willkommener Kollege. In gewisser Weise zeigten sie sich von den Szenen auf ihrer Fahrt durchs Land nicht schockiert. Die beiden Abgesandten aus New York leiteten noch 16 andere Missionen. Sie waren während der übelsten Gemetzel und des schlimmsten Hungers in Somalia gewesen. Sie hatten Kambodscha, Mittelamerika, das ehemalige Jugoslawien besucht. Bis zu einem gewissen Grad waren sie gegen das Grauen gefeit, hatten Erfahrung damit. Sie waren keine Ahnungslosen, wie ich einer gewesen war.

Wir hießen sie so gut es ging willkommen, luden zum Abendessen mit schrecklichen Demobilisierungsrationen: Dosenwürstchen, Sardinen und Bohnen. In den folgenden beiden Tagen, am 24. und 25. Mai, verbrachte ich die ganze Zeit mit ihnen. Als ich lernte, mit ihren Augen auf die Stadt zu blicken, fiel mir auf, dass Kigali eine Geisterstadt geworden war. Bestenfalls lebten noch 20.000 oder 30.000 Menschen dort, zusammengedrängt in den übelsten Elendsvierteln. Niemand kam in die Stadt und niemand entkam ihr noch. Um uns herum sah man weniger verbrannte Erde als vielmehr verbrannte Menschen. Die RPF eroberte ein leeres Land und führte ihre eigenen Zwangsmaßnahmen an allen Feinden durch, die hinter ihren Linien gestrandet waren. Bizimungu drückte es so aus: »Sie mögen das Land gewinnen, aber nicht das Volk.«

Doch das Morden in Kigali ging weiter. Menschen, die sich so lange versteckt hatten, versuchten zur RPF zu fliehen, die nun bereits am

Flughafen stand. Die Interahamwe und die Präsidentengarde durchstreiften die Straßen und gaben sich als RPF-Patrouillen aus. Die Menschen, die bei ihnen Schutz suchen wollten, wurden stattdessen ermordet. Das Vorrücken der RPF stachelte die Extremisten an, sich wieder in bestialischer Weise ans Werk zu machen.

Der Vormarsch der RPF trieb die Bevölkerung außerdem nach Westen, was zu einer neuen humanitären Flüchtlings- und Vertriebenenkatastrophe führte. Hutu, zu Tode geängstigt durch Schilderungen von RPF-Gräueltaten im Hassradio, zogen den sich zurückziehenden Regierungstruppen voran – gewaltige Massen, mindestens zwei Millionen. Wenn sie weiter in den Westen auf zairisches Gebiet zögen – durch Gisenyi nach Goma im Norden und durch Cyangugu nach Bukavu im Süden –, dann würde es ein völliges Desaster geben. Diese Regionen waren zerklüftet, gefährlich, unfreundlich, verarmt. Im Nordosten, wo Kagame das Land sicherte, begannen Mitglieder der Tutsi-Diaspora zurückzukehren, das Ackerland zu übernehmen, sogar eine neue Saat aufs Feld zu bringen. Es war ein sehr komplexes humanitäres Problem. So etwas wie ein isoliertes Ereignis gab es nicht; jedes Ereignis, noch das kleinste, hatte Auswirkungen auf die eine oder andere Seite.

Ich musste Riza und Maurice bewusst machen, wie verwundbar der Flughafen von Kigali und meine gebeutelte Truppe dort waren. Sie sollten mich unterstützen, einen alternativen Luftstützpunkt zu finden. Ich brauchte einen Ort, wo die frischen Soldaten mit der neuen Ausrüstung üben konnten, bevor sie auf den Kampfschauplatz kamen. Ihre Ausbildung unter den Augen der Kriegsparteien würde diese nicht gerade von unserer neuen Fähigkeit zur Gewaltanwendung beeindrucken. Entscheidend war eine logistische Basis außerhalb von Ruanda.

Ich erstattete ihnen auch Bericht über alles, was die RPF unternahm, um unsere Bemühungen bewusst zu unterminieren. Bei unseren Gesprächen sagten ihre Führer zu allen vernünftigen Forderungen ja, aber dann schränkten sie unsere Bewegungen ein, hinderten unsere Leute daran, an Sitzungen teilzunehmen, und trafen eigene Abmachungen mit nichtstaatlichen Hilfsorganisationen. Gleichzeitig hinderte die ugandische Armee UNOMUR daran, ihre Arbeit zu tun, was gewiss kein Zufall war. Und, erinnerte ich sie, die Armee feuere noch immer mit dem Argument auf UN-Einrichtungen, dass die RPF Positionen um uns herum bezogen habe und wir im Weg stünden.

Ich war äußerst froh über Rizas zupackende Art, als er sich mit Maurice und mir in der Nacht des 24. Mai zusammensetzte und das Wort übernahm. Verhandlungen über einen Waffenstillstand, so seine Erfahrung, seien nur eine Ausrede, damit es nie dazu komme. Stattdessen entwickelte er die Idee, eine »Absichtserklärung zur Aushandlung eines Waffenstillstands« zu erreichen, die jeder unterschreiben könne, um auf diese Weise all die vertrackten Vorbedingungen zu umgehen. Wäre die Blockade einmal durchbrochen, könnten wir uns auf einen richtigen Waffenstillstand zubewegen.

Ich organisierte für die nächsten zwei Tage vier Gesprächsrunden, da es in Wirklichkeit vier Gruppen von Akteuren gab – wenn mir auch bei dem Gedanken, die Interimsregierung dazuzuzählen, äußerst unwohl war. Aber die ursprüngliche, auf die Erfüllung des Arusha-Abkommens verpflichtete Regierung hatte sich aufgelöst, ihre Minister waren entweder tot oder hielten sich versteckt. Das Dilemma war jedoch: Erkannte man die Interimsregierung an, erkannte man auch die Macht der Hutu-Volksgruppe an. Und genau so bekam es Riza zu hören, als er die Interimsregierung in Gitarama aufsuchte. Die Minister erklärten platt heraus, dass der Krieg ein ethnischer Krieg sei – ganz im Gegensatz zur RPF, für die es sich um einen politischen Krieg handelte, einen Kampf für Demokratie in Ruanda. Riza neigte zu Verhandlungen mit der Interimsregierung, obwohl wir nicht geklärt hatten, wie sich die politische Seite der Armee wiederherstellen ließe, sodass sie überhaupt unter den Arusha-Bestimmungen verhandeln *konnte*. Abgesehen von meinen Versuchen, die moderaten Angehörigen der Armee zu unterstützen, arbeitete niemand daran, in diesen Mordgefilden eine gemäßigte politische Stimme aufzubauen.

Der andere Auftrag meiner Vorgesetzten war humanitärer Art. Die RPF bestand darauf, die Hilfslieferungen in ihren Gebieten zu kontrollieren, was dazu führte, dass die nichtstaatlichen Organisationen direkten Nachschub für ihre Kriegsanstrengungen lieferten: Große Mengen Hilfsgüter landeten bei den RPF-Truppen an der Front. In den von der Armee kontrollierten Gebieten beschränkte sich die humanitäre Hilfe auf das, was das Rote Kreuz bereitstellte, das sich dort einigermaßen ungehindert bewegen konnte. Aber andere nichtstaatliche Organisationen, die zu helfen versuchten, wurden an den Straßensperren angegriffen, ihre Mitarbeiter verletzt oder ausgeraubt; es schien keine Möglichkeit zu geben, ihre Sicherheit zu garantieren. Riza und Maurice glaubten, dass man hier so vorgehen sollte, wie ich es in meinem Einsatzkonzept für UNAMIR 2 beschrieben hatte: sichere Orte schaffen, wo sich die Menschen sammeln, wo sie geschützt werden und Hilfe erhalten konnten. (Das verschaffte mir große Befriedigung, da mir Maurice sagte, er streite sich immer noch mit dem Pentagon über die Effizienz meines Einsatzplans.)

Ihr Abschlussbericht auf der Grundlage dessen, was sie in Ruanda gesehen hatten, wurde in UN-Chinesisch abgefasst, von zwei Männern, die weitaus geschickter waren als ich, sich in Begriffen auszudrücken, die in dieser Institution gang und gäbe waren. Es gab nichts Neues in dem Bericht, aber er wurde von einem hochrangigen Funktionär aus den oberen UN-Rängen präsentiert. Und darin wurde endlich anerkannt (so Rizas Worte in dem Bericht des Generalsekretärs an den Sicherheitsrat vom 31. Mai), dass »der Versuch sinnlos wäre, einen Waffenstillstand zu vereinbaren und zu erlauben, dass die gezielten Morde an Zivilpersonen in der Zone der Armee weitergehen. Es besteht die Gefahr, dass dies, falls es nicht gestoppt wird, zu einem andauernden Kreislauf der Gewalt führen würde. Ich wiederhole, dass die Beendigung der Morde von Zivilpersonen mit einem Waffenstillstand einhergehen muss. … Die unmittelbaren Prioritäten bestehen darin, das Leid der vertriebenen Bevölkerung und die Angst der bedrohten Zivilpersonen zu lindern.« Das war Musik in meinen Ohren, denn damit wurde die mögliche Massenflucht von Millionen von Menschen hinter den Linien der Armee in den Vordergrund gerückt, die in blinder Angst vor dem Gespenst der Vergeltung durch die RPF lebten. »Dies erfordert organisierte humanitäre Hilfseinsätze, die sich nicht im erforderlichen Umfang durchführen lassen, falls nicht angemessene Sicherheitsbedingungen für sie geschaffen werden können. UNAMIR hat bereits einen Einsatzplan vorbereitet, um diese Bedingungen herzustellen, was die zweite Priorität umreißt: die Sicherheit von Ansammlungen gefährdeter Zivilpersonen.« Das war ein weiterer großer Durchbruch: Ich hatte nun die offizielle Befugnis, endlich wirklich etwas zu tun, um das Morden zu beenden.

Das Problem war, wie Riza, Maurice und ich sehr wohl wussten, dass die UNO nicht die Fähigkeit hatte, dieses Ziel im Alleingang zu erreichen: Die internationale Gemeinschaft musste einschreiten. »Unsere Bereitschaft und Fähigkeit zum Handeln hat sich bestenfalls als unangemessen, im schlechtesten Fall als beklagenswert erwiesen. … Das gesamte System erfordert eine Überprüfung, um seine reaktive Fähigkeit zu stärken. Es ist meine Absicht, eine solche Überprüfung durchzuführen.« Der Bericht wurde zum Katalysator der Resolution 925 des Sicherheitsrates, verabschiedet am 8. Juni, mit der die gleichzeitige Aufstellung der Soldaten von Phase eins und Phase zwei autorisiert wurde. Ich war erstaunt, wie schnell Butros-Ghali und der Sicherheitsrat diesen Wandel herbeiführten, nachdem zwei hochrangige UN-Funktionäre das Land besucht und ihren Bericht abgegeben hatten. Es ist ein Armutszeugnis, dass niemand eher nach Ruanda kam.

In diesen zwei Tagen mit mir erlebten Riza und Maurice fast alle Gefahren, mit denen es UNAMIR tagtäglich zu tun hatte. Trotz des angeblich gewährten freien Geleits wurde auf uns geschossen. Ich erinnere mich noch an ihren Gesichtsausdruck, als wir alle am Hauptquartier in ein Panzerfahrzeug stiegen, um zu einem Treffen mit Bizimungu durch Kigali zum Hôtel des Diplomates zu fahren – eine Fahrt, die 30 bis 40 Minuten in Anspruch nahm. Als wir uns so gut es ging setzten, kommentierten Maurice und ich die spartanische Innenausstattung der alten Panzerfahrzeuge des Warschauer Paktes, nur Riza blieb still. Maurice sagte mir später, dass Riza ein meist quälend schmerzhaftes Rückenleiden habe und dass für ihn die Fahrt in diesem ungefederten Gefährt kaum erträglich gewesen sei. Während wir durch RPF-Gebiet fuhren, waren wir eine Zeit lang halbwegs sicher, aber als der Fahrzeugführer mich informierte, dass wir uns der Zone der Regierungstruppen näherten, nahm ich meine Pistole aus dem Halfter und lud sie, und meine tunesische Eskorte an der Tür tat das Gleiche mit ihren Maschinenpistolen. Maurice und Riza fragten mich ungläubig, warum solche Maßnahmen in einem vermeintlich sicheren, wenngleich älteren Panzerfahrzeug erforderlich seien. Ich erklärte ihnen über den Fahrzeuglärm hinweg, dass die Milizen regelmäßig unsere Panzerfahrzeuge stoppten und einen Blick hineinwarfen. Die Eskorte und ich wollten bereit sein, falls mich jemand erkannte und beschloss, jener Held zu werden, der »Dallaire tötet«.

Die Fahrt nach Gitarama und zurück führte ihnen die wahre Dimension der Vertriebenenbevölkerung innerhalb Ruandas vor Augen. Wir verließen das Hauptquartier am Morgen und reisten in meinem Geländewagen, hinter uns ein Wagen mit meinen Leibwächtern und zwei fahrtüchtige Panzerfahrzeuge. Die Straße war von Zehntausenden und Aberzehntausenden von Ruandern überfüllt, die vor der RPF flohen. Es dauerte drei angespannte Stunden, um unser Ziel zu erreichen; nur langsam konnten wir uns unseren Weg durch die Menge bahnen und erlebten aus nächster Nähe das Leid der alten Leute, die zu müde oder zu krank waren, um einen Fuß vor den andern zu setzen, von Männern, die unter der Last der verbliebenen Familienhabe gebeugt gingen, von Frauen, die verzweifelten, weil ihre Kinder nicht weitergehen konnten und sie nicht genug Kraft hatten, sie zu tragen. Meine Ghanaer blieben dicht hinter uns, aber die Panzerfahrzeuge, mit zu wenig PS und weit größer als unsere Geländewagen, fielen weit zurück.

Wir hielten unser Treffen ab, mussten aber vor Dunkelheit zurück in Kigali sein oder heikle Konsequenzen befürchten. Wir fuhren gerade los, als die Panzerfahrzeuge in Sicht kamen, und ich musste die Fahrzeugführer anweisen, gleich wieder umzudrehen und uns zurückzufolgen.

Die übliche Sintflut des Nachmittags hatte eingesetzt. Manchmal prasselte der Regen so heftig nieder, dass die Scheibenwischer nicht mitkamen und wir anhalten mussten. Wir hatten wieder die Panzerfahrzeuge verloren, obwohl wir die gewundene Straße mit ihrer endlosen Prozession verlorener Seelen nur entlanggekrochen waren. Maurice fragte, wo sie blieben, vielleicht besorgt über die Tatsache, dass wir noch an die 15 weitere Straßenbarrieren voller halbtrunkener, bösartiger, unberechenbarer Interahamwe-Milizionäre zwischen uns und Kigali passieren mussten. Außerdem kannten sämtliche Extremisten aller Schattierungen mein Gesicht und sehnten sich danach, mich auf der Stelle zu erschießen. Dann, inmitten dieser pitschnassen, müden und unfreundlichen Menschenschlange voller Leid und Tod, fuhr ich ein Watussi-Rind an.

Obwohl ich nur im Schneckentempo vorangekrochen war, wurde das Rind vom Aufprall glatt umgeworfen. Ich konnte mir bildhaft die Reaktion des Besitzers vorstellen, der das Tier bis hierhin die Straße entlanggetrieben hatte. Rinder sind in Ruanda ein kostbarer Besitz und darüber hinaus ein Zeichen des Ansehens in der Gemeinde. Wenn ich es getötet hatte, drohte Ärger.

Die Menge, die uns umgab, stoppte und starrte uns drohend an. Wir waren drei nichtafrikanische Gentlemen in trockenen Kleidern in einem klimatisierten Auto. Wir hatten sie auf der einen Seite von der Straße an den Rand eines sehr steilen Abhangs abgedrängt und auf der anderen gegen einen lehmigen Hügel gequetscht. Und nun hatten wir ein Rind angefahren.

Aber bevor ich die Tür öffnen konnte (während ich immer noch mit mir rang, ob ich es tun sollte), richtete sich das Tier wackelig auf, schüttelte den Kopf und lehnte sich leicht an die Haube. Dann zog es, unter dem plötzlichen Gelächter aller Umstehenden, seinen Besitzer zur abschüssigen Seite der Straße fort.

Ich atmete ein paarmal tief durch, bevor ich weiterfuhr. Meine Kollegen waren während des ganzen Vorfalls still gewesen, aber bald sprudelten ähnliche Kriegsgeschichten aus anderen Konfliktzonen aus ihnen hervor, garniert mit schwarzem Humor.

Noch eine Nachbemerkung zu diesem Besuch: Riza und Baril mussten uns so verlassen, wie sie gekommen waren, auf Umwegen über Nebenstraßen, weil ich immer noch nicht ihre Sicherheit auf der Hauptroute nach Norden Richtung Kabale garantieren konnte. Sie wurden an der ugandischen Grenze von einem Hubschrauber abgeholt und nach Entebbe geflogen. Dort sollte sie ein UN-Flugzeug nach Nairobi und weiter zurück nach New York fliegen. Aber da kam ihnen Booh-Booh in die Quere. Der Missionschef hatte sich mittlerweile in Nairobi eingerichtet und reiste kreuz und quer über den ganzen Kontinent, um afrikanische Regierungen um Soldaten zu bitten, obwohl das eine Aufgabe war, die vom DPKO koordiniert werden musste. Er hatte in Nairobi ein standesgemäßes Haus für sich verlangt, damit er wie ein Botschafter leben konnte, erhielt aber die Anweisung, sich auf seinen verschiedenen Reisen mit nur einem Assistenten zu begnügen. Riza und Maurice strandeten kurzzeitig in Entebbe, weil Booh-Booh das Flugzeug in Beschlag genommen hatte, das eigentlich ihnen zur Verfügung stehen sollte.

*

In New York waren intensive Verhandlungen im Gange, um Ausrüstung zu organisieren und die Entsendeländer zu bestimmen. Äthiopien war noch immer dabei, obwohl es mich sehr wunderte, dass die Äthiopier in der Lage sein sollten, eine Truppe von Friedenshütern zu schicken, da sie ja gerade erst ihren eigenen Bürgerkrieg beendet hatten und nicht in Friedensmissionen ausgebildet waren – tatsächlich waren sie eine Rebellenarmee, keine professionelle Truppe. (Oberst Moen sorgte sich auch, dass ruandische Hutu vielleicht etwas gegen äthiopische Friedenshüter einzuwenden hätten, da sie als eng verwandt mit den Tutsi galten, doch weder die Interimsregierung noch die Armee erhoben letztlich irgendwelche Einwände gegen sie.) Aber die Tage des Werbens bei den etwa ein Dutzend altgedienten Entsendenationen waren vorüber, und da sie kein Interesse gezeigt hatten, warf man blutige Anfänger in eine der komplexesten Operationen, die die UNO je durchgeführt hatte. Ich hielt das nicht nur für eine technische, sondern in einigen Fällen auch für eine moralische Fehlentscheidung. Booh-Booh hatte sich sogar in einigen Ländern Truppen zusammengesucht, deren eigene Bilanz so schlecht war, dass es mich schon wundern würde, wenn die dortigen Politiker das Wort »Menschenrechte« überhaupt buchstabieren könnten.

In der Zeit zwischen dem Besuch von Riza und Maurice und dem 6. Juni übermittelte ich dem DPKO drei verschiedene Einschätzungen über mögliche Entwicklungen und wie sie sich auf die Mission und deren künftige Truppenaufstellung auswirken könnten. Viele Tage lang schickte ich Spähtrupps in großer Zahl aus, um so viele Informationen wie möglich aus dem Feld zu sammeln. Ich schuf sogar eine kleine 5. Kolonne aus vier Militärbeobachterteams, die Tiko auswählte und die von mir persönlich ihre Instruktionen erhielten. Es waren außerordentlich mutige Offiziere, die sich als wertvolle Hilfe bei der Sammlung einsatzrelevanter Informationen erwiesen. Sie führten auch heikle Einsätze zwischen den verschiedenen Akteuren durch, darunter zwischen den Moderaten in der Armee, Kagame und mir.

Ich teilte dem DPKO abermals meine Angst mit, dass die Armee, die Niederlage vor Augen, auf Anweisung der Interimsregierung damit beginnen könnte, ihre Truppe und die Milizen langsam nach Westen zurückzuziehen, um von Zaire aus weiterzukämpfen. Mit einem solchen strategischen Rückzug könnten sie ihre Politik der verbrannten Menschen fortführen und einen Großteil der Hutu-Bevölkerung vor sich her in die umliegenden Provinzen von Zaire ins Exil treiben. Viele mächtige Mitglieder des alten Regimes lebten unbehelligt in Frankreich und sogar Belgien. Sie standen mit der Interimsregierung und auch dem ruandischen Botschafter bei der UNO in Kontakt und ließen sich von den Extremisten für ihre Zwecke einspannen. Eine halbe Million Ruander waren bereits nach Tansania geströmt, wo sie unter der stillschweigenden Kontrolle der Extremisten lebten; nach meiner Schätzung mussten wir schlimmstenfalls von vier- bis fünfmal so vielen Menschen ausgehen, die in der Kivu-Provinz von Zaire Zuflucht suchen würden. Ich brauchte aktuelle Zahlen über die Ruander, die im Westteil des Landes auf der Flucht waren, um ihnen an Ort und Stelle zu helfen und einen massiven Exodus zu verhindern. Wiederholte Bitten bei westlichen Nationen, uns Luftbilder und Satellitenaufnahmen zur Verfügung zu stellen, stießen auf taube Ohren. (Später waren die Russen bereit, mir Satellitenbilder zu verkaufen, aber ich hatte für solche Ausgaben kein Budget und konnte niemanden überreden, mir dafür Geld zu geben.) Um über die Interimsregierung und den Stand der Massenflucht der Ruander auf dem Laufenden zu bleiben, die auf den Fluchtrouten in Scharen an Hunger, Erschöpfung und Krankheit starben oder von den Machetenschlägen der Extremisten niedergemetzelt wurden, hatte ich keine andere Wahl, als Militärbeobachter dafür einzusetzen, die dabei jeden Tag ihr Leben riskierten. Wenn es die Flüchtlinge nach Zaire schafften, würden die Extremisten die Lager wahrscheinlich in kürzester Zeit übernehmen und sich auf ihre Rache vorbereiten. Sollte dieses Szenario wahr werden, wäre nicht nur Ruanda, sondern die gesamte Region auf Jahre destabilisiert.

*

Dennoch, kurze Zeit hatte ich das Gefühl, dass nun etwas in Gang kam. Am Tag nach der Abreise von Maurice und Riza, die einen Berichtsentwurf im Gepäck mit sich führten, der im Hinblick auf das weitere Vorgehen praktisch alles verlangte, was ich vorgeschlagen hatte, erhielt ich die Kopie eines Abschlussprotokolls einer Sondersitzung der UN-Menschenrechtskommission über Ruanda in Genf. Die Kommission erkannte ohne Einschränkung in dem ruandischen Horrorszenarium einen Bruch der Menschenrechte und forderte die Welt auf, einzuschreiten. Der Ausschuss beschloss die Entsendung eines Teams Anfang Juni, das mit Ermittlungen gegen die Täter des Völkermordes beginnen sollte.

Ich war verblüfft, dass auf der Genfer Sitzung (die gleichzeitig mit Rizas und Maurices Besuch in Kigali stattfand) die USA, Frankreich, Deutschland und Australien alle die Gräueltaten in Ruanda angeprangert hatten, aber keines dieser Länder konkrete Hilfe anbot. Geraldine Ferraro, die Leiterin der US-Delegation, ließ tatsächlich verlauten, sie unterstütze die Bemühungen von UNAMIR. Die Franzosen verkündeten, der Begriff »Völkermord« sei nicht zu stark, um die Ereignisse in Ruanda zu qualifizieren. Die für Menschenrechte zuständige Vertreterin der französischen Regierung, Lucette Michaux-Chevry, verkündete vor den versammelten Diplomaten: »Wie von Frankreich verlangt hat der Sicherheitsrat UNAMIR beträchtlich ausgeweitet.« Sie klopfte ihrem Land schamlos auf die Schulter: »Frankreich hat den Opfern des Konflikts unverzüglich außergewöhnliche Hilfe geleistet.« Ja, dachte ich, den aus Ruanda evakuierten Franzosen und den Mitgliedern der Habyarimana-Familie.

Zu dieser Zeit erhielt ich ein Fax von der Canadian Association of African Studies in Montreal. Darin informierte man mich, dass in Kigali noch Mitglieder der Familie des designierten Premierministers Faustin Twagiramungu am Leben seien, und bat UNAMIR um Hilfe. Diese Bitte mag sieben Wochen nach Beginn des Völkermordes ungewöhnlich erscheinen, aber in der letzten Maiwoche hatte mir auch General Kagame die Nachricht zukommen lassen, dass sich noch immer zehn Mitglieder seiner großen Familie in der Stadt verbargen. Wie war es möglich, dass noch immer Familienangehörige der erbittertsten Feinde der Extremisten in dieser von Extremisten beherrschten Geisterstadt überlebt hatten? Wir schickten Militärbeobachter zu den angegebenen Verstecken von Faustins und Kagames Verwandten. Es gelang uns auch wirklich, mithilfe des Roten Kreuzes Faustins Schwager zu retten. Anders bei Kagames Angehörigen. Meine Militärbeobachter fuhren vor dem fraglichen Haus vor, klopften an die Tür, schauten nach, fanden aber niemanden. Sie beschlossen, es am nächsten Tag noch einmal zu versuchen, aber als sie zurückkehrten, lagen Leichen auf dem Boden. Irgendjemand hatte den Besuch der Militärbeobachter offensichtlich bemerkt, das Haus überwacht und die Familie aus ihrem Versteck gescheucht. Solche Vorfälle waren es, die uns quälend verfolgten: Indem wir losgingen, um zu helfen, brachten wir zuweilen die Menschen in Gefahr, die wir zu retten hofften.

*

Wie meine letzte Privatunterredung mit Ndindiliyimana ahnen ließ, lagen die Gemäßigten Ende Mai in den letzten Zügen. Eines Tages erhielt ich im Hauptquartier einen geheim überbrachten Brief von Rusatira und Gatsinzi. Sie teilten mir mit, dass sie sich mit einigen ehemaligen Studenten der Militärakademie im Süden aufhielten, und baten mich, Kagame zu sagen, dass sie keinen Widerstand leisten würden, wenn die RPF einträfe, und nicht angegriffen werden wollten. Kagame war nicht beeindruckt. Was ihn betraf, so hätten diese Männer den Extremisten gleich zu Beginn Widerstand leisten sollen. Nun müssten sie die Konsequenzen für sich, ihre wenigen überlebenden Unterstützer und ihre Familien tragen.

*

Der erste erfolgreiche Flüchtlingsaustausch fand am 27. Mai statt, tadellos organisiert von Clayton Yaache und seiner humanitären Abteilung.

Wir brachten Sympathisanten der RPF zu einer Stadt südöstlich von Kigali und Hutu aus dem Amahoro-Stadion zu einem Treffpunkt außerhalb der Stadt, der noch in der Hand der Regierungstruppen war – insgesamt etwa 300 Menschen. Ich wollte selbst am ersten Austausch teilnehmen und schloss mich dem RPF-Konvoi an, da wir annahmen, dass er der größeren Gefahr ausgesetzt war. Ich sorgte dafür, dass jeder wusste, dass ich den Konvoi begleitete, und wir kamen ohne Zwischenfälle durch die Straßensperren. Als wir die Stadt erreichten, wo die Flüchtlinge übergeben werden sollten, wurden sie von einer Menschenmenge begrüßt. Es gab eine derartige Entladung aufgestauter Gefühle – so viele Umarmungen, so viel Weinen –, dass diese hungrigen Menschen noch nicht einmal das für sie bereitgestellte Essen angerührt hatten, als wir zum Hauptquartier zurückkehrten. (Auf diesem Rückweg nach Kigali traf ich den kleinen Jungen, der meinen Entschluss so sehr ins Wanken brachte, keine Waisen außer Landes zu bringen – eine Begegnung, die ich in der Einleitung geschildert habe.)

Der Transfer in umgekehrte Richtung war ebenfalls erfolgreich, obwohl an der Kadafi-Kreuzung auf den Konvoi geschossen wurde. Die RPF hielt die Hügel mit Blick auf die Brücke auf der Ostseite, die Armee hatte sich im Westen eingegraben. Dieses Mal gab es keine Begrüßungsdelegation, um die Flüchtlinge willkommen zu heißen, als sie den Treffpunkt erreichten, der nur aus einem Stückchen Brachland an der Straße nach Gitarama etwa sieben Kilometer vor Kigali bestand. Die Regierungssoldaten wiesen die Leuten einfach an, loszumarschieren.

Wir hatten für den folgenden Tag einen weiteren Transfer geplant, beschlossen aber seine Verschiebung. Wir mussten den Schutz der Lastwagen verbessern und mit den Beobachtern der Armee vereinbaren, die Auswahl ihrer Leute im Amahoro-Stadion zu überwachen, um sicherzugehen, dass die Transfers fair und frei vonstatten gingen. Ich fand es paradox, dass wir die undisziplinierte Interahamwe dazu gebracht hatten, die Waffenruhe für den Austausch einzuhalten, nur um zu erleben, dass die RPF den anderen Transfer unter Beschuss nahm.

*

Ich hielt meine Militärbeobachter damit beschäftigt, unsere Wissenslücken über die Lage im Land zu füllen und regelmäßig alle von uns beschützten Stützpunkte zu kontrollieren. Es gab zwei Gebiete Ruandas, über die nur sehr magere Nachrichten hereinkamen. Eines war die

Gegend um Gisenyi in der Nähe der zairischen Grenze. Dieses Gebiet war bedeutsam, weil, wie man mir gesagt hatte, die Interimsregierung dorthin umziehen würde. Das zweite Gebiet lag bei Cyangugu an der Westseite des riesigen Waldgebietes im Süden. Wir hatten gehört, dass sich Tutsi-Gruppen im Wald versteckten und dass andere massakriert worden waren. Ich musste wissen, was zwischen Gisenyi in Ruanda und dem benachbarten Goma in Zaire geschah, weil ich auch gehört hatte, dass dort große Mengen an Waffen und Munition ins Land kamen. Im Süden galt der humanitären Situation meine vorrangige Sorge; außerdem wollte ich das Gerücht überprüfen, dass einige französischsprachige Weiße in Cyangugu gesehen worden waren. Es könnte sich um erste weiße Söldner handeln, die von der Armee angeheuert worden waren. Weil ich harte Fakten brauchte, schickte ich zwei große Spähteams von Militärbeobachtern in beide Gebiete. Später erfuhr ich, dass die nach Gisenyi auf den Weg gebrachte Gruppe auf 38 große Straßensperren gestoßen war, an denen die Milizionäre kaum ihren Hass auf alles zügeln konnten, was mit der UNO zu tun hatte; das nach Cyangugu entsandte Team hatte 52 Straßensperren passieren müssen.

Wir konnten nicht genug Leute aufbieten, um die meisten Stützpunkte in Kigali, in denen Menschen Zuflucht gesucht hatten, zu bewachen. Mehrmals am Tag waren Patrouillen zu den Waisenhäusern, Schulen und Kirchen unterwegs, um deren Sicherheit zu überprüfen und Verpflegung und Versorgungsgüter zu bringen, aber schließlich wurde die Not besonders in den Waisenhäusern so groß, dass ich den Militärbeobachtern befahl, die Nächte bei den am meisten bedrohten Flüchtlingen zu verbringen. Meine Hoffnung war, dass ihre Gegenwart die Mörder abschrecken würde, und das schien, wie im Hotel Mille Collines, zu funktionieren. Wir evakuierten auch 700 zairische und tansanische Staatsangehörige, die in ihren Botschaften eingeschlossen waren und keine Lebensmittel mehr hatten.

*

Am 30. Mai hielten wir in unserem Hauptquartier die erste Waffenstillstandsverhandlung ab, bei der es nach Rizas Vorschlag nur um eine Absichtserklärung beider Seiten ging. Wie bei früheren Veranstaltungen dieser Art war es ein Sicherheitsalbtraum, aber wenigstens hatten wir die Kriegsparteien endlich dazu gebracht, sich persönlich zu treffen und ihre guten Absichten zu erklären. Das überraschendste Signal des Tages kam von Ephrem Rwabalinda, dem Verbindungsoffizier der Armee bei UNAMIR, der doch wirklich fragte, ob UNAMIR nicht helfen könne, die Spannungen zwischen beiden Fraktionen zu vermindern, unter anderem dadurch, gegen das Hassradio vorzugehen. Er sagte, er wünsche sich die Einstellung des gesamten Sendebetriebs – eine unglaubwürdige Behauptung von Seiten eines Armeevertreters. (Ein paar Wochen später fiel Rwabalinda auf dem Weg zur RPF einem Hinterhalt zum Opfer.)

An diesem Tag erhielt ich auch Nachricht, dass sich Brian Atwood, Chef der US-Entwicklungshilfeagentur (United States Agency for International Development, USAID), in Nairobi aufhielt; ich bestand darauf, mich mit ihm zu treffen. Sein Zeitplan war knapp, aber ich vereinbarte mit ihm, uns für einige Stunden in der VIP-Lounge des Flughafens von Nairobi zusammenzusetzen. Ich flog am frühen Morgen des 31. Mai ab, zum ersten Mal an Bord einer Herkules, seit ich nach Ruanda gekommen war. Meine Uniform war relativ sauber und gebügelt, aber ich roch nicht allzu gut. Was den Rest anging, kann ich nur sagen, dass ich meinen Hals und meine Arme bis hinauf zu den Ellbogen gewaschen hatte.

Statt beim Start Höhe zu gewinnen, stürzte die Herkules sofort vom Plateaurand in ein Tal hinab. Die Passagiere, allesamt von UNAMIR, waren in die Maschine gezwängt und hockten auf Splitterschutzwesten und Decken; einige trugen sogar Stahlhelme, um sich vor verirrten Kugeln zu schützen. Aufrecht im Cockpit sitzend bekam ich meine Einweihung in die Mysterien des Tieffliegens. Wir klebten an Talsohlen und schrammten haarscharf über Berggipfel hinweg, sodass wir fast die Bananen von den Stauden pflücken konnten, bis wir die tansanische Grenze erreichten. Dann flogen wir in normaler Höhe nordöstlich nach Kenia weiter. Mir war übel, die Leute hinten übergaben sich. Die Piloten waren sichtlich stolz auf sich – ich hoffe, wegen ihrer Flugkünste und nicht darüber, wie vielen von uns als Folge ihrer Ausweichmanöver schlecht geworden war.

Auf dem Flughafen von Nairobi musste ich mir den Weg in die VIP-Lounge fast erkämpfen, weil mir anscheinend bestimmte Papiere fehlten, deren Notwendigkeit mir nicht bekannt war. Das Durcheinander bestätigte nur meine ungünstige Meinung über das Flughafenpersonal – es waren dieselben Figuren, denen ich im letzten Oktober etliche Dollar zugesteckt hatte, um überhaupt an Bord einer Maschine gehen und das Kommando meiner Mission übernehmen zu können.

Atwood traf mit einem großen Tross etwa 15 Minuten nach mir ein. Ich stürzte mich auf ihn und legte meine Kommandeurskarte zwischen uns auf den Tisch. Es gebe keinen Ersatz für die logistischen Fähigkeiten der USA und meiner Auffassung nach auch keinen Zweifel, dass die USA den Sicherheitsrat dominierten, sagte ich. Ich bestand darauf, dass die USA die Ausrüstung und die Flugtransporte für UNAMIR 2 bereitstellen sollten. Dann beschrieb ich detailliert mein Einsatzkonzept und trug meine Befürchtung vor – so ziemlich zum ersten Mal öffentlich –, dass die Welt ein katastrophales regionales, kein ruandisches Problem bekommen würde, falls die Millionen von Ruandern, die nach Wesen zogen, die Grenze zu Zaire und Burundi überschritten. Ich brauchte sofort die Mittel, um diesen riesigen Exodus zu verhindern.

Atwood war ein freundlicher, umgänglicher Kerl, aber die mit ihm reisenden Schlaumeier meldeten »Klärungsbedarf« an. Schließlich bat er mich, wie es Amerikaner gerne tun, mein Anliegen auf den Punkt zu bringen. »Schicken Sie die Ausrüstung, die die Friedenstruppe braucht, um effektiv im Land operieren zu können – am besten gestern. Ohne die Ausrüstung kann UNAMIR nichts tun. Und ohne den strategischen Lufttransport der USA wird nichts jemals dort ankommen.«

Wir gaben uns zum Abschied die Hand, und im Gehen versprach er, sein Möglichstes zu tun. Ich saß eine Weile im dunklen, holzvertäfelten Gesellschaftsraum des Flughafens und fühlte mich, als wäre ich gerade vom Gericht befragt worden und erwartete nun mein Urteil. Einer meiner Militärbeobachter war zum Speiseraum hinuntergegangen und brachte mir ein Sandwich mit – ich hatte seit drei Monaten kein frisches Brot mehr geschmeckt. Ich bestieg die Herkules, flog zurück nach Kigali und zwang mich, das Sandwich bei mir zu behalten.

*

Am Nachmittag schloss ich zur nun schon vertrauten Kakophonie von Gewehrschüssen und Artilleriedetonationen meine 34-seitige neuerliche Lagebeurteilung ab und schickte sie nach New York. Und dann berichtete man mir, dass Hauptmann Diagne Mbaye aus dem Senegal von Splittern einer Mörsergranate getroffen worden war, die die RPF auf eine Straßensperre der Armee abgefeuert hatte, als er eine Nachricht von Bizimungu an mich überbringen wollte. Diagne war tot, noch bevor er auf das Armaturenbrett sank. Er war jener Militärbeobachter, der die Kinder von Premierministerin Agathe in Sicherheit gebracht und in den Wochen seither persönlich das Leben von Dutzenden und Aberdutzenden weiterer Ruander gerettet hatte. Er hatte bereitwillig jeden Rettungseinsatz auf sich genommen und mutig jeder Gefahr ins Auge gesehen, ob direktem oder indirektem Feuer, Minen, aufgebrachtem Pöbel, Krankheiten und zahllosen anderen Gefahren. Wir legten im Hauptquartier eine Schweigeminute zu seinen Ehren ein und hielten am 1. Juni hinter den Sandsäcken auf dem Flughafen zum üblichen Krach des Artilleriefeuers eine Parade für ihn ab. Seine sterblichen Überreste wurden, eingewickelt in eine der blauen Flüchtlingsplanen, in seine Heimat überführt – ein weiterer Held Ruandas. »Er war der Tapferste von uns allen«, sagte einer der Militärbeobachter. Mark Doyle von der BBC, der in Diagne einen Freund gefunden hatte, schrieb mir kürzlich: »Können Sie sich die breite Medienberichterstattung vorstellen, die ein toter britischer oder amerikanischer Friedenshüter von Mbayes Tapferkeit und Format erhalten hätte? Er bekam fast keine.« (Nur Doyle selbst schrieb über ihn viel später im Magazin *Granta*.)

*

1. Juni. Ich beschloss, die Hilfe der Gendarmerie in Anspruch zu nehmen, um eine sicherere Westroute aus der Stadt zu suchen und das Spießrutenlaufen an RPF-Stellungen vorbei und durch das Niemandsland der Regierungstruppen zu meiden. Wir wählten eine recht große Schleife über ziemlich unwegsame Straßen. Die heftigen Niederschläge der Regenzeit weichten die Straßen auf und hinterließen eine dicke Schlammschicht auf ihnen. Auf unserem Weg stießen wir auf eine Stelle, wo der Regen ein Stück des Hangs weggespült hatte. Beim Versuch, sie zu passieren, rutschte eines der Fahrzeuge ab und purzelte den Hang hinunter. Zum Glück wurde niemand verletzt.

Wir gaben das Fahrzeug auf, nachdem wir den Verteiler ausgebaut hatten, damit es nicht so leicht gestohlen werden konnte. Etwa eine Woche später sah einer meiner Militärbeobachter den Laster in der Hand der RPF. Das Fahrzeug war mit Lehm beschmiert, um die UN-Markierungen zu verbergen. Die Armee entdeckte das Fahrzeug ebenfalls und kam zu dem Schluss, dass es sich nur um einen weiteren Gefallen von UNAMIR für die RPF handeln konnte. Wir hatten bis zu diesem Zeitpunkt acht unserer Fahrzeuge in verschiedenen Landesteilen aufgeben müssen, und ich musste nun Verhandlungen aufnehmen, um die RPF zu bewegen, sie nicht zu benutzen.

Wir fuhren weiter über Pisten und Wege, die uns häufig mitten durch Dörfer führten, die auf keiner Karte verzeichnet waren. In einem Dorf hielten wir, um auf die anderen Fahrzeuge zu warten. Der Pfad war eine der Fluchtrouten für die Menschen aus Kigali gewesen. Es gab hier Überreste von Straßensperren, und viele Leute waren ermordet und in die Straßengräben und an die Straßenränder geworfen worden. Als ich ausstieg, blickte ich auf Leichen, die relativ frisch aussahen. Gerade, als meine Augen auf den Körper eines Kindes fielen, bewegte es sich. Ich war mir nicht sicher, ob mir nicht meine Fantasie einen Streich spielte, doch ich sah, wie das Kind zuckte, und wollte helfen. Ich bückte mich, um es aufzuheben, und plötzlich trug ich einen kleinen Körper, der in meinen Händen kribbelte und sich zugleich breiig anfühlte. In einem Augenblick erkannte ich, dass seine Bewegung nicht von ihm selbst, sondern von einem Gewimmel von Maden stammte. Ich erstarrte. Ich wollte das Kind nicht fortwerfen, aber es auch keine Sekunde länger halten. Es gelang mir, seinen Körper niederzulegen, und dann stand ich da, schwankend, und wollte nicht darüber nachdenken, was an meinen Händen klebte.

Wir setzten die Erkundung der Straße fort. Am frühen Nachmittag kamen wir auf einen Hügelkamm. Vor uns erstreckte sich ein riesiges Flüchtlingslager – Menschen, die es geschafft hatten, an allen Straßensperren vorbei aus Kigali herauszukommen. Dunkle, tiefe Regenwolken zogen am Himmel auf, und eine blaue Welle von Planen erhob sich nun, mit der sich die Flüchtlinge vor dem Regen schützten. Es war, als blickte man auf einen Ozean von Vertriebenen. Wir fuhren sehr langsam bergab und wieder bergauf durch das Lager auf die Hilfsstation zu, die nahe der Kuppe der nächsten Erhebung errichtet worden war. Die Menschen auf diesen Hügeln waren so sehr zusammengedrängt, dass jede einzelne Regung Impulswellen in alle Richtungen auslöste. Und die Masse war so gewaltig, dass darin die vielen Einzelnen verschwanden. Die einst strahlend bunte Kleidung war verblichen und dreckverschmiert, alles erschien in einem einheitlichen Braun.

Die Mitarbeiter des Roten Kreuzes hier waren Einheimische und überwältigt von der Not. Ich lobte ihren Mut und äußerte mich beeindruckt, wie es das Rote Kreuz überall in Ruanda schaffe, etwas Hilfe zu spenden. Einer der Älteren in der uns umringenden Menge begann zu sprechen. Viele von ihnen hätten in so großer Eile aufbrechen müssen, sagte er, dass es keine Gelegenheit gegeben habe, auch nur das Allernötigste mitzunehmen. Seit sie hier eingetroffen seien, hätten sie zum Essen nur Mais erhalten. Er hielt mir etwas davon hin. Es war Futtermais, erkennbar an seinen großen, harten, zackigen Körnern. Aber sie hätten nicht die Geräte, um die Körner zu mahlen; sie hätten keine Töpfe, um den Mais weich zu kochen; sie hätten weder Wasser noch Brennholz. Der ungekochte Mais sei ungenießbar, doch einige der Kinder seien so hungrig, dass sie ihn dennoch äßen. Die kantigen Körner rissen ihre Magen- und Darmwände auf und verursachten innere Blutungen. Die ersten Kinder seien daran schon gestorben. Mit einem unsäglich traurigen Gesicht fragte mich der Mann, was ich tun könne. Ich wusste nicht, was ich antworten sollte. Voller Scham stieg ich wieder ins Auto, und wir fuhren nach Kigali zurück.

Der Rückweg war genauso schwierig und umständlich wie der Hinweg, aber so hatte ich Zeit, mit Bitterkeit darüber nachzudenken, wie langsam die humanitäre Hilfe angelaufen war. Rom, Paris, Genf und New York verlangten immer noch eine Lagebeurteilung nach der anderen. Statt den etwa zwei Millionen Menschen zu Hilfe zu kommen, führten die internationale Gemeinschaft und die Hilfsorganisationen noch immer Analysen durch, was denn nun wirklich gebraucht würde. Abends erstattete mir Yaache Bericht über die Situation, zusammen mit dem neuen Vertreter des UN-Notbüros Ruanda (UNREO), Charles Petrie. Petrie war ebenso verzweifelt über die ständigen Anfragen nach Lagebeurteilungen. Ich sagte ihm, er könne mich in seiner nächsten Beurteilung getrost zitieren: »Sagen Sie ihnen, sie sollen mir Verpflegung, Treibstoff, Medikamente und Wasser für zwei Millionen Menschen schicken. Wir kümmern uns schon um die Einzelheiten der Verteilung. Aber sagen Sie ihnen, sie sollen das Zeug um Himmels willen endlich losschicken!«

Ein paar Jahre später lernte ich einige dieser Entscheidungsträger und Beurteilungsanforderer kennen; sie nahmen die Gelegenheit wahr, mich wissen zu lassen, dass mein damaliges Bild der Situation doch »allzu simpel« gewesen sei.

*

Der 1. Juni war auch der Tag, an dem der zweithöchste Repräsentant des kanadischen Verteidigungsministeriums, Bob Fowler, und der dritthöchste Vertreter der kanadischen Streitkräfte, Admiral Larry Murray, zu einem 24-stündigen Besuch eintrafen. Fowler hatte in den 60er Jahren an der Universität von Butare Englisch unterrichtet und eine Schwäche für dieses kleine, gemarterte Land, das zwischen seinen großen Nachbarn eingezwängt war. Als oberster Einsatzleiter wollte sich Murray selbst ein Bild von der Lage machen, bevor er seinem Chef in Ottawa Empfehlungen im Hinblick auf die weitere militärische Beteiligung Kanadas gab. Da die Zeit knapp war, erstatteten wir ihnen im Hauptquartier Bericht und begleiteten sie dann hinaus zu den geschützten Stützpunkten, zum Krankenhaus des Roten Kreuzes und in so viele Teile der Stadt wie möglich, schließlich auch zu einem kurzen Treffen mit Bizimungu im Hôtel des Diplomates. Um die ganze Sache abzurunden, schlugen mehrere Granaten in der Nähe des Hotels ein, während Murray und Fowler sich dort aufhielten.

Am Abend speisten wir Dosenwürstchen und Bohnen, die wir mit Wasser hinunterspülten. Wir saßen auf unterschiedlich hohen Stühlen in einem kleinen Konferenzsaal an der Haupthalle, um Tische gedrängt, die zu groß für den kleinen Saal waren, sodass es kaum genug Bewegungsfreiheit gab. Dafür hatten wir aufgrund der vorangehenden Bombardements und des Mangels an Plastikplanen und Sperrholz zur Abdeckung der Einschusslöcher reichlich frische Luft und Insekten.

Die Unterhaltung war lebendig, die Atmosphäre herzlich. Eines der Themen war unsere Dankbarkeit für die außerordentliche Arbeit der kanadischen Luftwaffe und der Flugzeugbesatzungen. Mittlerweile war es so weit gekommen, dass der bloße Klang der Flugzeugmotoren unsere Moral gewaltig hob. Das Gefühl der Isolation und Verwundbarkeit, unter dem wir alle zuweilen litten, verschwand völlig, wenn wir diese Flugzeuge hörten. Es war uns fast egal, ob die Maschinen leer eintrafen, solange sie überhaupt nur hereinkamen.

Gegen Ende bat mich Admiral Murray, mich zu erheben, und verlieh mir an Ort und Stelle das Verdienstkreuz. Er heftete es vor meinen engsten Kriegsgefährten an meine Uniform, und ich konnte dabei kaum die Fassung bewahren. Ich war stolz auf diese Ehrung, doch zugleich beschämt, dass die vielen meiner Soldaten, die ebenfalls einen Orden verdient gehabt hätten, nicht auch ausgezeichnet wurden. Ich dachte dabei an die Gefallenen, an diejenigen, die wegen ihrer im Dienst erlittenen Verletzungen oder Krankheiten evakuiert werden mussten – sie gingen ungerechterweise leer aus. Eine weitere bittersüße Erinnerung an Ruanda.

In dieser Nacht schliefen unsere Gäste in unserem unbequemen Hauptquartier. Wir hatten geplant, am nächsten Tag die RPF zu besuchen, aber am Morgen konnten wir keine Sicherheitsgarantien bekommen, und die Route stand unter beträchtlichem Feuer. Wir gingen daher aufs Dach, und ich wies erklärend auf eine Reihe von Orten in und um Kigali. Fowler und Murray bekamen wie auf einem Logenplatz einen Angriff der RPF in einem Stadtviertel zu sehen, das weniger als zwei Kilometer entfernt war.

*

Am 2. Juni erhielt ich eine Nachricht von Kofi Annan, der mich bat, einen Ort namens Kabgayi zu schützen, den die RPF umstellt hatte. Es handelte sich um eine große katholische Mission nicht weit von Gitarama. Das Rote Kreuz hatte berichtet, dass dort etwa 30.000 Menschen und eine große Zahl von Prälaten und Priestern zusammengeströmt waren. Annan sagte mir, dass der Papst selbst um besonderen Schutz für die Menschen dort ersucht habe. Ich versprach, weiterhin Militärbeobachter dorthin zu schicken und Kabgayi so oft zu besuchen, wie ich die Offiziere abstellen konnte. Aber mehr könne ich nicht tun, bis ich mehr Soldaten erhielte.

*

Nach mehreren Verhandlungsrunden unter Vorsitz von Henry hatten beide Seiten abermals eingewilligt, für die Dauer der fortlaufenden Evakuierung und des Austauschs von Flüchtlingen eine Waffenruhe einzuhalten. Am 3. Juni beschlossen wir, einen weiteren Transfer zu versuchen. Henry sollte mit dem Konvoi der Armee fahren und sich im Gebiet der Kadafi-Kreuzung deutlich zeigen. Wir wollten sehen, ob die RPF trotzdem das Feuer eröffnen würde. Sie tat es.

Ich entschied, mit Phil, meiner Eskorte und einigen Panzerfahrzeugen offen sichtbar an der Kreuzung zu warten, bis der Konvoi zurückkehrte. Als ich dort ungedeckt herumstand und mit einigen meiner Männer plauderte, erschien ein Soldat der Armee aus dem Graben hinter uns. Er war Unteroffizier, zerlumpt, in schlechter Verfassung, aber bis an die Zähne bewaffnet – die Wache der Regierungstruppen in diesem Niemandsland. Er unterhielt sich ein bisschen mit uns und wies dann den Hügel hinauf, um zu zeigen, wo die RPF lag. Ich griff nach dem Fernglas um meinen Hals, um es zu überprüfen – ich hatte es mitgebracht, um am aufsteigenden Rauch auszumachen, wo die Mörser standen, aus denen die RPF feuerte. Der Soldat war fasziniert von dem Feldstecher, daher ließ ich ihn hindurchsehen. Es war klar, dass es für ihn das erste Mal war. Dann fiel sein Blick auf meine Splitterschutzweste, und er fragte, was sie bewirke und wie es sich anfühle, sie zu tragen. Ich nahm sie ab, half ihm, sie anzuziehen, und hängte ihm das Fernglas um den Hals. Einen kurzen Moment lang war er im Himmel.

Ich erbat meine Weste zurück, und gerade, als er sie mir reichte, schlug in zehn Metern Entfernung eine Mörsergranate auf den harten Asphalt. Sie schleuderte Asphaltstücke in die Luft, glühendes Metall flog in alle Richtungen. Instinktiv warfen sich alle zu Boden, auch der Regierungssoldat. Die Splitterschutzweste in der Hand, rührte ich mich nicht, auch alle anderen blieben auf dem Boden. Sobald die anderen merkten, dass sie nicht getroffen waren, sprangen sie schutzsuchend in die Deckung der Panzerfahrzeuge. Ich spürte, dass ein Stück heißes Metall in meiner Hose steckte, aber ich blieb, wo ich war, und zog ruhig meine Weste wieder an. Dann wandte ich mich zu dem Regierungssoldaten, doch der war mit meinem Fernglas auf und davon. Sollte er es behalten, er hatte es so sehr gemocht.

In nicht sehr taktvollen Worten drängte mich Phil, in einem Panzerwagen in Deckung zu gehen. Stattdessen machte ich die paar Schritte zum Krater, und er folgte mir. Wir nahmen eine kurze Krateranalyse vor. Es war eine leichte Mörsergranate von den Linien der RPF. Die Besatzungen fuhren ihre Panzerfahrzeuge von der Kreuzung weg, aber die etwa fünf Minuten bis zum Eintreffen des Konvois hielt ich, einem weiteren Beschuss schutzlos ausgesetzt, die Stellung. Der leere Konvoi fuhr schließlich an mir vorbei, es gab keinen weiteren Angriff. Im Verlauf der Mission retteten wir auf diese Weise 10.000 Menschen, ohne je zu wissen, ob man auf uns schießen würde.

*

An diesem Abend ließ mir Clayton Yaache, der Chef unserer humanitären Abteilung, einen formellen, von seinem unmittelbaren Mitarbeiter Don MacNeil verfassten Brief zukommen, der mich darüber informierte, dass die ghanaischen Soldaten ebenso wie die Militärbeobachter diese hochriskanten Einsätze für entbehrlich hielten und sich dabei unnötiger Gefahr ausgesetzt sähen. Ich verstand ihre Beschwerden, aber ich stimmte ihnen nicht zu. Nicht nur waren die Transfers eine der wenigen positiven Aktionen, die wir unternehmen konnten, sie trugen auch dazu bei, die Anzahl der Menschen zu vermindern, denen wir Schutz und Lebensmittel geben mussten.

Trotzdem, der Brief, geschrieben nach den Ereignissen an der Kreuzung, trug zu meinem Entschluss bei, die Transfers vorerst einzustellen, bis die RPF zur Vernunft gekommen wäre. Mich plagten auch andere Zweifel. Ich wusste nicht, was die Armee wohl mit ihren Leuten machte, sobald wir sie auf der Straße abgesetzt hatten; ihre Gebiete waren vollkommen chaotisch. Außerdem war durchaus nicht allen Flüchtlingen, die bei uns Schutz gesucht hatten, an einer Evakuierung gelegen. Überraschend viele wollten bei uns bleiben, und ich muss gestehen, dass sie dafür gute Gründe hatten. Bei uns erhielten sie wenigstens eine rudimentäre Versorgung und minimalen Schutz; sie waren nicht versessen darauf, sich in völlige Ungewissheit zu stürzen. Andere wollten aber ganz aus dem Land gebracht werden, doch um das zu erreichen, mussten wir ihnen die richtigen Papiere verschaffen, oder Nairobi würde sie zurückschicken.

In dieser Nacht schrieb ich wegen des Mörserangriffs an der Kreuzung einen scharfen Protestbrief an Kagame. Ich hielt ihm vor, dass sein oberster Verbindungsoffizier bei UNAMIR der ganzen Operation zugestimmt hatte und wir von seiner Seite grünes Licht erhalten hatten. Ich erinnerte ihn auch daran, dass mir meine Einsatzregeln erlaubten, zurückzufeuern. »Ich muss auf Ihrer persönlichen Antwort in dieser Frage bestehen«, schloss ich. »Ich werde mich abermals persönlich an die Kadafi-Kreuzung stellen, um die Aktion zu überwachen, wenn und falls wir den Austausch Vertriebener wieder aufnehmen.«

Weniger als 24 Stunden später hielt ich eine knappe Erwiderung des Generals in Händen. Er schrieb, dass der örtliche Bataillonskommandeur seine Befehle nicht befolgt und nun strenge Disziplinarmaßnahmen zu erwarten habe. Später kamen uns unterschiedliche Gerüchte zu Ohren, was mit diesem Bataillonskommandeur geschehen war. Einer Version zufolge musste er einen förmlichen Tadel hinnehmen und wurde auf ein schmähliches Kommando hinter den Linien versetzt. Nach dem anderen Gerücht war dieser Kommandeur ein fanatischer Hutu-Hasser und hatte bereits zuvor Ärger mit Kagame gehabt; er soll nach dem Vorfall fortgeschafft und erschossen worden sein.

*

Seitdem Bernard Kouchner aus Kigali abgereist war, hatte er häufig unsere humanitäre Abteilung wegen der ruandischen Waisen kontaktiert. In seiner Eigenschaft als Präsident der Organisation Ärzte der Welt bat er um unsere Erlaubnis und Unterstützung, eine Gruppe sehr kranker Kinder nach Paris zu evakuieren. Wir erklärten uns schließlich bereit, sie herauszubringen, sofern Kouchner zuerst das Einverständnis beider Seiten ausgehandelt hätte.

Am 4. Juni war es soweit. Die kanadischen Herkules sollten am Morgen mit kanadischen Militärkrankenschwestern an Bord in Kigali eintreffen, nach dem Entladen 50 Kinder aufnehmen und nach Nairobi ausfliegen. Dort würde plangemäß ein Sanitätsflugzeug der französischen Streitkräfte auf sie warten, um sie direkt nach Paris zu fliegen. Unser Teil der Abmachung verlief gut. Früh am Morgen wurden die Kinder an Bord gebracht, wo die Schwestern sie für den Flug stabilisierten – einige hatten schwere Verletzungen. Viele der Kinder ängstigten sich schrecklich, weil sie noch nie in einem Flugzeug geflogen waren.

Die Herkules traf kurz nach Mittag in Nairobi ein, aber dort stand wider Erwarten keine französische Maschine bereit, und die Kenianer wollten die Kinder nicht von Bord lassen. Das Militärflugzeug hatte keine Klimaanlage, es war ein stickig heißer Tag, noch unerträglicher durch die Hitze des Rollbahnasphalts. Die Kinder saßen über neun Stunden in der Herkules fest, ihr Zustand verschlechterte sich sehr – eines der Kinder soll gestorben sein. In der Nacht traf schließlich das französische Sanitätsflugzeug ein, die Kinder wurden an Bord gebracht und nach Paris ausgeflogen. Die Maschine landete am nächsten Morgen in Frankreich – zu einer Tageszeit, die eine maximale Medienaufmerksamkeit garantierte.

*

Dem Stapel von Telexen, der am Morgen des 5. Juni auf meinen Tisch kam, entnahm ich, dass mein für Phase drei vorgesehenes Verstärkungsbataillon ausgerechnet aus Bangladesch kommen würde. Was konnte ich dazu sagen?

Die OAU war entschlossen, bei einem Gipfel in Tunis einen Waffenstillstand zu vermitteln. Henry nahm in Nairobi an einer Sitzung unter Vorsitz von Booh-Booh teil, um diesen Gipfel vorzubereiten. Beim Morgenappell bat ich um einen Statusreport über unsere Ressourcen – ich wollte insbesondere wissen, wie viele Fahrzeuge noch fahrtüchtig waren und wie viel Verpflegung und Treibstoff wir hatten. Es stellte sich heraus, dass wir uns auf etwa ein Dutzend Lastwagen und 40 bis 50 Geländewagen stützen konnten, je nach dem Tüftlergeschick der Militärbeobachter. Wir hatten eine geringe Menge Treibstoff zum Betrieb der Generatoren im Amahoro-Komplex, dem König-Faisal-Krankenhaus und dem Hotel Mille Collines übrig, aber fast nichts mehr für die Fahrzeuge. Selbst wenn ich die Lage für sicher hielt, konnte ich also keinen Konvoi für einen Flüchtlingsaustausch mehr losschicken, weil uns das Benzin auszugehen drohte. (Ich fragte Kagame am nächsten Tag, ob er uns nicht ein bisschen Treibstoff leihen könne, aber in diesem Fall war es das Rote Kreuz, das uns Diesel für einen weiteren Transfer borgte.)

Was meine Soldaten anbelangte, war ich in ständiger Sorge, wie viel ich ihnen zumuten und wie ich sie motivieren konnte, ihr Leben zu riskieren, besonders bei den Transfers. Henrys Standhaftigkeit trug viel dazu bei, um die Moral vieler afrikanischer Militärbeobachter und natürlich seiner eigenen Ghanaer zu heben. Er hatte auch enge Bande zu Tiko geknüpft, der unter den Militärbeobachtern als Heiliger galt. Tiko hatte nie einen seiner Männer in einer heiklen Lage im Stich gelassen. Henry und Tiko zusammen gelang es, den verwundbaren und überlasteten Militärbeobachtern das Äußerste abzuverlangen.

Die Überraschung des Tages war der plötzliche Besuch des italienischen Außenministers, der ohne weitere Vorankündigung am Vormittag eintreffen wollte und erwartete, von mir auf dem Flughafen begrüßt zu werden. Wir entwarfen rasch ein Programm für ihn, und um etwa zehn Uhr traf ich am Haupttterminal ein, um auf das Flugzeug zu warten. Schließlich hörten wir die Motoren und gingen alle hinaus, um uns die Landung anzusehen. Die Herkules-Piloten waren es gewohnt, unter Beschuss zu landen, und hatten eine Routine entwickelt, wo sie die Maschine am besten aufsetzten, um dann im Bogen vor die Flughafenhalle zu rollen, die Rampen herunterzulassen und wie eine eierlegende Gans die geladenen Paletten beim langsamen Vorfahren in einer Reihe abzustellen. Dieses Mal hatte das Flugzeug gerade gewendet und der Lademeister die Rampen herabgelassen, als hinter dem Kontrollturm schwere Mörsergranaten einschlugen. Der Lärm der Maschine überdeckte den Krach der Explosionen, aber als ich den Rauchpilz aufsteigen sah, gab ich dem Piloten ein Zeichen, sich aus dem Staub zu machen. Der Pilot reagierte sofort und fuhr die Motoren hoch. Der Lademeister stand noch auf dem Boden und wurde nun, da sich die Maschine in Gang setzte, von seinem Kopfhörerkabel, das ihn mit dem Flugzeug verband, mitgezogen. Während die Riesengans vorwärts rollte, versuchte er, die Rampen hochzubekommen. Einer meiner kanadischen Militärbeobachter, Hauptmann Jean-Yves St-Denis, rannte ihm instinktiv zu Hilfe. Sie schlossen die erste Rampe und versuchten es dann mit der zweiten. Das Flugzeug bewegte sich nun so schnell, dass der Lademeister und St-Denis unter unseren anfeuernden Rufen hinterherrennen mussten.* Schließlich bekamen sie die Rampe hoch, der Lademeister sprang auf, und die Maschine konnte in Startposition rollen. Gerade, als sie die Startbahn erreicht hatte, schlug eine weitere Granate genau dort ein, wo die Herkules entladen werden sollte.

Ich befahl allen, in der Flughafenhalle Deckung zu suchen – in der Überzeugung, dass es dieses Mal um unser Glück geschehen sei. Gleich würde die Maschine von einer gewaltigen Explosion in Stücke gerissen werden, und mit ihr 50 oder 60 Menschen, darunter der italienische Außenminister. Doch obwohl eine weitere Granate viel zu dicht detonierte, schaffte es die Herkules sicher in die Luft. Es bestand kein Zweifel, dass die Granaten auf das Flugzeug gerichtet waren, denn der Beschuss hörte auf, sobald es abgehoben hatte.

Gleich nach dem Vorfall kam Frank Kamenzi zu mir, unser RPF-Verbindungsoffizier, und teilte mir mit, dass die Armee auf das Flugzeug geschossen habe. Seine Leute hatten einen Befehl des Einsatzleiters der Regierungstruppen abgefangen, die Maschine abzuschießen. Als ich Bizimungu noch am selben Vormittag darauf ansprach, stritt er die Beschuldigung rundweg ab, gab aber zu, dass die Armee über die Ankunft des italienischen Außenministers nicht vorgewarnt und über den unangekündigten Besuch auch nicht begeistert war.

Ich hatte keine andere Wahl, als den Flughafen bis auf weiteres zu schließen, was uns genau in die Lage brachte, die ich am meisten gefürchtet hatte: ohne schnelle Nachschub- und Evakuierungsroute in Kigali festzusitzen.

Bevor ich an diesem Abend einschlief, fiel mir ein, dass sich am folgenden Tag zum 50. Mal der Beginn der Normandieinvasion der alliierten Streitkräfte jährte, der »D-Day«. In der Woche vor Beginn des Krieges in Ruanda hatte ich den 6. Juni als unseren eigenen D-Day** anvisiert, den Beginn der Demobilisierung. Ich lag schlaflos auf meiner Matratze und dachte darüber nach, wo wir stattdessen standen: Uns war die Verpflegung ausgegangen, auf uns wurde geschossen, das Abschlachten ging ungebremst weiter, und immer noch preschte keine rettende Kavallerie über den Hügel.

*

* St-Denis erhielt dafür eine Belobigung des Stabschefs der kanadischen Streitkräfte.

** D-Day bezeichnet im englischen Sprachraum allgemein einen Tag, an dem ein größeres militärisches Unternehmen beginnt. (A.d.Ü.)

6. Juni. Beim Morgenappell informierte mich Yaache, dass die Zahl der Menschen, die in unseren Stützpunkten einschließlich des Mille Collines Zuflucht suchten, in den letzten Tagen auf Tausende angeschwollen war. Er hatte es äußerst schwer, Listen von Flüchtlingen für den Austausch zu erstellen, weil immer mehr eintrafen, während andere ihre Meinung änderten und lieber bei uns bleiben wollten.

Am selben Tag versuchte die Armee eine ihrer äußerst seltenen Offensiven, um die Straße zwischen Kigali und Gitarama zu öffnen, und wurde von der RPF problemlos zurückgeworfen (was am 13. Juni zum Fall von Gitarama führte und die Interimsregierung zur Flucht erst nach Kibuye und dann nach Gisenyi im äußersten Nordwesten an der Grenze zu Zaire zwang). Ich musste zu einem weiteren Treffen mit Kagame, dieses Mal nicht nach Mulindi, sondern zu einem vorübergehenden Hauptquartier in neu erobertem Gebiet. Der Weg führte durch die üblichen Szenen des Grauens. Als ich eintraf, saß Kagame vor einer kleinen Hütte, umringt von gut 20 bis 30 Soldaten. Patrick Mazimhaka, Kagames höchster politischer Berater, war ebenfalls anwesend. Mir fiel auf, wie gelassen die beiden in ihren Korbstühlen im Schatten saßen, wie sauber und gebügelt Kagames Kleidung war – alles Anzeichen eines großen Kontrastes zu dem Leben, das ich mit meinen Soldaten im Amahoro-Komplex führte. Er begrüßte mich herzlich und gemessen. In der Hütte war das Mobiliar durcheinander geworfen, auf dem Boden lag zwischen zerbrochenem Glas ein Bild von Habyarimana. Wir setzten uns auf ein langes Sofa mit einem recht langen Kaffeetisch vor uns, auf dem ich die Schlachtkarte ausbreitete, die ich immer dabei hatte. Wir sprachen über den Fortgang des Feldzugs; aus den wenigen Andeutungen, die ich ihm entlocken konnte, versuchte ich seine künftigen Züge zu erahnen. Er war rundum zuversichtlich. Die Straße zwischen Kigali und Gitarama sei nun eine sehr riskante Route, er habe die besten Kräfte der Armee in Kigali eingeschlossen, damit sie nicht anderswo gegen ihn kämpfen konnten; er könne die Lücke schließen, wann immer er wolle, und sie vernichten. Ich hatte den deutlichen Eindruck, dass er mit seinem Feind spielte.

Am Rande erwähnte ich Ephrem Rwabalindas Vorschlag, die schweren Differenzen zwischen den Kriegsparteien mit einer Begegnung von Kagame und Bizimungu zu vermindern. Aber darin sah Kagame keinen Wert. Warum sollte er sich mit dem Feind treffen, wenn er alle Trümpfe in der Hand hielt?

*

7. Juni. Ich zerbrach mir den Kopf, wie ich den Soldaten eine kleine Erholungspause von ihrem Dauerstress verschaffen konnte. Henry saß in Nairobi fest, seitdem ich den Flughafen schließen musste; er fehlte uns, und wir spürten alle unsere Isolation. Beim Abendappell fragte mich der Stab, ob sich nicht irgendwo ein Fernseher mit Antenne auftreiben lasse, um die am 17. Juni beginnende Fußballweltmeisterschaft zu verfolgen – die Niederländer und die Brasilianer, zwei der Entsendeländer von UNOMUR, nahmen daran teil. (UNOMUR hatte mir eine Einladung geschickt, um mir das Finale am 17. Juli bei ihnen im ugandischen Kabale anzusehen.) Das war eine Kleinigkeit, die sich machen ließ. Ich autorisierte meinen Stab, einen Fernseher zu organisieren und unter so geringen Risiken wie möglich zu meinem alten Haus zu fahren, um die dortige Antenne ins Hauptquartier zu holen. Der Fernseher hob die Moral beträchtlich, auch wenn, wie sich herausstellte, am 17. Juni dann doch niemand bei UNAMIR mehr an Fußball dachte.

*

Als Henry entdeckte, dass ich den Flughafen geschlossen hatte, wich er nach Kampala aus und machte sich an die herkulische Aufgabe, eine logistische Nachschubverbindung zwischen Nairobi und Kampala auf dem Luftweg und dann weiter über Land nach Kigali zu organisieren. In drei Tagen handelte er Vereinbarungen mit der kenianischen und ugandischen Regierung, dem UN-Entwicklungsprogramm in Kampala, dem UN-Hauptquartier in New York, unserer Verwaltung in Nairobi und der RPF aus, um eine Route dafür zu öffnen. Er lieh sich Lastwagen vom UN-Welternährungsprogramm und führte dann persönlich den ersten Konvoi mit der ghanaischen Verstärkung – etwa 50 Soldaten – nach Kigali.

Als sie am 8. Juni auf das Gelände des Hauptquartiers fuhren, klatschten und jubelten wir. Es war das erste Zeichen, dass UNAMIR 2 tatsächlich angelaufen war (wenngleich mit 15-tägiger Verspätung und mit Soldaten, die weder die erforderliche Ausbildung und Ausrüstung noch Truppentransporter hatten). Nun hatten wir wieder eine Logistikroute, über die wir in den folgenden Wochen und Monaten die Flüchtlinge und uns selbst versorgen konnten. Entscheidend war bei dieser Operation die Zusammenarbeit mit dem Welternährungsprogramm: Es versorgte uns mit Schwerlastern, wir unsererseits boten ihm eine Route, Koordination und Sicherheit, um humanitäre Hilfe nach Ruanda zu liefern. (Es war ein Paradebeispiel dafür, was sich erreichen lässt, wenn Hilfsorganisationen mit einer Friedenstruppe kooperieren, statt sie zu unterlaufen.)

Ironischerweise verabschiedete der Sicherheitsrat am selben Tag die Resolution 925, mit der er das Mandat von UNAMIR bis Dezember verlängerte und grünes Licht für die gleichzeitige Umsetzung der Phasen zwei und drei der Truppenaufstellung gab. Was für eine Farce. 23 Tage waren seit Billigung des Mandats vergangen und längst hätten wir uns unserer vollen Truppenstärke nähern sollen, um schnell zu intervenieren. So sehr wir gejubelt hatten, als die ghanaische Verstärkung eintraf: 50 Mann waren nicht annähernd genug.

*

Am 8. Juni, dem Tag, an dem Henry mit den Ghanaern zurückkehrte, fuhr Major Luc Racine mit einem kleinen, von einem französischen Journalisten begleiteten Team von Militärbeobachtern nach Nyamirambo, einer Vorstadt von Kigali. Sie wollten dort ein von Franzosen betriebenes Waisenhaus namens St. André aufsuchen, eine jener Einrichtungen, denen Bernard Kouchner seine Aufmerksamkeit gewidmet hatte. Die Situation dort war verzweifelt. Die Kinder, zumeist Tutsi, waren auf engem Raum zusammengedrängt, hatten kaum Lebensmittel und Trinkwasser und konnten sich in dem feindseligen Viertel nur selten auch nur in den Hof trauen.

Um dorthin zu kommen, mussten Racine und seine Leute sich an 21 Straßensperren vorbeilavieren. Nyamirambo war eines der wenigen noch dicht bevölkerten Gebiete von Kigali. Es wimmelte von Milizionären. Alle Straßensperren dort waren in der Nähe von Spelunken errichtet worden, ihre Bewacher hatten sich an selbstgebrautem Bananenbier betrunken. Die Hütten standen so dicht an den Straßenseiten, dass man durch die Gassen wie durch einen Tunnel fuhr. Als Racine tiefer und tiefer nach Nyamirambo hineinfuhr, schien er ins Herz der Interahamwe vorzudringen. Die Menschen in diesem Vorort waren so arm, dass sie kaum Hoffnung auf eine bessere Zukunft hatten; die Hasspropaganda der Hutu-Extremisten war bei ihnen auf fruchtbaren Boden gefallen.

Das Waisenhaus war ein quadratisches Gebäude, und gegen den Zaun, der es umgab, drängten sich an allen Seiten Hütten. Als Racine und sein Team auf den Hof fuhren und unter einem großen Baum parkten, brach der französische Missionar, der das Waisenhaus leitete, in Tränen aus. Aber die Ankunft der UN-Fahrzeuge erregte Aufmerksamkeit, bald waren Hunderte von Vorstadtbewohnern auf die Dächer der umliegenden Hütten geklettert. Einige sprangen sogar über den Zaun, um durch die Fenster des Waisenhauses die Kinder anzustarren.

Im Gebäude waren einige der Erwachsenen, die sich um die Kinder zu kümmern versuchten, durchgedreht und fast verrückt vor Angst. Racine wusste, dass es keine Möglichkeit gab, die Kinder noch am selben Tag herauszubringen. Der Mob draußen wurde giftig; die UN-Evakuierung der Waisen war in Ruanda ein explosives Thema. Racine beschloss, wenigstens die Erwachsenen mitzunehmen, deren Nerven nicht mehr mitspielten. Ein vereinzelter Milizionär begann, auf das Waisenhaus zu feuern. Es gelang allen, sich vor den Kugeln zu ducken und die Deckung des Baumes zu erreichen, nur der französische Journalist wurde auf dem Weg zum Wagen am Gesäß getroffen und musste hineingetragen werden, bevor sie fliehen konnten.

Racine trat aufs Gas, rammte sich seinen Weg durch die Barrieren und schaffte es an jeder gerade rechtzeitig vorbei, bevor dort die Botschaft ankam, ihn aufzuhalten. Bevor er zum Hauptquartier fuhr, brachte er den verwundeten Journalisten zum König-Faisal-Krankenhaus und überließ ihn der Obhut des Arztes James Orbinski. Hinter Racine und seinem Team explodierte das Viertel: Die Interahamwe hatte keine Skrupel, auf ihre eigenen Leute zu schießen, wenn ihr eine Beute versagt blieb. Die Vorstadt fiel ins Chaos. Es gelang uns erst wieder, in den Bezirk vorzudringen, als Kigali dreieinhalb Wochen später an die RPF fiel – und selbst Kagames Truppe hatte Schwierigkeiten, das Gebiet unter Kontrolle zu bringen.

Dieser fehlgeschlagene Einsatz ist ein Paradebeispiel für die Abenteuer, in die ich meine Militärbeobachter schicken musste, um unschuldigen Menschen Medikamente und Lebensmittel zu bringen, sie zu schützen und möglicherweise zu evakuieren. Am Abend brachte mich Yaache auf den neuesten Stand unserer humanitären Arbeit. Zu diesem Zeitpunkt waren aus aller Welt 921 Rettungsgesuche für einzelne Ruander oder auch ganze Familien eingegangen sowie 252 Anfragen, Ausländer in Sicherheit zu bringen. Alle, denen diese Gesuche galten, hatten gute Verbindungen, kannten Leute, die in New York ihre Beziehungen spielen ließen oder uns sogar direkt anriefen. Racine hatte es mit seinem Team zwar lebend vom Waisenhaus St. André zurückgeschafft, aber er war am Boden zerstört, dass er die Kinder nicht hatte retten können. Ganz im Gegenteil. Mit hoher Wahrscheinlichkeit hatte die auffällige Vorfahrt eines UN-Wagens im Nachhinein die Gefährdung der Kinder bloß vergrößert. Möglicherweise waren sie nach seiner Flucht alle schon ermordet worden. Die Hutu-Nachbarn hatten durch die Fenster gestarrt, als ob sie nur darauf warteten, sich auf sie zu stürzen.

Es kostete uns alle nur erdenkliche Mühe, all unsere Mittel und unseren Mut, auch nur die geringsten Ergebnisse zu erzielen, und dennoch wurden um uns herum Hunderttausende von Menschen niedergemetzelt, rannten Millionen um ihr Leben. Manchmal richteten wir mehr Schaden als Nutzen an. Nach jeder einzelnen Aktion, ob gescheitert oder »erfolgreich«, musste ich mich fragen, ob es zu verantworten war, meine Männer so zu beanspruchen und einem so hohen Risiko auszusetzen. Heute, da mit den Jahren langsam die zynischen Manöver Frankreichs, Belgiens, der USA, der RPF, der Regierungsarmee und anderer ans Licht gekommen sind, habe ich unweigerlich das Gefühl, dass wir ein Ablenkungsmanöver waren, ja sogar die Opferlämmer spielen mussten, damit die Staatsmänner sagen konnten, die Welt unternehme etwas, um das Morden zu stoppen. Tatsächlich waren wir nichts anderes als ein Feigenblatt. Als ich Ende der 90er Jahre, nachdem ich zum ersten Mal vor dem Arusha-Tribunal ausgesagt hatte, meinen persönlichen Tiefpunkt erreichte, geschah dies, weil mir schließlich klar geworden war, wie sehr man mich betrogen hatte. Ich hatte meine Leute angetrieben, wo immer möglich Menschenleben zu retten, aber im Vergleich zu dem geplanten Völkermord erwiesen sich unsere Anstrengungen als fast bedeutungslos. Und die ganze Zeit über war ich davon ausgegangen, wir seien hier, um die Krise zu lösen.

*

Wir erhielten schließlich Nachricht, dass es in Kabgayi – der Ort, dessen Schutz der Papst von uns erbeten hatte – zu einem Massaker gekommen war. RPF-Soldaten, Angehörige der dortigen Sicherheitstruppe, waren in das Kloster eingedrungen und hatten einen Erzbischof, drei Bischöfe und zehn Priester getötet. Die Rebellenkräfte waren bei ihrem Vormarsch wochenlang überall auf die Spuren gestoßen, die die Hutu-Politik der verbrannten Menschen hinterlassen hatte, und wussten sehr wohl, dass die Kirche sehr eng mit der Habyarimana-Familie und Mitgliedern der ehemaligen Regierung verbunden war. Durch die allgegenwärtigen Zeugnisse dieser Gräueltaten hatte ihre Disziplin so sehr gelitten, dass sie die Oberhäupter der Kirche schlicht aus Rache ermordeten. Bei den Waffenstillstandsverhandlungen am 9. Juni gab die RPF den völligen Zusammenbruch der militärischen Kontrolle in Kabgayi zu und räumte ein, dass eine Gruppe ihrer eigenen Soldaten die Geistlichen, allesamt Hutu, grausam abgeschlachtet hatte. Henry übernahm die Aufgabe, die Bergung der Leichen zwischen RPF und Armee zu vermitteln und sie der Interimsregierung zur Bestattung zu übergeben. Als Henry am Abend einen Lagebericht an Maurice schickte, schloss er mit den Worten: »Würden das baldige Eintreffen der Kavallerie begrüßen.«

*

Am Morgen des 10. Juni hatte ich Henry das Kommando übergeben, um nach Nairobi zu fliegen. Ich musste persönlich mit Allay Golo, dem neuen Verwaltungsleiter, sprechen, um ihn und seine Mitarbeiter zu überreden, schneller auf unsere Anforderungen zu reagieren. Ich wollte mich außerdem mit dem undisziplinierten Schnatterhaufen von nichtstaatlichen und offiziellen Hilfsorganisationen treffen, von denen immer mehr in Nairobi auftauchten und sich präsentierten, als wüssten sie besser als alle anderen, wie die humanitäre Krise in Ruanda zu lösen sei. Während einige der angeseheneren Agenturen, namentlich das Rote Kreuz und Ärzte ohne Grenzen, weiter still ihre gewaltige Bürde trugen, schienen andere nur immer weitere Bedarfseinschätzungen vorzunehmen und Fototermine zu arrangieren. Ich wollte sie vor Vereinbarungen mit der RPF warnen und ihnen Feuer unter dem Hintern machen, damit sie endlich mit ihren ewigen »Bedarfseinschätzungen« aufhörten und aktiv wurden. Was die humanitären Organisationen der UNO anging, waren, so weit ich sehen konnte, bis auf das Welternährungsprogramm nur wenige ihrer Vertreter vor Ort.

Der loyale und unerschütterliche Amadou Ly vom UNDP hielt die Zeit für gekommen, dass ich mich direkt an die internationale Gemeinschaft wenden solle. Ich hatte außerdem einen persönlichen Anreiz für die Reise: Nach seiner Rückkehr nach Kanada war Admiral Murray zu dem Schluss gekommen, es sei gut für meine seelische Verfassung, ein paar Tage mit Beth zu verbringen, und er hatte dafür gesorgt, dass sie nach Nairobi kommen konnte.

Ich fuhr ohne Zwischenfall per Geländewagen durch RPF-Gebiet nach Norden. Das Land war verlassen, die Felder waren braun und unbestellt, einige Dörfer völlig niedergebrannt. Die RPF weigerte sich, unsere Fahrzeuge über die Gatuna-Brücke zu lassen, daher ging ich zu Fuß über den kleinen Grenzfluss nach Uganda und hatte das Gefühl, ein Land des Friedens und des Sonnenscheins zu betreten. Auf der anderen Seite holten mich Militärbeobachter von UNOMUR ab. Wir machten kurz Halt, um Oberst Azrul Haque zu treffen, meinen örtlichen Kommandeur, der mir bei einer Tasse Tee einen knappen Bericht über die Lage an der Grenze gab. Seit einiger Zeit hegte die UNO die Absicht, UNOMUR vollständig aufzulösen, da es angesichts des Waffenembargos für die Mission keinen Bedarf mehr gebe. Noch am Tag vor meiner Abreise hatte ich dem DPKO einen Bericht geschickt, in dem ich mich energisch dagegen verwahrte, weil das Waffenembargo ein Witz sei. Von Haque erfuhr ich, dass die ugandische Armee sich weiterhin unkooperativ verhalte und Einsätze der Beobachter verhindere. Aber er hatte unsere Leute in der Nähe der großen Grenzposten stationiert, wo sie sogar nachts Wache hielten und Zeuge eines beträchtlichen Grenzverkehrs zwischen Uganda und Ruanda wurden.

Ich stieg an Bord eines Hubschraubers, um nach Entebbe zu fliegen, wo mich eine Herkules für die letzte Etappe nach Nairobi erwarten sollte. Bald flog ich über den alten Flughafen von Entebbe, den ich vor der Landung auf dem neuen Flughafen aus der Luft inspizierte. Entebbe sollte mein wichtigster Aufmarschstützpunkt für UNAMIR 2 werden. Das alte Flughafengelände war einigermaßen brauchbar und ließ sich mitsamt seiner Rollbahn in einen Luftstützpunkt mit Zeltstadt für Ausbildung, Wartung und Reparatur der hereinkommenden Ausrüstung verwandeln. (In den folgenden Wochen kam es so weit, dass ich mit humanitären Organisationen um kostbare Frachtkapazitäten und Busse wetteifern musste, um die neuen Soldaten von Entebbe nach Kigali zu bringen – eine eintägige Fahrt auf der Straße, wenn alles glatt ging. Die Nachricht von unserem Bedarf hatte sich bis zur kenianischen Hafenstadt Mombasa und sogar bis nach Daressalam herumgesprochen und ließ die Mietpreise für Schwertransporter in den Himmel schießen. War hier das kapitalistische System von Angebot und Nachfrage am Werk oder kreisten da schon die Geier?)

Ich hatte etwa eine Stunde Zeit bis zum Abflug und ging hinaus zu den wenigen Militärbeobachtern von UNOMUR, die schon hierher verlegt worden waren, um mit den Vorbereitungen zu beginnen. Doch schlagartig verlor ich mein Interesse an ihnen: Von der wartenden Herkules her kam Beth über den Asphalt auf mich zu. Ich wollte ihr entgegenrennen, wie man es aus Filmen kennt, aber dazu war ich viel zu verblüfft. Die Heimat war so weit weg gewesen. Wir stiegen in die Herkules und konnten vorne bei der Besatzung Platz nehmen.

Ich brachte während des Fluges nach Nairobi kaum ein Wort heraus, aber ich erinnere mich, dass mir Tränen auf die Hände fielen und mir erst da bewusst wurde, dass ich weinte.

Natürlich hatte ich, sobald wir in Nairobi eintrafen, keine Zeit mit Beth allein. Ich wurde vom Flughafen weg sofort zu einem großen Informations- und Koordinationstreffen mit allen humanitären Gruppen und Diplomaten gescheucht. Ich berichtete detailliert über die militärische Situation und den Genozid und beschrieb das Einsatzkonzept von UNAMIR 2 und die neuen Aufgaben meiner Mission, zu denen Unterstützung und Schutz für die Hilfsorganisationen und für gefährdete Ruander gehörten. Ich warnte sie nachdrücklich vor eigenmächtigen Operationen in der RPF-Zone und erklärte ihnen, wie sehr sie damit einer der Kriegsparteien Vorschub leisteten; solange sie weiterhin Abmachungen direkt mit der RPF träfen, würde die Armee ihnen niemals einen neutralen Status einräumen, was bedeutete, dass sie keinen Zugang zu den Vertriebenenlagern auf dem Gebiet der Regierungstruppen erhalten würden. Ich verließ diese Konferenz in der Ungewissheit, ob diese eigenwilligen Helfer die Botschaft verstanden hatten und nach meinen Regeln spielen würden.

Ich verbrachte dann fast eine Stunde mit den internationalen Medien und beschuldigte sie ziemlich offen, das Interesse an dem Thema verloren zu haben. Es sei doch ihre Aufgabe, die Wahrheit zu berichten und die untätigen politischen Führer in ihren Heimatländern schonungslos in Verlegenheit zu bringen, indem sie sie unablässig an ihre Verantwortung für den Völkermord in Ruanda erinnerten. »Ich brauche Soldaten, und ich brauche sie jetzt«, sagte ich ihnen. »Gehen Sie also los und helfen Sie mir, die ruandische Sache zu vertreten.« Zumindest hörten sie mir zu.

Als ich endlich das UN-Hauptquartier in einem anderen Teil der Stadt erreichte, war es schon nach 17 Uhr. Die meisten Mitarbeiter hatten sich bereits in den Feierabend verabschiedet. Mir platzte fast der Kragen angesichts ihrer Dienst-nach-Vorschrift-Attitüde, nur dank des allzeit einfühlsamen Amadou Ly konnte ich mich im Zaum halten. Dennoch: Nachdem ich erneut die harte Lage in Kigali beschrieben hatte und von Golo und den wenigen Mitarbeitern, die geblieben waren, um sich an diesem Spätnachmittag mit mir zu treffen, nur bürokratische Antworten bekam, stieß ich unversehens eine Drohung gegen den Verwaltungschef aus: »Ich habe mehr Gewehre, als Sie, Mr. Golo, und ich bin mir ziemlich sicher, dass Sie damit keine Bekanntschaft machen möchten.« Als ich mich etwas beruhigt hatte, wurde mir klar, dass keine noch so ausführliche Schilderung diesen Verwaltungsangestellten je die Bedingungen veranschaulichen würde, unter denen wir lebten. Ich beschloss daher, dafür zu sorgen, dass sie Ausflüge vor Ort unternehmen mussten, damit sie selbst den ätzenden Gestank des Todes und des Hungers rochen und erlebten, wie es sich anfühlte, von Konservenfutter mit abgelaufenem Verfallsdatum und mit dem dadurch ausgelösten Durchfall ohne Toilettenpapier und fließendes Wasser zu leben. Dann würde ihnen klar werden, wie ernst es mir war, wenn ich sagte, dass die Loyalität meiner Soldaten durch die Bedingungen, unter denen sie leben mussten, weit über Gebühr auf die Probe gestellt wurde.

Zu dieser Zeit hätte ich längst in der kanadischen Botschaft sein müssen, wo Botschafterin Lucie Edwards Vorkehrungen getroffen hatte, um Beth und mich zu beherbergen und mit gutem Essen zu verwöhnen. Es war unbeschreiblich, sich wieder in einem gemütlichen Haus aufzuhalten, doch ich muss gestehen, dass ich mich drei Mal von oben bis unten abschrubbte, bis ich mich sauber genug fühlte und eine Zeit lang so tun konnte, als sei ich normal.

Die folgenden zwei Tage versteckten Beth und ich uns in einem abgelegenen Hotel im britischen Kolonialstil in einem von Kenias Wildparks. Am zweiten Abend wurde ich vom Essen mit meiner Frau fortgerufen, um einen dringenden Anruf entgegenzunehmen. Ich befürchtete sofort, dass in Kigali etwas Schreckliches im Gange sei. Aber nein, zu meinem beträchtlichen Zorn war nur der französische Botschafter in Kenia am Telefon. Wie er an meine Nummer gekommen war, ist mir noch immer ein Rätsel. Sein dringendes Anliegen waren Waisen – er wollte sich mit mir treffen, wenn ich wieder in Nairobi sei. Als ich zu Beth zurückging, fragte ich mich, was es mit der französischen Obsession für Waisen auf sich haben mochte: Was bedeutete es, dass sie sich nun direkt an mich statt an Kouchner wandten? Irgendetwas führten die Franzosen im Schilde, und ich musste herausfinden, worum es dabei ging. Aber ich hätte damals nie erraten, in welchem Ausmaß die Interimsregierung, die Armee, Butros-Ghali, Frankreich und sogar die RPF hinter meinem Rücken bereits zusammenarbeiteten, um unter dem Deckmantel einer humanitären Hilfsoperation eine französische Intervention in Ruanda herbeizuführen. Aber was war eigentlich das Neue an meiner Unwissenheit? Ich war wahrlich nur ein Bauer auf dem Brett, von dem erwartet wurde, dem höheren politischen Spiel zu dienen, das größere Leute als ich spielten.

Als wir zurück in die Stadt kamen, sah ich nur wenig von Beth, da man mich von einer Sitzung zur nächsten trieb, auch wenn ich nie den französischen Botschafter traf, der in der Sache der Waisenkinder nichts mehr von sich hören ließ. Bevor Beth abreiste, empfing uns Botschafterin Edwards am 14. Juni mit ihrem Ehemann und einigen Botschaftsangehörigen zu einem geruhsamen Diner. Ich stand unter einem völligen Kulturschock: Normale menschliche Geselligkeit – angenehmes Plaudern, gutes Essen, die Welt außerhalb von Ruanda – kam mir surreal vor. Gequält vom noch gänzlich unverarbeiteten Erlebnis des Völkermords, versuchte ich an dem Abend teilzunehmen, so gut es eben ging. Beth war reizend und verbarg ihre Sorge darüber, was mir noch widerfahren mochte und bereits mit mir geschehen war. Später sagte sie mir, dass sie die schwere seelische Störung gespürt habe, die sich in mir zusammenbraute: Ich schien nicht wirklich bei ihr und den anderen zu sein. Die einzige heitere Note jenes Abends, an die ich mich erinnere, war Edwards' Vorschlag, als Mittel gegen meine unerbittliche Schlaflosigkeit das jüngste Buch zu lesen, das ihr Ehemann über die Geschichte der kanadischen Holzindustrie verfasst hatte: Ein besseres Schlafmittel gebe es nicht. Er schaute gutmütig drein, als mir seine Frau das Buch überreichte. Und sie hatte Recht: Ich schlug es bei mehreren verzweifelten Gelegenheiten auf und kam nie über die Einleitung hinaus.

Als ich mich von Beth und dem geschäftigen Nairobi verabschiedete, war ich in einen seelischen und geistigen Kampf verstrickt, in dem das, was ich nun als die »reale« Welt ansah – der Völkermord in Ruanda –, und die »künstliche« Welt – die Entrücktheit und Abgestumpftheit der Reichen und Mächtigen – gegeneinander standen. Immer wieder fragte ich mich: Warum bleiben? Warum meine Soldaten bitten, zu bleiben? Warum um Verstärkung bitten? Aber jedes Mal fand ich nur eine Antwort: Es war meine moralische Pflicht, durchzuhalten, dazubleiben und zu helfen, selbst wenn die Wirkung unseres Handelns gering war.

Auf dem Rückweg nahm ich mir in Entebbe mehr Zeit, um die Verhältnisse vor Ort gründlich in Augenschein zu nehmen. Ich ging über den alten Flughafen, vorbei an dem Wrack des vor Jahren entführten Flugzeugs, stellte mir den damaligen heldenhaften Angriff der Israelis vor und dachte an die Selbstlosigkeit der Leute, die ich in Kigali zurückgelassen hatte.

*

Während ich fort war, hatte sich Henry mit Ansprüchen von allen möglichen Seiten herumgeschlagen. Der Sonderberichterstatter der UN-Menschenrechtskommission, René Degni-Segui, war in offizieller Mission eingetroffen. Wir taten alles, was wir konnten, um ihm bei seiner Untersuchung des Völkermordes zu helfen und die Befragungen von Zeugen und allen politischen und militärischen Akteuren zu erleichtern. Er und sein Team blieben bei uns im Amahoro-Komplex, der sicherste Ort, den wir finden konnten, was an manchen Tagen nicht viel heißen wollte. Eines der ersten Dokumente, das wir für ihn an die Kriegsparteien weiterleiteten, war eine Brandschrift wegen der Ermordung der Kirchenmänner in Kabgayi. Medien auf der ganzen Welt griffen die Story auf, was die RPF in Verlegenheit brachte. Obendrein teilte Degni-Segui Kagame mit, der Untersuchung des Falles Priorität einzuräumen. Bei den Waffenstillstandsverhandlungen, die Henry weiter voranzutreiben versuchte, waren alle Parteien sichtlich beunruhigt, was der Sonderberichterstatter wohl herausfinden würde, und mit gutem Grund machte die Untersuchung die Interahamwe und die Armee äußerst nervös.

Am 13. Juni hatten Henry und die humanitäre Abteilung 550 Menschen aus der Sainte-Famille-Kirche, dem König-Faisal-Krankenhaus, dem Mille Collines und dem Amahoro-Stadion in ihre jeweiligen Schutzzonen gebracht. Die Zusammenstellung der Flüchtlingstransporte bereitete immer größere Schwierigkeiten. Wir bemühten uns, ein geregeltes Verfahren einzuhalten, was nicht leicht fiel, weil immer neue Flüchtlinge in unsere Stützpunkte strömten und wir nicht in der Lage waren, die Listen auf dem neuesten Stand und vollständig zu halten. Wenn dann die Fahrzeuge abfahrbereit waren, versuchten einige nicht berechtigte Flüchtlinge, noch in letzter Sekunde aufzuspringen; andere, die regulär Platz gefunden hatten, befiel plötzlich die Angst, einfach weil die Interahamwe in Sichtweite der Tore unserer Stützpunkte Straßensperren errichtet hatte. Die Milizionäre hielten zwar keine Konvois auf, stellten aber dennoch eindeutig eine Bedrohung dar. RTLM behauptete weiterhin, dass UNAMIR nur Tutsi rette, obwohl jeder Beobachter sehen konnte, dass die Hutu-Transfers ebenso groß waren und es sogar Hutu gab, die sich weigerten, die Sicherheit unserer Stützpunkte, so wackelig sie sein mochte, zu verlassen.

Und dann, am 14. Juni, war die Interahamwe in die St.-Paul-Kirche eingedrungen, hatte etwa 40 Kinder auf die Straße getrieben und sie ermordet, einfach nur um zu zeigen, dass sie es konnte. Unsere dortigen

Militärbeobachter waren in der Unterzahl und natürlich unbewaffnet gewesen und hatten zusehen müssen, wie die Kinder umgebracht wurden. Vielleicht war das Massaker eine Antwort auf unseren großen und erfolgreichen Transfer vom Vortag, vielleicht auch eine gegen René Degni-Segui gerichtete Demonstration von Trotz und offener Verachtung.

Als ich am 16. Juni wieder in Kigali eintraf, war Henry jedenfalls überaus erleichtert, mich zu sehen. Noch am selben Abend brachte ich mich über die örtlichen und internationalen Entwicklungen auf den neuesten Stand und erfuhr dabei, dass Booh-Booh am 14. Juni seinen Rücktritt eingereicht und die UNO ihn gleich am nächsten Tag angenommen hatte. Und wieder versuchte die Interimsregierung von Ruanda, meine Entlassung zu erreichen, indem sie in einer Protestnote an den Generalsekretär zu Protokoll gab, meine »Mängel und meine offene Parteilichkeit« für die RPF hätten »weitgehend zum Scheitern von UNAMIR beigetragen«.

Es war vielleicht ein Symptom dafür, wie weit es mit mir gekommen war, dass ich mich freute, zurück zu sein.

KAPITEL 14

Invasion Turquoise

Die Schlacht um Kigali wütete den Juni hindurch ohne Unterlass. Paul Kagame war ein Meister der psychologischen Kriegführung und machte mit allen Finten das Ungleichgewicht an Waffen und Soldaten zwischen seinen Truppen und der Armee wett. Nach dem ersten Blitzangriff, der die Verbindung zum bereits in Kigali stationierten RPF-Bataillon hergestellt hatte, begann er mit einer behutsamen Einkreisung und Dezimierung der Verteidigungskräfte. Er ließ sich nicht im Mindesten einschüchtern von der Elitegarde des Präsidenten, den Artillerie- und Panzereinheiten, den zivilen Selbstverteidigungskräften oder der Miliz, die entschlossen die Hauptstadt verteidigten. Er glaubte, dass sie nicht die Disziplin hätten, einen klugen und entschlossenen Feind zu schlagen, und dass sie ihre Ressourcen auf die Ermordung von Zivilisten verschwendeten, statt ihre Anstrengungen auf die Verteidigung zu konzentrieren. Von Beginn an bündelte er seine Kraft auf das, was er als die Hauptaufgabe sah: die Armee im Feld zu schlagen.

Der Kommandovorstoß auf die Sainte-Famille-Kirche illustriert, wie fähig und kühn die RPF-Truppen waren. Tausende von Tutsi hatten Zuflucht in dem Gotteshaus am Ostrand des Stadtzentrums von Kigali gesucht. Eines Nachts Mitte Juni stieß die RPF mit einer Kompanie zwei Kilometer tief auf feindliches Territorium vor, befreite 600 Tutsi aus der Kirche und brachte sie durch die Linien der Regierungstruppen in Sicherheit. Der Einsatz begann als Geheimoperation und endete als umfassend gestütztes Rückzugsgefecht mit sorgfältig geplanter Artillerieunterstützung – nach den Standards jeder Militärstreitkraft eine vorbildliche Befreiungsaktion.

In den Junischlachten schmolz das von der Armee gehaltene Territorium dahin, entsprechend verschlechterte sich die Moral der Verteidiger. Und wieder verschärfte RTLM die persönlichen Attacken gegen mich und brachte weitere Beschuldigungen der Interimsregierung unters Volk, ich sei der Architekt allen Hutu-Unglücks. Aber die extremistischen Kräfte erhielten Aufwind von unerwarteter Seite.

*

Am Nachmittag des 17. Juni, gerade einen Tag aus Nairobi zurück, saß ich in meinem Büro und stürzte mich auf die angefallene Schreibarbeit, als Phil Lancaster, mein Assistent, in der Tür erschien. Hinter ihm tauchten Bernard Kouchner und ein weiterer Franzose auf, den Kouchner als Vertreter von Präsident Mitterands Krisenausschuss Ruanda vorstellte. Ich hielt ihre Anwesenheit in Kigali für nicht besonders klug angesichts der Präsenz der RPF in der Stadt, die bekanntermaßen nicht gut auf die Franzosen zu sprechen war. Trotzdem war ich in gewisser Weise erfreut, Kouchner zu sehen, einen Mann von großer Tatkraft und Ausstrahlung, auch wenn ich nie wusste, ob und wann seine humanitären Bestrebungen den Zwecken der französischen Regierung dienten.

Anders als beim ersten Mal, als Kouchner einfach hereingeplatzt war, fragte er höflich an, ob ich eine Stunde für ihn erübrigen könne, und erklärte dann, dass er als Vermittler für seine Regierung nach Ruanda gekommen sei und besonders mit mir sprechen wolle. Wenigstens war dieses Mal seine Rolle klar. Als Kouchner die furchtbare Lage rekapitulierte und das mangelnde Handeln der internationalen Gemeinschaft beklagte, konnte ich dem nur zustimmen. Aber dann fing er an, mich zu verwirren. Seine Regierung, sagte er, sei im Interesse der Menschlichkeit bereit, eine französisch-frankoafrikanische Koalitionstruppe nach Ruanda zu entsenden und anzuführen, um den Völkermord zu beenden und humanitäre Hilfe zu leisten. Sie würde mit einem UN-Mandat nach Kapitel VII kommen und im Westen des Landes eine Schutzzone für die Flüchtlinge einrichten. Er bat mich um meine Unterstützung. Ohne Zögern erwiderte ich »Non!« und begann, diesem großen Freund der Menschlichkeit alle frankokanadischen Flüche entgegenzuschleudern, die mein Vokabular hergab. Er versuchte, mich mit Gründen zu beruhigen, die für ihn wahrscheinlich edel klangen, die mir aber angesichts der französischen Geschichte in Ruanda wie Heuchelei vorkamen: Gewiss wüssten doch die Franzosen, dass ihre eigenen Verbündeten die Architekten des Gemetzels waren. Offensichtlich ging es ihnen nur um die Wahrung ihres Einflusses. Genau in diesem Moment riss Phil die Tür auf und unterbrach Kouchner. Phil brauchte mich sofort. Ich entschuldigte mich, um zu sehen, wo es brannte, und sah mich gleich zwei Krisen gegenüber.

Eine Patrouille der Militärbeobachter war am Stadtrand von Kigali auf eine Mine gefahren oder in einen Hinterhalt geraten – was von beidem, stand noch nicht fest. Einer unserer Offiziere war vermutlich tot, ein weiterer verletzt. Nun war auch noch der Krankenwagen, der losgefahren war, um sie zu bergen, in Schwierigkeiten geraten. (»Krankenwagen« war in diesem Fall ein fantasievolles Wort für einen Lieferwagen ohne jede Innenausstattung wie etwa einem Erste-Hilfe-Kasten oder einer Trage.)

Zugleich waren die Waffenstillstandsverhandlungen, die an diesem Tag in unserem Hauptquartier abgehalten wurden, gerade zu einer möglichen Geiselkrise eskaliert. Es stellte sich heraus, dass, während die Verhandlungen liefen, die Armee auf einen Transport von Tutsi geschossen und damit deren Evakuierung verhindert hatte. Als die RPF-Vertreter (über Funk) davon erfuhren, nahmen sie die gesamte Delegation der Armee gefangen, darunter General Rusatira, den abgehalfterten Stabschef. Meine Offiziere schritten ein, saßen aber nun in einem unlösbaren Patt fest. Phil bat mich, aus dem Fenster zu schauen: Auf dem Gelände sah ich ein Getümmel brüllender Offiziere, umringt von den bewaffneten Eskorten beider Seiten. Auch Henry und Tiko liefen unten herum, aber dennoch war klar, dass Panik herrschte und es in jeder Sekunde zur Katastrophe kommen konnte. »General«, sagte Phil, »Sie gehen besser dort hinunter, oder Sie werden dieses Kommando verlieren.«

Ich erinnere mich nicht mehr genau, wie ich nach unten auf das Gelände kam, irgendwie steckte ich plötzlich mitten im Tumult. Ich befahl meinen Offizieren, den Ort der Auseinandersetzung sofort zu verlassen – sie sollten im Einsatzzentrum auf mich warten. Am Rand der erregten Soldaten erblickte ich Frank Kamenzi, den RPF-Verbindungsoffizier bei UNAMIR, der in sein Funkgerät sprach. Ich unterbrach ihn und forderte ihn auf, seinen Vorgesetzten zu empfehlen, diese absurde Aktion sofort abzubrechen: Jeder Versuch, Geiseln von unserem Gelände zu entführen oder sie zu verletzen, hätte eine entschiedene Antwort meiner Soldaten sowie seine eigene Verhaftung zur Folge. Kamenzi zeigte nur selten Gefühle, aber nun sprang er mit weit aufgerissenen Augen einen Schritt zurück und sprach erneut in sein Funkgerät.

Im Einsatzzentrum fragte ich Henry und Tiko, dem es sichtlich schwer fiel, seine Wut zu bändigen, was mit der Patrouille geschehen war. Um 11.45 Uhr war die Nachricht eingetroffen, dass die Militärbeobachter – ein uruguayischer Major, Manuel Sosa, und Major Ahsan aus Bangladesch – etwa 20 Kilometer nördlich von Kigali anscheinend auf eine Mine gefahren waren. Unser einziger Arzt, ein Offizier aus Ghana, war daraufhin mit einem Team von Militärbeobachtern in die Lieferwagenambulanz gesprungen und, begleitet von einem Panzerfahrzeug, losgefahren, um unseren verwundeten Männern zu Hilfe zu kommen. Sie hatten schon über 15 Kilometer schlechter Straßen und die Straßensperren überwunden, als ein Reifen des Lieferwagens platzte. Der Arzt und seine Mitarbeiter gaben das Fahrzeug auf und fuhren mit dem Panzerwagen weiter, aber der verlor Öl und blieb ebenfalls liegen.

In der Zwischenzeit gelang es den beiden Militärbeobachtern, die gleich hinter Sosa und Ahsan hergefahren waren, zu uns durchzufunken, dass sie die beiden Opfer eingeladen hatten, nun aber von der RPF aufgehalten wurden.

Das war eine äußerst hässliche Lage. Die RPF-Soldaten wollten nicht glauben, dass der verwundete Ahsan tatsächlich ein unbewaffneter Friedenshüter war, trotz der Tatsache, dass er seine Uniform aus Bangladesch und die UN-Abzeichen trug. Außerdem waren, wie sich herausstellte, Ahsan und Sosa gar nicht auf eine Landmine gefahren, sondern von einer Rakete getroffen worden, und als Ahsan versucht hatte, Sosa aus dem Wagen zu ziehen, war erneut auf sie geschossen worden. Man nahm Ahsan das Geld ab, das er bei sich trug, dann befahl der Unteroffizier, der den RPF-Trupp führte, seinen Soldaten, den Offizier aus Bangladesch fortzuschaffen und zu töten. Als Major Saxonow, einer der Militärbeobachter aus dem zweiten Team, herbeieilte und um Ahsans Leben flehte, wurde auch er unter Bewachung gestellt. Was Ahsan schließlich rettete, war, dass die RPF-Soldaten ihren Streit über die Verteilung des gestohlenen Geldes beilegten. Während der Auseinandersetzung war es keinem erlaubt gewesen, Sosa anzurühren, der übel verletzt, aber noch am Leben war. Endlich, nach fast einer Stunde, beschloss die RPF, sie alle gehen zu lassen.

Zusammen mit den beiden verwundeten Offizieren erreichten Saxonow und sein Kollege den Ort, wo der Panzerwagen um etwa 13.10 Uhr liegen geblieben war. Aber es war zu spät für Sosa, der auf dem Weg in Saxonows Armen starb. Als sie den Krankenwagen fanden, mussten sie bange Minuten damit verbringen, den Reifen zu wechseln. Zu dieser Zeit hatte Tiko bereits ein zweites, von Oberstleutnant Mustafizur Rahman geführtes Rettungsteam losgeschickt, aber mit ihrem Panzerfahrzeug waren sie ungeheuer langsam, ganz zu schweigen von dem langwierigen Gefeilsche an jeder Straßensperre. Nördlich der Kadafi-Kreuzung wurde ständig auf sie geschossen, beinahe wären sie von einer Mörsergranate getroffen worden. Als sie schließlich auf den Krankenwagen und den UNAMIR-Geländewagen trafen, die in südlicher Richtung unterwegs waren, schickte Rahman einen Teil seines Teams los, um nach Möglichkeit den liegen gebliebenen Panzerwagen zu bergen, und fuhr mit den Übrigen direkt zum Krankenhaus des Roten Kreuzes.

Oben im Hauptquartier hatte Phil Kontakt zur Herkules-Besatzung in Nairobi aufgenommen, um sie um eine sofortige Notevakuierung zu bitten. Sie waren bereit, herzufliegen, obwohl der Flughafen geschlossen war, und wollten in etwa drei Stunden eintreffen. Das Geiselpatt war noch nicht völlig gelöst, aber Phil brachte die Verbindungsoffiziere von Armee und RPF immerhin dazu, bei ihren Vorgesetzten um eine Landeerlaubnis für die Herkules zu bitten.

Im Einsatzzentrum bat ich Henry, den freien Abzug der Delegation der Armee auszuhandeln, und wies Tiko an, die Zentrale seiner Militärbeobachter wieder in den Griff zu bekommen. Wir hatten einen schrecklichen Schlag erlitten, aber es nützte jetzt nichts, auch noch den Kopf zu verlieren. Und außerdem konnte ich meinen Offizieren keinen Vorwurf machen. Sie litten offenkundig unter der großen Belastung der unmöglichen Situationen, in die sie jeden Tag gerieten, und unter ihren Lebensbedingungen. Ich wollte mich jetzt selbst um die RPF kümmern. Kamenzi traktierte unten auf dem Hof immer noch sein Funkgerät und sprach mit großer Leidenschaft auf jemanden ein – wen auch immer er am anderen Ende hatte. Als ich auf ihn zuging, sagte er mir, dass sich die RPF zurückziehe.

Kouchner und sein Kollege, die in zwei unbequemen, ungefederten Sesseln Platz genommen hatten, warteten noch auf mich in meinem Büro. Ich machte da weiter, wo ich aufgehört hatte, und sagte den beiden, ich könne die Unverfrorenheit der Franzosen nicht fassen: Meiner Meinung nach benützten sie einen humanitären Deckmantel für eine Intervention in Ruanda, um so der Armee zu erlauben, an einem Zipfel des Landes festzuhalten und einen Schein von Legitimität im Angesicht einer sicheren Niederlage zu wahren. Wenn Frankreich und seine Verbündeten den Völkermord wirklich hätten stoppen wollen, wenn sie meine Militärbeobachter davor hätten bewahren wollen, getötet zu werden, wenn sie die Ziele der UN-Mission hätten unterstützen wollen – wogegen Frankreich ja im Sicherheitsrat zwei Mal sein Veto eingelegt hatte –, hätten sie stattdessen UNAMIR verstärken können.

Aber Kouchner und sein Landsmann wollten sich eindeutig nicht mit mir auseinandersetzen. Sie sagten nicht, dass meine Mission den Franzosen untergeordnet werden sollte, hinterließen aber trotzdem bei mir diesen Eindruck. Sie äußerten bloß, ich solle mich darauf konzentrieren, in den nächsten Monaten UNAMIR 2 in den RPF-Gebieten einsatzfähig zu machen, während sie sich um das Territorium der Armee und ihre angebliche Schutzzone kümmern würden. Ich zog aus ihren Einlassungen den Schluss, dass sie sondieren wollten, ob ich freiwillig UNAMIR der französischen Truppe unterordnen würde. Dafür gab es keine Chance.

Als ich das Geräusch der Herkules über mir hörte, beendete ich augenblicklich das Treffen. Kouchner wollte etwas Beistand von uns, wenn er sich mit der RPF treffe; ich erwiderte, dass ich mein Bestes tun würde, obwohl ich das französische Vorgehen vollständig missbillige. Ich hielt es für verrückt, seine Position vor einer Rebellenarmee vertreten zu wollen, die die Franzosen hasste. Zu diesem Zeitpunkt wusste ich allerdings nicht, dass hochrangige Vertreter der französischen Regierung und der französischen Armee bereits mit RPF-Delegierten in Europa über diesen Plan verhandelt hatten und dass Mitglieder der Armee, darunter Ephrem Rwabalinda, mein Verbindungsoffizier von der Regierungsseite, in Paris gewesen waren, um die bevorstehende französische Intervention zu erörtern. Man hatte mich wie einen Pilz im Dunkeln gelassen – und mit viel frischem Mist gefüttert.

Auf dem Flughafen ließ die Herkules ihre Motoren laufen, während wir den verletzten Offizier an Bord brachten und der Obhut einer kanadischen Militärkrankenschwester übergaben. In der VIP-Lounge des Flughafens hielten wir eine feierliche, wenn auch kurze Zeremonie zum Gedenken und zu Ehren von Major Sosa ab. Er war der 14. UN-Soldat, der in Ruanda starb, und zu meinem Kummer sollte er nicht der letzte bleiben. Ich trauerte um ihn und seine Familie. Wieder einmal wurde einer meiner Offiziere, eingewickelt in eine blaue Flüchtlingsplane, ausgeflogen, während meine kleine, abgerissene Truppe versuchte, den Sinn seines Verlustes zu begreifen – und die Gleichgültigkeit der Welt gegenüber den Risiken, die wir eingehen mussten.

Am Abend berichteten die französischen Medien von Frankreichs Plan, Truppen nach Ruanda zu entsenden, Neuigkeiten, die bald von RTLM und anderen örtlichen Sendern aufgegriffen und dem Volk mitgeteilt wurden. Die Verteidigungskräfte in Kigali waren verrückt vor Freude bei der Aussicht einer unmittelbar bevorstehenden Rettung durch die Franzosen. Ihre wiedergefundene Hoffnung und Zuversicht hatten den Nebeneffekt, dass sie ihre Jagd auf Überlebende des Völkermordes umso eifriger fortsetzten. Nun waren die Flüchtlinge in den wenigen Kirchen und öffentlichen Gebäuden, die bislang verschont geblieben waren, einer noch größeren Gefahr ausgesetzt. Die Völkermörder glaubten, dass die Franzosen sie retten würden und sie nun einen Persilschein hätten, ihr grauenhaftes Werk zu vollenden.

*

Ich hatte das Triumvirat des DPKO vor dem Schlafengehen telefonisch nicht erreicht, aber sorgte dafür, dass vollständige Lageberichte, die das Chaos des Tages beschrieben – darunter Sosas Tod, Ahsans Verletzung und Kouchners abermaliges Auftauchen –, nach New York geschickt wurden. Unter dem in der Nacht eintreffenden Stapel von Telexen befand sich eines von Iqbal Riza. Er forderte mich, kurz gesagt, auf, mich bedeckt zu halten. »In einer anscheinend zunehmend gefährlicheren Situation werden Sie die notwendigen Einsatzentscheidungen treffen«, schrieb er. »Unser allgemeiner Rat wäre, dass Sie eine defensive Haltung einnehmen, um Risiken und Opfer [zu vermeiden], bis sich ein klareres Bild herausschält.« Mein Mandat im letzten Monat entsprach genau dem, was ich getan hatte. Nun riet mir Riza, die Mission in Kigali zu isolieren und keinen Kontakt mehr zur RPF und zur Interimsregierung zu halten. Bis die Verstärkung eintreffe, solle ich UNAMIR auf die passive Bewachung unserer Stützpunkte in und um Kigali beschränken. Im Klartext: Wir sollten uns also noch zwei bis drei Monate in äußerster Zurückhaltung üben.

Im selben Telex informierte er mich offiziell über Frankreichs Wunsch, Truppen nach Westruanda zu entsenden, und bat mich, zu klären, was meine Rolle in Bezug auf die Intervention sein würde. Riza bestätigte, dass die Franzosen eine eigenständige Operation auf den

Weg brachten, die nicht unter mein Kommando fiel; sie würde der von den USA geführten Operation »Restore Hope« in Somalia ähneln und könne schon vor Ort sein, noch bevor der Sicherheitsrat sie autorisiere. »Sie sollten dafür sorgen, dass UNAMIR nur die absolut notwendige Kooperation leistet und freundliche Beziehungen [zu den Franzosen] hergestellt werden.« Das war eine Umschreibung auf UN-Chinesisch, die mir zu verstehen gab, dass ich das DPKO und den Generalsekretär decken sollte, indem ich mit den Franzosen nicht *allzu* bereitwillig kooperierte, bevor ihr Mandat gebilligt war. Das Problem war jedoch, dass es erst dann Kontakte zu der französischen Truppe geben würde, wenn sie gelandet war – und das trotz des gewaltigen humanitären Desasters. Die Not drängte, und ich war am besten über die aktuelle Lage vor Ort informiert, doch ich sollte die Feinheiten beachten und die Franzosen nicht aufklären.

So sehr mir die Mission auch widerstrebte, die »Opération Turquoise« getauft wurde, so sehr hielt ich es doch für einen Fehler, mein Wissen nicht mit den Franzosen zu teilen. Später wurde mir klar, dass einige französische Offiziere, die an der türkisfarbenen Invasion teilnahmen, bis zum Beginn des Krieges als Militärberater der ruandischen Regierungsarmee tätig gewesen waren. Was würde die RPF von ihrer Gegenwart halten, die ja den Verdacht hegen musste, dass die Franzosen keine rein humanitäre Operation im Sinn hatten? Und wie sehr würde die Anwesenheit ihrer ehemaligen Berater die Armee und die Extremisten der Präsidentengarde ermutigen, die auf den Straßen Kigalis schon jetzt außer sich vor Freude waren? Die Entsendung französischer Soldaten mit Billigung der UNO würde es UNAMIR noch schwerer machen, mit der RPF zu verhandeln. Riza schrieb: »Die Haltung der RPF wird sich danach richten, welche Vorstellungen sie sich selbst von der Operation macht, und wir hoffen, dass ihre Beziehungen zu UNAMIR dadurch nicht belastet werden.« Wäre meine Stimmung nicht so düster gewesen, ich hätte gelacht. Natürlich würden nun alle meine verbliebenen Frankoafrikaner einem noch größeren Risiko ausgesetzt sein.

Ich gab das Telex an Abdul Kabia und Henry weiter und bat beide, sich unsere Optionen in diesem orwellschen Szenario zu überlegen, wo eine UN-Truppe mit einem Kapitel-VII-Mandat und eine UN-Truppe mit einem Kapitel-VI-Mandat sich mit ihren Missionen mindestens zwei entschlossenen Kriegsparteien gegenübersahen – oder auch dreien, wenn man die in die Defensive geratene Armee noch extra rechnen wollte. Die französischen Soldaten galten als aggressiv, die RPF strebte die Eroberung des ganzen Landes an. Würden wir nun zu einer Friedenstruppe zwischen den Franzosen und der RPF degradiert?

Die folgenden Telefonate mit dem Triumvirat beruhigten mich etwas. Annan, Riza und Maurice Baril waren ebenso entsetzt wie ich über dieses Szenario und nicht versessen auf die französische Initiative. Aber ich solle mich nicht täuschen: Sie würde stattfinden.

*

Wie würden wir weitermachen? Der gestrige Überfall hatte mich schwer getroffen – er war eine eklatante Überreaktion der RPF gegen uns, noch bevor die Franzosen aufmarschiert waren. Es war, als hätte die RPF mir ein brutales Zeichen gegeben, mich herauszuhalten. Tiko, der einen Mann aus seiner verschworenen Beobachtergruppe verloren hatte, kam am Morgen zu mir, um mir zu sagen, dass die Militärbeobachter zwar immer noch dienstwillig seien, die Situation aber mittlerweile für zu gefährlich hielten, um weitere Aufklärungsmissionen zu unternehmen. Tiko war der Tapferste der Tapferen mit jahrelanger Erfahrung in einigen der schlimmsten Kriegsgebiete der Welt und hatte immer seine Arbeit erledigt. Dass sich ein solcher Soldat entschloss, die Gefühle seiner Männer auszudrücken, verlieh ihren Vorbehalten noch größeres Gewicht. Sie hatten genug. Sie hatten monatelang inmitten einer tobenden Schlacht gelebt; es hatte Tote gegeben; sie waren als Geiseln genommen worden, sie waren in Feuergefechte geraten, es war gezielt auf sie geschossen worden, sie waren von betrunkenen oder drogenbenebelten Milizionären bedroht worden, hatten ihre Unterkünfte und Rationen mit Tausenden von Flüchtlingen teilen müssen. Sie waren gebeutelt von den Kriegsgeschicken. Es war kaum verwunderlich, dass sie sich entsprechend fühlten.

Der RPF-Überfall auf die Beobachter war auch eine Folge meiner eigenen Entscheidung. Bis gestern hatten wir die Kriegsparteien durch die Verbindungsoffiziere jedes Mal vorher verständigt, bevor wir unsere Patrouillen durch ihre Linien schickten. Am Abend meiner Rückkehr nach Kigali waren Kamenzi und sein Assistent jedoch nirgendwo zu finden. Da wir unsere Patrouillen zur Erkundung alternativer Flugplätze und zur Interimsregierung schicken mussten, gab ich meine Einwilligung, dass sie sich auf den Weg machten, wenn ich auch anordnete, dass sie umkehren sollten, falls ihnen das Risiko zu hoch erschien.

Die Militärbeobachter hatten die Folgen meiner falschen Entscheidung zu tragen.

Am Nachmittag traf ich mich mit einigen ihrer hochrangigen Offiziere. Ja, sagte ich ihnen, ich hätte ihnen wirklich außerordentliche Risiken zugemutet, weil wir die lebenswichtige Verbindung zu den Kriegsparteien und die Informationen brauchten, die nur sie in Erfahrung bringen könnten. Von nun an würden sie keine Einsätze mehr fahren müssen, die nicht von beiden Kriegsparteien genehmigt worden wären. Ich weiß nicht, woher sie die Kraft nahmen, der Mission weiter die Treue zu halten, aber am Ende unseres Treffens drückten sie mir ihr Vertrauen aus und wollten weiter unter mir dienen.

Ich traf mich auch eigens mit den Offizieren des uruguayischen Kontingents. Ich teilte ihre Trauer und bot ihnen meinen kameradschaftlichen Trost an. Sie hätten tapfer gedient, sagte ich ihnen, und die Mission brauche auch nach dem Verlust ihres Kollegen weiterhin ihr Engagement. Wenn sie aber heimkehren wollten, könnten sie auf meine volle Unterstützung rechnen – kein Stigma würde ihnen anhaften, wenn sie abrückten. Am nächsten Tag baten drei der Offiziere, nach Uruguay zurückkehren zu dürfen. Es machte mir Mut, dass es so wenige waren.*

*

Vor meinem Treffen mit Tiko und seinen Militärbeobachtern war ich zu Kagame gefahren. Mit meiner üblichen Eskorte nahm ich eine Route nördlich aus Kigali heraus, fuhr in einem östlichen Halbkreis um die Stadt herum bis in den Süden und schließlich auf obskuren Lehmpisten nach Westen auf den Nyabarongo-Fluss zu. Wir kamen durch verlassene Dörfer, von denen einige noch schwelten. Müll, Lumpen und Leichen lagen durcheinander, wo Überfälle oder Massaker stattgefunden hatten. Wir fuhren an verlassenen Straßensperren vorbei, an denen sich die Leichen häuften, manchmal wie Abfall weggeworfen, manchmal auch enthauptet und dann säuberlich gestapelt, daneben die ebenso ordentlich aufgetürmten Köpfe. Viele der Leichen waren in der heißen Sonne schon so verwest, dass nur noch die blendend weißen Skelette übrig geblieben waren.

* Ich ahnte nicht, dass der Tod von Major Sosa Auswirkungen auf die politische Situation in Uruguay haben sollte. Bei den Wahlen verlor der amtierende Präsident fast seine Macht. Die Wähler konnten nicht verstehen, warum die Regierung ihre Offiziere in ein so entferntes Land schickte, um dort zu sterben.

Ich weiß nicht mehr, wann ich unter all den Toten in den Gräben und Massengräbern zuerst die Beweise entdeckte, dass sie nicht nur Opfer von Mord und Totschlag, sondern noch eines ganz anderen Verbrechens geworden waren. Aber mir ist klar, dass ich die Anzeichen dieses Verbrechens lange aus meinem Bewusstsein bannte und einfach nicht wahrhaben wollte, was ich da vor mir sah. Das Verbrechen, von dem ich jetzt spreche, ist Vergewaltigung, und es hatte in einem Ausmaß stattgefunden, das mich tief erschütterte.

Wir haben während des Völkermordes die unterschiedlichsten Gesichter des Todes gesehen: bei den Babys den Ausdruck der Unschuld, bei den Alten die völlige Bestürzung, bei den Kämpfernaturen die offene Verachtung, bei den Nonnen den leeren Blick der Resignation. Gesichter über Gesichter – und nun versuche ich, mich an jedes einzelne zu erinnern. Aber schon in den ersten Tagen habe ich einen Schutzschild zwischen mir und den Anblicken und Geräuschen des Grauens errichten müssen, um mich weiter auf meine Arbeit konzentrieren zu können. Und lange Zeit, viel zu lange, habe ich die Totenmasken der vergewaltigten und sexuell verstümmelten Mädchen und Frauen aus meinem Bewusstsein getilgt, als wäre das, was man ihnen angetan hatte, das letzte Quäntchen, das mich in den Wahnsinn treiben würde.

Aber wenn man sich zwang, wenn man sich gepeinigt zwang, genau hinzusehen, dann drängten sich die Beweise geradezu auf, selbst an den ausgebleichten Skeletten. Die Beine angewinkelt und gespreizt. Dazwischen eine zerbrochene Flasche, ein grober Ast, sogar ein Messer. Waren die Frauen und Mädchen erst seit kurzem tot, dann glänzten noch frisch eingetrocknete Spermienflecken auf oder neben ihnen. Bei einigen männlichen Leichen waren die Genitalien abgeschnitten worden, aber vielen der Frauen und jungen Mädchen hatten ihre Peiniger die Brüste abgehackt und die Genitalien mit roher Gewalt aufgeschlitzt. Sie starben in einer Position völliger Verwundbarkeit, flach auf dem Rücken liegend, die Beine gebeugt, die Knie weit auseinander. Es war der Ausdruck in ihren toten Gesichtern, der mich am meisten erschütterte: in Schock, Schmerz und Erniedrigung erstarrte Masken. Noch viele Jahre nach meiner Heimkehr habe ich die Erinnerung an diese Gesichter aus meinem Gedächtnis verdrängt, aber sie sind alle wieder aufgetaucht, in schrecklicher Deutlichkeit.

*

Wir durchquerten frisch erobertes RPF-Gebiet, das bis auf die Leichen und die Soldaten der Rebellenarmee verlassen war. Der RPF-Lotse, der uns zu Kagame brachte, legte ein ziemliches Tempo vor, es schien ihn nicht zu kümmern, was die löchrige und zerfurchte Lehmpiste dabei mit seinem Wagen anrichtete. Die RPF hatte Mechaniker und Ersatzteile, mir fehlte beides. Mein Geländewagen musste mich durch den ganzen Krieg bringen, deshalb fuhr ich absichtlich langsamer.

Das trübe, erdfarbene Wasser des Flusses, an dessen anderem Ufer Kagame auf seinem Vormarsch kurzzeitig ein weiteres Hauptquartier aufgeschlagen hatte, stand hoch und floss schnell. Die RPF-Pioniere hatten eine pontonartige Brücke gebaut, auf der leichte Pritschenwagen behutsam übersetzen konnten. Als ich aus dem Wagen stieg, bemerkte ich flussaufwärts eine Reihe von Soldaten mit langen Stangen, die aufgeblähte Leichen ans Ufer zogen. Das war für mich nun ein so gewohnter Anblick, dass er nicht mehr durch meinen Schutzschild drang.

Ich wollte unsere Autos nicht auf der Brücke riskieren. Als wir zu Fuß hinübergingen, fiel mein Blick auf Kleidungsstücke, die sich zwischen den Verstrebungen der schwimmenden Brückenbasis verfangen hatten. Ich hielt inne und guckte genau hin. Was da zu mir hochstarrte, waren die Gesichter halbnackter Leichen, die unter der Brücke eingeklemmt waren. Viele Leichen. An einigen Stellen hatten sie sich derart angestaut, dass wir tatsächlich eine Brücke von toten Leibern überschritten. Am jenseitigen Ufer versuchten Soldaten, sie loszustemmen, aus Angst, ihr Gewicht könnte die Brücke auseinander reißen. Der Schutzschild zerbrach, mein Magen drehte sich, ich rang nach Fassung. Ich ertrug das Schwanken der Brücke nicht, das Auf und Ab auf Hunderten Erschlagener.

*

Kaum, dass ich seinen kleinen Kommandobungalow erreicht hatte, sprach ich Kagame als Erstes auf den Überfall auf meine Militärbeobachter an – es sprudelte einfach aus mir heraus, noch vor den Neuigkeiten über Opération Turquoise. Er drückte mir sein aufrichtiges Beileid aus. Als einzige Entschuldigung für die Schüsse auf meine Männer führte er an, dass zu viele unserer liegen gebliebenen Fahrzeuge nun von den Regierungstruppen benutzt würden. In diesem Fall, erwiderte ich, solle er sich bemühen, die UN-Fahrzeuge zurückzugeben, die seine eigene Truppe gekapert hatte, da die Armee sicher ebenso dächte. Ich bestand darauf, dass sein Verbindungsoffizier und dessen Assistent in meinem Hauptquartier zu bleiben hätten und abends nicht verschwinden dürften, was sie beide am 16. Juni getan hatten. Wären sie auffindbar gewesen, hätten wir uns um die Genehmigung für die Patrouillen kümmern können. In Zukunft, versprach Kagame, garantiere er eine Erwiderung der RPF am Vorabend jedes unserer Einsätze.

Wir kamen auf die Franzosen zu sprechen, und ich fragte, ob er sich mit Kouchner treffen wolle. Kagame hielt sich bei diesem Thema bedeckt. Es bereite mir zunehmend Sorge, sagte ich, dass ich und meine Mission als Deckmantel dienten, um die Welt von den verborgenen Zielen anderer abzulenken. Er bestritt dies nachdrücklich. Mir sei an einem Kampf absolut nicht gelegen, erklärte ich. Ich erwartete zwar eine Konfrontation zwischen der RPF und den Franzosen, das Triumvirat hatte mir jedoch über unsere sichere Telefonverbindung mitgeteilt, dass die USA beträchtlichen Druck auf die RPF ausübten, um sie zur Kooperation zu bewegen. Ich sagte Kagame, dass ich mich um die französischen Vorschläge kümmern würde, damit wir uns auf ein Einsatzgebiet einigten. Ich würde die Verbindung zwischen ihm und Opération Turquoise sein und darauf bestehen, dass die Franzosen nicht in Kigali einzögen; letztlich solle die Hauptstadt unter meiner Kontrolle stehen, um die Franzosen davon abzuhalten, auch nur in die Nähe von Kagames Truppen zu kommen. Er blickte mich einen Moment lang nur an. Dann erwiderte er sehr zuversichtlich, dass ich mir darum keine Sorgen machen solle: Die Franzosen würden nicht in Kigali einmarschieren. Den Grund seiner Zuversicht fügte er unverblümt hinzu: »Sagen Sie den Franzosen, dass Kigali mit mehr Leichensäcken fertig wird als Paris.«

Ich fürchtete die Rückkehr über die Brücke der Toten. Als ich behutsam meinen Weg zurückging, achtete ich darauf, nicht an den Seiten oder durch die Spalten zwischen den Planken hinunterzusehen, aber ich konnte den Gedanken nicht aus meinem Kopf verbannen, dass ich über Leichen ging.

Ich hatte dem Lagebericht an diesem Abend wenig hinzuzufügen, außer meiner Sorge über das größere Spiel hinter den Kulissen, in das ich nicht eingeweiht war. Beim Abendappell bat ich Henry, das Konfliktrisiko in und um Kigali einzuschätzen und erneut Pläne für einen möglichen Rückzug auszuarbeiten. Die Hauptstadt könnte bald zu einem großen Schlachtfeld werden.

*

Am 19. Juni, dem Tag, an dem UNAMIR 2 in Ruanda über 4.600 Soldaten hätte verfügen sollen, betrug meine Truppenstärke 503 Mann, und wir schlugen uns noch immer mit all den Problemen und Knappheiten herum, die schon im April unsere Einsatzfähigkeit unterminiert hatten. Der Generalsekretär schrieb an diesem Tag dem Präsidenten des Sicherheitsrates, dass die Truppenaufstellung von Phase eins kurz bevorstünde, UNAMIR 2 aber mindestens drei Monate brauchen würde, um einsatzbereit zu sein, weil kein Land ein voll ausgerüstetes und ausgebildetes Bataillon zur Verfügung gestellt habe. Unter diesen Umständen, und auch eingedenk der gewaltig angeschwollenen humanitären Probleme sowie der Tatsache, dass UNAMIR bei der Gewährleistung eines Minimums an Sicherheit in Ruanda eigene Opfer zu beklagen habe, schlug Butros-Ghali dem Sicherheitsrat vor, eine von Frankreich geführte multinationale Operation unter einem Mandat nach Artikel VII in Erwägung zu ziehen, um für die Sicherheit und den Schutz der Flüchtlinge und bedrohten Zivilisten in Ruanda zu sorgen. Er bat die Entsendenationen der neuen Truppe außerdem, ihre Kontingente im Land zu behalten, bis UNAMIR 2 seine volle Stärke erreicht hätte.*

Da Booh-Booh nun auch offiziell ausgeschieden war, musste ich formell seine politischen Aufgaben übernehmen. Am 20. Juni schickte ich meine »Beurteilung der vorgeschlagenen, von Frankreich geführten Initiative in der ruandischen Krise« ab. In den deutlichsten, objektivsten und rationalsten Tönen, zu denen ich fähig war, listete ich darin alle Gründe auf, warum die Franzosen keine Truppen entsenden sollten, und beschrieb, was nach meiner Einschätzung geschehen würde, wenn sie es dennoch täten.

Ich schlug der UNO drei Optionen vor. Die erste bestand darin, UNAMIR vollständig abzuziehen und die ganze Sache den Franzosen zu überlassen. Die zweite Option bestand darin, die Zustimmung beider Parteien zur französischen Operation einzuholen, aber UNAMIR als unabhängige Mission fortzuführen und sie zwischen die Franzosen und die RPF zu postieren. Die dritte Option schließlich bestand in der Verlegung von UNAMIR in ein Nachbarland, ihren Ausbau zu UNAMIR 2 und ihre anschließende Neuaufstellung in Ruanda, nach-

* UNAMIR 2 erreichte erst im Dezember 1994 ihre endgültige Stärke, volle sechs Monate nach dem Ende des Völkermords und des Bürgerkriegs, als also die Mission nicht mehr erforderlich war.

dem die Franzosen ihre Operation abgeschlossen hatten. »Es wird dringend angeraten, die von Frankreich geführte Initiative nur zu fördern, wenn die RPF französischen Soldaten im Land zustimmt oder diese Truppe zwar mit Personal und Ausrüstung aus Frankreich, aber nicht mit *französischen Soldaten* kommt. Sollte diese Option nicht möglich sein«, schrieb ich weiter, »sollte – um eine Eskalation des Konfliktes sowohl innerhalb Ruandas als auch in der gesamten Region zu vermeiden – die von Frankreich geführte Initiative auf sich gestellt durchgeführt und UNAMIR erlaubt werden, sich in einer sicheren Umgebung neu zu formieren ..., woraufhin die Mission mit den in ihrem Mandat vorgesehenen effektiven Kräften neu aufgestellt werden könnte.« Für den Fall, dass die französischen Soldaten ohne Zustimmung der Kriegsparteien ins Land kämen, empfahl ich die dritte Option. New York wusste nun genau, wo ich stand. Der abschließende Gruß in UN-Briefen lautet immer »Best regards«, »Beste Grüße«. Zum einzigen Mal bei dieser Mission schloss ich mit den Worten: »Zu diesem Zeitpunkt findet TK [Truppenkommandeur] es sehr schwer, Grüße zu entbieten.«

Ich fragte mich auch, was für ein Gebiet die Franzosen eigentlich besetzen wollten. War es ihre Absicht, der Armee einen Rückzugsraum freizuhalten oder sie gar bei der Rückeroberung der Hauptstadt zu unterstützen, oder wollten sie eine Konfrontation mit der RPF vermeiden? Niemand konnte es mir sagen. Der Brief von Butros-Ghali an den Präsidenten des Sicherheitsrates erklärte schlicht, dass die Franzosen »Vertriebenen in Ruanda« zu Hilfe kommen wollten, was überall der Fall sein konnte. Die folgenden sechs Tage konzentrierten sich meine Diskussionen mit New York, Paris, Kigali, der RPF und der französischen Truppe (ich erinnere mich nicht, dass die ruandische Armee an diesen Verhandlungen beteiligt war) allein darauf, eine Linie durch den Westteil Ruandas zu ziehen, um die französische Zone zu markieren.

Am 21. Juni schickte ich allen Beteiligten eine Karte mit den bis zu diesem Zeitpunkt eroberten RPF-Gebieten. Nach der französischen Ankündigung hatte die RPF ihren Feldzug beschleunigt, und die Regierungstruppen hatten sich ebenfalls mit ihrem Rückzug nach Westen beeilt, wobei schätzungsweise zwei bis zweieinhalb Millionen ruandische Flüchtlinge vor ihnen herzogen. Während die Franzosen noch auf die letzte Autorisierung durch die UNO warteten, schrumpfte das Territorium der Armee, vor allem im Süden. Schließlich handelte ich die endgültige Linie aus, die RPF und Franzosen als französisches Einsatzgebiet akzeptieren würden, und entsandte Militärbeobachter als Verbindungsoffiziere zu beiden Seiten, um diese Grenzlinie im Feld zu untermauern. Und so, wie ich es befürchtet hatte, verwandelten wir uns neben den ganzen anderen Aufgaben, die meine kleine Truppe immer noch bewältigen musste, in eine UN-Friedenshütertruppe nach Kapitel VI – als Mittlerin zwischen einer UN-Eingreiftruppe nach Kapitel VII und der siegreichen Partei des Bürgerkrieges.

*

Als die Nachricht von der französischen Intervention in Ruanda übers Radio verbreitet wurde, ließ die RPF, wie ich befürchtet hatte, ihren Unmut an meinen frankoafrikanischen Offizieren aus Togo, Senegal, Mali und Kongo aus. Sie wurden beraubt, beleidigt und geschlagen, sodass ich sie schließlich im Lager lassen musste. Um sie nicht weiter zu gefährden, handelte ich ihren Abzug aus dem Einsatzgebiet aus und informierte New York über meine Entscheidung. Am 21. Juni verabschiedete ich diese ausgezeichneten Offiziere, die seit dem vorangehenden November der Mission gut gedient hatten. Da sie die einzigen Frankophonen in der Mission waren, hatten sie die meisten Aufgaben in den Gebieten der Armee durchführen müssen und ein Übermaß an Gefahren erduldet. Einige ihrer Kameraden waren getötet, andere verwundet worden. Die meisten hatten Szenen miterlebt, die sie für den Rest ihres Lebens verfolgen würden. Aber sie waren durch alle Frustrationen und Gefahren hindurch geblieben, und es wurde ein bewegender Abschied.

Aufgrund des Risikos von Zusammenstößen mit der RPF in den von ihr besetzten Gebieten, wo ihre Soldaten weniger diszipliniert waren als an der Front, bat ich Henry, persönlich den nächsten Konvoi nach Uganda zu führen. Tiko, der bis zur letzten Minute bei seinen Militärbeobachtern bleiben wollte, fuhr ebenfalls mit. Etwa ein Dutzend Kilometer außerhalb von Kigali wurden sie von der RPF zurückgeschickt und zum Flughafen gebracht. Unter den Augen von Frank Kamenzi, der nicht dagegen einschritt, führten die RPF-Soldaten eine vollständige »Zollinspektion« jedes einzelnen der 42 Männer durch. Ihre Habe wurde durch die Gegend geworfen, ihre Geräte – Radios, Kassettenrekorder und Ähnliches – konfisziert. Die Inspektion dauerte etwa eine Stunde. Als sie vorüber war, wies man sie an, ihre Sachen einzusammeln und in die Busse zu steigen, dann durften sie ihre Reise fortsetzen. Diese Erniedrigung, die sie nach so vielen Monaten erdulden mussten, in denen sie ihr Leben aufs Spiel gesetzt hatten, um Ruandern zu helfen, brachte sie derart in Rage, dass sie zu Henrys großer Befürchtung bei jeder neuen Verzögerung an den Straßensperren drauf und dran waren, die Dinge in die eigene Hand zu nehmen. Als ich bei der RPF gegen ihre Behandlung protestierte, sagte man mir, es sei völlig normal, dass die Besatzungstruppe jeden durchsuche, der das Land verlassen wolle, da es, wie sie behaupteten, in der Vergangenheit beträchtliche Plünderungen gegeben habe.

Die Abreise der Frankoafrikaner beraubte mich der meisten meiner französischsprachigen Offiziere. Zum dritten Mal in der kurzen Geschichte meiner Mission musste ich mein Hauptquartier bei laufenden Einsätzen von Grund auf umbilden. Das Gewicht und die Komplexität, die schiere Dringlichkeit der Anforderungen, die wir mit der kommenden Mobilisierung von UNAMIR 2 bewältigen mussten, erschlug uns fast. Wir ertranken in einer Flut organisatorischer Einzelheiten über die Beschaffung von Ressourcen, Logistik, Infrastruktur, Ausbildung, über den Truppenempfang in Entebbe und die dortige Logistikbasis, über die erforderlichen Truppentransporter und Rationen und das nötige Wasser. Ich schickte eine Nachricht an das DPKO, dass ich 48 Militärbeobachter aus Nairobi herbeordern würde, um die abgereisten Offiziere zu ersetzen.

Die Kanadier sprangen in die Bresche. Als Einzige in meinem Hauptquartier sprachen sie Französisch, wenn ihre Effizienz auch darunter litt, dass sie alle – meinetwegen und aufgrund der kanadischen Forderung nach einer umfassenden Untersuchung der Menschenrechtsverletzungen im ruandischen Krieg – vom Hassradio angegriffen wurden. In meiner Mitteilung an das DPKO über die Verlegung der Beobachter gab ich der Sorge Ausdruck, dass ich gezwungen sein könnte, das kanadische Kontingent ebenfalls abzuziehen, falls sich die Situation nicht verbessere. Schon jetzt war ich genötigt, ihre Bewegungen allein auf RPF-Territorium zu beschränken. »Diese Mission«, schloss ich, »wird nicht in der Lage sein, ihr Einsatzpensum aufrechtzuerhalten, ganz zu schweigen von zusätzlichen Aufgaben. ... TK [der Truppenkommandeur] kann diesen Punkt nicht *ausdrücklich* genug betonen.« In jenen Tagen nach Bekanntgabe der Opération Turquoise stand ich kurz davor, zu sagen: Zieht uns ab, wir kapitulieren, wir können nicht weitermachen. Meine Soldaten mussten sich unter Bedingungen bewähren, die bei üblichen Friedenseinsätzen undenkbar waren, und lebten unter unsäglichen Umständen. Mein gemeinsamer Dienst mit ihnen führte mir ständig ihre außerordentliche Hingabe, ihre Entschlossenheit und ihren äußersten Mut vor Augen.

*

Am 21. Juni veröffentlichte das Büro der RPF in New York in einer Pressemitteilung einen Brief an den neuen turnusmäßigen Präsidenten des Sicherheitsrates, Salim Bin Mohammed Al-Khussaiby. Falls der Rat die französische Mission billige, verlangte die RPF, dass er »gleichzeitig den Abzug des vorhandenen UNAMIR-Kontingents autorisiert. Die Ruandische Patriotische Front [RPF] ist besorgt, dass ihre Angehörigen nicht immer in der Lage sein könnten, im Falle eskalierender Feindseligkeiten eine klare Unterscheidung zwischen UNAMIR und anderen ausländischen Kräften zu treffen. Wir sind bedauerlicherweise zu dem Schluss gelangt, dass es notwenig ist, die UNAMIR-Angehörigen zumindest vorübergehend abzuziehen und in Sicherheit zu bringen.« Die Mächte des UN-Sicherheitsrates ignorierten die RPF-Position und fuhren fort wie geplant. Am nächsten Tag billigte das Gremium die Resolution 929, die Frankreich mit einem Mandat nach Kapitel VII der UN-Charta ausstattete, um an der Spitze einer Koalition in Ruanda zu intervenieren. Die OAU war anfänglich gegen die Intervention, änderte aber unter dem Druck frankoafrikanischer Staaten ihre Meinung. Bei der Abstimmung enthielten sich Neuseeland, Nigeria, Pakistan, Brasilien und China der Stimme. Der Rat band seine Zustimmung zu Opération Turquoise an zwei Bedingungen: Erstens müsse die Mission auf 60 Tage beschränkt bleiben und zweitens das Sekretariat bis dahin alle Anstrengungen unternehmen, UNAMIR 2 vollständig aufzustellen. In seinem Zufluchtsland Belgien gab Faustin Twagiramungu – der ehemals designierte Premierminister, der sein Amt nicht hatte antreten können – eine öffentliche Erklärung ab, in der er die französische Intervention verurteilte. Da sich daran aber nun einmal nichts mehr ändern lasse, so seine Hoffnung, sollten sie wenigstens versuchen, die für UNAMIR 2 umrissenen Ziele zu erreichen.

Am Abend bekam ich ein Telex vom DPKO mit einigen sehr rudimentären Anleitungen. Die Franzosen hatten versprochen, die Konfliktlinien zwischen Armee und RPF zu meiden. »Wir erwarten nicht«, so schrieb Maurice Baril, »dass die Franzosen vorschlagen werden, ihre Truppe in Kigali zu stationieren, aber falls sie es tun, informieren Sie uns bitte sofort; wir werden dann versuchen, sie angesichts der

Empfindlichkeit der RPF und anderer Probleme, die eine solche Präsenz verursachen kann, davon abzubringen.« Ich hatte den Eindruck, dass die Franzosen noch immer nach Kigali wollten, und stellte mir vor, was geschähe, wenn französische Fallschirmspringer dort landen würden. Ich musste unseren Rückzugsplan fertig stellen. Zwischen den Zeilen des Fernschreibens, in dem ich abermals aufgefordert wurde, still in Kigali abzuwarten, war der beträchtliche Druck spürbar, den die Entsendenationen von UNAMIR auf das DPKO ausüben mussten. Die jüngsten Opfer, die wir erlitten hatten, mussten es noch schwerer machen, genügend Soldaten für die Verstärkung aufzutreiben. (In dem Telex bat mich Maurice auch in sehr diplomatischen Worten, den Enthusiasmus meines Medien-Verbindungsoffiziers zu zügeln. Der hatte genau die Offenheit gegenüber den Medien an den Tag gelegt, die ich angeordnet hatte, und damit das Missfallen von RPF und Armee gleichermaßen erregt, weil er den wechselnden Frontverlauf allzu genau beschrieb.)

Und so sah der Versuch meiner Vorgesetzten aus, meine Moral zu heben: »Dennoch werden Sie vermutlich auf unerwartete Probleme stoßen. Wir verlassen uns auf Ihr Urteil, sie zu lösen, und versichern Ihnen zugleich, dass wir Ihnen jederzeit mit Rat beiseite stehen.«

Im letzten Absatz des Schreibens wurde mir mitgeteilt, dass Booh-Boohs Nachfolger, ein pakistanischer Karrierediplomat namens Shaharyar Khan, nun zu UNAMIR unterwegs sei, aber auf Bitten von Butros-Ghali noch in verschiedenen Hauptstädten einen Zwischenstopp einlege, um sich mit den dortigen Regierungen zu beraten.

Mittlerweile zierten französische Flaggen jede Ecke Kigalis. »Vive la France« war hier häufiger zu hören als in Paris. RTLM berichtete der Bevölkerung weiterhin, die Franzosen seien kurz davor, allen Hutu im Kampf gegen die RPF beizustehen. Mein Eindruck war, dass für jedes Leben, das die Opération Turquoise retten würde, eines durch den neu auflebenden Völkermord verloren ginge.

Am 22. Juni änderte sich die Haltung der RPF uns gegenüber dramatisch. Feindseligkeit, Ruppigkeit, Drohungen und direkte Angriffe waren schlagartig an der Tagesordnung, da uns die RPF beschuldigte, als Vertreter der UNO in Ruanda mit der ebenfalls mit einem UN-Mandat ausgestatteten französischen Interventionstruppe zu kooperieren. Kagame vertrat die Position, dass wir uns sofort zurückziehen sollten, da er unsere Sicherheit nicht garantieren könne. Es waren mehrere Anläufe nötig, mich mit ihm zu treffen, bei welcher Gelegenheit ich ihm den Zweck der französischen Operation so loyal, aber doch so offen wie möglich erläuterte. Ich meinte, ihn überzeugt zu haben, dass wir nicht Teil einer diabolischen Verschwörung waren, der RPF ihren Sieg zu verweigern oder den Völkermord zu schützen oder gar zu fördern. Natürlich fand ich später heraus, dass die RPF sich zwar öffentlich gegen die französische Intervention gewandt, sich aber im Geheimen damit abgefunden hatte, während Kagame dabei war, seinen Feldzug siegreich zu beenden.* Es war schon äußerst merkwürdig, dass Abstimmung, Zusammenarbeit und gegenseitige Information zwischen den ehemaligen Feinden besser waren als zwischen jeder dieser Parteien und UNAMIR.

Ich habe seither oft darüber gegrübelt, warum Kagame lieber die Opération Turquoise als eine UNAMIR 2 mit vollem Mandat duldete. Ich kann den Grund nur vermuten. Ziel von UNAMIR 2 war es, den Völkermord zu stoppen und geschützte Stützpunkte zu errichten, um die Millionen von Flüchtlingen davon abzuhalten, vor der RPF zu fliehen. Da er wusste, dass ich diese Aufgabe als mein vornehmstes Ziel ansah, musste er zurecht annehmen, dass ich mich unweigerlich gegen den RPF-Vormarsch gewendet hätte, der dazu beitrug, die humanitäre Krise zu verschärfen. Aber Kagame wollte das ganze Land, nicht nur Teile davon. Ich kam zu der Überzeugung, dass ihm erst dann an der Stabilisierung der Situation gelegen war, wenn er gesiegt hatte.

*

Da man mich im Dunkeln tappen ließ, konnte ich nur raten, wie die Franzosen nach Ruanda eindringen und wie sie ihre Operation durchführen würden. Ich wusste, dass ihnen sowohl Burundi als auch Uganda den Transit verweigerten. Im Westen Tansanias gab es keine Infrastruktur, die sich für die Franzosen geeignet hätte. Ich verwahrte mich strikt gegen eine Invasion über Kigali und hatte New York mitgeteilt, dass ich von meinem Kommando zurücktreten würde, wenn die UNO den Franzosen dieses Einfallstor öffnete – mehr noch: Sollten französische Flugzeuge über dem Flughafen auftauchen, würde ich sie abschießen lassen. Ich machte außerdem viel Lärm in den Medien über dieses Thema. Bis zu einem gewissen Grad meinte ich dabei auch,

* Bei einer Konferenz 1997 bestätigte mir der RPF-Vertreter in den USA, Théogène Rudasingwa, dass er und der RPF-Repräsentant in Europa, Jacques Bihozagara, nach Paris eingeladen und in vollem Umfang über die Opération Turquoise unterrichtet worden waren, bevor ich auch nur davon gehört hatte.

was ich sagte: Wenn französische Truppen mitten in Kigali landeten, würde dies eine gewaltige Schlacht mit der RPF auslösen und die Armee und die Interimsregierung am Leben erhalten. Das DPKO versicherte mir, dass Kigali nicht in Frage komme.

Blieb noch Zaire (heute Republik Kongo). In Goma am nördlichen Ende des Kivusees gab es einen modernen Flughafen, der zwar repariert werden musste, wo die Franzosen aber landen konnten. Einen weiteren Flugplatz gab es in Bukavu am Südende des Sees. Wenn die Franzosen nur im Norden von Goma aus nach Gisenyi kurz hinter der Grenze auf ruandischen Boden einrücken würden, wäre das für meine Begriffe ein Beleg dafür, dass sie es bloß darauf anlegten, der Armee zu Hilfe zu kommen. Dann wären direkte Angriffe auf die RPF zu erwarten, was automatisch zu Vergeltungsaktionen gegen UNAMIR führen und unseren Rückzug erzwingen würde. Falls die Franzosen jedoch im Süden von Bukavu aus nach Ruanda eindringen würden – also bei Cyangugu westlich des Gebietes, in dem sich die große Mehrheit der Flüchtlinge sammelte –, dann mochten ihre Motive tatsächlich rein humanitärer Art sein, und wir könnten unsere Mission fortsetzen.

Noch bevor der Sicherheitsrat am 22. Juni seine endgültige Entscheidung getroffen hatte, waren die Franzosen bereits in Goma gelandet. Ich erfuhr davon auf keinem Dienstweg, sondern am Morgen des 23. Juni lediglich aus Medienberichten. So viel dann auch zu dem Argument, dass die internationale Staatengemeinschaft nicht die Mittel gehabt hätte, um UNAMIR 2 rasch aufzustellen. Am selben Tag gab die RPF bekannt, dass sie nichts gegen eine französische Operation unternehmen werde, falls die sich auf humanitäre Ziele beschränke. Und da unsere Frankoafrikaner fort waren, ließ die Feindseligkeit gegen UNAMIR sofort nach – wir konnten wieder mit unseren Patrouillen außerhalb von Kigali beginnen. Unseligerweise hatte sich fast die gesamte Hutu-Bevölkerung, angestachelt von RTLM, der Armee und der Interahamwe, nun auf den Weg nach Westen gemacht. Noch tragischer war, dass sie dabei abermals Straßensperren der Interahamwe passieren musste. Die Milizionäre kontrollierten die Papiere der Flüchtlinge und hielten nach überlebenden Tutsi Ausschau. Wer sich nicht ausweisen konnte oder auch nur verdächtigt wurde, eine »Kakerlake« zu sein, wurde sofort umgebracht.

*

Am 24. Juni begannen die Franzosen in Ruanda einzurücken und besetzten, Medienberichten zufolge, Gisenyi im Norden und Cyangugu im Süden, von wo aus sie angeblich weiter vorstoßen wollten. Ich musste unbedingt zum französischen Befehlshaber, General Jean-Claude Lafourcade, vordringen, um seine Absichten zu sondieren und Verbindungsoffiziere mit seiner Truppe auszutauschen. Ich konnte nicht darauf warten, ob er vielleicht geruhte, mich besuchen zu kommen, und bat daher das DPKO, bei der französischen UN-Vertretung das Feldhauptquartier von Opération Turquoise in Erfahrung zu bringen und ein Treffen zwischen mir und dem Kommandeur zu vereinbaren.

Da sich die RPF anscheinend über die französische Präsenz beruhigt hatte, trug ich Henry auf, die Flüchtlingstransporte wieder aufzunehmen und für die Verlegung gefangener Regierungssoldaten aus dem Krankenhaus des Roten Kreuzes und dem König-Faisal-Krankenhaus zu sorgen. Er sollte den Kontakt zur Armee wiederherstellen, der mit der Geiselnahme auf unserem Gelände schlagartig abgebrochen war, damit wir deren Beziehung zu den Franzosen im Auge behalten konnten. Wir mussten außerdem einen Verbindungsoffizier zur Interimsregierung schicken, wo immer sie sich befand, um unsere humanitären Anstrengungen fortzuführen; die Hilfsorganisationen brauchten angesichts der wachsenden Last von Flüchtlingen einen Korridor zu den schrumpfenden Gebieten, die noch von der Armee gehalten wurden.

Am Nachmittag fand in unserem Hauptquartier ein Treffen statt, das ich hier exemplarisch für unsere tagtäglichen Vermittlungsbemühungen anführe. Den Vorsitz hatte Major Don MacNeil von unserer humanitären Abteilung, Teilnehmer waren Frank Kamenzi von der RPF und James Orbinski, der Leiter der ruandischen Gruppe von Ärzte ohne Grenzen und zugleich Chefarzt des König-Faisal-Krankenhauses.* Bewaffnete RPF-Soldaten drangen regelmäßig in das Krankenhaus ein, um Medikamente mitzunehmen, obwohl es unter UN-Schutz stand. Die dort stationierten Blauhelme brannten darauf, diesen Burschen »mit minimalem Einsatz von Gewalt« auf die Finger zu hauen – die Situation dort wurde gefährlich.

Orbinski machte Kamenzi aufgebracht darauf aufmerksam, dass nach der Genfer Konvention, die Ruanda unterzeichnet hatte, bewaff-

* Ärzte ohne Grenzen war unter der Leitung von James Orbinski, einem Kanadier, Ende Mai nach Ruanda zurückgekehrt und hatte das König-Faisal-Krankenhaus Mitte Juni wieder in Betrieb genommen.

nete Soldaten kein Krankenhaus betreten dürften, erst recht keines unter der Oberhoheit des Roten Kreuzes. Kamenzi erwiderte, dass das Krankenhaus dem Volk von Ruanda gehöre und die RPF als dessen Vertretung im Krieg das Recht habe, sich zu nehmen, was sie brauche. Die RPF habe überdies Grund zu der Annahme, dass sich Milizionäre und Regierungssoldaten unter den etwa 8.000 Menschen befänden, die sich ins Krankenhaus geflüchtet hatten. Ihre Soldaten brauchten daher ihre Waffen, um sich selbst zu schützen. Schließlich habe die RPF jüngst bei einer Straßenkontrolle in einem Verletztentransport Granaten entdeckt, verborgen unter dem Banner des Roten Kreuzes.

MacNeil, auf Ausgleich bedacht, wies darauf hin, dass Medikamente in ganz Ruanda Mangelware seien und ein Krankenhaus natürlich vor allem an die eigenen Patienten denken müsse. Auch verstehe er sehr gut, dass die dortigen Flüchtlinge ein Massaker der RPF befürchteten. Da aber die Tausende von Vertriebenen ohnehin den regulären Krankenhausbetrieb fast zum Erliegen brächten, so sein Vorschlag, könnten doch die Flüchtlinge mit dem Einverständnis aller Parteien auf ein neues Gelände, etwa den nahe gelegenen Golfplatz, verlegt werden, was der Blauhelmtruppe zudem die Möglichkeit gebe, eine gründliche Waffenkontrolle durchzuführen. Und wenn erst einmal UNAMIR 2 voll aufgebaut sei, hätten wir auch genug Medikamente und ein eigenes Feldlazarett, sodass die RPF das König-Faisal-Krankenhaus übernehmen könne. Und siehe da, nach einigem Hin und Her war diese Lösung für alle akzeptabel.

Don MacNeil erzielte bei seiner humanitären Arbeit ständig solche Erfolge. Er zeigte keine Furcht (wie der Vorfall bei unserem ersten, beinahe katastrophal fehlgeschlagenen Transfer vor dem Hôtel des Mille Collines zeigte), hatte Vorstellungskraft und gesunden Menschenverstand und war zudem immer zu Späßen aufgelegt. Sein Funkruf war *MamaPapa One*, und dieser »Nummer 1« wurde er mit seinem beispielhaften Engagement vollkommen gerecht.* Seine Moral und die Ent-

* Urheber des MamaPapa-Funkrufes war Marek Pazik. Als Offizier der humanitären Abteilung hatte er die noch in Kigali tätigen Hilfsorganisationen mit Funkgeräten ausgestattet, um so in ständiger Verbindung mit ihnen bleiben zu können. Da er mit dem phonetischen Alphabet westlicher Armeen nicht vertraut war, übersetzte er seine Initialen MP mit MamaPapa (es hätte MikePapa sein müssen) als Rufzeichen für die Hilfsorganisationen, die sich bei ihm meldeten. Der Funkverkehr während der gescheiterten Evakuierung des Hôtel des Mille Collines am 3. Mai wurde von allen UNAMIR-Mitarbeitern abgehört, die auf die Frequenz geschaltet hatten, um zu verfolgen, was da vor sich ging, und alle hörten den MamaPapa-Ruf – besonders die Ghanaer fanden

schlossenheit seines Kommandeurs Clayton Yaache – beides schweißte die humanitäre Abteilung von UNAMIR zu einer derartigen Einheit zusammen, dass so mancher meiner Offiziere und Soldaten aus den anderen Einheiten nur allzu gern dabei gewesen wäre. MacNeil kam besonders gut mit den polnischen Offizieren aus, darunter dem hartgesottenen Marek Pazik, der in der Gikondo-Kirche eines der ersten Massaker des Völkermordes miterlebt hatte und nun überallhin seine von einem Milizionär erbeutete AK-47 mitnahm. In Paziks Zimmer fanden alle möglichen kleinen Vergnügungen und auch Diskussionen statt, die gewöhnlich MacNeil organisierte. Diese Zusammenkünfte boten unseren humanitären Kriegern das Ventil, das sie brauchten, um weitermachen zu können und jeden Tag von neuem ihr Leben zu riskieren.

*

Die RPF setzte nun ihre Angriffe auf Kigali mit neuer Kraft fort. Ich hatte Ndindiliyimana, den Chef der Gendarmerie, in letzter Zeit kaum gesehen, aber seine Leute leisteten zusammen mit Kouchner gute Arbeit, einige der Waisen aus den Stadtteilen, die die Armee noch hielt, in Sicherheit zu bringen. Die moderaten Führer der Armee waren in der letzten Woche aus der Hauptstadt verschwunden. Sie mussten angesichts der neuen Entschlossenheit der Extremisten und der Ankunft der Franzosen ein ungewisses Schicksal befürchtet haben.

Henrys Vater war gestorben, daher würde mein Stellvertreter im Juli für einige Zeit auf Sonderurlaub in Ghana sein. Am 26. Juni schickte ich ihn zu einem weiteren Treffen mit Bizimungu ins Hotel Meridien, um Vorgespräche für eine Wiederaufnahme der Waffenstillstandsverhandlungen zu führen. Was die Überführung der Leichen der von der RPF in Kabgayi ermordeten Kirchenleute anging, so richtete er dem Stabschef aus, dass die RPF die Bischöfe und Priester selbst beerdigt hatte und sie nicht an die Interimsregierung übergeben wollte. Im Gegenzug erhielt Henry die endgültige Bestätigung, dass sich die Interimsregierung nach Gisenyi verkrochen hatte, einige Minister mög-

ihn urkomisch. Der Versuch, das Rufzeichen wieder in seine militärische Standardform rückzuübersetzen, scheiterte, weil die ghanaischen Soldaten nichts davon wissen wollten und zur besonderen Irritation von Oberst Yaache bald alle Mitglieder der humanitären Abteilung MamaPapas nannten. Der Name blieb während der ganzen Zeit hängen, und viele Mitarbeiter von Hilfsorganisationen aus aller Welt benutzten den MamaPapa-Ruf, um sich bei UNAMIR zu melden.

licherweise sogar ins zairische Goma. Für Bizimungu war meine bevorstehende Reise nach Goma zu General Lafourcade eine hervorragende Gelegenheit, mich dort auch mit Verteidigungsminister Bizimana zu treffen.

Als Henry ins Hauptquartier zurückkam, berichtete er mir, dass Bizimungu außerordentlich gute Laune gehabt habe und ruhig, ja sogar freundlich gewesen sei. (Das war ein großer Wandel im Vergleich zur Vorwoche, wo Bizimungu sich verhalten hatte, als sei seine Sache völlig verloren.) Sein Beileid für Henry, der ihm vom Tod seines Vaters erzählt hatte, schien aufrichtig zu sein, was Henry äußerst bizarr fand, wenn man bedachte, wie gleichgültig den Armeechef das Massensterben um ihn herum augenscheinlich ließ.

*

Im Hauptquartier herrschte große Geschäftigkeit, da nun die Voraustrupps der verschiedenen UNAMIR-2-Kontingente auf der langen Landroute von Entebbe nach Kigali einzutreffen begannen. Die RPF-Grenzposten machten den eintreffenden Soldaten das Leben nicht leichter; sie bestanden auf ihrer Durchsuchung und einer Inspektion ihres Gerätes, als handele es sich um Touristen und nicht um UN-Friedenshüter. UNOMUR half uns, diese Konvois durch die Berge und das ugandische Grenzgebiet zu lotsen. Nach weiteren endlosen Verhandlungen erarbeiteten wir mit der RPF ein Protokoll, das die Einreise erleichterte. Das Hauptquartier quoll über von neuen Leuten, da die Panzerfahrzeuge und Lastwagen mit Nachschub für die Truppe und für die humanitären Einsätze in Kampala auf den Weg gebracht wurden, ein weiteres ghanaisches Bataillon in etwa einer Woche ankommen sollte, die Vorhut des kanadischen Fernmelderegiments und des äthiopischen Bataillons bereits vor Ort waren, die Vorauskommandos des Feldlazaretts der britischen Fallschirmjäger, des australischen Feldlazaretts und der Schutztruppen in schneller Folge eintrafen (außerdem würde möglicherweise ein kanadisches Feldlazarett kommen). Wir waren nicht mehr allein – was zugleich beflügelnd und unglaublich anstrengend war, da wir uns daran gewöhnt hatten, eine kleine Kämpferschar zu sein.

Natürlich gab es nichts, was sich einfach hätte lösen lassen. Allay Golo, unser Verwaltungschef im fernen Nairobi, erwies sich weiterhin als unbeugsam bei der Handhabung der UN-Bestimmungen, die ohnehin schon bürokratisch genug waren. Ich musste mich den ganzen

Tag mit unzähligen Verwaltungsaufgaben herumschlagen, gestützt auf einen Hauptquartiersstab, der seit dem letzten November an Mitarbeitern eingebüßt hatte. Alle möglichen Logistikprobleme erforderten ausgiebige Verhandlungen mit RPF und Regierungstruppen. Die Mission hatte immer noch keine Nachschub- oder Transportverträge oder ein größeres Budget, ganz zu schweigen von genug Verpflegung, Wasser und Treibstoff. Die Kanadier unter Oberst Mike Hanrahan trafen, wie bei Industrieländern mit Berufsarmeen üblich, voll ausgerüstet ein. Zumindest die nächsten sechs bis acht Wochen würden wir uns auf die Pioniere, Logistiker und das übrige technische Personal dieses erfahrenen und professionellen Kontingents und auch auf die Briten verlassen müssen, um die ganze Mission über die Runden zu bringen.

Die Äthiopier waren im Hinblick auf ihre Einsatzbereitschaft das andere Extrem. Sie hatten gerade einen langwierigen Bürgerkrieg hinter sich, und ihr Voraustrupp, zu dem auch der Stabschef der äthiopischen Armee gehörte, fühlte sich in seinen brandneuen Uniformen sichtlich unwohl. Wie schon erwähnt war dies ihre erste Friedensmission. Sie hatten keine Ausrüstung, um sich zu versorgen, geschweige denn um Einsätze durchzuführen. Den meisten afrikanischen Einheiten ging es nicht besser. (Die äthiopischen Soldaten erwiesen sich dann jedoch als ungeheuer findig. Ich sah sie einmal nur mit langen Ruten bewaffnet, wie man sie früher zum Viehhüten benutzte, eine Menschenmenge zurückhalten, die über eine Brücke bei Cyangugu nach Zaire stürmen wollte. Die Soldaten hatten auch keine Hemmungen, den Bauern bei der Ernte der wenigen bestellten Felder zu helfen.)

Wir lebten im Zentrum eines fortdauernden Völkermordes und durften nicht im Mindesten nachlassen. In meinen Begrüßungsansprachen für die Vorauskommandos, die jetzt eines nach dem anderen eintrafen, betonte ich immer wieder, wie dringlich unsere Aufgabe sei. Sie kämen schon spät, sagte ich in der beißenden, häufig nach Verwesung stinkenden Luft – und wir waren schon die ganze Zeit zu spät gewesen. Mike Hanrahan war es, dem es gelang, unsere Eilbedürftigkeit endlich auch nach Kanada zu vermitteln: Seine Kommandeure hatten einen eher bedächtigen Truppenaufbau per Schiff geplant, aber stattdessen buchte das kanadische Kontingent nun Linienflüge nach Nairobi, um schneller vor Ort zu sein.

Zwischen den Franzosen und der RPF hatte es bereits zwei beunruhigende Zwischenfälle gegeben. Die RPF hatte eine Abteilung von mindestens zehn Soldaten der Opération Turquoise überfallen, die zu weit auf das Gebiet der Präfektur von Butare vorgedrungen war. Tatsächlich wurde dabei niemand verletzt, aber der französische Stolz hatte eine Blessur bekommen – Spezialkräfte mussten die Freilassung der Soldaten aushandeln. Der andere Zwischenfall ereignete sich auf der Straße von Kibuye nach Gikongoro. Schüsse fielen, zwei französische Soldaten überlebten nur, weil sie ihre Splitterschutzwesten trugen. Das konnte die Franzosen jedoch nicht von ihrem Wunsch abbringen, ihre alten Alliierten zu unterstützen und die RPF in die Schranken zu weisen.

Die Orden der Mission trafen endlich ein. Am 26. Juni hielten wir eine Medaillenparade auf dem Hof unseres Hauptquartiers ab, umringt von einem Haufen zerschossener, kaputter und ausgeschlachteter UN-Geländewagen. Ich hatte darum gebeten, dass Brent seinen Orden daheim entweder vom kanadischen Stabschef oder vom Verteidigungsminister persönlich überreicht bekäme.* Henry, Tiko und ich hefteten 60 Stabsoffizieren, Militärbeobachtern und Soldaten des tunesischen Kontingents ihre Orden an. In drei Reihen aufgestellt, waren sie so blankpoliert und adrett, wie sie in Splitterschutzwesten nur sein konnten. Wir mussten die Zeremonie wegen der Gefahr verirrter Geschosse kurz halten, aber als wir uns die Reihen entlangarbeiteten, in die Augen eines jeden Mannes blickten und ihm die Hand schüttelten, durchlebten wir alle noch einmal, wie ich glaube, die dunkelsten Momente unserer Mission. Zum Schluss heftete ich Henry und Tiko ihre Medaillen an, und dann befestigten beide meinen Orden an meiner Jacke.

Am nächsten Tag nahm ich zusammen mit Henry auf dem Flughafen die Medaillenparade des ghanaischen Bataillons ab. Bevor wir anfingen, berichtete er mir kurz von seiner beunruhigenden Folgesitzung mit Bizimungu. Unsere Stabsmitarbeiter hatten bei der Präfektur von Kigali wegen der Wiederaufnahme der Flüchtlings- und Waisentransporte angefragt. Bei einem Treffen mit dem Unterpräfekten hatte dieser sehr sachlich erklärt, dass die Interimsregierung keinen Wert in der Fortführung der Transfers sehe: Die französischen Truppen seien bald in der Hauptstadt und in der Lage, alle angemessen zu schützen. Die Lager, war der Unterpräfekt überzeugt, würden den eintreffenden

* Dazu kam es nicht. Brent erhielt seinen Missionsorden zuerst von seinem vorgesetzten Offizier. Später sorgte ich allerdings dafür, dass Louise Frechette, die damalige stellvertretende Verteidigungsministerin Kanadas (und ab Januar 1998 Kofi Annans Stellvertreterin bei der UNO), ihm seine Medaille bei einem kleinen Empfang im Konferenzraum des DPKO in New York anheftete.

Franzosen außerdem beweisen, dass sich die Behörden von Kigali gut um die Flüchtlinge gekümmert hätten. Die Interimsregierung und ihre Unterlinge glaubten eindeutig, dass die Franzosen tatsächlich auf dem Weg nach Kigali waren. Henry sagte mir mit sehr leiser Stimme: »Diese Leute sind doch alle krank im Kopf.«

Wir schritten die Ränge ab und hefteten den ghanaischen Offizieren, Unteroffizieren und Soldaten ihre Orden an. Der Oberstabsfeldwebel des Bataillons hatte für Begleitmusik von Band gesorgt, aber ich vermisste die Klänge der ghanaischen Regimentskapelle, deren Mitglieder nach Nairobi evakuiert worden waren. Oberstleutnant Joe Adinkra versprach mir, dass sie mit einem der ersten Flüge zurückkommen würden.

An diesem Tag verbrachte ich einige Zeit mit dem Einsatzteam und Henry sowie den ruandischen Verbindungsoffizieren, um eine höchst genaue Demarkationslinie zwischen Opération Turquoise und der RPF zu ziehen. Wir hatten ein paar Beobachterteams ausgesandt, um die Stoßrichtungen des RPF-Vormarschs zu erkunden und uns Nachrichten von der Front zu bringen. Es war offensichtlich, dass Kagame endlich schnell – aber nicht leichtsinnig – auf zwei Hauptachsen in den Westteil des Landes vorrückte, zum einen nach Butare und weiter zur burundischen Grenze, zum anderen direkt auf Ruhengeri zu, um sich mit seinen Truppen im Herzen des Extremistenlandes zu vereinen, die dort bisher viele Bataillone der Armee gebunden hatten. Die Kämpfe in Kigali wurden Tag für Tag heftiger; wie Kagame angedeutet hatte, wollte er die Hauptstadt vor jeder möglichen Intervention der Franzosen einnehmen. Und wir waren dabei, eine weitere Schlacht zu verlieren: Wir würden die Flüchtlinge im Norden kaum innerhalb der ruandischen Grenzen halten können; sie flohen vor Kagames Vormarsch. Das mögliche Gebiet für Opération Turquoise in diesem Landesteil schrumpfte ziemlich zusammen.

Dennoch hatte ich das Gefühl, dass es im Großen und Ganzen endlich solide vorwärts ging, oder wir zumindest voranstolperten. Immer wieder schoss mir derselbe Gedanke durch den Kopf: *Wir sind nicht mehr allein.*

*

Am Morgen des 28. Juni legten wir letzte Hand an die Festlegung der Frontlinien von Opération Turquoise und RPF. Es gab viel Bewegung in der Stadt, und wann immer ich Zeit fand, stieg ich aufs Dach, um durch mein Fernglas die Umgebung abzusuchen. Alles, was ich sehen konnte, waren Rauchfahnen und einige RPF-Soldaten, die sich ungedeckt bewegten.

Ich verließ Kigali um etwa 13 Uhr zu meiner Reise nach Goma. Begleitet wurde ich von meinem Adjutanten und vier Journalisten, später gesellten sich uns noch die vier Militärbeobachter hinzu, die als Verbindungsoffiziere bei der französischen Truppe unsere Augen und Ohren sein sollten. Wir fuhren mit Eskorte zum Grenzübergang Merama nach Uganda, flogen dann mit einem UNOMUR-Helikopter nach Entebbe und mit einer Herkules weiter nach Nairobi, wo wir nach dem Abendessen eintrafen.

Hinsichtlich der Befugnisse von UNAMIR bei der Koordinierung von humanitärer Hilfe und Friedensbemühungen für ganz Ruanda hatten sich Spannungen und Verwirrung ausgebreitet. Yaache und MacNeil von unserer humanitären Abteilung hatten volles Vertrauen in Charles Petrie, der nun im UN-Notbüro Ruanda (UNREO) in Nairobi arbeitete, und empfahlen mir, ihn wegen seiner großen Erfahrung und seiner Fähigkeit zur raschen Lagebeurteilung mit nach Goma zu nehmen. Der 29. Juni in Nairobi war eine mühselige Geduldsübung, voller Stellungnahmen, die ich vor tauben Ohren ständig wiederholen musste. Ich hatte bereits den französischen Verteidigungsminister François Léotard vor den Kopf gestoßen, der zur Truppeninspektion angereist war und darum gebeten hatte, mich am selben Tag in Cyangugu zu treffen. Ich war verhindert, weil ich in Nairobi erwartet wurde, was ihn sehr verärgerte. Ich dagegen war ebenso froh. Er reiste mit einem Journalistentross, und der Eindruck, dass ich sofort an seine Seite eilte, hätte der RPF Grund gegeben, meine Neutralität anzuzweifeln.

In Nairobi traf ich die diplomatische Gemeinde, die zivilen UN-Missionsmitarbeiter, Journalisten und Vertreter der nichtstaatlichen Organisationen. Wie gewöhnlich versprachen die Diplomaten Unterstützung, ohne sich zu irgendetwas Spezifischem zu verpflichten. Die Journalisten konzentrierten sich auf Opération Turquoise und wollten mir in der Hoffnung auf eine fette Schlagzeile neue Drohungen gegen die Franzosen entlocken (ein Gefallen, den ich ihnen nicht tat). Die Verwaltungsmitarbeiter boten mir Entschuldigungen statt Ergebnisse, die nichtstaatlichen Organisationen erneuerten ihre Forderung nach Unabhängigkeit und Nichteinmischung des Militärs aus Gründen der Neutralität, riefen aber gleichzeitig nach einer »Atmosphäre der Sicherheit«, damit sie ihre Arbeit tun könnten. UNREO machte Fortschritte, die nichtstaatlichen Organisationen zu täglichen Informationstreffen nicht nur in Nairobi, sondern auch in Entebbe, Kabale, Goma, Bujumbura und Kigali zu bewegen. Und Petrie versprach, in den folgenden Wochen wieder ein Büro in Kigali einzurichten, um die Hilfsorganisationen aus Nairobi heraus und ins Zentrum der Aktion zu bringen.

Bevor ich nach Goma weiterflog, hielt ich eine Medaillenparade für die etwa 80 Frankoafrikaner und anderen Militärbeobachter ab, die nach Nairobi evakuiert worden waren. Dieses Mal – ohne Angst vor Streufeuer und Mörserangriffen und in Anwesenheit von Journalisten und einigen Diplomaten, hochrangigen UN-Mitarbeitern und Angehörigen nichtstaatlicher Organisationen – sprach ich aus, was mich bewegte. Ich betonte, dass die Orden sehr verdient seien, dass die Arbeit aber alles andere als getan sei; ich beschrieb meinen Zuhörern die Heldentaten, das Grauen und die Gleichgültigkeit der Welt. Während ich hier meine Rede halte, gehe das Gemetzel in Ruanda weiter. Ich tat mein Bestes, um einen Eindruck zu hinterlassen, der wenigstens ein paar Stunden vorhalten würde, vielleicht bis zu den Abgabeterminen der nächsten Storys, und versuchte dann, den Empfang nach der Ehrung zu genießen.

*

30. Juni. Wir flogen über den Vulkan-Nationalpark hinweg, die Heimat der bedrohten Berggorillas. Dian Fossey liegt dort auf dem von ihr selbst angelegten Gorillafriedhof begraben, nachdem sie 1985 in diesem dichten Bambuswald einem Schlächter mit einer Machete zum Opfer gefallen war. Einer der sieben Vulkane unter uns war erwacht und spuckte Rauch und Asche aus. Um etwa zehn Uhr morgens steuerten wir die einzige Landebahn von Goma an. Ich saß vorne bei der Besatzung und hatte einen Logenblick auf die Stadt. Sie sah aus wie in Schwarz- und Grautönen gemalt, einfach deprimierend. Goma, obwohl Hauptstadt der Kivu-Provinz, erschien mir als fürchterliches, düsteres Kaff. Hingegen war Gisenyi auf der ruandischen Seite der Grenze vor dem Völkermord ein wunderschöner Touristenort gewesen.

Vor meinen Augen breitete sich die Hauptbasis von Opération Turquoise aus. Ich sah Hunderte von Kindern hinter den großen Transportflugzeugen herrennen, wenn sie landeten und abhoben. Ein Fehltritt oder Sturz, und die Kinder wären unter die Räder dieser Ungeheuer geraten. Niemand hatte daran gedacht, die Kinder von der

Gefahrenzone fernzuhalten. Es war kein verheißungsvoller Auftakt dieses ersten meiner vielen Besuche bei Opération Turquoise.

Doch die Franzosen hatten bei Logistik, Quartieren und militärischer Ausrüstung offensichtlich nicht geknausert und ihre Truppe sorgfältig um den Flughafen und in der Stadt aufgestellt. Die Größe und das Niveau der Lagerausstattung führten mir lebhaft vor Augen, wie wenig Unterstützung mir selbst zu Gebote stand. Geld und Ressourcen sind nie ein Problem, wenn eine Großmacht ihr Gewicht in die Waagschale wirft. Zu Opération Turquoise gehörten über 2.500 Angehörige von Eliteeinheiten wie der französischen Fremdenlegion, Fallschirmjäger, Marineinfanteristen und Spezialkräfte. Sie hatten neueste Waffen, das Hauptquartier war eine moderne Kommandoleitstelle mit aller nötigen Fernmeldeausrüstung, es gab über 100 Panzerfahrzeuge, Batterien schwerer Mörser, eine Staffel leichtbewaffneter Späh- und mittelgroßer Truppenhubschrauber, sogar etwa ein Dutzend Jagd- und Aufklärungsflugzeuge. Eine Armada sehr großer Transportflugzeuge – Boeings, Airbusse, Antonows, Herkules und Transalls – brachte Nachschub aller Art nach Goma. Große Treibstoff- und Wassertanks waren bereits in Betrieb, und eine Zeltstadt zur Unterbringung von Soldaten und Ausrüstung erhielt gerade ihren letzten Schliff. Diese ganze Schlagkraft bündelte sich in der Hand eines Kommandoteams, das seit Jahren zusammenarbeitete und mit afrikanischen Konflikten vertraut war.

Eine kleine Gruppe durchtrainierter französischer Offiziere hoher Ränge, sehr adrett in graugrünen Felduniformen, erwartete uns am Rand des Rollfeldes. Brigadegeneral Lafourcade an ihrer Spitze hatte eine tiefe Stimme, einen festen Händedruck und ein einnehmendes Auftreten. Er lud uns ein, in bereitstehende Jeeps zu steigen, um ins Stadtzentrum zu fahren, wo er sein Hauptquartier eingerichtet hatte. Wir übten uns in Konversation, während wir über die fast unpassierbaren, aus dem Lavaboden ausgehobenen Straßen ruckelten, in alle Richtungen durchgeschüttelt wurden und die Fahrer versuchten, niemanden aus den ziellos herumlaufenden Menschenmassen zu überfahren. Alles war schmutzig vom Ascheregen.

Etwa 20 Minuten später fuhren wir vor einem noch unfertigen Gebäude vor, dessen Grundstück von einer niedrigen Mauer umgeben war. Die Meldefahrzeuge, Antennen, Satellitenschüsseln und Telefonkabel in alle Richtungen waren die klassischen Zeichen eines gut ausgestatteten Hauptquartiers, auch wenn Türen und Fenster fehlten und die Räume noch nicht vollständig hergerichtet waren.

Wir kamen in einem kleinen, schlichten Besprechungsraum zusammen und nahmen auf militärischen Feldstühlen Platz. Lafourcades Stab hatte einige Karten des Gebietes an die Wand geheftet, die nur mit minimalen taktischen Informationen über die eigene Truppenaufstellung versehen waren. Er war sehr an meiner Meinung über den Frontverlauf der RPF interessiert und bestätigte, dass er Truppen Richtung Butare und Ruhengeri in Marsch gesetzt habe. In den vergangenen Tagen hatte seine Streitmacht einen zweiten, untergeordneten Luftstützpunkt in Bukavu jenseits des Flusses von Cyangugu errichtet. Sein Mandat, sagte Lafourcade, sei der Schutz der bedrohten Menschen, aber nicht unbedingt die Entwaffnung der Regierungsarmee. Entwaffnen würde er bloß die so genannten Selbstverteidigungskräfte und die Interahamwe sowie deren Straßensperren beseitigen. Er betonte, dass er nur so lange in der Region bleiben würde, bis UNAMIR 2 einsatzfähig sei – höchstens zwei Monate. Insgesamt war sein Bericht über seinen Einsatzplan recht dürftig, wenn man bedachte, welche Mittel ihm zu Gebote standen.

Ich stellte Lafourcade und den versammelten Offizieren Mandat, Konzept, Plan und Einsatzstatus von UNAMIR 2 vor. Dazu zeigte ich ihnen eine Karte, auf der wir fünf das ganze Land abdeckende Aufstellungssektoren und die vorgeschlagene Truppenstruktur verzeichnet hatten. Ich informierte sie über den Stand der Schlacht um Kigali sowie über unsere Kenntnisse der Flüchtlingsbewegungen und die Lage der größten Lager. Dann ging ich zu Lafourcades Karte und zog eine Linie, die für mich die äußerste Grenze des von den Franzosen geschützten Gebietes innerhalb Ruandas darstellte. Er war entgeistert. Er konnte nicht glauben, dass die RPF in der letzten Woche so schnell vorangekommen war. Ich sagte ihm, dass es östlich von Gisenyi für ihn keinen Einsatzraum mehr gebe, wenn die Flüchtlinge noch näher an die zairische Grenze heranrückten. Im Südwesten stand die RPF ungefähr 20 Kilometer vor Karama im Osten der Präfektur Gikongoro und hielt eine Front gerade hinunter bis zur burundischen Grenze, wenn ich auch nicht wusste, in welcher Stärke. Die Linie, die ich auf seiner Karte gezogen hatte, berücksichtigte einen schmalen Gürtel Niemandsland zwischen seiner Streitmacht und den vordersten RPF-Positionen. Ich machte ihm klar, dass Butare im Wesentlichen in der Hand der RPF sei. Immer noch leicht benommen von dem, was ich ihm offenbart hatte, schlug Lafourcade ein leichtes Mittagessen vor, nach dem er gleich wieder auf die Karte zurückkommen wollte.

Beim Lunch fand ich ihn weit aufrichtiger und vernünftiger als seine Offiziere. Während ich über die dringend notwendige Beendigung des fortdauernden Völkermordes sprach, gaben seine Offiziere die Loyalität zu bedenken, die Frankreich seinen alten Freunden schulde. (Ich hatte gehört, dass die Habyarimana-Familie enge Bande zu Präsident Mitterand und einer seiner Söhne beträchtliche Geschäftsinteressen in Ruanda hatte.) Sie dachten, UNAMIR solle helfen, die RPF von einem Sieg über die Armee abzuhalten, was nicht unsere Aufgabe war. Ich mahnte Lafourcade zur Vorsicht beim Umgang mit der Interimsregierung, die nach meiner Einschätzung alles tun würde, um seine Truppe in einen Konflikt mit der RPF zu verwickeln und die Franzosen damit fest auf ihre Seite zu ziehen. Ich sagte ihm, die Extremisten seien sehr gerissen und eigentlich ohne Hoffnung; außerdem schockiert, weil die Franzosen schon einige Straßensperren niedergerissen hatten, jedoch anscheinend nichts taten, um ihrer Sache beizustehen. Aber meine französischen Gesprächspartner waren nicht überzeugt und gaben weiter ihrem Missfallen Ausdruck, dass UNAMIR die militärische Eskalation des Bürgerkrieges nicht verhindert habe. Sie weigerten sich, die Realität des Völkermordes und die Tatsache zu akzeptieren, dass die Extremistenführer, die Täter des Genozids und einige ihrer alten Kollegen alle ein und dieselben Leute waren. Es war ihnen offen anzumerken, dass sie gerne gegen die RPF gekämpft hätten.

Einige dieser Offiziere kamen aus einer kolonialen Tradition, in der militärische Interventionen in die Innenpolitik ehemaliger Vasallenstaaten gleichsam zum guten Ton gehörten; sie sahen keinen Grund, ihre Ansichten angesichts eines Konfliktes zu ändern, in dem es für sie bloß um ein weiteres ethnisches Gezänk ging. Allerdings hatten sie, um fair zu sein, zu diesem Zeitpunkt sicher noch keine Vorstellung von der Größenordnung der Massaker oder dem Ausmaß der Komplizenschaft des Habyarimana-Regimes beim Völkermord. Ich bin zwar nicht geneigt, die Motive des französischen Militärs milde zu beurteilen, glaube aber ehrlich, dass ihre spätere persönliche Begegnung mit der Realität des Genozids die meisten Militärs zur Vernunft brachte. In den französischen Medien erschienen sehr bald Interviews mit Soldaten der Interventionstruppen, die sich schockiert darüber zeigten, dass es ihre Verbündeten waren, die die Massaker begingen, nicht die RPF, wie ihnen angeblich von ihren Vorgesetzten gesagt worden war. Trotz ihres humanitären Zwecks war Opération Turquoise allerdings äußerst schwach mit Lastwagen ausgerüstet, die für Hilfseinsätze von ausschlaggebender Bedeutung sind. In Bisesero etwa kamen Hunderte von Tutsi aus ihrem Versteck, um sich von einer französischen Patrouille retten zu lassen. Die Soldaten wiesen sie an, zu warten, weil sie erst noch Fahrzeuge besorgen mussten, und ließen sie im Freien allein. Als sie mit den Lastwagen zurückkamen, fanden sie die Tutsi von der Interahamwe massakriert. Im Verlauf von Opération Turquoise erlebten mehr und mehr französische Soldaten ähnliche Vorfälle, was dazu führte, dass sie ihre Rolle in Ruanda zunehmend anekelte.

Als wir nach dem Mittagessen in den Besprechungsraum zurückkehrten, setzte ich die französischen Offiziere davon in Kenntnis, dass ich nach dem Willen der RPF die Verbindung zwischen ihr und Opération Turquoise herstellen würde und UNAMIR über die Demarkationslinie wachen und bei Konflikten vermitteln würde. Wir hielten fest, dass Lafourcades Truppe zwar nicht die Regierungssoldaten, aber alle aufgegriffenen Nichtkombattanten und mutmaßlichen Verbrecher entwaffnen, dass sie dem Morden in der »Humanitären Schutzzone« (wie wir das von Opération Turquoise gesicherte Gebiet nennen wollten) aktiv ein Ende setzen und dass sie die Demarkationslinie nie überschreiten würde. Lafourcade versprach, UNREO in die Planung und Ausführung humanitärer Hilfe in der Schutzzone mit einzubeziehen, wodurch wir alle den Überblick behielten, sowie UNAMIR nicht an der Ausübung ihres Mandats in der Schutzzone zu hindern; wir sollten uns bloß jederzeit mit seiner Truppe vor Ort abstimmen. Ich bat ihn, sich darauf zu konzentrieren, die 2,5 Millionen Flüchtlinge davon abzuhalten, aus Angst vor der RPF durch die Waldgebiete im Westen zu flüchten, indem ich ihm ausmalte, was alles passieren würde, wenn sie über die Grenze nach Zaire schwappten. Schließlich bat ich ihn, von seinen Nachrichtenleuten in der Schutzzone die Botschaft verbreiten zu lassen, dass Opération Turquoise *nicht* gekommen sei, um die Armee zu verstärken.

Das Treffen endete freundlich, aber ich war sicher, dass Lafourcade sich für viele meiner Vorschläge erst die Genehmigung aus Paris einholen musste. Und obwohl er mir den Eindruck eines kompetenten und anständigen Kommandeurs vermittelte, verließ ich sein Hauptquartier nicht mit dem wärmenden Gefühl, dass wir völlig auf einer Wellenlänge lägen.

Mein Team und ich flogen um etwa 15 Uhr nach Entebbe ab, wo wir am Viktoriasee nicht weit vom Präsidentenpalast entfernt übernachteten, in dem einst der britische Generalgouverneur residiert hatte.

Am nächsten Morgen – daheim war Kanadatag – inspizierte ich die Transportabteilung und die Verbindungsteams am Flughafen. Unser dortiges Übergangslager für die nach Ruanda abkommandierten Kontingente war noch immer nur ein Traum, obwohl in weniger als sieben Tagen das ghanaische Bataillon erwartet wurde und auf den Panzerfahrzeugen ausgebildet werden musste. So viel zur Wirkung meiner motivierenden Reden in Nairobi.

Wir flogen mit dem Hubschrauber weiter nach Kabale, wo uns Azrul Haque und UNOMUR zu einer Arbeitssitzung erwarteten. Außerdem trafen wir uns mit nichtstaatlichen Organisationen, die gerade dabei waren, vorgeschobene Durchgangsstellen in der Stadt einzurichten, und hielten, nicht zuletzt, die letzte Medaillenparade am White Horse Inn ab. Ich machte den Soldaten in meiner Lob- und Dankesrede klar, dass die Lage noch schlimmer werden würde, bevor sie sich verbessern könne, und bat sie, ihre Anstrengungen beim Katz-und-Maus-Spiel mit der ugandischen Armee fortzusetzen. Dann ging es per Helikopter zu den Mirama-Bergen und nach Ruanda hinüber, um zu meiner Eskorte zu stoßen.

Die Fahrt durch den Kagera-Nationalpark war schön, trotz der Tatsache, dass zu dieser Jahreszeit Buschfeuer brannten und an einigen Orten gewaltige Rauchwolken den Himmel bedeckten. Was sich daran anschloss, war ein Geisterland: Obwohl die RPF das Gebiet unter Kontrolle hatte, waren die verwüsteten und abfallübersäten Dörfer noch menschenleer.

*

Wir kamen am Nachmittag zum Amahoro-Stadion zurück, gerade rechtzeitig, um noch den Kanadatag* mitfeiern zu können: eine Frivolität inmitten der Hölle. Da die ganze Welt weiß, dass Kanada eine Eishockeygroßmacht ist, hielt mein kanadisches Kontingent es für das Beste, den Tag mit einem Hockeyspiel zu begehen – nicht auf einer Eisfläche, sondern auf dem Parkplatz unseres Hauptquartiers. Unser Gegner war ein ghanaisches Team, das Henry zusammengestellt hatte. Meine übermäßig zuversichtlichen Kanadier ergingen sich schon in hämischen Protzereien, wie sie die Afrikaner niedermachen würden.

* Am Kanadatag, dem 1. Juli, wird alljährlich mit vielen Veranstaltungen und auch militärischen Zeremonien der British North America Act von 1867 gefeiert, durch den sich nach jahrelangen Föderationsverhandlungen alle britischen Provinzen zum Bundesstaat Kanada vereinten. (A.d.Ü.)

Wegen der Bombardierungsgefahr sollte das Spiel in Splitterschutzwesten stattfinden.

Wir pflegen daheim eine harte Spielart des Hockeys. Als das Spiel begann, dominierten die Kanadier etwa eine Minute lang – bis einer der Ghanaer Major John McComber durch massiven Körpereinsatz zu Boden streckte. Dabei war John ein kräftiger Infanterieoffizier mit Stehvermögen, für den sich ein Wettstreit nicht weiter von einem Kampfeinsatz unterschied. Sein Sturz deutete an, was sich da anbahnen sollte. Ich kam die ersten paar Minuten ins Spiel, landete aber aufgrund eines Bodychecks, durch den sich mein eigener Schläger in mich hineinrammte, ziemlich schnell auf dem unerbittlich harten Asphalt, gab meinen Platz auf und humpelte davon. Als Henry – über 1,80 Meter groß und fast 130 Kilo schwer – das Spielfeld betrat, änderte das kanadische Team wohlweislich seine Taktik und spielte nun ein eher europäisches Hockey mit defensiverem Körpereinsatz. Mit fortschreitendem Spiel und – nicht zu unseren Gunsten – steigender Punktzahl erkannten wir, dass wir nass gemacht wurden. In Ghana ist Feldhockey Nationalsport, und Henry hatte ein hochkalibriges Team von fitten, talentierten jungen Männern gegen uns ältere und etwas weniger fitten Kanadier aufgestellt.

Trotzdem, wir hatten die Sorgen der Mission für ein, zwei Stunden vergessen. Oberst Hanrahan, der in Kigali das Vorauskommando des kanadischen Funkerregiments führte, notierte in seinem Tagesbericht: »Am Abend des 1. Juli 1994 bat das Vorausteam Generalmajor Dallaire und sechs kanadische Militärbeobachter zu einem Bier, das wir aus Uganda mitgebracht hatten, um den Kanadatag zu feiern. Es war eine surreale Feier. Generalmajor Dallaire und sein Team wirkten wie ›Zombies‹. Sie waren im selben Raum wie wir, aber ihr Kopf war woanders. Hohle Augen, in Gedanken verloren über das, was sie erlebt hatten. Die Belastung forderte einen hohen Preis.«

*

Am selben Tag in New York verabschiedete der Sicherheitsrat die Resolution 935, die den Generalsekretär aufforderte, ein Expertenkomitee zu berufen, um »mögliche Völkermordhandlungen« in Ruanda zu untersuchen. Die Welt konnte sich noch immer nicht dazu durchringen, das Gemetzel beim richtigen Namen zu nennen. RTLM verlor keine Zeit, über die Resolution herzuziehen. Nach Meinung des Hasssenders war der Oberste Gerichtshof Ruandas kompetent und unparteiisch genug, um diese Aufgabe zu bewältigen. Unerbittlich überzog RTLM alle Hutu, die Batterien für ihre Radios auftreiben konnten, mit einem Schwall von Lügen. Noch einen Monat später, inmitten des Grauens der Flüchtlingslager, die ich in Zaire besuchte, sah ich Menschen mit kleinen Kofferradios an den Ohren, die dieser niederträchtigen Propaganda lauschten. Der Sender blieb eine Stimme der Autorität, viele konnten sich nicht von ihm lösen. Wegen ihrer gegen Hutu-Extremisten gerichteten Beschuldigungen kamen Ärzte ohne Grenzen zusammen mit weißen Schnurrbartträgern und Kanadiern insgesamt auf die Hassliste der »Tutsi-Freunde« von RTLM. Ich verstärkte daher die Sicherheitsvorkehrungen am König-Faisal-Krankenhaus, wo James Orbinski, der Leiter des Teams von Ärzte ohne Grenzen *und* Kanadier, mit seiner Gruppe arbeitete.

*

Wie ich es vorhergesagt hatte, lockte die Einrichtung der Schutzzone Massen von Flüchtlingen aus Zentralruanda in den französischen Sektor. Das war die furchtbare Kehrseite von Opération Turquoise. Nachdem sie öffentlich erklärt hatten, die Ruander vor dem Völkermord retten zu wollen, wurden die Franzosen Opfer ihrer eigenen Rhetorik und des Rampenlichts der internationalen Medien. Nun mussten sie die Ernährung und Versorgung der Menschen organisieren. Als sie das Nachrichtenpotenzial der Schutzzone erkannten, zogen viele Journalisten, die wochenlang bei uns in Kigali gewesen waren, nach Goma oder Cyangugu weiter.

Dennoch waren wir vorsichtig optimistisch in Kigali, weil die Ankunft weiterer Soldaten für UNAMIR 2 endlich kurz bevorstand. Meine Stabsoffiziere koordinierten eifrig Flugpläne, besuchten Geberländer, um über die Mission zu berichten, organisierten Truppenempfänge und die tausend anderen Dinge, die nötig sind, um eine Truppenaufstellung ins Werk zu setzen. Ich plante, die neuen Einheiten bald nach ihrem Eintreffen dorthin in Marsch zu setzen, wo sich Franzosen und RPF am wahrscheinlichsten begegnen würden. Ich versuchte, nicht zu lange über die bittere Ironie nachzudenken, dass meinen Soldaten, die der Sache des Friedens in Ruanda dienen sollten, nun die Aufgabe zufiel, eine Konfrontation zwischen einer der Kriegsparteien und einer anderen Streitmacht mit UN-Mandat zu verhindern.

Die einzige Möglichkeit, nicht in völlige Absurdität hineinzuschlittern, schien mir die baldigst mögliche Ablösung der französischen

Truppen durch UNAMIR 2 zu sein, wenn wir erst einmal unsere Sollstärke erreicht haben würden. Die Falle, in die die Franzosen getappt waren, drohte sich unweigerlich zu schließen: Entweder würden sie so schnell wie möglich abziehen – noch vor Ablauf des 60-Tage-Limits ihres Mandats – oder in die Rolle von Beschützern der Täter eines der größten Völkermorde der Geschichte geraten. Angesichts der verängstigten Flüchtlinge, die massenhaft in die Schutzzone strömten, und der absehbaren Schwierigkeiten der RPF-Führung, ihre eigene siegreiche Streitmacht im Zaum zu halten, die nur zu gut das Ausmaß und das Grauen des Genozids kannte, zeichnete es sich als absolut entscheidend ab, die UNAMIR-2-Truppe in der französischen Schutzzone zu stationieren, bevor die Franzosen abzögen. Aber das würde eine heikle und gefährliche Aufgabe werden: Die Ruander, die in der französischen Zone Zuflucht gesucht hatten, zumeist Hutu, glaubten nicht an unsere Fähigkeit, die RPF fernzuhalten; dies trauten sie nur Opération Turquoise zu. Sie waren mit Lügen über unsere angebliche Zusammenarbeit mit dem Feind überfüttert, und sie wussten selber, in welchem Ausmaß sie zu Komplizen am Tod ihrer Nachbarn geworden waren.

*

Immer noch tobten heftige Kämpfe in der Stadt. Trotz unserer Warnungen, im Gebäudeinneren zu bleiben, trat eines Nachts ein Reporter auf seinen Balkon im Meridien hinaus, um den Widerschein der Explosionen und die Bögen der Leuchtspurmunition zu verfolgen, und erhielt einen Beinschuss (unser zweiter und letzter verletzter Journalist). Es war seine eigene Dummheit gewesen, aber selbst Vorsicht bot zuweilen nur ungenügenden Schutz.

Um diese Zeit herum hatte ich eine letzte, denkwürdige Begegnung mit Théoneste Bagosora. Ich war zum Hôtel des Diplomates gefahren, um mich mit Bizimungu zu treffen, und wartete an der Rezeption auf ihn, als Bagosora seine Bürotür öffnete und mich dort erblickte. Aus fast zehn Meter Entfernung begann er zu schreien und mich aus vollem Hals anzuklagen, ein RPF-Sympathisant zu sein. Ich untergrübe die wichtigen Transfers vom Mille Collines und dem Meridien, brüllte er, und während er an mir vorbei- und die Treppe hochstürmte, die in einem Bogen zum zweiten Stock der Lobby führte, entlud er sich weiter über mich und UNAMIR, weil wir den Arusha-Friedensprozess hätten scheitern lassen. Als ich milde erwiderte, dass es doch seine Seite gewesen sei, die bei den Transfers die Waffenruhe nicht eingehalten habe, steigerte er sich in eine noch größere Wut hinein und hielt inne, um sich über das Metallgeländer zu beugen und mir in die Augen zu schauen. Mit verzerrtem Gesicht, der ganze Mann eine einzige Drohgebärde, versprach er mir, mich zu töten, sollte er mich jemals wiedersehen. Unter wüsten Verwünschungen erklomm er den Rest der Treppe und fuhr mit seiner Tirade noch fort, als er bereits außer Sichtweite war. Jeder in der Hotelhalle hatte erstarrt gelauscht, und noch nach dem Ende des Wutgebrülls standen wir alle, Zivilisten und Soldaten gleichermaßen, sprachlos und wie angewurzelt da. Das war das letzte Mal, dass ich Bagosora sah, der nun seinen Prozess in Arusha als Hauptarchitekt des Völkermordes erwartet. Wenn ich ihn je wiedersehen sollte, wird es im Gerichtssaal sein, um gegen ihn auszusagen.*

In diesen langen Nächten Anfang Juli, als die RPF um die Kontrolle der Stadt rang, grübelte ich oft über das Böse nach, das Menschen wie Bagosora bewirkten, und fragte mich immer wieder, wie es geschehen konnte, dass Hutu-Extremisten, die jungen Männer von der Interahamwe, sogar gewöhnliche Mütter mit Kleinkindern auf dem Rücken, sich so am Anblick und am Geruch des Blutes betrunken hatten, dass sie hemmungslos ihre Freunde und Nachbarn ermordeten. Was für Gedanken und Empfindungen suchten sie heim, wenn sie vor der RPF flohen und durch blutgetränkte Mordgefilde stapften, über Leichenhaufen, die zu Lumpen und Knochen verrotteten? Ich konnte mir die Völkermörder nicht als gewöhnliche Menschen vorstellen, die sich entsetzlicher Untaten schuldig gemacht hatten. In meinen Augen waren sie durch ihre Verbrechen zu Unmenschen geworden, zu Maschinen aus Fleisch und Blut, die nur noch so taten, als seien sie auch menschlicher Regungen fähig. Die Täter auf beiden Seiten machten ihre »Rechtfertigungen« geltend. Auf Seiten der Hutu hatte man das Gefühl der Bedrohung und den Rassismus geschickt manipuliert und in Hass und Gewalt umgemünzt. Die RPF ihrerseits wollte ihre Heimat um jeden Preis zurückerobern, und die Wut ihrer Soldaten über den Genozid verwandelte auch sie in Maschinen. Und was war mit den Zeugen – was trieb uns an? Hatten die Szenen, die wir mit ansehen mussten, unsere Menschlichkeit verschlissen, hatten sie auch uns in besinnungslose Maschinen ver-

*Mittlerweile habe ich ihn wiedergesehen: im Frühjahr 2004, als ich als Zeuge vor den Internationalen Strafgerichtshof für Ruanda in Arusha geladen war.

wandelt? Woher nahmen wir die Kraft, weiterzumachen? Wir mussten einfach weitermachen, wir hatten keine Wahl.

*

Probleme, nichts als Probleme – vom Morgengrauen bis zur Dämmerung und tief in die Nacht hinein. Bis Mitte Juli sollte das ghanaische Kontingent stationiert sein; da mussten wir uns um den Aufbau einer Fahrschule kümmern, weil die Ghanaer nicht mit den Panzerfahrzeugen umgehen konnten. Bis Ende des Monats sollten die Bataillone der Äthiopier und Sambier kommen; da mussten wir noch einige Übersetzer auftreiben, die vom Englischen wenigstens in die äthiopische Landessprache, das Amharische, übersetzen konnten. Weitere Kanadier standen in den nächsten drei Wochen zu erwarten. Wir sollten gegen Ende Juli eine Truppenstärke von 2.800 Mann erreichen, gerade rechtzeitig, um meinen ehrgeizigen Plan zur Ablösung der französischen Truppe in der Schutzzone umzusetzen und sie schrittweise für die RPF zu öffnen.

Lafourcade schickte mir ein Memo, in dem er seine Interpretation (und die seiner Regierung) unserer Erörterungen fixierte. Er habe kein Mandat zur Entwaffnung der Armee, schrieb er, würde sie aber an Einsätzen in der Schutzzone hindern. Er würde auch den Milizen in der Schutzzone nicht ihre Waffen abnehmen, es sei denn, sie stellten eine unmittelbare Bedrohung für die Flüchtlinge dar. Das hieß im Klartext: Die Extremisten würden sich in der Zone frei bewegen können, sicher vor jeder Einmischung der Franzosen und auch sicher vor der Vergeltung oder vor Zusammenstößen mit der RPF. Bevor wir die Kontrolle übernähmen, würde ich Lafourcade überzeugen müssen, den gesamten Haufen zu entwaffnen, oder wir hätten, gelinde gesagt, eine riskante Aufgabe vor uns. Regierungstruppen und Milizen würden zwar kaum auf die Franzosen feuern, sie könnten aber versucht sein, auf uns zu schießen.

Lafourcade beschrieb eine Demarkationslinie zur RPF, die etwas östlicher verlief als jene, die ich in Goma vorgeschlagen hatte, aber weitaus bescheidener war als die ursprüngliche Empfehlung Frankreichs im Sicherheitsrat. Als Kagame seine Kopie erhielt, reagierte er sofort mit der Mitteilung, dass seine Truppen bereits westlich von Lafourcades Linie stünden und sich die RPF mit Sicherheit nicht zurückziehen würde. Ich musste einschreiten – und das wurde wahrlich ein denkwürdiger Tag. Ich verlor die Übersicht über all die Treffen,

Faxe und Telefongespräche, aber am Ende hatten wir uns auf eine Zone geeinigt, zu der weder Ruhengeri noch Butare noch Gitarama noch auch nur ein Zipfelchen von Kigali gehörten. Außerdem war es uns gelungen, einen Arbeitsplan mit Opération Turquoise zu vereinbaren.

In dieser Nacht war die Stimmung in unserem Hauptquartier beinahe festlich. Beth und die anderen kanadischen Ehefrauen hatten einen weiteren riesigen Flugcontainer mit Leckereien von daheim geschickt, und wir verteilten die Beute. Es gab, noch aus der Zeit, als das Gebäude als Hotel genutzt wurde, in der Halle in der Nähe meines Büros eine Ecke mit einem Tresen. Während ich dort mit Henry plauderte, zauberte jemand – möglicherweise Tiko – eine Flasche Scotch hervor und stellte sie auf den Tresen. Ich ging in mein Büro, holte eine Flasche Wein, die eine dankbare nichtstaatliche Organisation gespendet hatte, und von irgendwoher tauchten noch ein paar Flaschen Bier auf. Ich stellte mein kleines, gelbes Radio mit Kassettenrecorder zur Verfügung und ließ unser begrenztes Repertoire an Frankie Laine und Stompin' Tom Connors erschallen. Wir rauchten Zigarren und hielten alle im Gebäude, vielleicht den gesamten Komplex, bis nach Mitternacht wach. Wir feierten unseren Erfolg bei der Demarkationslinie, aber noch mehr, glaube ich, feierten wir die Tatsache, dass wir überlebt hatten. Henry, Tiko, Moen, Phil Lancaster, Luc Racine, John McComber, Mike Austdal, die gesamte humanitäre Abteilung und der Rest meiner wüsten Bande: Wir hatten überdauert, um noch das Nahen der Kavallerie zu erleben. Die Nacht war durchsetzt mit Anfällen reiner Trauer, aber sie war ebenso voller Gelächter und einer Intensität und Freude, die ich seither kaum noch erlebt habe.

*

Natürlich mussten sowohl Kagame als auch die Franzosen die Linie austesten, und zwei große Zwischenfälle mündeten fast in einen offenen Kampf zwischen den neuen Kriegsparteien, wie ich sie bald nannte.

Zuerst überfiel die RPF einen französischen Konvoi, der mit einigen Ausländern und einer großen Anzahl Waisenkindern aus Butare zurückkehrte. Der Transfer war genehmigt, und der örtliche RPF-Kommandeur ließ den Zug auch durch einige Straßensperren passieren, aber dann besann er sich anders und eröffnete das Feuer. Die Franzosen schossen zurück. Zum Glück wurde niemand verletzt, und der Schlamassel konnte in wenigen Stunden bereinigt werden.

Der zweite Vorfall beschädigte den Anschein der Neutralität von Opération Turquoise weit mehr. Ein französischer Offizier namens Oberst Thibault, der lange Jahre Militärberater der ruandischen Armee gewesen war, führte das Kommando über die Südwestregion der Schutzzone. Thibault gab öffentlich bekannt, dass er nicht in Ruanda sei, um die Regierungstruppen oder die Milizen zu entwaffnen, vielmehr würde er die RPF, sollte sie auch nur in die Nähe der Demarkationslinie kommen, mit allen Mitteln bekämpfen. Das war genau der Ton, den die Extremisten von den Franzosen hören wollten, und außerdem hervorragendes Futter für die gefräßigen Medien. RTLM verlor keine Zeit, die Haltung des Obersten auszuschlachten. Lafourcade musste Thibault öffentlich in die Schranken weisen, was er zu seiner Ehre auch tat. Er stellte die Position von Opération Turquoise in einer unzweideutigen Pressemitteilung klar: »Wir werden in der Schutzzone keine Zwangsmaßnahmen gegen irgendjemanden dulden und das Eindringen bewaffneter Elemente verhindern.« Aber die Frage blieb: Welcher der beiden Männer brachte die untergründigen Sympathien von Opération Turquoise besser zum Ausdruck, Lafourcade oder Thibault?

Mit dieser Frage musste sich der neue Missionschef, Shaharyar Khan, der am 4. Juli in Kigali eintreffen sollte, befassen. Khan stand in dem Ruf eines angesehenen Krisenmanagers; Maurice hatte mir versichert, dass er kompetent und gut informiert sei, ein Schwerarbeiter, der viel Zeit an so schwierigen Schauplätzen wie Afghanistan verbracht hatte. Ich freute mich darauf, die politische und administrative Leitung der Mission an ihn zu übergeben.

*

Im Morgengrauen des 4. Juli trafen die ersten Berichte ein, dass sich die Armee aus Kigali zurückzog und direkt nach Westen durchbrach. (Aus den Spuren, die wir später in und um ihre Verteidigungsstellungen fanden, gewannen wir den Eindruck, dass ihr die Munition ausgegangen war.) Beim Morgenappell war die Schlacht um Kigali vorbei, die Stadt ungewöhnlich ruhig.

Einen Großteil des Tages widmeten wir dem Empfang des neuen Missionschefs. Khan war in Entebbe gelandet und dann weiter mit dem Hubschrauber zur ruandischen Grenze geflogen. Gekleidet in eine blaue UN-Splitterschutzweste und umgeben von einem ganzen Pulk von Militärbeobachtern und UN-Fahrzeugen, reiste er auf der Straße weiter nach Kigali. Er traf um 18 Uhr ein und wurde im Stadion von einer ghanaischen Ehrengarde begrüßt, während die etwa 10.000 Flüchtlinge, die noch immer hinter schützendem NATO-Stacheldraht ausharrten, mit neugierigen Blicken zusahen. Von unserem ersten Handschlag an beeindruckte er mich als eine Führungspersönlichkeit, auf die man sich verlassen konnte. Er erbleichte nicht beim Anblick seines Büroschlafzimmers im Hauptquartier und begrüßte alle mit aufrichtiger Herzlichkeit. In den kommenden Wochen aß er mit uns die üblichen furchtbaren deutschen Rationen zu Abend und erlebte unseren fortdauernden Mangel und die Rationierungen aus erster Hand. Khan war ein Mann von Ideen und Initiative, der dem politischen Team rasch seinen Stempel aufdrückte. Zum ersten Mal seit langem sah Abdul Kabia glücklich aus.

KAPITEL 15

Zu viel, zu spät

Der 5. Juli war der Beginn einer neuen Phase des Bürgerkrieges und des Völkermordes. Kagame wollte mich so rasch wie möglich treffen, aber ich verbrachte den Vormittag großenteils damit, dem Missionschef Bericht zu erstatten und ihn dann auf eine Orientierungstour durch Kigali zu begleiten. Shaharyar Khan hat seine erste Konfrontation mit dem Völkermord in einem Buch beschrieben*: »Als mich General Dallaire an den Orten vorbeifuhr, wo Massaker stattgefunden hatten, lagen dort Leichen und Skelette, die von Hunden und Geiern abgenagt wurden. Die Szene war makaber, surreal und absolut grauenerregend. Schlimmeres sollte folgen. Wir fuhren zum Krankenhaus des Roten Kreuzes, wo Hunderte von Leichen im Garten aufgestapelt lagen. Überall waren Leichen, verstümmelte Kinder, sterbende Frauen. Die ganzen Böden waren mit Blut bespritzt, in der Luft hing der fürchterliche Gestank verwesenden Fleisches. Jeder Zentimeter der Krankenzimmer war mit Patienten belegt. Am Tag zuvor hatten die Regierungstruppen vor ihrem Abzug wahllos ihre Mörser abgefeuert, und eine Granate hatte die Notfallstation des Krankenhauses des Roten Kreuzes getroffen und sieben Patienten getötet [tatsächlich räumten die Mitarbeiter noch die Körperteile weg, als wir dort ankamen, R.D.]. Ich habe niemals ein solches Grauen erlebt, ein so leeres Angststarren von Patienten, solchen Verwesungsgestank. Ich habe mich nicht übergeben, ich habe nicht einmal geweint: Ich war zu erschüttert. Ich war still. Meine Kollegen, die das Morden erlebt hatten, waren abgehärtet: Sie hatten Schlimmeres gesehen, viel Schlimmeres.«

* Shaharyar M. Khan, *The Shallow Graves of Ruanda*, London u.a. 2000.

Praktisch die gleiche Szene bot sich uns im König-Faisal-Krankenhaus. Hier wunderten wir uns darüber, dass eine der Stationen verriegelt war. Von Khan nach dem Grund gefragt, erklärte James Orbinski, dass die RPF die dort liegenden Verwundeten als Täter bei Massakern identifiziert habe und sie am Leben halten wolle, um sie vor Gericht zu stellen, statt sie dem Mob preiszugeben. Für den neuen Missionschef war das ein außerordentliches Beispiel von Disziplin bei einer siegreichen Rebellenarmee.

Khan war während der schlimmsten Phase des sowjetischen Krieges gegen die Mudschaheddin in Afghanistan gewesen und schon als Kind hatte er 1947 die blutigen Auseinandersetzungen zwischen Hindu und Moslems in seinem Heimatland Pakistan miterlebt. In seinem Buch schreibt er: »Tatsache ist, dass in der jüngsten Geschichte Menschen ihren Mitmenschen niemals eine so zügellose Brutalität angetan haben [wie in Ruanda]. ... Selbst die *killing fields* von Kambodscha und Bosnien verblassen vor der grauenvollen, entsetzlichen Niedertracht der Massaker in Ruanda.« Khan führt eines von vielen Beispielen an, um dies zu belegen: »Die Interahamwe machten es sich zur Gewohnheit, kleine Tutsi-Kinder vor ihren Eltern zu ermorden, indem sie ihnen zuerst den einen Arm, dann den anderen abhackten. Sie schlitzten dann den Hals mit einer Machete auf, um die Kinder langsam verbluten zu lassen, doch während sie noch am Leben waren, schnitten sie ihnen die Geschlechtsteile ab und warfen sie den entsetzten Eltern ins Gesicht, die danach etwas rascher abgeschlachtet wurden.«

Khan irrte sich aber, als er schrieb, dass wir Veteranen des Völkermordes gegen solche Untaten abgehärtet waren. Wir verschoben unsere Gefühle nur auf später.

*

Kagame hatte seinen Kommandoposten in einen Bungalow in der Kanombe-Garnison verlegt und zeigte sich nach der Einnahme von Kigali großmütig. Er unterstützte nun die vollständige Aufstellung von UNAMIR 2, damit die Franzosen aus der Schutzzone abgezogen werden könnten; er versprach, den Flughafen binnen weniger Tage zu öffnen, und war bereit, einen einseitigen Waffenstillstand zu erklären. Falls die Regierungsarmee den Waffenstillstand nicht annehme, schwor Kagame, den Kampf bis zur zairischen Grenze zu tragen.

Er informierte mich, dass er und seine politischen Berater bald eine breite Koalitionsregierung auf der Grundlage des Arusha-Abkommens bilden würden – mit einigen Modifikationen, selbstverständlich. Wer auch nur im Entferntesten Anteil am Völkermord hätte, bliebe ausgeschlossen, und trotz des proklamierten Waffenstillstandes würde die RPF keine Verhandlungen mit der Interimsregierung aufnehmen. Das Land war, wie er es sah, nun dreigeteilt: in die RPF-Zone, die humanitäre Zone von Opération Turquoise, die UNAMIR 2 überwachen und dann übernehmen müsse, um die Franzosen so bald wie möglich loszuwerden, sowie den Nordwesten, das relativ kleine Gebiet der Regierungsarmee, das er bedenkenlos angreifen würde, falls die Streitkräfte des ehemaligen Regimes nicht ihre Waffen niederlegten. So also sah die Landkarte des Siegers aus. Ich bat Kagame, sich vor Veröffentlichung seiner Pläne erst mit dem neuen Missionschef zu treffen, damit UNAMIR etwas Zeit hätte, auf die neue Lage zu reagieren. Er war einverstanden.

*

Ich kann nur davon träumen, was Shaharyar Khan für Ruanda hätte bewirken können, hätte er die Mission von Anfang an geleitet. Ihn zeichnete eine wichtige Führungsqualität aus: Er war vorausschauend. Zwei Tage nach Amtsantritt verstand er bereits, dass unsere wichtigste Aufgabe in der schnellen Rückführung der Flüchtlinge bestand. Bei seinem ersten Treffen mit Kagame in der beschädigten VIP-Lounge des Flughafens am Morgen des 6. Juli erfasste er sofort, auf was die Position der RPF hinauslief und dass wir so bald wie möglich die Interimsregierung und den Armeechef Bizimungu erreichen mussten. Denn es lag an uns, sie zu überzeugen, dem Waffenstillstand zuzustimmen; andernfalls würde Kagame einen vollständigen Sieg anstreben und durch das verbliebene Territorium der Regierungsarmee vorstoßen – das humanitäre Desaster wäre komplett.

Khan gelang es, schon für den nächsten Tag seine ersten Zusammenkünfte in Goma und Gisenyi zu vereinbaren. Mit Tiko und einer gemischten Gruppe aus Zivilisten und Militärbeobachtern nahm er die Straße nach Kabale und flog dann per Hubschrauber nach Zaire. (Tiko wurde bei dieser und anderen riskanten Missionen der Reisediplomatie zu Khans ständigem Begleiter und Leibwächter, da Henry endlich in Ghana war, um sich um die Beerdigung seines Vaters zu kümmern.)

General Lafourcade empfing Khan und sein Team auf dem Flugplatz, rapportierte knapp über die Opération Turquoise und stellte dann eine französische Eskorte, die die UNAMIR-Delegation über die

Grenze zum Hotel Meridian in Gisenyi begleitete. Dort traf sich Khan mit dem Außenminister der Interimsregierung, Jérôme Bicamumpaka, dessen Aufgabe eindeutig darin bestand, diesen neuen Mitspieler zu taxieren. Um Wirkung zu erzielen, musste Khan beide Seiten von seiner völligen Neutralität überzeugen. In den folgenden Tagen setzte er sich mit allen wichtigen Leuten der Interimsregierung in Gisenyi und auch mit Augustin Bizimungu zusammen. (Dessen Kollege von der Gendarmerie, Ndindiliyimana, war und blieb verschwunden; ich sollte ihn nie wiedersehen.*) Die Minister nannten ihre Flucht nach Gisenyi einen strategischen Rückzug statt eine Niederlage. Obwohl sie schließlich einem Waffenstillstand zustimmten, hegte ich den Verdacht, dass sie mit den örtlichen zairischen Behörden Abmachungen getroffen hatten (möglicherweise sogar in geheimer Absprache mit wohlgesonnenen hohen französischen Offizieren in den Lagern), um ihre Waffen und ihre politische Struktur behalten zu können. Wahrscheinlich hofften sie, in einigen Jahren nach Ruanda zurückzukehren und den Krieg von vorne zu beginnen.

Die RPF war sich zweifellos im Klaren, wie ihre Feinde die Flüchtlingslager in Zaire und der Schutzzone von Opération Turquoise nutzen konnten. Am 8. Juli bat mich Frank Kamenzi, der bei uns akkreditierte RPF-Verbindungsoffizier, ein Schreiben einer neuen politischen Gruppierung mit dem Etikett Les Forces Démocratiques de Changement (Demokratische Kräfte des Wandels) an den Präsidenten des Sicherheitsrats weiterzuleiten. Ich kannte zwar die Namen der Unterzeichner nicht, aber die Gruppierung setzte sich angeblich aus Vertretern der gemäßigten Flügel der Demokratisch-republikanischen Bewegung (MDR), der Sozialdemokratischen (PSD), der Christdemokratischen (PDC) und der Liberalen Partei (PL) zusammen. In dem Schreiben brachten sie ihre vehemente Opposition gegen die Einrichtung der französischen Zone zum Ausdruck, die sie als eine Schutzzone und Fluchtroute für Kriminelle bezeichneten. Die Tatsache, dass sie in so kurzer Zeit nach dem Fall Kigalis hervortraten, war ein Indiz dafür, dass die RPF eine Koalition der meisten alten Arusha-Unterzeichner förderte. Unsere eigenen Bemühungen, Politiker zu finden, die nach dem Sieg der RPF für die Hutu-Bevölkerung sprechen

* Augustin Ndindiliyimana wurde im Jahr 2000 in Belgien verhaftet und dem Internationalen Strafgerichtshof für Ruanda in Arusha überstellt. Sein Prozess ist noch nicht abgeschlossen (Stand: Februar 2005). (A.d.Ü.)

konnten – und daher ein moralisches Recht hatten, an den Diskussionen um die politische Struktur dieser ausgeschlachteten Nation teilzunehmen –, waren bestenfalls sporadisch gewesen. Wie gewöhnlich hatte die RPF die Initiative ergriffen. Ich verständigte Khan und versprach, das Schreiben sofort weiterzuleiten.

Die RPF hielt sich außerdem rigoros an ihre Position, mit niemandem zu verhandeln, der im alten Regime eine wenn auch noch so widerwillige Rolle gespielt hatte. Am nächsten Tag erhielt ich die Kopie einer offenen Erklärung der gemäßigten Kräfte in der Regierungsarmee, die sich nun in die Stadt Kigame unmittelbar südwestlich von Gikongoro zurückgezogen hatten. (Ich hatte den Kontakt zu ihnen verloren und angenommen, sie seien bereits nach Zaire geflohen.) Darin rückten sie unzweideutig von den Extremisten ab und verpflichteten sich rückhaltlos auf den Waffenstillstand, die Wahrung des Friedens und die Rekonstituierung der Nation nach den Bedingungen des Arusha-Abkommens. Neun gemäßigte Offiziere, geführt von Rusatira und Gatsinzi, hatten unterzeichnet. Ich leitete diese Erklärung mit einem Begleitschreiben an Kagame weiter, in dem ich ihm nahe legte, dass es ein bedeutender Akt der Versöhnung sei, der bei der internationalen Anerkennung der neuen Regierung helfen würde, wenn man ihre Rückkehr nach Ruanda akzeptierte. Aber ich bekam keine substanzielle Antwort. Kagame und seine Berater – Leute wie Pasteur Bizimungu, der unnachgiebige politische Verhandlungsführer der RPF – hatten noch immer keine Zeit für diese Offiziere.

*

In der Zwischenzeit kam der Truppenwechsel und -neuaufbau in Schwung. Am 9. Juli hielten wir für die Tunesier eine kleine Abschiedsfeier am Flughafen ab. Ich hatte diesem tüchtigen Kontingent bereits zuvor als Auszeichnung die große UN-Flagge überreicht, die wir am 1. November 1993 in Kinihara gehisst hatten, um den offiziellen Beginn der Mission zu markieren. Die Tunesier waren damals die einzigen bereits stationierten Soldaten, als wir beherzt und unbefangen die Überwachung der entmilitarisierten Zone übernahmen, und die Flagge blieb während all der gefährlichen Einsätze, die sie absolvierten, in ihrer Obhut. Auf dem Rollfeld vor dem gähnenden Laderaum einer Herkules salutierten wir voreinander und gaben uns zum letzten Mal die Hand. Auf ihre Bitte hin signierte ich die Flagge. Mir wurde später gesagt, dass sie noch heute in einer Garnison irgendwo in Tunesien weht.

Die erste kleine Abordnung der ghanaischen Verstärkung war in Entebbe abgesetzt worden und machte es sich dort auf das Notdürftigste bequem, weil ihr Durchgangs- und Ausbildungslager noch nicht betriebsbereit war (wir hatten noch immer kein Budget dafür, nur eine Million bürokratischer Ausreden von den UN-Verwaltern). Wir holten sie schließlich per Bus nach Ruanda und brachten sie in der Militärschule der Kigali-Garnison unter, wo sie sich regelgerecht eingruben.

Später am Tag schickte mir Lafourcade eine dringende Nachricht, die ich sofort an Kagame weiterleiten sollte. Den französischen General plagten ernste Sorgen über den Nordwestteil des Landes, im Wesentlichen das Territorium der Regierungstruppen westlich von Ruhengeri bis zur zairischen Grenze. Dort waren Hunderttausende von Flüchtlingen gestrandet, denen die Angst vor der RPF in den Knochen saß. Lafourcade wollte, dass Kagame seinen Vormarsch stoppte. Ein Exodus nach Goma würde das Verhältnis zu den Zairern belasten und es den Kriegsparteien unmöglich machen, eine politische Einigung zu erzielen.

Kagame reagierte darauf, als hätte Lafourcades Brief seinen ganzen Verdacht gegen die Ziele von Opération Turquoise bestätigt: Sie seien eindeutig politischer, nicht humanitärer Art, warf er ihm vor. Er bat mich, Lafourcade daran zu erinnern, dass die Regierungsarmee bloß dem Waffenstillstand zustimmen müsse, schon würde die RPF ihren Vormarsch stoppen. Und anders als seine Gegner, sagte Kagame, greife er keine Zivilisten an. Was ihn betreffe, sei der Flüchtlingsstrom eine Reaktion auf extremistische Propaganda und liege daher nicht in seiner Verantwortung. Lafourcade war außer sich.

Kagame stimmte allerdings unserer Bitte zu, französische Verbindungsoffiziere in unser Hauptquartier zu holen, vielleicht, weil ihm klar war, um wie vieles effizienter ich dadurch zwischen ihm und der Opération Turquoise würde vermitteln können. Oberstleutnant Francis und Kommandeur Pierre trafen am 11. Juli mit einer kanadischen Herkules mitsamt Fahrzeugen und Ausrüstung ein. Sie wurden sofort zu unserem Hauptquartier eskortiert, wo sie sich in der Nähe meines Büros einrichteten. Obwohl sie neugierige Blicke von den zahlreichen RPF-Angehörigen auf dem Flughafen und auf dem Weg zum Hauptquartier ernteten, verlief alles glatt. Die beiden Offiziere waren freundlich, kooperativ und respektvoll, aber da unser Hauptquartier auf RPF-Territorium lag, waren sie einverstanden, vorläufig das Gelände nicht zu verlassen. Dort befanden sie sich in Sicherheit, außerdem konnte ich sie so daran hindern, Aufklärungsoperationen gegen die RPF zu unternehmen, die unsere Neutralität verletzt hätten. Binnen Stunden nach ihrer Ankunft hatten wir einen verlässlichen und sicheren Kommunikationskanal zwischen Opération Turquoise und UNAMIR 2 etabliert.

*

Als die RPF in die Stadt einrückte, war Kigali bis auf die milizverseuchten Armenvorstädte fast vollständig verlassen. Nun kamen immer mehr Flüchtlinge in die Stadt zurück. Einige kehrten in ihre Häuser heim, andere schienen leer stehende Häuser zu besetzen. Es war nicht ungewöhnlich, RPF-Soldaten zu sehen, die Menschen aus verlassenen Häusern vertrieben, um dort andere einzuquartieren. (Wir wussten nicht, ob es die ursprünglichen Eigentümer waren, die den Völkermord überlebt hatten, oder ob es sich nur um Freunde der RPF-Bewegung handelte.)

Der Zustrom machte Khan Sorgen; er befürchtete eine Destabilisierung des Landes. Ich nahm ihn auf eine weitere lange Fahrt zu allen nahe gelegenen Orten des Elends mit. Auf den Straßen lagen noch überall Leichen und zurückgelassene Lumpenbündel, allenthalben fanden sich die Überreste des barbarischen Handwerks der Milizen. Das Amahoro-Stadion war zwar noch voller Flüchtlinge, aber mehrere geschützte Stützpunkte standen nun leer oder beherbergten nur noch einige hundert Menschen, die allerdings Hilfe bitter nötig hatten. In einem Waisenhaus in Butare befanden sich noch über 600 Kinder, das angeschlossene behelfsmäßige Krankenhaus beherbergte 35 Verwundete und versorgte eine große Anzahl ambulanter Patienten. Ein deutscher Arzt und zwei Krankenschwestern hielten den Betrieb mithilfe der gesünderen Erwachsenen in Gang. Yaache und die Mitarbeiter seiner humanitären Abteilung, die *MamaPapas*, hatten Kontakt zu UNICEF aufgenommen, um Lebensmittel- und Wasserlieferungen zu vereinbaren. Viele der Kinder waren seelisch so verletzt, dass sie nur reglos dasaßen und auf nichts reagierten, nicht einmal auf die Hunderte von Fliegen, die sich zuhauf in jede Öffnung ihrer zerschundenen, schmutzigen und gebrechlichen Körper setzten. Aus den Augen ihrer schmalen Gesichter schoss mir wie mit einem Laserstrahl ihr Elend direkt ins Herz.

Etwa zu dieser Zeit ließen mich aus dem wenigen Schlaf, den ich ohnedies nur fand, immer wieder Albträume hochschrecken, in denen ich von den anklagenden Augen dieser Kinder fantasierte, von den grauenhaften Szenen, die ich aus meinem wachen Geist verbannt hatte, kurz nachdem ich ihr Zeuge geworden war, oder von den entsetzlichen Folgen meiner Entscheidungen. Meine Träume brachten häufig in grässlichen Einzelheiten die zehn toten belgischen Soldaten zu mir zurück, die zu einem blutigen Haufen aufgestapelt vor dem Leichenschauhaus in jenem schrecklichen Krankenhaushof gelegen hatten.

*

Der 12. Juli begann mit einer wichtigen politischen Stellungnahme der RPF, der »Erklärung der RPF zur Einsetzung formeller Regierungsinstitutionen«. Das dreiseitige Papier stützte sich auf das Arusha-Abkommen, allerdings mit Modifizierungen, die großzügig die RPF begünstigten. Jene Ministerämter und Parlamentssitze, die zuvor von den extremistischen Parteien besetzt waren, sollten nun der RPF zufallen. Es würde keine Amnestie für Mitglieder des alten Regimes oder des Militärs geben, die am Völkermord beteiligt waren. Faustin Twagiramungu, der schon einmal dazu ausgerufen worden war, sollte der neue Premierminister werden. Da die Führer der anderen politischen Parteien ermordet worden waren, fiel es Faustin zu, in Beratungen mit dem Präsidenten, den die RPF ernennen würde, geeignete Ersatzkandidaten für das Parlament und das Kabinett vorzuschlagen. Die Führer der RPF beeilten sich sehr, eine neue Regierung und eine nationale Armee als Instrumente ihrer Bewegung aufzubauen. Sie behaupteten zwar, dass die neuen Institutionen nicht nach ethnischen Gesichtspunkten gebildet werden dürften, aber es wurde immer schwerer, daran zu glauben, als einige von ihnen leise Verachtung für die Millionen von Hutu äußerten, die nun zu einem Leben als Flüchtlinge gezwungen waren und zu Bauern eines neuen Krieges werden konnten.

Zurück aus seinem belgischen Exil, hatte Faustin Kontakt zu den UNAMIR-Verbindungsoffizieren in Nairobi aufgenommen und um eine Beförderung nach Kigali gebeten. Er kam am 14. Juli in einem der Herkules-Flüge heim. Wir hatten einige Stockwerke im Meridien für Mitarbeiter der neuen Mission geräumt. Als Faustin eine Bleibe in der Hauptstadt fehlte und ihm die RPF nichts anzubieten hatte, gaben wir ihm dort eine Suite, die er eine Zeit lang sowohl als Büro wie als Wohnraum nutzen musste. Wir versorgten ihn mit Lebensmitteln, Büromaterial, einer Schreibhilfe, räumten ihm die Möglichkeit zu Ferngesprächen ein und boten zuweilen sogar Fahrdienste an. Die Überlebenden seiner Familie waren noch immer im ganzen Land verstreut, und er musste sich das Lebensnotwendige zusammenklauben, da ihn die RPF noch in keiner Weise unterstützte. Damit stand er nicht allein. Als immer mehr überlebende ruandische Offizielle in die Stadt zurückkehrten, brachten wir mehrere von ihnen im Meridien unter. Alles in Kigali war entweder niedergebrannt, zerstört oder geplündert, und während die RPF sich noch selbst formierte, brauchten diese Leute Hilfe, um ihre Büros zu eröffnen. Selbst dem Richter des Obersten Gerichtshofes stand als Arbeitsraum nur sein Schlafzimmer im Meridien zur Verfügung.

An allen Fronten war rege Bewegung eingetreten. Yaache und sein humanitärer Stab trafen sich mit den größeren nichtstaatlichen Organisationen und Agenturen wie UNICEF, dem UN-Welternährungsprogramm, Ärzte ohne Grenzen und dem Roten Kreuz, um über die Wiederherstellung der Wasserversorgung in Kigali zu beraten. Die zivilen Mitarbeiter der humanitären Abteilung zogen in das UNDP-Gebäude im Geschäftsviertel ein, da Raum und Infrastruktur für Kommunikation im Truppenhauptquartier knapp bemessen waren. Humanitäre Teams brachten über 200 Hutu-Flüchtlinge vom Lager in Byumba in unsere Stützpunkte in Kigali, wo sie besser geschützt waren. Unsere Militärbeobachter in Entebbe hatten Schwierigkeiten mit der Flughafenbehörde, die damit drohte, uns aus dem Hauptgebäude zu werfen, weil wir unsere Rechnungen nicht bezahlten. Die Militärbeobachter stritten sich auch mit den Vertretern der UN-Vertragsfirma Kellog, Brown & Root* über den Zustand der amerikanischen Panzerfahrzeuge und die Planungen des Unternehmens für die logistische Unterstützung unserer Bataillone, die im ganzen Land aufgestellt werden sollten. Ein Lichtblick war die Anwesenheit des australischen Vorauskommandos, das noch eifrig nach einem Ort für sein Feldlazarett suchte. Da wir uns einig waren, dass dieses Lazarett der Truppe dienen, aber auch der Zivilbevölkerung maximalen Nutzen spenden sollte, erwogen sie als Standort das Hauptkrankenhaus von Kigali. Ich bat den Leiter des Voraustrupps, Oberst Ramsay, sofort darum, er möge seine Vorgesetzten daheim um Erlaubnis bitten, den

* Die Baufirma Kellog, Brown & Root Services (KBR) ist eine Tochter des Rüstungskonzerns Halliburton, dessen Vorstandsvorsitzender von 1995–2000 der jetzige amerikanische Vizepräsident Dick Cheney war. Einem Bericht der *New York Times* zufolge ist KBR für die Navy und die Army der exklusive Versorger für Lebensmittel, Bauvorhaben, Energieversorgung und Treibstofftransport. (A.d.Ü.)

Posten des leitenden Sanitätsoffiziers übernehmen zu dürfen – der tatsächlich erst noch geschaffen werden musste. Zum ersten Mal seit Abzug des belgischen Feldlazaretts bekamen wir einen professionellen Sanitätsplan mit den nötigen Einrichtungen zur Versorgung der Truppe. Die Australier würden auch eine Infanteriekompanie als Schutztruppe mitbringen.

Am 14. Juli berichtete mein Nachrichtenoffizier beim Morgenappell, dass die RPF zwei Verhörzentralen in Kigali betreibe und den ganzen Tag über standrechtliche Erschießungen stattfänden. Er selbst hatte nicht nahe genug herankommen können, da die Gebäude gut abgeschirmt wurden, aber er hielt seine Informanten für verlässlich. Außerdem wurden frische Rekruten in der Kanombe-Garnison ausgebildet – wir sahen immer mehr von ihnen an den Straßensperren. In Ostruanda führten Soldaten, die nur Suaheli sprachen, Sicherheitskontrollen und Patrouillen durch. Mein Nachrichtenoffizier glaubte, dass es sich dabei um Soldaten der ugandischen Armee handelte.

Ich reiste an diesem Tag nach Bukavu und Goma und traf mich mit fünf der neun gemäßigten Offiziere der Regierungsarmee, die in Kigame die Erklärung an die RPF unterzeichnet hatten. Sie und ihre Familien waren von den Franzosen nach Zaire evakuiert worden, da sie nach ihrer Erklärung nun noch mehr von den Hutu-Extremisten zu befürchten hatten. Aber die Franzosen versorgten sie nicht, daher baten sie mich um etwas Bargeld, um sich Essen kaufen zu können. Sie wollten nicht zur RPF überlaufen, sondern nach Kigali zurückkommen, um aus Liebe zu Ruanda an der Versöhnung ihres Landes mitzuarbeiten. Ich versprach ihnen, mit Kagame über sie zu sprechen. Dieses Mal bot ich an, sie unter meine Obhut zu stellen, falls Kagame sie ins Land zurückließe. Ein paar Wochen später holten wir sie nach Kigali, und die RPF brachte sie im Milles Collines unter, wo wir sie versorgten und ihre Sicherheit garantierten. Die RPF ließ sie eine Weile schmoren, integrierte sie aber schließlich in die neue Nationalarmee.

Als wir nach Goma flogen, sah ich die Flüchtlingsmassen, die über die Grenze strömten. Gisenyi sollte erst am 17. Juli an die RPF fallen, war aber schon Tage zuvor ihren Angriffen ausgesetzt. Lafourcade und ich besprachen uns etwa eine Stunde auf seinem Logistikstützpunkt. Er schätzte, dass bereits etwa 300.000 Menschen nach Zaire geströmt waren – darunter geschlossene Gendarmerieeinheiten und ganze Gruppen von Milizionären – und in riesigen Lagern unmittelbar nördlich der Stadt untergebracht wurden. Weder er noch die Regierung von Zaire hatten die Kapazitäten, ihnen zu helfen, und Lafourcade ging davon aus, dass die Zahl der Flüchtlinge bald eine Million erreichen würde.

Zurück an meinem Hubschrauber sagte man mir, dass wir nicht starten könnten, falls wir nicht zuerst eine Landegebühr von 800 Dollar entrichteten. UN-Flugzeuge sollten eigentlich von solchen Gebühren befreit sein, daher ging ich in den Kontrollturm, um mit dem Manager zu verhandeln. Er verlangte von mir klipp und klar Bargeld, und es waren genug bis an die Zähne bewaffnete zairische Wachen am Flughafen, um seine Drohung glaubhaft erscheinen zu lassen. Wir warfen unser Geld zusammen, wobei Phil den Großteil beisteuerte. Er erhielt es nie zurück: Der Manager gab uns keine Quittung, und die UNO akzeptierte unsere Ausgabe nicht; die auf ihre Bestimmungen fixierten Bürokraten bestanden darauf, dass wir die Zahlung hätten verweigern sollen.

Spät am Abend erhielten Khan und ich ein Telex vom DPKO, das die Erörterungen des Sicherheitsrats über die neue humanitäre Katastrophe beschrieb, die uns kurz bevorstand. Die Franzosen hatten verlangt, Druck auf die RPF auszuüben, um aus humanitären Gründen ihren Feldzug zu stoppen und sofort einen Waffenstillstandsvertrag zu unterzeichnen. Aufgrund der Mitteilungen von Butros-Ghalis oberstem Berater, Chinmaya Charekhan, schienen alle Mitglieder dieses Gremiums anzunehmen, dass noch immer gekämpft wurde. Aber mittlerweile war Ruhengeri gefallen und die Armee auf der Flucht. Es war zu spät, das Debakel zu stoppen, aber ein beschleunigter Aufbau von UNAMIR 2 würde noch immer ein ähnliches Flüchtlingsdrama im Süden verhindern helfen. Die Franzosen hatten zugestimmt, die einzige Straße durch die südwestlichen Waldgebiete und Berge zu schließen, um den Massenexodus nach Cyangugu aufzuhalten.

In dieser Nacht quälte mich der Gedanke, dass wir bei dieser Operation ebenso zum Scheitern verurteilt waren, wie wir bei der letzten versagt hatten.

*

Mittlerweile litt meine Familie daheim immer mehr unter meiner langen Abwesenheit und den Gefahren meiner Mission. Beth hoffte, mich Ende des Sommers zumindest auf Urlaub zu Hause zu sehen. Mein reguläres Dienstende stand erst im Oktober an, und ein vorzeitiger Abschied wäre mir wie Fahnenflucht vorgekommen. Ich wollte gegen Ende August in Urlaub gehen, um etwas Zeit mit meinen Kindern verbringen zu können, bevor sie wieder zur Schule mussten, und Ende September nach Ruanda zurückkehren, um den Kommandostab an meinen Nachfolger zu übergeben. Das sollte nach meinem Wunsch Henry Anyidoho werden, auch das DPKO war einhellig dafür. Ich schlug vor, in der Zwischenzeit einen neuen stellvertretenden Truppenkommandeur und Stabschef zu ernennen, damit Henry seine neue Rolle einstudieren konnte, kurz bevor ich in Urlaub führe. Drei Tage später erklärte sich der kanadische Generalstabschef John de Chastelain, an den Maurice Baril die Bitte weitergeleitet hatte, damit einverstanden, Henry als meinen Nachfolger zu empfehlen.

*

Unsere Verbindungsoffiziere in Goma berichteten von einer sehr angespannten Lage, der Flüchtlingsstrom nahm weiter zu. Die zairische Armee hatte ein Fallschirmjägerbataillon nach Goma verlegt, um für mehr Sicherheit zu sorgen. Die Franzosen berichteten, dass die RPF mit schweren Waffen, darunter Artillerie, auf ihre vorgeschobenen Positionen östlich von Gisenyi schoss. Sie hatten mit einer Machtdemonstration reagiert und ihre Kampfjets losgeschickt. Die Zairer entwaffneten endlich die Regierungstruppen an der Grenze, nahmen ihnen Macheten und Gewehre ab, aber große Waffensysteme – Artillerie, schwere Mörser, Flug- und Panzerabwehrraketen – wurden durchgewunken und zu einem Depot nördlich der Stadt eskortiert. Weder die Zairer noch die Franzosen unternahmen etwas, um die Milizen, Gendarmen oder Soldaten von den Zivilisten zu trennen, wenn sie die Grenze überquerten. Yaache und seine humanitäre Abteilung verbrachten ihre Tage in Goma damit, ihre Arbeit mit UNREO und der humanitären Abteilung von Opération Turquoise zu koordinieren. UNREO übergab die Aufgabe, für die Flüchtlinge außerhalb von Ruanda zu sorgen, offiziell an das UNHCR, was mich beunruhigte. Denn während sich die Fernsehkameras auf die massiven Flüchtlingsbewegungen über die Grenze richteten, würden die Überlebenden des Genozids innerhalb von Ruanda noch weniger Aufmerksamkeit erhalten.

Die immer schlimmer werdende Lage schien die amerikanische Regierung endlich zu öffentlichen Verlautbarungen zu bewegen. Am Morgen des 16. Juli erhielt ich eine Nachricht vom DPKO, der eine Pressemitteilung des Weißen Hauses zu Ruanda angehängt war. Darin hieß es, dass die »Regierung Clinton die Botschaft in Ruanda geschlossen und alle Mitarbeiter aufgefordert hat, das Land zu verlassen.

Vertreter der so genannten Interimsregierung von Ruanda müssen innerhalb von fünf Tagen das Land verlassen.« Washington kündigte ferner an, mit den anderen Mitgliedern des Sicherheitsrats Beratungen aufnehmen zu wollen, um die Repräsentanten der ruandischen Interimsregierung aus diesem Gremium zu entfernen. Sie sperrte außerdem die ruandischen Auslandskonten in den USA. »›Die Vereinigten Staaten können nicht erlauben, dass sich Vertreter eines Regimes, das völkermörderische Massaker unterstützt, innerhalb ihrer Grenzen aufhalten‹, sagte Präsident Clinton.« Und es gab noch weitere Überraschungen: Die USA »haben eine führende Rolle bei Bemühungen übernommen, das ruandische Volk zu schützen und humanitäre Hilfe zu gewährleisten. … [Sie haben] neun Millionen Dollar Soforthilfe zur Verfügung gestellt, das Verteidigungsministerium hat etwa 100 Einsätze geflogen …, die Ausweitung von UNAMIR nachdrücklich unterstützt, 50 gepanzerte Truppentransporter nach Kampala geliefert [und] das ghanaische UN-Friedensbataillon ausgerüstet.«

Die Schwindeleien Clintons machten mich sprachlos. Das DPKO kämpfte immer noch mit dem Pentagon um militärische Frachtmaschinen für den Nachschubtransport. In Wirklichkeit hatte sich das Pentagon geweigert, die Ghanaer auszurüsten, da es deren Rechnungen für zu hoch hielt und meinte, Ghana würde es betrügen. Und *wer genau* sollte die neun Millionen Dollar Soforthilfe bekommen haben?

*

Luc Racine und sein kleines Team kehrten von ihrer Aufklärungsmission in der französischen Schutzzone zurück, wo sie nach geeigneten Standorten für unsere Bataillone Ausschau gehalten und mit den örtlichen Kommandeuren von Opération Turquoise die Übergabeprozeduren ausgehandelt hatten. Sie waren in französischen Armeefahrzeugen mit bewaffneten französischen Eskorten durchs Land gefahren und hatten die Insignien ihrer UN-Zugehörigkeit auf ein Minimum beschränkt. Die meisten Menschen in dem Gebiet waren UNAMIR feindlich gesonnen oder voller Angst, dass wir sie nach dem Abzug der Franzosen nicht beschützen würden. Luc empfahl allen Militärbeobachtern, die sich demnächst in der Schutzzone aufhielten, zur Sicherheit mit französischen Trupps zu reisen; auch hielt er es für unabdingbar, dass sie Französisch sprächen, um bei den Leuten Vertrauen aufzubauen. Es kamen wenige Hilfslieferungen herein, daher schlug Luc vor, unsere künftigen Standorte mit großen Verteilzentren für Lebensmittel zu kombinieren, was unter Beweis stellen würde, dass wir etwas anzubieten hatten. Schließlich, sagte er, müsse die RPF ihren Vormarsch stoppen und aufhören, die Demarkationslinie auszutesten, damit sich die Menschen in der Zone sicherer fühlten.

Luc bestätigte, dass die Regierungssoldaten in allen Teilen der Schutzzone unbehelligt noch ihre Waffen trugen. In nur einer der drei Teilzonen waren die Milizen entwaffnet worden. In einer anderen halfen sie, mit speziellen Halstüchern kenntlich gemacht, den Franzosen, für Ordnung zu sorgen. Überall gab es noch Straßensperren, im Allgemeinen von Gendarmen besetzt. Der besten Schätzung nach hielten sich über zwei Millionen Menschen in der Zone auf, zwei Drittel von ihnen Flüchtlinge. Über 800.000 Flüchtlinge hatten es bereits bis auf die Westseite des Waldgebietes geschafft, wenn auch noch ein gutes Stück von Cyangugu entfernt. Für die zahlreichen ebenfalls geflohenen Tutsi gab es drei eigene Lager. Die Franzosen operierten mit drei Leichtbataillonen in der Zone, die Tag und Nacht auf Patrouille waren.

*

Am Morgen des 16. Juli landete ich wieder in Goma, nachdem mir mitgeteilt worden war, dass Bizimungu kurz zuvor die Grenze überschritten hatte. Am Flughafen empfing mich Lafourcade, der mich bat, über die Umstände meines Treffens mit Bizimungu Stillschweigen zu bewahren: Es würde keinen allzu guten Eindruck machen, wenn es sich herumspräche, dass sich der Chef der Regierungsarmee im französischen Militärlager aufhielte.

Ein französischer Stabsoffizier führte mich und meinen Adjutanten, Babacar Faye Ndiaye, durch das Labyrinth der Zeltstadt von Opération Turquoise und ließ uns dann zu unserem Gespräch mit dem General allein. Bizimungu sah furchtbar aus. Er war ausgemergelt, sein linker Arm verletzt, seine Uniform schmutzig. Er trug nichts bei sich – keine Kleidung, kein Geld, keine Lebensmittel – und fragte, ob UNAMIR ihn versorgen könne. Ich sagte ihm, er solle Kontakt zu meinen Verbindungsoffizieren in Goma halten und eine Liste zusammenstellen, was er brauche. Beim Gehen bat er meinen Adjutanten, ihm Zigaretten und Seife zu schicken.

Wir fuhren mit französischer Eskorte nach Goma hinein, über einen Ascheteppich hinweg, vorbei an Schmutz und Elend, an bedrückenden Menschenmassen und neben der Straße zurückgelassenen Leichen. Wir warteten mindestens 20 Minuten vor dem Büro des Gouverneurs, bevor er Zeit für uns hatte. Der Gouverneur war ein anmutiger Mann mit einer streng sachlichen Art. Ich fragte ihn nach seiner Meinung über den Flüchtlingszustrom, die Milizen und die ruandischen Militärangehörigen. Er erwiderte, dass er massive Unterstützung von nichtstaatlichen Organisationen und der UNO brauche; der Zustrom belaste die örtliche Infrastruktur über ihre Leistungsfähigkeit hinaus, und auch seine eigenen Landsleute litten Not. Nahrung und Wasser seien bereits knapp, Hunger und Krankheit würden auf dem Fuße folgen. Was die ruandische Regierungsarmee angehe, so würden deren kleine und große Waffen in sichere Depots mehrere Kilometer nördlich der Lager und der Stadt gebracht. Zairische Truppen stünden bereit, um den Flüchtlingen und nichtstaatlichen Organisationen in Goma Schutz zu bieten. Ich informierte ihn, dass sich UNAMIR verpflichtet sehen könnte, bei der Rückkehr der Flüchtlinge und bei der Eskortierung von Hilfskonvois zu helfen, aber er stand einem Einsatz meiner Truppe in Zaire nicht positiv gegenüber.

Als wir zum Hubschrauber zurückgingen, schien sich der Himmel zu verdüstern, obwohl es erst früher Nachmittag war. Der nächstgelegene Vulkan spuckte nun mehr Asche aus, die das Sonnenlicht trübte. Ich hatte plötzlich Platzangst, als stünde diese Landschaft im Begriff, mich zu verschlucken. Wir entkamen dem Flughafen, ohne abermals eine Landegebühr zahlen zu müssen.

In Bukavu hatte der dortige Gouverneur ähnliche Bedenken, was die Entsendung von UN-Truppen über die Grenze nach Zaire anging. Er sagte, er könne bislang mit den 300.000 Flüchtlingen fertig werden, die in seine Provinz geflohen seien, hoffe aber, dass es den Franzosen gelinge, alle anderen Ruander jenseits des Flusses aufzuhalten. Überrascht stellte ich fest, dass keine nichtstaatlichen Organisationen oder UN-Behörden in der Stadt waren, aber ich wusste ja bereits, dass die Opération Turquoise nicht mit soliden humanitären Planungen einherging. In Cyangugu war es vor der Nase der Franzosen zu großen Plünderungen gekommen. Das sah alles überhaupt nicht gut aus.

*

Nachdem Gisenyi am 17. Juli gefallen war, gingen Artilleriegeschosse am Stadtrand von Goma nieder, vor allem an den Fluchtrouten über die Ausläufer der Vulkane. General Lafourcade und die zairischen Behörden waren außer sich. Einige Geschosse landeten auf dem Flughafen, auf dem sich die startenden und landenden Transportmaschinen nur so drängelten. In Panik begannen einige Flüchtlinge, sich weiter von der Grenze zu entfernen. Was versuchte die RPF zu beweisen? Über Frank Kamenzi appellierte ich dringend an Kagame und seinen militärischen Stab, die Bombardierung einzustellen. Einen oder zwei Tage später hörte sie tatsächlich auf, aber der psychologische Effekt auf die Flüchtlinge war verheerend.

Ironischerweise verkündete die RPF am nächsten Tag den einseitigen Waffenstillstand – nur ein anderes Wort für ihren totalen Sieg. Auf den Straßen von Kigali lief allerdings keine Menschenmenge zusammen, um den Frieden zu bejubeln. Ich glaube, bis auf die humanitäre Abteilung fühlte sich niemand von uns erleichtert, aber Yaache und seine *MamaPapas* waren glücklich, dass sie es endlich nur noch mit einer Obrigkeit zu tun haben würden, um die Nothilfe zu koordinieren, und der Wiederaufbau der Justiz, der Finanz-, Gesundheits-, Polizei- und Regierungsinfrastruktur ernsthaft beginnen konnte. Und die Atmosphäre in unserem Hauptquartier entspannte sich etwas. Die Kämpfe und das Morden waren offiziell vorüber, aber ein neues Grauen, das bald die Lager in Goma und die Flüchtlinge in der Schutzzone erfassen sollte, lauerte bereits hinter der nächsten Ecke.

*

Am 19. Juli nahmen Khan und ich an der offiziellen Vereidigung der neuen Regierung der nationalen Einheit im Nationalratsgebäude teil. Nach so vielen fehlgeschlagenen Versuchen in den Monaten vor dem 6. April kam es mir etwas merkwürdig vor, am Ende der ersten Reihe von Würdenträgern auf dem Rasen vor dem Haupteingang zum Ratsgebäude unter einem Baldachin in der Sonne zu sitzen, ohne für mehr verantwortlich zu sein als für meine eigene Anwesenheit als Zeuge des Ereignisses. Die RPF sorgte für die Sicherheit; zwischen den Hunderten von Zuschauern und Würdenträgern unter dem Baldachin sowie am Rande des Geschehens waren gut bewaffnete Soldaten postiert. Sie dementierten die Heiterkeit und Hoffnung, die sich mit der Vereidigung einer neuen Regierung hätten verbinden sollen. Mir drängte sich die allgemeine Regel auf: Je aufwändiger und offener die Sicherheitsvorkehrungen sind, desto mehr Grund gibt es, sich gefährdet zu fühlen.

Daher beobachtete ich die Lage, während feierlich das unerlässliche Zeremoniell ablief. Ruandas neuer Präsident, Pasteur Bizimungu, ein Hutu, der vom Habyarimana-Regime gefoltert worden war, wurde vereidigt, gefolgt vom Rest des 18-köpfigen Kabinetts. Khan und ich verstanden kein Wort, da alle Reden auf Kinyarwanda gehalten wurden, aber Bizimungu wirkte fast königlich. Paul Kagame leistete seinen Schwur als Vizepräsident und Verteidigungsminister, gefolgt von zwei weiteren Hutu: Faustin als Premierminister und Oberst Alexis Kanyarengwe als Vizepremier.

Als die Zeremonie zu Ende war, dachte ich: Jetzt also sind sie an der Macht, nach fast vier Jahren im Busch. Ich fragte mich abermals, was von diesem alles andere als perfekten einseitigen Waffenstillstand, was von dem Sieg und was von Paul Kagame zu halten war, der nun die Würde seines neues Amtes trug. Verfolgte ihn der menschliche Preis seines Sieges? Er und der Rest der RPF-Führung hatten gewusst, was hinter den Linien der Armee vor sich ging. Er und seine Bewegung hatten sich – sowohl vor dem Bürgerkrieg als auch später, als sie die Regierungstruppen vor sich hertrieben – unerbittlich und unnachgiebig gegen jede Konzession gesperrt, mit der sich die Spannungen im Land hätten entschärfen lassen. Er hatte sich gesträubt, UNAMIR 2 zu unterstützen, deren vornehmste Aufgabe die Beendigung des Mordens und der Massenvertreibung der Bevölkerung sein sollte.

Immer häufiger sollten wir von nun an die makellosen Autos burundischer Heimkehrer oder die Ochsenkarren ugandischer Tutsi-Flüchtlinge auf den Straßen von Kigali sehen, die als Angehörige der verstreuten Diaspora in den besseren Stadtvierteln Quartier bezogen, manchmal sogar legitime Eigentümer hinauswarfen, die den Krieg und den Völkermord überlebt hatten. Kagame schien kaum etwas dagegen zu unternehmen. Wer genau hatte während des Feldzugs hinter ihm gestanden? Mir stellte sich unversehens die bittere Frage, ob der Feldzug und der Völkermord nicht orchestriert worden waren, um den Weg frei zu machen für eine Rückkehr Ruandas zum Status quo vor 1959, wo die Tutsi allein das Sagen gehabt hatten. Zehn Jahre später wollen diese beunruhigenden Fragen in mir noch immer keine Ruhe geben, besonders im Lichte dessen, was seither in der Region geschehen ist.

*

Beunruhigt von diesen Gedanken über den Sieg der RPF traf ich mich am folgenden Nachmittag mit Vizepräsident Kagame in seinem ummauerten Bungalow in der Kanombe-Garnison, um die drängenden Probleme zu diskutieren, denen sich das frisch eroberte Land gegenübersah. Er stimmte all meinen UNAMIR-2-Standorten und der von mir vorgesehenen Truppenstruktur zu, wobei wir beide gleichermaßen erkannten, dass es vertrackt werden würde, meine Aufgaben zu erfüllen, wenn es mit der Stationierung weiter so langsam voranginge wie bisher. Ich schlug auch vor, eine kleine Truppe ins Gebiet von Gisenyi zu schicken, um für die Rückkehrer sichere Übergangslager innerhalb von Ruanda zu schaffen, und uns für einen Hilfseinsatz in Goma bereitzuhalten. Um den Flüchtlingsstrom aus dem Land aufzuhalten, müsse in Ruanda irgendetwas geschehen, das wie ein Magnet die Menschen zurück ins Land ziehen würde. Er hatte die Idee, einige der neu ernannten Minister in die Schutzzone zu schicken, die versuchen sollten, der Bevölkerung ihre Angst zu nehmen und sie zu ermutigen, nicht nach Bukavu zu fliehen.

Er brauchte unsere Hilfe bei der Instandsetzung des Flughafens, damit die eine oder andere kommerzielle Fluggesellschaft wieder reguläre Linienflüge nach Kigali aufnehmen könnte. Er wollte die Wiederherstellung der Normalität, so schnell es nur ging. Er bat uns, alle Anstrengungen zu unternehmen, um das geplante Einmarschdatum unserer Einheiten in die französische Schutzzone am 31. Juli einzuhalten, und bestand eisern darauf, dass die Franzosen bis zum 22. August abziehen müssten. Vorher sollten wir allerdings mit ihnen zusammen eine Verwaltungsinfrastruktur in der Schutzzone aufbauen, um ein administratives Vakuum zu vermeiden. Kanada sollte nach seinem Wunsch eine technische Mission entsenden, um seine Armee neu zu formieren, da wir in dem Ruf standen, solche Aufgaben gut zu erfüllen, und unsere Armee zweisprachig war. Und zum Schluss bat er mich, eine weitere heikle Aufgabe zu übernehmen: Könnte ich Opération Turquoise und die zairische Regierung überreden, alle schweren Waffen und Fahrzeuge zurückzugeben, die von den Regierungstruppen nach Zaire gebracht worden waren? Ich könnte sie verwahren, bis sich die Lage stabilisiert habe, sagte er, aber er wollte sie zurück. In den Händen seiner Feinde seien sie eine ständige Bedrohung der ruandischen Sicherheit. (Dazu kam es nicht mehr, bevor ich ging.)

Bei diesem zweistündigen Treffen mit Softdrinks in seinem Bungalow entwarfen wir ein Programm für mindestens die folgenden zwei bis drei Monate. Und nicht zuletzt deshalb, weil in den Flüchtlingslagern Hunger herrschte und erste Infektionskrankheiten ausgebrochen waren, hatten wir keine Zeit zu verlieren.

*

Nach der Einsetzung der neuen Regierung befanden wir uns wieder einmal in einem Wettlauf mit der Zeit – eigentlich nichts Neues, da UNAMIR immer den Entwicklungen vor Ort hinterhergerannt war. Von französischer Seite war zu hören, dass sie sich bemühte, ihr Mandat über den 22. August hinaus zu verlängern. Als die RPF Wind davon bekam, machte sie Druck auf UNAMIR, die Franzosen abzulösen. Unsere Logistik war immer noch sehr ungenügend: Regelmäßig gingen uns Wasser, Verpflegung oder Treibstoff aus, nie hatten wir genug Fahrzeuge, Funkgeräte oder Ausrüstung, um alles so zu erledigen, wie es getan werden sollte. In vielen Bereichen fielen wir zurück, statt Fortschritte zu machen.

Die Lage in Goma war wahrhaft verzweifelt. Da die Medien dem Flüchtlingsstrom über die Grenze große Aufmerksamkeit schenkten, veranlasste der öffentliche Druck nun doch einige Regierungen zum Handeln. Angesichts der Überfüllung in den Lagern in Zaire warfen die nichtstaatlichen Organisationen die koordinierenden Fesseln der Zusammenarbeit mit UNREO ab, folgten aus eigenen Stücken den Kameras nach Goma und setzten eine Hilfsflut ins Werk, die eindeutig zu viel des Guten tat. Zugleich erhielten fast ebenso viele Menschen, die 100 Kilometer weiter südlich in Ruanda geblieben waren, zu wenig Hilfe, weil die Medien über ihre Situation so gut wie gar nichts berichteten. Wir predigten mit Engelszungen, aber niemand interessierte sich für das Elend der Flüchtlinge im Süden, weil es von dort keine Bilder gab.

In New York schwafelte man noch immer über unsere Minimalerfordernisse. Bis auf die Voraustrupps der einzelnen Länder waren – 60 Tage nach Billigung des Mandats und 30 Tage nach dem festgelegten Stationierungsdatum – für UNAMIR 2 noch keine Truppen aufmarschiert. Ich wurde es leid, zu fragen, wo meine Blauhelme blieben.

*

Das Leben kehrte nach Kigali zurück. Das Amahoro-Stadion und unsere anderen geschützten Standorte leerten sich langsam, nachdem die Regierung vereidigt war. Zuerst verließen uns ein paar Wagemutige, dann ganze Familien, schließlich alle unsere Schutzbefohlenen, um herauszufinden, was mit ihren Verwandten und ihrem Zuhause geschehen war. Allzu oft warteten schlimme Nachrichten auf sie. Jeder hatte jemandem beim Völkermord verloren: Da innerhalb von 100 Tagen fast zehn Prozent der Vorkriegsbevölkerung ermordet worden waren, gab es nur sehr wenige Familien, die nicht mindestens ein Opfer zu beklagen hatten. Schätzungsweise 90 Prozent der Kinder, die in Ruanda überlebten, hatten in dieser Zeit einen Bekannten oder Verwandten eines gewaltsamen Todes sterben sehen.

Was die Häuser und Geschäfte anging, hatten zuerst die Regierungstruppen, dann die Interahamwe und schließlich gewöhnliche Bürger alles aus der Stadt entwendet, was nicht niet- und nagelfest war. In dem Haus, das ich vor dem Krieg bewohnt hatte, fand ich bloß noch einen Satz Golfschläger, den ich vom belgischen Militärattaché geliehen hatte, sowie ein einzelnes Heft des kanadischen Nachrichtenmagazins *Maclean's*. Waschbecken, Wasserhähne, Fenster, leichte Einbauteile – alles war verschwunden.

Einige der frisch rekrutierten Soldaten in Kagames Armee plünderten ebenfalls. Kagame hatte versprochen, dass sie nach dem Sieg ihren Sold erhalten würden, aber er hatte nicht das Geld dafür – die Bargeldreserven der Interimsregierung hatten sich zusammen mit ihr selber in Luft aufgelöst. Seine Kämpfer begannen sich mit allem, dessen sie habhaft werden konnten, selbst zu bezahlen, und auch die Überlebenden des Völkermordes und die Heimkehrer aus der Diaspora stibitzten, was sie konnten. Ich habe gehört, dass man noch Jahre später das materielle Inventar Kigalis auf den Märkten von Uganda kaufen konnte.

Ich glaube, Kagame bemühte sich nach Kräften, die rachedurstigen neuen Rekruten und die Heimkehrer im Zaum zu halten, die sich alles, was sie finden konnten, unter den Nagel rissen. Er nahm zurecht an, dass ihre Plünderungen, wenn sie sich über Ruanda hinaus herumsprächen und die unliebsame Aufmerksamkeit der Medien und der Politik auf sich zögen, seine Bemühungen um Kredite und Hilfen zum Wiederaufbau des Landes vereiteln, vor allem aber die Propaganda der alten Regierungsarmee und die Angst der Hutu nähren würden, in ein von der RPF beherrschtes Ruanda zurückzukehren. Ohnehin ging der Mythos vom »doppelten Völkermord« um – tatsächlich ließ sich so mancher Politiker im Westen weismachen, dass beide Parteien einen Rassenkrieg geführt hätten. Diesem Irrglauben Nahrung zu geben, war das Letzte, was Kagame brauchen konnte. Allerdings gingen bei uns Berichte über Rachemorde, Plünderungen und Vergewaltigungen durch undisziplinierte Elemente der RPF und Heimkehrer im Hinterland ein, die die Vergeltung in ihre eigenen Hände nahmen. Auch gab es Gerüchte über geheime Verhöre von Rückkehrern an Straßensperren, die die Leute nervös machten. Wir untersuchten und verurteilten öffentlich alle uns bekannt werdenden Gräueltaten, so wie wir den Völkermord verurteilt hatten. Die einzige Chance zur Versöhnung in Ruanda bestand darin, dass alle Mitläufer ihre Macheten fallen ließen und man sich darauf konzentrierte, die Planer und die eigentlichen Täter des Genozids ihrer gerechten Strafe zuzuführen.

Das Land musste sich auch dem Wiederaufbau zuwenden. Das Wasser, das wichtigste Lebensmittel, war nicht trinkbar, da die Wasserwerke schon vor geraumer Zeit sabotiert worden waren. Die Brunnen waren ausgetrocknet oder verpestet, und an die einzigen anderen Wasserquellen – die Bäche und Flüsse, die durch Kigali strömten – war natürlich nicht einmal zu denken. Lebensmittel waren knapp. In ganz Ruanda waren die Feldfrüchte auf den Feldern verfault, weil es niemanden mehr gab, der sie ernten und auf den Markt bringen konnte. Das Abwassersystem der Stadt, das auch vor dem Krieg schon beklagenswert gewesen war, stellte nun ein beträchtliches Gesundheitsrisiko dar. Es gab keinen Treibstoff, keine Elektrizität, kein Telefon oder andere Kommunikationssysteme – die Liste des Mangels verlängerte sich von Tag zu Tag. Eine staatliche Verwaltung, die zu solchen Zeiten hätte Abhilfe schaffen können, existierte noch nicht, auch wenn die Minister nun vereidigt waren. Kagame setzte seine ganzen Ressourcen ein, um die Grenze zu Zaire im Nordwesten zu bewachen und die Truppe gegen die Franzosen im Südwesten zu verstärken, und wer konnte ihm daraus einen Vorwurf machen? Wir boten weiter das Wenige an, das wir hatten, um die Administration in Gang zu bringen. Aber die UNO erlaubte uns nicht, der ruandischen Zivilverwaltung Ressourcen zu leihen oder gar zu schenken. Noch als Millionen von Dollar humanitärer Hilfe nach Goma flossen, konnten wir nicht einmal ein paar Tausend Dollar für Soforthilfe in Kigali auftreiben. Wir ignorierten die Bürokraten häufig und halfen trotzdem, warfen unser privates Geld zusammen und waren beschämt, dass wir nicht mehr tun konnten.

In den letzten Juli- und ersten Augusttagen schien das Überleben für die Menschen in Ruanda unmöglich zu sein. Doch von Selbstmitleid war nichts zu spüren, stattdessen mobilisierten sie eine bewundernswerte Widerstandskraft. Langsam tauchten kleine Märkte an den Straßenecken auf, man sah die ersten Bauern das Feld bestellen und die seltenen späten Feldfrüchte ernten, kleine Geschäfte öffneten, und gelegentlich hörte man sogar Gelächter auf den Straßen, wenn man nur gut genug hinhörte. Riesige Probleme blieben ungelöst, aber wir hofften, dass die Überlebenden mit etwas Hilfe aushalten würden, um das Land wieder aufzubauen.

Aber ich musste mich über die Art von Hilfe wundern, die aus der Außenwelt eintraf. Als es wieder ungefährlich war, ins Land zu kommen, trudelten unweigerlich die Touristen ein. Täglich reisten Politikerdelegationen, Bürokraten, Mitarbeiter von nichtstaatlichen Organisationen, Berühmtheiten, Schauspieler, Sänger und alle unternehmungslustigen Meiers, Müllers und Lehmanns in Ruanda ein und verlangten, dass wir ihren Besuch – Unterkunft, Beförderung und Terminpläne – koordinierten. Sie beanspruchten unsere Mitarbeiter, unsere Zeit und einen großen Batzen unserer kostbaren Ressourcen. Ich wusste wohl, dass die meisten Besucher absolut notwendig waren, um Hilfe für Ruanda aufzutreiben und die Stationierung von UNAMIR 2 zu erreichen, aber ich verschwendete ungeheuer viel Zeit, um die unsägliche Lage wieder und immer wieder herunterzubeten. Jedes Wort schnitt mir schließlich in die Seele. Der einzige spaßige Aspekt dieser Besuche war, dass Khan und ich es uns nie nehmen ließen, unsere vornehmen Gäste zu einem Abendessen aus den verfallenen deutschen Rationen einzuladen. Vielleicht war es das Kind in uns, aber wir genossen zutiefst die verblüfften Mienen der Leute beim Anblick dieser »Staatsdiners« und wie sie diesen scheußlichen Fraß, von dem wir monatelang gelebt hatten, gequält hinunterwürgten. Mit der Zeit drückte ich mich vor diesen endlosen Berichten und Besuchen und ließ mich von Henry vertreten.

*

Am 21. Juli begannen die USA mit einer massiven und großartigen Luftbrücke nach Goma, die alle Beobachter in Erstaunen versetzte. Nur drei Tage, nachdem Präsident Clinton die Hilfslieferungen autorisiert hatte, landeten die ersten US-Maschinen. Um die Verteilung der Lebensmittel zu beschleunigen, versuchten es die Amerikaner sogar mit Abwürfen großer Hilfsladungen aus tief fliegenden Transportflugzeugen, stoppten die Aktion jedoch rasch wieder, weil zu viele Menschen auf dem Boden von diesen riesigen Verpflegungspaketen verletzt wurden. Diese Praxis hatte in Somalia funktioniert, aber hier, in diesem schroffen und abweisenden Gelände, auf dem es von Menschen nur so wimmelte, gab es keine freien Flächen, wo solche Abwürfe sicher möglich waren.

Ich wachte an diesem Morgen zum nun vertrauten Klang von Hämmern, Sägen und Schaufeln auf – die Reparatur- und Montagearbeiten des Voraustrupps des 1. Kanadischen Stabs- und Fernmelderegiments, der unser Hauptquartier für das Hauptkontingent vorbereitete. Riza hatte Khan ein Telex geschickt, in dem er um seine Einschätzung bat, welche »breiteren Aufgaben« für UNAMIR in der »sich abzeichnenden Lage« zu erwarten seien. Wir hatten bereits Einsatzdirektiven für die Mission in der Schutzzone und eine Operation erarbeitet, die wir »Heimkehr« nannten und mit der wir die geflohenen Ruander aus ihren Camps in Zaire sicher in die Heimat zurückbringen wollten. Ich war froh, dass der Missionschef nun derjenige war, der die politischen Grundzüge von UNAMIR entwarf und auch nach Daressalam und Kampala reiste, um die Nachbarländer in die politischen und diplomatischen Bemühungen einzubinden, bei denen es um die Stabilisierung nicht nur Ruandas, sondern der gesamten Region ging. Khan bewilligte ein Flugzeug, damit Präsident Bizimungu allein nach Zaire und Tansania reisen konnte, um mit seinen afrikanischen Amtsbrüdern die Lage zu sondieren.

Meine eigenen Einsatzprioritäten waren klar. Erstens mussten wir die Militärbeobachter unter Luc Racine in die französische Schutzzone verlegen, um die Ablösung der Franzosen vorzubereiten; zweitens mussten wir unsere humanitäre Abteilung nach Gisenyi und das Gebiet von Gikongoro schicken, um den Flüchtlingen zu helfen, die immer noch auf unserer Seite der Grenze gestrandet waren, um die Lage dort zu beruhigen und um den Kontakt zu den Franzosen, Zairern und RPF-Truppen herzustellen; drittens mussten wir die Demarkationslinie zur Schutzzone überwachen und die RPF von Grenzverletzungen abhalten; viertens schließlich musste der Stab mit Hochdruck daran arbeiten, Ankunft, Ausbildung und Stationierung der neuen Kontingente mit Ausrüstung und Fahrzeugen zu koordinieren. Unser Planungschef Mike Austdal arbeitete nicht nur fieberhaft an allen diesen Fronten, er übernahm auch die Aufgabe des Ausbildungsleiters. Statt die eintreffenden neuen Offiziere und Unteroffiziere mit papierenen Unterlagen zu traktieren, veranstaltete er Rollenspiele mit ihnen, um ihr Verständnis der Einsatzregeln zu testen. Ich kann nicht genug loben, wie mein winziger Stab mit großem Erfindungsreichtum über sich hinauswuchs, um die drängenden Aufgaben zu bewältigen.

*

Die internationale Gemeinschaft zögerte mit der Anerkennung der neuen Regierung. Der Menschenrechtsberichterstatter der Vereinten Nationen kritisierte nicht nur jene Länder scharf, die den Völkermördern Zuflucht gewährten, sondern verurteilte auch die Plünderungen, Rachemorde und standrechtlichen Erschießungen innerhalb Ruandas, die nicht einmal Kagame verhindern konnte. Das förderte nicht gerade das Image der neuen Regierung und hielt, wie Kagame und Pasteur Bizimungu befürchtet hatten, eine Reihe von Ländern davon ab, ihre Hilfe anzubieten.

Ich fand mich in der widerwärtigen Lage, das Elend gegeneinander aufrechnen zu müssen: Wieso starrte die Welt bloß auf die Flüchtlingslager in Zaire, nicht aber in das Landesinnere Ruandas? Wieso erregte die Cholera, die nun in Goma wütete und täglich 3.000 Tote forderte, mehr Mitleid als die 1,7 Millionen hungernden Flüchtlinge in der französischen Schutzzone oder die Überlebenden, die sich mühten, in Kigali wieder eine Zivilgesellschaft aufzubauen? Wieso zählten die 40.000 Opfer der Epidemie, die es schließlich werden sollten, mehr als die 800.000 Opfer des Völkermords und dessen Folgen?

Doch die Menschen, die die Choleraepidemie miterlebten, als sie am schlimmsten tobte, standen jenseits solcher Kalkulationen. Am 25. Juli unternahm Major St-Denis eine Reise nach Goma, wo er mit den Franzosen Verbindung aufnehmen sollte. Jahre später schrieb er mir, was er gesehen hatte. »Als ich durch die Straßen fuhr, konnte ich meinen Blick nicht von den Hunderten von Leichen abwenden, die die Straßenränder säumten. Alle von ihnen ... waren der Cholera erlegen. Die Luft stank nach Verwesung, ich wollte mich nur noch übergeben. Eine Zeit lang fuhren wir einem Kipplaster hinterher, der bis obenhin mit Leichen beladen war, die französische Soldaten aufgelesen hatten. ... Ich erinnere mich an die Augen der Soldaten: leblos und voller Trauer. ... Auf der Rückfahrt fuhr ich an einem Krankenhaus vorbei und sah dort eine der grauenerregendsten Szenen. ... Ein Stapel Leichen von mindestens zehn Metern Höhe war vor dem Krankenhaus aufgeschichtet worden. ... Bei einigen standen noch die Augen offen, sie sahen mich mit einer Eindringlichkeit an, die ich nicht ertrug. Ich musste meinen Blick abwenden.«

Radio Ruanda, nun in der Hand der neuen Regierung, forderte in seinen Sendungen die Flüchtlinge in Goma auf, zurückzukehren. Seine Sprecher zitierten aus einem Brief vom 19. Juli, in dem Butros-Ghali versprach, dass die großen UN-Behörden allen Obdachlosen und

Habenichtsen beistehen würden. Butros-Ghali gab auch bekannt, dass der Leiter der Abteilung für humanitäre Angelegenheiten (DHA), Peter Hansen, den Vorsitz einer Konferenz am 2. August in Genf führen werde, um eine koordinierte Reaktion aller Geberländer zu erreichen. Aber zuerst würde Hansen nach Ruanda kommen müssen, um die Lage vor Ort persönlich in Augenschein zu nehmen.

Hansen hatte langjährige Erfahrung mit humanitären Krisen, sein Besuch verlief entsprechend professionell. Mit ihm unterwegs waren mindestens 20 Leute, darunter hochrangige Vertreter von anderen UN-Behörden. Bei einem Treffen mit Khan und mir pflichtete er der Notwendigkeit sofortiger Repatriierung bei und akzeptierte sogar die Idee, dass die Hilfslieferungen in erster Linie in Ruanda selbst eintreffen müssten, um die nach Zaire Geflüchteten wieder ins Land zu locken. Er und Khan besuchten den Präsidenten und andere Mitglieder der neuen Regierung, dann tourten sie zu den Lagern in Goma und Bukavu (aber nicht zu den Flüchtlingslagern in der Schutzzone). Zu diesem Zeitpunkt war Lafourcades technisches und vor allem auf dem Flughafen von Goma stationiertes Personal vollkommen überwältigt, ja gelähmt von Szenen, wie sie St-Denis beschrieben hat. Lafourcade war mit schwerer Kampfausrüstung, aber nur wenigen Mitteln für humanitäre Einsätze ins Land gekommen. Hinzu kam die Furcht der Franzosen vor einer Ansteckung – nicht nur mit Cholera, sondern auch mit AIDS, das unter den Ruandern auch vorher schon weit verbreitet war. Für die Flüchtlinge erwies sich die Opération Turquoise kaum als Gewinn.

UNAMIR 2 steckte noch immer in einem Grabenkampf um Ressourcen und Ausrüstung. Belgien hatte sich bereit erklärt, eine malawische Kompanie auszurüsten, aber erst, sobald die in Kigali eingetroffen sei; die alte Kolonialmacht befürchtete, dass Waffen *en route* geraubt und sei's für einen Putsch, sei's für die Aufrüstung der neuen Regierung missbraucht werden könnten. Unser Stützpunkt in Entebbe war immer noch viel zu behelfsmäßig, daher dirigierte ich UNOMUR-Angehörige und Material dorthin, um ihn auszubauen (UNOMUR stand vor seiner Auflösung, bald würde ich die wertvolle Hilfe der Beobachter verlieren). Unsere Einrichtungen waren zu beschränkt, um Truppen für längere Zeit aufzunehmen, bevor sie stationiert wurden. Aber die Verstärkung ließ noch immer auf sich warten. In der letzten Juliwoche gehörten meiner Mission bestenfalls 600 Soldaten aller Ränge an.

Meine Mitarbeiter in Kigali, die immer noch unter schrecklichen

Bedingungen lebten, wurden sichtlich müde, nun teilweise wegen der Belastung, sich um all die Leute zu kümmern, die ins Land kamen und uns doch eigentlich beistehen wollten. Ich erlebte fast eine Meuterei wegen des Essens, als ein weiterer Schub deutscher Rationen geöffnet wurde und zum Himmel stank. Diese Rationen, die uns so großzügig zur Verfügung gestellt worden waren, als wir nichts mehr zu essen hatten, waren nun weit über ihr Verfallsdatum hinaus. (Die Krise löste sich, als das kanadische Kontingent eintraf und eine üppige Ladung Dauerverpflegung mitbrachte, die wir auf alle aufteilen konnten.)

Ich hatte einen Hauptquartiersstab von weniger als 30 Offizieren mit unterschiedlichen Fähig- und Fertigkeiten, der eine Vielzahl von Einsatzaufgaben bewältigen musste. Ich hatte mir geschworen, dass UNAMIR niemals ein Hindernis für Frieden und Stabilität in Ruanda sein dürfe, und der Stab arbeitete bis zum Umfallen, um dieses Versprechen einzuhalten. Ich hatte meinen wichtigsten Stabsmitarbeitern, von wenigen Ausnahmen abgesehen, seit Beginn des Krieges keine Ferien gewährt. Einige hatten sich in Zombies verwandelt, blass und teilnahmslos, und wir mussten sie nach Hause schicken. Andere waren äußerst reizbar und bekamen Wutanfälle angesichts der Bedingungen, unter denen wir seit geraumer Zeit leben mussten. Es war, als hätten sie eine Linie überschritten; sie begannen, alle Vorkommnisse so zu interpretieren, als seien sie Ruander, und identifizierten sich völlig mit den Opfern. Als sie sich erst einmal inmitten des Grauens eingerichtet hatten, konnten sie keine neue Arbeit mehr übernehmen. Wir schickten sie mit den Herkules-Flügen für einige Tage zur Erholung nach Nairobi, ihre Erschöpfung war eine medizinisch anerkannte Krankheit. Nachdem sie in Nairobi einen Arzt aufgesucht hatten, kamen sie in ein Hotel, wo sie sich waschen, schlafen, essen und irgendwie versuchen konnten, sich zu entspannen. Da es kein Budget für diese schwer Angeschlagenen gab, mussten sie solche Ruhe- und Erholungsphasen aus der eigenen Tasche bezahlen.

Was uns wirklich fertig zu machen begann, war das ständige Auf und Ab von wachsender und enttäuschter Hoffnung. Zu sehen, wie die Welt Opération Turquoise unterstützte – was in uns allen gemischte Gefühle auslöste –, war das eine. Aber zu glauben, dass uns endlich die Amerikaner zu Hilfe kämen – nur um dann zu sehen, dass sie uns völlig im Stich ließen –, war etwas anderes.

*

Der erste amerikanische Offizier, der in Kigali eintraf, war Brigadegeneral Jack Nix, Zentimeter für Zentimeter das Ebenbild eines soliden Offiziers der kämpfenden Truppe – das Einzige an ihm, was nicht ins Stereotyp passte, war, dass er keine Zigarren rauchte. Als Feldkommandeur der Vereinten Kampfgruppe Afrika wollte Nix das US-Einsatzkonzept in der Region mit mir besprechen. Die Amerikaner hatten vor, alles Material von Entebbe aus, ihrer ersten Operationsbasis, per Flugzeug nach Kigali und weiter per Lastwagen nach Goma und in alle Landesteile Ruandas zu bringen. Ich erklärte ihm, dass wir am dringendsten Ausrüstung und Personal für eine eigene Güterabfertigung auf dem Flughafen in Kigali brauchten, sonst wären wir schon mit einer einzigen Herkules überfordert. So weit er wusste, bestand seine Mission darin, die UN-Anstrengungen in Goma und Ruanda zu unterstützen, aber bevor er mit irgendetwas loslegen könne, müsse er die Bestätigung seines Kampfgruppenkommandeurs, Generalleutnant Daniel Schroeder, abwarten, der in einigen Tagen vor Ort eintreffen würde. Zum Schluss schrieb ich ihm ins Stammbuch, dass Goma eine Übergangslösung bleiben müsse: Wenn die Amerikaner zur Lösung der Krise beitragen wollten, müssten die Hilfsanstrengungen aus Ruanda selbst kommen.

Die UNO tat das Ihre, um den Flughafen in Schwung zu bringen. Innerhalb von 24 Stunden, nachdem wir einen Anruf vom DPKO erhalten hatten, war eine Gruppe von etwa 20 Fluglotsen der kanadischen Luftwaffe aus allen Stützpunkten daheim zusammengestellt und ins Flugzeug gesetzt worden. Als sie in Kigali eintrafen, gingen sie aus ihrer Herkules direkt in den Kontrollturm und das Flughafengebäude. Sie trugen die Leichen fort, die sie fanden (kein Gebäude in Kigali war ohne seine Toten), machten gründlich sauber, stellten ihr altes, manuell betriebenes Überwachungsgerät auf (das aussah, als stammte es noch aus dem Luftkampf um Großbritannien) und hängten unter die ruandische und die UN-Flagge eine große kanadische Fahne an den Tower. Bei Anbruch der Nacht waren sie betriebsbereit.

Einige Tage später, als das amerikanische Boden- und Abfertigungspersonal mit einem Heer von Journalisten eintraf, verkündeten die Amerikaner schamlos, sie hätten den Flughafen von Kigali »geöffnet«. Aber das Bild, das es in die Zeitungen in aller Welt schaffte, zeigte einen Trupp unserer Fluglotsen, die sich aus dem Kontrollturm lehnten und auf die kanadische Flagge deuteten. Die Amerikaner mussten danach einen Haufen Hänseleien über sich ergehen lassen, da sie ja

Hand in Hand mit den Kanadiern und anderen UN-Soldaten zusammenarbeiteten, um den Flughafen voll funktionsfähig zu machen und die bitter benötigten Hilfsgüter, die Kontingente und den Nachschub auf den Weg zu bringen.

*

In der letzten Juliwoche musste ich nach Norden Richtung Uganda fahren, um mich mit Baroness Chalker zu treffen, der britischen Entwicklungshilfeministerin, die gerade in Goma und Mulindi gewesen war und nicht genug Zeit für die letzte Etappe nach Kigali hatte. (Sie war eine »Touristin«, die mir sofort sympathisch war. Sie ritt nicht auf dem Protokoll herum und reiste mit einer Dose selbstgemachter Kekse, die sie an alle verteilte.) Ich traf mich mit ihr bei Kilometer 64, dann fuhren wir gemeinsam weiter nach Norden und überquerten bei der Gatuna-Brücke die Grenze zu Uganda, während ich mit Nachdruck erläuterte, warum wir die britischen Lastwagen, Ingenieure, den Wartungszug, das Feldlazarett, Leitstellen und Militärbeobachter brauchten. Sie schickte den Obersten, der mit ihr reiste, zu einer Aufklärungsmission nach Kigali und bat ihn, unsere Bedarfsliste an das britische Verteidigungsministerium weiterzuleiten. Beim Abschied versprach sie mir alles, was ich verlangt hatte, erinnerte mich aber daran, dass sich ihre Regierung vorerst nur für sechs Monate verpflichtet hatte, Ruanda und UNAMIR zu unterstützen.

In Entebbe war die amerikanische Präsenz bereits sehr augenscheinlich, das Sternenbanner wehte vom Dach des Hauptterminals. Ich besuchte mein Team in seinem winzigen Büro im Erdgeschoss und sah mir dann unser Übergangslager an. Der ghanaische Zug hatte Zelte und tragbare Latrinen, Bänke und Tische aufgestellt, aber Feldbetten waren Fehlanzeige. Es gab keine Elektrizität und kein fließendes Wasser, keine Kochgelegenheiten und keine Telefonleitungen. Die Panzerfahrzeuge standen in stillen Reihen neben einem Haufen abmontierter Schrottteile. Die Mechaniker von Kellog, Brown & Root arbeiteten hart und fluchten über den Mangel an Ersatzteilen; mit dem Umspritzen der Fahrzeuge in UN-Farben war begonnen worden. Trotz der außergewöhnlichen Anstrengungen des örtlichen Vertreters von UNDP und unserer zivilen UNOMUR-Angehörigen kam das Lager alles andere als schnell voran. Ich wies die zuständigen Militärbeobachter an, die Mission und New York davon zu verständigen, dass der Entebbe-Stützpunkt nicht betriebsbereit sei und alle eintreffenden Truppenteile direkt nach Kigali fliegen sollten, wo wir uns so gut es ging behelfen würden. Sie mussten die Nachricht schnell weitergeben, da schon am folgenden Tag das große kanadische Kontingent unter Mike Hanrahan ankommen sollte.

Ich begab mich dann ins oberste Stockwerk des neuen Terminals, wo mindestens 100 Militärangehörige durcheinander liefen, um das amerikanische Hauptquartier zu errichten, bevor Generalleutnant Schroeder eintraf. Jack Nix war in Goma auf Erkundung. Da ich die jungen Stabsoffiziere nicht belasten wollte, machte ich mich auf den Rückweg nach Kigali, säuerlich darüber lächelnd, wie komfortabel die Möbel des amerikanischen Hauptquartiers aussahen – eine Demonstration der Prioritäten und Fähigkeiten einer imperialen Streitmacht.

Natürlich erhielt Hanrahan nicht rechtzeitig Bescheid, sodass am folgenden Tag 170 Soldaten in Entebbe landeten. Die Einheit trat in voller Stärke an, war einsatzfähig und bereit zur Stationierung – eine Seltenheit (gewöhnlich wurden nur einzelne Züge zur Verstärkung von Missionen geschickt). Sie kamen exakt 14 Tage nach Verständigung der Mission vor Ort an und waren stolz auf ihre Schnelligkeit. Hanrahan warf einen Blick auf das Lager auf dem Flughafen in Entebbe und mietete ein großes Warenhaus und Hotelzimmer, bis sie nach Kigali weiterfliegen konnten. Das war die Art von Schnelligkeit und Flexibilität, die ich von den Kontingenten dringend brauchte, die sich aber nur die reichen Nationen leisten konnten.

*

Am Vorabend meines ersten Treffens mit General Schroeder schickte uns das DPKO einige relevante Zeitungsberichte aus den USA. Die *Washington Post* berichtete, dass die US-Regierung vorhabe, mindestens 2.000 Soldaten in Ruanda aufzustellen, »um ein Hilfsnetzwerk aufzubauen und die ruandischen Flüchtlinge zur Heimkehr aus ihren furchtbaren Lagern in Zaire zu bewegen«. Ein Generalleutnant John Sheehan, Einsatzdirektor der Vereinigten Stabschefs, wurde mit den Worten zitiert, dass »die Operation im Konzert mit den UN-Kräften in Afrika durchgeführt und mehrere Nationen daran teilnehmen« würden. Ihre Mission sei, sagten in Entebbe interviewte Offiziere der *Post*, »Hilfsstationen mit Lebensmitteln und Wasser einzurichten, um die Flüchtlinge auf dem Weg nach Hause versorgen« zu können. Sheehan zufolge sollten US-Militärtrupps vom Flughafen Kigali auf den Straßen Richtung zairische Grenze ausschwärmen und diese Wegstationen für einen Flüchtlingstreck in umgekehrter Richtung einrichten. »Auch die Etablierung eines multinationalen Hauptquartiers in Kigali ist beabsichtigt, um den Hutu-Flüchtlingen zu signalisieren, dass es keine Vergeltungsaktionen geben wird.« Das Triumvirat hatte gute Arbeit geleistet, schien es doch, dass die USA dieses Mal mein gesamtes Einsatzkonzept billigten. Wir waren überschwänglich. Es sah nun so aus, als hätten wir die Mittel und einen Plan, der die Katastrophe in Goma beenden und die Heimkehr der Flüchtlinge in die Schutzzone ermöglichen würde.

Die Realität meldete sich beim Morgenappell mit einem Bericht von unserem Verbindungsoffizier in Goma zurück. Die ersten Flüchtlinge, die sich vereinzelt zurück nach Ruanda auf den Weg gemacht hatten, um der Hölle ihrer von Krankheit verseuchten Lager zu entkommen, waren von Extremisten angegriffen worden. Einige wurden getötet, aber die meisten verstümmelt in die Lager zurückgeschickt, um als abschreckende Beispiele zu dienen – eine bevorzugte Bestrafung war die Durchtrennung der Achillessehne mit einer Machete, was die Opfer gehunfähig machte. Die Nachricht löste bei mir eine Tirade gegen jede Nation und jedes Gremium aus, die uns bei der Verhinderung dieses Desasters hätten helfen können, besonders gegen die Opération Turquoise. Der Wutanfall überschritt deutlich die Regeln der Schicklichkeit und verursachte sowohl bei meinem eigenen Stab als auch bei den französischen Verbindungsoffizieren sichtliches Unbehagen. Als ich fertig war, machten sie sich still an ihre Arbeit.

Es war nie meine Art, zu schimpfen und zu fluchen wie eine Generalskarikatur. Selbst in der zugespitztesten Krise funktioniert ein typisches kanadisches Hauptquartier unaufgeregt, zurückhaltend und effizient. Ich blieb eine Zeit lang allein und starrte auf die große Karte von Ruanda, die an die Wand geheftet war. Ich musste anerkennen, dass ich alle Zeichen und Symptome zeigte, die mich bewegten, andere zur Erholung nach Nairobi zu schicken. Ich bekam kaum Schlaf und ertrug es nicht, irgendetwas anderes zu essen als Erdnussbutter aus Beths großem Fresspaket. Ich war launisch und verfiel zu den unpassendsten Gelegenheiten in Tagträume. Ich beschloss, bald mit Maurice über meinen Zustand zu sprechen, und riss mich dann zusammen, um den amerikanischen Kommandeur zu treffen.

*

Schroeders Vorhut war eine kleine Abordnung von Militärpolizisten, geführt von einem sehr angespannten Oberst. Wir teilten ihnen Räume im Terminal zur Einrichtung ihres vorübergehenden Hauptquartiers zu. Der General traf in einem kleinen, zweimotorigen Kommandeursflugzeug ein. Als ich ihn zum ersten Mal sah, kam es mir so vor, als ob endlich echte Hilfe eingetroffen sei. Seine Eingangsworte an mich waren: »General, ich bin hier, um Ihnen in jeder mir möglichen Weise zu helfen.«

Wir verbrachten einige Zeit in meinem Hauptquartier und sprachen die Einsatzkonzepte für Goma und die Schutzzone durch, meine derzeitige und künftige Truppenstärke, die vorrangige Hilfe, die ich von seiner Truppe benötigte (Flugplatzbetrieb; Transport von Material und Soldaten zwischen Entebbe, Goma und Kigali; Minenräumung, Logistik und Sicherheit für die Wegstationen; Wasser und Elektrizität in Kigali; wenn möglich Wiederherstellung des Staudamms bei Cyangugu). Dann berichtete ich ihm von der derzeitigen humanitären und politischen Lage. Er und seine Stabsoffiziere machten sich Notizen. Als Schroeder ging, war das Einzige, was der unmittelbar bevorstehenden Ankunft der amerikanischen Hilfe offenbar noch im Weg stand, ein bisschen politisches Geplänkel in Washington.

Am nächsten Morgen, dem 29. Juli, las ich die neuen Zeitungsausschnitte durch, die das DPKO in der Nacht geschickt hatte, dieses Mal begleitet von einer Note des Triumvirats, das mich darauf aufmerksam machte, dass unser Plan nun auf ernsten Widerstand gestoßen sei. Schroeder wurde mit den Worten zitiert, dass die US-Stationierung trotz des in Washington geäußerten Zögerns durchgeführt würde, aber er fügte hinzu, dass er aufgrund der schwierigen Bedingungen in Kigali vorsichtig vorgehen werde: »Was man nicht tun sollte, ist, eine bereits überlastete Infrastruktur zu erdrücken.« Was sollte diese Doppelzüngigkeit? Seine Ressourcen waren doch genau die Lösung für diese Überbelastung. Zwischen dem Moment, wo er mich verließ, und dem Zeitpunkt des Interviews in Entebbe war er zweifellos von seinen Vorgesetzten zurückgepfiffen worden. Anscheinend lagen sich das Außenministerium und das Pentagon in den Haaren; das Außenministerium sah es als verfrüht an, von einer starken Präsenz der Amerikaner in Kigali oder von der Hauptstadt als geeigneter Zentrale für die Hilfsanstrengungen zu sprechen. Ich überflog die Zeitungsausschnitte und entdeckte, dass der US-Verteidigungsminister William Perry zusammen mit dem Vorsitzenden der Vereinten Stabschefs, General John

Shalikashvilli, am kommenden Wochenende durch die Region reisen wollte; vor dem Ende ihres Besuchs würde keine politische Entscheidung über Kigali fallen.

Den Kern der Sache brachte ein ungenannter Beamter des Außenministeriums zum Ausdruck, der sagte, die Regierung Clinton wolle keine amerikanische Militärpräsenz in Ruanda, da sie *de facto* als Anerkennung der ruandischen Regierung angesehen werden könne, die Washington noch nicht von ihrer Verpflichtung auf die Menschenrechte überzeugt habe. Das Weiße Haus wolle außerdem keine amerikanischen Militärangehörigen in Ruanda stationieren, bis ihre Sicherheit »absolut« garantiert sei. Während das US-Militär es für effizienter hielt, von Kigali aus zu operieren, sagte General Shalikashvilli Reportern, dass US-Offizielle Sorge hätten, wie sie die Sicherheit der amerikanischen Soldaten gewährleisten könnten, falls sie in Ruanda stationiert wären. Als mögliche Alternative zum Plan der Wegstationen führte Shalikashvilli an, dass »Vertreter des Pentagons auch ein System von Luftabwürfen erwägen, um die Flüchtlinge auf ihrem Heimweg mit Lebensmitteln und anderen grundlegenden Gütern zu versorgen«. Die großen Menschenfreunde in der amerikanischen Regierung wollten innerhalb Ruandas an keinen Aktionen teilnehmen, die möglicherweise zu eigenen Opfern führen konnten.

Schroeder war bei unserer Besprechung zu offen und engagiert gewesen, um sich neutral zu verhalten. Ich rief sein Hauptquartier in Entebbe an, aber er war bereits auf dem Weg nach Goma. Sein Adjutant versicherte mir, dass er mich später am Tag zurückrufen würde. Aber Tatsache war, dass UNAMIR abermals auf sich selbst gestellt war.

*

Die Kanadier kamen nun an und wurden im Amahoro-Stadion einquartiert. Der Ort war nicht angerührt worden, seit unser letzter ruandischer Flüchtling ihn verlassen hatte, und glich einem überquellenden Gulli. Binnen Stunden nach seiner Ankunft hatte ihr Oberstabsfeldwebel Lebrun, der in meinem alten Regiment Fernmelder gewesen war, seine Soldaten in voller Putzformation aufgestellt. (Sie leisteten so gute Arbeit, dass der ruandische Minister für Jugend und Sport, Patrick Mazimhaka, eine Woche später statt ihrer ins Amahoro ziehen wollte. Unser Verwaltungschef Allay Golo lehnte ab – und dieses Mal musste ich ihm applaudieren: Wir seien diejenigen, die dort sauber gemacht hätten, und außerdem seien wir diejenigen, die dort

Miete zahlten.) Wer nicht mit der Einrichtung der Kommunikationsleitungen und Hauptquartiersausstattung beschäftigt war, schrubbte weiter, mauerte oder stapelte Sandsäcke. Es schien, als seien wir von Zimmerleuten, Klempnern und Elektrikern überrannt worden. Eine Zeit lang hatte ich den Eindruck, dass meine kleine Schar von Veteranen ihnen im Weg stand, aber die Kanadier nahmen uns bald mit ihren Anstrengungen, uns besser zum Einsatz zu rüsten, als wir es je gewesen waren, für sich ein.

Die technischen Einheiten, die auf meine Bitte hin mit Hanrahan eintrafen – eine Pionierkompanie, eine Logistik- und Verwaltungsgruppe sowie ein solider Transportzug –, sollten bald die ganze Truppenlogistik und -verwaltung übernehmen und als Bindeglied zu Golo, den zivilen UN-Mitarbeitern und auch zu Kellog, Brown & Root fungieren. Beim Plaudern mit den stämmigen Bauingenieuren in ihrer Kantine gratulierte ich ihnen zu dem gewaltigen Arbeitspensum, das sie in kurzer Zeit geleistet hatten. Aber sie selbst waren nicht so beeindruckt. Auf der Hinreise hatte jemand ihre sämtlichen Maschinen in letzter Minute wieder ausgeladen, um Platz für andere Frachtgüter zu schaffen. Sie hatten mit mechanischem Werkzeug gearbeitet, und obwohl sie stolz auf die altmodischen Blasen an ihren Händen waren, hatten sie den Eindruck, zu viel Zeit vertan zu haben.

*

Die Kanadier hatten beschlossen, ihr komplettes Feldlazarett mit 200 Betten nicht an mein Kommando, sondern als unabhängige humanitäre Leistung an das UNHCR in Goma zu liefern – allerdings teilte man mir dieses kleine Detail erst mit, als es bereits in Ruanda einzutreffen begann. Nachdem sie jedoch die Sache mit mir und meinem Stab erörtert hatten, errichteten sie das Lazarett genau da, wo ich es geplant hatte: an der Rückkehrroute zwischen Gisenyi und Ruhengeri. Die Briten wurden mit dem Betrieb der Klinik in Ruhengeri betraut, die Australier erhielten das Kigali-Krankenhaus.

Immer weitere Kontingente durchliefen die UN-Prozeduren, und die USA boten schließlich doch noch etwas Nützliches an: den Lufttransport unserer Truppe und Ausrüstung nach Kigali. Infanteriekompanien und Einheiten aus Äthiopien, Sambia, Malawi, Mali und Nigeria standen bereit zur Stationierung; Kagame hatte unser Vorhaben abgesegnet, die frankoafrikanischen Soldaten der Opération Turquoise meinem Kommando zu unterstellen, sodass wir bei unserer Übernahme der Schutzzone genügend französischsprachige Blauhelme vor Ort aufbieten könnten. Ich musste mit dem üblichen UN-Vielvölkergemisch fertig werden, mit allen damit verbundenen Komplikationen und verwickelten Kommandobeziehungen, den vielen Sprachen, den unterschiedlichen Fähigkeiten sowie dem Roulettespiel, bestimmte Aufgaben vorab an Kontingente zu delegieren, deren Kenntnisse ein Rätsel blieben, bis sie gelandet waren. Wieder erwarteten mich die gleichen Frustrationen, Verzögerungen und vergebenen Einsatzmöglichkeiten wie beim ersten Aufbau von UNAMIR im letzten Oktober. Aber dieses Mal hatte ich außerdem noch mit vielschichtigeren Gefühlen zu kämpfen.

Noch heute habe ich Schwierigkeiten, meine Reaktionen auf die zumeist wohlmeinenden Leute nachzuvollziehen, die nach Kigali kamen, um zu helfen. Vielleicht lag es an ihrem scheinbaren Unbeteiligtsein, der Leichtigkeit, mit der sie die Imperative ignorierten, die ich für entscheidend hielt. Vielleicht lag es an der Haltung, die einige von ihnen an den Tag legten, oder an den Fototerminen, die sie für sich neben den Massengräbern arrangierten, oder an der Art, wie sie über Leichen hinwegstiegen, ohne offenbar daran zu denken, dass diese toten Menschen einst Namen hatten. Schnelligkeit, Einfallsreichtum, Vorstellungskraft und Verständnis der Einsatzprioritäten waren fundamentale Voraussetzungen des Erfolges. Aber zu viele Angehörige des technischen Personals, die nach dem Ende des Völkermordes eintrafen, brachten Regeln, Bestimmungen und Prozeduren mit, die in keiner Weise der Verwirklichung unserer dringlichen Ziele zuträglich waren.

Noch befremdlicher als diese unterschiedlichen Perspektiven war das Empfinden, dass diese Menschen Außenseiter waren. Sie waren nicht bei uns gewesen, als wir sie am meisten brauchten, hatten mit uns nicht die Gefahren und die Not geteilt. Ich hatte das Gefühl, als würden sie etwas Privates vergiften, als seien sie ungebetene Gäste bei einem Familientreffen. Unsere Erlebnisse in den Monaten zuvor hatten mich und meine kleine Gruppe von Kriegern von der Welt getrennt und uns in gewisser Weise zu Gefangenen von Erinnerungen gemacht, die zu persönlich waren, um sie vermitteln zu können; diese Erinnerungen ließen sich jenseits des zeitlichen Kontextes, der sie uns eingebrannt hatte und der bereits vergangen war, kaum ausdrücken. Die Tatsache, dass nur wenige der Neuankömmlinge ein ausgeprägtes Interesse für das Geschehene aufbrachten – und viele in ihrer Hast, dem Land eine neue Ordnung überzustülpen, eifrig bemüht waren, die jüngste Vergangenheit beiseite zu wischen –, machte es nicht leichter. Vielleicht waren wir auch einfach zu lange aufgeputscht von unserem eigenen Adrenalin, sodass wir nicht mehr so gut funktionierten, sobald die Gefahr vorüber und Hilfe eingetroffen war.

Ich kann auch nicht völlig die Möglichkeit von der Hand weisen, dass mein Ego in der Zeit, in der sich die Aufmerksamkeit der Medien auf mich konzentrierte, übermäßig angeschwollen war. Vielleicht brauchte ich, wie die römischen Feldherren bei ihren Triumphzügen, jemanden, der mir ins Ohr flüsterte: »Bedenke, Cäsar, dass du sterblich bist.« Gehört zum Menschsein nicht der ewige Kampf, die Ausflüchte des eigenen Egos im Zaum zu halten?

Andererseits war ich furchtbar dünnhäutig geworden und alles andere als immun gegen die Kritik, die sich auf leisen Sohlen in mein Bewusstsein schlich. Natürlich hatten die Franzosen ein Interesse daran, jemandem die Schuld am Zusammenbruch ihrer Verbündeten zu geben und den Eindruck zu erwecken, als hätten sie nichts mit dem Völkermord zu tun. Was lag da näher, als zu suggerieren, die ganze Sache sei irgendwie die Schuld der Vereinten Nationen? Und wenn, dann musste ich als Kommandeur der UN-Truppe vor Ort der eigentlich Schuldige sein. Kommt noch die entsetzte Reaktion der Scharen von Mitarbeitern nichtstaatlicher Organisationen hinzu, die binnen weniger Stunden nach dem Ende aller Gefahren auftauchten, fast im Wortsinn über Leichen stolperten und wohl nicht in der Lage waren, ihre traumatischen Eindrücke zu verarbeiten, ohne einen Sündenbock dafür zu finden. Ich mache den nichtstaatlichen Organisationen keinen Vorwurf, und ihre meist hinter unserem Rücken getuschelte Kritik, dass wir gescheitert waren, dass wir versagt hatten, ist auch nicht völlig unbegründet. Wir hätten mehr tun können. Aber wer war dieses »Wir«? In meinen Ohren, vom Selbstzweifel überempfindlich, brannte sich ein solches Geflüster wie mit glühenden Messern ein.

Ich erinnere mich, dass ich gemeinsam mit Charles Petrie von UNREO bei einem der ersten Koordinierungstreffen für die nichtstaatlichen Organisationen im UNDP-Konferenzzentrum den Vorsitz führte. Yaache und MacNeil wurde schwindelig vom babylonischen Gewirr der Hilfsorganisationen, die rasch präsent waren. Die Konferenz wollte kein Ende nehmen. Es gab so viele Interventionen, so viele divergierende Ziele und so viele Ansprüche auf die Ressourcen von UNAMIR, dass die Notizen dieses einen Treffens zu einem ganzen Stapel Papier anwuchsen. Was mich empfindlich traf, war, wie gedankenlos die humanitären Organisationen ihr oberstes Prinzip verfochten: Was immer geschehe, sie müssten vor allem auf ihre Neutralität bedacht sein. Für meine Begriffe definierten sie in dieser neuen Realität, der wir uns alle gegenübersahen, ihre Unabhängigkeit so engstirnig, dass sie damit häufig ihre erklärten Ziele unterliefen.

Ein Beispiel für dieses fehlgeleitete Unabhängigkeitsstreben trug sich zu, als Ärzte und Krankenpfleger des kanadischen Feldlazaretts, die regelmäßig Notfallteams ausschickten, um Verwundete und Kranke zu bergen, auf die kleine Hilfsstation einer nichtstaatlichen Organisation stießen, vor der Hunderte von Menschen auf Behandlung warteten. Viele dieser Patienten waren der gleißenden Sonne ausgesetzt oder lagen buchstäblich auf der Schwelle dieser überfluteten Einrichtung im Sterben. Als die Militärärzte und -pfleger mit ihren Rotkreuzbinden ihre Hilfe anboten, wurden sie von den Mitabeitern der Einrichtung tatsächlich abgewiesen. Sie hatten größere Angst um ihre Neutralität als um das Leben ihrer Patienten vor der Tür. Das kanadische Team scherte sich nicht um ihre Einwände, sammelte die gesamte dort gestrandete Gruppe ein und brachte sie in das eigene Feldlazarett.

Die Praxis des Roten Kreuzes, streng neutral zu bleiben und sich nicht in die realpolitischen Verhältnisse einzumischen – eine Neutralität, die so weit geht, dass es sich sogar weigert, vor internationalen Völkermordtribunalen auszusagen –, ist ein fester ethischer Referenzpunkt. Aber in Konflikten, wo das Militär fest in die Lösung einer humanitären Krise eingebunden ist, muss die Neutralität von nichtstaatlichen Organisationen ernstlich überdacht werden. Ein Mann wie Philippe Gaillard hatte keine Schwierigkeiten, diese neue Rolle zu begreifen.

In diesen letzten Julitagen hatten Khan, ich und eine kleine Gruppe von Stabsmitarbeitern die Hohe Flüchtlingskommissarin der UNO, Sadako Ogata, zu einem Abendessen aus abgelaufenen Rationen in unserem Hauptquartier zu Gast. Ogatas UNHCR stand im Zentrum der Flüchtlingskrise in Goma, steuerte den Zustrom und kämpfte gegen Cholera und Hunger. Ogata bewies in unseren Besprechungen ihren scharfen Verstand und schien die Lage adäquat erfasst zu haben. Beim Abschied ließ sie Khan und mich in dem Glauben, dass sie unseren Plan zur unverzüglichen Repatriierung der Flüchtlinge vorbehaltlos unterstützen würde. Aber als sie in Goma eintraf, gab sie bekannt, dass ein solcher Plan tollkühn sei. Wenn die Flüchtlinge zurückkehrten und sich in alle Winde verteilten, könnten sie die Cholera nach Ruanda einschleppen. Die mit ihnen einsickernden Milizen und die ehemaligen Bürgermeister des alten Regimes könnten zudem die neue Regierung destabilisieren. Ogata sprach sich dafür aus, dass die Flüchtlinge an Ort und Stelle bleiben sollten, bis in Ruanda ein gewisses Maß an Normalität eingekehrt sei. Khan kochte, und wieder einmal begriff ich gar nichts mehr. War es eine Art Revierkampf, der die Hohe Flüchtlingskommissarin dazu veranlasste, die Lager aufrechtzuerhalten? Die Krise war anscheinend der erste echte Test der neuen Führungsstruktur des Kommissariats in Genf. Die Entscheidung, auf eine »partielle Rückkehr zur Normalität« zu warten, überantwortete mehr als eine Million Menschen den Extremisten. Und tatsächlich, wie abzusehen übernahmen schließlich diese Extremisten die Kontrolle über die Lager und warfen sogar nichtstaatliche Organisationen hinaus, die ihnen nicht genehm waren.

Nachdem ich mich abgeregt hatte, sprach mich Phil an, mein Assistent. Er beobachtete mich ständig mit Argusaugen und versuchte, Situationen zu entschärfen, wenn er bemerkte, dass ich mich zu sehr aufregte. Phil bat mich, meinem eigenen Zustand und dem der Mission Beachtung zu schenken – und das bald. An diesem Abend verbrachte ich viele Stunden damit, mich still zu fragen, wie weit es mit mir gekommen war und was ich noch erledigen musste, bevor ich zum Wohle der Mission und meiner selbst da herausmusste.

*

Am 31. Juli sollten 400 Mann – Henrys Ghanaer unter Joe Adinkra – Kigali planmäßig verlassen, um die Franzosen in der Schutzzone abzulösen. Ich fuhr um etwa 6.30 Uhr mit Phil und meinem Adjutanten zum großen Parkplatz in der Nähe der Kadafi-Kreuzung, um sie zu verabschieden. Die Fahrzeuge, in Reihen geparkt, tauchten aus der orangefarben glühenden Morgenröte auf. Die Soldaten stiegen aus, und ich versammelte sie um mich herum, um sie zu verabschieden und ihnen Glück zu wünschen. Sie waren offenkundig begierig auf den neuen Einsatz und verströmten eine überwältigende Energie.

Dann enterten sie die Ladeflächen ihrer völlig überladenen Transporter und zogen wie eine zerlumpte Karawane davon. Teils lagen sie auf Matratzen und hielten Töpfe und Pfannen fest, teils hockten sie auf wackligen Haufen von Stahlbetten, Korbstühlen, Hühnerställen und allen möglichen Utensilien. Über einige der Lastwagen waren Leinentücher gespannt, andere schutzlos dem Wetter ausgesetzt. Ich betete still, dass sie keine Opfer beklagen müssten – die Einheit hatte genug Tod und Elend erlebt. Als sie über den Hügel verschwanden, sagte ich zu Yaache, dass Henry stolz gewesen wäre, diese tapfere Einheit zu sehen, wie sie sich zur Schutzzone aufmachte.

Jetzt standen mir nur noch 100 Ghanaer für die Sicherheits- und Stabsaufgaben in der Hauptstadt zur Verfügung. Mit diesem einen Marschbefehl hatte ich also praktisch meine ganzen ausgebildeten Truppen drangegeben. Es war ein Glücksspiel, aber ich musste jetzt das Risiko eingehen, oder der Druck der RPF, die Franzosen aus dem Land zu werfen, würde sich unerträglich zuspitzen.

*

Als der August begann – der fünfte Monat dieser maßlosen Entfesselung menschlicher Zerstörungskraft –, erhielten wir aus Goma die Meldung, dass Lafourcade seine Truppen schneller aus der Schutzzone abzog als geplant. Die Franzosen verzeichneten nun Zusammenstöße mit der Interahamwe, wurden den humanitären Herausforderungen nicht gerecht und brachten keine entspannten Beziehungen zur RPF zuwege. Gleichzeitig gab der französische Premierminister bekannt, dass die Friedenshüter von Opération Turquoise bleiben sollten, selbst nachdem wir die Schutzzone übernommen hätten. Wer gab da wirklich den Ton an?

Der Besuch des französischen Premierministers in Goma und Ruanda am 31. Juli war ein schlechter Witz zur Unzeit. Édouard Balladur hatte Pasteur Bizimungu und mich so kurzfristig und mit so geringem Respekt für die politischen Gegebenheiten in Ruanda zu einem Treffen in Cyangugu eingeladen, dass keiner von uns sich auch nur im Geringsten verpflichtet fühlte, das Angebot anzunehmen. Bernard Kouchner, nun Abgeordneter des Europäischen Parlaments, hatte kurz zuvor Kigali besucht und sein Land öffentlich wegen der rüden Verachtung kritisiert, die Frankreich der neuen ruandischen Regierung entgegenbrachte.*

* Kouchner war, wie üblich ohne Vorwarnung, als Leiter einer EU-Delegation nach Ruanda gekommen. Sie bot uns 100 Menschenrechtsbeobachter an, um die Untersuchungen einzuleiten, die der UN-Menschenrechtshochkommissar (United Nations High Commissioner for Human Rights, UNHCHR) gefordert hatte. Eine Sonderuntersuchung unter der Ägide der UNO hatte bereits begonnen. Mir war dieses Angebot der Europäischen Union ein Rätsel, und ich hielt es für verfehlt. Ich sagte Kouchner, dass Ruanda in dieser heiklen Lage nicht weitere 100 Menschenrechtsermittler benötige, um die Völkermörder zu fassen (an die sie in den Lagern in Goma ohnehin

Ruandische Politiker wie Seth Sendashonga (mein ehemaliger RPF-Verhandlungspartner, der es nun zum Innenminister gebracht hatte) reisten immer häufiger nach Gisenyi, um die Flüchtlinge zur Heimkehr zu überreden. Khan arbeitete eng mit der Regierung zusammen, um ihr so rasch wie möglich Zugang zu jenen Gebieten der Schutzzone zu verschaffen, die schon unter Kontrolle von UNAMIR standen. Kagame und sein Kabinett setzten sich wirklich nach Kräften für die Verbliebenen und für die Heimkehrer ein, und wir halfen mit Hubschraubern, Transportfahrzeugen, Treibstoff und medizinischem Beistand, so gut es eben ging.

Nachdem er seine Pflichten als Sohn erfüllt hatte und seinen Kindern für ein paar kurze Wochen ein Vater gewesen war, war Henry zurück und stürzte sich frisch gerüstet ins Getümmel. Am Abend seiner Rückkehr setzten wir beide uns zusammen und besprachen unsere persönliche Zukunft bei der Mission. Wenn ich meinen Abschied einreichen würde, verdienten meine Soldaten und Offiziere als Ablösung den besten Kommandeur, der sich denken ließ. Und diese Person war Henry Anyidoho. Er kannte das Einsatzgebiet, die Akteure, die Lage, alle Planungen und wusste, welche Aufgaben zu erfüllen waren – und trotz all der Not, die wir durchlitten, und der Szenen, die wir mitangesehen hatten, war er nicht ausgebrannt. Ich zeigte ihm meine Empfehlungsschreiben an meinen (kanadischen) Stabschef und an Maurice Baril und versicherte ihm, dass das Triumvirat seine Ernennung unterstützte. Jetzt fehlte nur noch die Erlaubnis seiner Regierung, dann stünde der letzten Bestätigung und der Übergabe des Kommandos nichts mehr im Wege.

Am 2. August flog ich nach Entebbe, um mich mit dem amerikanischen Kommandeur Daniel Schroeder in seinem Hauptquartier zu treffen. Der Besuch von Verteidigungsminister Perry und General Shalikashvilli mit ihrem großen Tross hatte an der Haltung der USA nichts geändert, obwohl Khan und ich unser Bestes gegeben hatten, die Notwendigkeiten in der Region zu erläutern. Wieder begrüßte mich Schroeder äußerst herzlich und ließ mich von seinem Stab sofort auf den neuesten Stand bringen. Weitere seiner Truppenteile wurden nach Goma verlegt, seinen Brigadegeneral Nix hatte er fast dauerhaft dorthin beordert. Er würde in den nächsten Tagen insgesamt 300 Militär-

nur schwer herankommen würden) und in den Eingeweiden der RPF herumzuwühlen, sondern 100 qualifizierte Polizisten, um die entstehende Gendarmerie auszubilden und Recht und Gesetz in die Hauptstadt zurückzubringen.

polizisten sowie Flughafenbodenpersonal mitsamt der Ausstattung zum Be- und Entladen von Transportmaschinen nach Kigali schicken; ab dem 6. August könne ich mit den C5-Militärfrachtflugzeugen rechnen, die meine Kontingente einfliegen sollten.

Aber weiter brauchte ich nicht zu fragen. Sein Befehl laute, so sagte er, von Entebbe aus zu operieren und seine Hauptanstrengung auf Goma zu konzentrieren. Seine Leute auf dem Flughafen von Kigali dürften das Flughafengelände nicht verlassen. Washington übe Druck auf ihn aus, seine Soldaten keinen Risiken auszusetzen – eine Vorgabe, die Schroeder durchaus kritisierte. Als ich ihn verließ, um meine Militärbeobachter in ihren anspruchslosen Quartieren zu besuchen, trennten wir uns nicht in bester Stimmung: Ich war aufgebracht, Schroeder beschämt. Der Schatten von Mogadischu, wo amerikanische Soldaten gefallen waren, lag noch über uns. Angesichts eines solchen defensiven Verhaltens waren dauerhafte Konflikte in der Region garantiert.

Ich stieg den kugeldurchsiebten Kontrollturm des baufälligen alten Flughafengebäudes von Entebbe hinauf und blickte aus dem Fenster. Mein Lager wirkte im Vergleich zur amerikanischen Basis wie eine kleine Amateuroperation. Ich konnte einfach nicht fassen, dass die Außenwelt, die sich endlich der ruandischen Katastrophe zuwandte, alles so gründlich vermurkste – und zwar aus denselben Gründen, die sie zuvor davon abgehalten hatte, dem Völkermord Einhalt zu gebieten. Als ich am Abend nach Kigali zurückflog, bedrückte mich die Einsicht, dass ohne amerikanische Hilfe unser Rückkehrplan für die Flüchtlinge reines Wunschdenken bleiben musste.

Und so saßen in den letzten Wochen meines Kommandos die Amerikaner mit all ihren Ressourcen auf dem Flughafen von Kigali. Sie halfen uns zwar, unsere Kontingente herein- und herauszubringen, taten sonst aber wenig. Es gab noch immer Opfer in Kigali, nun aber Opfer der Kriminalität und der Landminen. Die Amerikaner hatten mehrere gut ausgestattete Krankenwagen mit Sanitätern vor Ort, während wir uns mit Liefer-, Pritschen- und Geländewagen, manchmal sogar mit Müllwagen behelfen mussten. Aber als wir sie fragten, ob sie bei Notfällen zu den Krankenhäusern Kigalis fahren würden, weigerten sie sich aufgrund ihrer festen Befehle.

Endlich gab es wieder Wasser. Mithilfe britischer und kanadischer Ingenieure konnten wir in der ganzen Stadt kleine Kläranlagen errichten, uns fehlten aber die Tankwagen, um unsere Stützpunkte oder auch die Zivilbevölkerung mit Trinkwasser zu versorgen. Als Folge mussten wir das Wasser kanisterweise transportieren, was Treibstoff und Zeit fraß, und mussten die Ruander jeden Tag weite Wege zu den Verteilstellen auf sich nehmen, um Eimer und Dosen zu füllen. Eines Tages landete eine amerikanische C5 auf dem Flughafen, die mehrere große Wassertankwagen geladen hatte, einige davon sogar in den Farben der UNO gespritzt. Obwohl wir von ihren restriktiven Einsatzbefehlen wussten, baten wir die Amerikaner, mit den Fahrzeugen, von uns eskortiert und geschützt, innerhalb von Kigali Wasser zu den Verteilstellen für die Bevölkerung und zu UNAMIR zu transportieren. Sie weigerten sich. Wir fragten sie dann, ob wir die Tankwagen nicht »borgen« könnten, da wir vermuteten, dass sie eigentlich für uns bestimmt waren. Wieder weigerten sie sich mit dem Hinweis auf ihre mangelnde Befugnis, und außerdem seien diese Fahrzeuge nicht für uns bestimmt, sondern für Goma. Anscheinend waren die Tankwagen aus Versehen in Kigali gelandet.

Die ursprüngliche amerikanische Budgetschätzung für UNAMIR 1, zu der sich Washington verpflichtet hatte, ohne die Zahlung je zu leisten, belief sich auf nicht mehr als 30 Millionen Dollar. Die Kosten von UNAMIR 2 hätten nur wenig mehr betragen. Durch den Beschluss, die Flüchtlingslager in Goma zu unterstützen, zahlten die USA in den folgenden zwei Jahren zehnmal so viel: 300 Millionen Dollar. Wenn wir die gesamte Frage, ob die USA die UNO in Ruanda hätten unterstützen sollen, auf den kleinlichen Aspekt der Kosteneffizienz reduzieren, hätten die Amerikaner mit der Unterstützung von UNAMIR einen Haufen Geld sparen können. Was den Wert der 800.000 Menschenleben in den Rechnungsbüchern Washingtons angeht, erhielten wir in jenen letzten Wochen einen schockierenden Anruf von einem amerikanischen Stabsmitarbeiter, dessen Namen ich längst vergessen habe. Er war mit irgendeiner Planungsstudie beschäftigt und wollte wissen, wie viele Ruander umgekommen, wie viele über die Grenzen geflüchtet und wie viele innerhalb des Landes vertrieben worden seien. Seine Schätzung, sagte er, laufe darauf hinaus, dass es erst bei 85.000 toten Ruandern gerechtfertigt sei, das Leben auch nur eines einzigen amerikanischen Soldaten aufs Spiel zu setzen. Zehn GIs gegen die Opfer des Völkermords – eine, gelinde gesagt, äußerst makabre Kalkulation.

*

Ein rühriger kanadischer Funker hatte mir ein Feldbett besorgt, um meine fadenscheinige alte Matratze auf dem Boden zu ersetzen, aber in der Nacht nach meinem Besuch bei Schroeder fand ich keinen Schlaf. Mich verfolgte das Gefühl, dass wir nie all das würden leisten können, was von uns gefordert war, ganz gleich, wie schnell wir agierten. Beim Morgenappell zeigte es sich dann, dass unsere Betriebsamkeit exponentiell gestiegen war. Meine tägliche Aufgabenliste kletterte von durchschnittlich 15 auf einen Höchstwert von 49 Punkten, die zu erledigen waren. Wenn ich heute auf diese täglichen Listen zurückblicke, erkenne ich, dass ich mich häufig wiederholte und meine Ansprüche immer unrealistischer wurden. Ich geriet außerdem weiter regelmäßig aus der Fassung.

Gegen Ende des Morgenappells explodierte ich abermals, diesmal wegen unserer fortdauernden Schwierigkeiten, uns mit dem Lebensnotwendigsten zu versorgen, insbesondere mit Trinkwasser. Major John McComber, unser geplagter Cheflogistiker, hatte bereits unauffällig so viele Probleme gelöst, dass einige von uns ihn den »stillen Wundermann« nannten. Er und sein junger Partner, Major St-Denis, arbeiteten hart, um unmögliche Etappenziele zu erreichen, aber da die kanadische Logistikbasis gerade erst eröffnet worden war und noch mit Lieferanten um die Verträge feilschte, gab es einige Probleme, die wir nicht angemessen beheben konnten. McComber hatte das Gefühl, dass ich ihn direkt angriff, aber er sagte nichts. Als ich auf meinen Stab blickte, wurde mir klar, dass es mit meiner Haltung und meinem Sinn für Humor, zwei wesentlichen Führungsqualitäten, nicht mehr zum Besten stand.

Nach dem Appell stieg ich in mein Auto und fuhr los, ohne jemanden zu verständigen. Es war nicht das erste Mal. Immer öfter kam es mir so vor, als würde ich im Hauptquartier mit seinem endlosen Strom von Problemen und Anforderungen ersticken. Ich hatte schon verschiedentlich irgendwelche Ausflugsgründe erfunden, mich plötzlich zu einem Truppenbesuch im Feld oder einfach zu einer Tour übers Land entschlossen, nur um von dort fort zu kommen. In jedem Dorf entlang jeder Straße, in jeder Kirche, in jeder Schule lagen unbegrabene Leichen. Meine nächtlichen Träume verwandelten sich am Tag in Realität – zunehmend konnte ich eines vom anderen nicht mehr unterscheiden.

Mittlerweile suchte ich keine Ausflüchte mehr, um mein Verlangen nach Einsamkeit zu verschleiern. Ich stahl mich einfach davon und fuhr herum, erfüllt von allen möglichen schwarzen Gedanken, die ich niemandem verraten durfte, aus Angst, die Moral meiner Truppe zu untergraben. Ohne dass ich den Moment zu nennen wüsste, an dem mir zuerst der Gedanke kam, wurde der Tod zu einer ersehnten Lösung. Ich hoffte, auf eine Mine zu fahren oder überfallen zu werden, und alles wäre einfach zu Ende. Ich glaube, ein Teil von mir wollte sich den Legionen der Toten anschließen, die ich nach meinem Empfinden im Stich gelassen hatte. Ich konnte den Gedanken nicht ertragen, Ruanda lebend zu verlassen, nachdem so viele Menschen gestorben waren. Auf meinen Reisen durch das Land fand ich ganze Straßen und Dörfer menschenleer, als habe eine Atombombe oder die Pest das Land verheert. Man konnte kilometerweit fahren, ohne einen einzigen Menschen oder ein einziges Lebewesen zu sehen. Alles schien so erstorben.

Bei einer meiner einsamen Wanderungen stieß ich auf das moderne Kloster der Sœurs du Bon Pasteur aus Quebec. Ich fand es voller Plünderer. Ich zog meine Pistole und forderte sie auf, zu verschwinden – und sie gingen. Ich rettete ein kleines Holzkreuz aus der Kapelle, um es den Schwestern zurückzubringen. Viele der Türen waren eingetreten, aber die Einbaubetten und die persönlichen Sachen der Nonnen waren noch da, die sanitären Installationen noch intakt, die meisten Fenster heil geblieben. Ich ging zurück zu meinem Auto, rief das Hauptquartier des kanadischen Kontingents an und beorderte Mike Hanrahan zu mir. Weniger als 15 Minuten später trafen er und Oberstabsfeldwebel Lebrun ein. Ich bat sie, sich um das Kloster zu kümmern. Hanrahan rief die Mutteroberin in Quebec an und erhielt ihren Segen, das Gebäude als Erholungsstätte für seine Truppe zu nutzen. Ihre einzige Bedingung war, dass die Soldaten ihre Bar nicht gerade in der Kapelle einrichteten. Die Funker reparierten das Kloster vollständig und schützten es; einige Monate später übergaben sie es dem Orden in einer sehr bewegenden Zeremonie. Ein selten glückliches Ende.

Gegen Ende Juli hatte ich meine ghanaische Eskorte gebeten, uns einige Ziegen zu kaufen – einen Bock, eine Geiß und einige Zicklein –, um etwas Leben in meine Tage zu bringen. Es machte mir ungeheure Freude, ihnen Wasser zu geben, sie zu füttern und sie zu beobachten, wie sie durch das Amahoro-Stadion zogen. Die Ziegen waren bei den anderen nicht beliebt, da sie überall ihre Köddel hinterließen, sogar im Einsatzzentrum. Eines Tages kam mein ghanaischer Offiziersbursche zu mir ins Büro gerannt, ich solle schnell kommen, ein Rudel wilder

Hunde greife meine Ziegen an. Ohne zu überlegen griff ich zu meiner Pistole, rannte nach draußen und schoss auf die Meute, während ich noch über den Parkplatz rannte. Ich feuerte mein gesamtes Magazin leer. Ich verfehlte sie alle, aber die Hunde waren geflohen, und ich war zufrieden, dass ich die Ziegen gerettet hatte. Als ich mich umdrehte, um zurück in mein Büro zu gehen, sah ich mindestens 50 Paar erstaunte und besorgte Augen eindringlich auf mich gerichtet: Khan, die zivilen Mitarbeiter, meine Stabsoffiziere und Soldaten. Sie sagten nichts, aber die Botschaft war klar: Der General dreht durch.

Am Abend des 3. August informierte ich Maurice, dass ich früher als geplant von meinem Kommando abgelöst werden müsse. Er hielt Rücksprache mit Annan und Riza, die ihm empfahlen, mit dieser Angelegenheit direkt zum Generalsekretär zu gehen. Maurice sagte mir später, dass er Butros-Ghali ausdrücklich darauf aufmerksam gemacht habe, ich sei in weniger als zwei Wochen tot, falls ich nicht ersetzt würde. Ohne mein Wissen hatte Phil, mein treuer Assistent, die Grundlage für die schnelle Reaktion von Maurice gelegt, da er ihn über meinen immer bedenklicheren Gesundheitszustand auf dem Laufenden gehalten hatte. Phil tat dies aus Freundschaft und Loyalität zu seinem alten Kommandeur. Wenn enge Mitarbeiter bemerken, dass ihr Vorgesetzter zu einem Risiko wird, ist die Weitergabe solcher Informationen in der Kommandokette kein Vertrauensbruch, sondern ein Akt vorbildlicher Loyalität. So mutige Untergebene zu haben trägt seinen Lohn in sich selbst.

Am nächsten Morgen sagte ich Khan, dass ich meinen Abschied nehmen müsse. Er bedauerte es, war aber auch nicht überrascht. Die Schuldgefühle, unter denen ich litt, waren unermesslich.

In der Frühe des 4. August erhielt ich die Kopie eines nächtlichen Telex vom DPKO mit Protokollnotizen der Erörterungen des Sicherheitsrats vom Vortag. An einem Punkt der Sitzung gab der US-Vertreter bekannt, dass General Dallaire bald von einem anderen Kanadier gleichen Ranges ersetzt werden würde. Das war das Erste, was ich davon hörte. Daheim befand sich Beth auf einer Reise nach Halifax; als sie mit unseren beiden Jüngsten zurück nach Quebec kam, blinkte der Anrufbeantworter wie ein Weihnachtsbaum: Familienmitglieder und Freunde teilten ihr mit, wie glücklich sie seien, dass ich endlich heimkehrte. Keiner der Anrufe kam zwar aus offizieller Quelle, aber davon ließ sich Beth nicht beirren. Sie rief selbst das Einsatzzentrum der kanadischen Streitkräfte an, das ihr die Neuigkeit bestätigte.

Es traf mich tief, dass Henry, der auf Besuch bei seinen Ghanaern in der Schutzzone war, nicht das Kommando erhalten würde, das er so sehr verdiente. Ich rief Maurice an, um herauszufinden, was geschehen war, und erfuhr von ihm, dass das DPKO meine Empfehlung rückhaltlos unterstützt, das Büro des Generalsekretärs Henry aber abgelehnt habe. Er verriet mir vertraulich, dass man einen zweisprachigen General aus einem westlichen Land wollte. Was waren das für Kriterien? Henry sprach und verstand zwar kein Französisch, aber er bediente sich seiner Dolmetscher ohne die geringsten Reibungsverluste. Und warum sollte es eine Rolle spielen, woher Henry kam, wenn er alle erforderlichen Fähigkeiten und mehr Erfahrung aufwies als irgendjemand sonst auf der Welt? Die Entscheidung war endgültig. Die UNO hatte sich an Kanada gewandt, um einen Nachfolger zu benennen. Angesichts der Chance, zwei aufeinander folgende Kommandeure entsenden zu dürfen, hatte Kanada geschmeichelt eingewilligt und Generalmajor Guy Tousignant zu meinem Nachfolger bestimmt.

Als Henry zurückkam, teilte ich ihm die schlechten Neuigkeiten mit. Er nahm sie stoisch auf und sagte, er würde der Mission weiter loyal als stellvertretender Kommandeur dienen, wenn er noch gebraucht werde. Er bereute nur, dass er sich bereits an seine Regierung gewandt hatte, um zu sondieren, ob Ghana seine Ernennung und die erforderliche Beförderung unterstützen würde.

*

Am nächsten Tag fuhr ich zum letzten Mal mit meinem Adjutanten, einem Fahrer und einem Leibwächter in die Schutzzone. Draußen war es schön, der Himmel strahlte wolkenlos. Als wir die letzte RPF-Straßensperre vor der Schutzzone erreichten, bemerkte ich, wie ein Lastwagen voller heimkehrender Ruander auf einen Lehmweg gewunken wurde, der hinter einen von Bäumen umgebenen Hügel führte. Ich stieg aus und fragte, wohin der Lastwagen führe. Ich erhielt eine gemurmelte und ausweichende Antwort und beschloss, dem Wagen zu folgen.

Ich glaube, wir waren mit unseren Vorderrädern noch nicht einmal auf die Lehmpiste gefahren, als RPF-Soldaten uns stoppten und uns praktisch ihre AK-47 in die Nase bohrten. Der Soldat, der seine Waffe auf mich richtete, brüllte, dass wir nicht weiterfahren dürften. Ich brüllte zurück und verlangte wild gestikulierend nach seinem Chef. Wir verharrten so, bis ein Unteroffizier erschien. Ich fragte ihn, warum ich nicht nachsehen dürfe, was hinter dem Hügel los sei. Er erwiderte, dass seine Soldaten eine Sicherheitskontrolle von Heimkehrern durchführten und nach Waffen, ehemaligen Milizionären und Regierungssoldaten suchten. Er weigerte sich, uns durchzulassen, und warnte mich ausdrücklich: Blauhelme hin oder her, er sei befugt, Gewalt anzuwenden.

Ich zog mich zurück. Nun hatte ich einen Beweis aus erster Hand, dass Kagame Sicherheitskontrollen von Flüchtlingen über das Maß hinaus erlaubte, das wir besprochen hatten, und befürchtete das Schlimmste. Ich riskierte das Leben meiner Männer in der Schutzzone, damit seine Soldaten Säuberungen bei heimkehrenden Ruandern durchführen konnten.

Wir fuhren weiter, um uns mit Luc Racine und dem örtlichen französischen Kommandeur zu treffen, die am Rand der Straße in der Nähe von Gikongoro auf uns warteten. Ihrer Meinung nach war die Sicherheitslage dort noch immer sehr fragil. Die Ghanaer lebten sich bei den Einheimischen ein, ihre Patrouillen wurden allgemein gut aufgenommen. Aber viele sorgten sich, wer sonst noch käme, um die Franzosen zu ersetzen. Racine nahm mich beiseite und legte mir ans Herz, dass wir besser rasch große Hilfslieferungen in die Zone brächten, da sich die Kunde verbreite, die Leute in Goma würden gut behandelt. Ich versprach, dass Yaache und die humanitäre Gruppe ihre Anstrengungen darauf richten würden, sobald Lastwagen verfügbar wären (wir warteten immer noch auf die verheißene Lkw-Flotte).

Dann fuhr ich mit einer Eskorte weiter, um die Ghanaer zu besuchen. Als Hauptquartier diente dem Bataillon eine verlassene Schule in einem Dorf auf einer Hügelkuppe, um die herum eine Kompanie ihre Zelte aufgeschlagen hatte. Sie kamen zurecht, aber die Nachschubverbindung von Kigali war noch sehr mangelhaft, so dass sie gezwungenermaßen auf den örtlichen Märkten einkaufen mussten. Die meisten Panzerfahrzeuge standen säuberlich aufgereiht. Als ich danach fragte, erhielt ich zur Antwort, dass sich die kurz zuvor darauf ausgebildeten Fahrer noch nicht recht zutrauten, damit auf den gewundenen und steilen Straßen der Gegend zu fahren. Das machte mich stutzig, ich hakte nach und bekam den wahren Grund zu hören: Um in den Hügeln zurechtzukommen, brauchten sie gepanzerte Jeeps oder kleine Mannschaftstransporter.

Auf der Rückfahrt von der Schutzzone hielt ich in einem Dorf, um auf eine Gruppe von Journalisten zu warten, die herausgefunden hatten, dass ich in der Gegend war und mich interviewen wollten. Als ich 20 Meter von meinem Wagen fortschlenderte, traten ein paar Alte aus dem Dorf auf mich zu, und wir kamen ins Gespräch. Binnen Minuten wuchs die Menge auf über 100 Menschen an, und immer noch mehr kamen jetzt herbei. Die Alten waren besorgt über den Abzug der Franzosen und die absehbare Ankunft der RPF. Das Gespräch war zunächst freundlich, einige stellten Fragen, die anderen hörten aufmerksam zu. Der Kreis um mich herum wurde immer enger, das Fragen ging immer weiter. Und plötzlich schlug die Reaktion der Menge um. Eben noch wurde gelacht, nun breitete sich eine üble Stimmung aus. Aus dem Hintergrund wurden Vorwürfe gegen UNAMIR und die RPF geschrien. Ich tastete nach meiner Pistole, ließ sie aber stecken, als mir mein Adjutant zur Hilfe zu kommen versuchte. Niemand rührte sich von der Stelle. Mit nicht sehr überzeugenden Dankeschöns und Abschiedsgrüßen drängte ich mich ihm entgegen. Zu zweit bahnten wir uns gewaltsam den Weg zurück zum Geländewagen, flüchteten hinein und traten den taktischen Rückzug an. Ich rang noch immer nach Atem, als wir die Journalisten trafen. Wir signalisierten ihnen, uns zu folgen, und als wir meinten, eine sichere Distanz von der Menge gewonnen zu haben, hielten wir an und gaben unter freiem Himmel eine Pressekonferenz. Noch Jahre danach ertrug ich es nicht, in einer Menge bedrängt zu werden.

*

Am 6. August war ich zu einem Treffen mit Präsident Bizimungu eingeladen. Er schien in sein neues Amt als Staatsoberhaupt samt Staatsputz hineingewachsen zu sein. Wir erörterten eine Fülle von Themen, vom Besuch von Politikern der neuen Regierung in der Schutzzone über die Wasserversorgung der Hauptstadt bis hin zur Reparatur der Hangars auf dem Flughafen. Am meisten brannte mir die Beobachtung auf den Nägeln, die ich an der RPF-Straßensperre vor der Schutzzone gemacht hatte. Ich sagte Pasteur, wie vehement Menschenrechtsorganisationen und New York darauf drängten, dass seine Regierung gelassener und transparenter werden müsse. Falls sich UNAMIR gezwungen sehe, das Gebiet der RPF aufgrund willkürlicher Gewaltakte für unsicher zu erklären, würden die Menschen in der Schutzzone auf dem schnellstmöglichen Weg nach Westen fliehen. Uns bleibe in diesem Fall gemäß unserem Mandat, Menschen in Gefahr zu schützen, keine andere Wahl, als die RPF gewaltsam aufzuhalten. Der Sicherheitsrat würde dann vermutlich die Franzosen zum Bleiben auffordern, und die Interimsregierung im Exil und ihre Streitkräfte würden international Sympathie zurückgewinnen. Er räumte ein, dass all diese Vorwürfe nicht aus der Luft gegriffen seien, und sah auch die Gefahr, dass sich die offizielle Anerkennung der neuen Regierung wegen solcher Praktiken verzögern könne.

Bizimungu hatte gehört, dass ich die Mission verlassen würde, und drückte sein Bedauern darüber aus, wünschte aber, mich vor der Abreise noch einmal zu sehen. Obwohl wir beide uns noch gut an unsere Gespräche in Mulindi erinnerten, in denen wir bis in die Nacht freundschaftlich diskutiert hatten, beendeten wir angesichts der vielen Mitarbeiter um uns herum diese letzte Sitzung eher förmlich.

*

Generalleutnant Gord Reay, der Oberbefehlshaber der kanadischen Armee, kam vom 6. bis zum 8. August zu einem Truppenbesuch nach Ruanda und brachte einen alten Freund von mir mit: Oberstleutnant Ralph Coleman, den Pressesprecher der Armee. In einer privaten Unterredung bestätigte mir Reay, dass Guy Tousignant zu meinem Nachfolger auserkoren worden sei. Ich kannte Guy als einen zweisprachigen Logistiker, dessen Fähigkeiten und Erfahrung Ruanda und UNAMIR 2 sicherlich zugute kommen würden, sagte Reay aber, dass ich immer noch für Henry als Kommandeur eintrete. Ich erfuhr von ihm, dass ich nach meiner Rückkehr sein Stellvertreter und Kommandeur der 1. Kanadischen Division werden würde. Ich freute mich darüber, weiterhin ein Kommando führen zu dürfen. Da aber mein Vorgänger als stellvertretender Oberbefehlshaber schon im Juli in den Ruhestand getreten war und vorübergehend der Stabschef seine Aufgaben übernommen hatte, wollte Reay mich so bald wie möglich zurück bei der Arbeit in Kanada sehen. Er erläuterte mir dann eine Fülle von Problemen, mit denen ich es zu tun haben würde, darunter der Truppenabbau in Somalia, die Reorganisation der Armee aufgrund großer Budget- und Personalkürzungen und die immer schnellere Folge von Einsätzen, die den Streitkräften abverlangt wurden. Ich gebe zu, dass ich am Ende der Unterhaltung nicht mehr so erfreut war wie zu ihrem Beginn. Ich war körperlich und geistig erschöpft und brauchte eine Pause. Ich bat um Urlaub, bevor ich meine neuen Pflichten übernähme, den er mir bereitwillig gewährte, aber er tat es mit einem Blick, der mir sagte: Aber übertreiben Sie es nicht.

Tousignant sollte am 12. August in Ruanda eintreffen, ich das Kommando von UNAMIR am 19. August an ihn weitergeben. So bliebe eine Woche für die Übergabe.

*

Bis dahin tauchte ich weiterhin in unsere unablässige Arbeit ein. Bis zum 8. August waren wir von 600 auf etwa 1.000 Mann angewachsen, aber wir hatten noch immer nur ein halbes Bataillon und eine Kompanie regulärer Truppen, der Rest waren Militärbeobachter, Stabsmitarbeiter und technisches Personal. Ab und zu brach mir der kalte Schweiß aus angesichts des unerbittlich nahenden Termins am 22. August, wo wir die Franzosen ablösen sollten und mein Bluff aufzufliegen drohte. Im Sicherheitsrat gingen die Spielchen in schneller Folge weiter. Wir hatten in der Woche zuvor einen Dreimonatsbericht abgeliefert. Madeleine Albright führte den starken Widerstand gegen die Formulierung eines neuen Mandats an, zu dem die »Gewährleistung« von Stabilität und Sicherheit in den ruandischen Provinzen gehörte. »Ihrer Ansicht nach wäre es praktischer, die Aufgabe als ›Förderung‹ von Stabilität zu beschreiben«, las ich in einem Telex. Wie weit geht die zugestandene Anwendung von Gewalt, um die »Förderung« von Stabilität zu erreichen, ohne sie »zu gewährleisten«? Wie sollte ein untergeordneter Offizier die daraus folgenden neuen Einsatzregeln im Feld verstehen? Wieder einmal liefen unsere Soldaten aufgrund begrifflicher Nuancen, von deren Auswirkungen die Politiker keine Ahnung hatten, Gefahr, verwundet oder erschossen zu werden, wieder einmal drohte unschuldigen Menschen der Tod. Ich hatte furchtbar gemischte Gefühle im Hinblick auf meine Abreise, aber es brauchte nur ein Telex wie dieses oder nur eine weitere frustrierende Sitzung mit den Verwaltungshanseln, um meine völlige Unfähigkeit in einem zentralen Punkt bestätigt zu finden: Ich konnte einfach keine weiteren Entschuldigungen, Verzögerungen oder Budgetbeschränkungen mehr akzeptieren.

*

Ich besuchte General Lafourcade, um ihn auf den neuesten Stand zu bringen und ihm zu versichern, dass wir im Hinblick auf die Übergabe und den Rückzug seiner Truppe noch immer im Plan lägen. Auf ihm lastete der Druck, all seine Leute und Ausrüstung rechtzeitig abzuziehen, während gleichzeitig immer noch davon gesprochen wurde, dass seine Regierung ihn bitten könnte, etwas länger zu bleiben. Ich sagte ihm, dass eine weitere Stationierung seiner Truppe nicht in Frage käme – wenn er bliebe, würde die RPF in die Schutzzone einfallen und ihn angreifen. Ich versprach ihm, in der nächsten Woche noch einmal zurückzukommen, um ihm persönlich meinen Nachfolger vorzustellen, und wir gingen freundschaftlich auseinander.

Lafourcade stellte mir ein Fahrzeug mit Eskorte, damit ich Augustin Bizimungu aufsuchen konnte, der darum gebeten hatte. Der ehemalige Stabschef der Regierungsarmee lebte nun in einem komfortablen Bungalow auf einem Hügel mit Blick über den Kivusee und schien sich dort ganz zu Hause zu fühlen. Er empfing mich auf dem oberen Absatz der langen Treppe zu seinem Domizil und war von einigen hochrangigen zairischen und französischen Offizieren umgeben. Zu meiner Überraschung gehörte seinem Gefolge derselbe hünenhafte Oberst an, der am Nachmittag des 7. April in Bagosoras Büro gekommen war. Dieser Mann – der tief in den Völkermord verstrickt gewesen sein soll – wurde mir jetzt als sein Nachrichtenoffizier vorgestellt.

Bizimungu und sein Hüne steckten bis hinunter zu ihren glänzenden Stiefeln in tadellosen Uniformen der Regierungsarmee. Mein Gastgeber wirkte entspannt, sogar überschwänglich, als wir uns zu unserer Unterredung setzten. Bald hielt er wieder seine gewohnten Tiraden gegen die RPF, die er bezichtigte, einen Völkermord zu begehen und Offiziere der Regierungstruppen sowie deren Familien zu exekutieren. Mit keinem Wort fragte er mich nach der Lage in Ruanda, sprach dafür aber ausführlich über seinen Wunsch, zurückzukehren und sich die RPF ein für allemal vorzunehmen. Bevor er sich vollends in Rage redete – und vielleicht, bevor er irgendetwas über ihre künftigen Einsatzpläne ausplaudern konnte –, schritt der Oberstleutnant ein und sorgte mit Entschiedenheit für ein Ende unseres Treffens. Wir standen auf, um uns zu verabschieden. Mit einem säuerlichen Lächeln sagte mir Bizimungu, dass die Dinge gut für ihn stünden und er niemanden von UNAMIR mehr treffen müsse. Keiner von uns bot dem anderen die Hand an.

Ich reiste zum UNAMIR-Hauptquartier zurück, nachdem ich einen kurzen Zwischenstopp in Entebbe und einen Besuch bei Präsident Museveni eingelegt hatte (der mich freundlich anblickte und meinte: »Nun, General, Sie sind während des vergangenen Jahres eindeutig gealtert.«). Zurück im Hauptquartier fand ich die Kopie eines Briefes des Generalsekretärs an den Präsidenten des Sicherheitsrates auf meinem

Schreibtisch. Mein Blick suchte den entscheidenden Satz: »... seine Regierung hat beschlossen, ihm [Dallaire] neue, nationale Aufgaben zu übertragen ... Er [Guy Tousignant] wird seine Aufgabe am 15. August 1994 übernehmen.« Da war es, nun offiziell.

*

Am 13. August erhielt Khan einen Anruf vom DPKO mit der Bitte, die neue Regierung um einen Aufschub des Abzugsdatums von Opération Turquoise um zwei Wochen zu bitten. Ich war dagegen gewesen, aber New York wurde sehr nervös, dass mein Bluff in sich zusammenbrechen, sich also erweisen würde, dass unsere Truppenstärke zu schwach wäre, um die Mission sicher durchzuführen. Kagame stimmte zuerst prinzipiell zu, aber Pasteur Bizimungu blieb eisern: Kein Aufschub würde geduldet.

Guy Tousignant traf planmäßig ein. Wir machten die Rundfahrten, Appelle und Sitzungen nun gemeinsam. Ein weiterer Kanadier begleitete ihn: Oberst Jan Arp, ein Artillerist wie ich, der als erster Stabschef der Mission mit seinem Engagement noch Großes bewirken sollte. Beim Appell ein paar Tage vor meiner Abreise kam ein altes Problem erneut auf den Tisch, wieder ging es um knappe Wasservorräte. Ich wollte gerade aufbrausen und über die Verwaltungsmitarbeiter herziehen, da schaltete sich Guy ein und sagte, er würde sich die Sache gerne ansehen. Da kam mir zu Bewusstsein, dass der Job für mich vorbei war.

Ich stellte Guy dem Kommandeur von Opération Turquoise vor, und bei dieser Gelegenheit warf General Lafourcade die Frage auf, ob er eine kleine Logistikeinheit in Goma belassen könne, um den Nachschub des frankoafrikanischen Bataillons zu sichern. Ich erwiderte mit Entschiedenheit, dass die UNO keine Überreste von Opération Turquoise in dem Gebiet erlauben würde. Er war verblüfft von meiner heftigen Erwiderung, aber Guy stand in diesem Punkt voll hinter mir.

Am 18. August war ich zum Mittagessen bei Kagame in seinem neuen Haus in Kigali eingeladen, wo er nun mit seiner Frau und seinen Kindern wohnte. Es ging etwas förmlicher zu, als wir es gewohnt waren, die Unterhaltung verlief ungezwungen und zur Mahlzeit gehörte tatsächlich Fleisch. Alles in allem waren es angenehme zwei Stunden. Kagame wünschte mir Glück und dankte mir sehr herzlich: Er hoffe, ich würde eines Tages nach Ruanda zurückkehren.

Ich hoffe wirklich, sehr bald nach Ruanda zurückzukehren, nachdem ich als ehemaliger UNAMIR-Truppenkommandeur meine Pflicht als Zeuge der Anklage vor dem Ruanda-Tribunal im Frühjahr 2004 erfüllt habe. Dieses Tribunal sitzt heute genau in dem Gebäude, in dem das Arusha-Friedensabkommen unterzeichnet wurde, über die Extremisten zu Gericht, die dieses Abkommen zerstört haben.

*

Wie verabschiedet man sich von Menschen, die mit einem durch die Hölle gegangen sind und dabei Hingabe und Mut bewiesen haben? Am Abend des 18. August veranstalteten meine alte Truppe – einschließlich Henry, Tiko, meine tapfere Sekretärin Suzanne, Yaache, Khan – sowie Golo und der Rest des Stabes im beschädigten Restaurant Chez Lando ein Abschiedsfest für mich. Ich mag nicht daran denken, was sie alles unternehmen mussten, um diesen Ort halbwegs herzurichten. Chez Lando war geschlossen, seitdem Helen Pinsky, ihr Mann Lando Ndasingwa und ihre Kinder ermordet worden waren. Nun hatte man ein großes Loch im Dach behelfsmäßig mit blauer Flüchtlingsplane abgedeckt. Der Leiter des kanadischen Logistikstützpunktes hatte einen Speiselieferanten gefunden, der in Kigali gerade ein Geschäft eröffnet hatte und ein Essen hinzauberte, wie es seit Monaten niemand von uns gesehen hatte. Einige von Landos überlebenden Verwandten waren zurückgekehrt, und das Fest sollte auch dazu dienen, das Restaurant neu zu beleben.

Wir tranken viel an diesem Abend, wir sangen Lieder und spielten sogar eine Zeit lang die Stompin'-Tom-Conners-Kassette. Einige von uns weinten still ihr Herz aus. Es war eine ungewöhnliche Feier. Die Gefühle, die sie auslöste, reichten von tiefem Schmerz und Wut bis hin zu übertriebenem Gelächter – und sogar Liebe. Dieses Wort ist nicht zu hoch gegriffen.

Am nächsten Morgen verabschiedete ich mich in aller Form von meinem Stab, dann hielten wir bei leichtem Regen eine Wachablösungsparade vor dem Haupteingang unseres Hauptquartiers ab, wie Henry es für angemessen erklärt hatte. Ein stolzes ghanaisches Kontingent wartete auf mich, dem sich viele der Stabsoffiziere zugesellt hatten. Während Guy, Khan und ich die Reihen abschritten und jedem einen UNAMIR-Orden anhängten, spielte meine Lieblingskapelle vom ghanaischen Bataillon für uns auf. Ich erinnere mich nicht mehr an meine Rede, aber ich weiß noch, wie erleichtert ich war, dass ich wegen des Regens zu einem schnellen Ende kommen musste. Und wie es die ghanaische Militärtradition verlangt, übergab ich Guy einen weißen Kommandeursstab.

Dann wurde ich vom Podium aus zu einem offenen Geländewagen eskortiert. Zwei lange Seile waren vor den Wagen gespannt, alle Offiziere postierten sich an ihnen entlang. Sie zogen mich zum Klang von *Auld Lang Syne* vom Hof. Ich rief Tiko, der auch an den Seilen zog, zu mir, weil ich ein letztes Mal auf seinen Beistand angewiesen war. Er stieg zu mir ins Fahrzeug und stützte mich wie ein Bruder. Wir lachten und johlten den Männern an den Seilen zu und winkten der Menge, die gekommen war, um mich zu verabschieden. Am Tor half mir Tiko für die Fahrt zum Flughafen aus dem Geländewagen, ich stieg um, und nach einem Wirbel von brüderlichen Umarmungen war ich fort.

Phil war nach Nairobi vorausgeflogen, um das fürchterliche Durcheinander zu beheben, das die UN-Mitarbeiter mit meinen Tickets angerichtet hatten. Ich wollte vor dem Heimflug und einem bisschen Urlaub bei meiner Familie erst noch nach Amsterdam reisen, um die Schlachtfelder zu besuchen, auf denen mein eigener und Beths Vater gekämpft hatten.

Am nächsten Morgen brachte mich Phil zum Flughafen. Es war nicht nötig, ihm viel zu sagen. Wir wussten beide, wie schuldig ich mich fühlte, meine Truppe zu verlassen, bevor die Mission vorüber war, welche Schuldgefühle mich quälten, dass ich so viele Menschen im Stich gelassen hatte und dass noch immer so viele Ruander starben. Phil wollte nichts davon hören. Ich müsse akzeptieren, dass ich verwundet sei und genau wie die anderen Verwundeten evakuiert werden müsse. Darin läge keine Schuld.

Ich verließ Afrika am 20. August 1994, fast auf den Tag genau ein Jahr, nachdem ich zuerst in Ruanda eingetroffen war, voller Hoffnungen für eine Mission, die einen dauerhaften Frieden in einem Land sichern sollte, das einst ein kleines Paradies auf Erden war.

Schlussbemerkung

In der Einleitung dieses Buches habe ich von einem dreijährigen Waisenkind erzählt, das ich auf einer Straße fand, an der sich Hütten voller toter Ruander entlangzogen. Ich denke noch immer oft an diesen kleinen Jungen, der heute, während ich dies schreibe, ein Jugendlicher wäre. Was mag ihm und den Zehntausenden anderen Waisenkindern des Völkermordes widerfahren sein? Hat er überlebt? Ist er zu seinen Angehörigen zurückgekommen oder in einem der überfüllten ruandischen Waisenhäuser aufgewachsen? Hat sich irgendjemand seiner angenommen und ihn um seiner selbst willen geliebt, oder ist sein junges Leben von Hass und Wut geprägt worden? Vermag er heute den Tätern des Völkermords zu vergeben? Oder ist er ein Opfer der ethnischen Hasspropaganda geworden, das jetzt nach Vergeltung schreit und zum Kreislauf der Gewalt beiträgt? Hat er etwa in den Kriegen der Region als Kindersoldat gekämpft?

Wenn ich über die Folgen des ruandischen Völkermordes nachdenke, denke ich zuerst an all jene, die in den Hunderten von Kirchen, Kapellen und Missionsstationen, wo sie Gottes Schutz gesucht hatten und stattdessen in den Händen Luzifers landeten, qualvoll ums Leben kamen – durch Machetenhiebe oder durch die von den Mördern gelegten Brände. Ich denke an die über 300.000 Kinder, die ermordet wurden, und an jene Kinder, die, als pervertierte Zerrbilder aller Kindheitsvorstellungen selbst zu Mördern wurden. Und dann denke ich an die Kinder, die überlebt haben, verwaist durch den Völkermord und die fortdauernden Konflikte in der gesamten Region. Seit 1994 haben wir sie ihrem Schicksal überlassen, so wie wir im ruandischen Völkermord ihre Eltern im Stich ließen.

Wenn wir uns an die ruandische Katastrophe erinnern, müssen wir auch an die Hölle denken, die diese Kinder geerbt haben. Es sind die Töchter und Söhne von Völkermord und Bürgerkrieg. Meine Arbeit nach dem Genozid hat mir einen tiefen Einblick in die Bedingungen vermittelt, unter denen diese Kinder überleben müssen.

Im Dezember 2001 besuchte ich als Sonderberater der kanadischen Entwicklungshilfeagentur CIDA das geschundene Sierra Leone, um mich aus erster Hand über den Fortgang der Demobilisierung und Reintegration von Kindersoldaten und Buschmädchen (*bush wives*) zu informieren – Kinder, die ihren Familien geraubt und dann jahrelang zum Kampf für die einst starke Rebellenarmee oder, wie die *bush wives*, zum Sex mit den Soldaten gezwungen worden waren. Ich reiste tief ins Kernland des Rebellengebietes in die Nähe der Städte Kailahun und Daru im äußersten Osten Sierra Leones. Ich erinnere mich an einen Besuch meines kleinen Teams, dem auch Major a. D. Phil Lancaster angehörte, in einem der Demobilisierungszentren. Ich setzte mich zu einer Gruppe von etwa 13-jährigen Jungen, und bald erörterten wir Kriegstaktiken, das Leben im Busch und die Brutalität des Bürgerkrieges. Sie waren erst einige Tage im Schulungsprogramm und hatten die glühende Hoffnung – nun, da ihnen Hoffnung erlaubt war –, dass ihnen eine viel versprechende Zukunft in einem Land bevorstehe, das den Frieden bewahren könne. Aber aus unserem Gespräch ging deutlich hervor, dass sie zum freien und brutalen Leben der Gewalt im Busch zurückkehren und sich weiterhin alles gewaltsam nehmen würden, was sie wollten, falls die Schulung nicht hielte, was sie versprach. Die Phase der Rehabilitierung und Wiedereingliederung sollte höchstens drei Monate dauern, und sie wollten wissen, was danach käme. Wer würde sich dann um sie kümmern? Sicher nicht ihre Familien oder ihre Dorfgemeinschaften, die sie erst noch wieder aufnehmen und akzeptieren mussten, und auch nicht ihr verwüstetes Land, in dem mit Vorliebe Lehrer sowie andere Gebildete und potenzielle politische Köpfe ermordet worden waren. Mit neun oder noch weniger Jahren entführt, waren ein paar dieser Jungen zu Zugkommandeuren der Rebellenarmee aufgestiegen und gemessen an dem, was sie alles erlebt hatten, nicht 13, sondern eher 25 Jahre alt. Wenn sie die Erfahrung machen sollten, dass sie nach dem Niederlegen der Waffen keine Zukunft hätten, dass sie sich bloß den Tausenden von im ganzen Land verstreuten Vertriebenen und Flüchtlingen anschließen könnten, dann würden sie alles andere tun, als das einfach hinzunehmen. Einige der ehemaligen Zugkommandeure leiteten innerhalb des Demobilisierungszentrums Lager für jüngere Kinder; wenn es für diese kampferfahrenen Führer keine besonderen Bildungs- und Sozialprogramme geben sollte, stand zu befürchten, dass sie noch Jüngere in den Busch zurückführen würden. Eine gut gemeinte, aber schlichte Elementarbildung würde ihren Bedürfnissen nicht gerecht werden.

Noch schlimmer waren die Mädchen dran, die sich weit stärker scheuten, Hilfe zu suchen. Viele von ihnen waren vergewaltigt worden, waren zu früh schwanger geworden, hatten sich mit AIDS infiziert. Ihr Gesundheitszustand war erschreckend. Diese Mädchen hatten so tiefe emotionale Narben davongetragen und waren mit dem »normalen« Leben so wenig vertraut, dass es ihnen schwer fiel, sich richtig um ihre Kinder zu kümmern. Wo sollten sie die nötige Liebe für ihre Babys hernehmen, wenn sie sich nicht mehr erinnern konnten, je selbst Liebe erfahren zu haben? Mit der Zeit wurden die Jungen im Allgemeinen wieder in die Gemeinschaft aufgenommen, die Mädchen jedoch häufig auf Dauer geschnitten und sich selbst überlassen, da sie von den Soldaten missbraucht worden waren und in dieser von Männern beherrschten Kultur als entehrt und besudelt galten. Wenn sie heimkehrten, wurden sie und ihre Kinder aus ihren Gemeinschaften verstoßen, suchten sie Zuflucht in den Flüchtlingslagern, wurden sie erneut zur Beute erwachsener Männer. Einige Mädchen hatten gekämpft oder in den Rebelleneinheiten beträchtliche Verantwortung getragen; mit der richtigen Unterstützung bestand die Chance, dass sie einmal Führungsrollen übernehmen könnten, auch als Vorreiterinnen im Kampf um die Gleichheit der Geschlechter. Die Demobilisierungs- und Reintegrationslager waren ihre beste Chance, dennoch gab es für sie auch hier kaum Hoffnung, wenn Hilfsorganisationen und Behörden nicht die nötige Hilfe leisteten.

Dies war das Schicksal, das auch den kleinen ruandischen Jungen auf der Straße erwartet hatte – ein Schicksal, dem die Kinder des ruandischen Völkermordes nur mit Glück entrinnen konnten. Ihr zerstörtes, von Gewalt beherrschtes und weggeworfenes Leben und auch die Folgen, die diese Verschwendung ihres Lebens für ihr Heimatland und unweigerlich auch für die gesamte Menschheit mit sich bringt – das sind die besten Gründe, überall und jederzeit einzuschreiten, um zukünftige Ruandas zu verhindern.

*

Zu viele Beteiligte haben sich im Nachhinein damit beschäftigt, mit dem Finger auf andere zu zeigen und jenseits der eigentlichen Täter Sündenböcke für unser gemeinsames Scheitern in Ruanda auszumachen. Manche meinen, das Beispiel Ruanda beweise nur, dass die UNO eine irrelevante, korrupte, dekadente Institution sei, die nicht mehr dazu tauge, Konflikte zu lösen. Andere sehen die Schuld bei den fünf ständigen Mitgliedern des Sicherheitsrates, besonders den USA und Frankreich, weil diese Länder nur ihre nationalen Eigeninteressen verfolgt hätten und deshalb eine internationale Intervention zur Beendigung des Völkermordes weder anführen noch auch nur unterstützen wollten. Manche schieben den Medien den Schwarzen Peter zu, weil sie nicht darüber berichteten, den nichtstaatlichen Organisationen, weil sie nicht schnell und effektiv genug reagierten, den Friedenshütern, weil sie nicht mehr Entschlossenheit zeigten, und mir, weil ich mit meiner Mission scheiterte. Als ich mit diesem Buch begann, war ich versucht, darin all meine persönlichen Fehler haarklein zu sezieren, doch ich ließ mich überzeugen, dass dies an der Sache vorbeigegangen wäre.

Ich habe mein Maß an Vorwürfen und Anschuldigungen, politisch motivierten »Untersuchungen« und Kriegsgerichtsverfahren, nachträglicher Besserwisserei, Umdeutung der Wahrheit und regelrechten Lügen erlebt und auch darunter gelitten, seit ich im September 1994 nach Kanada zurückkam – nichts davon wird die Toten zurückbringen oder den Weg in eine friedliche Zukunft weisen. Stattdessen sollten wir nach den Ursachen des Völkermordes nicht aus der Perspektive der Schuldzuweisung suchen – es gibt zu viel Schuld auf allen Seiten –, sondern unter dem Gesichtspunkt, wie wir konkrete Schritte unternehmen können, um zu verhindern, dass sich so etwas jemals wieder ereignet. Die Trauer um die Toten und die Achtung vor der Zukunft der Lebenden gebieten, nicht in Schuldzuweisungen stecken zu bleiben, sondern das Prinzip der Verantwortlichkeit durchzusetzen. Wir müssen die Straflosigkeit beseitigen, mit der die Völkermörder agieren konnten, und dem Prinzip des gleichen Rechts für alle Geltung verschaffen, damit niemand auch nur einen Augenblick lang den moralischen Fehler begeht, manche Menschen als menschlicher denn andere einzustufen. Es war dieser Fehler, dem die internationale Gemeinschaft 1994 durch ihre Gleichgültigkeit Vorschub leistete.

Es besteht kein Zweifel, dass der giftige Rassenextremismus, der Ruanda infizierte, ein tief eingewurzeltes, furchtbares Übel war, entstanden aus der Diskriminierung und dem Ausschluss von Volksgruppen während der Kolonialzeit, persönlichen Rachefeldzügen, Flüchtlingselend, Neid, Rassismus, Machtspielen, Staatsstreichen und den tiefen Spaltungen des Bürgerkrieges. In Ruanda nährten beide Seiten des Bürgerkrieges den Extremismus. Die fanatischen Rechtsextremen der Hutu-Volksgruppe konzentrierten sich in der MRND und der mit ihr verbundenen, noch bösartigeren CDR, beide gefördert von der Machtclique um den Präsidenten Juvénal Habyarimana und seiner Frau. Die Tutsi hatten ebenfalls ihre Extremisten in Gestalt einiger verbitterter Flüchtlinge der Revolution von 1959 und ihrer Söhne und Töchter, die in der Armut und Ungleichheit Ugandas aufwuchsen und ständig über die Grenze in ihre Heimat blickten, die ihnen versagt blieb, bis sie sich ihr Land mit Gewalt zurücknahmen. Unter ihnen waren auch rachedurstige Hutu, die vom Habyarimana-Regime misshandelt worden waren.

Aber vor allem die Hutu-Extremisten schufen ein Klima, in dem sie sich schließlich die Abschlachtung eines jeden Tutsi erträumten, der Anspruch auf Ruanda erheben konnte. Der gewalttätige Extremismus wurde in Jahrzehnten eines bewaffneten Friedens genährt, aber er hätte im Zaum gehalten oder sogar gründlich beseitigt werden können, bevor die Hutu-Extremisten ihre »Endlösung« ins Werk setzten. Durch unsere Gleichgültigkeit, unser Gezänk, unsere Gedankenlosigkeit und unsere Verzögerungen versäumten wir eine Gelegenheit nach der anderen, den Völkermördern entgegenzutreten und den Völkermord zu verhindern. Es fällt mir nicht schwer, die Faktoren aufzulisten, die unseren Erfolg hätten verbürgen können, angefangen mit einem adäquaten politischen und kulturellen Verständnis des Landes bereits zu Beginn der Mission, um sofort nach Unterzeichnung des Arusha-Abkommens in Ruanda eine effektive Militär- und Polizeipräsenz aufzubauen. Erforderlich gewesen wären für UNAMIR außerdem nachrichtendienstliche Erkenntnisse über die Absichten, Ambitionen und Ziele der ehemaligen Kriegsparteien, um nicht im Dunkeln stochern zu müssen; die vorbehaltlose politische und diplomatische Rückendeckung, um die Extremisten auszumanövrieren und auch die RPF rechtzeitig zu einigen Zugeständnissen zu drängen; ein paar mehr gut ausgebildete und ausgerüstete Bataillone; ein freizügigeres und robusteres Mandat; und, um das alles zu bewerkstelligen, ein größeres Budget, das gleichwohl die bescheidene Summe von etwa 100 Millionen Dollar nicht überschritten hätte.

Hätten wir den erneuten Ausbruch des Bürgerkrieges und den Völkermord verhindern können? Die bündige Antwort lautet ja. Wenn UNAMIR die bescheidene Truppenverstärkung und erweiterten Einsatzbefugnisse zugesprochen worden wären, die wir schon in der ersten Woche forderten, hätten wir dann das Morden stoppen können? Ja, absolut. Hätten wir dafür mehr Opfer bei der UN-Truppe in Kauf nehmen müssen? Ja, aber zweifellos sollten Soldaten und Entsendenationen darauf vorbereitet sein, den Preis für den Schutz menschlichen Lebens und der Menschenrechte zu zahlen. Wenn UNAMIR 2 wie verlangt rechtzeitig stationiert worden wäre, hätten wir dann das fortgesetzte Morden beenden können? Ja, wir hätten es viel früher beendet.

Eine Verstärkung der operativen Möglichkeiten von UNAMIR hätte uns in den Stand versetzt, den ehemaligen Kriegsparteien in relativ kurzer Zeit die Initiative aus der Hand zu nehmen und die Aggressionen lange genug zu blockieren, um die »dritte Kraft« bloßzustellen und schwächen zu können. Ich glaube wirklich, dass der fehlende Puzzlestein der politische Wille Frankreichs und der USA war, dem Arusha-Abkommen Leben einzuhauchen und diese implodierende Nation mit sanftem Druck auf Demokratie und einen dauerhaften Frieden zu verpflichten. Es besteht kein Zweifel, dass diese beiden Länder die Lösung der ruandischen Krise in Händen hielten.

Damit wir uns recht verstehen: Für den ruandischen Völkermord sind letztlich jene Ruander verantwortlich, die ihn planten, anordneten, überwachten und durchführten. Ihr Extremismus war die anscheinend unzerstörbare und bösartige Ernte jahrelanger Machtkämpfe und Unsicherheiten, mit denen die alten Kolonialherren geschickt gespielt hatten. Aber der Tod so vieler Ruander lässt sich auch dem Militärgenie Paul Kagame anlasten, der seinen Feldzug nicht beschleunigte, als das Ausmaß des Völkermordes klar wurde, und der sogar bei mehreren Gelegenheiten offen mit mir über den Preis sprach, den seine Landsleute von der Tutsi-Minderheit für die Sache vielleicht zahlen müssten. Die Nächsten in der Reihe der Verantwortlichen sind Frankreich, das zu spät eingriff, schließlich die Völkermörder beschützte und die Region dauerhaft destabilisierte, sowie die Regierung der USA, die alles dafür tat, UNAMIR klein zu halten, und nur intervenierte, um den nach Zaire geflüchteten Hutu-Massen, in denen die Völkermörder untergetaucht waren, zu helfen, während sie die Überlebenden des Genozids in Ruanda selbst zappeln und leiden ließ. Die Versäumnisse der UNO und Belgiens waren nicht so schwerwiegend.

Meine eigene Schuld ist diese: Mit der militärischen Führung von UNAMIR beauftragt, gelang es mir nicht, die internationale Gemeinschaft zu überzeugen, dass dieses kleine, arme, übervölkerte Land und seine Menschen vor dem Völkermord gerettet werden mussten – obwohl die für den Erfolg erforderlichen Maßnahmen relativ gering waren. Wie viel von diesem Scheitern verdankte sich meinem Mangel an Erfahrung? Warum wurde ausgerechnet ich ausgewählt, um UNAMIR zu führen? Meine Erfahrung bestand allein in der Ausbildung kanadischer Friedenshüter für die klassischen Konflikte des Kalten Krieges. Ich selbst hatte nie als Friedenshüter im Feld gestanden, hatte keine politischen Fachkenntnisse, wusste weiter nichts über Afrika, war nicht geschult im Umgang mit ethnischen Konflikten, bei denen der Hass alle Vernunft aussticht. Ich hatte keine Möglichkeit, die Doppelzüngigkeit der ehemaligen Kriegsparteien zu durchschauen.

Gemeinhin werden hohe Offiziere auf traditionelle Friedens- oder die heutigen Konfliktlösungsmissionen gar nicht vorbereitet. Stattdessen werden sie einfach in das jeweilige Einsatzgebiet entsandt und müssen dann versuchen, irgendwie mit der Situation fertig zu werden. Es gibt keine allgemein gültigen Voraussetzungen formeller Vorbereitung und Ausbildung für diese Aufgabe. Das wäre umso dringlicher, als sich nicht mehr nur die traditionellen Entsendenationen (unter denen Kanada eine bedeutende Rolle spielte), sondern sich längst auch andere, kleinere und ärmere Länder mit eigenen Kontingenten an UN-Missionen beteiligen. Da die Konflikte immer bedrohlicher und komplexer und die Mandate immer verschwommener und beschränkter werden, wird es schließlich mehr Truppenkommandeure geben wie mich, deren fachliche Vorbereitung und Erfahrung so ungenügend sind wie meine eigenen. Die Weltgemeinschaft sollte unbedingt einen Pool interdisziplinär geschulter, vielseitig befähigter und humanistischer Militärführer heranbilden, um jederzeit auf geeignete Kommandeure für solche Missionen zurückgreifen zu können.

*

Dennoch ist die ruandische Tragödie vor allem eine Geschichte vom Scheitern der Menschlichkeit: Die Menschheit stellte sich taub und wollte den Hilferuf eines bedrohten Volkes nicht hören.

Der internationalen Gemeinschaft, die von der UNO ja nur symbolisch verkörpert wird, gelang es nicht, um Ruandas willen ihre Eigeninteressen zurückzustellen. Die meisten Länder stimmten zwar zu, dass etwas unternommen werden musste, aber sie fanden alle eine Entschuldigung, warum sie selbst nichts unternehmen konnten. Als Folge fehlte es hinter der UNO an politischem Willen, daher blieben ihr die Mittel versagt, um die Tragödie zu verhindern.

Wie viele Regierungen und nichtstaatliche Organisationen, so wurstelte sich auch die UNO mehr schlecht als recht durch die aufgewühlten 90er Jahre – durch ein Jahrzehnt, das von der Ausbreitung bewaffneter Konflikte geprägt wurde, die alle Regeln vergangener Kriege sprengten. Während des Kalten Krieges war es im Allgemeinen die Aufgabe von Friedensmissionen gewesen, die Umsetzung eines vorab geschlossenen Friedensabkommens zu überwachen und zu verhindern, dass isolierte Zwischenfälle zu einem erneuten Ausbruch des Konfliktes führten. So begann auch UNAMIR: als eine klassische Friedensmission aus den Zeiten des Kalten Krieges. In den 90er Jahren verlagerte sich der Schwerpunkt der UN-Einsätze: Ziel der Missionen wurde es nun eher, eine wie auch immer geartete Ordnung herbeizuführen, ob durch systematische humanitäre Hilfe oder durch ein Abkommen, das zwei sich bekriegenden Parteien aufgezwungen wurde. In all diesen Fällen war eine humanitäre Katastrophe entweder der Auslöser eines Sicherheitsproblems oder seine Folge. Die Zahl der Vertriebenen und Flüchtlinge stieg in kaum je erlebte Höhen – Menschen, die Opfer von Extremisten, Kriegsherren und bewaffneten Banditen wurden. Immer häufiger mussten Friedensmissionen aus dem Stegreif und verspätet versuchen, zugleich die Konflikte und die humanitären Krisen zu lösen. UNAMIR war da also keine Ausnahme, sondern bloß die besonders tragische Bestätigung der Regel.

Mein eigenes Land, Kanada, hat sich von durchaus uneigennützigen Impulsen zu Einsätzen in Ländern wie dem ehemaligen Jugoslawien, Somalia, Kambodscha und Mosambik bewegen lassen. Aber wie wählen wir aus, wo wir uns engagieren wollen? Kanada und andere Länder mit einschlägigen Erfahrungen haben sich daran gewöhnt, zu handeln, wenn, und nur wenn sie von der internationalen Meinung unterstützt werden. Das ist ein gefährlicher Weg, der zu ethischem Relativismus führt. Man riskiert damit, den Unterschied zwischen Gut und Böse aus dem Blick zu verlieren – einen Gegensatz, den so mancher Akteur auf der internationalen Bühne für veraltet hält. Einige Regierungen betrachten die Anwendung von Gewalt als das größte Übel; andere definieren »gut« als die Achtung der Menschenrechte und sind bereit zum Handeln, wo diese verletzt werden. Als sich die 90er Jahre dem

Ende zuneigten und das neue Millennium unmittelbar bevorstand, ohne dass ein nahes Ende dieser »schmutzigen« kleinen Kriege absehbar gewesen wäre, schien jeder neue beunruhigende Konflikt erst einen Test bestehen zu müssen, ob wir uns um die Opfer »sorgten« und uns mit ihnen »identifizieren« konnten. Erst das war die Voraussetzung zum Eingreifen. Jede Mission wurde danach beurteilt, ob sie es »wert« sei, das Leben von Soldaten und die Ressourcen eines Landes dafür zu riskieren. Es ist ein moralischer Widerspruch, so mahnt uns Michael Ignatieff (im Rückgriff auf den Yaler Rechtsphilosophen Paul Kahn), nach einer »›risikolosen Kriegführung zur Verteidigung der Menschenrechte‹« zu streben. »Das Konzept der Menschenrechte«, schreibt er, »setzt voraus, dass jedes menschliche Leben gleich viel wert ist. Risikofreie Kriegführung hingegen impliziert, dass unser Leben mehr wert ist als das Leben derer, für die wir uns einsetzen.«* Auf der Grundlage meiner Erfahrung als Truppenkommandeur in Ruanda klage ich uns dieses moralischen Widerspruchs an.

Wir sind in nationale Eigeninteressen zurückgefallen, sie sind unser Maßstab für die Auswahl, welcher Teil des Planeten unsere Sorge verdient. Im 21. Jahrhundert dürfen wir uns aber keinen einzigen gescheiterten Staat leisten, der von einer unbarmherzigen und eigennützigen Diktatorenclique beherrscht wird. Nur zu leicht können solche Gewaltherrscher nämlich eine ganze Generation einer Gehirnwäsche unterziehen und sie bewaffnen, um Unheil und Terror in die ganze Welt zu tragen. Ruanda war eine Warnung an uns alle, was uns erwartet, wenn wir über die Missachtung der Menschenrechte, die Bedrohung der Sicherheit und elende Armut hinwegsehen. Die Abermillionen von Dreijährigen, wie jener, den ich auf einer ruandischen Straße traf, verdienen – und dürfen nichts weniger erhalten als – eine Chance auf ein Leben als menschliche Wesen, statt als irgendjemandes Sklave, Vasall, Gebrauchsgut oder entbehrlicher Büttel.

Gibt es irgendwelche Anzeichen, dass die Menschheit auf internationaler Ebene bessere Beziehungen entwickelt? Nicht viele. Man betrachte den Konflikt, der seit dem Völkermord die Region der großen Seen in Zentralafrika erfasst hat. Im September 1994, als ich im Anschluss an meine Mission nach New York zur Berichterstattung zurückkehrte, traf ich mit dem Entschluss ein, mich ein letztes Mal für meinen Heimführungsplan ins Zeug zu legen, den ich dem Sekretariat,

* Michael Ignatieff, *Virtueller Krieg. Kosovo und die Folgen*, Hamburg 2000, S. 148

den Entsendenationen und den Medien persönlich präsentierte. Es war die erklärte Aufgabe von UNAMIR 2, die rasche Heimkehr der über zwei Millionen Flüchtlinge, die außerhalb Ruandas in grenznahen Lagern gestrandet waren, sowie der über 1,7 Millionen Binnenflüchtlinge in der Schutzzone zu unterstützen. Nichtstaatliche Organisationen, UN-Behörden und die RPF sollten die faire Verteilung von Land und Wohnungen gewährleisten, während UNAMIR 2 die Sicherheit und Koordination der Heimkehr zu garantieren hatte. Mit Shaharyar Khans voller Unterstützung warb ich auf breiter Front für die Notwendigkeit dieser Operation. Die zwei Millionen ruandischen Flüchtlinge in den Nachbarstaaten, die immer noch unter furchtbaren Bedingungen und unter der Knute der Völkermörder in den Auffanglagern litten, von den Krumen des schlechten Weltgewissens lebten und keine Stimme und nur wenig Hoffnung hatten, waren – so meine Überzeugung – lebender Sprengstoff, dessen Entzündung die gesamte Region der großen Seen in eine noch größere Katastrophe als die des ruandischen Völkermordes stürzen könnte.

Bei einem Treffen der Entsendenationen erhob sich, als ich meine Rede beendet hatte, der französische Botschafter und erklärte meinen Plan für undurchführbar. Er ging, bevor er meine Erwiderung anhören konnte. Seine Haltung infizierte die anderen Länder, die angesichts des zugegebenermaßen riskanten Plans kalte Füße bekamen. Letztlich war es jedoch die Apathie der Vereinigten Staaten (deren Gewissen offenbar mit der übertriebenen Hilfe für Goma beruhigt war), durch die wieder einmal jede Regung, zu handeln, im Keim erstickt wurde.

Die Folge waren andauernde kriegerische Auseinandersetzungen in diesem Teil Zentralafrikas. Von 1994 bis 1996 verübten die Völkermörder in den Flüchtlingslagern Überfälle auf Ruanda, Uganda und Burundi. 1996 übte das RPF-Regime in Ruanda Vergeltung, marschierte in Zaire ein und zwang die meisten der Flüchtlinge zur Heimkehr. Hunderttausende anderer gingen auf den Straßen und im Dschungel der Kivu-Provinz unter, wieder auf der Flucht vor der RPF. Vom ruandischen Exodus 1994 bis zum erneuten Ausbruch des Genozids 2003 starben schätzungsweise vier Millionen Menschen im Kongo und der Region der großen Seen, und noch bis vor kurzem tat die Welt nichts dagegen, außer eine unterbesetzte und schlecht ausgerüstete Friedensmission zu entsenden. Fünfmal so viele Menschen, wie beim Völkermord in Ruanda 1994 ihr Leben verloren hatten, sind umgekommen, und wieder hat sich die Weltgemeinschaft nur deshalb bemüßigt gesehen, eine halbherzige und vorübergehende Mission zur Beendigung des Mordens zu entsenden, weil die Fernsehkameras über das Elend berichteten und sie in Verlegenheit gebracht haben. Die jüngsten Ereignisse im Kongo zu verfolgen, das ist für die Veteranen und Überlebenden Ruandas wie eine Wiederholung des Grauens, das wir 1994 durchlebten – nur schlimmer. Es ist auf herzzerreißende Weise offensichtlich, dass wir ein Jahrzehnt nach der Katastrophe in Ruanda wieder der Auslöschung menschlichen Lebens in großem Maßstab beiwohnen und dass die Industrienationen ihre Hände abermals in Unschuld waschen. Der einzige Unterschied besteht darin, dass die internationalen Medien dieses Mal (ob aufgrund der jüngsten Geschichte Ruandas oder aus der Notwendigkeit, ihre 24-stündigen Nachrichtenkanäle zu füllen) weitaus aggressiver berichten als 1994. Zwar haben sie dadurch die öffentliche Meinung beeinflusst, aber die in den Kongo entsandte Mission leidet von Anbeginn an unter den gleichen finanziellen, logistischen und politischen Mängeln, denen sich UNAMIR in Ruanda gegenübersah. Wie in Ruanda sind erneut französische Truppen im Spiel – nach außen hin, um den Frieden zu sichern, aber zugleich darauf bedacht, sich keinem UN-Kommando zu unterstellen. Die Franzosen möchten sich in ihren Initiativen und Operationen nicht von der allzu restriktiven und immer aus dem Stegreif gebildeten militärischen Kommandostruktur des DPKO an die Leine legen lassen, und ich gebe zu, dass darin eine gewisse Weisheit liegt. Aber die Kehrseite ist, dass die neue französische Intervention in Zentralafrika ein weiteres Beispiel für die wachsende Tendenz der Ersten Welt darstellt, die UNO zu umgehen und entweder unilaterale Schritte zu unternehmen oder kleine Koalitionen zu schmieden, um anderen ihren Willen aufzuzwingen – was überhaupt nichts zur Fähigkeit der UNO beiträgt, Konflikte zu lösen, die den Weltfrieden und die Sicherheit bedrohen. Die Autorität der UNO zur Konfliktlösung wird auf diese Weise aufgeweicht, nicht gestärkt.

Was ist der Grund für diese Alleingänge der Industrienationen? In den letzten Jahrzehnten des 20. Jahrhunderts sind wirtschaftliche Interessen, Hegemonialansprüche und Bündnisgefolgschaften zu den primären Kriterien geworden, welche der vielen Krisenherde auf der Welt Beistand verdienen und welche nicht. Wenn ein fragliches Land für eine Weltmacht von strategischem Wert ist, scheint alles, von verdeckten Operationen bis hin zum offenen Einsatz militärischer Gewalt, recht und billig zu sein. Falls nicht, ist Gleichgültigkeit die Parole.

Die Vorstellung, dass eben diese Weltmächte auf magische Weise einen Sprung nach vorne in dieses neue »Zeitalter der Humanität« getan hätten (wie es Kofi Annan einmal genannt hat), könnte nicht weiter von der Wahrheit entfernt sein. Es wird den entschlossenen Willen der ganzen Weltgemeinschaft und den Einsatz all ihrer Mittel erfordern, um vom 20. Jahrhundert – dem Jahrhundert des Völkermordes – zum Jahrhundert der Menschlichkeit zu gelangen.

Obwohl häufig von Phrasen über humanitäre Hilfe und die Verteidigung individueller Freiheit gegen die Tyrannei verbrämt, unterliegen alle Interventionen und Hilfsanstrengungen der Gefahr, im Sande zu verlaufen, sobald CNN zur Hauptsendezeit über eine neue Katastrophe berichtet, die das wankelmütige Herz der internationalen Gemeinschaft für die nächsten Wochen bewegt. Es ist billig, die Effektivität der UNO zu kritisieren, denn die einzige Lösung dieser inakzeptablen Apathie und selektiven Aufmerksamkeit ist eine revitalisierte und reformierte internationale Institution, eine UNO, die tatsächlich in der Lage ist, Frieden und Sicherheit auf der Welt zu erhalten, die dabei von der internationalen Gemeinschaft unterstützt wird und die sich standhaft von den Gründungsprinzipien ihrer Charta und der Allgemeinen Erklärung der Menschenrechte leiten lässt. Die UNO muss eine Renaissance erleben, wenn sie bei der Lösung von Konflikten eine Rolle spielen soll. Das kann sich nicht auf ihr Sekretariat, ihre Verwaltung und ihre Funktionäre beschränken, sondern muss auch ihre Mitgliedsstaaten einschließen, die ihre Rolle überdenken und zu einer neuen Entschlossenheit finden müssen. Andernfalls wird sich die Hoffnung, dass wir jemals in ein Zeitalter der Menschlichkeit eintreten können, als völlige Illusion erweisen, während die UNO weiter zur Bedeutungslosigkeit herabsinkt.

*

Im kanadischen Ausbildungszentrum für Friedensmissionen benutzen die Ausbilder ein Dia, um den Soldaten den Zustand unserer Welt zu verdeutlichen. Wenn die gesamte Weltbevölkerung von 100 Menschen repräsentiert würde, lebten 57 von ihnen in Asien, 21 in Europa, 14 in Nord- und Südamerika und acht in Afrika. Die Anzahl der Asiaten und Afrikaner nimmt jedes Jahr zu, während die der Europäer und Nordamerikaner abnimmt. 50 Prozent des Reichtums der Erde sind in der Hand von sechs Menschen, allesamt Amerikaner, 70 können nicht lesen und schreiben, 50 leiden an Unterernährung, 35 haben keinen Zugang zu sicherem Trinkwasser, 80 leben in ungenügenden Wohnstätten, nur einer hat einen Universitäts- oder College-Abschluss. Die meisten Menschen auf der Erde leben unter substanziell anderen Bedingungen als jene, die wir in der Ersten Welt für selbstverständlich halten.

Aber vieles deutet darauf hin, dass die Jugend der Dritten Welt es nicht länger hinnehmen wird, unter Bedingungen zu leben, die keinen Raum für Hoffnung auf die Zukunft lassen. Von den Jungen, die ich in den Demobilisierungslagern in Sierra Leone traf, über die Selbstmordattentäter Palästinas und Tschetscheniens bis hin zu den jungen Terroristen, die ihre Flugzeuge in das World Trade Center und das Pentagon rasen ließen: Wir können es uns nicht mehr leisten, sie zu ignorieren. Wir müssen konkrete Schritte unternehmen, die Ursachen ihrer Wut zu beseitigen, oder wir müssen den Konsequenzen ins Auge sehen.

Das globale Dorf erlebt einen raschen Niedergang, das nährt die Wut der Kinder dieser Welt. Es ist jene Wut, die ich in den Augen der jugendlichen Interahamwe-Milizionäre in Ruanda sah und in den Herzen der Kinder von Sierra Leone spürte, es ist die Wut, die mir in Massenversammlungen gewöhnlicher Bürger in Kigali entgegenschlug, und die Wut, die zum 11. September führte. Die Menschen, die keine Rechte haben, keine Sicherheit, keine Zukunft, keine Hoffnung und keine Mittel zum Überleben, sind eine verzweifelte Heerschar, die Verzweiflungstaten begeht, um sich zu nehmen, was sie zu brauchen und zu verdienen glaubt.

Wenn uns der 11. September gelehrt hat, dass wir den »Krieg gegen den Terrorismus« austragen und gewinnen müssen, sollte er uns auch gelehrt haben, dass wir keinen Sieg erringen werden, wenn wir uns nicht den zugrunde liegenden Ursachen der Wut dieser jungen Terroristen zuwenden (wenn sie auch die falschen Konsequenzen daraus gezogen haben). Für jeden Bombenattentäter von Al Qaida, den wir töten, stehen Tausende von Freiwilligen auf der ganzen Welt auf, um seinen Platz einzunehmen. In der nächsten Dekade werden Terroristen in den Besitz von Massenvernichtungswaffen gelangen. Es ist nur eine Frage der Zeit, bis ein brillanter junger Chemiker oder Schmuggler über eine nukleare, biologische oder chemische Waffe verfügt und sie einsetzt, um seine sehr persönliche Wut auf uns zu stillen.

Woher kommt diese Wut? Dieses Buch hat einige der Ursachen gezeigt. Ein radikalisierter Tribalismus, das Fehlen von Menschenrechten, wirtschaftlicher Zusammenbruch, brutale und korrupte Militärdiktaturen, die AIDS-Pandemie, die Auswirkungen der Verschuldung der

Dritten Welt, Umweltzerstörung, Übervölkerung, Armut, Hunger: Die Liste ließe sich fortführen. Jede dieser und so viele andere Ursachen können unmittelbar dazu führen, dass ein Volk die Hoffnung auf die Zukunft verliert und in seiner erzwungenen Armut und Verzweiflung Zuflucht zur Gewalt nimmt, nur um zu überleben. Dieser Mangel an Hoffnung auf eine bessere Zukunft ist die Wurzel der Wut. Wenn wir den unzähligen Hoffnungslosen keine Besserung bieten können, wird die Zukunft nichts anderes als eine Wiederholung von Ruanda, Sierra Leone, Kongo und des 11. September.

Mehrmals in diesem Buch habe ich die Frage aufgeworfen, ob wir alle menschlich oder manche menschlicher sind als andere. Zweifellos handeln wir in den Industrienationen in einer Weise, die nahe legt, dass unser Leben mehr zählt als das Leben anderer Bürger des Planeten. Ein amerikanischer Offizier schämte sich nicht, mir zu erklären, das Leben von 800.000 Ruandern sei nicht mehr wert als das Leben von zehn amerikanischen Soldaten. Nachdem sie zehn Soldaten verloren hatten, beschlossen die Belgier, dass das Leben von Ruandern es nicht wert sei, einen einzigen weiteren belgischen Soldaten aufs Spiel zu setzen. Daraus kann ich nur die Schlussfolgerung ziehen, dass wir dringend eine Transfusion von Menschlichkeit brauchen. Wenn wir glauben, dass alle Menschen gleich sind, wie wollen wir es beweisen? Es lässt sich nur durch unser Handeln beweisen: durch die Euro, Yen und Dollar, die wir bereit sind auszugeben, um die Lebensbedingungen in der Dritten Welt zu verbessern, durch die Zeit und Energie, die wir der Lösung von verheerenden Plagen wie AIDS widmen, durch das Leben unserer Soldaten, die wir bereit sind, um der Menschlichkeit willen zu opfern.

Als Soldaten sind wir es gewohnt, Berge zu versetzen, um die Souveränität unserer Staaten und unseren *way of life* zu verteidigen. In Zukunft müssen wir bereit sein, Berge zu versetzen, um über unsere nationalen Interessen hinauszuwachsen und unsere Ressourcen für die Menschlichkeit einzusetzen – und unser Blut für sie zu vergießen. Wir haben die Jahrhunderte der Aufklärung, der Vernunft, der Revolution, der Industrialisierung und Globalisierung durchlebt. Ganz gleich, wie idealistisch das Ziel klingt: Dieses neue Jahrhundert muss zum Jahrhundert der Menschlichkeit werden, wenn wir uns als Menschen über Volkszugehörigkeit, Glaube, Hautfarbe, Religion und nationale Eigeninteressen erheben und das Wohl der Menschheit über das Wohl unseres eigenen Stammes stellen. Um der Kinder und unserer Zukunft willen. *Peux ce que veux. Allons-y.*

Nachwort

VON DOMINIC JOHNSON

Der Völkermord in Ruanda ist kaum zu begreifen. Wie konnte es geschehen, dass in einem kleinen bitterarmen Land weit weg in Afrika plötzlich ein Massenmorden losbricht, dessen Dimensionen alles Vergleichbare in der Weltgeschichte sprengen: 800.000 bis eine Million Tote in nur drei Monaten? Die im Rückblick kaum fassbare, unerträgliche Trägheit der internationalen Reaktion auf den Genozid hat auch damit zu tun, dass internationale Entscheidungsträger es weithin nicht für möglich hielten, was da passierte und was direkte Quellen seit dem 7. April 1994 immer wieder bestätigten: landesweit und binnen kürzester Zeit gezielte, organisierte, massive Morde an als mißliebig definierten Teilen der ruandischen Bevölkerung, darunter die gesamte Tutsi-Minderheit. Viele Tausend Tote gab es schon in den ersten Tagen, als die Schreckensnachrichten erst allmählich um die Welt gingen und in vielen Berichten die Massaker noch mit einem Bürgerkrieg verwechselt wurden. Von 200.000 Opfern sprach UN-Generalsekretär Butros Butros-Ghali Ende April, von 500.000 die Hilfsorganisation Oxfam am 2. Mai. Das bedeutet: mindestens 10.000 Tote am Tag, wenn nicht sogar das Doppelte. Nie zuvor irgendwo in der Welt hat ein organisiertes Schlachten an wehrlosen Zivilisten einen so hohen täglichen Blutzoll über einen so langen Zeitraum gefordert.

Damals dauerte es sehr lange, bis die Welt wirklich begriff, was da geschehen war. Aber als sie es einmal begriffen hatte, war es für Ruanda zu spät. Es blieb ein Land der Massengräber. Heute nennt die internationale Politik Ruanda routiniert in einem Atemzug mit Auschwitz, als Stätte eines afrikanischen Holocausts, Sinnbild für die Grenzenlosigkeit menschlicher Grausamkeit. Es ist ein Ruf, von dem sich das Land nur schwer wird lösen können.

Fremde, die Ruanda heute zum ersten Mal besuchen, staunen oft über die Friedlichkeit des Landes, über das Lachen der Kinder, über die Normalität des Alltags. Und doch braucht man nur ein etwas vertieftes, offenes Gespräch mit einem Ruander, damit alles wieder da ist: je nach dem jeweiligen Schicksal das Morden, das Überleben, das Exil, die Flucht. Und die nachträgliche Fassungslosigkeit darüber, wie die Lebenswelt unter dem Ansturm nackter Gewalt hat zerbrechen können, wie zufällig die gegenwärtigen Verhältnisse sind, wie zerbrechlich nicht nur soziale Ordnungen sind, sondern auch alle Mitmenschlichkeit. Ruanda heute ist ein fragiles Gebilde, denn alles hätte ja noch ganz anders kommen können. Ruanda weiß um diese Fragilität, und weil es sie überwinden will, kommt das Land heute manchen verdächtig hart und glatt vor, übertrieben und autoritär auf Harmonie bedacht, auf das Übertünchen der doch so offensichtlichen Abgründe.

Mythen der Vergangenheit

Bis das Morden losging, hatte Ruanda einen idyllischen Ruf. Als »Schweiz Afrikas« priesen es ausländische Experten, als eines der friedlichsten und stabilsten Länder des Kontinents. Wie waren sie nicht alle des Lobes voll gewesen, die weißen Entwicklungshelfer, über dieses brave und arbeitsame Volk, das sich mit solcher Hingabe allen Anweisungen zu fügen schien, das widerspruchslos selbst die steilsten Berghänge adrett mit gepflegtem Terrassenanbau bewirtschaftete und keine Ressource verkommen ließ; dieses ordentliche Land, in dem die katholische Kirche mächtiger und tiefer verwurzelt war als überall sonst in Afrika, wo Verwaltung und Infrastruktur hervorragend funktionierten und sichtbare Korruption lange Zeit ein Fremdwort war. Zusammen mit einem für Europäer angenehmen Bergklima und einer hinreißend schönen Landschaft aus grünen Hügeln und blauen Seen war Ruanda in den 70er und 80er Jahren für viele ein kleines Paradies auf Erden, vor allem im Vergleich zur deprimierenden Diktatur des Militärs im südlichen Nachbarn Burundi, zu den blutigen Wirren im nördlichen Nachbarn Uganda und zum finsteren Chaos des westlichen Riesen Zaire. Auf Ruanda konnte man sich verlassen. Dachte man.

Doch diese Idylle war bloßer Schein. Das unabhängige Ruanda von 1962 an bis zum Völkermord von 1994 gründete auf einer rassistischen Ideologie. Deren Prämisse war, dass die Bevölkerung Ruandas aus drei Völkern bestand – 85 Prozent Hutu, 14 Prozent Tutsi, und 1 Prozent Twa-Pygmäen als kleiner Minderheit –, zwischen denen es, zumindest was Hutu und Tutsi anging, »keine Beziehungen und keine Sympathie gibt, die voneinander so wenig wissen, als seien sie Bewohner unterschiedlicher Planeten«, wie es Ruandas erster Präsident Grégoire Kayibanda ausdrückte. Die wahren, ursprünglichen Bewohner Ruandas (von den Twa-Pygmäen abgesehen) seien die Hutu gewesen, während die Tutsi erst später als Eroberer dazugekommen seien und als Feudalherren eine jahrhundertelange Fremdherrschaft errichtet hätten.

Ein freies Ruanda, so die politische Schlussfolgerung, müsse also ein Staat der Hutu sein, gemäß dem demokratischen Prinzip der Mehrheitsherrschaft. Die Tutsi wurden allerhöchstens als Minderheit geduldet, von den Hutu separiert und als Fremde stigmatisiert, zuweilen als Ungeziefer bezeichnet und regelmäßig gejagt. »Das war immer das Muster«, erinnert sich der ruandische Journalist Jean-Baptiste Kayigamba, ein Überlebender des Völkermords. »Die Behörden gaben den Befehl zum Töten, und sie konnten dem jederzeit Einhalt gebieten. Ich wuchs auf mit Kindern, deren Eltern Tutsi getötet hatten. Wir konnten uns aber lange Zeit nicht vorstellen, dass die Massaker eines Tages wieder beginnen würden. Und dass diesmal niemand den Befehl zum Aufhören geben würde.«

Die herrschende Partei in Ruanda nach der Unabhängigkeit sprach explizit von einer doppelten Befreiung der Hutu: von den Tutsi und von den Weißen. Paradoxerweise war diese Ideologie, die als antikoloniale Befreiungsideologie daherkam, ein lupenreines, lediglich auf den Kopf gestelltes Erbe der finstersten rassistischen Mythen der frühen Kolonialzeit. Es waren die weißen Forschungsreisenden im 19. Jahrhundert, die bei ihren ersten Besuchen im Königreich Ruanda mutmaßten, die hochgewachsenen Mitglieder des ruandischen Königshofs müssten wohl einer anderen Rasse angehören als die gedrungenen Bauern in den Bergen, weil sie so hochnäsig und hochentwickelt daherkamen.

Als Erster behauptete der britische Entdecker John Speke, dass die zu seiner Überraschung im Gebiet der Nilquellen angetroffenen etablierten Königreiche – nicht nur Ruanda, sondern auch zum Beispiel Buganda im heutigen Uganda – von »Trägern einer überlegenen Zivilisation« in die Region gebracht worden sein mussten. Er mutmaßte als ihre Heimat Äthiopien. Spätere Reisende dachten eher an Ägypten, die Türkei, Indien, Tibet oder sogar Island oder den Garten Eden, wo auch immer der gelegen haben mag, und rhapsodierten über »kaukasische Schädel und griechische Profile neben semitischen und sogar jüdischen Gesichtszügen« bei den Tutsi, während Hutu als »klein, gedrungen und sehr haarig, mit affenähnlichem Gesicht und flacher Nase« verunglimpft wurden, richtige Untermenschen eben. Hutu und Tutsi waren in dieser Sichtweise nicht nur verschiedene Ethnien, sondern gehörten auch verschiedenen Rassen an. Die Hutu waren »Bantu«, die Tutsi »Niloten« oder »Hamiten«.

Die Theorie war in sich völlig unlogisch. Die Tutsi sollen im 15. Jahrhundert eingewandert sein und die Hutu erobert haben, um ihnen ein Feudalregime aufzuzwingen, aber zugleich sollen sie ihre eigene Sprache und Kultur restlos verloren und die der eroberten Ruander angenommen haben. Nur so ließ es sich erklären, dass es keine linguistischen, religiösen oder sonstigen kulturellen Unterschiede zwischen den beiden Gruppen zu entdecken gab. Mit der realen ruandischen Gesellschaft und Geschichte hatte die Theorie der Tutsi als Fremder nichts zu tun. Die historische und anthropologische Forschung weiß inzwischen, dass Ruanda wie alle Agrargesellschaften Afrikas starke ständische Unterschiede zwischen unterschiedlichen Tätigkeiten kennt, die auch als soziale Hierarchien wirken; dass aber daraus unmöglich der Schluss gezogen werden kann, ein Viehhirte gehöre einer anderen Rasse an als ein Bauer.

Dass in Ruanda »Hutu« als Kategorie mit Ackerbau zu tun hatte, »Tutsi« aber mit Viehzucht, bedeutet politisch an sich gar nichts. Ackerbau und Viehzucht sind in der Subsistenzwirtschaft komplementär, denn der Bauer braucht den Mist des Viehs und der Hirte das Land des Bauern. Daraus kann Konkurrenz und blutiger Streit entstehen, wie es in vielen Sahelländern wie etwa dem Sudan und Tschad bis heute gang und gäbe ist, aber die Zugehörigkeit zu ein und derselben Nation wird dabei nicht in Abrede gestellt. Freie Berufswahl gibt es in solchen Gesellschaften allerdings nicht; der Sohn des Hirten wird Hirte, der Sohn des Bauern wird Bauer. Im Extremfall sind die Stände des Hirten und des Bauern – wobei es noch andere gibt, wie den des Schmiedes, des Priesters und Ähnliches – dann in sich relativ geschlossene soziale Gruppen mit komplexen gegenseitigen Abhängigkeiten. In Ruanda kam die traditionelle Aufteilung in Clans dazu, die alle sowohl Hutu als auch Tutsi umfassten. Wenn sich innerhalb dieser höchst komplizierten Gesellschaft ein zentralistisches Königreich herausbildete – und dies war gegen Ende des 19. Jahrhunderts, als die Weißen kamen, der Fall –, dann entwickelten sich allerdings auch große politische Ungleichheiten: zwischen Clans und Regionen genauso wie zwischen den sozialen Kategorien.

Diese Komplexität reduzierten die deutschen und später die belgischen Kolonialherren zur binären Dichotomie von Hutu und Tutsi allein. Die belgische Volkszählung von 1933 definierte jeden als Tutsi, der mehr als zwölf Kühe besaß, was die bis 1994 unverändert zitierte Aufteilung Ruandas in 85 Prozent Hutu, 14 Prozent Tutsi und ein Prozent Twa ergab und zugleich die Tutsi mit Ruandas Oberschicht gleichsetzte. Das kam dem ruandischen Königshof ganz gelegen, erleichterte es doch seine Herrschaft: So schafften die Belgier 1929 das bislang existierende System mehrerer paralleler traditioneller Autoritäten für die Bauern ab – eine für Landfragen, somit Hutu; eine für Kühe, somit Tutsi; eine für Personen (zum Beispiel Rekrutierung von Soldaten), somit direkter Vertreter des Königshofs – und ersetzten es durch eine einzige lokale Machtposition, die immer von einem Tutsi besetzt wurde.

Zugleich lehrten die Belgier in ihren Schulen, dass die Tutsi gar keine richtigen Ruander seien. Aber was sonst: Hamiten? Massai? Zulus? Ägypter? Juden? Viele Tutsi-Aristokratenfamilien fanden dies höchst amüsant und machten sich einen Spaß daraus, durch die Betonung alter magischer Gebräuche ihr weißes Gegenüber zu verwirren. Der belgische Administrator und Forschungsreisende Jean-Pierre Hallet versuchte in den 50er Jahren, nachdem er alle Theorien durchgekaut und dann irgendwann verblüfft gemerkt hatte, dass ein Hutu problemlos durch Arbeitswechsel zum Tutsi werden konnte und umgekehrt, eine ganz andere Definition: Ruandas Tutsi, schrieb er, seien wie Autobesitzer in den USA. Sie würden ihren Kühen so huldigen wie die Amerikaner ihren verchromten Schlitten, und genauso wie nur ein Amerikaner wüsste, welche Automarke welches Prestige beinhalte, so könne auch nur ein Tutsi die mit unterschiedlichen Rinderarten verbundenen Statusmerkmale verstehen.

So merkten die Belgier selbst, dass ihre Theorien nicht stimmten. Aber als die ersten Hutu im Laufe der Kolonialzeit über Priesterseminare an europäische Bildung kamen und belgische Schulbücher lesen mussten, war ihre Reaktion eine ganz andere: Sie akzeptierten die weiße Wahrheit als Offenbarung und als Erklärung für ihre Benachteiligung und lernten, dass Tutsi sowohl Vertreter der Kolonialmacht als auch Fremde waren. Aus diesem Geiste heraus entstanden in den 50er Jahren die ersten Hutu-Organisationen, klerikal geprägt und von sich als fortschrittlich ansehenden belgischen Priestern gefördert.

So war die antikoloniale Ideologie der Hutu-Befreiung lediglich eine Übernahme und Umkehr des kolonialen Rassismus. Dass Hutu und Tutsi unterschiedlichen Rassen angehörten, dass die Tutsi von einer anderen Zivilisation abstammten und erst später eingewandert seien, blieb ebenso das Rückgrat der antikolonialen Ideologie, wie es zuvor das Rückgrat des kolonialen Denkens gewesen war. Dadurch hat sich die Bedeutung der Kategorien »Hutu« und »Tutsi« im Laufe der Jahrhunderte gewandelt. »Tutsi oder Hutu zu sein«, schreibt der Historiker Jean-Pierre Chrétien, »hat immer einen anderen Sinn: 1994 beim Völkermord, 1894 bei der Ankunft der Weißen, 1794 in den alten Königtümern auf dem Höhepunkt ihrer Macht oder 1594, als sie sich zu strukturieren begannen.« Es genügt, dass ein Hutu davon überzeugt ist, der Tutsi neben ihm gehöre nicht hierher, damit aus imaginären Identitäten reale werden, deren Funktion vor allem darin besteht, den Feind kenntlich zu machen.

Während des Völkermordes landeten viele ruandische Tutsi-Leichen in den Flüssen Ruandas, die irgendwann zum Viktoriasee und damit zum Nil fließen – so sollten die Tutsi dorthin zurückkehren, wo sie einst hergekommen waren: nach Äthiopien. Tutsi als »Kakerlaken« zu bezeichnen und ihre Ermordung als Vernichtung von Ungeziefer, an der sich jeder ordentliche Bürger zu beteiligen habe, war eine der gängigsten Methoden der Völkermordideologen, das einfache Volk zum Morden zu bringen. Aber die Rassenideologie treibt auch anderswo seltsame Blüten. In Burundi, wo seit der Unabhängigkeit fast ausschließlich Tutsi an der Macht gewesen sind, haben viele Tutsi während des Bürgerkrieges der 90er Jahre begonnen, sich ihres vermeintlichen Ursprungs in Somalia oder Äthiopien zu brüsten, um ihre Überlegenheit und damit ihren Herrschaftsanspruch zu unterstreichen. Im Kongo grassiert in Reaktion auf Jahre des Krieges mit Ruanda die Propaganda eines von Ruanda und Uganda ausgehenden Tutsi-Reiches, gegen das sich Afrikas Bantu kollektiv zu stellen hätten, und gern wird dann die Parallele zwischen Tutsi und Juden gezogen und das antisemitische Klischee von der jüdischen Weltverschwörung auf die Tutsi projiziert, um den Rest der Nation mit dem Ruf »Kongo den Kongolesen« hinter Möchtegernführern zusammenzuschmieden.

1959 stürzte Ruandas neue Hutu-Elite die jahrhundertealte Monarchie und proklamierte die »soziale Revolution«. Begleitet wurde dies von Pogromen gegen die Tutsi insgesamt, von denen Hunderttausende in die Nachbarländer flohen. »Nazismus gegen die Tutsi« nannte das eine UN-Kommission. Daraus wuchs das unabhängige Ruanda, ein Freund des Westens, der katholischen Kirche und der internationalen Christdemokratie.

Eine als Dachverband diverser Hutu-Gruppen gegründete Hutu-dominierte Demokratisch-Republikanische Bewegung/Partei der Bewegung und Emanzipation der Hutu (MDR-Parmehutu) rief 1961 einseitig die Unabhängigkeit aus. Es folgte ein UN-vermittelter Übergangsprozess mit von der MDR gewonnenen Parlamentswahlen, und am 1. Juli 1962 wurde Ruanda unter dem MDR-Führer und Präsidenten Grégoire Kayibanda formell unabhängig. Als vertriebene Tutsi Ende 1963 als bewaffnete Guerilla versuchten, aus den Nachbarländern in Ruanda einzumarschieren, kam es zu erneuten massiven, organisierten Pogromen an den Tutsi in Ruanda mit bis zu 20.000 Toten. Kayibanda sprach damals vom »totalen Ende der Tutsi-Rasse«. Der britische Philosoph und Menschenrechtler Bertrand Russell sagte, die Kampagne gegen die Tutsi sei der systematischste Versuch der Ausrottung einer Volksgruppe auf der Welt seit dem deutschen Holocaust gegen die Juden. Hinterher versuchte die Regierung Kayibanda, die in Ruanda verbliebenen Tutsi systematisch in den trockenen und unfruchtbaren, mit Tsetse-Fliegen verseuchten Südosten Ruandas umzusiedeln.

Die Lage der Tutsi besserte sich etwas nach einem Militärputsch von 1973, als Juvénal Habyarimana an die Macht kam und die nationale Aussöhnung predigte. Doch auch Habyarimana schaffte das System der Rassentrennung nicht ab. Wer in Ruanda damals aufwuchs, erlebte in der Schule als erstes, dass die Schüler aufgefordert wurden, sich nach Hutu und Tutsi aufzuteilen. Viele wussten nicht, wo sie hingehörten, und mussten erst ihre Eltern fragen. Erwachsene hatten einen entsprechenden Eintrag in ihrem Personalausweis. Für Tutsi galten strenge Quoten in höherer Bildung und Staatsdienst, was angeblich dem Minderheitenschutz diente, in Realität aber der systematischen Benachteiligung, und gewisse Tätigkeitsbereiche waren ihnen auch völlig versperrt. Diese Politik brachte viele Tutsi dazu, sich eher in der Privatwirtschaft zu entfalten, und so wuchs um die Regierung und den

Hutu-Staatsapparat herum eine Koterie reicher, abhängiger Tutsi. Dies führte schließlich dazu, dass radikale Vertreter der reinen Hutu-Lehre Habyarimana schief ansahen und unter dem Deckmantel des Kampfes für mehr Demokratie die Mobilisierung der Hutu-Volksmassen gegen den vermeintlichen Ausverkauf des Landes durch eine dem Kompromiss mit den Tutsi gewogene korrupte Elite predigten. Die lautstärksten Hutu-Extremistengruppen und die mit ihnen sympathisierenden Medien entstanden in Opposition zu Habyarimana und seiner Staatspartei. Aber gleichwohl entwickelten sie sich aus dem Apparat heraus – ein Ausdruck von Macht- und Verteilungskämpfen. Führend dabei waren Habyarimanas Ehefrau Agathe, ihre Verwandten und eine Reihe hoher Militärs.

Der Grund dafür war zum Teil außerhalb der ruandischen Grenzen zu finden. Während Ruanda in den 80er Jahren allmählich in eine ökonomische Krise schlitterte, getrieben vom Verfall der Weltmarktpreise des Hauptexportgutes Kaffee, entwickelte sich in der ruandischen Oberschicht ein Belagerungssyndrom: Überall in der Nachbarschaft schienen die Tutsi stärker zu werden. In Uganda waren die 1959–64 aus Ruanda vertriebenen Exiltutsi und ihre Nachkommen entscheidend am Sieg des Guerillachefs Yoweri Museveni beteiligt, der Anfang 1986 die Hauptstadt Kampala eroberte und das Land bis heute regiert. In Zaire unterstützten mächtige Tutsi ruandischer Abstammung das Regime des Diktators Mobutu Sese Seko und etablierten sich als Großgrundbesitzerschicht in der an Ruanda angrenzenden Provinz Nord-Kivu. In Burundi regierten straffe Tutsi-Militärdiktaturen und warfen Hutu-Bauernaufstände blutig nieder.

Die Reaktion der Regierung Ruandas auf diese Situation war, das eigene Land für »voll« zu erklären und jede Rückkehr vertriebener Tutsi unter Verweis auf die eigene Bevölkerungsdichte auszuschließen. Für die ruandischen Tutsi in den Nachbarländern war das wiederum ein Anlass zum bewaffneten Kampf. Denn ihre vermeintlich starke Stellung vor allem in Uganda und Zaire war alles andere als gefestigt. Nur wenige profitierten von der Nähe zur jeweiligen Regierung, ansonsten entwickelte sich in beiden Ländern zunehmend Unmut gegen die als übermächtig empfundenen Fremden. Die ruandischstämmigen Minderheiten in Uganda und Zaire wurden etwa im Staatsbürgerschafts- und Landeigentumsrecht benachteiligt und gerieten somit unter Druck, »nach Hause« zu gehen. In diesem Zusammenhang gründeten ruandische Tutsi-Exilanten in Uganda 1987 die Ruandische

Patriotische Front (RPF) als Guerillaarmee unter Führung ruandischer Offiziere, die in der Armee Musevenis dienten.

Am 1. Oktober 1990 marschierte die RPF in Ruanda ein. Sie eroberte keine großen Gebiete, aber Ruandas Präsident Habyarimana nutzte dies, um allgemein gegen alle Tutsi und andere mutmaßliche Gegner auszuholen. Tausende wurden nach chilenischem Muster im Stadion der Hauptstadt Kigali interniert. Ab diesem Zeitpunkt war Ruanda Bürgerkriegsland. Radikale predigten den kommenden Überlebenskampf der Hutu gegen die »Rückkehr der Tutsi-Feudalisten« und mobilisierten Arbeitslose und Kriegsflüchtlinge für ihre Milizen. Im Dezember 1990 veröffentlichte die extremistischste Hutu-Zeitung *Kangura* die berüchtigt gewordenen »Zehn Gebote an die Hutu«, die den Hutu jeglichen Kontakt zu Tutsi untersagten und jeden, der diesem Appell nicht Folge leistete, als Verräter brandmarkte. Im Dezember 1991 verfasste eine Sonderkommission des ruandischen Generalstabs eine Liste der »feindlichen Milieus«, die wie folgt definiert wurden: »Tutsi«, »unzufriedene Hutu«, »mit Tutsi verheiratete Ausländer«, »die nilo-hamitischen Völker der Region« und »flüchtige Kriminelle«.

Im September 1991 wurde bei einem Treffen von Bürgermeistern, Justiz- und Militärverantwortlichen in der Region Murara die Gründung von »Volksverteidigungsgruppen« beschlossen, in denen verheiratete Männer zwischen 25 und 40 mit »ausreichend Patriotismus, Moral, Gemeinsinn und Mut« im Gebrauch von Schusswaffen ausgebildet werden sollten. Die Jugendmiliz der Regierungspartei MRND, die Interahamwe, entstand im Laufe des Jahres 1991; ihre Mitglieder wurden in einfachen Techniken der politischen Gewalt ausgebildet – zum Beispiel wie man Festgenommenen an Straßensperren als Erstes die Achillessehnen durchschneidet, damit sie nicht mehr weglaufen können, was 1994 Tausende Tutsi einem elenden Tod aussetzte. Mehrere Quellen berichten, das damals in Ruanda stationierte französische Militär habe Ausbilder für die Interahamwe abgestellt. Im März 1992 meldete die belgische Botschaft in Ruanda ihrer Regierung, es gebe »einen geheimen Generalstab, der mit der Auslöschung der Tutsi in Ruanda beauftragt ist, um aus seiner Sicht definitiv das ethnische Problem in Ruanda zu lösen und die innere Hutu-Opposition zu vernichten«.

Immer wieder kam es schon in dieser Zeit zu Massakern, denen Hunderte von Tutsi zum Opfer fielen und bei denen als Täter zumeist

Jugendmilizionäre der Regierungspartei und Angehörige der Sicherheitskräfte identifiziert wurden. Eine internationale Menschenrechtskommission forderte im März 1993 eine Untersuchung, ob diese Vorfälle juristisch nicht als Vorstufe eines Genozids zu bewerten seien. Dass es den Tutsi darum gehe, »einem Genozid zu entkommen«, hatte bereits im Dezember 1990 die französische Botschaft in Ruanda an ihre Regierung gemeldet. Niemand kann also behaupten, die internationale Gemeinschaft hätte nicht von Anfang an zumindest von der Möglichkeit eines Völkermords gewußt. Spätestens die UN-Mission unter Roméo Dallaire hätte bei ihrer Stationierung im Herbst 1993 eigentlich umfassend informiert werden müssen. Dies war nicht der Fall. Die Planung des Völkermordes konnte seelenruhig vollendet werden und wurde dann ab dem 6. April 1994 in die Tat umgesetzt.

Die schläfrige internationale Reaktion auf das Morden in Ruanda kann also keineswegs mit mangelnder Information entschuldigt werden. Sie zu erklären, fällt heute noch schwer. Gilt letztendlich doch das infame Wort des damaligen französischen Staatspräsidenten François Mitterrand, in einem Land wie Ruanda sei ein Genozid »nicht so wichtig«? Wahr ist, dass die internationale Gemeinschaft damals gerade andere Sorgen hatte.

Zum einen hatte das klägliche Scheitern der US-geführten internationalen Militärintervention in Somalia 1993 all jenen einen empfindlichen Dämpfer versetzt, die darauf hofften, Afrikas Probleme durch bewaffnete Eingriffe von außen lösen zu können. Die Amerikaner waren Ende 1992 als grandiose humanitäre Interventionsmacht am Strand von Mogadischu gelandet, um hungernden Somalis zu helfen, und verstrickten sich sofort in Machtkämpfe mit den lokalen Milizen. Im Oktober 1993 erlitten sie in der somalischen Hauptstadt eine empfindliche militärische Niederlage; zugleich stellte sich heraus, dass sie schwere Kriegsverbrechen begangen hatten, und nun waren sie nur auf Rückzug bedacht. In den Ruinen Mogadischus starb in diesen Monaten auch das Ideal humanitärer Interventionen in Afrika. Ausbluten lassen, hieß fortan die Parole für das von Warlords zerrissene Somalia – kein Wunder, dass dies ein halbes Jahr später auch für Ruanda gelten sollte.

Zum anderen war im Frühjahr 1994 der Balkan in den Brennpunkt des Weltgeschehens und der internationalen Interventionsdebatte gerückt. Die serbische Belagerung des bosnischen Gorazde und die Untätigkeit der dortigen UN-Truppe machte Schlagzeilen weltweit, während Dallaire vergeblich versuchte, Aufmerksamkeit für die Massakervorbereitungen in Ruanda zu wecken. Und Afrika selbst stand damals im Schatten eines ganz anderen Ereignisses: das Ende der Apartheid in Südafrika. Der April 1994 war der Monat der historischen ersten allgemeinen nicht-rassischen Wahlen in Südafrika, der Mai 1994 der Monat der Amtseinführung Nelson Mandelas. Afrikas Befreiung war damit vollendet, eine neue Morgenröte brach an. Ruanda? Störte nur. Gerade viele internationale Medien zeigten sich damals unwillig oder außerstande, neben den »guten« Nachrichten aus Südafrika auch die »schlechten« aus Ruanda wahrzunehmen.

Und letztendlich verfolgten diejenigen, denen die Ereignisse in Ruanda nicht verborgen blieben, ihre eigenen Interessen. Für Frankreich war Ruanda ein Vorposten in Ostafrika. Die Familie Habyarimana war mit der Familie Mitterrand eng befreundet, Kigali war eine Drehscheibe französischer Waffengeschäfte, und an der Front gegen die RPF wurde auch das neokoloniale französische Imperium in Afrika verteidigt. Altbewährte Strategien der Guerillabekämpfung aus früheren Kolonialkriegen in Indochina und Algerien kamen in Ruanda zum Einsatz, beispielsweise durch die von Frankreich geförderte Aufstellung von Volksmilizen wie den Interahamwe. Noch gegen Ende des Völkermordes wurden führende Militärs und Planer von französischen Soldaten über den Westen Ruandas nach Zaire evakuiert.

Die USA, die eher der anderen Seite zuneigten, waren viel weniger in der Region präsent, aber auch sie trugen dazu bei, ein internationales Eingreifen gegen die Mörder zu verhindern. Sie setzten auf den militärischen Sieg der Rebellenarmee als schnelleren und effizienteren Weg, den Völkermord zu stoppen. Aber tatkräftige Hilfe dazu leisteten sie nicht. Die RPF brauchte schließlich drei Monate, um Ruanda zu erobern – zu lange für die Tutsi.

Erklärungen der Reflexe

Im Rückblick ist Geschichte immer einfach zu erklären. Was heute als so bestürzend folgerichtig erscheint, war damals aber unvorstellbar, trotz der Geheimdienstberichte, die vor einem Völkermord warnten. Um zu begreifen, was da vor sich ging und mit welcher Logik in all ihrem Schrecken sich der Völkermord entfaltete, braucht es Distanz. Die gab es im Frühjahr 1994 nicht.

Die Reaktionen auf die dann nicht mehr zu leugnende Katastrophe zeugten von Hilflosigkeit. Ein Reflex so mancher Freunde Ruandas war Enttäuschung und Ernüchterung, bei Krisen auf dem »schwarzen Kontinent« immer leicht bei der Hand: So sind sie halt, die Afrikaner – Frieden und Ordnung sind nur Fassade, um ausländisches Geld anzulocken; in Wirklichkeit aber ist der Wilde nicht edel, sondern wild, es herrscht düsterste Blutrünstigkeit, und irgendwann nimmt die Natur des Schwarzen halt ihren Lauf.

Ein anderer Reflex war die Verschwörungstheorie des imperialistischen Komplotts, bei internationalen Krisen ebenso leicht bei der Hand und gerade im Afrika der großen Seen immer fruchtbar: Ruanda selbst war doch eigentlich gut, also musste das Böse von außen gekommen sein; und waren die bewaffneten Tutsi in der RPF nicht aus Uganda einmarschiert, einem anglophonen Land, das mit den USA verbündet war und das frankophone Ruanda einer angelsächsischen Einflusssphäre einverleiben wollte? Waren die Tutsi nicht überhaupt Fremdlinge, denen man sowieso nicht trauen kann?

Reißerische Experten, von denen manche bis heute noch diese Weltsicht propagieren, waren sich schnell sicher: Es gab gar keinen Völkermord, sondern nur eine wohl etwas übereifrige Selbstverteidigung panischer Hutu gegen die gefürchtete Rückkehr der Tutsi-Blutsauger; und sofern es doch einen Völkermord gab, dann waren die Tutsi selbst dran schuld, denn sie hatten durch die Ermordung des ruandischen Hutu-Präsidenten Juvénal Habyarimana per Flugzeugabschuss am Abend des 6. April 1994 den Startschuss für eine Militäroffensive ihrer RPF gegeben, die es nun mit Hutu-Volksmilizen abzuwehren galt, wobei natürlich jeder Tutsi objektiv als Rebellensympathisant und daher als zu beseitigender Feind gelten musste.

Beide Sichtweisen sind bis heute erstaunlich weit verbreitet, und beide sind Geschichtsklitterung; sie entlasten die Täter des Völkermordes, verhöhnen die Opfer und leugnen die reale Dimension des Genozids. Zentral ist bis heute in der internationalen Diskussion die Frage, wer denn eigentlich für den Abschuss des Flugzeuges mit Habyarimana und seinem burundischen Amtskollegen am 6. April 1994 verantwortlich gewesen ist, nach dem die Massaker einsetzten und nicht wieder aufhörten. Aussagen exilierter Dissidenten der RPF belasten die Rebellenarmee und ihren Führer Paul Kagame als Planer des Anschlages. Sie werden durch Untersuchungen gestützt, wonach die zum Abschuss verwendeten Raketen über Uganda nach Ruanda gekommen seien und daher in RPF-Besitz gewesen sein müssen. Der letzte Punkt vernachlässigt jedoch die verschlungenen Wege des afrikanischen Waffenschmuggels; dem ersten widerspricht der von unzähligen Quellen bestätigte Augenschein in Kigali am Tag selbst: Der Hügel, von dem aus der Abschuss erfolgte, stand unter Kontrolle der Präsidialgarde; der Flughafen, dessen Lichter während des Anflugs der Maschine ausgingen, um die Piloten zu verwirren und eine Notlandung unmöglich zu machen, ebenfalls; keine halbe Stunde nach dem Anschlag machten bereits Soldaten und Milizen in Kigali gegen Regierungsgegner mobil, bevor sich die Nachricht überhaupt verbreitet hatte.

Am wahrscheinlichsten ist, dass tatsächlich Habyarimanas eigene Garde – die einer möglichen Machtteilung zwischen dem Präsidenten und der RPF ablehnend gegenüberstand – das Flugzeug abschoss; und dass ziemlich viele politische Akteure, die RPF und sämtliche internationalen Beobachter eingeschlossen, von der Planung dafür vorher wussten: als einer von vielen möglichen Eskalationsstrategien in dieser instabilen Zeit, in der es einen Friedensprozess durchzusetzen galt, den viele Mächtige nicht wollten. Der Abschuss der Präsidentenmaschine ist Stoff für einen langen Historikerstreit, und letztendlich führt er ins Leere, denn an einer Wahrheit kommt ohnehin keine Theorie vorbei: Die Planungen für den Genozid liefen auf Hochtouren und waren bekannt, und für den Völkermord sind nun einmal seine Täter verantwortlich, denn die Tutsi haben sich ja nicht selber umgebracht.

Für die Apologeten des Genozids, die das Massenmorden als Selbstverteidigung der Hutu darstellen, sind jedoch weniger diese Massaker der Höhepunkt der ruandischen Apokalypse als vielmehr im Juli 1994 der Zusammenbruch des für den Genozid verantwortlichen Militärregimes infolge des Vormarsches der RPF-Rebellen. Die Völkermörder verzogen sich nach Zaire und nahmen Staatskasse, Verwaltungsapparat und mehrere Millionen Hutu-Zivilisten mit. Da sie die Tutsi letztendlich nicht auslöschen und die RPF nicht militärisch besiegen konnten, wollten sie zumindest verbrannte Erde hinterlassen. Um ihr eigenes Volk kümmerten sie sich dabei genauso wenig wie in all den Jahrzehnten zuvor. Das Leiden in den Hutu-Flüchtlingslagern von Zaire im Juli 1994, als Zehntausende entkräftete Menschen an Cholera starben, machte Ruanda in den internationalen Medien zum ersten Mal zum Thema Nummer eins, denn endlich galten die Opfer als eindeutig unschuldig. Der Völkermord vorher erweckte längst nicht so viel Entsetzen, denn hier war ja zunächst immer der Verdacht mit im Spiel, die toten Tutsi seien doch eigentlich Kriegspartei. Internationale Hilfe ergoss sich in die Flüchtlingslager, während Ruanda als Ansammlung von Massengräbern sich selbst überlassen blieb.

So setzte sich die Geschichtsklitterung fort: Ruandas Drama war fortan in der internationalen Wahrnehmung ein Flüchtlingsdrama, das sich in Zaire abspielte. In den dortigen Lagern konnten sich ausländische Helfer die alte ruandische Ordnung weiter vorgaukeln: straff organisierte Behörden im Exil, die ihre aus Ruanda mitgenommenen Bürger nach Gemeinden und Sektoren ordneten und sie weiter verwalteten wie einst in der Heimat; brave und unterwürfige Flüchtlinge, die wie Flüchtlinge überall ihr Überleben der Mildtätigkeit Fremder anvertrauten und von ihren Führern in aller Ruhe auf den nächsten Krieg zur Rückeroberung Ruandas vorbereitet wurden. Mit der Hilfe strömten Waffen in die Lager; aber als schließlich die RPF ab 1996 aus Ruanda in Zaire einmarschierte, um die hochgerüsteten Flüchtlingslager zu zerschlagen, regte sich breiter internationaler Protest, wie man ihn 1994 bei den Massenmorden in Ruanda selbst vergeblich erhofft hatte.

Die Empörung der Welt im Herbst 1996 und Frühjahr 1997 über die gewaltsame Auflösung der Hutu-Flüchtlingslager in Kongo/Zaire war ein verspätetes Aufheulen dagegen, dass die RPF überhaupt Ruanda regierte. Nun erst tauchten die vielen revisionistischen Theorien des »doppelten Völkermords« auf, also die Unterstellung eines Massenmords der Tutsi an den Hutu gleichsam als Spiegelbild der Ereignisse von 1994. Wahlweise wurde der »zweite« Völkermord nach Ruanda hinein verlegt, in die Monate nach der RPF-Machtergreifung 1994, oder nach Kongo/Zaire, in den Krieg von 1996/97. Phantasiezahlen von zwei Millionen toten Hutu, davon bis zu 500.000 toten Flüchtlingen, machten die Runde. Tatsächlich sind von den Flüchtlingen, die damals spurlos aus den Lagern verschwanden, seither fast alle lebend wieder aufgetaucht, und die wahre Anzahl der Opfer der RPF in Ruanda und Kongo 1994–97 dürfte bei einigen Zehntausend liegen – schlimm genug, und doch nicht mehr, als damals im April 1994 innerhalb einiger weniger Tage umgebracht wurden. Aber selbst solche Aufrechnungen von Leichen zeugen von der Perversität der gesamten Debatte. Ihre Fortsetzung bis heute findet sie in einer für Afrika völlig untypischen Empfindlichkeit der internationalen Gemeinschaft gegenüber jeder ruandischen Einflussnahme im Nachbarland Kongo.

Irgendwie, als kaum wahrnehmbarer Schatten, wirkt immer noch das alte Vorurteil nach: Ruanda und die Region insgesamt sind zum Untergang verdammt, solange die Tutsi regieren.

Bis 2002 stand Ruandas Armee tief im Kongo, und ihre ruandischen Gegner sind dort noch jetzt aktiv. Die Reste der Habyarimana-Armee und der Interahamwe haben sich als Ruandische Befreiungsarmee (ALIR) und als Demokratische Kräfte zur Befreiung Ruandas (FDLR) politisch-militärisch reorganisiert; bis 1998 waren sie auch im Nordwesten Ruandas selbst aktiv, bis heute operieren sie im Osten des Kongo. Noch im November–Dezember 2004 kam es deswegen zu einer neuen Blitzoperation der ruandischen RPF-Armee gegen Milizenbasen im Kongo – der Krieg geht weiter, trotz der dortigen Anwesenheit einer stattlichen UN-Blauhelmmission, die aber ebenso wenig wie in Ruanda vor dem Völkermord Herr der Lage zu sein scheint. So wiederholt sich Geschichte, in anderen Zeiten und anderen Räumen, zum Teil mit den alten Akteuren, zum Teil mit neuen, aber mit unveränderten Mustern eines scheinbar endlosen Kampfes bis aufs Messer.

Das »neue« Ruanda

Im Sommer 1994 war Ruanda ein Land voller Leichen. Die meisten Zivilisten waren mit dem alten Regime nach Zaire oder in die von französischen Militärs Ende Juni eingerichtete »Schutzzone« im Südwesten Ruandas geflohen. Sie hinterließen ein Land, das nicht mehr wiederzuerkennen war. Reisende berichteten von gigantischen Leichenstapeln, die die fliehenden Milizen hinterlassen hatten, teils ordentlich nach Körperteilen aufgeschichtet wie Feuerholz. Immer wieder fand man einzelne überlebende Kinder zwischen den verwesenden Körpern ihrer toten Familien. Wer dies durchlebt hat, ist hinterher nicht mehr derselbe Mensch.

Ruanda war ein Drama im Stillen: ein Drama von überlebenden Witwen und Waisen, von zutiefst traumatisierten Restbewohnern, von einer ratlosen und wildverzweifelten Guerilla, die hinter jeder Ruine Massenmörder wähnte und in jedem Garten ihre eigenen getöteten Angehörigen fand, und die sich zugleich inmitten dieser Ruinen als Regierung und Staatsmacht behaupten musste.

So wuchs in den Trümmern des Völkermordes ein »neues Ruanda« heran, linkisch und forsch zugleich. Die RPF-Guerilla übernahm den

Staat und behielt trotz der Fassade einer Allparteienregierung den Großteil der Macht. Zuerst reichte diese Macht nur so weit wie die Schussweite der RPF-Gewehrläufe. Die neue Regierung ließ sich ohne Mittel in den Trümmern des alten Systems nieder und improvisierte hilflos herum, während die meisten Finanzmittel, Autos und gut ausgestatteten Büros internationalen Hilfswerken vorbehalten waren. Parallel dazu ließ sich eine neue Schicht aus in Uganda aufgewachsenen ruandischen Tutsi in Kigali nieder, die wenig vom Leid des Landes wusste.

Die ersten fünf Jahre der neuen Regierung waren faktisch Kriegszeit. 1994/95 führte die RPF nach wie vor Krieg gegen die Reste des alten Regimes und vermutete Restmilizen im eigenen Land, während direkt hinter der Grenze in Zaire der alte ruandische Staat sich in den Flüchtlingslagern erneut aufrüstete und für die Rückrunde im Krieg mobil machte. Die RPF kam dem zuvor, indem sie 1996/97 den Krieg nach Zaire trug – einen Krieg, aus dem sie bis heute in wechselnden Konstellationen nicht mehr herausgefunden hat und der unermessliches Leid über den Kongo gebracht hat. Es ist völlig unmöglich, das Schicksal Ruandas von dem des Ostkongo zu trennen. In Sichtweite von der ruandischen Grenze aus liegen auf kongolesischer Seite mit Goma und Bukavu zwei Städte, die größer sind als jede Stadt in Ruanda mit Ausnahme Kigalis. Vor allem Goma ist mit dem benachbarten ruandischen Gisenyi inzwischen praktisch zu einer Metropole zusammengewachsen. Bis 1998 war der Westen Ruandas, vor allem der Nordwesten, Kriegsgebiet, mit häufigen Angriffen von Milizen aus Kongo und permanenter Unsicherheit.

In Ruanda selbst predigt die RPF-Regierung das Ende der Hutu-Tutsi-Dichotomie. Eine ihrer ersten Amtshandlungen 1994 war die Abschaffung der Kennzeichnung jedes Ruanders als Hutu, Tutsi oder Twa in den Personalausweisen. Im »neuen Ruanda« gibt es nur noch Ruander, und die Einheit geht weit über die formale Tilgung der »ethnischen« Zugehörigkeit hinaus. Die seit 2003 geltende neue Verfassung stellt »Divisionismus«, also die Betonung aller Unterschiede zwischen Hutu und Tutsi, unter Strafe. Politische Parteien können verboten werden und Politiker vor Gericht kommen, wenn sie »Divisionismus« predigen. Präsident Paul Kagame ließ sich 2003 mit 96 Prozent der Wählerstimmen im Amt bestätigen, und vermutlich taten die Ruander das sogar freiwillig.

Das »neue Ruanda« wird in Afrika nichtsdestoweniger als Lichtgestalt gehandelt: ein Modell »guter Regierungsführung«, ein führendes Mitglied der AU und ihr eifrigster Friedenstruppenentsender. Ambitionierte Entwicklungspläne, festgehalten im Projekt »Vision 2020«, malen ein Ruanda als Zentrum von Spitzentechnologie und hochwertiger Industrie. Da Ruanda heute schon mit etwa acht Millionen Einwohnern auf der Fläche Belgiens eine der höchsten Bevölkerungsdichten der Welt hat und die Einwohnerzahl sich innerhalb der nächsten Generation verdoppeln dürfte, soll das Land zwingend auf eine neue sozio-ökonomische Grundlage gestellt werden. Das »alte Ruanda« aus Subsistenzbauern ist dem Untergang geweiht: Die Parzellierung des Ackerlandes in immer kleinere Höfe soll ein Ende haben, die Bauern sollen für den Weltmarkt produzieren statt für sich selbst. Die Zukunft gehört den Städten, der Wissenschaft, der Disziplin, der Technologie. Kigali wächst in einem ungeheuren Tempo, steht voller Baustellen und wird pausenlos mit Kampagnen zu Sauberkeit und gesellschaftlicher Ordnung überschüttet. Eine Zeit lang sollte sogar die Landbevölkerung kollektiv und zwangsweise aus ihren isolierten Höfen in neu gebaute Dörfer umgesiedelt werden, aber dies scheiterte am Geldmangel und am Widerstand der Betroffenen.

Insgesamt gilt für das »neue Ruanda« das zynische Wort Bertolt Brechts für die DDR 1953: Die Mächtigen lösten sich ihr Volk auf und schufen sich ein neues. Mit dem Unterschied, dass das Volk schon aufgelöst war – durch Genozid und Massenflucht. Hohe Geburtenraten und eine nach wie vor bescheidene Lebenserwartung sorgen für einen schnellen Bevölkerungsaustausch: 30 Prozent der Ruander sind heute schon nach dem Völkermord geboren, 43 Prozent sind unter 15 Jahre alt, viele andere wanderten erst nach dem Genozid aus Nachbarländern ein. So kennt die Hälfte der Bevölkerung das Geschehen von 1994 nicht mehr aus eigener Erinnerung, und schon gar nicht mehr die Zeit davor mit ihrer Hutu-Befreiungsideologie.

Das heißt nicht, dass die »Ideologie des Völkermordes« aus Ruanda verschwunden wäre. Ruandas führender Psychologe Simon Gasibirege geht davon aus, dass bis heute ein Drittel der ruandischen Bevölkerung die Auslöschung der Tutsi für richtig hält. Und je mehr von den 1994 verhafteten oder geflohenen Mördern aus den Gefängnissen oder den ausländischen Flüchtlingslagern zurück nach Hause kommen, desto präsenter sind die Täter wieder in der Gesellschaft. So steht die Probe aufs Exempel Ruanda vielleicht erst noch bevor – nämlich dann, wenn der vom Trauma des Massenmordens erzwungene starre Blick nach vorn gelockert werden kann und eine ehrliche Vergangenheitsbewältigung beginnt.

Diese Aufgabe ist so unvorstellbar wie der Genozid selbst. Das ganze Volk ist von den Ereignissen von 1994 betroffen, als Täter, als Opfer oder als Mitwisser. Schon in den ersten Jahren nach dem Genozid kamen bis zu 130.000 Menschen wegen des Verdachts der Beteiligung an den Massakern in Haft. Heute sind es nur noch die Hälfte, aber in den Akten der ruandischen Justiz stehen inzwischen 556.000 Namen, und darin ist noch längst nicht das ganze Land systematisch erfasst. Mit einer Million Tätern rechnet die ruandische Justiz. Bisher standen weniger als 10.000 vor Gericht.

Die »dicken Fische«, die Generäle und führenden Politiker, die den Genozid planten und seine Ausführung überwachten, entziehen sich ohnehin dem Arm der ruandischen Justiz. Für sie ist theoretisch ein UN-Tribunal im tansanischen Arusha zuständig, 1995 vom UN-Sicherheitsrat eingerichtet. Seit seinem ersten Prozess, der im Januar 1997 begann, hat das UN-Tribunal 17 Urteile über 23 Beschuldigte gefällt, von denen 20 verurteilt und drei freigesprochen wurden. Sechs der Verurteilten sitzen ihre Haftstrafen gegenwärtig in Mali ab, der Rest ist in UN-Gewahrsam in Arusha. Dort sitzen zusätzlich 25 Untersuchungshäftlinge ein, die in acht separaten Sammelprozessen abgeurteilt werden sollen. 14 Beschuldigte sind noch auf freiem Fuß, die meisten davon im Kongo. Gegen 15 weitere Verdächtige wird noch ermittelt, und gegen 40 weitere sind vorläufige Untersuchungen im Gange. Das Tribunal will ab 2005 einige seiner Fälle nach Ruanda verlagern und seine Arbeit bis 2010 beenden.

Diese Zahlen machen deutlich, dass nur ein Bruchteil der führenden Verantwortlichen je vor einem Richter stehen wird. Immerhin gehören zu den Verurteilten Jean Kambanda, der Premierminister der Extremistenregierung, die nach dem Tod von Präsident Juvénal Habyarimana und der Ermordung von Premierministerin Agathe Uwilingiyamana Ruanda regierte, sowie vier seiner Minister. Im Laufe des Jahres 2005 wird das Urteil gegen den Militärführer des Genozids erwartet, Théoneste Bagosora; ebenfalls noch vor Gericht stehen weitere hochrangige damalige Völkermordführer wie Generalstabschef Bizimungu, Armeegeneral Kabiligi und Außenminister Bicamumpaka.

Die systematische Erfassung des Geschehens von 1994, also eine komplette Rekonstruktion des Mordens und eine flächendeckende Bestrafung der Täter, wird erst möglich sein, wenn in jeder einzelnen ruandischen Gemeinde die schwierige Aufgabe der Wahrheitsfindung begonnen hat. Diesem Ziel, neben dem der Gerechtigkeit für Opfer und Täter, dienen die ruandischen »Gacaca«-Gerichte – Dorfversammlungen nach alter Bauerntradition, wo die gesamte erwachsene Bevölkerung sich trifft und miteinander diskutiert. 2002 wurden in ganz Ruanda Gacaca-Richter gewählt – ehrenamtliche Laienrichter, die die Verfahren leiten sollen. Die Prozesse selbst sollen 2005 landesweit beginnen; dass es so lange gedauert hat, liegt an der unerwarteten Kompliziertheit des Verfahrens. Erst einmal muss anhand der 556.000 vorhandenen Akten geklärt werden, welche Gemeinde für welche Angeklagten zuständig ist. Dann müssen die Angeklagten vorgeführt werden. Dann müssen die Laienrichter entscheiden, weswegen sie genau angeklagt sind. Ist die Tat zu schwer, geht es also beispielsweise um das Mitorganisieren der Massaker, müssen die Fälle zurück an die richtige Justiz. Der große Rest, sicher über 90 Prozent der Beschuldigten, wird sich der Befragung durch die eigene Gemeinschaft stellen müssen.

Dieser traumatische Akt wird Ruanda in Zerreißproben stürzen. Schon jetzt gibt es große soziale Spannungen und sogar eine Zunahme der Gewaltverbrechen, weil Zehntausende inhaftierter Untersuchungshäftlinge seit Anfang 2003 freigelassen worden sind, um in ihren Heimatgemeinden registriert und als Angeklagte aufgenommen zu werden. Solange die Gacaca-Prozesse nicht begonnen haben, leben sie unverurteilt, also faktisch amnestiert, mitten unter ihren Opfern und dem Rest der Gesellschaft.

Denn es gibt in Ruanda ja nicht nur die Täter und die Opfer des Völkermordes. Es gibt auch die damals exilierten Tutsi, die heute wieder in Ruanda leben. Es gibt die nach dem Genozid geflohenen Hutu, die erst Jahre später wieder zurückkehrten. Zum ersten Mal seit der Unabhängigkeit leben heute so gut wie alle Ruander wieder im eigenen Land. Das produziert neue soziale Schichtungen und Spannungen, die eventuell an die Stelle der Dichotomie von Hutu und Tutsi treten werden, dafür aber nicht unbedingt unproblematischer ausfallen.

Noch heute ist Ruanda im Grunde eine einzige Baustelle. Das gilt für den physischen Bereich, wo der Wiederaufbau in vielen Bereichen noch längst nicht abgeschlossen ist, ebenso wie für die Psyche der Menschen selbst und in der Gesellschaft im Ganzen. Es gibt in Ruanda keine einzige intakte Gemeinschaft mehr. Es gibt keine Biographie ohne Brüche und Schäden. Es gibt keine Zukunftsperspektive, die nicht im Schatten einer düsteren Vergangenheit steht. Das ist das Erbe von 1994.

Auf einer Anhöhe in Gisozi, einem Außenbezirk von Kigali, liegt Ruandas zentrale Völkermordgedenkstätte. Eine von britischen Beratern mit Hilfe des Londoner Imperial War Museum eingerichtete Ausstellung, schlicht im Kreis gruppiert mit einer Skulptur in der Mitte, erzählt die Vorgeschichte und die Geschichte des Mordens, in einfachen dürren Sätzen auf Englisch, Französisch und Ruandisch, mit verstörenden Fotos und Dokumenten, mit Äxten und Macheten hinter Glas und kurzen Videoszenen, die einem die Sprache verschlagen. Bemalte Glasfenster, wie Kirchenfenster, zeigen drastische oder auch symbolische Darstellungen; ansonsten liegt der Ausstellungsweg im Dunkeln. Es sind meist Touristen, die hierher kommen; die Ruander haben das nicht nötig. Die Besucher kommen mit verstörten Gesichtern wieder heraus. Verschämt blinzeln sie in das helle Tageslicht und werfen ihre Spenden in den Glaskasten am Eingang, neben dem mit ausdruckslosem Blick ein Wachmann sitzt. Draußen, mit Blick über die Stadt, reihen sich Massengräber aneinander. Die Überreste von 250.000 Leichen sind hier beigesetzt. Es herrscht Stille; die nächste Hauptstraße liegt unten im Tal, und eine hohe Mauer schützt den steilen Abhang vor der Sicht vom nächsten Weg oberhalb. Auf manchen Grabstellen liegen Rosen, andere sehen so aus, als seien sie noch nicht voll belegt.

Die meisten anderen Gedenkstätten in Ruanda sind viel rudimentärer, mit gigantischen Knochenansammlungen hinter Glas oder auf Kirchenbänken. Oft handelt es sich einfach um die Grundmauern einer verrufenen Stätte, wo die Luft drückt und die Kinder beim Fußballspiel einen Bogen machen und wo bis heute das Unkraut irgendwie anders wächst.

Eine offizielle Zählung der Opfer des Völkermords einschließlich aller bewaffneten Auseinandersetzungen zwischen dem Beginn des Bürgerkrieges im Oktober 1990 und Ende 1994, von Ruandas Regierung kurz vor Weihnachten 2001 veröffentlicht, verzeichnet 1.074.017 Tote, davon 951.018 namentlich identifiziert. 97,3 Prozent davon waren Tutsi. 56 Prozent waren männlichen Geschlechts, 50,1 Prozent waren Kinder. 37,9 Prozent wurden mit Macheten umgebracht, 16,8 Prozent mit Keulen erschlagen, 14,8 Prozent erschossen, acht Prozent zu Tode geprügelt, vier Prozent in Latrinen ertränkt. Die anderen wurden lebendig verbrannt, in Stücke gerissen, aufgehängt, zu Tode vergewaltigt, zum Selbstmord gezwungen oder überfahren.

Glossar

5ième Brigade-Group: 5. Kanadische Mechanisierte Brigadegruppe, eine alle Waffengattungen umfassende frankophone, in Valcartier, Quebec, stationierte Einheit der kanadischen Streitkräfte.

5ième Régiment d'Artillerie Légère du Canada: Das frankophone, in Valcartier, Quebec, stationierte Artillerieregiment der regulären Streitkräfte der kanadischen Armee, dem General Dallaire angehörte und das er später kommandierte.

Abteilung für Feldeinsätze →FOD

Abteilung für friedenssichernde Einsätze →DPKO

Abteilung für humanitäre Angelegenheiten →DHA

Abteilung für politische Angelegenheiten →DPA

Adjutant: Ein Offizier, der einem hochrangigen Kommandeur als persönlicher Assistent dient.

Agathe, Madame: Agathe Uwilingiyimana, Premierministerin der Interimsregierung von der →MDR vor dem erneuten Ausbruch des Bürgerkrieges und dem Beginn des Völkermordes in Ruanda. Moderate Hutu, am 7. April 1993 ins Amt gekommen, am 7. April 1994 ermordet.

Allard, Jean Victor, General: Kanadischer Kriegsheld des Zweiten Weltkriegs, später kanadischer Verteidigungsminister.

Amahoro-Stadion: Ein Komplex aus Sportstadion, Trainingseinrichtungen, Parkplätzen und einem Hotel für Athleten im Osten Kigalis, wo das Truppenhauptquartier von UNAMIR untergebracht war. Amahoro bedeutet auf Kinyarwanda »Frieden«.

Annabi, Hédi: Leiter der Afrika-Sektion der politischen Abteilung des →DPKO.

Annan, Kofi A.: Stellvertretender Generalsekretär für Friedensmissionen

(März 1993 bis Dezember 1996) im →DPKO, Generalsekretär der UNO seit dem 1. Januar 1997. Ghanaer.

Anyidoho, Henry, Brigadegeneral: Stellvertretender Truppenkommandeur und Stabschef von UNAMIR aus Ghana ab dem 21. Januar 1994; blieb über das Ausscheiden von General Dallaire hinaus bei der Mission.

Appell: Das Antreten von Soldaten vor ihrem Kommandeur zur Ausgabe von Befehlen und zur Überprüfung ihrer Ausführung.

Armee: Von Hutu beherrschte ruandische Regierungsarmee. Sprachen: Kinyarwanda und Französisch.

Arusha-Friedensabkommen: Abkommen zwischen der →RPF und der Regierung von Ruanda aus fünf Einzelprotokollen, das den Bürgerkrieg in Ruanda beendete und den Friedensprozess in Gang setzte, der zur Einführung der Demokratie und zur Achtung der Menschenrechte in Ruanda führen sollte. Unterzeichnet am 4. August 1993.

Ärzte ohne Grenzen: Unabhängige humanitäre Hilfsorganisation von Ärzten, die medizinische Hilfe leistet, wo immer sie gebraucht wird.

AU (African Union) →OAU

Ausschuss für Verwaltung und Haushalt (Fifth Committee): Ausschuss der UN-Generalversammlung, der in geschlossener Sitzung das Budget von Friedensmissionen festlegt und billigt.

Austdal, Mike, Oberstleutnant: Kommandeur des kanadischen Verstärkungskontingents für Ruanda.

Bagogwe-Garnison: Ausbildungslager der ruandischen Regierungstruppen in Nordwestruanda.

Bagosora, Théoneste, Oberst: Persönlicher Referent des Verteidigungsministers, Angehöriger der Regierungsarmee, bekannter Hutu-Extremist, der gegenwärtig seinen Prozess vor dem Internationalen Strafgerichtshof über Ruanda erwartet.

Ballis, Walter, Oberstleutnant: Belgischer Stabsoffizier, bei UNAMIR stellvertretender Einsatzoffizier.

Barayagwiza, Jean-Bosco: Einer der Führer der extremistischen →CDR.

Baril, Maurice, General: Kanadischer Militärberater des UN-Generalsekretärs und Chef der Militärabteilung des →DPKO.

Bataillon, leichtes: Unmotorisierte Infanterieeinheit verschiedener Größe.

Bataillon: Im Idealfall eine homogene Einheit von 800 Soldaten mit einem Hauptquartier, zugehöriger Stabskompanie und 4 Schützenkompanien.

Beardsley, Brent, Major: Kanadischer Militärassistent von General Dallaire von Juli 1993 bis 1. Mai 1994, wegen Krankheit nach Kanada evakuiert, kehrte nicht zur Mission zurück.

Belgacem, Mohammed, Kommandeur: Tunesischer Kompaniekommandeur bei der neutralen Militärbeobachtergruppe der →OAU in Ruanda, ab November 1993 bei UNAMIR 1 und 2.

Bicamumpaka, Jérôme: Hutu-Extremist von der →MDR, Außenminister der extremistischen Interimsregierung, der mit einer Desinformationskampagne in Europa und New York den Völkermord zu vertuschen suchte.

Bizimana, Augustin: Verteidigungsminister, Hutu-Extremist von der →MRND.

Bizimana, Jean-Damascène: Ruandischer Botschafter bei der UNO im September 1993, Mitglied des Sicherheitsrates ab 1994.

Bizimungu, Augustin, Oberstleutnant: Zu Beginn des Konflikts zum Generalmajor befördert, Stabschef der Regierungsarmee, übernahm das Amt Ende April 1994 von Léonidas Rusatira, der Déogratias Nsabimana, einen Hutu-Extremisten, ersetzt hatte.

Bizimungu, Pasteur: Oberster Politikberater der →RPF, Mitglied des Exekutivkomitees der RPF und Kommissar für Information und Dokumentation, Hutu. Von Juli 1994 bis März 2000 Präsident von Ruanda.

Blagdon, Paddy, Brigadegeneral a. D.: Leiter des UN-Minenräumprogramms.

Blauhelm: Umgangssprachlicher Ausdruck für UN-Friedenshüter, der sich von den hellblauen Helmen (oder Baretten) der UN-Soldaten ableitet.

Bleim, Manfred: Leiter der Zivilpolizeidivision der UNO.

Booh-Booh, Jacques-Roger: Missionschef vom 22. November 1993 bis Mai 1994, Diplomat und ehemaliger Außenminister Kameruns.

Brahimi-Report: Interne UN-Studie zu Friedensmissionen nach dem Einsatz in Ruanda mit umfassenden Empfehlungen zur Verbesserung von UN-Friedenseinsätzen (im Internet unter http://www.un.org/peace/reports/peace_operations/; Site zuletzt besucht am 10. Okt. 2004).

Brent →Beardsley, Brent

Brigade: Mehrere Einheiten unter einem Brigadehauptquartier, je nach Land und Art mit einer Truppenstärke zwischen 3.000 bis 6.000 Soldaten.

Bucyana, Martin: Präsident der extremistischen Hutu-Partei →CDR, am 22. Februar 1994 von Gemäßigten aus Vergeltung für die Ermordung von Félicien Gatabazi am 21. Februar getötet.

Bushnell, Prudence: Leiterin der Abteilung für afrikanische Angelegenheiten im US-Außenministerium.

Bussières, Michel, Major: Kanadischer Offizier, von Somalia zu UNAMIR versetzt und dort als leitender Personaloffizier tätig.

Butare: Präfektur in Ruanda im zentralen Süden des Landes, Hauptstadt Butare, Standort des Hauptquartiers des Südsektors von UNAMIR.

Butros-Ghali, Butros: Generalsekretär der UNO von Januar 1992 bis Dezember 1996.

Byumba: Präfektur im zentralen Norden, Hauptstadt gleichen Namens, Standort des UNAMIR-Sektorhauptquartiers der entmilitarisierten Zone. Garnison der Regierungsarmee im selben Gebiet in der Nähe der demilitarisierten Zone. Heimatstadt von Verteidigungsminister Bizimana.

Carroll, Linda: Kanadische Geschäftsträgerin in Ruanda, unter deren Leitung über 100 Kanadier erfolgreich evakuiert wurden.

CDR (Coalition pour la Défense de la République): Koalition zur Verteidigung der Republik, Partei der Hutu-Extremisten, Splittergruppe der →MRND, geführt von Jean Shyirambere Barahinyura, Jean-Bosco Barayagwiza und Martin Bucyana. Die Führung der CDR weigerte sich, das Arusha-Friedensabkommen und den Ethikkodex zu unterzeichnen und wurde von der Übergangsregierung ausgeschlossen. Offene und gewalttätige Tutsi-Feinde.

Charlier, Jose, General Jose: Stabschef der belgischen Armee.

Chastelain, John de, General: Kanadischer Stabschef.

Christdemokratische Partei →PDC

CIDA (Canadian International Development Agency): Kanadische Entwicklungshilfeagentur.

Claes, Willy: Belgischer Außenminister, besuchte Ruanda und UNAMIR im Februar 1994.

Claeys, Frank, Hauptmann: Belgischer Offizier der Fallschirmjäger und Spezialkräfte, Leiter der Aufklärungsabteilung von UNAMIR.

Collège Militaire Royal de Saint-Jean: Frankophone Militärakademie in Kanada. General Dallaire besuchte die Schule als Offizierskadett und diente später als ihr Kommandeur.

Commune: Politische Untereinheit einer Präfektur, entspricht einem Regierungsbezirk.

Dallaire, Roméo A., General: Kanadischer Truppenkommandeur von UNAMIR und Chefmilitärbeobachter von UNOMUR von Oktober 1993 bis August 1994, am 1. Januar 1994 in den Rang eines Generalfeldmajors befördert, im Rang eines Generalleutnants am 22. April 2000 aus dem aktiven Dienst ausgeschieden.

Delcroix, Léo: Belgischer Verteidigungsminister, besuchte UNAMIR im März 1994.

Delporte, Eddy, Major: Belgischer Offizier der Militärpolizei, führte bei der technischen Mission in Ruanda eine Analyse der Gendarmerie durch, kam von der UN-Mission in der Westsahara (MINURSO) zu UNAMIR und blieb bis April 1994.

Deme, Amadou, Hauptmann: Senegalesischer Offizier, diente in der Aufklärungsabteilung von UNAMIR, sah im Januar 1994 geheimes Waffenlager, wurde nach Abzug der Belgier im April 1994 Kommandeur ihres Sektors.

Demokratisch-republikanische Bewegung →MDR

Dessande, Beadengar: Ehemaliger Botschafter aus dem Tschad und politischer Berater im Stab des Missionschefs von UNAMIR.

Dewez, Joe, Oberstleutnant: Kommandierender belgischer Offizier der 2. Belgischen Fallschirmjägereinheit vom 1. bis 20. April 1994, abgelöst durch Oberstleutnant LeRoy.

DHA (Department of Humanitarian Affairs): Abteilung für humanitäre Angelegenheiten, im Januar 1998 in Koordinationsbüro für humanitäre Angelegenheiten (Office for the Coordination of Humanitarian Affairs, OCHA) umbenannt, ist Teil des UN-Sekretariats und hat die Aufgabe, UN-Hilfe in humanitären Krisen zu koordinieren, die die Fähigkeiten und Befugnisse jeder einzelnen humanitären UN-Behörde übersteigen.

Diagne, Hauptmann: Senegalesischer Militärbeobachter, der das Leben von Premierministerin Agathes Kindern rettete und später von einer Mörsergranate in Kigali getötet wurde.

Don-Bosco-Schule (École Technique Officielle): Belgischer Stützpunkt in Kigali, wo die belgische Truppe 2.000 Ruander, vor allem Tutsi, sich selbst überließ, die daraufhin fast alle von der Interahamwe massakriert wurden.

Doyle, Mark: BBC-Journalist und der einzige Reporter, der während des gesamten Völkermordes in Ruanda blieb.

DPA (Department of Political Affairs): Abteilung für politische Angelegenheiten, deren Aufgabe es ist, dem Generalsekretär Rat und Unterstützung bei allen politischen Angelegenheiten zu geben, die mit der Ausübung seiner weltweiten Verantwortung gemäß der UN-Charta zur Bewahrung und Wiederherstellung von Frieden und Sicherheit verbunden sind.

DPKO (Department of Peacekeeping Operations): UN-Hauptabteilung für friedenssichernde Einsätze unter der Leitung von Kofi Annan.

Dr. Jacques: Kampfname des politischen RPF-Offiziers im Nationalratsgebäude in Kigali.

Dritte Kraft: Von UNAMIR gewählter Name für eine extremistische Gruppe, deren Ziel die Unterminierung des Arusha-Friedensprozesses war.

Einsatzkonzept: Allgemeine Beschreibung, wie ein Kommandeur die Ziele einer zugewiesenen Mission erreichen will.

Einsatzoffiziere: Stabsoffiziere, die für Planung und Kontrolle militärischer Kräfte bei der Erfüllung von Aufgaben verantwortlich sind, die ihnen der Kommandeur zuweist.

Entmilitarisierte Zone: Die demilitarisierte Zone in Nordruanda zwischen der →RPF und der Regierungsarmee, ca. 120 Kilometer lang und zwischen 100 Meter und 20 Kilometer breit. Sie bildete den letzten Frontverlauf zwischen den verfeindeten Parteien beim 1991 in Kraft getretenen Waffenstillstand ab. Keine der Parteien durfte in die Zone eindringen, die unter Kontrolle der neutralen Militärbeobachter der →OAU und später von UNAMIR stand.

Ethikkodex: Von jeder Partei nach dem Arusha-Abkommen zu unterzeichnende Erklärung, um an der Übergangsregierung beteiligt zu werden. Jede Partei musste die Ausfertigung jeder anderen unterzeichnen. Die →CDR weigerte sich, den Ethikkodex und das Friedensabkommen zu unterzeichnen, und wurde daher nach dem Willen der →RPF und der Moderaten von der Übergangsregierung ausgeschlossen.

Extremisten: Vertreter der sogenannten *Hutu-Power*, die sich gegen die Heimkehr von (Tutsi-) Flüchtlingen sperrten und die Macht nicht in einer die Menschenrechte wahrenden, multiethnischen Mehrparteiendemokratie teilen wollten. Sie waren vor allem in der →MRND und der →CDR, aber auch als extremistische Flügel in fast allen anderen Parteien außer der →RPF vertreten.

Faustin →Twagiramungu, Faustin

Felli, Joe: Politischer Berater der neutralen Militärbeobachtergruppe der →OAU, später OAU-Repräsentant in Ruanda.

Figoli, Herbert, Oberst: Kommandeur der entmilitarisierten Zone, Uruguay, verließ UNAMIR Mitte Januar 2004.

FOD (Field Operations Division): Abteilung für Feldeinsätze, Teil des →DPKO, die sich um Verwaltung und Logistik stationierter Friedensmissionen kümmert (wie Kommunikation, Transport, Finanzierung, Beschaffung, Konstruktion, Informationssysteme, allgemeine Dienste).

Fowler, Bob: Stellvertretender kanadischer Verteidigungsminister.

Französisches Fallschirmjägerbataillon: In Kigali stationiert, verließ dieses Bataillon im Dezember 1993 das Land und kehrte im April 1994 zurück, um nichtafrikanische Ausländer zu evakuieren.

Fréchette, Louise: Ständige Vertreterin Kanadas bei den Vereinten Nationen von 1992 bis 1995, seit dem 2. März 1998 stellvertretende Generalsekretärin der UNO.

Friedensmission nach Kapitel VI: Klassische Friedenshütermission mit einem UN-Mandat nach Kapitel VI der UN-Charta.

Friedensmission nach Kapitel VII: Mit offensiver militärischer Gewaltbefugnis ausgestattete Befriedungsmission nach Kapitel VII der UN-Charta.

Gabiro: Garnison der Regierungsarmee im Osten der entmilitarisierten Zone in der Nähe des Kagera-Nationalparks.

Gaillard, Philippe: Chefdelegierter des Internationalen Roten Kreuzes in Ruanda vor und während des Völkermordes. Das Rote Kreuz war die einzige humanitäre Organisation, die während der gesamten Dauer der Krise im Land blieb.

Gasana, Anastase: Ein moderater Hutu, Außenminister bis zum 6. April 1994, als Präsident Habyarimana ihn nach einem Auslandsbesuch nicht mit in seiner Maschine zurücknahm, die vor der Landung in Kigali abgeschossen wurde.

Gatabazi, Félicien: Vorsitzender der →PSD; ein bekannter gemäßigter Hutu aus Butare.

Gatsinzi, Marcel, Oberst: Kommandeur der Militärakademie, altgedienter Oberst, später General der Regierungsarmee, ein gemäßigter Hutu, der gegen Ende des Krieges zur →RPF überlief.

Gemäßigte/Moderate: Ruandische Politiker und Militärs, die für die Heimkehr von Flüchtlingen nach Ruanda, die Teilung der Macht in einer multiethnischen Mehrparteienregierung und die Achtung der Menschenrechte eintraten.

Gemeinsame Militärkommission: Gemeinsame Kommission von General Dallaire, Führungsoffizieren der Regierungsarmee, der Gendarmerie und der →RPF, um die Tagesordnung einer Reihe von Unterausschüssen festzusetzen und zu verabschieden, die gemäß den Vereinbarungen des Arusha-Friedensabkommens mit den Einzelheiten der Truppenentflechtung, Entwaffnung, Demobilisierung, Rehabilitierung/Entlassung und Reintegration der Streitkräfte beider Bürgerkriegsparteien befasst waren.

Gendarmerie: Nationalpolizei Ruandas, paramilitärische Truppe mit 6.000

Angehörigen nach französischem Vorbild mit Sitz in Kigali und Ruhengeri, ausgebildet von belgischen und französischen Beratern, kontrolliert vom Regime. Vor allem als Polizei tätig, zuweilen jedoch für den Fronteinsatz zur Verstärkung der Armee mobilisiert.

Gharekhan, Chinmaya: Oberster Politikberater von Butros-Ghali und stellvertretender Generalsekretär der UNO.

Gisenyi: Nordwestliche Präfektur in Ruanda mit gleichnamiger Hauptstadt, Touristenort am Kivusee, Kernland der extremistischen →CDR.

Gitarama: Ort ca. 40 Kilometer von Kigali entfernt, vorübergehend Sitz der Interimsregierung.

Golo, Allay: Verwaltungschef von UNAMIR aus dem Tschad, löste im Mai 1994 Christine de Liso ab.

Goulding, Marrack: Stellvertretender Generalsekretär für politische Angelegenheiten aus Großbritannien, löste James Jonah ab.

Habyarimana, Juvénal, Generalmajor: Ruandischer Präsident (Diktator), kam 1973 durch einen Putsch an die Macht, starb bei einem Flugzeugabsturz in der Nacht vom 6. auf den 7. April 1994, Hutu aus Ruhengeri, Gründer und Vorsitzender der →MRND.

Hallqvist, Per O.: Verwaltungschef von UNAMIR bis zu seinem Rücktritt am 14. Februar 1994.

Hanrahan, Mike, Oberst: Kommandeur des 1. Kanadischen Hauptquartier- und Fernmelderegiments.

Hansen, Peter: Stellvertretender Generalsekretär der UNO und Leiter des →DHA. Erster UN-Vertreter, der Ruanda nach Beginn des Völkermordes besuchte.

Haque, Azrul, Oberst: Stellvertretender Kommandeur von UNOMUR und stellvertretender Leiter der Militärbeobachtergruppe aus Bangladesch. Da General Dallaire neben seiner Funktion als Truppenkommandeur von UNAMIR auch Chef der Militärbeobachter von UNOMUR war, aber in Kigali saß, war Haque praktisch Kommandeur seines Sektors. Löste Oberst Ben Matiwaza im Februar 1994 ab.

Hein, Aturo: Leiter von →UNREO.

Henry →Anyidoho, Henry

Humanitäre Abteilung von UNAMIR: Gebildet am 13. April 1994, arbeitete sie eng mit →UNREO zusammen und war für die humanitäre Arbeit der Mission sowie u. a. für Sicherheitsfragen in Zusammenhang mit humanitären Einsätzen verantwortlich.

Hutu: Mehrheitsvolksgruppe in Ruanda, etwa 85 Prozent der Bevölkerung.

Impuzamugambi: Kinyarwanda für »die von einem einzigen Ziel Beseelten«. Militante junge Männer, die als Miliz mit der Jugendorganisation der →MRND verbunden waren und zum Rassenhass gegen die Tutsi indoktriniert wurden. Gekleidet in Kampfuniformen in Rot, Grün und Schwarz, den Farben der ruandischen Nationalflagge, trugen sie Macheten oder (zunächst) Holzimitate von Kalaschnikows und begingen vielfältige Gewalttaten. Sie waren weitgehend für die Massaker des Völkermordes verantwortlich.

Infanterie, leichte: Unmotorisierte Infanterie.

inkotanyi: Kinyarwanda für »jene, die tapfer kämpfen«; Ausdruck für die Kämpfer der →RPF, von ihren Gegner als Schimpfname benutzt.

Interahamwe: Kinyarwanda für »jene, die gemeinsam angreifen«. Eine Miliz junger Männer, die mit der Jugendorganisation der →MRND verbunden war, trainiert und indoktriniert zum Rassenhass gegen die Tutsi. Gekleidet in Kampfuniformen mit den Farben der ruandischen Flagge, trugen sie Macheten oder Holzimitationen von Kalaschnikows und stachelten häufig zu Gewalt auf. Sie waren weitgehend für die Massaker des Völkermordes verantwortlich.

Interimsregierung: Eine erste Interimsregierung wurde von Habyarimana am 7. April 1993 ernannt, um die Amtsgeschäfte bis zur Vereidigung einer neuen Übergangsregierung zu führen. An der Spitze dieser Regierung stand, bis zu ihrer Ermordung, Madame Agathe. Am 7. April 1994 ergriff eine von Hutu-Extremisten beherrschte neue Interimsregierung unter Führung von Jean Kambanda die Macht, bis sie im Juli 1994 besiegt und aus Ruanda vertrieben wurde.

Internationaler Strafgerichtshof für Ruanda (Ruanda-Tribunal): 1995 vom UN-Sicherheitsrat mit Sitz in Den Haag, später in Arusha, Tansania, einberufen, untersucht dieses Tribunal den Völkermord von 1994 in Ruanda. Die ersten Prozesse begannen 1996.

inyenzi: Kinyarwanda für »Kakerlake«, ein Hasswort der Hutu-Extremisten für Tutsi.

Jean-Pierre: Informant von UNAMIR, ehemaliger Offizier der Spezialkommandos und Mitglieder der Präsidentengarde. War Chefausbilder der Interahamwe und berichtete UNAMIR im Januar 1994 von geheimen Waffenlagern.

Jonah, James O. C.: Stellvertretender Generalsekretär der UNO und Leiter des →DPA aus Sierra Leone, später abgelöst durch Marrack Goulding.

Kabale: Hauptquartier von UNOMUR in der ugandischen Grenzstadt Kabale.

Kabia, Abdul Hamid: Geschäftsführender Exekutivdirektor (Stabschef) von UNAMIR. Begann die Mission als politischer Berater von UNOMUR und kam später nach Kigali; UN-Diplomat und politischer Experte mit ausgiebiger Feld- und Hauptquartiererfahrung aus Sierra Leone.

Kadafi-Kreuzung: Kritische Kreuzung mehrerer großer Ein- und Ausfallstraßen von Kigali im Nordwesten der Stadt.

Kagame, Paul, Generalmajor: Oberbefehlshaber der →RPA, dem militärischen Flügel der →RPF, Tutsi mit dem Medienspitznamen »Napoleon von Afrika«. Am 22. April 2000 Amtsantritt als fünfter Präsident Ruandas.

Kagera-Fluss: Fluss, der Ruanda von Tansania trennt und in den Viktoriasee mündet.

Kagera-Nationalpark (Akagera-Park, A'Kagera-Park): Das letzte Refugium der Großwildtiere in Ruanda. Die Garnison der Regierungstruppen in dem entlegenen Gebiet bei Gabiro stand unter dem Verdacht, als Ausbildungsort für die Interahamwe zu dienen.

Kajuga, Paul: Vorsitzender der Interahamwe, verantwortlich für die meisten Morde während des Genozids.

Kambanda, Jean: Hutu-Extremist in der →MDR, wurde am 7. April 1994 Premierminister der Völkermordregierung, vom Ruanda-Tribunal wegen Völkermords zu lebenslanger Haft verurteilt.

Kamenzi, Frank, Major: →RPF-Verbindungsoffizier bei UNAMIR.

Kane, Mamadou: Politischer Berater von Booh-Booh, dem Missionschef von UNAMIR.

Kangura: Extremistische Zeitung, die zum Rassenhass und gegen UNAMIR hetzte.

Kanombe-Garnison: Militärlager der Regierungsarmee im Osten des internationalen Flughafens von Kigali.

Kant, Willem de, Hauptmann: Niederländischer Offizier, von General Dallaire von UNOMUR als Adjutant nach UNAMIR versetzt, Oktober 1993 bis März 1994.

Kanyarengwe, Alexis, Oberst: Vorsitzender der →RPF, Hutu.

Karamira, Froduald: Vizepräsident der →MDR und Führer ihres Extremistenflügels.

Karenzi, Karake, Kommandeur: Erster →RPF-Verbindungsoffizier bei UNAMIR.

Kavarunganda, Joseph, Richter: Präsident des ruandischen Verfassungsgerichts.

Kayibanda, Grégoire: Ehemaliger Präsident und Premierminister von Ruanda, Führer der von Hutu dominierten ruandischen Regierung nach dem Aufstand und der Unabhängigkeit 1961, abgesetzt und ermordet in einem Staatsstreich von Habyarimana 1973.

Keating, Colin, Botschafter: Neuseeländischer Botschafter bei der UNO, Präsident des Sicherheitsrates im April 1994.

Kesteloot, Henry, Major: Einsatzoffizier des Kigalisektors, Belgier.

Khan, Shaharyar M.: Pakistanischer Karrierediplomat, von Butros-Ghali im Juni 1994 zum Missionschef ernannt.

Kigali-Garnison: Garnison der Regierungsarmee in Kigali mit Hauptquartier der Armee, Aufklärungsbataillon, Wartungs- und Transporteinheit, Militärhospital und Genesungsheim, außerdem Sitz der Präsidentengarde.

Kigali-Krankenhaus: Ziviles Krankenhaus in der Nähe der Kigali-Garnison.

Kigali-Sektor: UNAMIR-Einsatzsektor in Kigali, zu dem die Waffenkontrollzone gehörte. Besetzt mit je einem Bataillon aus Belgien und Bangladesch, Militärbeobachtern und zeitweilig einer tunesischen Kompanie. Hauptquartier in einem Gebäude in der Nähe des Hotels Meridien, befehligt von Oberst Marchal, dem Kommandeur des belgischen Kontingents.

Kinihira: Aufgegebene Teeplantage im Herzen der entmilitarisierten Zone. Hier wurden mehrere Artikel des Arusha-Friedensabkommens unterzeichnet. Häufig als neutraler Konferenzort benutzt.

Kinyarwanda: Offizielle Sprache Ruandas, gesprochen von Hutu, Tutsi und Twa.

Koalition zur Verteidigung der Republik →CDR

Kodjo, Apedo, Hauptmann: Togoischer Militärbeobachter, der am 7. April 1994 die Misshandlung der zehn später ermordeten belgischen UNAMIR-Soldaten erlebte.

Kommandeur Charles: Kriegsname des Kommandeurs des →RPF-Bataillons in Kigali.

Kommandoposten: Einem übergeordneten Hauptquartier verantwortliches Feldhauptquartier einer Einheit zur Kontrolle untergeordneter Einheiten, dient vor allem der Kommunikation, Planung und Koordination.

Kompanie: Untereinheit eines Bataillons mit etwa 125 Angehörigen.

König-Faisal-Krankenhaus: Brandneues, aber unbenutztes Krankenhaus, das UNAMIR als Feldlazarett und zur Behandlung der örtlichen Bevölkerung nutzte. Von Ärzte ohne Grenzen übernommen.

Kontingentkommandeur: Jede Entsendenation einer UN-Truppe ernennt einen eigenen Kontingentkommandeur, der für Disziplin und Verwaltung seiner Einheit verantwortlich ist, die Verbindung der Mission zu seinem Heimatland hält und Ansprechpartner des Truppenkommandeurs in Fragen ist, die sein Kontingent betreffen. Gilt als sekundäres Amt; gewöhnlich erhält der Offizier auch ein primäres Kommando oder eine Stabsposition innerhalb der UN-Truppe.

Kouchner, Bernard: Ehemaliger französischer Minister und Gründungsmitglied von Ärzte ohne Grenzen. Unternahm während des Völkermordes zwei Reisen nach Ruanda.

Lafourcade, Jean-Claude, Brigadegeneral: Kommandeur der von Frankreich geführten Opération Turquoise.

Lancaster, Phil, Major: Kanadischer Militärbeobachter, ersetzte im Mai 1994 Major Brent Beardsley.

Lando →Ndasingwa, Landoald

Lasso, José Ayala: UN-Hochkommissar für Menschenrechte, besuchte Ruanda im Mai 1994 und war einer der Ersten, die die Ereignisse im Land als Völkermord bezeichneten.

Leroy, André, Oberstleutnant: Befehlshabender Offizier des 1. Belgischen Fallschirmjägerbataillons, Oktober 1993 bis März 1994.

Liberale Partei →PL

Liso, Christine de: Stellvertretende, nach Per Hallqvists Ausscheiden im Februar 1993 geschäftsführende Verwaltungsleiterin von UNAMIR, im Mai 1994 durch Allay Golo ersetzt.

Lotin, Thierry, Leutnant: Kommandeur der Mörserabteilung des belgischen Fallschirmjägerzugs, der Premierministerin Agathe bewachte. Am 7. April 1994 getötet.

Luc →Marchal, Luc

Ly, Amadou: Vertreter des →UNDP, höchster UN-Funktionär in Ruanda vor Eintreffen von UNAMIR. Senegalese.

MacNeil, Don, Major: Offizier der kanadischen Verstärkung, während des Völkermords bei der humanitären Abteilung von UNAMIR und verantwortlich für die Rettung von Tausenden von Menschenleben, bekannt unter seinem Funkruf »MamaPapa One«.

Maggen, Peter, Major: Belgier, höchster Offizier vom Dienst im Einsatzzentrum des Truppenhauptquartiers von UNAMIR. Beaufsichtigte und trainierte die Offiziere vom Dienst aus Bangladesch.

Mamiragaba, Bernard: Führer des Nationalkomitees der Interahamwe.

Marchal, Luc, Oberst: Belgischer Befehlshaber des Kigali-Sektors, zugleich Kommandeur des belgischen Kontingents.

Marlaud, Jean-Philippe: Französischer Botschafter in Ruanda.

Martin, Miguel, Major: Zuständiger Fachoffizier für UNAMIR beim →DPKO in New York, an die UNO ausgeliehener argentinischer Armeeoffizier, der zugleich für mehrere andere Missionen zuständig war. Im Januar 1994 zum Oberstleutnant befördert.

Matiwaza, Ben: Stellvertretender Kommandeur von UNOMUR, stellvertretender Chef der Militärbeobachter, *de facto* Befehlshaber des UNOMUR-Sektors, seit General Dallaire nach Kigali ging. Von September 1993 bis Februar 1994 bei der Mission. Zulu aus Simbabwe.

Maurice →Baril, Maurice

Mazimhaka, Patrick (häufig auch Mazimpaka geschrieben): Erster Vizevorsitzender der →RPF, designierter Minister für Jugend und Sport in der nie vereidigten Übergangsregierung, übte er dieses Amt nach dem Sieg der RPF in der neuen Regierung aus. Häufig Verhandlungsführer für die RPF.

Mbaye, Diagne, Major: Senegalesischer Stabsoffizier bei UNAMIR, wurde während des Konflikts Protokollführer des Truppenkommandeurs.

McComber, John, Major: Offizier der kanadischen Verstärkung, arbeitete als Cheflogistiker beim Truppenkommandeur.

MDR (Mouvement Démocratique Républicain): Demokratisch-republikanische Bewegung, heute bekannt als Ruandische Demokratische Bewegung, größte Oppositionspartei zum Habyarimana-Regime und seiner →MRND, trug nach ihrer Spaltung zur politischen Blockade der Übergangsregierung bei. Viele Mitglieder beteiligten sich am Völkermord, während andere seine Opfer wurden.

Merama: Grenzübergang zwischen Ruanda und Uganda in der Nähe der tansanischen Grenze.

Militärbeobachter: Unbewaffnete Militäroffiziere, die von ihren jeweiligen Ländern an die UNO ausgeliehen wurden, bildeten ein multinationales Team mit Überwachungs- und Beobachtungsfunktionen, das der Missionsführung Bericht erstattete.

Militärberater: Belgische und französische Militärberater bei den ruandischen Streitkräften, die den inneren Kern der Offiziere der Regierungsarmee berieten.

Milizen: Alle politischen Parteien Ruandas hatten Jugendorganisationen, die als Tarnung für Sicherheitstrupps zum Schutz von Parteifunktionären und Versammlungen dienten. Die am Völkermord maßgeblich beteiligten Milizen entstanden aus solchen Schlägertrupps innerhalb der Parteien.

Missionschef: Vom UN-Generalsekretär bestimmter Chef aller Abteilungen einer UN-Mission, gewöhnlich der Sonderbeauftragte des Generalsekretärs der Vereinten Nationen (Special Representative of the Secretary-General of the United Nations, SRSG). Phasenweise übernahm bei UNAMIR jedoch der Truppenkommandeur diese Funktion mit.

Moen, Oberst: Leitender Einsatzoffizier bei UNAMIR. Bangladescher.

MRND (Mouvement Républicain National pour la Démocratie et le Développement): Nationale Republikanische Bewegung für den Fortschritt, 1975 als Nationale *Revolutionäre* Bewegung für den Fortschritt (Mouvement Révolutionnaire National pour le Développement) vom damaligen Präsidenten Habyarimana gebildete politische Partei, die unter ihm zur Regierungspartei Ruandas wurde. 1993 Namensänderung. Extremistische Hutu-Partei.

Mugenzi, Justin: Präsident der →PL, Extremist, heute unter Anklage des Ruanda-Tribunals.

Mulindi: Eine ehemalige Teeplantage 60 Kilometer nördlich von Kigali, zeitweilig Hauptquartier der →RPF in Ruanda.

Munyazesa, Faustin: Innenminister, Extremist von der →MRND.

Murray, Larry, Vizeadmiral: Stellvertretender kanadischer Stabschef, verantwortlich für alle kanadischen Soldaten im Einsatz.

Museveni, Yoweri: Präsident von Uganda, Chef der ugandischen Streitkräfte (New Resistance Army, NRA), Förderer und Unterstützer der →RPF.

Mwinyi, Ali Hassan, Präsident: Präsident von Tansania, der an der Aushandlung des Arusha-Friedensabkommens mitwirkte.

Nationale Republikanische Bewegung für den Fortschritt →MRND

Nationalratsgebäude: Sitz der Nationalversammlung und Hotel in Kigali. Die RPF-Führung und ihr Sicherheitsbataillon bezogen den Hotelteil des Komplexes, UNAMIR besetzte die Nationalversammlung und stellte Wachposten um den Komplex herum auf.

Ndasingwa, Landoald: Tutsi, Kopf der gemäßigten →PL, bekannt als Lando, Minister für Arbeit und Soziales in der Interimsregierung, sollte dieses Amt in der darauf folgenden Übergangsregierung beibehalten. Verheiratet mit der Kanadierin Helen Pinsky, Eigentümer des Hotels mit Bar und Restaurant Chez Lando. Er und seine Familie wurden am 7. April 1994 ermordet.

Ndiaye, Babacar Faye, Hauptmann: Senegalesischer Adjutant des Truppenkommandeurs.

Ndindiliyimana, Augustin, Oberst (später Generalmajor): Stabschef der

Gendarmerie, dem Verteidigungsminister für Einsatzbefehle, Hilfsdienste und Logistik, dem Innenminister für die tägliche Polizeiarbeit im ganzen Land verantwortlich, wurde Anfang März 1994 zum Generalmajor ernannt. Hutu, Mitglied der →MRND, Vertrauter und Unterstützer von Habyarimana, gegenwärtig vor dem Ruanda-Tribunal angeklagt.

Neutrale Militärbeobachtergruppe der OAU (NMOG): Zusammengesetzt aus einigen Dutzend Militärbeobachtern und einer leichten tunesischen Infanteriekompanie. Vor allem in der entmilitarisierten Zone stationiert, am 1. November in UNAMIR aufgegangen.

Ngirumpatse, Mathieu: Hutu-Extremist und Präsident der →MRND.

Nkezabera, Ephrem: Interahamwe-Führer mit dem Titel eines »Sonderberaters«.

Nsabimana, Déogratias, Oberst (später Generalmajor): Stabschef der Regierungsarmee, treuer Gefolgsmann von Präsident Habyarimana, zusammen mit dem Präsidenten beim Flugzeugabsturz in der Nacht vom 6. zum 7. April 1994 getötet.

Ntagerura, André: Hutu-Extremist und anerkannter Wortführer der →MRND.

Ntaryamira, Cyprien: Präsident von Burundi, bei dem Flugzeugabsturz in der Nacht vom 6. zum 7. April 1994 zusammen mit Präsident Habyarimana ums Leben gekommen.

Ntwiragaba, Oberst: Chef des militärischen Nachrichtendienstes der Regierungsarmee.

Nzirorera, Joseph: Generalsekretär der →MRND.

OAU (Organization of African Unity): Organisation für afrikanische Einheit, gegründet 1963 mit Sitz in Äthiopien. Primäres Ziel war die Förderung von Einheit und Solidarität unter den afrikanischen Ländern. Weitere Ziele umfassten die Hebung des allgemeinen Lebensstandards in Afrika, die Verteidigung der territorialen Integrität und Unabhängigkeit afrikanischer Staaten und die Förderung internationaler Zusammenarbeit. Zu den Mitgliedern der OAU gehörten 53 der 54 Länder Afrikas (Ausnahme: Marokko). 2002 wurde die OAU aufgelöst und stattdessen die AU (African Union) ins Leben gerufen, die nach dem Vorbild der Europäischen Union größere Kooperation auf allen Gebieten gewährleisten soll. Geplant ist u. a. ein Afrikanischer Gerichtshof. Im Februar 2003 einigte sich die AU auf eine Eingreiftruppe und einen AU-Sicherheitsrat nach UN-Vorbild mit Interventionsrecht. Dieser wurde am 25. Mai 2004 offiziell gegründet. Seit Dezember 2004 engagiert sich die

AU mit einer Friedensüberwachenden Mission (AMIS) in der Krisenregion Darfur im Sudan.

Opération Amaryllis: Die Evakuierung der französischen Staatsbürger aus Ruanda im April 1994.

Operation Lance: Beitrag der kanadischen Streitkräfte zu UNAMIR 2, 1994 bis 1996.

Operation Passage: Hilfsoperation der kanadischen Streitkräfte für ruandische Flüchtlinge 1994.

Operation Silverback: Evakuierung belgischer Staatsbürger und schließlich auch ihres UNAMIR-Kontingents von Juni bis August 1994.

Opération Turquoise: Umstrittene, von der UNO sanktionierte französische Operation nach Kapitel VII der UN-Charta in Ruanda, Juni bis August 1994.

Orbinski, James: Kanadischer Chirurg, der während des Völkermords im König-Faisal-Krankenhaus in Kigali diente und das Leben Hunderter, vielleicht Tausender Menschen rettete.

Organisation für afrikanische Einheit →OAU

Päpstlicher Nuntius: Botschafter des Papstes in Ruanda, Monsignore Giuseppe Bertello, der auch als Wortführer des diplomatischen Corps von Kigali fungierte.

Pazik, Marek, Major: Polnischer Offizier, arbeitete bei der humanitären Abteilung von UNAMIR.

PDC (Parti Démocrate Chrétien): Christdemokratische Partei, gemäßigte politische Partei unter Führung von Jean-Népomucène Nayinzira.

PDI (Parti Démocrate Islamiste): Kleine islamische Partei in Ruanda.

Pédanou, Macaire: Politischer Beobachter der UNO in Arusha.

Pescheira, Suzanne: Ursprünglich in Paris stationierte, an UNAMIR ausgeliehene Sekretärin des UN-Truppenkommandeurs aus Ecuador.

Petrie, Charles: Stellvertretender humanitärer Koordinator der UNO in Ruanda und Burundi, Leiter von →UNREO.

Phil →Lancaster, Phil

Pinsky, Helen: Kanadierin, verheiratet mit Landoald Ndasingwa, ermordet am 7. April 1994.

Pioniermittel: Stacheldraht, Sandsäcke, Wellblech, Bauholz u. ä. zum Schutz oder zur Verteidigung eines Gebietes.

PL (Parti Libéral): Liberale Partei; gemäßigte ruandische Partei unter Führung von Lando Ndasingwa und Justin Mugenzi, populär in der ruandischen Geschäftswelt und einigen Tutsi-Gruppen, spaltete sich im September 1993 nach ethnischer Zugehörigkeit.

Plante, Jean-Guy, Major: Kanadischer Offizier, der während des Genozids von Somalia nach Ruanda versetzt wurde und bei UNAMIR als Presseoffizier arbeitete.

Poncet, Oberst: Französischer Armeekommandeur von Opération Amaryllis.

Präfekur: Politisches Verwaltungsgebiet unter einem Präfekten nach französischem Modell.

Präsidentengarde: Sehr gut ausgebildete, gut ausgerüstete, erbarmungslose Leibwächtereinheit der Regierungsarmee mit Stützpunkt in Kigali und Abordnungen in der ganzen Hauptstadt, darunter am Flughafen. Gruppe von Hutu-Extremisten mit unbedingter Loyalität zu Präsident Habyarimana.

PSD (Parti Social Démocrate): Sozialdemokratische Partei; vereinte und einflussreiche politische Partei gemäßigter Hutu, bekannt als Intellektuellenpartei. Geführt von dem Triumvirat Fréderic Nzamurambaho, Félicien Gatabazi und Théoneste Gafarange mit Schwerpunkt vor allem im südruandischen Butare.

Putten, Robert van, Hauptmann: Niederländischer Adjutant von General Dallaire, der im Februar 1994 Hauptmann Willem de Kant ablöste.

Racine, Luc-André, Major: Als Verstärkung eingetroffener kanadischer Militärbeobachter, den General Dallaire aufgrund seiner hervorragenden Sprachkenntnisse und umfassenden Erfahrung bei besonders schwierigen Aufgaben einsetzte. Arbeitete mit einem Aufklärungstrupp als Sektorkommandeur in der Schutzzone und als Verbindungsoffizier von UNAMIR bei der UN-Menschenrechtsmission.

Radio Muhaburu: Radiosender der →RPF.

Radio Ruanda: Regierungssender Ruandas.

Rawson, David, Botschafter: US-Botschafter in Ruanda, verließ zu Beginn des Kriegs das Land.

Read, Robert, Korvettenkapitän: Kanadischer Offizier, der während des Völkermords als Verstärkung von UNAMIR von Somalia nach Ruanda versetzt wurde und als Kommandeur des Logistikstützpunktes arbeitete.

Renzaho, Tharcisse: Präfekt von Kigali.

Rivero, Isel: Für Zentralafrika zuständige politische Funktionärin im →DPKO, Kubanerin.

Riza, Iqbal: Stellvertretender Generalsekretär im →DPKO, pakistanischer Diplomat und langjähriger UN-Funktionär.

Roman, Jean-Pierre, Oberst: Kommandeur der belgischen Fallschirmjägerbrigade, besuchte Ruanda zur selben Zeit wie der belgische Außenminister Claes.

Ross, Cameron, Oberst: Führte im Frühjahr 1993 die technische Mission der UNO in Ruanda und empfahl die Aufstellung einer Truppe von Friedenshütern. Zur Zeit von UNAMIR war er Direktor für Friedensmissionen der kanadischen Streitkräfte in Ottawa.

Roy, Armand, General: Kommandeur der Militärregion Quebec, 1993.

RPA (Rwandan Patriotic Army): Ruandische Patriotische Armee, militärischer Arm der RPF, befehligt von Paul Kagame.

RPF (Rwandese Patriotic Front): Ruandische Patriotische Front; von Tutsi dominierte militärische und politische Bewegung mit einer disziplinierten Rebellenarmee, die sich aus ruandischen, in ugandischen Flüchtlingslagern aufgewachsenen Flüchtlingen zusammensetzte und von Uganda unterstützt wurde. Englischsprachig, ursprünglich 1979 als Rwandese Alliance for National Unity (RANU) gegründet und 1987 in RPF umbenannt.

RPF-Sektor: UNAMIR-Sektor mit Hauptquartier in Mulindi am Ort des Hauptquartiers der RPF. Operationsgebiet unter RPF-Kontrolle in Nordruanda. Bestand nur aus Militärbeobachtern.

RTLM (Radio Télévision Libre des Milles Collines): Unabhängiger Radiosender in Kigali mit engen Verbindungen zu Extremisten innerhalb und außerhalb des Regimes.

Ruandische Patriotische Front →RPF

Ruggiu, George: Belgischer Söldner, Leiter des Senders →RTLM der zum Völkermord an den Tutsi aufhetzte.

Ruhengeri: Nordwestliche Präfektur, Hauptstadt gleichen Namens in den Virunga-Bergen, Kernland des extremistischen Hutu-Regimes, Gendarmerieschule und Standort schneller Einsatzkräfte.

Ruhigira, Enoch: Kabinettschef des Präsidenten und ehemaliger Premierminister Ruandas, Vertrauter von Präsident Habyarimana.

Rusatira, Léonidas, Oberst (später Generalmajor): Nach dem Tod von Déogratias Nsabimana am 7. April 1994 zum Stabschef der Regierungsarmee ernannt, jedoch weniger als zwei Wochen später durch General Augustin Bizimungu abgelöst. Rusatira, ein Hutu, war ein moderater Armeeoffizier aus Butare, der später zur →RPF überlief.

Rutaremara, Tito: Von der →RPF vorgeschlagener Abgeordneter der Nationalversammlung. Tutsi-Extremist.

Rwabalinda, Ephrem, Oberstleutnant: Verbindungsoffizier der Regierungsarmee bei UNAMIR, getötet Anfang Juli 1994.

Sainte Famille: Ein großer Kirchen- und Schulkomplex im Zentrum von Kigali, der während des Völkermords Tausenden Menschen als Zuflucht diente.

Salim, Salim Ahmed: Generalsekretär der →OAU, Tansanier.

Savard, Marcel: Ehemaliger Logistikoffizier der kanadischen Streitkräfte, leitete das Team der →FOD bei der technischen Mission zur Vorbereitung von UNAMIR.

Schoeder, Daniel, Generalleutnant: Kommandeur der Vereinten Kampfgruppe Afrika der US-Armee.

Sekretariat: Das Exekutivorgan der Vereinten Nationen.

Sektor der Regierungsarmee: UNAMIR-Sektor mit Hauptquartier Ruhengeri südlich der entmilitarisierten Zone in den von der Regierung kontrollierten Gebieten in Nordruanda. Bestand nur aus Militärbeobachtern.

Sendashonga, Seth: Einer der politischen Führer der →RPF, war aus Ruanda geflohen, um sich der RPF in Uganda anzuschließen. Hutu.

Sicherheitsrat: UN-Entscheidungsgremium aus Botschaftern von Mitgliedsstaaten, das damit beauftragt ist, Frieden und Sicherheit auf der Welt zu überwachen und zu gewährleisten. Der Sicherheitsrat erhält Berichte vom Generalsekretär und erteilt seinerseits dem Sekretär Weisungen. Der Sicherheitsrat beschließt die Mandate von Friedensmissionen.

Sindikubwabo, Théodore: Hutu-Extremist von der →MRND, nach dem Tod von Habyarimana zum Präsidenten der Interimsregierung ernannt.

Sonderbeauftragter des Generalsekretärs der Vereinten Nationen (Special Representative of the Secretary-General of the United Nations, SRSG): Politischer Leiter einer UN-Mission, vom Generalsekretär ernannt, gewöhnlich Chef der Mission. Missionschef von UNAMIR waren von November 1993 bis Juni 1994 Jacques-Roger Booh-Booh aus Kamerun, ab dem 1. Juli 1994 Shaharyar M. Khan aus Pakistan.

Sosa, Manuel, Major: Von einer Granate getöteter uruguayischer Militärbeobachter.

Sozialdemokratische Partei →PSD

Stabschef: Hochrangiger, dem Kommandeur direkt unterstellter Stabsoffizier im Hauptquartier, verantwortlich für die Leistungskontrolle der einzelnen Stabsabteilungen (Personal-, Einsatz-, Logistik-, Planungsabteilung etc.).

St-Denis, Jean-Yves, Major: Kanadischer Offizier, Militärbeobachter, als Verstärkung zu UNAMIR gekommen.

Südsektor: Sektor von UNAMIR mit Hauptquartier in Butare. Einsatzgebiet war das von der Regierung kontrollierte Südruanda. Bestand nur aus Militärbeobachtern.

Swinnen, Johan: Belgischer Botschafter in Ruanda, verließ das Land im April 1994.

Technische Mission: UN-Bezeichnung für ein disziplinübergreifendes Sondierungsteam, das in eine Konfliktregion geschickt wird, um dem Generalsekretär Bericht zu erstatten, der seinerseits den Sicherheitsrat informiert.

Tikoka, Isoa, Oberst: UN-Militärbeobachter bei den Arusha-Friedensverhandlungen, später Chef der Militärbeobachter von UNAMIR, Spitzname Tiko.

Tousignant, Guy, Generalmajor: Kanadischer Truppenkommandeur von UNAMIR, löste Generalmajor Dallaire im August 1994 ab.

Transportzug: 30 für Abfertigung von Personal und Material ausgebildete Soldaten.

Troute, Philippe, Oberstabsgefreiter: Fahrer des Truppenkommandeurs Dallaire vom belgischen (wallonischen) Fallschirmjägerbataillon.

Truppenkommandeur: Befehligt alle Militärangehörigen einer Friedenstruppe.

Truppenstatusabkommen (Status of Mission Agreement, SOMA): Abkommen zwischen einer UN-Truppe und einer Gastnation über administrative und rechtliche Fragen wie die Immunität gegenüber nationalen Gesetzen, Befreiung von Gebühren und Zöllen etc.

Tutsi: Ethnische Minderheit in Ruanda, mit einem Anteil von etwa 14 Prozent an der Bevölkerung.

Twa: Ethnische Minderheit in Ruanda von etwa einem Prozent der Bevölkerung, im wesentlichen Pygmäen.

Twagiramungu, Faustin: In Arusha designierter Premierminister der nie vereidigten Übergangsregierung von der →MDR, moderater Hutu mit vielfältigem politischen Hintergrund. Wurde nach dem Sieg der →RPF im Juli 1994 Premierminister.

UNAMIR (United Nations Assistance Mission for Rwanda): Hilfsmission der Vereinten Nationen für Ruanda.

UNAMIR 1: Eingesetzt von der Resolution des UN-Sicherheitsrates 872 vom 5. Oktober 1993, um die Umsetzung des Arusha-Friedensabkommens zu unterstützen.

UNAMIR 2: Eingesetzt von der Resolution des UN-Sicherheitsrates 918 vom 17. Mai 1994, um die Sicherheit und den Schutz von Vertriebenen, Flüchtlingen und Zivilisten in Ruanda zu gewährleisten.

UNDP (United Nations Development Programme): Entwicklungsprogramm der Vereinten Nationen; leistet in den Partnerländern vor allem Politikberatung, Armutsbekämpfung, Krisenvorsorge und Konfliktbewältigung.

UNHCR (United Nations High Commissioner for Refugees): UN-Flüchtlingshochkommissar, höchster für Flüchtlingsfragen zuständiger UN-Funktionär.

UNICEF (United Nations Children's Fund): Kinderhilfswerk der Vereinten Nationen.

UNOMUR (United Nations Observer Mission to Uganda and Rwanda): Eigene Abteilung von UNAMIR mit Hauptquartier in Kabale, Uganda. Einsatzgebiet war die ugandische Seite der Grenze zu Ruanda in der Nähe des von der →RPF kontrollierten Gebietes, um die Bewegung von Menschen, Waffen und Nachschub von Uganda an die RPF in Ruanda zu überwachen. Bestand aus Militärbeobachtern.

UNREO (United Nations Rwanda Emergency Office): UN-Notbüro Ruanda, eingerichtet zur Koordination humanitärer Hilfe für Ruanda.

Uwilingiyimana, Agathe →Agathe

Uytterhoeven, General: Hochrangiger belgischer Militäroffizier, besuchte Ruanda zur selben Zeit wie Außenminister Claes.

Verteidigungsstellung: Feldverteidigungseinrichtungen wie Schützengräben, Unterstände, Bunker zum Schutz und zur Verteidigung bestimmter Orte.

Verwaltungsleiter (Chief Administration Officer, CAO): Hochrangiger UN-Zivilangestellter bei UN-Missionen, verantwortlich für Verwaltung und Logistik. Erster UNAMIR-Verwaltungsleiter war Per O. Hallqvist, gefolgt von Christine de Liso und Allay Golo.

Voraustrupp, Vorauskommando: Ein kleiner Trupp von Offizieren, der vor der Stationierung der Haupttruppe zum Einsatzort reist, um die Einsatzvorbereitungen zu treffen und Verwaltungsangelegenheiten zu regeln.

Waffenkontrollzone Kigali: Am 23. Dezember 1993 unterzeichnetes Abkommen, wonach in einem Radius von etwa 20 Kilometer um das Stadtzentrum Militäreinheiten in Kigali Waffen und Munition sichern mussten. Sowohl Waffen als auch bewaffnete Truppen durften innerhalb dieser Zone nur mit Erlaubnis und Eskorte von UNAMIR bewegt werden.

Waldrum, Butch: Kanadischer Luftwaffengeneral a. D. beim →FOD in New York, plante UNAMIR-Besuch am 5. April 1994, musste wegen der Ereignisse vom 6./7. April 1994 nach Nairobi ausweichen und richtete die Luftbrücke zur Versorgung von UNAMIR ein.

Yaache, Clayton, Oberst: Ghanaischer Kommandeur der entmilitarisierten Zone vor dem 7. April 1993, während des Völkermordes Leiter der humanitären Abteilung von UNAMIR im Hauptquartier in Kigali.

Zug: Untereinheit einer Kompanie mit bis zu 35 Angehörigen, die von einem Leutnant befehligt wird.

Lektüreempfehlung

Vielleicht möchten sich einige Leser dieses Buches eingehender mit dem ruandischen Völkermord befassen. Im Folgenden finden Sie eine Reihe von Büchern und Berichten, die ich aufgrund ihrer Genauigkeit, ihrer Forschungsergebnisse und ihrer Darstellung empfehle. Ich betone, dass es sich hierbei um eine persönliche Lektüreliste handelt, die meine eigene Meinung und Perspektive spiegelt.

Die beste kurze Geschichte Ruandas ist die Arbeit des französischen Sozialwissenschaftlers Gérard Prunier, *The Rwanda Crisis. History of a Genocide*, New York 1995. Prunier ist ein Ruanda-Experte, der in der Region gelebt und deren Geschichte und Menschen mit einer Gründlichkeit studiert hat, zu der nur ein brillanter Wissenschaftler fähig ist.

Die beste Gesamtdarstellung über den Hintergrund des Völkermordes und das Scheitern aller Bemühungen, ihn zu verhindern, ist Linda Melverns *Ruanda. Der Völkermord und die Beteiligung der westlichen Welt*, Kreuzlingen/München 2004. Ich konnte der Autorin mit Informationen dienen und habe sie bei einigen Kapiteln beraten; die investigative Arbeit ist allein ihr Verdienst. Sie entdeckte viele Aspekte, die mir unbekannt waren; ihr Buch bleibt eine der besten verfügbaren Quellen zu dem Thema.

Zwei lohnende Bücher von amerikanischen Forschern sind Samantha Power, *A Problem from Hell. America and the Age of Genocide*, New York 2002, und Michael Barnetts *Eyewitness to a Genocide. The United Nations and Rwanda*, Ithaca 2002. Sie vermitteln den Lesern eine Innenansicht, wie sich die Entscheidungsfindungsprozesse in der US-Regierung und in den Hallen der UNO abspielen, wobei Ruanda als Fallstudie dient. Ich empfehle beide Bücher eindringlich jenen

Lesern, die begreifen möchten, warum 1994 dem Land niemand zu Hilfe kam.

Die beste Darstellung des eigentlichen Völkermords, die zudem sehr detailliert und schmerzlich zu lesen ist, stammt von der amerikanischen Menschenrechtsaktivistin Alison Des Forges und trägt den Titel *Kein Zeuge darf überleben. Der Genozid in Ruanda*, Hamburg 2002. Des Forges hat die Geschichte der Menschenrechte in Ruanda akribisch erforscht und war 1994 eine meiner stärksten Verbündeten bei dem Versuch, die internationale Gemeinschaft zur Intervention in Ruanda zu bewegen und den Völkermord als das bloßzustellen, was er war. Sie hat vor dem Ruanda-Tribunal in Arusha ausgesagt und gilt als Expertin aller Aspekte des Genozids.

Die beklemmendste Schilderung der Tragödie des Völkermords, geschrieben aus einer persönlichen Perspektive, bietet Philip Gourevitchs *Wir möchten Ihnen mitteilen, dass wir morgen mit unseren Familien umgebracht werden. Berichte aus Ruanda*, Berlin 1999. Gourevitch war einer der ersten Journalisten, der nach dem Genozid in Ruanda eintraf, und hat viele Überlebende interviewt. Daraus machte er ein Buch, das direkt ins Herz trifft.

Wer ein Bild Ruandas nach dem Völkermord gewinnen möchte, findet in Shaharyar Khans *The Shallow Graves of Rwanda*, London 2000, den vollständigsten Bericht darüber, wie die internationale Gemeinschaft versäumte, den Überlebenden des Genozids zu helfen. Khan war der Sonderbeauftragte des UN-Generalsekretärs in den letzten Tagen von UNAMIR. Wir dienten etwas mehr als einen Monat zusammen, und ich fand in ihm einen außerordentlichen erfahrenen Diplomaten, einen Neuerer, einen talentierten Führer und einen wunderbaren Menschen.

Die offizielle Geschichte von UNAMIR aus der Perspektive der kanadischen Streitkräfte verfasste Jacques Castonguay, ein Militärhistoriker, der Rektor des Collège Militaire Royal de Saint-Jean war und dort als Professor lehrte, als ich die Schule als Kadett besuchte. Von Anfang an wollte ich eine offizielle Geschichte der Mission, wie sie die kanadische Armee schon über frühere militärische Feldzüge veröffentlicht hat. Castonguay reiste ins Einsatzgebiet der Mission, als das Hauptquartier noch intakt war, und sichtete Dokumente, die seither verschollen sind. Seine Darstellung spiegelt Brent Beardsleys und meine eigenen Gedanken über den Völkermord, unmittelbar, nachdem er geschehen war.

Zwei hochrangige Offiziere haben je ein exzellentes Buch über die komplexe Schnittstelle zwischen der Politik und dem militärischen Kommando vor Ort während der Mission geschrieben. Das erste stammt von meinem stellvertretenden Truppenkommandeur, dem ghanaischen Brigadegeneral Henry Anyidoho, und heißt *Guns over Kigali*, Akkra 1997. Es erzählt die Geschichte der Mission aus der Perspektive eines erfahrenen afrikanischen Soldaten und Friedenshüters. Henry diente unter mir und meinem Nachfolger; er hatte die Gelegenheit, sowohl vor als auch nach dem Völkermord Ruanda aus erster Hand zu erleben. Seine Kenntnisse über das Kommando afrikanischer Truppen sind besonders wertvoll. Auch er kehrte in ein Land zurück, in dem die Kollegen neidisch waren und sich die Regierung weitgehend teilnahmslos zeigte. Die ghanaischen Soldaten von UNAMIR erhielten nie die volle Anerkennung ihrer Regierung, ihrer Armee und ihrer Mitbürger für das mutige Werk, das sie in Ruanda leisteten. Das andere Werk, das ich erwähnen möchte, ist *Rwanda. La descente aux enfers. Témoignage d'un peacekeeper Décembre 1993–Avril 1994*, Brüssel 2001, von Oberst Luc Marchal, der in Kigali als mein Sektorkommandeur und als Kommandeur des belgischen Kontingents diente. Er hat eine erstklassige Darstellung der Führung einer Friedensmission in einer Krise geschrieben, in der die Offiziere zwischen der Loyalität zu ihrem Land sowie der Loyalität zu ihrer Mission und ihrem moralischen Gewissen hin- und hergerissen sind. Er führte das schwierigste Kommando bei UNAMIR, die Waffenkontrollzone in Kigali, und sein Buch ist eine äußerst persönliche Reflexion der Komplexität dieses neuen Gebiets der Konfliktlösung. Er erfüllte seine Pflicht über das Maß hinaus; seine Taten und seine hohen moralischen Standards wahrten seinem Land ein Minimum an Würde – einem Land, das uns im Feld im Stich ließ und dann versuchte, den Rest der Welt zu bewegen, uns ebenfalls alle Hilfe zu versagen. Zum Dank tat Belgien alles dafür, um Luc Marchal kaltzustellen. Es gibt kein besseres Beispiel für die Risiken eines Feldkommandos.

*

Während des Völkermordes erarbeitete ich einen Notfallplan für eine internationale Intervention mit 5.500 Soldaten, um das Morden zu stoppen. Dieser Plan wurde nie angenommen. 1997 unterzogen ihn hochrangige Offiziere mehrerer Länder an der Georgetown University in Washington einer eingehenden Analyse. Oberst Scott Feil von der

US-Armee, ausgestattet mit einem Stipendium der Carnegie Commission on Preventing Deadly Conflict, veröffentlichte den Bericht unter dem Titel *Preventing Genocide. How the Early Use of Force Might Have Succeeded in Rwanda*, New York 1998. Ihrem Expertenurteil zufolge hätte die geplante Intervention den Völkermord im besten Fall gestoppt, zumindest aber die Opfer dramatisch vermindert.

Die OAU und die UNO haben beide umfassende Untersuchungen über den Völkermord in Ruanda von 1994 angestellt. Der OAU-Bericht ist aus meiner Sicht der detailliertere und genauere der beiden. Der *Brahimi Report on UN Peacekeeping Reform*, eine große Studie über UN-Friedensmissionen, die eine Kommission unter Leitung von Botschafter Lakhdar Brahimi durchführte, ist ein solides Kompendium der Lehren, die sich aus UNAMIR und mehreren anderen UN-Missionen etwa des letzten Jahrzehnts ziehen lassen. Der Bericht umreißt die erforderlichen Reformen in der UNO, um der Komplexität von Konfliktlösungen und Friedensmissionen in dieser ungewissen Zeit gerecht zu werden.*

Ich bin sicher, dass ich andere gute Darstellungen des Themas übersehen habe, und entschuldige mich bei ihren Autoren. Ich möchte interessierte Leser bitten, selbst die Bibliothekskataloge und Regale der Buchläden nach allen Schilderungen der Ereignisse in Ruanda im Jahr 1994 zu durchstöbern. Vor allem möchte ich junge Autoren, Journalisten und Forscher ermutigen, diese menschliche Tragödie weiter zu studieren und einen Beitrag zu unserem wachsenden Verständnis des Völkermords in Ruanda zu leisten. Wenn wir nicht verstehen, was geschehen ist, wie können wir je dafür sorgen, dass es nicht wieder geschieht?

Die letzte Leseempfehlung, die ich geben möchte, ist der Millenniumsbericht von UN-Generalsekretär Kofi Annan, *We the Peoples. The Role of the United Nations in the 21st Century*. In diesem Bericht ruft Annan uns auf, die Herausforderungen des neuen Jahrtausends anzunehmen, und beharrt darauf, dass wir die Lösung von Konflikten erreichen können und erreichen werden.** Trotz allem, was ich erlebt habe, glaube auch ich, dass ein Millennium der Menschlichkeit nicht völlig ausgeschlossen ist.

* Im Internet nachzulesen unter http://www.un.org/peace/reports/peace_operations/ (Site zuletzt besucht am 10. Okt. 2004).

** Im Internet nachzulesen unter http://www.un.org/millennium/sg/report/full.htm (PDF-Format, Site zuletzt besucht am 10. Okt. 2004).

Register

heutigen Stärke geführt, sondern die Demokratie in den USA insgesamt beschädigt, die amerikanische Wirtschaft deformiert und die amerikanische Gesellschaft militarisiert.

Deutsche Erstausgabe. Aus dem Englischen von Michael Bischoff. 384 Seiten. Paperback. 9,90 €. Nummer 200220.

Wie die USA die Folter mit Hilfe von Wissenschaftlern weiterentwickelten und seit Jahren heimlich anwenden.

Alfred W. McCoy

Foltern und foltern lassen

Die USA, angeblich Bollwerk der Demokratie, foltern systematisch. Denn, so zeigt McCoy, Geschichtsprofessor an der Universität Madison, Wisconsin: Folter ist seit vielen Jahrzehnten staatliche Politik und Praxis der USA. Die Methoden basieren auf Techniken, die seit 1950 mit einem Aufwand von über 13 Milliarden Dollar wissenschaftlich erforscht, trainiert, praktiziert und perfektioniert wurden. Nach Experimenten mit Drogen, Elektroschocks etc. wurde die moderne »berührungslose«, aber nicht weniger brutale Folter entwickelt. »Ein herausragendes Buch, das in einem fulminanten Schlusskapitel die ›Logik der Folter‹ konzise und bestechend entlarvt und wohl zum Besten zählt, was gegenwärtig darüber zu lesen ist« (FR). Auf der Sachbuch-Bestenliste.

Deutsche Erstausgabe. Aus dem Englischen von Ulrike Bischoff. 258 Seiten. Broschur. 9,90 €. Nummer 200265.

Warum die US-Regierung offiziell Drogenkonsum bekämpft und heimlich Drogenringe unterstützt.

Alfred W. McCoy

Die CIA und das Heroin

Es gibt wohl keinen Staat, der durch Regierungsbehörden den internationalen Rauschgiftkonsum ebenso versteckt wie massiv unterstützt und gefördert hat wie die USA. Die CIA macht/e mit Heroin Politik, indem sie ihren Einfluss auf den internationalen Drogenhandel zur Durchsetzung amerikanischer Interessen in aller Welt einsetzt: Je nach Opportunität produziert sie ökonomische Abhängigkeiten und ist mit Drogenpolitik und/oder Drogenprofiten an der Destabilisierung von Ländern, an Bürger- wie regulären Kriegen beteiligt.

Alfred W. McCoy, Professor an der University of Wisconsin, gilt in den USA als der Experte zur geheimen Drogenpolitik. Er recherchiert – bisweilen unter Lebensgefahr – seit über 30 Jahren zu diesem Thema und hat sein Buch für unsere deutsche Ausgabe überarbeitet und aktualisiert. Die New York Times: »Das Buch schildert, wie CIA und US-Außenministerium Drogenbosse unterstützen, Beweise unterdrücken und sogar direkt in den Drogenhandel verwickelt sind.«

Deutsche Erstausgabe. Deutsch von Andreas Simon dos Santos. 24 Bilder. 840 Seiten. Broschur. 9,90 €. Nummer 200207.

»Das erste umfassende und das bei weitem beste Buch über private Militärfirmen.« Asia Times

Peter Warren Singer

Die Kriegs-AGs

Private Militärfirmen übernehmen mehr und mehr die komplette Kriegsführung für Staaten. Ihr Gesamtumsatz wird auf über 100 Milliarden Euro geschätzt. Kriegsführung ist eine der größten Wachstumsbranchen der Welt: Ihre Umsätze verdoppeln sich fast jedes Jahr. Peter Warren Singer verschafft in seinem Buch »einen beeindruckenden Überblick über die Aktivitäten von MPRI, Airscan, Dyncorp, Brown & Root und jede Menge anderer Firmen, die wahlweise Truppen in den Kampf schicken, Militärstützpunkte aufbauen und unterhalten, Guerillagruppen ausbilden, Luftüberwachung bereitstellen, Putsche ausführen oder niederschlagen und Länder wieder aufbauen können, die von Kriegen gerade zerstört worden sind«, schreibt Atlantic Monthly. Singer sieht Gefahren in dieser Entwicklung. Für die Demokratie, für die Menschenrechte, für die nationale Sicherheit. Firmen, die am Krieg gewinnen, wollen ihren Markt ausweiten. Sie wollen und brauchen mehr Kriege.

Aus dem Amerikanischen von Karl-Heinz Siber. 502 Seiten. Fadenheftung. Fester Einband. 27,90 €. Nummer 200286.

Preise können sich ändern und einzelne Titel auch ausverkauft sein.

31.12.07 €12,90